BEI GRIN MACHT SICH IHR WISSEN BEZAHLT

- Wir veröffentlichen Ihre Hausarbeit, Bachelor- und Masterarbeit

- Ihr eigenes eBook und Buch - weltweit in allen wichtigen Shops

- Verdienen Sie an jedem Verkauf

Jetzt bei www.GRIN.com hochladen und kostenlos publizieren

Gesundheitsförderung und -beratung. Sokratische Gesprächsführung und Konvergenzen und Divergenzen im klientenzentrierten Ansatz

GRIN ☺

Bibliografische Information der Deutschen Nationalbibliothek:

Die Deutsche Nationalbibliothek verzeichnet diese Publikation in der Deutschen Nationalbibliografie; detaillierte bibliografische Daten sind im Internet über http://dnb.d-nb.de abrufbar.

ISBN: 9783346722041
Dieses Buch ist auch als E-Book erhältlich.

Druck und Bindung: Books on Demand GmbH, Norderstedt Germany
Gedruckt auf säurefreiem Papier aus verantwortungsvollen Quellen

Das vorliegende Werk wurde sorgfältig erarbeitet. Dennoch übernehmen Autoren und Verlag für die Richtigkeit von Angaben, Hinweisen, Links und Ratschlägen sowie eventuelle Druckfehler keine Haftung.

Das Buch bei GRIN: https://www.grin.com/document/1271777

Einsendeaufgabe

Klinische Psychologie II - Gesundheitsförderung und -beratung

Alternative B

Abgegeben am: 16.06.2020 im E-Campus

SRH Fernhochschule

Modul: Klinische Psychologie II

Studiengang: Psychologie (B.Sc.)

2

Inhaltsverzeichnis

Textteil zu B1

Sokratische Gesprächsführung

Beim sokratischen Dialog handelt es sich ursprünglich um eine philosophische Diskursmethode, die zur Reflexion, Selbstbesinnung und Überprüfung der eigenen Ansichten dienen soll. Mithilfe von Fragetechniken wird dem Gesprächspartner aufgezeigt, wie er seine individuelle Wahrheit finden kann. Dabei geht Sokrates als naiver Frager vor und prüft so lange das Scheinwissen der gefragten Person, bis sich diese in Widersprüchen verwickelt und aufgrund der aufgezeigten Lücken und Unlogik ihr Unwissen eingestehe und gelegentlich den Zustand der inneren Verwirrung erfährt. Die massive Verunsicherung soll förderlich für Änderungsprozesse sein, da dadurch alte Sichtweisen abgelegt werden können, um neue zu suchen. Nach der inneren Verwirrung folgt die Methode der regressiven Abstraktion, bei der Sokrates neue philosophische Erkenntnisse einleitet, ohne neues Wissen zu vermitteln. Diese Technik wird auch Hebammenkunst genannt, da dabei nur zur individuellen Wahrheit verholfen wird. Heutzutage wird diese Form der Interventionsstrategie genutzt, um in Verhaltenstherapien gesunde Denkweisen zu vermitteln, Eigenverantwortung und Selbstbestimmung zu fördern und Lebensziele sowie moralische Normen zu stärken (Stavemann, 2005, S. 270).

Kennzeichen der Sokratischen Gesprächsführung sind demnach die „Dialogtechnik, die mit einer nichtwissenden, naiv fragenden, um Verständnis bemühten, zugewandten, akzeptierenden Therapeutenhaltung" verschiedene strukturierte Phasen durchläuft, bei der der Patient durch „konkrete naive Fragen alte Sichtweisen reflektieren, Widersprüche und Mängel erkennen, selbstständig funktionale Erkenntnisse erarbeiten und alte, dysfunktionale Ansichten zu Gunsten der selbst neu erstellten aufgeben, um ein widerspruchsfreies, selbstbestimmtes, eigenverantwortliches Leben führen zu lernen" (Horster, 1994, zitiert von Stavemann, 2005, S. 270). Dabei werden diverse Frage- und Disputationstechniken genutzt, wie auch die Methode der regressiven Abstraktion[1]. Es lassen sich nach der Hoster-Einteilung zwei Varianten der Gesprächsführung unterscheiden. Die **Explikativen Sokratischen Dialoge** und die **Normativen Sokratischen Dialoge** (Horster, 1994, zitiert von Stavemann,

---

[1] Oft gebrauchte Begriffe, ohne über den Bedeutungsinhalt im Klaren zu sein, kritisch reflektieren.

4

2005, S. 271). Ersteres wird durch das definieren von Wertbegriffen oder Begriffserklärungen für abgegrenzte Gruppen definiert. Durch Beispiele aus dem Patientenalltag sollen funktionale Definitionen gefunden werden. Eine Ausnahme stellen explikative Diskurse dar, da sie das Ziel negativer Begriffserklärung mit dem Zustand innerer Verwirrung und der Erkenntnis, dass der Begriff real nicht existiert (z. B. Gerechtigkeit) beendet. Letzteres stellt der normative sokratische Dialog dar, der zur Überprüfung von Einstellungen oder Handlungen, gemäß der ethisch-moralischen Grundeinstellung und (Lebens-)Ziele dienen soll (Stavemann, 2005, S. 271).

Indikation
Sokratische Dialoge werden in Einzeltherapien zur Prüfung von Normen, Einstellungen oder Zielsetzungen auf Realitätsbezug, Logik oder Zielgerichtetheit angewendet. Anders werden sie bei Gruppen-, Familien-, oder Paartherapien eingesetzt, um die Kommunikationsgrundlage zu verbessern und gemeinsame widerspruchsfreie Ziele formulieren zu können (Stavemann, 2005, S. 272).

Welche Sokratische Dialogform ausgewählt wird, hängt von der jeweiligen lebensphilosophischen Fragestellung ab. Die Explikativen Sokratischen Dialoge werden für die Beantwortung der „Was ist das"-Frage eingesetzt. Diese Art kann zur Behebung von Kommunikationsstörungen eingesetzt werden, dazu dienen eigenverantwortliche Moralvorstellungen oder Lebensinhalte und -ziele aufzustellen oder „Negative" Begriffsklärungen beseitigen, um rigide Forderungen zu relativieren und unsinnige Ziele zu erkennen (Stavemann, 2015, S. 117-118). Sie ist besonders bei Selbstwertproblemen das Mittel der Wahl, um Kriterien der Selbstwertschöpfung zu verändern. Zudem können bei depressiven Patienten oder Patienten mit Ärger- oder Wutreaktionen mit dieser Methode weitergeholfen werden, indem Normen und Moralvorstellungen abgeschwächt werden und zudem das schwarz-weiß denken hinterfragt wird. Bei Patienten die Begriffe wie Sicherheit, Gerechtigkeit, Perfektionismus oder Selbstwert einfügen, wird die Methode der negativen Definitionen verwendet, wobei aufgezeigt wird, dass diese Konstrukte in der realen Welt nicht existieren. In manchen Fällen wird so der Zustand der inneren Verwirrung herbeigeführt, um leichter neue Denkweisen und Lösungswege zu erarbeiten. Bei der normativen sokratischen Gesprächsführung, steht das Denken oder Handeln im Mittelpunkt und soll auf Moral- oder Zieladäquatheit geprüft werden (Stavemann, 2005, S. 272).

Die Normativen Sokratischen Dialoge dienen dagegen zur Beantwortung der „Darf ich das?"-Fragen und werden eingesetzt, wenn ethisch-moralische Fragen untersucht werden oder moralische Instanzen nicht nebeneinander bestehen können (Stavemann, 2015, S. 118). Diese Form des Sokratischen Dialogs wird beispielsweise eingesetzt, um einen moralischen Konflikt zu lösen, indem entscheidungsrelevante ethisch-moralische Argumente abgewägt werden. Dabei können Themen behandelt werden wie „Darf ich meinen unheilbaren Partner verlassen?" (Stavemann, 2015, S. 240). Die Funktionalen Sokratischen Dialoge dienen als letzte Art für die Beantwortung der „Soll ich das?"-Fragen und werden bei der Funktionalität der Einstellungen oder Handlungen indiziert. Sie können zudem im Konfliktfall mithilfe einer Zielhierarchie Entscheidungen erleichtern, prüfen ob Verhaltensweisen zielführend sind und Vermeidungsverhalten entlarven (Stavemann, 2015, S. 118-119). Durch diese Form des Sokratischen Dialogs können Entscheidungen getroffen werden, indem die (Alltags-)Konsequenzen der Entscheidungsmöglichkeiten abgewogen werden. Hierbei können zum Beispiel Themen wie „Soll ich dieses Kind abtreiben?" nachgegangen werden (Stavemann, 2015, S. 226).

Grundlage für die Anwendung der Sokratischen Gesprächsführung beruht auf einem vorhandenen Thema, das aus dysfunktionalen Grundüberzeugungen, Lebensphilosophien, Zielsetzungen oder Moralvorstellungen des Klienten oder Patienten abgeleitet wird (Stavemann, 2015, S. 117).

Resilienz und Stressoren
Der Begriff Resilienz ist gleichbedeutend mit Elastizität, Erholungsfähigkeit, Festigkeit, Widerstandsfähigkeit eines Systems. Dabei wird dieser Begriff oft im Kontext der Gesundheitswissenschaften gebraucht und steht für die Fähigkeit, schwere Schicksalsschläge oder Belastungen, ohne langfristige psychische Folgen zu überstehen. Dabei werden günstige Voraussetzungen wie die interne Kontrollüberzeugung der Selbstwirksamkeit, Zuversicht, aktives Bewältigungsverhalten, die Bereitschaft zur Kommunikation und Zusammenarbeit, ebenso wie eine humorvolle Grundhaltung aufgezählt (Fröhlich, 2014, S. 410). Spezifischer gesehen werden diese günstigen Voraussetzungen als Schutzfaktoren bezeichnet. Persönliche Resilienz ist dabei sehr individuell, da sie durch das Wechselwirken von Mensch und Umwelt entsteht (Rolfe, 2019, S. 106). In diesem Kontext werden Risiko- und

Schutzfaktoren genannt, die entweder auf die Person selbst oder auf deren Umfeld bezogen sind (Luthans, 2002, zitiert von Rolfe, 2019, S. 106). Schutzfaktoren werden als kompetenzerhöhend und resilienzbildend bezeichnet, während Risikofaktoren eine Belastung bei Individuen hervorrufen können. Zu den personenbezogenen Schutzfaktoren (Ressourcen) werden, wie oben schon angedeutet, die Eigenständigkeit (Autonomie), die Authentizität, die Ausgeglichenheit, eine gute Selbstwahrnehmung und Selbstkontrolle, eine hohe Selbstwirksamkeitserwartung, soziale Kompetenz, ein hohes Durchhaltevermögen, ein effektives Stressmanagement, gute Problemlösungsstrategien und erlebte Sinnhaftigkeit gezählt (Rolfe, 2019, S. 106-107). Der psychotherapeutische Sokratische Dialog bezeichnet, wie oben schon erklärt, einen „philosophisch orientierten, durch eine nicht-wissende, naiv fragende, um Verständnis bemühte, zugewandte, akzeptierende Therapeutenhaltung geprägten Gesprächsstil(…)" (Rolfe, 2019, S. 98). Dieser dient dem Ziel, „(…) dass der Klient alte Sichtweisen reflektiert, vorhandene Widersprüche und Mängel erkennt, selbstständig funktionale Einsichten und Erkenntnisse erarbeitet und damit seine alte, dysfunktionale Ansicht ersetzt" (Rolfe, 2019, S. 98). Das bedeutet, die Sokratische Gesprächsführung kann zur Ausbildung der Resilienzbildung und der Kompetenzerhöhung beitragen, da durch den Sokratischen Dialog der Patient dazu gebracht werden soll, seine kognitiven Verzerrungen zu hinterfragen und Widersprüche aufzudecken. Durch das Aufdecken problematischer Denkweisen kann dem Patienten mit verschiedenen psychotherapeutischen Methoden geholfen werden. Zum Beispiel kommen bei der Kognitiven Umstrukturierung Disputtechniken und Sokratische Dialoge zum Einsatz. Mit deren Hilfe kann der Patient lernen, auch zukünftig die erlernten Strategien (z. B. ABC-Methode) anzuwenden, um störende Verhaltensweisen zu erkennen und gegenzusteuern. Durch das Anwenden der Sokratischen Dialoge können somit, wie oben schon angesprochen gesunde Denkweisen vermitteln sowie Eigenverantwortung und Selbstbestimmung fördern. Diese Aspekte werden wiederum zu den Schutzfaktoren gezählt, die resilienzbildend und kompetenzerhöhend wirken. Durch diese Ausführung konnte gezeigt werden, dass der Sokratische Dialog Resilienz zum positiven Beeinflussen und sogar fördern kann.

Als Stressoren werden alle Noxen d. h. potenziell schädige Umstände (z. B. Zukunftssorgen) die eine Störung des Gleichgewichts zur Folge haben wodurch Neuanpassung (Adaption), wirkungsvolle Auseinandersetzung (Coping) und/ oder Abwehrverhalten ausgelöst werden (Fröhlich, 2014, S. 461). Der Umgang mit einem Stressor wird „Coping" (Bewältigung) genannt. Unter den Bewältigungsstrategien werden die zur Verfügung stehenden Möglichkeiten eines Individuums gezählt, mit einer Gewähr umzugehen. Durch Ressourcenverluste entsteht beim Menschen Stress, da künftige Situationen nun mit reduziertem Bewältigungspotenzial gemeistert werden müssen. Zudem können auch gescheiterte Copingstrategien stress auslösen, da diese kein befriedigendes Ziel erreichen (Hobfoll, 1998, zitiert von Rolfe, 2019, S. 107). Bei der Frage inwiefern die Sokratische Gesprächsführung Stressoren beeinflussen kann, wird wieder angenommen, dass nach erfolgreichem Durchlaufen eines Sokratischen Dialog, dem Klienten Methoden und Herangehensweisen bekannt sind, mit denen er zukünftige Stressoren erkennen kann, um diese abzubauen zu können oder unnötige Erregungszustände zu vermeiden. Zudem können beispielsweise moralische Fragen und Konflikte für die Betroffenen erhebliche Stressoren darstellen, wie bei der Frage „Darf ich dieses Kind abtreiben?". Hierbei kann der Normative Sokratische Dialog eingesetzt werden, um zu einer Entscheidung zu gelangen. Dies kann den Betroffenen eine erhebliche Erleichterung verschaffen, da diese heiklen Themen zum einen behandelt werden dürfen und zum anderen keine Befürchtung bestehen muss, für die Entscheidung verurteilt zu werden.

Textteil zu B2

Der kognitiv-behaviorale Ansatz

Der verhaltenstheoretische Ansatz verzeichnet seine Anfänge in der behavioristischen Psychologie von J.B. Watson (1919); (zitiert von Hagestedt, 2015, S. 3). Die verhaltenstheoretische Forschung war stark an Tierexperimenten interessiert, um herauszufinden auf welche Weise Tiere lernen können, um dieses Wissen für den Menschen nutzbar zu machen. Dabei entstanden unter anderem die Prinzipien der klassischen und operanten Konditionierung, die sich auf Pawlow bzw. Skinner zurückführen lassen (McLeod, 2004, zitiert von Hagestedt, 2015, S. 3). In den 30er- und 40er-Jahren wurden diese verhaltenstheoretischen Methoden in der Forschung eingesetzt. Im therapeutischen Alltag wurde für diesen Ansatz jedoch keine eigene Beratungsform entwickelt. Zu diesem Zeitpunkt wurden im Beratungs- und Therapiealltag überwiegend die Psychoanalyse und die klientenzentrierte Therapie eingesetzt (McLeod, 2004, zitiert von Hagestedt, 2015, S. 3). Die kognitiven Bestandteile dieses Ansatzes wurden größtenteils von Beck und Ellis aufgebaut, da sie in den 60er- und 70er-Jahren den Einfluss von Kognitionen auf das menschliche Verhalten beschrieben (McLeod, 2004, zitiert von Hagestedt, 2015, S. 3).

Bei der verhaltensorientierten bzw. kognitiv-behavioralen Beratung wird ebenso wie bei der klientenzentrierten Beratung mit einer individuumsbezogenen Sichtweise herangegangen (BorgLaufs, 2004, zitiert von Hagestedt, 2015, S. 5). Der entscheidende Unterschied zu beiden Ansichten besteht jedoch darin, dass die verhaltensorientierte Herangehensweise nicht die Exploration und das Verstehen des Klienten im Sinn hat, sondern die Veränderung der Handlungsweisen herbeiführen möchte (McLeod, 2004, zitiert von Hagestedt, 2015, S. 5).

Das Menschenbild dieses Ansatzes beruht auf den Lerntheorien, dass Menschen von Geburt an neutral sind und alle Verhaltensweisen und Überzeugungen im Laufe des Lebens erlernt werden. Auf die Gefühlswelt des Klienten wird nur sekundär eingegangen, da diese als nicht direkt beeinflussbar eingestuft wird (George & Cristiani, 2004, zitiert von Hagestedt, 2015, S. 5). Da der Grundgedanke besteht, der Einfluss auf die Gefühle könne nur über die Veränderung der Gedanken erreicht werden, liegt der Fokus der kognitiv-behavioralen Beratung auf der Veränderung der Denkweise, die Verhalten und Gefühle beeinflussen sollen (McLeod, 2004, zitiert von Hagestedt, 2015, S. 5). Dieser Ansatz erweist sich als der experimentellste und viel problemlöse-orientierter als die anderen. Ein besonderer Schwerpunkt stellt die Testung auf Erhebung und Wirksamkeit der Verfahren dar (McLeod, 2004, zitiert von Hagestedt, 2015, S. 5).

Im Gegensatz zur klientenzentrierten Beratung zieht dieser Ansatz hauptsächlich auf die Änderung bestimmter Handlungsweisen ab. Es wird hier auch kaum auf die Berater-Klienten-Beziehung oder die Haltung des Beraters eingegangen.

Zudem unterscheiden sich die Herangehensweisen von beiden Beratungsformen grundlegend. Bei der klientenzentrierten Beratung wird eine prozessorientierte Herangehensweise eingesetzt, während bei dem verhaltenstheoretischen Ansatz im Vorhinein klare Ziele formuliert und bis zu dessen Erreichung systemisch überprüft werden (McLeod, 2004, zitiert von Hagestedt, 2015, S. 7). Des Weiteren findet sich bei diesem Ansatz eine Fülle an unterschiedlichen Techniken und Methoden, wie z. B. die systematische Desensibilisierung von Wolpe, der Abbau kognitiver Verzerrung nach Beck (1974), Rollenspiele, Gedankenstopps, oder Reframing (zitiert nach Hagestedt, 2015, S. 8).

Die kognitiv-behaviorale Gesprächsführung wird als direktiv beschreiben, da hierbei beratende Themen eingebracht, Inhalte vorschlagen werden und die Möglichkeit besteht, Sitzungen und Beratungsprozesse zu strukturieren und dabei stringent und konsequent vorzugehen. Bei diesem Ansatz gilt das Prinzip der Transparenz, indem die Beratenden die Ratsuchenden über das Beratungskonzept, Rahmenbedingungen und beinhaltenden Interventionstechniken. Zur Anwendung, um dysfunktionale Grundannahmen und Überzeugungen zu hinterfragen wird das sog. „gleitende Entdecken" eingesetzt. Zur Gesprächsführung gehören typischerweise verhaltenstherapeutische Techniken wie Spezifizieren, Präzisieren, Konkretisieren und Zusammenfassen. Zudem wird auch Lob durch soziale Verstärkung eingesetzt (Hoyer und Wittchen, 2011, zitiert von Margraf & Schneider, 2018, S. 644).

Techniken in diesem Ansatz werden eingesetzt, um dysfunktionales oder problematisches Verhalten zu verringern und im Zuge dessen adaptive Verhaltensweisen aufzubauen. Dabei werden im Rahmen der Beratung insbesondere solche kognitiv-behavioralen Interventionen eingesetzt, die die Selbsthilfefähigkeiten der Ratsuchenden stärken, damit die Klienten imstande sind, zukünftige Probleme selbstständig zu lösen. Hierbei werden Techniken eingesetzt wie Konfrontationsverfahren, soziales Kompetenztraining, Problemlösetraining, Aufbau positiver Aktivitäten, Ressourcenaktivierung und Selbstmanagementtherapie (Margraf & Schneider, 2018, S. 646).

Dabei wird klar, dass der kognitiv-behaviorale Berater den Klienten schult als Wissenschaftler zu arbeiten, indem er seine Gedanken und Überzeugungen hinterfragt und untersucht und ggf. behalten oder modifizieren möchte. Dadurch wirkt dieser Ansatz direkter als andere Ansätze, lässt dem Klienten jedoch wesentlich mehr Gestaltungsspielraum in Bezug auf die Beratungsziele und - methoden (Hagestedt, 2015, S. 8).

Der klientenzentrierte Ansatz

Durch Rogers wurde die klientenzentrierte Form der Therapie geprägt. Er sprach in einem Vortrag an der Universität von Minnesota 1940 von einer Therapieform, die dem Klienten ermöglichen sollte, selbstständig Lösungen für dessen Probleme zu finden (McLeod, 2004, zitiert nach Hagestedt, 2015, S. 2). Anfänglich wurde dieser Ansatz als „nicht-direktiv" bezeichnet, was bedeuten sollte, dass der Klient das Recht hat, alle Lebensziele selbst zu wählen. Die USA machte zu diesem Zeitpunkt überwiegend von der Psychoanalyse als Therapieform gebrauch. Nach der Rückkehr einer Vielzahl von Soldaten im Jahr 1945 stieg der Bedarf an therapeutischer Begleitung. Die Psychoanalyse konnte den traumatisierten Soldaten jedoch nicht gerecht werden. In diesen Kontext entwickelte sich der Ansatz von Rogers zur wichtigsten „nichtmedizinischen Beratungsform in den USA" (McLeod, 2004, S. 131, zitiert von Hagestedt, 2015, S. 2). Im Jahre 1951 benannte Rogers seine weiterentwickelte Theorie nun „klientenzentrierte Therapie". Dadurch sollte die falsch verstandene „nichtdirektive" Bezeichnung abgelöst werden und die Schwerpunktveränderung in den Vordergrund treten. Der Prozess, der sich beim Klienten selbst abspielt, wurde in den Fokus der Betrachtung gestellt, wo vorher vom Verhalten des Beraters ausgegangen wurde (McLeod, 2004, zitiert von Hagestedt, 2015, S. 2). Die letzte Phase der Entwicklung des klientenzentrierten Ansatzes wurde Ende der 50er-Jahre eingeleitet. Modelle der therapeutischen Beziehung wurden entwickelt, in denen die Beraterhaltung aber auch die Prozesse beim Klienten aufgefasst wurden (McLeod, 2004, zitiert von Hagestedt, 2015, S. 3). Die klientenzentrierte Beratung wird als affektiver Ansatz bezeichnet (George & Cristiani, 1986, zitiert von Hagestedt, 2015, S. 4), der auf einem humanistischen Menschenbild aufgebaut wurde und eine am Individuum orientierte Perspektive einnimmt (Straumann, 2004, zitiert von Hagestedt, 2015, S. 4). Bei diesem „affektiven Ansatz" liegt der Fokus auf den Gefühlen des Klienten, wobei die Gedanken und das Verhalten weitestgehend vernachlässigt werden. Zudem wird von Rogers und seine Vertreter der verhaltenstheoretischen und systemischen Ansätzen davon ausgegangen, dass Individuen in der Lage sind ihr eigenes Verhalten zu steuern und zu kontrollieren (George & Cristiani, 1986, zitiert von Hagestedt, 2015, S. 4). Rogers klientenzentrierter Ansatz lässt das daraus entstehende Menschenbild in folgenden vier Hauptaussagen beschreiben: Wobei jedes Individuum als wertvoll angesehen wird und ein Recht auf seine eigene Meinung hat, das Verhalten konsistent mit der Selbstwahrnehmung und der Situation ist, jedes Individuum nach Wachstum, Gesundheit und Selbstverwirklichung strebt, was unter dem Namen „Aktualisierungs-Tendenz" verstanden wird und die vierte Aussage geht davon aus, dass jedes Individuum gut und vertrauenswürdig ist (McLeod, 2004, zitiert von Hagestedt, 2015, S. 5). Diese vierte Aussage unterscheidet sich zu verhaltenstheoretischen Modellen, die davon ausgehen, dass der Mensch von Geburt an neutral ist (George & Cristiani, 1986, zitiert von Hagestedt, 2015, S. 5).

Ob Beratungsbedarf bei einem Menschen benötigt wird, hängt davon ab, ob sein Selbstbild nicht kongruent mit den eigenen Erfahrungen und Gefühlen ist (Hagestedt, 2015, S. 5). Ziel der klientenzentrierten Beratung ist es den Menschen dazu zu befähigen seine Kapazitäten für eine angemessene Entwicklung zu nutzen (George & Cristiani, 1986, zitiert von Hagestedt, 2015, S. 5). Der Klient soll ermutigt werden sein Selbstkonzept zu überdenken und zu verändern und dadurch die eigenen Gefühle zu erkennen und akzeptieren, was zu einem prozessorientierten Ansatz führt. Dabei fällt auf, dass die verhaltenstheoretische Beratung im Gegensatz dazu ein stark zielorientierter Ansatz ist (Hagestedt, 2015, S. 5).

Im Gegensatz zur verhaltensorientierten Beratung hat die klientenzentrierte Beratung in der praktischen Umsetzung (Beratung oder Therapie) keine speziellen Techniken zu verzeichnen. Bei diesem Ansatz wird das Konzept der „hinreichenden Bedingungen" (Geroge & Cristiani, 1986, zitiert von Hagestedt, 2015, S. 7) verfolgt, das besagt, dass in der Beratungssituation bestimmte Bedingungen erfüllt werden müssen, damit beim Klienten die Selbstaktualisierung eingeleitet wird. Die drei wichtigsten Bedingungen hängen von der Berater-Klient-Beziehung ab. Das erste Element ist die Empathie und bedeutet das Einfühlen und den Versuch dessen Welt zu verstehen. Zum zweiten Element zählt die unbedingte positive Wertschätzung. Hierbei soll der Berater dem Klienten eine positive Wertschätzung entgegenbringen, ohne diese an

Bedingungen zu knüpfen. Dadurch soll dem Patienten geholfen werden sich frei zu äußern und die Akzeptanz seiner Gefühle zu fördern. Das letzte Element ist die Kongruenz und Authentizität. Diese besagt, dass der Berater authentisch und offen handeln soll, da bei keinem anderen Ansatz die Bereitschaft zur Selbstmitteilung so hoch gewichtet wird (Rogers, 1973, zitiert nach Hagestedt, 2015, S. 7); (McLeod, 2004, zitiert von Hagestedt, 2015, S. 7).

Der große Unterschied zum verhaltenstheoretischen Ansatz besteht in der Annahme, dass allein die Beziehung zwischen Berater und Klient ausreicht, um eine Veränderung beim Klienten zu bewirkten. Zudem werden auch Methoden eingesetzt, die zur passiven Gesprächsführung gehören (z. B. aktives Zuhören und Aufmerksamkeit signalisieren); (McLeod, 2004, zitiert nach Hagestedt, 2015, S. 7).

Der klientenzentrierte und der kognitiv-behaviorale Ansatz unterscheidet hauptsächlich sich in ihren Grundlagen, ihrer Theorien, ihres Menschenbildes und ihrer Methoden (Hagestedt, 2015, S. 9). Für den klientenzentrierten Ansatz liegt der Fokus auf der Beziehung zwischen Berater und Klient. Zudem wird die Schaffung von Bedingungen in den Vordergrund gestellt. Beim verhaltenstheoretischen bzw. kognitiv-behavioralen Ansatz wird der Schwerpunkt in empirisch prüfbaren Methoden gesehen, die eine Verhaltensänderung in Gang setzten sollen (Hagestedt, 2015, S. 9). Zu der Eignung der verschiedenen Ansätze kann gesagt werden, dass die verhaltenstheoretische Beratung vor allem dann gewählt werden sollte, wenn schnelle Verhaltensänderungen herbeigeführt werden sollen (z. B. aggressives Verhalten). Zudem können verhaltenstheoretische Maßnahmen auch in Bereichen der Prävention und Gesundheitsförderung eingesetzt werden. Die klientenzentrierte Beratung eignet sich jedoch überwiegend für Jugendliche und Erwachsene, da Gefühle differenziert behandelt werden und dafür bestimmte kognitive Fähigkeiten benötigt werden. Dabei verspricht diese Form der Beratung die besten Ergebnisse, wenn keine akuten Verhaltensprobleme bestehen, sondern die langfristige Auseinandersetzung der eigenen Gefühle bearbeitet begünstigt werden soll (Hagestedt, 2015, S. 10).

Textteil zu B3

Psychotherapie

Der Begriff Psychotherapie bezeichnet ein Interventionsverfahren, das auf psychischen Prozessen aufgebaut wird und in Übereinkunft zwischen Klienten und Therapeut auf der Kommunikationsebene stattfindet, um einen planvollen Einfluss auf das fehlerbehaftete Erleben und Verhalten zu erlangen. Das Ziel hierbei besteht in der Linderung von Verhaltenssymptomen, Befindlichkeiten und/ oder Sichtweisen, die die Ursache des Leidens darstellen, das Wohlbefinden beeinträchtigen oder/ oder die Beziehung zur Umwelt stören (Fröhlich, 2014, S. 392).

Fallbeispiel Psychotherapie

Frau F. suchte Hilfe bei ihrem Hausarzt. Sie wohne im Zentrum von München, wobei es ihr Arbeitsweg erfordert mehrere U-Bahn-Fahrten zu tätigen. Sie berichte ein Unwohlsein morgens in der U-Bahn, da sie mit vielen Menschen, eng aneinandergedrängt zur Arbeit gelangen muss. Seit 2 Monaten wähle sie die Fahrt erheblich Früher (4:30 Uhr), um den Menschenmassen zu entgehen. Dieser enorme Aufwand sei für sie in Ordnung gewesen, jedoch wurde sie nun befördert und soll Kundenbesuche in einigen Großstädten tätigen. Sie freue sich sehr über die Beförderung, jedoch ist ihre Angst vor New York, Tokio oder Mexiko-Stadt zu groß. Sie wurde von ihrem Hausarzt an mich überwiesen, um therapeutische Hilfe zu leisten und ihren Leidensdruck zu lindern. Nach einigen Sitzungen und psychologischen Testungen diagnostiziere ich bei Frau F. eine Agoraphobie mit Panikstörung. Bei der verhaltenstherapeutischen Bearbeitung ihrer Störungen stehen die Vermeidungs- und Sicherheitsmuster im Vordergrund. Die therapeutische Vorgehensweise wurde nach anfänglichen psychoedukativen Einheiten zum Thema „Funktion der Angst" und „Teufelskreis der Angst" von spezifischeren Fragestellungen abgelöst und so konnte die Patientin eigenständig ihr Vermeidungsverhalten einordnen und die aufrechterhaltenden Wirkweisen erkennen. Auf dieser Basis wurde mit der schrittweisen Konfrontation (Angsthierarchie) begonnen, wobei die Patientin aufgrund ihrer hohen Eigenmotivation rasche Fortschritte erzielte (z. B. Zugfahrten). Durch die raschen Therapiefortschritte ergab sich wiederum eine hohe Weiterbehandlungsbereitschaft, sodass Frau F. eigenständig die Intensität der Konfrontationsübungen erhöhte. Nach mehreren Rückschlägen und Erfolgen, gelang es ihr U-Bahn-Fahrten erfolgreich zu meistern. In Folge dieses Erfolgserlebnisses gewann Frau F. neues Selbstvertrauen, was sie dazu Motivierte mit ihrem Arbeitgeber zu sprechen und eine gemeinsame Lösung zu finden, die ihre Leistungen im Unternehmen würdigt und zugleich mit ihren Therapiefortschritten übereinstimmen.

Beratung

Die psychologische Beratung wird als „(I)institutionalisierte Form der Erteilung von Entscheidungs- oder Orientierungshilfen" verstanden und von Fachkräften (z. B. Ärzte, Psychologen) durchgeführt. Dabei gehören meist auch Explorationsgespräche, Testuntersuchungen und Interventionsmaßnahmen dazu. Kennzeichen der Beratung stellt die Nicht-Direktive (nicht auf Verhaltensmodifikation zielende) Art dar, die die Einsichten und Einstellungsänderungen in individuellen Problembereichen fördert. Institutionelle Beratung kann im Kontext von Erziehungsberatung, schulpsychologische Beratung, Berufsberatung, Ehe-, Partnerschafts-, Gesundheits- und Rehabilitationsberatung erfolgen (Fröhlich, 2014, S. 99).

Fallbeispiel Beratung

Der Klient Herr M. erscheint zu einem Beratungsgespräch, zu dem ihm nach eigenen Aussagen der Vater gezwungen hätte. Er habe eine Ausbildung und zwei Studiengänge abgebrochen und arbeite derzeit als Minijobber in einer Bar. Er verliere schnell die Lust an einer Tätigkeit und könne keine Arbeiten zu Ende bringen. Er lehne jede Hilfe und Unterstützung ab, da die betreffenden Personen seiner Meinung nach „keine Ahnung vom Leben und der Arbeitswelt" haben. Dadurch sei er mit Vorgesetzten, Eltern und Dozenten mehrfach in Konflikt geraten. Sein Vater scheint sein absolutes Idol zu sein und der „Held" seiner Kindheit. Dennoch muss er ihm immer wieder die Stirn bieten und ihn belehren. Sein Vater sei erfolgreicher Unternehmer und möchte, dass er in seine Firmen einsteige. Seine Kindheit verbrachte er, auf Anordnung des Vaters, in einem Internat in Shanghai, um international wettbewerbsfähig zu werden.

Es stellt sich schnell heraus, dass Herr M. neurotische Grundüberzeugungen hat. Er leide unter einem starken Selbstwertkonflikt, wobei Scham und Versagensängste dominieren. Er versuche zunächst den Erwartungen des Vaters gerecht zu werden, kann diesen jedoch nicht Standhalten und flüchtet sich in Gelegenheitsaufgaben. Seine Beziehung zu autroitätspersonen scheint gestört zu sein, der er mit einer trotzigen Haltung und Verweigerung versucht zu entkommen. Im Beratungsgespräch werden zunächst die Erwartungen des Vaters beiseitegelegt, um die wahren Interessen Herr M.´s herauszufinden. Seine übersteigerte und narzisstische Haltung machte es schwer sein Wahres ich herauszulassen. Schwächen zugeben und ehrliche Eingeständnisse konnten kaum zugelassen werden. Neben Lern- und Arbeitsstrategien wurde in den Sitzungen die berufliche Richtung, in die ihn seine eigenen Interessen führen behandelt. Er konnte die Zusammenhänge zwischen seinen dysfunktionalen Beziehungsmustern mit Autoritätspersonen und seinem Vater erkennen, sowie sein instabiles Selbstwerterleben ergründen. Durch offene Gespräche mit der Hochschule und seinem Vater konnten neurotische Beziehungsmuster erkannt und abgebaut werden, um sein wahres Leistungspotenzial zu entfalten und steigern zu können. Der Patient entdeckte durch die Beratung ein starkes Interesse an helfenden Berufen. Er schloss erfolgreiche eine Ausbildung im Pflegeberuf ab und gewann neue Motivation in seinem Arbeitsumfeld.

Abgrenzung Psychotherapie von Beratung

Bei einer Psychotherapie handelt es sich in erster Linie um einen geplanten Prozess, der mit Hilfe psychologischer Mittel und speziellen therapeutischen Techniken Verhaltensstörungen und Leidenszustände beeinflussen, mit dem Ziel eine Symptomminimierung bis hin zur Strukturveränderung bzw. Heilung. In der Psychotherapie werden die Erkrankungen der Seele behandelt, wobei in diesem Kontext auch auf einzelne psychosomatische Erkrankungen eingegangen wird. Die Behandlung beginnt mit der Anamnese, wodurch die Diagnostik eingeleitet wird und endet schließlich in der Therapie einer vordergründigen Störung. Die Psychotherapie kann als Bestandteil der medizinischen Versorgung angesehen werden und wird rechtlich über das Psychotherapeutengesetzt kontrolliert. Angeboten kann diese Leistung von spezialisierten Krankenhäusern, Rehabilitationseinrichtungen oder Einzelpraxen. Abgerechnet werden diese Leistungen in der Regel über Versicherungsträger (z. B. Krankenkassen) (Schnoor, 2006, S. 48).

Dem gegenüber steht die psychosoziale Beratung. Sie behandelt primär die Schwierigkeiten von ihren Klienten, die durch eine Erkrankung hervorgerufen werden kann und sich durch Konflikte und Desorientierungserfahrungen in verschiedenen Lebenssituationen äußern können. Dabei steht nicht die Krankheitsbewältigung, sondern die Krisenbewältigung bzw. Neuorientierung der Klienten im Fokus. Hierbei werden Orientierungs-, Entscheidungs-, oder Bewältigungshilfen bei der Klärung individueller Probleme angeboten, deren Entstehung zum einen durch soziale Anforderungen gekennzeichnet ist und zum anderen einen persönlichen Bereich der Personen tangieren. Inhaltlich wird bei der psychosozialen Beratung ein abgegrenztes Thema bearbeitet, dass aus der Problemlage der spezifischen Zielgruppe heraus entsteht. Daraufhin wird dann ein Angebot entwickelt, dass genau auf die Problemlage der Zielgruppe zugeschnitten ist (z. B. Erziehungs-, Schwangerschaftskonflikt-, Drogenberatung). Dieser inhaltliche Fokus grenzt die Beratung entscheidend von der Psychotherapie ab, indem es ihr ermöglicht, in relativ kurzer Zeit ihr Ziel zu erreichen. Zudem ist eine Beratung ist meist kostenlos und wird von öffentlichen Mitteln finanziert, während eine Psychotherapie überwiegend von der Krankenkasse übernommen wird. Die Arbeitsweisen unterscheiden sich zudem hinsichtlich des Selbstverständnisses und des Schwerpunktes, denn die Psychotherapie arbeitet klinisch-kurativ, während die Beratung präventiv-rehabilitativ vorgeht. Heilen und Helfen könne sich in der Praxis annähern, sind jedoch nicht identisch (Schnoor, 2006, S. 49).

Als Abschluss ist noch auf den Unterschied zwischen dem Klienten und dem Patienten einzugehen. Ein Patient ist ein Mensch, der sich in Not befindet und einen Ausweg bzw. Hilfe sucht (z. B. durch eine Therapie). Ein Klient (oder Kunde) hingegen ist eine Person, die einen Bedarf hat und sich deshalb Unterstützung sucht (z. B. durch eine Erziehungsberatung). Dieser Bedarf kann mit einem Geschäft in Verbindung stehen oder einer schweren Entscheidung (Linden, 2016, S. 283).

Literaturverzeichnis

Fröhlich, W. D. (2014). *Wörterbuch Psychologie* (dtv, Bd. 34625, Original-Ausg., 29., unveränd. Nachaufl.). München: Dt. Taschenbuch-Verl.

Hagestedt, D. (2015). *Drei Beratungsansätze im Vergleich. Historischer Hintergrund, Menschendbild, Methoden und Anwendung der systemischen, klientenzentrierten und verhaltenstheoretischen/ kognitiv-behavioralen Beratung:* GRIN Verlag.

Linden, M. (2016). Beratung in Abgrenzung zur Psychotherapie. *Psychotherapeut, 61*(4), 279–284. https://doi.org/10.1007/s00278-016-0116-1

Margraf, J. & Schneider, S. (2018). *Lehrbuch der Verhaltenstherapie, Band 1.* Berlin, Heidelberg: Springer Berlin Heidelberg. https://doi.org/10.1007/978-3-662-54911-7

Rolfe, M. (2019). *Positive Psychologie und organisationale Resilienz.* Berlin, Heidelberg: Springer Berlin Heidelberg. https://doi.org/10.1007/978-3-662-55758-7

Schnoor, H. (Hrsg.). (2006). *Psychosoziale Beratung in der Sozial- und Rehabilitationspädagogik.* Stuttgart: Kohlhammer. Verfügbar unter http://www.socialnet.de/rezensionen/isbn.php?isbn=978-3-17-019297-3

Stavemann, H. H. (2005). Sokratische Gesprächsführung. In M. Hautzinger & M. Linden (Hrsg.), *Verhaltenstherapiemanual (German Edition)* (5th ed., S. 270–277). Dordrecht: Springer. Zugriff am 02.06.2020.

Stavemann, H. H. (2015). *Sokratische Gesprächsführung in Therapie und Beratung. Eine Anleitung für Psychotherapeuten, Berater und Seelsorger* (3., überarbeitete Auflage). Weinheim: Beltz.

Jochen Stockburger

Unternehmenskrise und Organstrafbarkeit wegen Insolvenzstraftaten

**Eine Untersuchung zu aktuellen Problemen
der Bestimmung der strafrechtlichen Krisenmerkmale
und der Strafhaftung von AG-Vorständen,
GmbH- und UG-Geschäftsführern
wegen Insolvenzstraftaten**

Centaurus Verlag & Media UG 2011

Jochen Stockburger war wissenschaftlicher Mitarbeiter am Lehrstuhl Prof. Dr. Wolfgang Heinz, Universität Konstanz. Seit 2006 arbeitet er als Rechtsanwalt mit Tätigkeitsbereich Immobilien- und Gesellschaftsrecht bei Menold Bezler Rechtsanwälte Partnerschaft, Stuttgart.

Bibliografische Informationen der Deutschen Nationalbibliothek
Die Deutsche Nationalbibliothek verzeichnet diese Publikation in der Deutschen Nationalbibliografie; detaillierte bibliografische Daten sind im Internet über http://dnb.d-nb.de abrufbar.

ISBN 978-3-86226-093-5   ISBN 978-3-86226-488-9 (eBook)
DOI 10.1007/978-3-86226-488-9

ISSN 0177-2805

© CENTAURUS Verlag & Media KG, Freiburg 2011
www.centaurus-verlag.de

Satz: Vorlage des Autors
Umschlaggestaltung: Antje Walter, Titisee-Neustadt

Für meine Familie

Vorwort

Die Entstehung der Arbeit geht zurück auf meine langjährige Tätigkeit am Lehrstuhl für Kriminologie und Strafrecht von Prof. Dr. Wolfgang Heinz an der Universität Konstanz. Neben meinem Jurastudium war ich dort als wissenschaftliche Hilfskraft beschäftigt. Im Anschluss an das Rechtsreferendariat kehrte ich an den Lehrstuhl von Prof. Dr. Wolfgang Heinz als wissenschaftlicher Mitarbeiter zurück und begann mit den Arbeiten an der vorliegenden Dissertation. Mehrere Gesetzgebungsmaßnahmen wie die Reform des GmbH-Rechts durch das MoMiG und die Finanzmarktstabilisierungsgesetze zur Bekämpfung der Wirtschaftskrise hatten erhebliche Auswirkungen auf das Insolvenzstrafrecht und wurden in der vorliegenden Arbeit umfassend berücksichtigt.

Mein erster Dank gilt meinem Doktorvater Prof. Dr. Wolfgang Heinz, dem ich für die hervorragende Betreuung meiner Promotion, für die lehrreichen Jahre am Lehrstuhl und für viele fachliche und persönliche Gespräche ganz herzlichen Dank schulde. Die Begeisterung für seine Tätigkeit und sein Einsatz haben mich stets beeindruckt. Prof. Dr. Rudolf Rengier danke ich für die zeitnahe Erstellung des Zweitgutachtens. Meinem früheren Kollegen am Lehrstuhl Herrn Dipl. Soziologe Gerhard Spiess danke ich für den fachlichen Austausch und viele bereichernde Diskussionen. Frau Hannelore Biesle verdient meinen besonderen Dank für das Korrekturlesen des Manuskripts. Etwa vorhandene Schreibfehler sind allein auf meine Änderungen zurückzuführen.

Meinen Eltern Ingrid und Walter Stockburger bin ich zu größtem Dank verpflichtet für ihr Vertrauen und die Förderung meiner Ausbildung. Ihre Unterstützung wird mir Vorbild sein. Mein herzlichster Dank gebührt meiner Ehefrau Jutta Stockburger und unserem Sohn Carl für Ihren Rückhalt, unzählige Ermunterungen und für Ihre Fröhlichkeit.

Stuttgart, im Juli 2011

Dr. Jochen Stockburger

Inhaltsverzeichnis

Abkürzungsverzeichnis

a. E.	am Ende
a. F.	alte Fassung
Abs.	Absatz
ADHGB	Allgemeines deutsches Handelsgesetzbuch
AG	Aktiengesellschaft; Die Aktiengesellschaft; Amtsgericht
AktG	Aktiengesetz
Alt.	Alternative
AnfG	Anfechtungsgesetz
AO	Abgabenordnung
Art.	Artikel
AT	Allgemeiner Teil
Az.	Aktenzeichen
BayObLG	Bayrisches Oberstes Landesgericht
BB	Betriebs-Berater
BGB	Bürgerliches Gesetzbuch
BGBl.	Bundesgesetzblatt
BGH	Bundesgerichtshof
BGHSt	Entscheidungen des Bundesgerichtshof in Strafsachen
BGHZ	Entscheidungen des Bundesgerichtshof in Zivilsachen
BilMoG	Gesetz zur Modernisierung des Bilanzrechts (Bilanzrechtsmodernisierungsgesetz – BilMoG)
BRAO	Bundesrechtsanwaltsordnung
BR-Drs.	Bundesratsdrucksache
BT	Besonderer Teil
BT-Drs.	Bundestagsdrucksache
BuW	Betrieb und Wirtschaft
BVerfG	Bundesverfassungsgericht
BVerfGE	Entscheidungen des Bundesverfassungsgerichts
DB	Der Betrieb
DStR	Deutsches Steuerrecht
DZWiR	Deutsche Zeitschrift für Wirtschafts- und Insolvenzrecht
EG	Europäische Gemeinschaft
EGInsO	Einführungsgesetz zur Insolvenzordnung
EGOWiG	Einführungsgesetz zum Gesetz über Ordnungswidrigkeiten
EuZW	Europäische Zeitschrift für Wirtschaftsrecht
FK-InsO	Frankfurter Kommentar zur Insolvenzordnung
FMStErgG	Gesetz zur weiteren Stabilisierung des Finanzmarktes (Finanzmarktstabilisierungsergänzungsgesetz - FMStErgG)
FMStFG	Gesetz zur Errichtung eines Finanzmarktstabilisierungsfonds

	(Finanzmarktstabilisierungsfondsgesetz – FMStFG)
FMStG	Gesetz zur Umsetzung eines Maßnahmenpakets zur Stabilisierung des Finanzmarktes (Finanzmarktstabilisierungsgesetz – FMStG)
Fn.	Fußnote
FS	Festschrift
GA	Goltdammers Archiv für Strafrecht
GenG	Genossenschaftsgesetz
GesO	Gesamtvollstreckungsordnung
GG	Grundgesetz
GK	Gemeinschaftskommentar; Großkommentar
GmbH	Gesellschaft mit beschränkter Haftung
GmbHG	Gesetz betreffend die Gesellschaften mit beschränkter Haftung
GmbHR	GmbH-Rundschau
GS	Gedächtnisschrift
h. M.	herrschende Meinung
HGB	Handelsgesetzbuch
HK	Heidelberger Kommentar
HRRS	Onlinezeitschrift für Höchstrichterliche Rechtsprechung zum Strafrecht
Hrsg.	Herausgeber, -in
i. S. d.	im Sinne des, im Sinne der
i. V. m.	in Verbindung mit
INF	Information über Steuer und Wirtschaft
InsO	Insolvenzordnung
JA	Juristische Arbeitsblätter
JR	Juristische Rundschau
Jura	Juristische Ausbildung
JuS	Juristische Schulung
JZ	Juristenzeitung
KG	Kommanditgesellschaft
KK	Karlsruher Kommentar
KO	Konkursordnung
KTS	Konkurs, Treuhand und Schiedsgerichtswesen
LG	Landgericht
LK	Leipziger Kommentar
m. w. N.	mit weiteren Nachweisen
MDR	Monatsschrift für Deutsches Recht
MitbestErgG	Gesetz zur Ergänzung des Gesetzes über die Mitbestimmung der Arbeitnehmer in den Aufsichtsräten und Vorständen der Unternehmen des Bergbaus und der Eisen und Stahl erzeugenden Industrie
MitbestG	Mitbestimmungsgesetz

MoMiG	Gesetz zur Modernisierung des GmbH-Rechts und zur Bekämpfung von Missbräuchen
MontanmitbestG	Gesetz über die Mitbestimmung der Arbeitnehmer in den Aufsichtsräten und Vorständen der Unternehmen des Bergbaus und der Eisen und Stahl erzeugenden Industrie
MüKo	Münchener Kommentar
NJW	Neue Juristische Wochenschrift
NJW-RR	NJW Rechtsprechungs Report
NK	Nomos Kommentar zum Strafgesetzbuch
NStZ	Neue Zeitschrift für Strafrecht
NZG	Neue Zeitschrift für Gesellschaftsrecht
NZI	Neue Zeitschrift für das Recht der Insolvenz und Sanierung
OHG	Offene Handelsgesellschaft
OLG	Oberlandesgericht
OWiG	Gesetz über Ordnungswidrigkeiten
PublG	Gesetz über die Rechnungslegung von bestimmten Unternehmen und Konzernen (Publizitätsgesetz – PublG)
RefE	Referentenentwurf
RegE	Regierungsentwurf
RGBl.	Reichsgesetzblatt
RGSt	Entscheidungen des Reichsgerichts in Strafsachen
RGZ	Entscheidungen des Reichsgerichts in Zivilsachen
Rn.	Randnummer
Sch/Sch	Schönke, Adolf; Schröder, Horst, Strafgesetzbuch Kommentar
SK	Systematischer Kommentar
StGB	Strafgesetzbuch
StPO	Strafprozeßordnung
str.	strittig, umstritten
StV	Strafverteidiger
UG	Unternehmergesellschaft
UmwG	Umwandlungsgesetz
Verf.	Verfasser, Verfasserin
VglO	Vergleichsordnung
WiKG	Gesetz zur Bekämpfung der Wirtschaftskriminalität
wistra	Zeitschrift für Wirtschafts- und Steuerstrafrecht
WM	Wertpapiermitteilungen
ZGR	Zeitschrift Unternehmens- und Gesellschaftsrecht
ZIP	Zeitschrift für Wirtschaftsrecht
ZPO	Zivilprozessordnung
ZRP	Zeitschrift für Rechtspolitik
Zshg.	Zusammenhang
ZStW	Zeitschrift für die gesamte Strafrechtswissenschaft

Einleitung

I. Untersuchungsgegenstand und Zielsetzung

1. Untersuchungsgegenstand

Die Unternehmenskrise stellt in der vorliegenden Untersuchung den übergeordneten zeitlichen Rahmen im Leben einer Unternehmung dar, der Anknüpfungspunkt für eine Vielzahl von Strafvorschriften ist. Der Begriff der Unternehmenskrise wird im Strafrecht nicht als eigenständiges Tatbestandsmerkmal verwendet. Es ist jedoch anerkannt, dass die in § 283 Absatz 1 StGB enthaltenen Tatbestandsmerkmale der drohenden und eingetretenen Zahlungsunfähigkeit und der Überschuldung als Merkmale für das Vorliegen einer Unternehmenskrise anzusehen sind.[1] Sie werden daher in vorliegender Arbeit auch als Krisenmerkmale bezeichnet.

Untersuchungsgegenstand der vorliegenden Arbeit ist die Behandlung aktueller Fragen der Bestimmung dieser strafrechtlichen Krisenmerkmale sowie die Erörterung aktueller Fragen zur strafrechtlichen Haftung der Geschäftsführungsorgane der AG und der GmbH, einschließlich der durch das MoMiG neu eingeführten UG (haftungsbeschränkt), wegen Insolvenzstraftaten.

Bislang existiert für die drohende und eingetretene Zahlungsunfähigkeit und für die Überschuldung im Strafrecht und zivilen Insolvenzrecht keine einheitliche Auslegung. Es ist beispielsweise denkbar, dass die Voraussetzungen der Zahlungsunfähigkeit bei zivilrechtlicher Betrachtung erfüllt, bei strafrechtlicher Betrachtung hingegen nicht erfüllt sind. Es ist daher zu klären, ob die strafrechtlichen Krisenmerkmale der drohenden und eingetretenen Zahlungsunfähigkeit und der Überschuldung akzessorisch zum insolvenzrechtlichen Begriffsverständnis zu bestimmen sind oder ob ggf. aus spezifischen strafrechtlichen Gründen Abweichungen möglich oder erforderlich sind.

---

[1] Vgl. z. B. Sch/Sch-Stree/Heine, StGB § 283 Rn. 50; Lackner/Kühl, StGB § 283 Rn. 5; LK-Tiedemann, StGB § 283 Rn. 1; NK-Kindhäuser, StGB vor § 283 Rn. 91 ff. und § 283 Rn. 1. Vgl. bereits die Stellungnahmen zur Einführung der Krisenmerkmale durch das 1. WiKG v. 29. Juli 1976, Regierungsentwurf zum 1. WiKG, BT-Drs. 7/3441, S. 19 ff.; Heinz, GA 1977, 193 (216 f.); Schlüchter, MDR 1978, 265 ff.

Die drohende und eingetretene Zahlungsunfähigkeit und die Überschuldung waren als Gründe für die Eröffnung des Insolvenzverfahrens in letzter Zeit mehrfach Gegenstand gesetzgeberischer Reformen. Die größten Auswirkungen auf die Insolvenzeröffnungsgründe hatte die Einführung der InsO mit Wirkung zum 1. Januar 1999.[2] Aber auch die am 1. November 2008 in Kraft getretene umfassende Reform des GmbH-Rechts durch das MoMiG[3] und das unter dem Druck der im Herbst 2008 verstärkt einsetzenden weltweiten Finanzkrise zustande gekommene FMStG vom 17. Oktober 2008[4] sowie das FMStErgG vom 7. April 2009[5] brachten Änderungen des Überschuldungsbegriffs und daran anknüpfende Folgeprobleme mit sich. Zuletzt wurde die Befristung des Überschuldungsbegriffs des FMStG durch das Gesetz zur Erleichterung der Sanierung von Unternehmen vom 24. September 2009[6] bis zum 31. Dezember 2013 verlängert. Auch das BilMoG vom 25. Mai 2009[7] hatte Auswirkungen auf die Bestimmung der Insolvenzeröffnungsgründe.

Während die Auswirkungen der Einführung der InsO auf die strafrechtlichen Krisenmerkmale bereits seit geraumer Zeit für Diskussionen sorgen[8], liegen zu den Auswirkungen des MoMiG, des FMStG, des FMStErgG und des BilMoG auf das insolvenzstrafrechtliche Begriffsverständnis der drohenden und eingetretenen Zahlungsunfähigkeit und der Überschuldung noch keine ausführlichen Stellungnahmen vor. Bislang sind lediglich zu einzelnen strafrechtlichen Aspekten dieser jüngeren Gesetzgebung einige wenige Aufsätze erschienen.[9] Die Auswirkungen des MoMiG, des FMStG, des FMStErgG und des BilMoG auf die strafrechtliche Bestimmung der Krisenmerkmale der drohenden und eingetretenen Zahlungsunfähigkeit und der Überschuldung bedürfen der Erörterung. Aber auch die Auswirkungen der Einführung der InsO auf das insolvenzstrafrechtliche Begriffsver-

---

[2] InsO vom 5. Oktober 1994, BGBl. I S. 2866. Gemäß § 359 InsO i. V. m. Art. 110 Abs. 1 EGInsO in Kraft getreten am 1. Januar 1999.

[3] MoMiG vom 23. Oktober 2008, BGBl. I S. 2026.

[4] FMStG vom 17. Oktober 2008, BGBl. I S. 1982.

[5] FMStErgG vom 7. April 2009, BGBl. I S. 725.

[6] Gesetz zur Erleichterung der Sanierung von Unternehmen vom 24. September 2009, BGBl. I S. 3151.

[7] BilMoG vom 25. Mai 2009, BGBl. I S. 1102.

[8] Vgl. insbesondere die Dissertationen von Moosmayer, Penzlin, Röhm, Plathner, Neumann und Erdmann, die sich mit den Auswirkungen der InsO auf das Strafrecht beschäftigen. Vgl. auch Sch/Sch-Stree/Heine, StGB vor § 283 Rn. 1a; Bittmann, in: Insolvenzstrafrecht § 12 Rn. 15 ff.; Hörl, S. 58 ff.; Weyand/Diversy, Rn. 16 f., 33 f., 46 ff.; Achenbach, GS-Schlüchter, S. 257 ff.; Uhlenbruck, wistra 1996, 1 ff.; Bieneck, StV 1999, 43 ff.

[9] Vgl. Müller-Gugenberger, GmbHR 2009, 578; Grube/Röhm, wistra 2009, 81; Bittmann, NStZ 2009, 113; Bittmann, wistra 2009, 138; Bittmann, GmbHR 2007, 70; Wegner, HRRS 2009, 32; Adick, HRRS 2009, 155.

ständnis gelten nach wie vor als noch nicht hinreichend geklärt.[10] Ein Schwerpunkt der Untersuchung liegt auf diesen ungeklärten Fragen.

Darüber hinaus ist die Strafbarkeit von Vertretungs- und Geschäftsführungsorganen der GmbH und der AG wegen Insolvenzstraftaten Untersuchungsgegenstand der vorliegenden Arbeit. Die Kapitalgesellschaften GmbH und AG sind juristische Personen[11] und haben eine eigene Rechtspersönlichkeit. Ihre Handlungsfähigkeit erlangen juristische Personen erst durch ihre Organe.[12] Eine Strafbarkeit der Unternehmung an sich scheidet nach geltendem deutschen Recht nach wie vor aus. Das Strafrecht richtet sich an die natürliche Person als Täter. Eine bei einer juristischen Person zur Geschäftsführung und Vertretung der Gesellschaft berufene natürliche Person wird als *Organ* bezeichnet. Sofern explizit auf diejenigen Personen abgestellt wird, die Geschäftsführungsaufgaben wahrnehmen, hat sich deren Bezeichnung als *Organwalter* eingebürgert.[13] Die zivil- oder strafrechtliche Verantwortlichkeit dieser Personen wird auch *Organhaftung* genannt.

Die AG stellt den Grundtypus der juristischen Person in der Form einer Kapitalgesellschaft dar.[14] Der GmbH kommt unter den erwerbswirtschaftlich tätigen juristischen Personen in der Wirtschaftsrealität aufgrund ihrer weiten Verbreitung[15] eine besondere Bedeutung zu. Vorliegende Untersuchung beschränkt sich daher auf diese beiden Kapitalgesellschaften.

Die strafrechtliche Organhaftung in der Unternehmenskrise wirft eine Vielzahl an Fragen auf. Vorliegende Arbeit behandelt aktuelle Probleme der Haftung der Geschäftsführungsorgane der GmbH und der AG wegen Insolvenzstraftaten. Im Rahmen der Überlegungen zur Organhaftung bei der GmbH ist aus Gründen der Vollständigkeit auch auf die Situation bei der durch das MoMiG als Variante der GmbH neu eingeführten UG (haftungsbeschränkt)[16] einzugehen. Lediglich ergänzend ist in einem Exkurs auf die strafrechtliche Verantwortlichkeit der Gesellschafter der GmbH und der Aufsichtsratmitglieder einer AG wegen Insolvenz-

---

[10] So z. B. Sch/Sch-Stree/Heine, StGB § 283 Rn. 50a.

[11] Hueck/Fastrich, in: Baumbach/Hueck, GmbHG § 13 Rn. 2; Hüffer, AktG § 1 Rn. 4 ff.; Kübler/Assmann, GesR § 4 IV.; K.Schmidt, GesR § 8 II., § 22 und § 8 IV. Ausführlich Wiedemann, WM Sonderbeilage 4/1975, S. 7 ff.

[12] Grundlegend Gierke, Genossenschaftstheorie, S. 612 ff. Vgl. auch Hüffer, AktG § 76 Rn. 4; Zöllner/Noack, in: Baumbach/Hueck, GmbHG vor § 35 Rn. 2; K.Schmidt, GesR § 14 II. 1.; Kübler/Assmann, GesR § 15 III. 1., § 18 V. 1., Pelzer, JuS 2003, 348 (349 ff.).

[13] Ausgehend von dem betroffenen Aufgabengebiet werden auch die Begriffe Leitungsorgan, (Geschäfts-) Führungsorgan und Aufsichtsorgan verwendet. Siehe auch unten S. 221.

[14] Vgl. Heider, in: MüKo/AktG § 1 Rn. 13.

[15] Vgl. Kornblum, GmbHR 2009, 25 ff.

[16] Art. 1 Ziffer 6 MoMiG vom 23. Oktober 2008, BGBl. I S. 2026 f. Vgl. auch Weber, BB 2009, 842 ff.

verschleppung im Falle der Führungslosigkeit der Gesellschaft einzugehen. Deren Strafbarkeit wurde durch das MoMiG in § 15a Absatz 3 i. V. m. Absatz 4 und 5 InsO neu eingeführt.[17]

Zu den aktuellen Problemen der Organhaftung wegen Insolvenzstraftaten zählen insbesondere die durch das MoMiG neu geregelten Vorschriften über Organverbote, die sog. Inhabilitätsvorschriften der §§ 6 Absatz 2 GmbHG, 76 Absatz 3 AktG, die Organstrafbarkeit wegen Insolvenzverschleppung[18], die Strafbarkeit faktischer Organe wegen Insolvenzstraftaten, die umstrittene und insbesondere zur Abgrenzung zwischen dem Bankrottstraftatbestand und allgemeinen Vermögens- bzw. Eigentumsdelikten herangezogene Interessentheorie und die Frage nach der Strafbarkeit von Organen wegen Rechnungslegungsverstößen bei eigenem Unvermögen.

Nicht Gegenstand der vorliegenden Arbeit ist die Strafbarkeit von Liquidatoren bzw. Abwicklern, da eine Gesellschaft auch unabhängig vom Vorliegen einer Unternehmenskrise, beispielsweise durch Beschluss der Gesellschafter, aufgelöst werden kann.[19] Überlegungen zur Strafbarkeit im Zusammenhang mit dem durch die InsO neu eingeführten Verbraucherinsolvenzverfahren[20] scheiden aus der auf die Unternehmenskrise beschränkten Untersuchung bereits begrifflich aus und sind ebenfalls nicht Gegenstand dieser Arbeit.[21]

2. Strafrechtliche Relevanz der Unternehmenskrise

Die Unternehmenskrise ist im Hinblick auf den Fortbestand der Unternehmung ein besonders kritischer Zeitraum. Der endgültige wirtschaftliche Kollaps droht – gleichwohl ist auch eine Hinwendung zum Guten oder zumindest eine vorläufige Überwindung der Krise möglich.

Die Unternehmenskrise stellt als Phase der existenziellen Bedrohung der Kapitalgesellschaft besondere Sorgfaltsanforderungen an das Verhalten der zur Geschäftsführung und Vertretung der Unternehmung berufenen Organe. Neben den allgemeinen operativen Aufgaben haben sich die Geschäftsführungsorgane vor allem um die Bewältigung der Krise und um die Sanierung des Unternehmens zu

---

[17] Art. 9 Ziffer 3 MoMiG vom 23. Oktober 2008, BGBl. I S. 2026 (2037).
[18] § 15a Absatz 4 und 5 InsO.
[19] Vgl. z. B. §§ 60 Abs. 1 Nr. 2 GmbHG, 262 Absatz 1 Nr. 2 AktG.
[20] §§ 304 ff. InsO.
[21] Vgl. dazu BGH, NJW 2001, 1874 ff.; BVerfG, ZInsO 2004, 738 f.; MGB-Bieneck § 75 Rn. 52 ff.; Moosmayer, S. 172 f.; Penzlin, S. 199 ff.; ausführlich Röhm, S. 252 ff.; Röhm, ZInsO 2003, 535 ff. mit weiteren Nachweisen.

kümmern. Unabhängig davon, ob die Unternehmenskrise überwunden wird oder nicht, ist die strafrechtliche Relevanz der Unternehmenskrise im Hinblick auf das Verhalten der Geschäftsführungs- und Vertretungsorgane erheblich.

Sieht man von den Ausnahmefällen einer geplanten Insolvenz[22] oder einer sog. Firmenbestattung[23] durch unseriöse Sanierer einmal ab, kann wohl unterstellt werden, dass die Geschäftsführungs- und Vertretungsorgane der Unternehmung in der Regel eine Überwindung und dauerhafte Vermeidung der Unternehmenskrise anstreben, da die Ertragsaussichten bei einem erfolgreichen, nicht krisenbehafteten Unternehmen langfristig besser sind.

In einer Unternehmenskrise bestehen für die Geschäftsführungs- und Vertretungsorgane der Unternehmung jedoch vielfältige Anreize, die Krise – zumindest auch – mit gesetzlich nicht zulässigen Maßnahmen zu bewältigen. Beispielsweise zu nennen ist die Bevorzugung einzelner für den Fortbestand der Unternehmung besonders wichtiger Gläubiger, die Vernachlässigung der ordnungsgemäßen Buchführung und Bilanzierung, das Beiseiteschaffen von Restvermögen der Unternehmung, um es in eine Auffanggesellschaft einzubringen und damit den Insolvenzgläubigern zu entziehen, die Verschleuderung von fremdfinanzierten Vermögensgegenständen der Unternehmung, um an frische Liquidität zu gelangen, die Weiterführung des Unternehmens, obwohl nach den gesetzlichen Vorgaben schon längst Insolvenzantrag hätte gestellt werden müssen.[24]

Ferner unterliegen die Geschäftsführungs- und Vertretungsorgane der Unternehmung in der Krise vielfach dem Zwang, bei knappen Finanzmitteln alle nicht überlebenswichtigen Zahlungen einzusparen, so dass Ausgaben für die Rechnungslegung und die Abführung von Sozialversicherungsbeiträgen oftmals hinausgezögert oder ganz eingestellt werden.[25]

Mögliche Motive zur Verwirklichung von Straftaten in der Unternehmenskrise werden in Gewinnsucht, in der Befürchtung, die eigene Existenzgrundlage oder den erreichten wirtschaftlichen und sozialen Status bzw. das damit verbundene Prestige zu verlieren, gesehen. Darüber hinaus wird von sog. berufsmäßigen Schein-

---

[22] Vgl. Liebl, Geplante Konkurse, S. 65 ff., 80 ff.; MGB-Bieneck § 75 Rn. 9.

[23] Vgl. RegE MoMiG, BT-Drs. 16/6140, S. 1, Begründung S. 61; vgl auch Römermann, GmbHR 2006, 673 (679 f.); Seibert, ZIP 2006, 1157 (1164 f.); K.Schmidt, GmbHR 2007, 1 (7); Bittmann, GmbHR 2007, 70 f. Ausführlich zur sog. Firmenbestattung Kleindiek, ZGR 2007, 276 ff.; Dannecker/Knierim/Hagemeier, Rn. 57 ff.

[24] Vgl. auch die Fallgruppen bei Liebl, Geplante Konkurse, S. 65 ff.

[25] MGB-Bieneck § 75 Rn. 11; Röhm, S. 11 f.

sanierern bzw. „Firmenbestattern" und von kriminalisierenden Einflussnahmen von Großgläubigern berichtet.[26]

3. Ziel der Untersuchung

Ziel der Arbeit ist die Erörterung und bestmögliche Klärung der Bestimmung der strafrechtlichen Krisenmerkmale der drohenden und eingetretenen Zahlungsunfähigkeit und der Überschuldung. Dies umfasst die Frage nach der zivilrechtsakzessorischen Bestimmung dieser Krisenmerkmale. Diskutiert werden ungeklärte Fragen zu den Auswirkungen der Insolvenzrechtsreform und der Reform des GmbH-Rechts durch das MoMiG sowie die Auswirkungen des FMStG, des FMStErgG und des BilMoG auf die strafrechtliche Bestimmung der drohenden und eingetretenen Zahlungsunfähigkeit und der Überschuldung.

Ein weiteres Ziel der Untersuchung ist die Klärung von aktuellen Problemen der strafrechtlichen Verantwortlichkeit der Geschäftsführungs- und Vertretungsorgane der Kapitalgesellschaften AG und GmbH, einschließlich der UG (haftungsbeschränkt), wegen Insolvenzstraftaten. Dazu zählt insbesondere die Diskussion von ungeklärten Fragen im Zusammenhang mit der grundlegenden Überarbeitung der Inhabilitätsvorschriften der §§ 6 Absatz 2 GmbHG, 76 Absatz 3 AktG durch das MoMiG[27] und im Zusammenhang mit der Schaffung eines einheitlichen Insolvenzverschleppungsstraftatbestands in dem neuen § 15a Absatz 4 und 5 InsO durch das MoMiG.[28] Ferner ist auf die sog. Interessentheorie und die Organstrafbarkeit wegen Rechnungslegungsverstößen gemäß den §§ 283, 283b StGB trotz eigenem Unvermögen des Organwalters einzugehen. Außerdem werden Überlegungen zur Überarbeitung der objektiven Strafbarkeitsbedingung des § 283 Absatz 6 StGB angestellt sowie Streitfragen zur Strafbarkeit sog. faktischer Organe wegen Insolvenzstraftaten diskutiert und eigene Lösungsansätze hierzu vorgestellt.

---

[26] Teufel, Insolvenzkriminalität, S. 100 ff.; MGB-Bieneck § 75 Rn. 10; ausführlich Gerloff, in: Insolvenzstrafrecht § 29 Rn. 1 ff.; Liebl, Geplante Konkurse, S. 85 f.; Kaiser, Kriminologie § 74 Rn. 42; Hammerl, S. 90 ff.; Labsch, wistra 1985, 1 ff.; Weyand/Diversy, Rn. 7; Röhm, S. 10 ff.; Pelz, Insolvenzstrafrecht, Rn. 8; vgl. auch Pernice, S. 113 f.; Wessing, NZI 2003, 1 f.; Richter, Anlage 4, S. 2 f. zum Tagungsbericht der Sachverständigenkommission zur Bekämpfung der Wirtschaftskriminalität, 3. Arbeitstagung, 1973. Vgl. zu zivilrechtlichen Haftungsaspekten der Einwirkung von Grossgläubigern Schäffler, BB 2006, 56 ff.; Grimm, S. 105 ff. Ausführlich zur sog. Firmenbestattung Kleindiek, ZGR 2007, 276 ff.; Schaefer, NJW-Spezial 2007, 456 f.; Beck, in: Wabnitz/Janovsky 6 Rn. 55a; Köhler, in: Wabnitz/Janovsky 7 Rn. 303.

[27] Vgl. Art. 1 Ziffer 7 und Art. 5 Ziffer 6 MoMiG vom 23. Oktober 2008, BGBl. I S. 2026 (2027, 2035).

[28] Art. 9 Ziffer 3 MoMiG vom 23. Oktober 2008, BGBl. I S. 2026 (2037).

II. Gang der Untersuchung

Das erste Kapitel gibt einen Überblick zur Unternehmenskrise und den in der Unternehmenskrise typischerweise relevanten Straftatbeständen. Der Begriff Krise wird als Oberbegriff für die in § 283 Absatz 1 StGB enthaltenen Tatbestandsmerkmale der drohenden und eingetretenen Zahlungsunfähigkeit und der Überschuldung verwendet.[29] Danach steht der Begriff Unternehmenskrise für das Vorliegen von Insolvenzreife.

Die Unternehmenskrise ist in strafrechtlicher Hinsicht vor allem für die Regelungen des Insolvenzstrafrechts in den §§ 283 ff. StGB und für die in § 15a Absatz 4 und 5 InsO enthaltene Strafvorschrift der Insolvenzverschleppung[30] von Bedeutung. Weitere typische Begleitdelikte im Zusammenhang mit einer Unternehmensinsolvenz sind die §§ 156, 246, 263, 264, 265b, 266, 266a, 267 StGB und §§ 370 ff. AO.[31] Der Rechtsgüterschutz dieser Straftatbestände wird jeweils knapp behandelt.

Gegenstand des zweiten Kapitels ist die Bestimmung der strafrechtlichen Krisenmerkmale der drohenden und eingetretenen Zahlungsunfähigkeit und der Überschuldung. Dabei wird zunächst auf die grundlegende Frage nach der zivilrechtsakzessorischen Bestimmung dieser Krisenmerkmale eingegangen. Anschließend werden die Krisenmerkmale der drohenden und eingetretenen Zahlungsunfähigkeit und der Überschuldung insolvenzrechtlich und insolvenzstrafrechtlich bestimmt, wobei insbesondere auf die Auswirkungen der Einführung der InsO, der Reform des GmbH-Rechts durch das MoMiG sowie auf die Auswirkungen des FMStG, des FMStErgG, des BilMoG und des Gesetzes zur Erleichterung der Sanierung von Unternehmen eingegangen wird. Der Reformgesetzgeber der InsO sah in strafrechtlicher Hinsicht, abgesehen von sprachlichen Anpassungen an die neue Terminologie der Insolvenzordnung, keinen Anpassungsbedarf. So wurden die seit dem 1. Gesetz zur Bekämpfung der Wirtschaftskriminalität (1. WiKG)[32] wieder im Kernstrafrecht enthaltenen Konkursstraftaten durch Art. 60 EGInsO lediglich in Insolvenzstraftaten umbenannt und an die mit der Ersetzung der Kon-

---

[29] Vgl. z. B. Lackner/Kühl, StGB § 283 Rn. 5; LK-Tiedemann, StGB § 283 Rn. 1; Sch/Sch-Stree/Heine, StGB § 283 Rn. 50; Dannecker/Knierim/Hagemeier, Rn. 53; vgl. auch Bittmann, in: Insolvenzstrafrecht, § 12 Rn. 2; Köhler, in: Wabnitz/Janovsky 7 Rn. 4; MGB-Bieneck § 76 Rn. 1 ff.

[30] Vor der Einführung des § 15a InsO durch Art. 9 Ziffer 3 des MoMiG waren die Insolvenzverschleppungsdelikte insbesondere in den §§ 84 Abs. 1 Nr. 2 GmbHG, 401 Abs. 1 Nr. 2 AktG, 130b, 177a HGB, 148 Abs. 1 Nr. 2 GenG – jeweils a. F. - geregelt.

[31] Vgl. auch Wegner, in: Achenbach/Ransiek VII 2 Rn. 2; Richter, GmbHR 1984, 137 (148); Röhm, S. 5; Weyand/Diversy, Rn. 9; Röhm, S. 5; Teufel, Insolvenzkriminalität, S. 64 f.; Wlachojiannis, BuW 2004, 26; Bittmann, wistra 2004, 327.

[32] 1. WiKG vom 29. Juli 1976, BGBl. I S. 2034. Vgl. dazu Heinz, GA 1977, 193 ff. (zum Konkursstrafrecht S. 216 ff.); Dannecker/Knierim/Hagemeier, Rn. 19 ff., Rn. 21.

7

kursordnung (KO)[33], Vergleichsordnung (VglO)[34] und Gesamtvollstreckungsordnung (GesO)[35] durch die InsO einhergehende veränderte Begrifflichkeit angepasst.[36] Im Übrigen wurde in der Begründung des Regierungsentwurfs zur InsO lediglich angemerkt, dass der Begriff der drohenden Zahlungsunfähigkeit durch die neue Definition im zivilrechtlichen Insolvenzrechts näher bestimmt werde und es in der Praxis durch die InsO zu einer Erleichterung der Aufklärung von Insolvenzstraftaten kommen werde.[37] Darüber hinaus gehende Änderungen oder Anpassungen des Strafrechts wurden nicht für erforderlich gehalten.[38] Nach anfänglicher Zurückhaltung liegen inzwischen zahlreiche Stellungnahmen zu den Auswirkungen der Insolvenzordnung auf das (Insolvenz-) Strafrecht vor.[39] Eine einheitliche oder gar gemeinsame Linie zur strafrechtlichen Bestimmung der Krisenmerkmale hat sich jedoch noch nicht herausgebildet. Die Auswirkungen des FMStG, des FMStErgG, des BilMoG und des Gesetzes zur Erleichterung der Sanierung von Unternehmen sowie der Reform des GmbH-Rechts durch das MoMiG auf das insolvenzstrafrechtliche Begriffsverständnis der drohenden und eingetretenen Zahlungsunfähigkeit und der Überschuldung wurden – soweit ersichtlich – noch gar nicht ausführlich untersucht.

Das dritte Kapitel widmet sich aktuellen Streitfragen zur objektiven Strafbarkeitsbedingung des § 283 Absatz 6 StGB. Dabei wird vor allem auf die Frage nach

---

[33] Die KO wurde aufgehoben durch Art. 2 Nr. 4 EGInsO vom 5. Oktober 1994 (BGBl. I S. 2911). Vgl. auch Kübler/Prütting, Das neue Insolvenzrecht, EGInsO, S. 71 ff.

[34] Die VglO wurde aufgehoben durch Art. 2 Nr. 1 EGInsO vom 5. Oktober 1994 (BGBl. I S. 2911).

[35] Die GesO galt vor Inkrafttreten der InsO für das Beitrittsgebiet der ehemaligen DDR und wurde aufgehoben durch Art. 2 Nr. 6 EGInsO vom 5. Oktober 1994 (BGBl. I S. 2911). Vgl. Kübler/Prütting, Das neue Insolvenzrecht, EGInsO, S. 71 ff.

[36] BT-Drs. 12/3803, S. 40, S. 100; BT-Drs. 12/7303, S. 71; vgl. auch Kübler/Prütting, Das neue Insolvenzrecht, EGInsO, S. 238 f.

[37] BT-Drs. 12/3803, S. 100; vgl. auch Kübler/Prütting, Das neue Insolvenzrecht, EGInsO, S. 238 f.

[38] Vgl. BT-Drs. 12/3803, S. 100. Die möglichen Auswirkungen auf das Strafrecht blieben bereits in der Diskussion, die der Einführung der InsO vorausging, weitgehend unberücksichtigt. Vgl. Erster Bericht der Kommission für Insolvenzrecht (herausgegeben vom Bundesjustizministerium), 1985, S. 111 (Leitsatz 1.2.5): „Offen bleibt, wie sich die Änderungen im Gesellschaftsrecht und Strafrecht auswirken." Vgl. auch bereits Uhlenbruck, wistra 1996, 1 f.

[39] Explizit mit den Auswirkungen der InsO auf das Strafrecht beschäftigen sich die Dissertationen von Moosmayer, Penzlin, Röhm, Plathner, Neumann und Erdmann. Daneben finden sich in der Kommentar- und Aufsatzliteratur sowie in Sammelbänden eine Vielzahl von Stellungnahmen, die hier nur überblicksartig erwähnt seien: LK-Tiedemann, StGB vor § 283 Rn. 10, 48; Sch/Sch-Stree/Heine, StGB vor § 283 Rn. 1a und § 283 Rn. 50a; Lackner/Kühl, StGB § 283 Rn. 5; Fischer, StGB vor § 283 Rn. 6; NK-Kindhäuser, StGB vor § 283 Rn. 17 f.; SK-Hoyer, StGB vor § 283 Rn. 1 f.; MGB-Bieneck § 75, insbes. Rn. 48 ff. und § 76; Beck, in: Wabnitz/Janovsky 6, insbes. Rn. 56 ff.; Wegner, in: Achenbach/Ransiek VII 1 Rn. 4; Bittmann, in: Insolvenzstrafrecht § 12 Rn. 15 ff.; Hörl, S. 58 ff.; Weyand/Diversy, Rn. 16 f., 33 f., 46 f.; Reck, Insolvenzstraftaten, Rn. 6 f., 58 ff.; Achenbach, GS-Schlüchter, S. 257 ff.; Uhlenbruck, wistra 1996, 1 ff.; Bittmann, wistra 1998, 321 ff. und 1999, 10 ff.; Bieneck, StV 1999, 43 ff.; Höffner, BB 1999, 198 ff. und 1999, 252 ff.; Reck, ZInsO 1999, 195 ff.; Reck, GmbHR 1999, 267 ff. Vgl. auch BGH, NJW 2001, 1874 ff. u. nachgehend BVerfG, ZInsO 2004, 738 f.

dem Erfordernis eines Zusammenhangs zwischen den Bankrottverhaltensweisen im Sinne des § 283 Absatz 1 StGB und der objektiven Bedingung der Strafbarkeit des § 283 Absatz 6 StGB eingegangen. Ferner wird auf die Frage des Vorliegens der objektiven Strafbarkeitsbedingung des § 283 Absatz 6 StGB trotz Überwindung der Krise und die in diesem Zusammenhang vorgebrachten Vorschläge zur Überarbeitung des § 283 Absatz 6 StGB eingegangen.

Das vierte Kapitel befasst sich mit der Erörterung aktueller Probleme der strafrechtlichen Organhaftung gemäß den Insolvenzstraftaten der §§ 283 ff. StGB und gemäß dem Insolvenzverschleppungsstraftatbestand des § 15a Absatz 4 und 5 InsO. Nach einem kurzen Überblick zu Grundlagen der strafrechtlichen Organhaftung, insbesondere zur Organhaftung bei Kollegial- bzw. Mehrpersonenorganen und zur Organstrafbarkeit bei der Delegation von Organpflichten auf Nicht-Organmitglieder, wird zunächst auf die Änderung der Vorschriften über Organverbote in den §§ 6 Absatz 2 GmbHG, 76 Absatz 3 AktG durch das MoMiG[40] eingegangen. Die Verfassungsmäßigkeit dieser sog. Inhabilitätsvorschriften wird diskutiert. Es wird ein eigener Vorschlag zur Änderung der §§ 6 Absatz 2 GmbHG, 76 Absatz 3 AktG unterbreitet. Anschließend wird der durch das MoMiG in § 15a Absatz 4 und 5 InsO neu eingeführte Insolvenzverschleppungsstraftatbestand untersucht. Ferner wird die Strafbarkeit faktischer Organe wegen Insolvenzstraftaten diskutiert. Dabei werden eigene Vorschläge zur Regelung der Strafbarkeit faktischer Organe *de lege ferenda* gemacht. Das vierte Kapitel endet mit der Behandlung der sog. Interessentheorie sowie einer Stellungnahme zur Frage der Organstrafbarkeit wegen Rechnungslegungsverstößen gemäß den §§ 283, 283b StGB trotz eigenem Unvermögen des Organwalters.

Die Arbeit endet mit dem fünften Kapitel, das die wesentlichen Untersuchungsergebnisse zusammenfasst.

---

[40] Vgl. Art. 1 Ziffer 7 und Art. 5 Ziffer 6 MoMiG vom 23. Oktober 2008, BGBl. I S. 2026 (2027, 2035).

1. Kapitel:
Die Unternehmenskrise und die Krisendelikte im Überblick

I. Die Unternehmenskrise – eine Begriffsbestimmung

Der Begriff *Unternehmenskrise* ist aus den Bestandteilen *Unternehmen* und *Krise* zusammengesetzt. Unter einer Unternehmung ist jede erwerbswirtschaftliche, in der Regel kaufmännische Tätigkeit zu verstehen, die als Einzelperson oder in einer nach dem deutschen Gesellschaftsrecht zulässigen Rechtsform betrieben wird. Der Akzent der Untersuchung liegt auf dem Begriff bzw. Begriffsbestandteil Krise. Wenn von einer Krise die Rede ist, so wird damit im allgemeinen Sprachgebrauch vielfach eine bedrängte oder brenzlige Situation verstanden, die nicht selten mit der Gefahr der existenziellen Vernichtung verbunden ist.[41] Jedenfalls wird man bei einer Krise – von Ausnahmefällen wie geplanten Insolvenzen oder sog. Firmenbestattungen einmal abgesehen[42] – eine ungewollte, ungeplante Sachlage annehmen können, in der eher die Gefahr einer weiteren Verschlechterung der Gegebenheiten besteht, als die Aussicht auf eine baldige Besserung. Gleichwohl ist auch bei Vorliegen einer Krise nach allgemeinem Sprachverständnis nicht ausgeschlossen, dass sich die Dinge zum Guten wenden.[43] Die Begriffe Krise und Unternehmenskrise werden in dieser Arbeit gleichbedeutend verwendet.

In der vorliegenden Untersuchung ist der Begriff Unternehmenskrise in zweierlei Hinsicht von Bedeutung. Zum einen wird der Begriff der Krise im Insolvenzstrafrecht des StGB als Oberbegriff für das Vorliegen der in § 283 Absatz 1 StGB enthaltenen Krisenmerkmale drohende und eingetretene Zahlungsunfähigkeit und Überschuldung verstanden.[44] Unternehmenskrise bedeutet danach Vorliegen von

---

[41] Das Wort „Krise" entstammt dem altgriechischen „Krisis" und soll gefährliche Entwicklung einer Krankheit oder die Zuspitzung einer Handlungssituation im antiken Drama bedeuten. Vgl. auch Krystek, S. 3 ff.; Maus, in: K.Schmidt/Uhlenbruck, GmbH-Krise, Rn. 26 mit weiteren Nachweisen. In Wahrig, Deutsches Wörterbuch, wird zum Begriff Krise ausgeführt: „Krise, Störung (im Wirtschaftsleben), Zusammenbruch (einer Hochkonjunktur; Wirtschafts~); schwierige Zeit, Schwierigkeit (Ehe~); Entscheidung, Höhepunkt, Wendung; <Med.> Krisis, Höhepunkt (einer Krankheit); eine ~ durchmachen; politische, wirtschaftliche ~ [<grch. krisis „Entscheidung, entscheidende Wendung"]."

[42] Vgl. dazu bereits oben in der Einleitung S. 5.

[43] Vgl. auch Krystek, S. 6 f.; Bergauer, S. 7 ff.

[44] Vgl. z. B. Sch/Sch-Stree/Heine, StGB § 283 Rn. 50; Lackner/Kühl, StGB § 283 Rn. 5; LK-Tiedemann, StGB § 283 Rn. 1; Bittmann, in: Insolvenzstrafrecht, § 12 Rn. 2.

Insolvenzreife. In dieser Eigenschaft steht der Begriff der Unternehmenskrise im Mittelpunkt dieser Arbeit.

Zum anderen handelt es sich bei der Unternehmenskrise um einen besonders kritischen Zeitraum im Leben einer Unternehmung. Im Zusammenhang mit einer sich entwickelnden Krise, einer sich manifestierenden Krise sowie einer sich bis zum Zusammenbruch der Unternehmung steigernden Krise ist eine große Zahl an Strafvorschriften relevant. Mit dem Vorliegen der Insolvenzeröffnungsgründe manifestiert sich die Krise. Der vor dem Eintritt von Insolvenzreife liegende Zeitraum kann als drohende Unternehmenskrise bezeichnet werden. Hat sich die Unternehmenskrise verwirklicht und wurde das Insolvenzverfahren über das Vermögen der Unternehmung eröffnet oder der Antrag auf Eröffnung des Insolvenzverfahrens mangels Masse abgelehnt oder hat das Unternehmen seine Zahlungen eingestellt, so wird dies wird als endgültiger wirtschaftlicher Zusammenbruch der Unternehmung bezeichnet.

Für die Abgrenzung zwischen der drohenden und der eingetretenen Unternehmenskrise sind insbesondere betriebswirtschaftliche Kriterien heranzuziehen. Der strafrechtliche Ertrag dieser Überlegungen besteht vorwiegend in der Bestimmung von Kriterien zur Abgrenzung zwischen Versuch und Vollendung. Teilweise wird vertreten, dass den Mitgliedern eines Kollegialorgans bei Bestehen einer Unternehmenskrise erhöhte Sorgfaltspflichten obliegen.[45] Auch insofern ist die Abgrenzung zwischen Vorfeld und Beginn der Unternehmenskrise bedeutsam.

Bezogen auf die Unternehmung kann von einer drohenden Krise nur in Zeiten geschäftlicher Erfolglosigkeit oder bei einer sich verdichtenden Existenzbedrohung gesprochen werden. In der Betriebswirtschaft wird die Unternehmenskrise als Zustand der existenziellen Bedrohung der Unternehmung bezeichnet.[46] Zeitlich handelt es sich bei der drohenden Unternehmenskrise um die wirtschaftlich besonders angespannte Phase der einsetzenden oder sich verstärkenden Erfolglosigkeit der Unternehmung. Der Beginn einer drohenden Unternehmenskrise zeichnet sich durch das zunehmende Auftreten von Krisenanzeichen aus, die auf ein erhöhtes Risiko für den Fortbestand der Unternehmung schließen lassen.[47] Verkürzt dargestellt zählen dazu sowohl exogene Faktoren, wie z. B. die Markt-, Konjunktur- und Rohstoffpreisentwicklung, aber auch und vor allem endogene Faktoren wie

---

[45] Vgl. BGH, NJW-RR 2008, 1253 (1254) mit weiteren Nachweisen. Ausführlich Redeke, ZIP 2010, 159 ff.

[46] Ausführlich Hafner, S. 5 ff.; Krystek, S. 4 ff. Vgl. auch Bergauer, S. 3 f.; Picot/Aleth, Unternehmenskrise Rn. 4; Maus, in: K.Schmidt/Uhlenbruck, GmbH-Krise, Rn. 26; Grimm, S. 7 f.; Holzer, NZI 2005, 308 f.; Bea/Kötzle, DB 1983, 565.

[47] Vgl. Holzer, NZI 2005, 308 f.; Bea/Kötzle, DB 1983, 565 ff.

risikobehaftete Entscheidungen des Managements bzw. der Gesellschafter.[48] Vorstufe einer Unternehmenskrise ist in der Regel, dass sich die Unternehmung in einer riskanten Situation befindet.

Die Risikoprognose und ihre Möglichkeiten und Voraussetzungen stellen einen Schwerpunkt in der jüngeren betriebswirtschaftlichen Insolvenzursachenforschung dar. Hiernach wird unter *Risiko* die Gefahr verstanden, dass die unternehmerische Betätigung erfolglos bleibt und bei der wirtschaftlichen Tätigkeit erhebliche Verluste entstehen, die sich zu einer Existenzbedrohung ausweiten können. Als Vorstufe zur Unternehmenskrise werden riskante Unternehmenssituationen angesehen, weshalb der Erkennung, Bestimmung und Einordnung dieser Risikosituationen eine große Bedeutung beigemessen wird. Ziel vieler Stellungnahmen, die sich mit der Erfassung und Vorhersage der Unternehmenskrise beschäftigen, ist die Herausarbeitung und Festlegung von Risikoindikatoren. Diese Indikatoren dienen der Prävention von existenzbedrohlichen Risikosituationen und der Möglichkeit der Etablierung eines effizienten Risikomanagements in der Unternehmung.[49] Die Erkenntnis, dass eine wirkungsvolle Risiko- bzw. Krisenvermeidungsstrategie die möglichst frühzeitige Erkennung möglicher Risiken der jeweiligen Unternehmung voraussetzt, hat sich im Zuge dieser Überlegungen durchgesetzt.[50]

Auch der Gesetzgeber beschäftigte sich hiermit und beauftragte den AG-Vorstand durch die 1998 mit dem Gesetz zur Kontrolle und Transparenz im Unternehmensbereich (KonTraG)[51] geschaffene Norm des § 91 Absatz 2 AktG mit der Implementierung eines Überwachungssystems zur Risikoerkennung.[52] Eine ähnliche Diskussion zur Risikoerkennung, wie sie den Gesetzgebungsmaterialien zum KonTraG entnommen werden kann[53], wurde und wird derzeit im Zusammenhang

---

[48] Vgl. Knierim, in: Wabnitz/Janovsky 8 Rn. 271; Pape/Uhlenbruck/Voigt-Salus, Insolvenzrecht, 4 Rn. 1 ff. mit weiteren Nachweisen.

[49] Vgl. Hafner, S. 11 ff.; Krystek, S. 91 ff.; Bergauer, S. 7 ff.; Günther/Scheipers, DStR 1993, 448 ff. und 1077 ff.; Schneider, DB 1985, 1489 ff.; Homburg/Stephan/Haupt, DB 2005, 1069 ff.; Preußner/Becker, NZG 2002, 846 ff.; Bea/Kötzle, DB 1983, 565 ff.

[50] Vgl. Picot/Aleth, Unternehmenskrise, Rn. 156 ff.; Krystek, S. 89 ff., S. 121 ff.; Wellensiek, in: K.Schmidt/Uhlenbruck, GmbH-Krise, Rn. 32 ff. jeweils mit weiteren Nachweisen. Vgl. auch Hafner, S. 11 ff.; Bergauer, S. 7 ff.; Bea/Kötzle, DB 1983, 565 (568 ff.). Aus Sicht der gerichtlichen Praxis: Holzer, NZI 2005, 308 ff.

[51] Gesetz zur Kontrolle und Transparenz im Unternehmensbereich (KonTraG) vom 5. März 1998, BGBl. I S. 786 ff.

[52] Vgl. Zimmer, NJW 1998, 3521 (3524); Windolph, NStZ 2000, 522 ff. Zur möglichen Ausgestaltung eines solchen Überwachungssystems: Picot/Aleth, Unternehmenskrise, Rn. 156 ff.; Wellensiek, in: K.Schmidt/Uhlenbruck, GmbH-Krise, Rn. 32 ff. jeweils mit weiteren Nachweisen. Zu strafrechtlichen Aspekten des § 91 Abs. 2 AktG: Mosiek, wistra 2003, 370 ff.

[53] Vgl. die Begründung im Regierungsentwurf zum KonTraG v. 28. 1. 1998, BT-Drs. 13/9712, S. 27: „Die Regelungen des § 91 Abs. 2 Aktiengesetz und des Absatzes 4 dienen dazu, mög-

mit der Festlegung von Verhaltenspflichten und –empfehlungen für die Unternehmensführung im sog. Deutschen Corporate Governance Code erneut geführt.[54] Mit dem deutschen Corporate Governance Code wurde ein Regelwerk für die Unternehmensführung aufgestellt, das unter anderem auch die Einführung eines Risikomanagementsystems und die Erstattung regelmäßiger Berichte des Vorstands an den Aufsichtsrat über die Risikolage des Unternehmens in den Regelungen 3.4, 4.1.4, 5.2 und 5.3.2 des Deutschen Corporate Governance Kodex[55] vorsieht.[56]

Zur Einrichtung eines erfolgreichen Risikomanagements werden vor allem Maßnahmen zur Krisenfrüherkennung und die Implementation eines Risikoüberwachungssystems sowie die Vorsorge für einen möglichen Krisenfall einschließlich der Krisennachsorge gezählt.[57]

Eine klare Trennlinie zwischen einer lediglich riskanten Situation und dem Drohen einer Unternehmenskrise kann aufgrund des unterschiedlichen Finanzbedarfs und der Vielfalt unternehmerischer Betätigung nicht generell für eine Vielzahl an Unternehmen, sondern immer nur mit Blick auf das konkrete Unternehmen gezogen werden. Möglich ist es jedoch bestimmte Finanzkennziffern bzw. Indikatoren für eine drohende Unternehmenskrise zu benennen, die regelmäßig im Rahmen einer Risikoprognose Berücksichtigung finden. Hierzu zählen insbesondere ein Rückgang des Cash-Flow[58], das Absinken der Eigenkapitalquote unter eine bestimmte Kennziffer, ein besonders starker Rückgang der Umsatzerlöse.

Da diese Indikatoren bzw. Kennziffern von Unternehmung zu Unternehmung unterschiedlich anzuwenden sind, kommt ihnen im Hinblick auf die strafrechtliche Abgrenzung zwischen Vorbereitungs- und Versuchsstadium keine generelle Aussagekraft zu. Sie können zwar ergänzend herangezogen werden, aber eine allgemeingültige für das Strafrecht nutzbare eindeutige Bestimmung des Beginns einer

---

lichst frühzeitig Risiken und Fehlentwicklungen zu erkennen, um Gefährdungen des Fortbestandes des Unternehmens zu vermeiden."

[54] Vgl. zur Corporate Governance Diskussion in Deutschland: Bachmann, WM 2002, 2137 ff.; Preußner, NZG 2004, 303 ff.; Zöllner/Noack, in: Baumbach/Hueck, GmbHG vor § 35 Rn. 11 ff.; Hüffer, AktG § 76 Rn. 15a ff. Aus wirtschaftsstrafrechtlicher Sicht: Hefendehl, JZ 2006, 119 ff.

[55] Deutscher Corporate Governance Kodex in der Fassung vom 18. Juni 2009 (vgl. www.corporate-governance-code.de).

[56] Deutsche Unternehmen sich freiwillig zur gänzlichen oder teilweisen Einhaltung des Kodex verpflichten. Der Vorstand und der Aufsichtsrat von börsennotierten Aktiengesellschaften sind hingegen gemäß § 161 AktG dazu verpflichtet, eine jährliche Erklärung, ob und inwieweit den Verhaltensregeln des Kodex entsprochen wurde, abzugeben. Kritisch zur Freiwilligkeit der Verpflichtung und der Rechtsgrundlage des Kodex: Seidel, NZG 2004, 1095 f.

[57] Vgl. Picot/Aleth, Unternehmenskrise, Rn. 156 ff.; Wellensiek, in: K.Schmidt/Uhlenbruck, GmbH-Krise, Rn. 32 ff.; Maus, in: K.Schmidt/Uhlenbruck, GmbH-Krise, Rn. 121 ff.; Krsytek, S. 89 ff., S. 121 ff.; Preußner/Becker, NZG 2002, 846 (848 ff.); Preußner, NZG 2004, 303 (305 f.); vgl. auch MGB-Bieneck § 75 Rn. 8.

[58] Vgl. zum Cash Flow auch: Drukarczyk, in: MüKo/InsO § 19 Rn. 83; Küting, DStR 1992, 625 ff.

Unternehmenskrise ist bei Anwendung dieser Kennzahlen nicht möglich. Für die Abgrenzung zwischen bloßen Vorbereitungshandlungen und dem Beginn des Versuchsstadiums der Delikte, die auf die Unternehmenskrise im Sinne der zweiten Phase abstellen, kommt es daher entscheidend auf das Vorliegen von Insolvenzreife an. Auch insofern ist die möglichst exakte – im dritten Kapitel der Arbeit erfolgende – Bestimmung der strafrechtlichen Tatbestandsmerkmale drohende und eingetretene Zahlungsunfähigkeit und Überschuldung von besonderer Bedeutung.

III. Die Krisendelikte

In dieser Arbeit werden die in den Zeiträumen der drohenden und eingetretenen Unternehmenskrise und des endgültigen wirtschaftlichen Zusammenbruchs relevanten Straftatbestände auch als Krisendelikte bezeichnet. Nachfolgend wird in einem ersten Überblick auf diese Strafvorschriften und das bzw. die jeweils geschützten Rechtsgüter eingegangen. Anschließend werden Einteilungs- und Untergliederungsmöglichkeiten behandelt.

1. Die Krisendelikte im Überblick

Von besonderer Bedeutung in der Krise einer Kapitalgesellschaft sind die im 24. Abschnitt des Besonderen Teils des StGB geregelten Insolvenzstraftaten der §§ 283 ff. StGB sowie der Insolvenzverschleppungsstraftatbestand. Bislang waren die Insolvenzverschleppungsstraftatbestände über die jeweiligen gesellschaftsrechtlichen Regelungen verstreut. Im Zuge der Reform des GmbH-Rechts durch das MoMiG wurden die zivil- und strafrechtlichen Insolvenzverschleppungsregelungen überarbeitet und in einem neuen § 15a InsO zusammengeführt.[59] Die §§ 283 ff. StGB und die Strafbarkeit wegen Insolvenzverschleppung knüpfen unmittelbar an das Vorliegen einer Unternehmenskrise bzw. an den wirtschaftlichen Zusammenbruch einer Unternehmung, der insbesondere in der Insolvenzverfahrenseröffnung zum Ausdruck kommt, an. Typische Begleitdelikte im Zusammenhang mit einer Unternehmensinsolvenz sind die §§ 156, 246, 263, 264, 265b,

---

[59] Art. 9 Ziffer 3 MoMiG vom 23. Oktober 2008, BGBl. I S. 2026 (2037), vgl. hierzu auch die Beschlussfassung des Bundestags am 26. Juni 2008, BT-Drs. 16/6140, S. 15, Begründung auf S. 55.

266, 266a, 267 StGB und §§ 370 ff. AO.[60] Diese Straftatbestände sind auch und gerade im Zusammenhang mit knapp werdenden Zahlungsmitteln von besonderer Bedeutung. Anders als die vorgenannten Straftatbestände enthalten diese Begleitdelikte jedoch keine unmittelbare tatbestandliche Verbindung mit dem Bestehen einer Unternehmenskrise. Sie können allesamt auch unabhängig von der Existenz einer Krise verwirklicht werden. Im Zusammenhang mit dem Vorliegen einer Unternehmenskrise spielen unter diesen Begleitdelikten das Vorenthalten und Veruntreuen von Arbeitsentgelt gemäß § 266a StGB sowie die Untreue gemäß § 266 StGB eine wichtige Rolle.

Auf einen deskriptiven, allgemeinen Überblick zur historischen Entwicklung des Konkurs- bzw. Insolvenzstrafrechts wird aus Raumgründen verzichtet.[61] Aspekte der historischen Entwicklung werden bei der Auslegung einzelner Merkmale berücksichtigt, sofern damit ein Erkenntnisgewinn verbunden ist.

2. Der Bankrottstraftatbestand

§ 283 Absatz 1 StGB stellt die Vornahme bzw. Unterlassung der in § 283 Absatz 1 Nummern 1 - 8 StGB aufgeführten Bankrottverhaltensweisen bei Vorliegen einer Unternehmenskrise, d. h. bei Vorliegen von drohender oder eingetretener Zahlungsunfähigkeit oder Überschuldung, unter Strafe. Nach § 283 Absatz 2 StGB wird bestraft, wer seine Überschuldung oder Zahlungsunfähigkeit durch eine der in Absatz 1 bezeichneten Bankrotthandlungen herbeiführt. Die Versuchsstrafbarkeit ist in Absatz 3 geregelt. Gemäß § 283 Absatz 4 und 5 StGB werden auch bestimmte fahrlässige Bankrottverhaltensweisen bestraft.

---

[60] Vgl. auch Wegner, in: Achenbach/Ransiek VII 2 Rn. 2; Richter, GmbHR 1984, 137 (148); Röhm, S. 5; Teufel, Insolvenzkriminalität, S. 64 f.; Wlachojiannis, BuW 2004, 26; Bittmann, wistra 2004, 327.

[61] Ausführliche Darstellungen der Geschichte des Insolvenzstrafrechts bei LK-Tiedemann, StGB vor § 283 Rn. 32 ff.; Seemann, S. 7 ff.; Mohr, S. 23 ff.; Röhm, S. 50 ff.; Hager, S. 3 ff.

a. Objektive Bedingung der Strafbarkeit in § 283 Absatz 6 StGB

Bei der Regelung in § 283 Absatz 6 StGB handelt es sich nach einhelliger Auffassung um eine objektive Bedingung für die Strafbarkeit nach § 283 StGB.[62] Der Tatvorsatz oder die Fahrlässigkeit des Täters müssen die Merkmale der objektiven Strafbarkeitsbedingung nicht umfassen.[63] Objektive Strafbarkeitsbedingungen sind im Kernstrafrecht vergleichsweise selten enthalten.[64] Es handelt sich dabei nach ganz überwiegender Ansicht um eigenständige Strafbarkeitsvoraussetzungen, die regelmäßig auf Grund von vorrangigen außerstrafrechtlichen Zielsetzungen eine Einschränkung der Strafbarkeit bewirken und unabhängig vom Vorliegen von Tatbestandsmäßigkeit, Rechtswidrigkeit oder Schuld sind.[65] Die objektiven Strafbarkeitsbedingungen stellen nach dieser Auffassung neben der Tatbestandsmäßigkeit, Rechtswidrigkeit und Schuld eine vierte Kategorie dar.[66] Liegen die Voraussetzungen der objektiven Strafbarkeitsbedingung nicht vor, so ist das diesbezügliche Täterverhalten insgesamt nicht strafbar – eine Verurteilung des Täters scheidet aus.[67] Bereits nach der Intention des Gesetzgebers soll § 283 Absatz 6 StGB die Strafbarkeit eingrenzen, um den wirtschaftlichen Zusammenbruch der Krisenunternehmung durch strafrechtliche Ermittlungen vor dem Eintritt der Voraussetzungen des § 283 Absatz 6 StGB nicht zu verschärfen. Darüber hinaus wurden prozessuale Beweiserleichterung angeführt und der Aspekt betont, dass es einer

---

[62] So der ausdrücklich erklärte gesetzgeberische Wille - vgl. den Regierungsentwurf zum 1. WiKG, BT-Drs. 7/3441, S. 33; dazu Heinz, GA 1977, 193 (218 f.). Vgl. zu § 283 Abs. 6 StGB auch BGHSt 28, 231 (234); BGH, NStZ 1992, 182; BayObLG, NJW 2003, 1960 f.; BayObLG, NStZ 2003, 214 f.; OLG Düsseldorf, NJW 1980, 1292; Lackner/Kühl, StGB § 283 Rn. 26; Fischer, StGB § 283 Rn. 39 i. V. m. vor § 283 Rn. 12 ff.; Sch/Sch-Stree/Heine, StGB § 283 Rn. 59; LK-Tiedemann, StGB § 283 Rn. 219 ff., vor § 283 Rn. 86; NK-Kindhäuser, StGB § 283 Rn. 115, vor § 283 Rn. 101ff.; SK-Hoyer, StGB vor § 283 Rn. 11 ff.; Bittmann, in: Insolvenzstrafrecht § 12 Rn. 307 ff.; Köhler, in: Wabnitz/Janovsky 7 Rn. 115; MGB-Bieneck § 76 Rn. 81 ff.; Büning, S. 61 ff.; Hörl, S. 61; Wessels/Hillenkamp, BT 2 Rn. 468; Otto, BT § 61 Rn. 82; Maurach/Schröder/Maiwald, BT 1 § 48 Rn. 7; Reck, Insolvenzstraftaten, Rn. 372 f.; Hauck, S. 139; Weyand/Diversy, Rn. 53 f., 109. Ausführlich zu § 283 Abs. 6 StGB: Röhm, S. 201 ff.; Neumann, S. 7 ff.; Penzlin, S. 165 ff. Zur vorangehenden Regelung: Hammerl, S. 15 f.

[63] BGHSt 28, 231 (234); BGH, NStZ 1992, 182; BayObLG, NJW 2003, 1960 f.; Lackner/Kühl, StGB § 283 Rn. 26; Fischer, StGB § 283 Rn. 39 i. V. m. vor § 283 Rn. 12 ff.; Sch/Sch-Stree/Heine, StGB § 283 Rn. 59; LK-Tiedemann, StGB § 283 Rn. 219 ff., MGB-Bieneck § 76 Rn. 81 ff.; Röhm, S. 201 ff.; Neumann, S. 7 ff.; Penzlin, S. 165 ff.

[64] Vgl. z. B. die schwere Folge bei § 231 StGB, die Rechtswidrigkeit der Diensthandlung bei § 113 Abs. 3 StGB und die Begehung einer rechtswidrigen Tat im Vollrausch gemäß § 323a StGB. Vgl. auch Freund, in: MüKo/StGB vor § 13 Rn. 351.

[65] Allg. zu objektiven Strafbarkeitsbedingungen: Sch/Sch-Lenckner/Eisele, StGB vor § 13 Rn. 124 ff.; Lackner/Kühl, StGB vor § 13 Rn. 30; Freund, in: MüKo/StGB vor § 13 Rn. 351 ff.; LK-Walter, StGB vor § 13 Rn. 181 ff.; Baumann/Weber/Mitsch § 25 Rn. 1 ff.; Jescheck/Weigend, S. 554 ff.; Roxin, AT 1 § 23 Rn. 21 ff.

[66] Vgl. Roxin, AT 1 § 23 Rn. 21 ff.; Jescheck/Weigend, S. 554 ff.

[67] Baumann/Weber/Mitsch § 25 Rn. 1 ff.; Jescheck/Weigend, S. 555; Roxin, AT 1 § 23 Rn. 21 ff.

Bestrafung des Täters nicht bedürfe, wenn es ihm gelinge, den wirtschaftlichen Zusammenbruch im Sinne des § 283 Absatz 6 StGB zu verhindern.[68]

b. Rechtsgüterschutz

§ 283 StGB hat den Schutz der finanziellen Befriedigungsansprüche der Gläubiger durch den Schutz der potentiellen Insolvenzmasse gegen nachteilige Einwirkungen sowie als Teilaspekt hiervon den Schutz des *par condicio creditorum*, den Schutz der gleichmäßigen Befriedigung der Geldansprüche der Gläubiger, zum Ziel.[69] Diese Schutzrichtung kommt in § 283 Absatz 2 StGB, der die vorsätzliche Herbeiführung der Insolvenz durch eine der in § 283 Absatz 1 StGB näher bezeichneten Bankrotthandlungen unter Strafe stellt, besonders deutlich zum Ausdruck. Dieses Rechtsgut des Bankrottstraftatbestands ist uneingeschränkt anerkannt.

Das insolvenzrechtliche Prinzip des par condicio creditorum wird in § 1 Satz 1 InsO als Ziel des Insolvenzverfahrens angegeben. Dort ist allerdings von der *gemeinschaftlichen* Befriedigung der Gläubiger die Rede. Diese Formulierung stellt darauf ab, dass ausreichend Vermögen vorhanden ist, um alle Gläubiger *gemeinschaftlich* zu befriedigen. Die Praxis sieht jedoch anders aus. Bei den meisten Insolvenzen reicht das Schuldnervermögen nicht zur vollständigen, sondern nur zur quotalen Befriedigung der Gläubiger aus. Daher ist nicht von der gemeinschaftlichen Befriedigung, sondern von der *gleichmäßigen* Befriedigung der Gläubiger auszugehen.[70] Zudem wäre eine Überschuldung bereits begrifflich ausgeschlossen, wo das Schuldnervermögen zur Deckung der Verbindlichkeiten ausreicht. Auch für den strafrechtlichen Rechtsgüterschutz wird daher die insolvenzverfahrensrechtliche Maxime des par condicio creditorum als Schutz der gleichmäßigen Befriedigung der Gläubiger verstanden.

---

[68] Vgl. die Überlegungen im Regierungsentwurf zum 1. WiKG v. 29, Juli 1976, BT-Drs. 7/3441, S. 33. Vgl. dazu Heinz, GA 1977, 193 (218 f.); Bittmann, in: Insolvenzstrafrecht § 12 Rn. 307 ff.; Röhm, S. 203 f.; Neumann, S. 24 ff.

[69] Vgl. LK-Tiedemann, StGB vor § 283 Rn. 45 ff. mit ausführlichen weiteren Nachweisen. Vgl. auch die amtliche Begründung im Regierungsentwurf zum 1. WiKG, BT-Drs. 7/3441, S. 34, 17 f.; sowie BGH, NStZ 2008, 401 (402); BGH, NJW 2001, 1874; Sch/Sch-Stree/Heine, StGB vor § 283 Rn. 2; Radtke, in: MüKo/StGB vor § 283 Rn. 8 ff.; Maurach/Schröder/Maiwald, BT 1 § 48 Rn. 8; Erdmann, S. 54 ff., 59 ff. So inzwischen auch NK-Kindhäuser, StGB vor § 283 Rn. 19, 29. Ausführlich: Moosmayer, S. 121 ff.; Penzlin, S. 7ff., 13 ff.; Röhm, S. 64 ff. Von Fischer, StGB vor § 283 Rn. 3 wird der Schutz der potentiellen Insolvenzmasse vor unwirtschaftlichen, den Gesamtgläubigern nachteiligen Verfügungen betont – kritisch dazu NK-Kindhäuser, StGB § 283 Rn. 30; Dannecker/Knierim/Hagemeier, Rn. 35.

[70] Anschaulich: Ganter, in: MüKo/InsO § 1 Rn. 52.

Dass der Bankrottstraftatbestand den Schutz der finanziellen Befriedigungsinteressen der Gläubiger bezweckt, kann insbesondere mit der historischen Entwicklung der Insolvenzstraftaten erklärt werden. Die Verursachung einer Insolvenz bzw. eines Konkurses wird nach moderner Rechtsauffassung nicht mehr als strafwürdiges Unrecht angesehen. In Folge der Beeinflussung deutscher Bankrottregelungen durch den französischen "code de commerce" von 1804 wurde das strafwürdige Unrecht zunehmend nicht mehr in der Insolvenz als solcher, sondern in gläubigerbeeinträchtigenden Verhaltensweisen gesehen.[71] Mit dem preußischen Strafgesetzbuch von 1851 und den nahezu inhaltsgleichen Vorschriften des Reichsstrafgesetzbuchs von 1871 wandelte sich die Insolvenz zu einer bloßen Strafbarkeitsvoraussetzung[72], während die Bankrottstrafbarkeit an sich an die Gefährdung von Gläubigerinteressen geknüpft wurde.[73] Diese ersten modernen Regelungen können als Vorläufer des heutigen Insolvenzstrafrechts bezeichnet werden. Dem entsprechend setzt auch eine eventuelle Strafbarkeit gemäß § 283 Absatz 2 StGB die Herbeiführung von Überschuldung oder Zahlungsunfähigkeit durch eine Bankrotthandlung nach § 283 Absatz 1 StGB voraus – die bloße Herbeiführung der Krise ist für sich genommen nicht strafbar gemäß § 283 StGB.

c. Einbeziehung überindividueller Interessen

Darüber hinaus wird diskutiert, ob auch andere Rechtsgüter, wie z. B. der ordnungsgemäße Ablauf des Insolvenzverfahrens[74], ein besonderes insolvenzverfahrensrechtliches Gestaltungsinteresse der Gläubiger[75] und sog. überindividuelle Interessen, insbesondere die Funktionsfähigkeit der Kreditwirtschaft[76] oder der

---

[71] Vgl. LK-Tiedemann, StGB vor § 283 Rn. 36 ff.; Krause, S. 58 ff.; Hiltenkamp-Wisgalle, S. 32 ff.; Hörl, S. 12 f.; Röhm, S. 57 f.; ausführlich: Seemann, S. 12 ff.; Hager, S. 64 ff.

[72] Vgl. auch Klug, in: Jaeger, KO vor § 239 Rn. 7 f.

[73] Ausführlich zur historischen Entwicklung der Insolvenzstraftaten: Seemann, S. 12 ff.; Hager, S. 3 ff. Vgl. auch LK-Tiedemann, StGB vor § 283 Rn. 32 ff.; Maurach/Schröder/Maiwald, BT 1, § 48 Rn. 1; Weyand/Diversy, Rn. 15; Hiltenkamp-Wisgalle, S. 32 ff.; Röhm, S. 58.

[74] Bittmann, in: Insolvenzstrafrecht § 12 Rn. 25 – zu Recht dagegen Röhm, S. 67 ff. (70); Penzlin, S. 27 f.

[75] Krause, S. 159 ff.; NK-Kindhäuser, vor § 283 Rn. 18, 25. Zustimmend: Erdmann, S. 63 ff. Ablehnend hingegen: Lackner/Kühl, StGB § 283 Rn. 1; Sch/Sch-Stree/Heine, StGB vor § 283 Rn. 2; LK-Tiedemann, StGB vor § 283 Rn. 46, 48; Dannecker/Knierim/Hagemeier, Rn. 37; Moosmayer, S. 123 ff.; Röhm, S. 70, die die Gestaltungsinteressen der Gläubiger bereits vom Schutz der Befriedigungsinteressen der Gläubiger mitumfasst ansehen und daher eine eigenständige Bedeutung der Gestaltungsinteressen der Gläubiger als Rechtsgut der §§ 283 ff. StGB zu Recht ablehnen.

[76] So insbesondere LK-Tiedemann, StGB vor § 283 Rn. 55 ff.; Hammerl, S. 104 ff., 116 ff.; Moosmayer, S. 133 ff.; Hiltenkamp-Wisgalle, S. 48 ff.; Bittmann, in: Insolvenzstrafrecht § 12 Rn. 25.

Gesamtwirtschaft[77], von § 283 StGB selbständig geschützt werden.[78] Vereinzelt wird vertreten, dass das Interesse des bei dem Schuldner beschäftigten Arbeitnehmers am Erhalt seines Arbeitsplatzes ein eigenständiges von § 283 StGB geschütztes Rechtsgut darstellen soll.[79]

d. Eigene Stellungnahme

Die Einbeziehung überindividueller Interessen in den Schutzbereich des § 283 StGB ist abzulehnen. Neben dem Schutz des Interesses der Gläubiger an einer gleichmäßigen Befriedigung ihrer Geldansprüche bedarf es keines darüber hinausgehenden Rechtsgüterschutzes. Insolvenzverfahrensrechtliche Beteiligungs- und Gestaltungsrechte sind lediglich ein unselbständiger Annex zu den unzweifelhaft von § 283 StGB geschützten Befriedigungsinteressen. Die verfahrensrechtlichen Beteiligungs- und Mitwirkungsrechte der Gläubiger werden im Hinblick auf die gleichmäßige Gläubigerbefriedigung durch die InsO als maßgebliche Verfahrensordnung geschützt. Die Einführung der InsO führte zu einer Stärkung der Gläubigerautonomie.[80]

Dass auch die Arbeitnehmer des Täters mit ihren auf Geld gerichteten Ansprüchen[81] zu den geschützten Gläubigern zählen, bedarf keiner gesonderten Erwähnung.[82] Der Schutz des Erhalts oder Fortbestands von Arbeitsplätzen wird von § 283 StGB hingegen nicht bezweckt.[83] Der insofern mitverwirklichte Schutz der Arbeitnehmer als Gläubiger begründet kein eigenständiges Rechtsgut des Bankrottdelikts. Der Schutz überindividueller Interessen durch den Bankrottstraftatbestand ist abzulehnen.[84] § 283 StGB ist zwar zum Wirtschaftsstrafrecht zu zählen. Aus diesem Umstand den Schutz der Gesamtwirtschaft ableiten zu wollen,

---

[77] Vgl. Röhm, S. 79 ff. (82). Dagegen: Hartwig, FS-Bemmann, S. 311 (314); Penzlin, S. 31 ff.; Krause, S. 171 ff.; Moosmayer, S. 130 ff. und auch LK-Tiedemann, StGB vor § 283 Rn. 55 f., der die Kreditwirtschaft als Teil der Gesamtwirtschaft in den Schutzbereich aufnehmen will.

[78] Vgl. zur Diskussion: LK-Tiedemann, StGB § 283 Rn. 55 ff.; Sch/Sch-Stree/Heine, StGB vor § 283 Rn. 2; NK-Kindhäuser, StGB vor § 283 Rn. 19, Lackner/Kühl, StGB § 283 Rn. 1; Maurach/Schröder/Maiwald, BT 1 § 48 Rn. 8. Ausführlich: Erdmann, S. 72 ff.

[79] Vgl. Hiltenkamp-Wisgalle, S. 61 f.; Mohr, S. 156.

[80] Die Stärkung der Gläubigerautonomie war ein mit der Einführung der InsO verfolgtes Ziel. Vgl. RegE InsO, BT-Drs. 12/2443, S. 1 ff., §§ 97, 157,217 ff. Vgl. auch Ganter, in: MüKo/InsO § 1 Rn. 53 ff.

[81] Dies sind insbesondere Vergütungsansprüche für geleistete Arbeit bzw. Dienste – aber z. B. auch Ansprüche aus Abfindungen, betrieblicher Altersversorgung, etc.

[82] Vgl. LK-Tiedemann, StGB vor § 283 Rn. 51; Dannecker/Knierim/Hagemeier, Rn. 38.

[83] Zutreffend Sch/Sch-Stree/Heine, StGB vor § 283 Rn. 2; Ausführlich: Tiedemann, Insolvenzstrafrecht, vor § 283 Rn. 49 ff., 51.

[84] So z. B. auch Hartwig, FS-Bemmann, S. 311 (314); Penzlin, S. 31 ff.; Krause, S. 171 ff.; Moosmayer, S. 130 ff.; Erdmann, S. 84 f.

geht jedoch zu weit. Dies kommt im Tatbestand des § 283 StGB weder zum Ausdruck, noch kann eine solche Intention des Gesetzgebers angenommen werden.[85] Auch die diskutierte Kettenreaktion[86] bzw. Sogwirkung der strafbaren Herbeiführung einer Insolvenz auf andere Wirtschaftsteilnehmer vermag dies nicht zu begründen, da entsprechende Auswirkungen auch bei allgemeinen Vermögensdelikten, wie insbesondere § 263 StGB, denkbar sind.[87] Der Gesetzgeber hat, obwohl der Diskussionspunkt bekannt war, hierzu in der amtlichen Begründung zum 1. WiKG keine Stellungnahme abgegeben.[88] § 283 StGB unterscheidet auch nicht nach der Art der betroffenen Gläubiger und bringt somit keine Bevorzugung kreditgebender Banken zum Ausdruck, die eine Heraufstufung der Interessen der Kreditwirtschaft zu einem eigenständig geschützten Rechtsgut begründen könnte. Kreditgeber werden genauso – aber auch nicht mehr – wie jeder andere Gläubiger von § 283 StGB geschützt.[89]

Für den Rechtsgüterschutz durch § 283a StGB gelten die Ausführungen zu § 283 StGB entsprechend, da § 283a StGB lediglich eine Strafzumessungsregel für besonders schwere Fälle des § 283 StGB[90] enthält.

3. Buchführungs- und Bilanzierungsdelikte ohne Vorliegen einer Krise

Liegt eine Krise im Sinne der Insolvenzeröffnungsgründe der drohenden und eingetretenen Zahlungsunfähigkeit oder der Überschuldung nicht vor oder ist im Zusammenhang mit den Bankrottverhaltensweisen des § 283 Absatz 1 Nr. 5, 6 und 7 StGB kein Vorsatz des Täters bezüglich der Krise nachweisbar, so fallen die Verhaltensweisen der mangelhaften Rechnungslegung gemäß § 283 Absatz 1 Nr. 5, 6 und 7 StGB unter den Insolvenzstraftatbestand des § 283b StGB[91], dem damit gegenüber den Bankrottverhaltensweisen der § 283 Absatz 1 Nr. 5 - 7 StGB eine Auffangfunktion zukommt.[92] Aufgrund des von § 283 Absatz 1 Nr. 6 StGB abweichenden Wortlauts des § 283b Absatz 1 Nr. 2 StGB gilt dies mit der Maßgabe, dass Täter nur sein kann, wer handelsrechtlich zur Aufbewahrung von Handelsbü-

---

[85] Anders aber z. B. Röhm, S. 79 ff.
[86] Vgl. LK-Tiedemann, StGB vor § 283 Rn. 54; Dannecker/Knierim/Hagemeier, Rn. 42; Hammerl, S. 110, 116.
[87] Zu Recht kritisch: Erdmann, S. 76 ff.
[88] Vgl. BT-Drs. 7/3441, S. 19 f., 33 ff.; vgl. aber auch LK-Tiedemann, StGB vor § 283 Rn. 54.
[89] So auch NK-Kindhäuser, StGB vor § 283 Rn. 32; Penzlin, S. 31 (37).
[90] Bittmann, in: Insolvenzstrafrecht § 12 Rn. 350 f.; Pelz, Insolvenzstrafrecht, Rn. 365.
[91] Sch/Sch-Stree/Heine, StGB § 283b Rn. 1; Bittmann, in: Insolvenzstrafrecht § 13 Rn. 1.
[92] Vgl. Radtke, in MüKo/StGB § 283b Rn. 3; Pelz, Insolvenzstrafrecht, Rn. 376.

chern oder sonstigen Unterlagen im Sinne des § 283b Absatz 1 Nr. 2 StGB verpflichtet ist.[93] Dies trifft nur auf den gemäß § 257 HGB aufbewahrungspflichtigen Vollkaufmann zu.[94] § 283 Absatz 1 Nr. 6 StGB erfasst auch den Täter, der als Nicht-Kaufmann freiwillig Handelsbücher führt.[95]

Da der Tatbestand des § 283b StGB anders als die §§ 283, 283a, 283c und 283d StGB keinen Bezug zur Krise voraussetzt, nimmt § 283b StGB in der Systematik der Insolvenzstraftaten des 24. Abschnitts des Besonderen Teils des StGB eine Sonderstellung ein.[96] Die Verknüpfung des § 283b StGB zu den übrigen Insolvenzstraftaten des StGB wird nicht auf Tatbestandsebene, sondern durch die Verweisung in § 283b Absatz 3 StGB auf die entsprechende Geltung des § 283 Absatz 6 StGB hergestellt. Objektive Bedingung für eine Strafbarkeit nach § 283b StGB ist danach das Vorliegen der Voraussetzungen des § 283 Absatz 6 StGB.

a. Rechtsgüterschutz

Der von § 283b StGB intendierte Rechtsgüterschutz ist nicht abschließend geklärt.[97] Im Vordergrund stehen einerseits der Selbstinformationszweck einer ordentlichen Rechnungslegung für den Buchführungs- und Bilanzierungspflichtigen[98] sowie andererseits die Sicherung einer ordnungsgemäßen Rechnungslegung als Informationsquelle für die Gläubiger.[99] Ein Teil der Stimmen geht von einer Kombination aus und stellt sowohl auf die Selbst- als auch auf die Gläubigerinformation ab.[100]

Neuerdings wird überlegt, ob § 283b StGB im Hinblick auf die Kapitalmarktrelevanz der Rechnungslegung auch den Schutz der Anleger bezweckt, denen z. B. die veröffentlichten Jahresabschlüsse eines kapitalmarktorientierten Unternehmens als Informationsmöglichkeit zur Verfügung stehen.[101] Ausgangspunkt dieser Überlegungen ist, dass die internationalen Rechnungslegungsvorschriften der

---

[93] Fischer, StGB § 283b Rn. 4; Sch/Sch-Stree/Heine, StGB § 283 Rn. 3.
[94] Sorgenfrei, in: Park, Kapitalmarktstrafrecht, Teil 3, Kapitel 5, T 1, Rn. 27; Fischer, StGB § 283b Rn. 4.
[95] Fischer, StGB § 283 Rn. 24.
[96] Radtke, in MüKo/StGB § 283b Rn. 2.
[97] Vgl. Radtke, in MüKo/StGB § 283b Rn. 5.
[98] Hillenkamp, in: FS-Tiedemann, S. 949; Radtke, in MüKo/StGB § 283b offen gelassen in Rn. 5, in Rn. 25 für den Schutz der Selbstinformation.
[99] Hauck, S. 78 f.; Bittmann, in: Insolvenzstrafrecht § 13 Rn. 3.
[100] Vgl. hierzu bereits die amtliche Begründung BT-Drs. 7/3441, S. 38; Sch/Sch-Stree/Heine, StGB § 283b Rn. 1; Sorgenfrei, in: Park, Kapitalmarktstrafrecht, Teil 3, Kapitel 5, T 1, Rn. 3; Moosmayer, S. 121 ff.
[101] Ablehnend: Sorgenfrei, in: Park, Kapitalmarktstrafrecht, Teil 3, Kapitel 5, T 1, Rn. 2 f. mit weiteren Nachweisen.

International Accounting Standards (IAS) bzw. der International Financial Reporting Standards (IFRS) in Deutschland als unmittelbar geltendes EU-Recht anwendbar sind.[102] Bestimmte kapitalmarktorientierte deutsche Unternehmen müssen ihren Konzernjahresabschluss auch nach IAS bzw. IFRS aufstellen und veröffentlichen. Aufgrund der Kapitalmarktorientierung dieser internationalen Rechnungslegungsvorschriften[103] wird darüber nachgedacht, ob auch die auf die Richtigkeit entsprechender Veröffentlichungen vertrauenden Kapitalmarktadressaten, insbesondere Anleger, in den Schutzbereich des § 283b StGB fallen.[104]

b. Eigene Stellungnahme

Aus systematischen Erwägungen ist der Rechtsgüterschutz des § 283b StGB auf die Sicherung einer ordnungsgemäßen Rechnungslegung als besonders wichtige Informationsquelle für die Gläubiger zu beschränken. Es ist anerkannt, dass die Insolvenzstraftaten der §§ 283 ff. StGB allgemein den Schutz der Befriedigungsinteressen der Gläubiger bezwecken.[105] Dieser allgemeine Schutzgedanke ist auch bei der Bestimmung des Rechtsgüterschutzes des § 283b StGB zu berücksichtigen. Eine Beschränkung des Rechtsgüterschutzes des § 283b StGB auf den Selbstinformationszweck einer ordnungsgemäßen Rechnungslegung würde einen systematischen Bruch zum Rechtsgüterschutz der übrigen Straftatbeständen der §§ 283 ff. StGB darstellen. Die §§ 283 ff. StGB wollen verhindern, dass der Schuldner im Angesicht der Krise Vermögenswerte, die bei Insolvenzverfahrenseröffnung zur Insolvenzmasse zählen, der künftigen Insolvenzmasse entzieht. Die von § 283 Absatz 1 Nr. 5 - 7 StGB und von § 283b StGB bezweckte Sicherstellung einer ordnungsgemäßen Rechnungslegung soll in diesem Zusammenhang einerseits sicherstellen, dass der Schuldner den Überblick über seine Verhältnisse behält und somit in der Lage ist, den gesetzlichen Verhaltenspflichten, insbesondere Insolvenzantragspflichten zu entsprechen. Insofern trifft es zu, wenn *Bittmann* darauf abstellt, dass der Schutz der Vermögensinteressen der Gläubiger bei § 283b StGB über die Selbstinformation des Schuldners vermittelt wird.[106] Andererseits soll eine ordnungsgemäße Rechnungslegung des Schuldners den Gläubigern die Möglichkeit eröffnen, einen gesicherten Überblick über die zu ihrer Be-

---

102   Vgl. die sog. IAS-Verordnung EG 1606/2002 vom 19. Juli 2002, Amtsblatt EG Nr. L 243 vom 11. September 2002, S. 1 ff. Die Umsetzung erfolgte insbesondere durch das Bilanzrechtsreformgesetz vom 4. Dezember 2004, BGBl. I S. 3166. Vgl. Prinz, DStR 2003, 1359 ff.;

103   Vgl. Prinz, DStR 2003, 1359 (1361).

104   Sorgenfrei, in: Park, Kapitalmarktstrafrecht, Teil 3, Kapitel 5, T 1, Rn. 2 f.

105   Sch/Sch-Stree/Heine, StGB vor § 283 Rn. 2 mit ausführlichen weiteren Nachweisen.

106   Bittmann, in Insolvenzstrafrecht § 13 Rn. 3.

friedigung vorhandenen Vermögensbestandteile des Schuldners zu erlangen. Eine ordentliche Rechnungslegung vereinfacht zudem die Prüfung des Bestehens von etwaigen Einzelgläubiger- oder Insolvenzanfechtungsmöglichkeiten. Auch ohne die Einbeziehung des Selbstinformationszwecks in den Rechtsgüterschutz des § 283b StGB entsteht keine Schutzlücke. Die ordnungsgemäße Rechnungslegung als Grundlage für die Selbstinformation des Rechnungslegungspflichtigen wird bereits von den sonstigen an die Rechnungslegung anknüpfenden Straftatbeständen, wie insbesondere von § 331 HGB[107], geschützt. Es ist jedoch klarzustellen, dass nicht bereits jede objektive Fehlerhaftigkeit der Rechnungslegung unter Strafe steht. Der strafrechtliche Schutz der ordnungsgemäßen Rechnungslegung wird an bestimmte unrichtige Darstellungen[108] geknüpft.

Die Erweiterung des Schutzbereichs des § 283b StGB auf den Anlegerschutz ist aufgrund des insofern eindeutigen Wortlauts des § 283b Absatz 1 Nr. 3 StGB, der einen Verstoß gegen das Handelsrecht verlangt, abzulehnen.[109] Handelsrecht meint in diesem Zusammenhang die Bilanzierungsvorschriften des deutschen HGB.[110] Zudem stehen den Anlegern neben den IFRS-Abschlüssen auch die nach deutschem HGB aufgestellten und aufgrund Veröffentlichungspflichten gemäß den §§ 325 ff. HGB veröffentlichten Jahresabschlüsse als mögliche Informationsquelle zur Verfügung. Die nach deutschem Handelsrecht aufzustellenden Bilanzen werden vom Schutz des § 283b Absatz 1 Nr. 3 StGB umfasst.

4. Gläubigerbegünstigung und Schuldnerbegünstigung

Zu den verbotenen nachteiligen Vermögensverschiebungen zählen auch die in § 283c StGB normierte Gläubigerbegünstigung und die Schuldnerbegünstigung gemäß § 283d StGB.

---

[107]   Vgl. zu § 331 HGB: Südbeck, in: Park, Kapitalmarktstrafrecht, Teil 3, Kapitel 6, T 4, Rn. 8; Quedenfeld, in: MüKo/HGB § 331 Rn. 1.

[108]   Vgl. § 331 HGB, § 400 AktG, § 82 Abs. 2 Nr. 2 GmbHG, § 17 PublG, § 147 Abs. 2 Nr. 1, 2 GenG.

[109]   Zutreffend: Sorgenfrei, in: Park, Kapitalmarktstrafrecht, Teil 3, Kapitel 5, T 1, Rn. 3.

[110]   Vgl. Fischer, StGB § 283b Rn. 4; Sch/Sch-Stree/Heine, StGB § 283b Rn. 2 iVm. § 283 Rn. 29; Radtke, in: MüKo/StGB § 283b Rn. 7 ff., 11 ff.

a. Gläubigerbegünstigung

§ 283c StGB enthält eine Privilegierung des Täters[111], der trotz Kenntnis von seiner Zahlungsunfähigkeit – insofern wird die Krisensituation eingeschränkt, da das Krisenmerkmal der Überschuldung nicht im Tatbestand genannt wird – einen einzelnen Gläubiger der Unternehmung in zivilrechtlich unzulässiger Weise befriedigt oder sichert und ihn dadurch zumindest wissentlich gegenüber anderen Gläubigern bevorzugt. Das in § 283c StGB umschriebene Verhalten des Täters erfüllt zwar die Voraussetzungen des mit Freiheitsstrafe bis zu fünf Jahren belegten § 283 Absatz 1 Nr. 1 StGB – gleichwohl soll der Täter unter den Voraussetzungen des § 283c Absatz 1 StGB maximal mit einer Freiheitsstrafe von bis zu zwei Jahren bestraft werden. Grund für diese Privilegierung ist, dass der Täter – wenngleich zivilrechtlich zumindest nicht so geschuldet – einen Gläubiger[112] der Unternehmung befriedigt oder sichert, während unter § 283 Absatz 1 Nr. 1 StGB auch Eingriffe in das Vermögen der Unternehmung fallen, die nicht zur Tilgung oder Besicherung bestehender Schulden dienen. Bei § 283c StGB sorgt der Täter für eine *inkongruente Deckung* und greift durch sein Verhalten letztlich in die Gleichmäßigkeit der Verteilung der zur Befriedigung aller Gläubiger vorhandenen Vermögensmasse ein[113] – verletzt also das insolvenzrechtliche Prinzip des *par condicio creditorum*.[114] Allein durch die Annahme der ihm gewährten Sicherheit oder Befriedigung macht sich der begünstigte Gläubiger nicht strafbar. Es handelt sich insofern um einen Fall der sog. notwendigen Teilnahme.[115] Geht das Verhalten des Gläubigers allerdings über die bloße Annahme einer ihm zustehenden Begünstigung hinaus, so kommen Beihilfe oder Anstiftung nach den allgemeinen Regeln in Betracht.[116]

---

[111] Vgl. hierzu bereits die amtliche Begründung BT-Drs. 7/3441, S. 39; BGHSt 34, 221 (225 f.); 35, 357 (359 f.) BGH, NStZ 1996, 543 (544); Fischer, StGB § 283c Rn. 1; LK-Tiedemann, StGB § 283c Rn. 1; Weyand/Diversy, Rn. 122; ausführlich: Hartwig, FS-Bemmann S. 311 (313 ff.).

[112] Der Begünstigte muss demnach lediglich Inhaber eines Vermögensanspruchs gemäß §§ 38, 40 InsO gegen die Unternehmung sein – auf eine fehlende Bevorrechtigung oder die Fälligkeit des Anspruchs kommt es hierbei nicht an. Vgl. dazu LK-Tiedemann, StGB § 283c Rn. 6 f. Ausführlich zum Gläubigerbegriff des § 283c StGB: Hartwig, FS-Bemmann S. 311 ff.

[113] BGHSt 34, 221 (225 f.); 35, 357 (359 f.); BGH, NStZ 1996, 543 (544); Sch/Sch-Stree/Heine, StGB § 283c Rn. 2; Fischer, StGB § 283c Rn. 3, 6; LK-Tiedemann, StGB § 283c Rn. 1; MGB-Bieneck § 79 Rn. 1 ff.; Bittmann, in: Insolvenzstrafrecht § 14 Rn. 23 f.; Pelz, Insolvenzstrafrecht, Rn. 404 ff.; Weyand/Diversy, Rn. 124 f. Vgl. auch Lettenbauer, S. 20 ff., 70 ff.; Kellner, S. 40 ff. - beide noch zu § 241 KO.

[114] Exemplarisch zu diesem insolvenzrechtlichen Grundsatz BGHZ 41, 98 (101); BGHZ 88, 147 (151); Bork, Insolvenzrecht, Rn. 2; K.Schmidt, Wege zum Insolvenzrecht, S. 153 ff.; Erdmann, S. 21 f.

[115] Vgl. BGHSt 17, 239; BGH, NJW 1993, 1278 f.; Lackner/Kühl, StGB § 283c Rn. 8; Sch/Sch-Stree/Heine, StGB § 283c Rn. 21; LK-Tiedemann, StGB § 283c Rn. 38.

[116] BGH, NJW 1993, 1278 f.; Sch/Sch-Stree/Heine, StGB § 283c Rn. 21.

Geschütztes Rechtsgut ist das Interesse der Gläubiger an der gleichmäßigen Befriedigung ihrer Vermögensinteressen durch Verhinderung inkongruenter Leistungen des zahlungsunfähigen Schuldners. Nicht immer wird der Rechtsgüterschutz des § 283c StGB mit der erforderlichen Präzision herausgearbeitet. Teilweise wird lediglich auf den Schutz der Vermögensinteressen der Gläubiger abgestellt[117], ohne den weiteren Einschränkungen, die § 283c StGB vornimmt, die erforderliche Beachtung zu schenken. § 283c StGB setzt die Befriedigung oder Sicherung eines Gläubigers voraus, der die konkrete Leistung des Schuldners zivilrechtlich nicht, nicht in der Art oder nicht zu der Zeit beanspruchen konnte. Da der durch eine Tathandlung im Sinne von § 283c StGB befriedigte Gläubiger einen Anspruch gegen den Schuldner hat, stellt seine Befriedigung keinen Verstoß gegen das allgemeine Rechtsgut der Insolvenzdelikte – Schutz der Vermögensinteressen der Gläubiger – dar. Verstoßen wird lediglich gegen das insolvenzrechtliche Grundprinzip des par condicio creditorum. § 283c StGB schützt explizit die Gleichmäßigkeit der Verteilung des zur Befriedigung aller Gläubiger vorhandenen Schuldnervermögens. Nur diese Teilausprägung des Schutzes der Befriedigungsinteressen der Gläubiger – begrenzt auf das Vorliegen von Zahlungsunfähigkeit – wird von § 283c StGB geschützt.[118]

b. Schuldnerbegünstigung

Die Regelung über die Schuldnerbegünstigung in § 283d Absatz 1 StGB erfasst Fälle, in denen die Bankrotthandlung des § 283 Absatz 1 Nr. 1 StGB nicht durch den für das kriselnde Unternehmen Verantwortlichen, sondern durch eine andere Person mit Einwilligung des Verantwortlichen oder zu dessen Gunsten vorgenommen wird.[119] Die Vorschrift trägt dem Umstand Rechnung, dass die Strafbarkeit der Beteiligung am Bankrott eines Anderen aufgrund der Akzessorietät der Teilnahme das Vorliegen einer teilnahmefähigen Tat erfordert. Läge eine solche Tat nicht vor, wäre die Vornahme der Eingriffe im Sinne des § 283 Absatz 1 Nr. 1 StGB[120] in das Vermögen des Krisenunternehmens durch eine andere Person als den Schuldner insolvenzstrafrechtlich nicht sanktioniert, obwohl der von § 283

---

[117] Vgl. z. B. Radtke, in: MüKo/StGB § 283c Rn. 4; Tiedemann, Insolvenz-Strafrecht, § 283c Rn. 1, der jedoch anmerkt, dass das Interesse an der gleichmäßigen Gläubigerbefriedigung bei § 283c StGB in den Vordergrund tritt.

[118] Zutreffend: Bittmann, in: Insolvenzstrafrecht § 14 Rn. 5.

[119] LK-Tiedemann, StGB § 283d Rn. 11 ff.; NK-Kindhäuser, StGB § 283d Rn. 4 ff.; Sch/Sch-Stree/Heine, StGB § 283d Rn. 3 f.; Fischer, StGB § 283d Rn. 3; Lackner/Kühl, StGB § 283d Rn. 2. Vgl. auch bereits Kellner, S. 60 ff.; Lettenbauer, S. 82 ff. – beide noch zu § 242 KO.

[120] Sch/Sch-Stree/Heine, StGB § 283d Rn. 2; Fischer, StGB § 283d Rn. 2; vgl. bereits Lettenbauer, S. 82 ff. – noch zu § 242 KO.

StGB bezweckte Rechtsgüterschutz hierdurch beeinträchtigt werden würde. Diese Lücke wird durch die Strafvorschrift des § 283d StGB geschlossen, der in seinen sonstigen, zu den §§ 283 Absatz 1 Nr. 1, 283a StGB parallelen Regelungen[121] berücksichtigt, dass es nicht um die drohende Zahlungsunfähigkeit, die Zahlungseinstellung, das Vermögen oder das Insolvenzverfahren des Täters des § 283d StGB, sondern des begünstigten Schuldners geht.[122]

Gleichwohl ist es nicht undenkbar, dass der Täter des § 283d StGB mit oder neben der Begünstigung des Schuldners auch eigene Ziele verfolgt.[123] *Weyand/ Diversy* veranschaulichen beispielsweise, dass sich der Ehepartner des Schuldners gemäß § 283d StGB strafbar machen kann, wenn er Vermögensbestandteile aus dem krisenbehafteten Unternehmen des Gatten beiseite schafft, um dessen weitere wirtschaftliche Betätigung zu ermöglichen und damit zugleich sein eigenes Auskommen sichern will.[124] Keine Strafbarkeit gemäß § 283d StGB soll allerdings dann gegeben sein, wenn der Täter ausschließlich im eigenen Interesse oder in dem eines Dritten handelt und die Begünstigung des Schuldners nicht beabsichtigt.[125] Diesbezügliche Abgrenzungsfragen stellen sich daher auf der Ebene der Tatsachenfeststellungen durch die Ermittlungsbehörden.

Der Rechtsgüterschutz des § 283d StGB entspricht dem des § 283 StGB.[126] Auch § 283d schützt die auf Geld gerichteten Befriedigungsinteressen der Gläubiger.[127] Konkret geschützt wird die Gesamtheit der Gläubiger, da § 283d StGB auf diejenigen Bestandteile des Vermögens abstellt, die zur potentiellen Insolvenzmasse zählen.[128] Der Straftatbestand § 283d StGB will Strafbarkeitslücken vermeiden und trägt dem Umstand Rechnung, dass der Täter des § 283d StGB nicht unter § 283 StGB fiele, da er nicht selbst Schuldner im Sinne des § 283 StGB ist.

---

[121] Vgl. insbesondere § 283d Abs. 4 StGB.

[122] Sch/Sch-Stree/Heine, StGB § 283d Rn. 5; Weyand/Diversy, Rn. 129 ff.

[123] So bereits BGH bei Herlan, GA 1967, 264 zur Schuldnerbegünstigung, damals § 242 KO. Vgl. Lackner/Kühl, StGB §283d Rn. 2; Sch/Sch-Stree/Heine, StGB § 283d Rn. 2; Pelz, Insolvenzstrafrecht, Rn. 421.

[124] Weyand/Diversy, Rn. 132.

[125] LK-Tiedemann, StGB § 283d Rn. 12; Sch/Sch-Stree/Heine, StGB § 283d Rn. 2; Weyand/Diversy, Rn. 132.

[126] Radtke, in MüKo/StGB § 283d Rn. 2; Bittmann, in: Insolvenzstrafrecht § 22 Rn. 2.

[127] Vgl. Tiedemann, Insolvenz-Strafrecht, § 283d Rn. 4, der allerdings den Rechtsgüterschutz bei § 283 StGB auf den Schutz der Funktionsfähigkeit der Kreditwirtschaft erstrecken will und dieses Rechtsgut konsequenterweise auch bei § 283d StGB berücksichtigen will.

[128] Radtke, in MüKo/StGB § 283d Rn. 2; Lackner/Kühl, StGB § 283d Rn. 1.

5. Insolvenzverschleppung

a. Neuregelung durch das MoMiG in § 15a InsO

Im Zuge der Reform des GmbH-Rechts durch das MoMiG wurden die bislang auf eine Vielzahl an gesellschaftsrechtlichen Einzelregelungen verstreuten Insolvenzverschleppungsdelikte in einer zentralen Vorschrift in der Insolvenzordnung zusammengeführt. Durch Art. 9 Ziffer 3 des MoMiG vom 23. Oktober 2008 wurde der neue § 15a InsO mit folgendem Wortlaut eingeführt[129]:

"§ 15a
Antragspflicht bei juristischen Personen und Gesellschaften ohne Rechtspersönlichkeit

(1) Wird eine juristische Person zahlungsunfähig oder überschuldet, haben die Mitglieder des Vertretungsorgans oder die Abwickler ohne schuldhaftes Zögern, spätestens aber drei Wochen nach Eintritt der Zahlungsunfähigkeit oder Überschuldung, einen Insolvenzantrag zu stellen. Das Gleiche gilt für die organschaftlichen Vertreter der zur Vertretung der Gesellschaft ermächtigten Gesellschafter oder die Abwickler bei einer Gesellschaft ohne Rechtspersönlichkeit, bei der kein persönlich haftender Gesellschafter eine natürliche Person ist; dies gilt nicht, wenn zu den persönlich haftenden Gesellschaftern eine andere Gesellschaft gehört, bei der ein persönlich haftender Gesellschafter eine natürliche Person ist.

(2) Bei einer Gesellschaft im Sinne des Absatzes 1 Satz 2 gilt Absatz 1 sinngemäß, wenn die organschaftlichen Vertreter der zur Vertretung der Gesellschaft ermächtigten Gesellschafter ihrerseits Gesellschaften sind, bei denen kein Gesellschafter eine natürliche Person ist, oder sich die Verbindung von Gesellschaften in dieser Art fortsetzt.

(3) Im Fall der Führungslosigkeit einer Gesellschaft mit beschränkter Haftung ist auch jeder Gesellschafter, im Fall der Führungslosigkeit einer Aktiengesellschaft oder einer Genossenschaft ist auch jedes Mitglied des Aufsichtsrats zur Stellung des Antrags verpflichtet, es sei denn, diese Person hat von der Zahlungsunfähigkeit und der Überschuldung oder der Führungslosigkeit keine Kenntnis.

(4) Mit Freiheitsstrafe bis zu drei Jahren oder mit Geldstrafe wird bestraft, wer entgegen Absatz 1 Satz 1, auch in Verbindung mit Satz 2 oder Absatz 2 oder Absatz 3, einen Insolvenzantrag nicht, nicht richtig oder nicht rechtzeitig stellt.

(5) Handelt der Täter in den Fällen des Absatzes 4 fahrlässig, ist die Strafe Freiheitsstrafe bis zu einem Jahr oder Geldstrafe."

---

[129] Art. 9 Ziffer 3 MoMiG vom 23. Oktober 2008, BGBl. I S. 2026 (2037).Vgl. bereits den RegE MoMiG, BT-Drs. 16/6140 vom 25. Juli 2007, S. 29.

Gänzlich neu ist die Regelung in Absatz 3 zur Erstreckung der Insolvenzantragspflicht auf Gesellschafter bzw. Aufsichtsräte im Fall der Führungslosigkeit der Gesellschaft. Die Absätze 4 und 5 der Neuregelung enthalten die Strafdrohung und stellen damit den neuen, einheitlichen Insolvenzverschleppungsstraftatbestand dar. Die Strafdrohung erstreckt sich ausdrücklich auf die Ersatzinsolvenzantragspflicht der Gesellschafter bzw. Aufsichtsräte im Falle des Absatzes 3.

b. Insolvenzantragspflicht

Die Insolvenzordnung definiert die insolvenzfähigen Rechtssubjekte. Gemäß § 11 Absatz 1 InsO gilt: „Ein Insolvenzverfahren kann über das Vermögen jeder natürlichen und jeder juristischen Person eröffnet werden." § 11 Absatz 2 InsO ergänzt, dass ein Insolvenzverfahren auch über das Vermögen von Personengesellschaften und bestimmten Vermögensmassen eröffnet werden kann. Die Gründe für die Eröffnung eines Insolvenzverfahrens definiert die Insolvenzordnung in den §§ 17 – 19 InsO. Bis zur Einführung des neuen § 15a InsO[130] im Zuge der Reform des GmbH-Rechts durch das MoMiG enthielt die Insolvenzordnung keine Regelungen dazu, unter welchen Voraussetzung ein Insolvenzantrag gestellt werden muss. Vor der Einführung des § 15a InsO waren die Regelungen zur Insolvenzantragspflicht auf eine Vielzahl von Einzelgesetzen verstreut.[131] Eine Antragspflicht besteht gemäß § 15a Absatz 1 und 2 InsO beim Vorliegen von eingetretener Zahlungsunfähigkeit und Überschuldung und nur bei juristischen Personen und bei Gesellschaften ohne Rechtspersönlichkeit, bei denen kein persönlich haftender Gesellschafter eine natürliche Person ist bzw. – bei mehrstufigen Konstellationen – kein persönlich haftender Gesellschafter einer Gesellschaft als persönlich haftender Gesellschafter eine natürliche Person ist. Entsprechend der bisherigen Regelung in § 130a Absatz 4 HGB a. F. wird durch § 15a Absatz 2 InsO sichergestellt, dass auch mittelbare organschaftliche Vertreter antragspflichtig sind.[132]

Die Insolvenzantragspflicht dient dem Gläubigerschutz.[133] Nicht lebensfähige, d. h. zahlungsunfähige und/oder überschuldete juristische Personen sollen von der

---

[130] Eingeführt durch Art. 9 Ziffer 3 MoMiG vom 23. Oktober 2008, BGBl. I S. 2026 (2037).

[131] Exemplarisch genannt seien die §§ 64 Abs. 1 GmbHG, 92 Abs. 2 AktG und 99 Abs. 1 GenG sowie die §§ 130a Abs. 1, 177a HGB für offene Handelsgesellschaften und Kommanditgesellschaften, bei denen jeweils kein persönlich haftender Gesellschafter eine natürliche Person ist – jeweils in den bis zum 31. Oktober 2008 geltenden Fassungen.

[132] Vgl. die Begründung im RegE MoMiG, BT-Drs. 16/6140 vom 25. Juli 2007, S. 134.

[133] Vgl. nur Poertzgen, S. 176 ff., 202 ff.; Vgl. auch Casper, in: GK-GmbHG § 64 Rn. 1, 4 zu § 64 GmbHG a. F. Vgl. zu § 92 AktG a. F.: Hüffer, AktG § 92 Rn. 1; Spindler, in: MüKo/AktG § 92 Rn. 3, die jeweils den Gläubigerschutz zum öffentlichen Interesse zählen.

weiteren Teilnahme am Wirtschaftsleben abgehalten werden und in ein Insolvenzverfahren gezwungen werden. Im Übrigen ist zum Zweck der Insolvenzantragspflicht auf den nachfolgend erörterten strafrechtlichen Rechtsgüterschutz des Insolvenzverschleppungsstraftatbestands zu verweisen.[134]

Bei der drohenden Zahlungsunfähigkeit besteht lediglich die fakultative Möglichkeit
der Antragstellung durch den Schuldner bzw. durch seine Organe. Eine gesetzliche Pflicht zur Antragstellung besteht nicht. Insofern hat sich auch durch die Einführung des § 15a InsO nichts geändert. Eine nur drohende Zahlungsunfähigkeit
kann keine Strafbarkeit wegen Insolvenzverschleppung auslösen.[135]

§ 15a Absatz 1 InsO sieht – wie die bisherigen gesellschaftsrechtlichen Einzelregelungen – eine Höchstfrist von drei Wochen nach Eintritt der Zahlungsunfähigkeit
oder Überschuldung für die Stellung des Insolvenzantrags vor. Mit dem Eintritt von
Zahlungsunfähigkeit oder Überschuldung ist die Unternehmung insolvenzreif.
Nicht jede vorübergehende Zahlungsschwierigkeit der Unternehmung von kürzerer
Dauer führt zur Insolvenzreife. Die Auslegung des zur Stellung des Insolvenzantrags verpflichtenden Insolvenzeröffnungsgrundes der Zahlungsunfähigkeit hat
unter Berücksichtigung einer zeitlichen Komponente zu erfolgen.[136] Kurzfristige
Momentaufnahmen scheiden daher aus. Ist die Unternehmung jedoch insolvenzreif, dann soll zum Schutz ihrer Gläubiger verhindert werden, dass die überschuldete oder zahlungsunfähige Unternehmung weiterhin am Wirtschaftsleben teil-
nimmt – und die Insolvenz weiter vertieft wird. Dies gilt umso mehr, wo den Gläubigern der Unternehmung nach den gesellschaftsrechtlichen Vorgaben keine natürliche Person als Haftungssubjekt, sondern allein das Gesellschaftsvermögen
als Haftungsmasse zur Verfügung steht.
Antragspflichtig sind gemäß § 15a Absatz 1 Satz 1 InsO die Mitglieder des Vertretungsorgans der juristischen Person, d. h. jedes Vorstandsmitglied einer AG
und jeder Geschäftsführer einer GmbH, bzw. gemäß § 15a Absatz 1 Satz 2 InsO
die organschaftlichen Vertreter des zur Vertretung der Gesellschaft ermächtigten
Gesellschafters, d. h. beispielsweise jeder Geschäftsführer der Komplementär-
GmbH einer GmbH & Co. KG. Im Liquidationsfall ist der jeweilige Abwickler antragspflichtig.
Für den Fall der Führungslosigkeit wurde durch § 15a Absatz 3 InsO eine Insolvenzantragspflicht jedes Gesellschafters einer GmbH bzw. jedes Aufsichtsratsmitglieds einer AG oder Genossenschaft neu durch das MoMiG eingeführt.

---

[134] Siehe unten S. 32.
[135] Vgl. Bittmann, in: Insolvenzstrafrecht § 11 Rn. 76 zur Rechtslage vor dem Inkrafttreten des Mo-
       MiG.
[136] Siehe unten S. 74.

Für die – trotz bestehender Verpflichtung – verspätete bzw. unterlassene Stellung des erforderlichen Insolvenzantrags hat sich der Begriff *Insolvenzverschleppung* eingebürgert. Der Gesetzgeber verwendete diesen Begriff vor dem Inkrafttreten des MoMiG bislang nicht. Mit dem MoMiG führte der Gesetzgeber sogar eine Legaldefinition für den Begriff der Insolvenzverschleppung ein. Die Legaldefinition findet sich allerdings nicht – wie vielleicht zu erwarten gewesen wäre – in § 15a InsO, sondern in den Regelungen über Organverbote in § 6 Absatz 2 Satz 2 Nr. 3a GmbHG[137] bzw. der korrespondierenden Vorschrift des § 76 Absatz 3 Satz 2 Nr. 3a AktG.[138] Insolvenzverschleppung ist danach das *Unterlassens der Stellung des Antrags auf Eröffnung des Insolvenzverfahrens*. Ob damit eine voll umfängliche Bezugnahme auf die Insolvenzverschleppungsstrafbarkeit gemäß § 15a Absatz 4 InsO gemeint ist, bleibt unklar, da gemäß § 15a Absatz 4 InsO nicht nur das vollständige Unterlassen des Insolvenzantrags, sondern auch die verspätete und nicht richtige Antragstellung strafbar ist.[139]

c. Strafbarkeit der Insolvenzverschleppung

Bis zum Inkrafttreten des MoMiG am 1. November 2008[140] war die Strafbarkeit der Insolvenzverschleppung in den gesellschaftsrechtlichen Einzelgesetzen geregelt (§§ 84 Absatz 1 Nr. 2 GmbHG, 130b, 177a HGB, 401 Absatz 1 Nr. 2 AktG, 148 Absatz 1 Nr. 2 GenG – jeweils a. F.).[141] Durch das MoMiG wurde die Insolvenzverschleppungsstrafbarkeit vom Gesellschaftsrecht in die InsO verlagert und in dem neuen § 15a Absatz 4 und 5 InsO zusammengeführt.[142]

Um zu vermeiden, dass insolvente Juristische Personen und Gesellschaften ohne Rechtspersönlichkeit, bei denen keine natürliche Person voll für die Verbindlichkeiten der Gesellschaft haftet, am Wirtschaftsleben teilnehmen, hat der Gesetzgeber zum Schutz der Gläubiger die Insolvenzantragspflichten gemäß § 15a Absatz 1 bis 3 InsO statuiert. Ein vorsätzlicher oder fahrlässiger Verstoß gegen die Insolvenzantragspflicht steht gemäß § 15a Absatz 4 und 5 InsO unter Strafe. Nicht nur die gänzliche Unterlassung eines Insolvenzantrags wird bestraft. Der Gesetzgeber hat bereits die Überschreitung der Höchstfrist des § 15a Absatz 1 Satz 1

---

137 Art. 1 Ziffer 7 MoMiG vom 23. Oktober 2008, BGBl. I S. 2026 (2027).

138 Art. 5 Ziffer 6 MoMiG vom 23. Oktober 2008, BGBl. I S. 2026 (2035).

139 Hierzu wird im 4. Kapitel Stellung genommen – siehe unten S. 243. Vgl. auch Wegner, HRRS 2009, 32 (36); Römermann, NZI 2008, 641 (646).

140 Vgl. Art. 25 MoMiG vom 23. Oktober 2008, BGBl. I S. 2026 (2043).

141 Ausführlich Poertzgen, S. 151 ff., 202 ff.

142 Art. 9 Ziffer 3 MoMiG vom 23. Oktober 2008, BGBl. I S. 2026 (2037); vgl. auch Art. 9 Ziffer 3 MoMiG in der am 26. Juni 2008 vom Bundestag beschlossenen Fassung, BT-Drs. 16/6140, S. 15, Begründung auf S. 55.

InsO von drei Wochen für die Antragsstellung unter Strafe gestellt. Nachdem Zahlungsunfähigkeit oder Überschuldung eingetreten sind, bleibt den zuständigen Organen der Unternehmung somit nur wenig Zeit zur pflichtgemäßen Beantragung der Eröffnung des Insolvenzverfahrens. Wird dieser Pflicht nicht unverzüglich, spätestens aber innerhalb von drei Wochen[143] nach dem Eintritt von Zahlungsunfähigkeit oder Überschuldung nachgekommen, so droht eine Strafbarkeit wegen Insolvenzverschleppung. Die Insolvenzantragspflicht entfällt nur dann, wenn die Zahlungsunfähigkeit oder Überschuldung innerhalb der Frist von drei Wochen wieder behoben wird.[144] Beim Vorliegen von drohender Zahlungsunfähigkeit besteht nach wie vor keine Insolvenzantragspflicht und damit auch keine Insolvenzverschleppungsstrafbarkeit.[145]

Gemäß dem neu gefassten Insolvenzverschleppungsstraftatbestand des § 15a Absatz 4 InsO wird bestraft, wer bei bestehender Antragspflicht einen Insolvenzantrag nicht, nicht richtig oder nicht rechtzeitig stellt. Somit steht neuerdings auch die *nicht richtige* Insolvenzantragstellung unter Strafe. Die bisherigen Insolvenzverschleppungsstraftatbestände der §§ 84 Absatz 1 Nr. 2 GmbHG a. F., 401 Absatz 1 Nr. 2 AktG a. F. stellten in ihrem Wortlaut lediglich auf das Unterlassen der Beantragung der Eröffnung des Insolvenzverfahrens ab. Der nicht rechtzeitig gestellte Insolvenzantrag stand dem überhaupt nicht gestellten Insolvenzantrag schon bislang gleich.[146] Insofern enthält § 15a Absatz 4 InsO keine Änderung, sondern lediglich eine Klarstellung. Etwas anderes gilt jedoch für die *nicht richtige* Antragstellung. Der unrichtige Insolvenzantrag stand bislang nicht unter Strafe.[147] Die Begründung des Regierungsentwurfs zum MoMiG enthält hierzu keine eindeutige Stellungnahme. Dort heißt es lediglich, dass die bisherigen strafrechtlichen Vorschriften in dem neuen § 15a Absatz 4 InsO zusammengefasst und auf den Fall der Ersatzantragspflicht durch Gesellschafter und Aufsichtsratsmitglieder erstreckt werden.[148] Die nunmehr in § 15a Absatz 4 InsO enthaltene Strafbarkeit der unrichtigen Insolvenzantragstellung bei Bestehen einer Antragspflicht wirft neue Fragen auf, die im 4. Kapitel ausführlich behandelt werden.[149]

---

[143] Vgl. §§ 64 Abs. 1 GmbHG, 130a Abs. 1 HGB, 92 Abs. 2 AktG, 99 Abs. 1 GenG – jeweils a. F. - zu den vor dem Inkrafttreten des § 15a InsO einschlägigen Regelungen, die ebenfalls eine Höchstfrist von drei Wochen vorsahen.

[144] Vgl. auch zur früheren Regelung in §§ 84, 64 GmbHG a. F.: BGHSt 15, 306 (310); Ransiek, Unternehmensstrafrecht, S. 160 ff.

[145] Bittmann, ZGR 2009, 931 (969 f.).

[146] Vgl. z. B. Spindler, in: MüKo/AktG § 92 Rn. 40; Höffner, S. 40.

[147] Bittmann, ZGR 2009, 931 (970).

[148] RegE MoMiG, BT-Drs. 16/6140 vom 25. Juli 2007, Begründung S. 134 f.

[149] Siehe unten S. 260.

d. Rechtsgüterschutz

Der Insolvenzverschleppungsstraftatbestand in § 15a Absatz 4 und 5 InsO sichert die Insolvenzantragspflicht gemäß § 15a Absatz 1 Satz 1 InsO strafrechtlich ab und bezweckt den Schutz der Befriedigungsinteressen der Gläubiger der Gesellschaft.[150] Eine insolvenzreife Gesellschaft soll spätestens nach dem Ablauf der dreiwöchigen Insolvenzantragsfrist nicht weiter werbend tätig sein, da die Gefahr besteht, dass die Insolvenz weiter vertieft wird und sich somit die Aussicht der Gläubiger der Gesellschaft auf Befriedigung ihrer (Geld-) Forderungen weiter verschlechtern würde. Die Verteilung der noch vorhandenen Vermögenswerte der Gesellschaft auf die Gläubiger soll nach den Regeln des Insolvenzverfahrens erfolgen. Mit der Eröffnung des Insolvenzverfahrens geht gemäß § 80 Absatz 1 InsO das Recht, über das zur Insolvenzmasse zählende noch vorhandene Schuldnervermögen zu verfügen, auf den Insolvenzverwalter über. Damit sollen Verfügungen des Schuldners, die einzelne Gläubiger benachteiligen oder bevorzugen würden, verhindert und das noch vorhandene Vermögen zum Zweck einer gleichmäßigen Verteilung auf die Gläubiger gesichert werden. Mithin dient die Pflicht zur rechtzeitigen Beantragung der Eröffnung des Insolvenzverfahrens dem Zweck der InsO, die finanziellen Interessen der künftigen Insolvenzgläubiger zu schützen[151] und eine gleichmäßige Befriedigung der Insolvenzgläubiger sicherzustellen.

Dieser Rechtsgüterschutz gilt für den unterlassenen oder verspäteten Insolvenzantrag. Da sich insofern durch die Einführung des § 15a InsO gegenüber den bisherigen Insolvenzverschleppungsdelikten keine Änderung ergeben hat, können die bisherigen Stellungnahmen zur Rechtsgutsbestimmung der Insolvenzverschleppungsstraftatbestände wegen der unterlassenen oder verspäteten Insolvenzantragstellung weiterhin herangezogen werden.[152] Geschützt werden die Altgläubiger, d. h. die bisherigen Gläubiger der Gesellschaft vor einer weiteren Verringerung des ihnen als Haftungs- bzw. Insolvenzmasse zur Verfügung stehenden Gesellschaftsvermögens.[153] Insofern werden die finanziellen Befriedigungsinteressen dieser Gläubiger geschützt. Zusätzlich wird vertreten, dass der Insolvenzver-

---

[150] Scholz/Tiedemann, GmbHG vor § 82 Rn. 29 ff.; Altmeppen, NJW 2005, 1911 (1914). Zur Rechtslage vor Inkrafttreten des § 15a InsO: Bittmann, in: Insolvenzstrafrecht § 11 Rn. 19. Ransiek, Unternehmensstrafrecht, S. 151 f. stellt hingegen auf den Schutz der Gläubiger ab - inzwischen präzisiert auf den Vermögensschutz von Alt- und Neugläubigern: Ransiek, in: GK-GmbHG § 84 Rn. 9.

[151] Vgl. Beckemper, HRRS 2009, 64 (65).

[152] Vgl. z. B. Bittmann, in: Insolvenzstrafrecht § 11 Rn. 19; Schaal, in: MüKo/AktG § 401 Rn. 6; Höffner, S. 57 f.

[153] RegE MoMiG, BT-Drs. 16/6140 vom 25. Juli 2007, Begründung S. 135. Vgl. auch Bittmann, in: Insolvenzstrafrecht § 11 Rn. 19; Poertzgen, S. 274 ff.

schleppungsstraftatbestand Neugläubiger, d. h. Gläubiger, die dies nicht schon vor dem Eintritt von Insolvenzreife waren, vor dem Eingehen von Verbindlichkeiten mit einer insolvenzreifen Gesellschaft schützen will.[154] Vereinzelt wird der Kreis der von dem Insolvenzverschleppungstatbestand geschützten Rechtsgüter weiter gezogen. *Tiedemann* will neben den Gläubigern auch die Interessen der Gesellschaft, der Gesellschafter sowie der Arbeitnehmer geschützt sehen.[155] Noch weiter gehend wird teilweise vertreten, dass neben den Befriedigungsinteressen der Gläubiger auch die Interessen der Gesellschaft und anderer dritter Personen an einer wirtschaftlich gesunden Gesellschaft geschützt sind.[156]

e. Eigene Stellungnahme

Die Zusammenführung der bislang auf eine Vielzahl von Einzelgesetzen verstreuten Insolvenzverschleppungsregelungen und –delikte in einer zentralen Vorschrift in der Insolvenzordnung ist uneingeschränkt zu begrüßen. Die Verortung der Regelung in der InsO ist systematisch zutreffend, da es sich bei den in den einzelnen gesellschaftsrechtlichen Gesetzen enthaltenen Insolvenzverschleppungsvorschriften in der Sache um insolvenzrechtliche Regelungen handelt.[157]

Die ausdrückliche Erstreckung der Insolvenzantragspflicht auf die organschaftlichen Vertreter von Gesellschaften als Gesellschafter gemäß § 15a Absatz 1 Satz 2, Absatz 2 InsO dient der Klarstellung und ist damit nicht zu beanstanden.

Zur Erstreckung der Insolvenzantragspflicht – einschließlich der Strafdrohung – auf Gesellschafter bzw. Aufsichtsräte im Fall der Führungslosigkeit der Gesellschaft gemäß § 15a Absatz 4 und 5 InsO i. V. m. § 15a Absatz 3 InsO wird im Rahmen der Überlegungen zum Täterkreis des Insolvenzverschleppungsdelikts im 4. Kapitel ausführlich eingegangen.[158]

Die Einführung einer zentralen Insolvenzverschleppungsvorschrift in der InsO dürfte zu einer erhöhten Wahrnehmung dieser nunmehr in ihrem systematischen Kontext enthaltenen Regelung führen können. Ob dies jedoch auch zu einer erhöhten

---

[154] RegE MoMiG, BT-Drs. 16/6140 vom 25. Juli 2007, Begründung S. 133 f. Ebenso Bittmann, in: Insolvenzstrafrecht § 11 Rn. 19 zum bisherigen Recht; Poertzgen, S. 310 ff. Gegen die Einbeziehung von Neugläubigern: Altmeppen, NJW 2005, 1911 (1912, 1914).

[155] Scholz/Tiedemann, GmbHG, 9. Auflage, § 84 Rn. 7 ff.; zustimmend hinsichtlich § 401 Absatz 1 Nr. 2 AktG a. F.: Schaal, in: MüKo/AktG § 401 Rn. 6. Inzwischen will Tiedemann die Gesellschaft selbst nur noch als sekundär geschützt ansehen: Scholz/Tiedemann, GmbHG vor § 82 Rn. 30 zu § 15a InsO.

[156] Höffner, S. 57 f.; vgl. auch Schaal, in: MüKo/AktG § 401 Rn. 6.

[157] So auch der RegE MoMiG, BT-Drs. 16/6140 vom 25. Juli 2007, Begründung S. 133 f.

[158] Siehe unten S. 254.

Wachsamkeit der antragspflichtigen Organe und damit zu einer frühzeitigeren Insolvenzverfahrenseröffnung und überdies zu einer Verringerung der Insol-
venzverschleppungsstraftaten führen kann, darf hingegen bezweifelt werden.

Der Rechtsgüterschutz durch den Insolvenzverschleppungsstraftatbestand beschränkt sich auf den Schutz der Befriedigungsinteressen der Gläubiger der Gesellschaft.[159] Ein über den Schutz der Befriedigungsinteressen der Gläubiger hi-
nausgehender Rechtsgüterschutz ist dem Insolvenzverschleppungsstraftatbestand
nicht beizumessen. Der Schutz des Rechtsverkehrs vor der Fortführung insolvenzreifer Unternehmen wird von § 15a Absatz 4 und 5 InsO nicht bezweckt.[160] Dies
folgt bereits daraus, dass es sich bei den Insolvenzverschleppungsvorschriften –
wie nicht zu letzt durch die Einfügung in § 15a InsO untermauert wurde – um insolvenzrechtliche Regelungen und nicht um gesellschaftsrechtliche Regelungen
handelt.[161] Sinn und Zweck des Insolvenzverfahrens ist gemäß § 1 Satz 1 InsO die
geordnete gemeinschaftliche Befriedigung der Gläubiger des Schuldners durch
Verwertung des Schuldnervermögens und nicht der Ausschluss insolvenzreifer
Gesellschaften vom Rechtsverkehr. Diese Maxime des Insolvenzrechts ist bei der
Bestimmung des Rechtsgüterschutzes des Insolvenzverschleppungsstraftatbestands zu berücksichtigen. Das Insolvenzrecht entfaltet keinen Vertrauensschutz,
dass keine insolvenzreifen Gesellschaften am Wirtschaftsverkehr teilnehmen. Die
weite Auffassung von *Höffner*[162], dass das Interesse an einer wirtschaftlich gesunden Gesellschaft geschützt wird, ist daher abzulehnen.

Schließt ein Dritter, der bislang noch kein Gläubiger ist, mit der insolvenzreifen
Gesellschaft einen Vertrag ab, unterliegen die Ansprüche des Dritten im Hinblick
auf eine mögliche Insolvenz der Gesellschaft demselben Schicksal wie die Ansprüche der bisherigen Gläubiger. Es handelt sich um vor Insolvenzeröffnung begründete Ansprüche. Auch für die nach Insolvenzreife – aber vor Insolvenzeröffnung – begründeten Ansprüche gilt, dass die Gefahr besteht, dass die künftige
Insolvenzmasse durch eine fortgesetzte werbende Tätigkeit der Gesellschaft ge-
schmälert wird. Auch für solche Neugläubiger greift der von § 15a Absatz 4 und 5
InsO bezweckte Gläubigerschutz ein.

Dass die einem möglichen Vertragspartner bekannte Insolvenzeröffnung diesen
davon abhalten kann, mit der insolventen Gesellschaft Geschäfte zu tätigen, wird
nicht bestritten. Hierbei handelt es sich jedoch lediglich um einen Nebeneffekt der

---

[159] Zutreffend: Altmeppen, NJW 2005, 1911 (1914); Bittmann, in: Insolvenzstrafrecht § 11 Rn. 19 –
zu § 84 Absatz 1 Nr. 2 GmbHG a. F.
[160] Vgl. Altmeppen, NJW 2005, 1911 (1914) – bereits unter Berücksichtigung der MoMiG-Reform.
[161] Anschaulich: RegE MoMiG, BT-Drs. 16/6140 vom 25. Juli 2007, Begründung S. 133 f.
[162] Höffner, S. 58.

Insolvenzeröffnung und nicht um ein eigenständiges von § 15a Absatz 4 und 5 InsO geschütztes Rechtsgut.

Ebenso ist ein besonderer Schutz der Gesellschafter[163] oder Arbeitnehmer der Gesellschaft abzulehnen. Diese sind bereits als Gläubiger der Gesellschaft mit geschützt. Darüber hinausgehende Rechtspositionen, wie z. B. die Gesellschafterstellung an sich oder das Interesse am Erhalt des eigenen Arbeitsplatzes, werden durch das Insolvenzrecht und somit auch durch den Insolvenzverschleppungsstraftatbestand nicht geschützt. Gegen den Schutz der Interessen der Gesellschafter spricht zudem die Einführung ihrer strafbewehrten ersatzweisen Insolvenzantragspflicht im Fall der Führungslosigkeit der Gesellschaft durch § 15a Absatz 3 InsO in Verbindung mit § 15a Absatz 4 und 5 InsO. Es mutet paradox an, dass ein Täter durch den Straftatbestand zugleich geschützt werden soll.

Als vage und viel zu unbestimmt abzulehnen ist die zu § 401 Absatz 1 Nr. 2 AktG a. F. vertretene Auslegung von *Schaal*, wonach neben den Interessen der Gesellschaftsgläubiger auch die Interessen sämtlicher anderer Personen geschützt sein sollen, die rechtlich oder wirtschaftliche Beziehungen zu den Gesellschaft unterhalten.[164] Dies würde den Rechtsgüterschutz der Insolvenzverschleppung völlig verwässern.

Ob der von § 15a Absatz 4 und 5 InsO bezweckte Rechtsgüterschutz im Hinblick auf die Einbeziehung der unrichtigen Insolvenzantragstellung über den Gläubigerschutz hinausgeht und möglicherweise auch der Schutz der Adressaten eines Insolvenzantrags bzw. die formale Richtigkeit der Antragsstellung in den Rechtsgüterschutz einzubeziehen sind, wird im Rahmen der Diskussion der Streitfragen zur Strafbarkeit der unrichtigen Insolvenzantragstellung bei Bestehen einer Antragspflicht im 4. Kapitel behandelt.[165]

6. Betrug

Der Betrug ist durch die auf einer Täuschung beruhende Schädigung des Vermögens eines Anderen gekennzeichnet.

In der Krise versuchen die verantwortlichen Organe den Zusammenbruch der Unternehmung oftmals mit allen Mitteln abzuwenden. Führt die ernsthafte wirtschaftliche Schieflage nicht zu der Einsicht, dass die Unternehmung nicht mehr

---

[163] Gesellschafter werden wegen kapitalersetzenden Darlehen allerdings nur nachrangig befriedigt – vgl. § 39 Absatz 1 Nr. 5 InsO.

[164] Vgl. Schaal, in: MüKo/AktG § 401 Rn. 6; ähnlich: Höffner, S. 58, der auf das Interesse der Gesellschaft selbst und anderer dritter Personen an einer gesunden Gesellschaft abstellt.

[165] Siehe dazu unten S. 262.

gerettet werden kann und daher entweder die Geschäfte eingestellt und das Unternehmen liquidiert werden muss oder die Eröffnung des Insolvenzverfahrens beantragt werden muss, so werden von den Verantwortlichen die Geschäfte weiter betrieben, Verträge abgeschlossen und Verbindlichkeiten eingegangen. Haben die Organe jedoch die Augen vor dem sich abzeichnenden Scheitern verschlossen und weiterhin Verträge abgeschlossen, obwohl ihnen klar war, dass die Unternehmung die geschuldete Gegenleistung voraussichtlich nicht erbringen kann, so liegt hierin aufgrund der Vorspiegelung der Erfüllungsbereitschaft und der Erfüllungsfähigkeit in der Regel ein Betrug.

Ein betrogener Vertragspartner wird in der Insolvenz einer juristischen Person von dieser keine – bzw. zumindest keine vollständige – Erfüllung seiner Ansprüche erwarten können. Da der Täter eines in der Unternehmenskrise und mit Bezug zur Krisenunternehmung begangenen Betrugs für den entstandenen Schaden unter zivilrechtlichen Schadensersatzgesichtspunkten persönlich haftet, kann dies oftmals die einzige Möglichkeit des betrogenen Vertragspartners sein, nicht auf seinen Ansprüchen sitzen zu bleiben. *Schulze* spricht in diesem Zusammenhang daher von einem „strafrechtlichen Quasi-Inkasso" der ausstehenden Forderung.[166] Geschütztes Rechtsgut des § 263 StGB ist nach ganz herrschender Auffassung allein das Vermögen als solches.[167] Die Redlichkeit des Geschäftsverkehrs oder die Freiheit zur Disposition über das Vermögen[168] sind vom Rechtsgüterschutz des § 263 StGB nicht mit umfasst.[169]

7. Untreue

Der Untreuestraftatbestand stellt die Schädigung fremden Vermögens bei Bestehen einer Vermögensbetreuungspflicht durch einen Treubruch oder einen Missbrauch eingeräumter Rechtsmacht unter Strafe. Der Geschäftsführer einer GmbH wie auch der Vorstand einer AG sind kraft ihres Amtes zur Verfügung über fremdes Vermögen befugt. Mit der Bestellung als Geschäftsführungs- und Vertretungsorgan kommt dem GmbH-Geschäftsführer und dem AG-Vorstand gegenüber der Gesellschaft eine Vermögensbetreuungspflicht im Sinne des § 266 Absatz 1

---

[166] Schulze, in: Insolvenzstrafrecht § 15 Rn. 3.
[167] BGHSt 16, 220 (221); BGHSt 34, 199; Lackner/Kühl, StGB § 263 Rn. 2; Sch/Sch-Cramer/Perron, StGB § 263 Rn. 1/2, mit ausführlichen weiteren Nachweisen.
[168] So aber mit Einschränkungen: NK-Kindhäuser, StGB § 263 Rn. 13 ff. Ausführlich: Hefendehl, in: MüKo/StGB § 263 Rn. 1 ff., 4.
[169] Fischer, StGB § 263 Rn. 3; Sch/Sch-Cramer/Perron, StGB § 263 Rn. 1/2.

StGB zu.[170] Der Untreuestraftatbestand des § 266 StGB schützt ausschließlich das Vermögen.[171] Weder die gemäß § 266 StGB erforderliche Treuwidrigkeit noch ein Vertrauen in die Sicherheit der Güterzuordnung oder gar die Funktionsfähigkeit der Wirtschaftsordnung zählen zum Rechtsgüterschutz des § 266 StGB.[172]

In der Unternehmenskrise besteht oftmals die Gefahr, dass die zur Verfügung über das Vermögen der Krisenunternehmung befugten Personen Vermögenswerte beiseite schaffen. Motive hierfür können die Benachteiligung oder die unsachgemäße Bevorzugung von einzelnen Gläubigern der Gesellschaft sein. In Betracht kommt auch reiner Eigennutz sowie die Intention, einer bereits vorhandenen Auffanggesellschaft einen guten Start zu verschaffen. Solche Verhaltensweisen können sowohl den Tatbestand der Untreue als auch den des Bankrotts[173] erfüllen. Die geschützten Rechtsgüter dieser Delikte unterscheiden sich jedoch. § 283 StGB schützt die Befriedigungsinteressen der Gläubiger. Schutzgut des 266 StGB ist hingegen das Vermögen, für das die Betreuungspflicht besteht – mithin also das Gesellschaftsvermögen der AG oder GmbH. § 266 StGB schützt in der Unternehmenskrise daher das Vermögen der Unternehmung vor Schädigungen durch Personen, denen eine Pflicht zur Betreuung dieses Vermögens zukommt. § 266 StGB bewirkt den Schutz der Gläubiger der Unternehmung somit nur mittelbar, indem das Vermögen der Gesellschaft gegen Schädigungen „von innen" geschützt wird, während § 283 StGB unmittelbar auf den Schutz der Befriedigungsinteressen der (Unternehmens-) Gläubiger abstellt.

Die Abgrenzung zwischen diesen beiden Delikten ist umstritten und wird ausführlich bei der Diskussion der sog. Interessentheorie behandelt.[174] Sie kann auch nicht offen bleiben, da sich die möglichen Rechtsfolgen nach wie vor unterscheiden. Zwar ist das in den §§ 266 Absatz 1, 283 Absatz 1 StGB vorgesehene Strafmaß identisch.[175] Handelt es sich beim Täter um den Geschäftsführer einer GmbH oder um den Vorstand einer AG, so zieht eine Verurteilung wegen § 283 StGB jedoch von Gesetzes wegen gemäß §§ 6 Absatz 2 Satz 2 Nr. 3b GmbHG[176], 76 Absatz 3 Satz 2 Nr. 3b AktG[177] ein Organverbot für die Dauer von fünf Jahren[178]

---

[170] BGH, wistra 1993, 143; BGH, NJW 1975, 1234; BGH, NJW 1991, 990; Fischer, StGB § 266 Rn. 31, 48. Allgemein Dierlamm, in: MüKo/StGB § 266 Rn. 30.

[171] Vgl. Lackner/Kühl, StGB § 266 Rn. 1; Fischer, StGB § 266 Rn. 2; Dierlamm, in: MüKo/StGB § 266 Rn. 1; Bittmann, in: Insolvenzstrafrecht § 16 Rn. 2 jeweils mit ausführlichen weiteren Nachweisen.

[172] Dierlamm, in: MüKo/StGB § 266 Rn. 1; Fischer, StGB § 266 Rn. 2.

[173] In Betracht kommt insbesondere § 283 Abs. 1 Nr. 1 StGB.

[174] Siehe unten S. 287.

[175] § 266 StGB und § 283 StGB sehen im Höchstmaß jeweils Freiheitsstrafe bis zu fünf Jahren vor.

[176] Neu gefasst durch Art. 1 Ziffer 7 MoMiG vom 23. Oktober 2008, BGBl. I S. 2026 (2027).

[177] Neu gefasst durch Art. 5 Ziffer 6 MoMiG vom 23. Oktober 2008, BGBl. I S. 2026 (2035).

ab der Rechtskraft des Urteils nach sich. An eine Verurteilung wegen Untreue waren bis zum Inkrafttreten des MoMiG am 1. November 2008[179] keine entsprechenden gesetzlichen Folgen geknüpft. Durch das MoMiG wurden die Regelungen über Organverbote gemäß den §§ 6 Absatz 2 GmbHG, 76 Absatz 3 AktG grundlegend geändert und neu gefasst. Seit der Neufassung führt nunmehr – unter anderem – auch eine Verurteilung des Geschäftsführers bzw. Vorstands wegen Untreue zu einer Freiheitsstrafe von mindestens einem Jahr zu einem Organverbot gemäß § 6 Absatz 2 Satz 2 Nr. 3e GmbHG bzw. gemäß § 76 Absatz 3 Satz 2 Nr. 3e AktG. Auf die Änderungen der §§ 6 Absatz 2 GmbHG, 76 Absatz 3 AktG durch das MoMiG wird im 4. Kapitel ausführlich eingegangen.[180]

Insbesondere die Rechtsprechung ahndete eigennützige Vermögensverschiebungen in der Unternehmenskrise durch den Geschäftsführer einer GmbH oder durch den Vorstand einer AG unter Anwendung der Interessentheorie nicht als Bankrott im Sinne des § 283 StGB, sondern als Untreue gemäß § 266 StGB.[181] Es ist wohl nicht damit zu rechnen, dass sich an dieser Praxis aufgrund der Erweiterungen der §§ 6 Absatz 2 GmbHG, 76 Absatz 3 AktG durch das MoMiG etwas ändern wird. Eher ist davon auszugehen, dass die Rechtsprechung an Ihrer Auffassung festhalten wird, da die Neuregelung der §§ 6 Absatz 2 GmbHG, 76 Absatz 3 AktG durch das MoMiG der bisherigen Kritik an der Interessentheorie etwas die Schärfe genommen hat.

8. Vorenthalten und Veruntreuen von Arbeitsentgelt

Von der Unternehmensführung wird in der Krise der Unternehmung häufig versucht, alle nicht für überlebensnotwendig empfundenen Ausgaben einzusparen. Zu diesen Ausgaben werden von der Geschäftsführung oftmals auch die vom Arbeitgeber abzuführenden Steuern[182] und die an die Sozialkassen abzuführenden Arbeitnehmerbeiträge zur Sozialversicherung[183] und die an sonstige Dritte abzu-

---

[178] Gemäß §§ 6 Absatz 2 Satz 2 letzter Halbsatz GmbHG, 76 Absatz 3 Satz 2 letzter Halbsatz AktG wird die Dauer, für die der Täter auf behördliche Anordnung in einer Anstalt verwahrt wurde, in die Fünf-Jahres-Frist nicht mit eingerechnet.

[179] Vgl. Art. 25 MoMiG vom 23. Oktober 2008, BGBl. I S. 2026 (2043).

[180] Siehe unten S. 228.

[181] Vgl. z. B. BGHSt 28, 371; BGHSt 30, 127; BGH, NStZ 1987, 279. So wohl auch: Dierlamm, in: MüKo/StGB § 266 Rn. 264.

[182] Siehe § 3 AO zum Begriff der Steuern. Vgl. MGB-Küster § 43 Rn. 3 ff. zu den steuerlichen Pflichten des Unternehmers.

[183] Vgl. dazu MGB-Heitmann § 36 Rn. 2 ff.; Fischer, StGB § 266a Rn. 9 ff.

führenden Teile des Arbeitsentgelts gezählt.[184] Die Nicht-Abführung dieser Beiträge und Entgelte steht nach § 266a StGB[185] unter Strafe. Auch hierbei handelt es sich um ein typischerweise im Zusammenhang mit der Unternehmenskrise verwirklichtes Delikt.[186] Gleichwohl ist das Vorliegen einer Krise – anders als bei § 283 StGB – kein Merkmal des Tatbestandes von § 266a StGB.

In der Praxis kommt § 266a StGB unter den Krisendelikten im weiteren Sinn eine herausgehobene Bedeutung zu.[187] Eine Erklärung hierfür wird auch in dem vergleichsweise einfach zu führenden Tatnachweis gesehen.[188]

Das von § 266a StGB geschützte Rechtsgut kann nicht einheitlich bestimmt werden. Es ist zwischen den Absätzen 1, 2 und 3 des § 266a StGB zu differenzieren. Nach herrschender Auffassung schützen die Absätze 1 und 2 von § 266a StGB das Solidarinteresse der Gesamtheit der Versicherten an der Sicherstellung des Sozialversicherungsaufkommens, während § 266a Absatz 3 StGB allein das Vermögen des betroffenen Arbeitnehmers schützt.[189]

§ 266a StGB ist ein echtes Unterlassungsdelikt.[190] Die Unterlassung ist dem Täter daher nach allgemeinen Unterlassungsgrundsätzen nur dann vorwerfbar, wenn die gebotene Handlung rechtlich und tatsächlich möglich und ihm zumutbar war.[191] Dies folgt bereits aus dem allgemeinen (straf-)rechtlichen Grundsatz, dass niemand zu Unmöglichem verpflichtet sein kann.[192] Die Strafbarkeit gemäß § 266a StGB steht im Spannungsfeld zur Situation der Zahlungsunfähigkeit des Arbeitgebers bzw. des Unternehmens. Die Diskussion, ob und inwiefern eine Strafbarkeit gemäß § 266a StGB in Betracht kommen kann, wenn dem Arbeitgeber die Mittel für die abzuführenden Beiträge zur Sozialversicherung nicht bzw. nicht mehr zur Verfügung stehen und mithin Zahlungsunfähigkeit vorliegt, zählt nicht zum

---

[184] Vgl. Bittmann, in: Insolvenzstrafrecht, § 21 Rn. 1 f.; Pelz, Insolvenzstrafrecht, Rn. 422.

[185] Siehe Sch/Sch-Lenckner/Perron, StGB § 266a Rn. 3 ff.; Schneider/Brouwer, ZIP 2007, 1033 ff.; MGB-Heitmann § 36 Rn. 11 ff. Ausführlich: Bollacher, S. 50 ff.

[186] Bittmann, in: Insolvenzstrafrecht, § 21 Rn. 1, 11; Picot/Aleth, Unternehmenskrise, Rn. 618; Bollacher, S. 132 ff.; vgl. auch Wilhelm, ZIP 2007, 1781 ff.

[187] Erster Periodischer Sicherheitsbericht, S. 145; Zweiter Periodischer Sicherheitsbericht, S. 229; Bente, S. 1; Bollacher, S. 26 f.

[188] Vgl. Bittmann, in: Insolvenzstrafrecht, § 21 Rn. 11; Pelz, Insolvenzstrafrecht, Rn. 422.

[189] Radtke, in: MüKo/StGB § 266a Rn. 4, 6; Fischer, StGB § 266a Rn. 2; Bente, S. 25 ff.; Krause, Sonderdelikte, S. 105; ausführlich: Bollacher, S. 50 ff.

[190] Vgl. nur Radtke, in: MüKo/StGB § 266a Rn. 7 mit weiteren Nachweisen; Schneider/Brouwer, ZIP 2007, 1033 (1034).

[191] Vgl. BGHSt 6, 46 (57 f.); 37, 106 (125 f.) – „Lederspray"; Fischer, StGB § 13 Rn. 39, 42, § 266a Rn. 15 ff.; LK-Weigend, StGB § 13 Rn. 68; Baumann/Weber/Mitsch § 15 Rn. 15 ff.

[192] „Ultra posse nemo obligatur"; vgl. BGHSt 4, 20 (22); BGHSt 6, 46 (57); ausdrücklich: BGH, NStZ 1998, 192; BGH, NStZ 2000, 414 (415); vgl. auch Baumann/Weber/Mitsch § 15 Rn. 15; Fischer, StGB § 13 Rn. 42.

Kernthema der vorliegenden Untersuchung und kann aus Raumgründen daher nicht erörtert werden. Insofern ist auf die ausführliche Rechtsprechung und Literatur hierzu zu verweisen.[193]

9. Unterlassene Verlustanzeige

Entstehen bei der Unternehmung besonders große Verluste, kann dies deren Existenz bedrohen und somit das Vorliegen einer Krise nahe legen oder manifestieren. Eine solche Situation verlangt von den Vertretungsorganen und den Gesellschaftern besondere Wachsamkeit. Daher sind in den Regelungen über die Kapitalgesellschaften[194] AG und GmbH in den §§ 92 Absatz 1, 401 AktG, 49 Absatz 3, 84 Absatz 1 GmbHG besondere strafbewehrte Pflichten des Vorstands bzw. der Geschäftsführer zur Information der Gesamtheit der Gesellschafter für den Fall des Entstehens besonders großer Verluste vorhanden. Die reine Höhe der entstandenen Verluste stellt ohne Bezug zur Größe und Finanzkraft der Unternehmung allerdings keinen aussagekräftigen Krisenindikator dar. Als solche Bezugsgröße wurde in den genannten Vorschriften das Grund- bzw. Stammkapital der Gesellschaft gewählt. Unterbleibt die Unterrichtung der Gesellschafter im Falle von Verlusten in Höhe der Hälfte[195] des Grund- bzw. Stammkapitals, droht eine Strafbarkeit nach den §§ 401 Absatz 1 AktG, 84 Absatz 1 GmbHG. Verbunden mit der Unterrichtung ist gemäß § 92 Absatz 1 AktG eine Hauptversammlung und gemäß § 49 Absatz 3 GmbHG eine Gesellschafterversammlung einzuberufen. Das Vorliegen von Insolvenzeröffnungsgründen wird von diesen Strafnormen nicht vorausgesetzt. Gleichwohl sind diese Straftatbestände im Zusammenhang mit den Krisendelikten aufzuführen, da eine Krisensituation bei Verlusten in der genannten Höhe zu befürchten ist, nahe bevorsteht oder bereits anzunehmen ist.[196]

Der Zweck der §§ 401 AktG, 84 GmbHG wird in der strafrechtlichen Absicherung der Unterrichtung der Gesellschaftergesamtheit bei Verlusten in Höhe des Grund-

---

[193] Vgl. z. B. BGH, NJW-RR 2008, 1253 f.; Fischer, StGB § 266a Rn. 14 ff.; Bollacher, S. 132 ff.; Pelz, Insolvenzstrafrecht Rn. 442 ff. jeweils mit weiteren Nachweisen.

[194] Vergleichbare Regelungen gelten mit den §§ 33 Abs. 3, 148 Abs. 1 Nr. 1 GenG auch für die eingetragene Genossenschaft – wobei nach § 33 Abs. 3 GenG ein Verlust in der Hälfte der Höhe des Gesamtbetrags aus Geschäftsguthaben und Rücklagen eingetreten sein muss.

[195] Selbstverständlich werden auch Verluste von mehr als der Hälfte des Grund- oder Stammkapitals erfasst. Ergibt sich aus der Summe der Verluste eine Überschuldung der Gesellschaft, droht zudem eine Strafbarkeit wegen Insolvenzverschleppung.

[196] Vgl. Hefermehl/Spindler, in: MüKo/AktG § 92 Rn. 1, die diese Situation als *Notlage* der AG bezeichnen. Tiedemann, in Scholz/Tiedemann, GmbHG, 9. Auflage, § 84 Rn. 11 und ausführlich in Rn. 40 ff. bezeichnet diesen Zustand als *vergleichsweise geringe wirtschaftliche Krise* der GmbH.

bzw. Stammkapitals gesehen.[197] Die Unterrichtung der Gesellschafter über solche Verluste soll die Gesellschafter in die Lage versetzen, die in Anbetracht der Verluste in der Regel erforderlichen Entscheidungen über die Sanierung oder Beendigung und Liquidation der Gesellschaft zu treffen. Entscheiden sich die Gesellschafter zu einer Sanierung, kommt insbesondere die Zuführung frischen Kapitals im Wege einer Kapitalerhöhung oder als Gesellschafterdarlehen in Betracht. Geschütztes Rechtsgut der §§ 401 AktG, 84 GmbHG ist daher das Informationsinteresse der Gesellschafter betreffend die wirtschaftliche Lage der Gesellschaft sowie der Schutz ihrer vermögenswerten Beteiligung an der Gesellschaft.[198] Da die AG und GmbH über eine eigene Rechtspersönlichkeit verfügen, wird teilweise auch die Gesellschaft selbst als geschützt angesehen.[199] Diese Schutzrichtung kann den §§ 401 AktG, 84 GmbHG jedoch nicht entnommen werden. Die §§ 401 AktG, 84 GmbHG sehen eine Pflicht zur Unterrichtung der Gesellschafter vor. Die Gesellschafter sind in ihrer Entscheidung über die Sanierung oder über die Beendigung der Gesellschaft frei. Die Einbeziehung der Gesellschaft selbst in den Schutzbereich der §§ 401 AktG, 84 GmbHG würde die Entscheidung der Gesellschafter zugunsten der Sanierung gewissermaßen vorwegnehmen. Die Erstreckung des Rechtsgüterschutzes auf die Gesellschaft selbst geht daher zur weit. Der Ansicht von *Altmeppen*[200], dass die Gesellschaft und ihre Gläubiger allenfalls mittelbar geschützt werden, ist zuzustimmen.

10. Sonstige Begleitdelikte einer Unternehmenskrise oder -insolvenz

Auf den Rechtsgüterschutz der sonstigen bislang noch nicht ausführlicher behandelten typischen Begleitdelikte im Zusammenhang mit einer Unternehmenskrise bzw. -insolvenz ist in der gebotenen Kürze einzugehen. Die §§ 156, 246, 264, 265b, 267 StGB und §§ 370 ff. AO können in der Unternehmenskrise eine nicht ganz unbedeutende Rolle spielen.[201] Sie können jedoch auch völlig unabhängig vom Vorliegen einer Unternehmenskrise verwirklicht werden.

Geschütztes Rechtsgut der Strafbarkeit der falschen Versicherung an Eides Statt gemäß § 156 StGB ist nach herrschender Meinung die staatliche Rechtspflege.[202] Der Unterschlagungsstraftatbestand des § 246 StGB schützt allein das

---

197 Vgl. Wicke, GmbHG § 84 Rn. 1; Schaal, in: MüKo/AktG § 401 Rn. 3.
198 Vgl. Roth/Altmeppen, GmbHG § 84 Rn. 11.
199 Schaal, in: MüKo/AktG § 401 Rn. 6.
200 Roth/Altmeppen, GmbHG § 84 Rn. 11.
201 Vgl. Richter, GmbHR 1984, 137 (148); Röhm, S. 5; Wlachojiannis, BuW 2004, 26.
202 Fischer, StGB § 156 Rn. 1.

41

Eigentum.[203] In der Unternehmenskrise kann der Subventionsbetrug gemäß § 264 StGB eingreifen, wenn im Zusammenhang mit dem Antrag auf Förderung über die subventionserhebliche Tatsache der Insolvenzreife der Gesellschaft getäuscht wird.[204] Geschütztes Rechtsgut des § 264 StGB ist nach überwiegender Auffassung die Planungs- und Dispositionsfreiheit der öffentlichen Hand im Wirtschaftsbereich bzw. das Allgemeininteresse an einer wirksamen und zweckgerechten staatlichen Wirtschaftsförderung.[205] Der Straftatbestand des Kreditbetrugs des § 265b StGB schützt nach herrschender Ansicht sowohl das Vermögen des potentiellen Kreditgebers als auch die Funktionsfähigkeit der Kreditwirtschaft.[206] Die Strafbarkeit der Urkundenfälschung gemäß § 267 StGB schützt die Sicherheit und Zuverlässigkeit des Rechtsverkehrs im Umgang mit Urkunden.[207]

Der Straftatbestand der Steuerhinterziehung gemäß § 370 AO schützt die Vermögensinteressen des Staates durch den Schutz des staatlichen Anspruchs auf den vollen Steuerertrag. Geschütztes Rechtsgut des § 370 AO ist das Interesse des Staates am rechtzeitigen und vollständigen Steueraufkommen.[208]

11. Auffangtatbestände des Ordnungswidrigkeitenrechts

Im Tatbestand der §§ 30, 130 OWiG wird zwar kein direkter Bezug zur Krise eines Unternehmens vorausgesetzt. Es handelt es sich hierbei jedoch um Normen, die ergänzend oder als Auffangvorschrift auch krisentypische unternehmensbezogene Verstöße sanktionieren. Von § 130 OWiG werden spezielle Aufsichtspflichtverletzungen des Unternehmensinhabers mit Geldbuße belegt.[209] § 30 OWiG sieht hingegen die Verhängung von Geldbußen gegen die Unternehmung selbst vor und ist deshalb in der Diskussion um die Verbandsstrafbarkeit von besonderem Interesse.[210] Die Bedeutung des § 130 OWiG liegt in der Erfassung des Unrechts

---

[203] Sch/Sch-Eser, StGB § 246 Rn. 1; Lackner/Kühl, StGB § 246 Rn. 1.

[204] Vgl. Bittmann, in: Insolvenzstrafrecht § 18 Rn. 1.

[205] Vgl. Wohlers, in: MüKo/StGB § 264 Rn. 1 mit ausführlichen weiteren Nachweisen.

[206] Sch/Sch-Perron, StGB § 265b Rn. 3. Weitgehend: Lackner/Kühl, StGB § 265b Rn. 1 für die Einbeziehung des Allgemeininteresses an der Verhütung von Gefahren für die Wirtschaft. Enger: Fischer, StGB § 265b Rn. 3 für eine Einschränkung auf das Vermögen des Kreditgebers.

[207] Fischer, StGB § 267 Rn. 1. Kritisch Erb, in: MüKo/StGB § 267 Rn. 1 ff.

[208] BGHSt 36, 100, (102); BGHSt 40, 109, (111); BayObLG, NStZ 1981 147; Kummer, in: Wabnitz/Janovsky 18 Rn. 12; Krause, Sonderdelikte, S. 131 f.; Senge, in: Erbs/Kohlhaas § 370 AO Rn. 2 mit weiteren Nachweisen.

[209] Vgl. Kindler, Verbandsstrafe, S. 96 ff.; Rogall, in: KK/OWiG § 130 Rn. 1 ff.; Bittmann, ZGR 2009, 931 (980); Többens, NStZ 1999, 1 (3 ff.); Adam, wistra 2003, 285 (286 ff.).

[210] Alwart, ZStW 105 (1993), 752 (765 ff.); Ransiek, Unternehmensstrafrecht, S. 110 ff.; MGB-Bieneck § 77 Rn. 37 f.; Radtke, in: MüKo/StGB § 14 Rn. 123; Krekeler/Werner, Rn. 72 f.; Peglau, ZRP 2001, 406 ff.; Többens, NStZ 1999, 1 (5 ff.); Bottke, wistra 1991, 52 (54); Achenbach, wistra 2002, 441 (442 ff.); Eidam, wistra 2003, 447 (448 ff.); Bittmann, ZGR 2009, 931 (979);

des Unterlassens erforderlicher und zumutbarer Aufsichtsmaßnahmen, um Zuwiderhandlungen gegen Pflichten, die bei dem Betrieb des Unternehmens zu beachten sind, zu verhindern.[211] Von § 130 Absatz 1 Satz 2 OWiG wird ausdrücklich auch die Delegation dieser Pflichten auf Aufsichtspersonen und die diesbezüglich erforderliche Aufsicht mit einbezogen[212]. Selbst wenn die Mitglieder des Aufsichtsorgans die Pflicht wirksam übertragen bzw. delegieren konnten und insofern nicht (mehr) selbst in der Pflicht stehen, bleibt eine Haftung des oder der Unternehmensinhaber gemäß § 130 Absatz 1 OWiG möglich.

Für die Strafbarkeit wegen des Unterlassens einer im Unternehmen delegierten Pflicht ist nach dem StGB grundlegend zu differenzieren, ob die Unterlassung durch ein sog. echtes Unterlassungsdelikt[213] erfasst wird oder nicht. In letzterem Fall ist eine Strafbarkeit an das Vorliegen der Voraussetzungen des § 13 StGB geknüpft. Dessen zusätzliche Voraussetzungen, wie insbesondere die Garantenpflicht[214], liegen nicht immer vor bzw. bedeuten einen zusätzlichen Ermittlungsaufwand und weitere Nachweisbarkeitsschwierigkeiten. In diesem Dilemma kann die Regelung des § 130 OWiG dennoch zu einer Bebußung der eigentlichen Adressaten der übertragenen Pflichten an der Spitze der Unternehmung führen, da die bei der Führung eines Unternehmens im Sinne des § 130 Absatz 1 Satz 1 OWiG zu beachtenden Pflichten[215] oftmals geringere Anforderungen stellen, als es für das Vorliegen einer Garantenstellung im Sinne des § 13 Absatz 1 StGB erforderlich ist. Die Garantenpflicht fordert gerade eine Rechtspflicht zur Bewahrung des zu schützenden Rechtsguts vor Schaden.[216] Eine solche Pflicht leitet sich aus der Vielzahl der bei der Unternehmensführung zu beachtenden Pflichten nur selten ab. In Betracht kommen jedoch Vorschriften zum Schutz der Mitarbeiter oder Kunden vor Gesundheitsschädigungen. Insofern kann § 130 OWiG auch als Auffang-

---

Wegner, NJW 2001, 1979 ff.; Samson/Langrock, DB 2007, 1684 (1685); Rogall, in: KK/OWiG § 30 Rn. 2 ff., 21 mit weiteren Nachweisen. Kritisch zur Verbandsstrafe: Jescheck/Weigend, S. 228 f.; Tiedemann, NJW 1988, 1169 ff.

[211] BGHZ 125, 366 (371 f. und 373 ff.); Adam, wistra 2003, 285 (288 f.); Rogall, in: KK/OWiG § 130 Rn. 72 ff. Beispielhaft zu möglichen Pflichten: Rogall, in: KK/OWiG § 130 Rn. 96; Többens, NStZ 1999, 1 (4 f.).

[212] § 130 Abs. 1 S. 2 OWiG enthält jedoch nur eine exemplarische Verdeutlichung. Die von § 130 Abs. 1 S. 1 OWiG angesprochenen Pflichten sind nicht bereits mit der Bestellung von Aufsichtspersonen erfüllt. Vgl. BayObLG NJW 2002, 766 f.; OLG Düsseldorf, NStZ-RR 1999, 151 f.; OLG Hamm, wistra 2003, 469 und wistra 2002, 274 und NStZ-RR 1997, 21; Többens, NStZ 1999, 1 (3 f.).

[213] Sch/Sch-Stree, StGB vor § 13 Rn. 134 ff.; Vgl. z. B. für die Buchführungspflicht im Sinne des § 283 StGB: LK-Tiedemann, StGB § 283 Rn. 103; Sch/Sch-Stree/Heine, StGB § 283 Rn. 33.

[214] Sch/Sch-Stree, StGB vor § 13 Rn. 135 und § 13 Rn. 1, 7 ff.

[215] Es reicht die sog. Betriebsbezogenheit der zu beachtenden Pflichten; vgl. Többens, NStZ 1999, 1 (4 f.); Adam, wistra 2003, 285 (286 ff.)

[216] LK-Weigend, StGB § 13 Rn. 17, 25 ff.; Sch/Sch-Stree, StGB § 13 Rn. 7 ff.; Fischer, StGB § 13 Rn. 6.

tatbestand bezeichnet werden.[217] Die Ordnungswidrigkeitstatbestände der §§ 30, 130 OWiG sehen im Unterschied zu den bisher behandelten Strafvorschriften als Rechtsfolge allerdings keine Kriminalstrafe[218], sondern als Ordnungsstrafe Geldbuße vor.[219]

IV. Einteilungsmöglichkeiten

1. Unterscheidung von Insolvenzstraftaten im engeren und im weiteren Sinn

Vor dem Inkrafttreten der InsO zum 1. Januar 1999 konnte zwischen Insolvenzstraftaten und Konkursstraftaten unterschieden werden. Unter den *Konkursstraftaten* wurden die Straftaten des damals ebenso betitelten vierundzwanzigsten Abschnitts des Besonderen Teils des StGB, die §§ 283 ff. StGB, verstanden. Die sonstigen im Zusammenhang mit der Krise eines Unternehmens relevanten Delikte wurden als *Insolvenzstraftaten* bezeichnet. Diese Einteilung wurde durch die Einführung der InsO zum 1. Januar 1999 obsolet. Art. 60 Nr. 1 EGInsO[220] benannte die bisher als Konkursstraftaten bezeichneten Straftatbestände des vierundzwanzigsten Abschnitts in Insolvenzstraftaten um.[221] Seither wird versucht, diese Einteilung durch die Unterscheidung zwischen *Insolvenzstraftaten im engeren* und *Insolvenzstraftaten im weiteren Sinn* zum Ausdruck zu bringen. Während diese Terminologie noch weitgehend einheitlich gebraucht wird, geht die Zuordnung der Krisedelikte zur jeweiligen Deliktskategorie teilweise durcheinander. Grundlage der Einteilung sind die von den jeweiligen Strafvorschriften geschützten Rechtsgüter.

Zu den Insolvenzstraftaten im engeren Sinn werden Delikte, welche die finanziellen (Befriedigungs-) Interessen der Gläubiger der Krisenunternehmung schützen, gezählt.[222] Einen Unteraspekt hierzu stellt das Interesse an einer gemeinschaftlichen bzw. gleichmäßigen Befriedigung der Gläubiger (par condicio creditorum)

---

[217] Vgl. MGB-Bieneck § 77 Rn. 37 ff.

[218] Freiheits- oder Geldstrafe.

[219] Vgl. Ransiek, Unternehmensstrafrecht, S. 119 ff.; Kindler, Verbandsstrafe, S. 110 f.; Többens, NStZ 1999, 1; Adam, wistra 2003, 285 (287); Bottke, wistra 1991, 52 (54); ausführlich: Tiedemann NJW 1998, 1169 ff.

[220] EGInsO vom 5. Oktober 1994, BGBl. I S. 2911

[221] Vgl. Sch/Sch-Stree/Heine, StGB vor § 283 Rn. 1a.

[222] Vgl. Röhm, S. 5; Weyand/Diversy, Rn. 9 f.; Wlachojiannis, BuW 2004, 26. Differenzierter LK-Tiedemann, StGB vor § 283 Rn. 2. Sch/Sch-Stree-Heine vor § 283 Rn. 2 und Fischer vor § 283 Rn. 3 stellen auf den Schutz der etwaigen Insolvenzmasse ab.

dar, die in § 1 Satz 1 InsO als Ziel des Insolvenzverfahrens angegeben wird. Solche Delikte sind vor allem die im vierundzwanzigsten Abschnitt des Besonderen Teils des StGB enthaltenen Insolvenzstraftaten der §§ 283 ff. StGB. Zu den *Insolvenzstraftaten im weiteren Sinn* werden alle sonstigen Straftaten gezählt, die beim Vorliegen einer Unternehmenskrise relevant werden können bzw. einen Bezug zur Unternehmensinsolvenz aufweisen.[223] Hierzu zählen insbesondere die als typische Begleitdelikte[224] der Insolvenz bezeichneten §§ 156, 246, 263, 264, 265b, 266, 266a, 267 StGB und §§ 370 ff. AO.[225] Das Vorliegen von Insolvenzeröffnungsgründen wird von diesen Strafnormen nicht vorausgesetzt. Diese Straftatbestände können auch völlig unabhängig von einer drohenden oder eingetretenen Unternehmenskrise verwirklicht werden.

Uneinheitlich fällt die Einordnung des Insolvenzverschleppungsstraftatbestandes des § 15a Absatz 4 und 5 InsO aus. Mangels Stellungnahmen zu § 15a InsO ist auf die Rechtsprechung und Literatur zu den Vorläufervorschriften der §§ 84 Absatz 1 Nr. 2 GmbHG a. F., 401 Absatz 1 Nr. 2 AktG a. F. zurückzugreifen. Teilweise wird der Straftatbestand der Insolvenzverschleppung zu den Insolvenzstraftaten im weiteren Sinn gezählt.[226] Nach zutreffender Ansicht handelt es sich jedoch um ein Insolvenzdelikt im engeren Sinn[227], da der Insolvenzverschleppungsstraftatbestand den Schutz der Befriedigungsinteressen der Gläubiger bezweckt.[228]

2. Vermögensbestandsbezogene und vermögensinformationsbezogene Insolvenzstraftaten

Um mehr Licht in die „verwirrende Reihe"[229] der Bankrotthandlungen des § 283 Absatz 1 StGB zu bringen, wurde verschiedentlich versucht, die vorangehend dargestellte, sehr grobe Einteilung weiter zu verfeinern. Nach einer historischen Einordnung der Bankrottdelikte kann zwischen der Verminderung der Aktiva, Er-

---

[223] LK-Tiedemann, StGB vor § 283 Rn. 2; Moosmayer, S. 55; Röhm, S. 4 f.; Köhler, in: Wabnitz/Janovsky 7 Rn. 3; Pelz, Insolvenzstrafrecht, Rn. 9 f.

[224] So z. B. Wegner, in: Achenbach/Ransiek VII 2 Rn. 2; Röhm, S. 5; Weyand/Diversy, Rn. 9.

[225] Vgl. z. B. Röhm, S. 5; Teufel, Insolvenzkriminalität, S. 64 f.; Wlachojiannis, BuW 2004, 26.

[226] Weyand/Diversy, Rn. 9 f.; Wlachojiannis, BuW 2004, 26 – jeweils zur Rechtslage vor der Einführung des § 15a InsO durch das MoMiG.

[227] Zutreffend: NK-StGB-Kindhäuser vor § 283 Rn. 1; LK-Tiedemann, StGB vor § 283 Rn. 2; Röhm, S. 5 – zu den Vorläufervorschriften des § 15a InsO.

[228] Siehe dazu oben S. 32. Scholz/Tiedemann, GmbHG vor § 82 Rn. 30. Vgl. auch Wegner, in: Achenbach/Ransiek VII 2 Rn. 4; Ransiek, Unternehmensstrafrecht, S. 151 f. – jeweils zur Rechtslage vor Inkrafttreten des § 15a InsO.

[229] Zitat aus Maurach/Schröder/Maiwald, BT 1 § 48 Rn. 21; vgl. auch Krause, S. 35 in Fn. 2.

höhung der Passiva und Mängeln der Rechnungslegung unterschieden werden.[230] Klarzustellen ist, dass mit den Verhaltensweisen Verminderung der Aktiva und Erhöhung der Passiva nur inkongruente Geschäfte, also einseitige Veränderungen der Bilanz gemeint sind. *Krause* folgt in seinem Einteilungsvorschlag – wenngleich ohne ausdrückliche Nennung – diesem historischen Vorbild. Nach Ansicht von *Krause* soll zwischen vermögensbestandsbezogenen und vermögensinformationsbezogenen Bankrotthandlungen differenziert werden können.[231] *Krause* unterscheidet danach, ob eine tatsächliche Einwirkung des Täters auf das geschützte Vermögen vorliegt oder ob der Täter unrichtig über den Stand des geschützten Vermögens informiert bzw. bereits die Verwaltung dieser Informationen beim Täter an sich zu beanstanden ist.[232]

3. Eigene Stellungnahme

Die Unterscheidung zwischen *Insolvenzstraftaten im engeren Sinn* und *Insolvenzstraftaten im weiteren Sinn* besitzt den Vorteil der Einfachheit und ist im Grunde zutreffend. Sie greift aber zu kurz und ist sprachlich irreführend, da das Vorliegen von Insolvenzreife für die Verwirklichung der Insolvenzstraftaten im weiteren Sinn nicht notwendig ist und nicht deutlich zum Ausdruck kommt, ob auch die Phase der drohenden Unternehmenskrise mit umfasst ist. Aus Klarstellungsgründen wird daher vorgeschlagen, den Begriff Insolvenzstraftaten durch den Begriff Krisendelikte zu ersetzen, da somit ein begrifflicher Bezug zum Vorliegen einer Insolvenz vermieden wird und die Krisendelikte nach dem Begriffsverständnis dieser Arbeit auch die in der Phase der drohenden Unternehmenskrise relevanten Straftatbestände mit umfassen. Nachfolgend wird daher von *Krisendelikten im engeren Sinn* sowie von *Krisendelikten im weiteren Sinn* ausgegangen.

Die Einteilung von krisentypischen Verhaltensweisen gemäß dem Vorschlag von *Krause*[233] in Verminderung der Aktiva, Erhöhung der Passiva und Mängeln der Rechnungslegung ist geeignet, die Bankrotthandlungen des § 283 Absatz 1 StGB zutreffend und einprägsam zu gruppieren. Auf sonstige Insolvenz- und Krisendelikte lässt sich diese Einteilung aber nicht bzw. nur zum Teil übertragen, so dass sich die Bedeutung dieser Einteilungsmöglichkeit im Wesentlichen auf den Bankrottstraftatbestand beschränkt.

---

[230] Vgl. LK-Tiedemann, StGB § 283 Rn. 26.
[231] Krause, S. 35 ff. Zustimmend: Erdmann, S. 51. Vgl. auch NK-Kindhäuser, StGB vor § 283 Rn. 6 f.; Hartwig, FS-Bemmann S. 311 (313 f.); Hörl, S. 52; Röhm, S. 4 f.
[232] Krause, S. 35 ff., 37 ff.
[233] Krause, S. 35 ff., 37 ff.

Eine besondere Aussagekraft kommt diesen Untergliederungsmöglichkeiten allerdings nicht zu. Die Kategorisierung erhöht jedoch die Übersichtlichkeit. Delikte, die den Schutz identischer Rechtsgüter bezwecken, können als eine Deliktsgruppe wahrgenommen werden.

2. Kapitel: Die Bestimmung der strafrechtlichen Krisenmerkmale

Der Begriff der Unternehmenskrise wurde im vorangehenden Kapitel als das Vorliegen von Insolvenzreife bestimmt. Ein Unternehmen ist insolvenzreif, wenn ein Insolvenzeröffnungsgrund vorliegt. Insolvenzeröffnungsgründe sind bei der AG und GmbH gemäß den §§ 17 – 19 InsO die drohende Zahlungsunfähigkeit, die eingetretene Zahlungsunfähigkeit und die Überschuldung. Diese Insolvenzeröffnungsgründe bzw. Krisenmerkmale finden auch – dazu sogleich im ersten Abschnitt dieses Kapitel – in Strafvorschriften, die in der Unternehmenskrise von besonderer Bedeutung sind, Verwendung. Die Bestimmung des strafrechtlichen Begriffsverständnisses dieser Krisenmerkmale ist ein Ziel der vorliegenden Arbeit. Sie erfolgt in einem weiteren Abschnitt dieses Kapitels. Soweit dies für das strafrechtliche Begriffsverständnis der Krisenmerkmale von Bedeutung ist, wird ergänzend auf die im Strafrecht verwendeten Begriffe der Zahlungseinstellung sowie der Eröffnung des Insolvenzverfahrens bzw. der Abweisung des Eröffnungsantrags mangels Masse eingegangen.

Da es sich bei den strafrechtlichen Krisenmerkmalen der drohenden und eingetretenen Zahlungsunfähigkeit und der Überschuldung zugleich um Gründe für die Eröffnung eines Insolvenzverfahrens handelt, ist eine Stellungnahme zum Verhältnis zwischen dem strafrechtlichen und dem insolvenz- bzw. zivilrechtlichen Verständnis dieser Begriffe unumgänglich. *Stree/Heine* verweisen für die Krisenmerkmale des § 283 StGB zu recht darauf, dass diese Frage, die sich insbesondere seit der Einführung von Legaldefinitionen für die Insolvenzeröffnungsgründe in den §§ 17 Absatz 2, 18 Absatz 2, 19 Absatz 2 InsO stellt, noch nicht hinreichend geklärt sei.[234] In Betracht kommen sowohl eine strikte Zivilrechtsakzessorietät als auch eine autonome strafrechtliche Begriffsbestimmung sowie als vermittelnde Lösung eine funktionale Akzessorietät, d. h. eine im Ausgangspunkt zivilrechtsakzessorische Auslegung, bei der jedoch die besonderen Anforderungen des Strafrechts Berücksichtigung finden.

Die zivilrechtliche Diskussion zu den Insolvenzeröffnungsgründen wurde vor allem seit dem Beginn der Vorarbeiten zur Insolvenzrechtsreform mit der Einsetzung der Insolvenzrechtskommission im Jahr 1978[235] intensiv geführt.[236] Seit der parlamen-

---

[234] Sch/Sch-Stree/Heine, StGB § 283 Rn. 50a.
[235] Vgl. Kübler/Prütting, Das neue Insolvenzrecht, InsO S. 3 f.

tarischen Verabschiedung[237] und dem Inkrafttreten der InsO[238] liegt inzwischen eine Vielzahl von zivilrechtlichen Stellungnahmen zur drohenden und eingetretenen Zahlungsunfähigkeit und zur Überschuldung vor.[239] Das Strafrecht fand im Rahmen der Insolvenzrechtsrefom lediglich am Rande Berücksichtigung.[240] Viele Auswirkungen, Zusammenhänge und Probleme wurden erst durch die jüngere strafrechtliche Literatur thematisiert und diskutiert. Zur strafrechtlichen Auslegung der Krisenmerkmale und vor allem zu den Auswirkungen der InsO liegen mittlerweile einige Stellungnahmen vor.[241] Eine einheitliche Linie zur strafrechtlichen Bestimmung der Unternehmenskrise bzw. der Krisenmerkmale hat sich bislang allerdings noch nicht herausgebildet. Neben der Auseinandersetzung mit den Auswirkungen der am 1. Januar 1999 in Kraft getretenen InsO[242] sind aktuelle Entwicklungen aus den Bereichen des Gesellschafts- und des Insolvenzrechts zu berücksichtigen, die für die Bestimmung des Begriffsverständnisses der strafrechtlichen Krisenmerkmale von Bedeutung sind. Bei der Auslegung der strafrechtlichen Krisenmerkmale ist daher auch auf die Auswirkungen der Reform des GmbH-Rechts durch das MoMiG zum 1. November 2008[243] sowie auf die im Zusammenhang mit der Bekämpfung der Finanzkrise der Jahre 2008/2009 erfolgte Änderung des Überschuldungstatbestands des § 19 InsO durch das *Gesetz zur Umsetzung eines Maßnahmenpakets zur Stabilisierung des Finanzmarktes* (Finanzmarktstabilisierungsgesetz – FMStG) vom 17. Oktober 2008[244] einzugehen.

Nachfolgend wird zunächst auf das Vorkommen der strafrechtlichen Krisenmerkmale in den Krisendelikten eingegangen. Anschließend wird zur Zivilrechts-

---

[236] Vgl. Erster Bericht der Kommission für Insolvenzrecht, S. 109 ff., Leitsätze 1.2.5 und 1.2.6.

[237] InsO vom 5. Oktober 1994, verkündet im BGBl. I S. 2866 am 18. Oktober 1994.

[238] Inkrafttreten der InsO gemäß § 359 InsO i. V. m. Art. 110 Abs. 1 EGInsO am 1. Januar 1999.

[239] Ein Überblick über die jüngere insolvenzrechtliche Literatur zu den Eröffnungsgründen ist z. B. den vorangestellten Übersichten zu den §§ 17, 18 und 19 bei Eilenberger, in: MüKo/InsO § 17 und bei Drukarczyk, in: MüKo/InsO § 18 und § 19 zu entnehmen.

[240] Vgl. RegE EGInsO, BT-Drs. 12/3803, S. 100, wonach es durch die Insolvenzrechtsreform zu einer Konkretisierung des in § 283 StGB bereits zuvor enthaltene Begriff der drohenden Zahlungsunfähigkeit kommen soll.

[241] Hervorzuheben sind die Dissertationen von Moosmayer, Penzlin, Röhm, Plathner, Neumann und Erdmann, die sich mit den Auswirkungen der Einführung der InsO auf das Strafrecht befassen. Auch in der Kommentar- und Aufsatzliteratur sind zwischenzeitlich eine Vielzahl von Stellungnahmen erschienen, die hier nur überblicksartig erwähnt seien: LK-Tiedemann, StGB vor § 283 Rn. 10; Sch/Sch-Stree/Heine, StGB vor § 283 Rn. 1a und § 283 Rn. 50a; Lackner/Kühl, StGB § 283 Rn. 5; MGB-Bieneck § 75, insbes. Rn. 47 ff. und § 76; Bittmann, in: Insolvenzstrafrecht § 12 Rn. 15 ff.; Weyand/Diversy, Rn. 16 f., 33 f., 46 ff.; Reck, Insolvenzstraftaten, Rn. 6 ff., 58 ff.; Pelz, Insolvenzstrafrecht, Rn. 77 ff.; Achenbach, GS-Schlüchter, S. 257 ff.; Uhlenbruck, wistra 1996, 1 ff.; Bittmann, wistra 1998, 321 ff. und 1999, 10 ff.; Bieneck, StV 1999, 43 ff.; Höffner, BB 1999, 198 ff. und 1999, 252 ff.; Reck, ZInsO 1999, 195 ff.; Reck, GmbHR 1999, 267 ff.

[242] InsO, vom 5. Oktober 1994, BGBl. I S. 2866. Gemäß § 359 InsO i. V. m. Art. 110 Abs. 1 EGInsO in Kraft getreten am 1. Januar 1999.

[243] MoMiG vom 23. Oktober 2008, BGBl. I S. 2026.

[244] FMStG vom 17. Oktober 2008, BGBl. I S. 1982. Vgl. dazu Spindler, DStR 2008, 2268.

akzessorietät der Bestimmung der strafrechtlichen Krisenmerkmale Stellung genommen. Danach erfolgt eine ausführliche Bestimmung der strafrechtlichen Krisenmerkmale.

I. Vorkommen und Funktion der strafrechtlichen Krisenmerkmale drohende und eingetretene Zahlungsunfähigkeit und Überschuldung in den Krisendelikten

1. Eingetretene Zahlungsunfähigkeit

Der Begriff der *eingetretenen Zahlungsunfähigkeit* findet als solcher in den Krisendelikten lediglich in § 283 Absatz 1, Absatz 4 Nr. 1, Absatz 5 Nr. 1 StGB Verwendung. Häufiger wird der Begriff der *Zahlungsunfähigkeit* in den Krisendelikten ohne den Zusatz *eingetretene* gebraucht.[245] Die Hinzufügung des Begriffsteils *eingetretene* dient lediglich der Klarstellung, dass nicht die *drohende Zahlungsunfähigkeit* gemeint ist. Dies kann bereits dem Gebrauch der Begriffe in § 283 StGB entnommen werden. In § 283 Absatz 2 StGB wurde anders als in § 283 Absatz 1 StGB auf die Beifügung des Zusatzes *eingetretene* verzichtet. Dies gilt ebenfalls für § 283 Absatz 4 Nr. 2, Absatz 5 Nr. 2 StGB. Die vorsätzliche Herbeiführung oder leichtfertige Verursachung der *drohenden Zahlungsunfähigkeit* wird gemäß § 283 Absatz 2 bzw. Absatz 4 Nr. 2, Absatz 5 Nr. 2 StGB nicht bestraft.[246] Es besteht ein Stufenverhältnis zwischen der drohenden und der eingetretenen Zahlungsunfähigkeit. Die eingetretene Zahlungsunfähigkeit stellt ein Mehr gegenüber der drohenden Zahlungsunfähigkeit dar. Hätte der Gesetzgeber die Herbeiführung oder Verursachung der *drohenden Zahlungsunfähigkeit* durch § 283 Absatz 2 bzw. Absatz 4 Nr. 2, Absatz 5 Nr. 2 StGB unter Strafe stellen wollen, so müsste der Begriff der *drohenden Zahlungsunfähigkeit* in diesen Vorschriften aus Bestimmtheitsgründen (Art. 103 Absatz 2 GG) ausdrückliche genannt werden.

Dass kein Bedürfnis für die klarstellende Ergänzung des Begriffs der *Zahlungsunfähigkeit* um den Zusatz *eingetretene* besteht, kann auch an der historischen Entwicklung der Insolvenzeröffnungsgründe aufgezeigt werden. Die Zahlungsunfähigkeit war gemäß § 102 Absatz 1 KO bereits zur Zeit der Geltung der Konkursordnung Voraussetzung für die Eröffnung eines Konkursverfahrens. Daran hat

---

[245] Vgl. z. B. §§ 283 Abs. 2, Abs. 5 Nr. 2, 283c Abs. 1 StGB, § 15a Abs. 4 und 5 i. V. m. Abs. 1 S. 2 InsO.

[246] Vgl. Fischer, StGB § 283 Rn. 31; Lackner/Kühl, StGB § 283 Rn. 22; Sorgenfrei, in: Park, Kapitalmarktstrafrecht, Teil 3, Kapitel 5, T 2, Rn. 37; Radtke, in: MüKo/StGB § 283 Rn. 69.

sich durch die Einführung der InsO nichts geändert. Die Zahlungsunfähigkeit ist gemäß § 17 Absatz 1 InsO allgemeiner Grund für die Eröffnung des Insolvenzverfahrens. Die Regelung in § 17 InsO entspricht im Wesentlichen § 102 KO.[247] Der Begriff der drohenden Zahlungsunfähigkeit wurde hingegen erst im Zuge der Einführung der InsO[248] neu als eigenständiger Grund für die Eröffnung des Insolvenzverfahrens auf Antrag des Schuldners in § 18 InsO eingeführt. Da § 17 InsO der früheren Regelung des § 102 KO im Wesentlichen entspricht, war eine lediglich sprachliche Klarstellung des Begriffs der *Zahlungsunfähigkeit* durch den Zusatz *eingetretene* nicht erforderlich. Dass § 17 InsO auf die Zahlungsunfähigkeit und nicht auf die eingetretene Zahlungsunfähigkeit abstellt, ist insofern historisch bedingt.

Diese Terminologie wird auch in der vorliegenden Arbeit berücksichtigt. Sofern in dieser Arbeit von Zahlungsunfähigkeit die Rede ist, ist daher die *eingetretene Zahlungsunfähigkeit* gemeint. Ist hingegen die *drohende Zahlungsunfähigkeit* gemeint, so wird diese auch ausdrücklich als solche bezeichnet.

Der Begriff der Zahlungsunfähigkeit wird im Kernstrafrecht in den Krisendelikten der §§ 283, 283c StGB sowie in § 283a StGB durch die Verweisung auf § 283 Absatz 1 bis 3 StGB verwendet.[249] In jeder der genannten Strafvorschriften nimmt der Begriff Zahlungsunfähigkeit die Funktion eines Tatbestandsmerkmals ein.[250] Dabei handelt es sich um ein normatives Tatbestandsmerkmal, das zu seiner Klärung einer Ausfüllung unter Heranziehung rechtlicher Vorschriften und Werturteile bedarf.[251] Der Begriff der Zahlungsunfähigkeit wird im Kernstrafrecht nicht definiert.

Darüber hinaus ist der Begriff der Zahlungsunfähigkeit in dem neuen Insolvenzverschleppungsstraftatbestand des § 15a Absatz 4 und 5 i. V. m. Absatz 1 Satz 1 InsO enthalten. Auch hier wird der Begriff der Zahlungsunfähigkeit als Tatbestandsmerkmal verwendet. Gemäß § 15a Absatz 1 Satz 1 InsO besteht beim Vorliegen von Zahlungsunfähigkeit oder Überschuldung eine Insolvenzantragspflicht für die Mitglieder des Vertretungsorgans oder Abwickler einer juristischen Person und somit auch für den Vorstand einer AG bzw. für den Geschäftsführer einer GmbH.

---

[247] Eilenberger, in: MüKo/InsO § 17 Rn. 1; Kirchhof, in: HK/InsO § 17 Rn. 1.

[248] InsO, vom 5. Oktober 1994, BGBl. I S. 2866 (2868).

[249] Ausführlich zu den Krisenmerkmalen im Kernstrafrecht: Achenbach, in: GS-Schlüchter, S. 257 (261 ff.).

[250] Vgl. Achenbach, in: GS-Schlüchter, S. 257 (261 ff.); Bittmann, in: Insolvenzstrafrecht § 12 Rn. 17.

[251] Vgl. allgemein zum Begriff des normativen Tatbestandsmerkmals: Baumann/Weber/Mitsch § 8 Rn. 16 f.; Roxin, AT 1 § 10 Rn. 11 f.; Jescheck/Weigend, S. 270; Lackner/Kühl, StGB § 15 Rn. 5; Freund, in: MüKo/StGB vor § 13 Rn. 15.

2. Drohende Zahlungsunfähigkeit

Die *drohende Zahlungsunfähigkeit* wurde mit der Einführung der InsO als weiterer Grund für die Eröffnung des Insolvenzverfahrens auf Antrag des Schuldners in § 18 InsO neu aufgenommen. Bereits vor Einführung des § 18 InsO war die drohende Zahlungsunfähigkeit im Bankrottstraftatbestand des § 283 StGB als Krisenmerkmal enthalten. Neben § 283 StGB ist das Merkmal der drohenden Zahlungsunfähigkeit auch in § 283d Absatz 1 Nr. 1 StGB zu finden. Die drohende Zahlungsunfähigkeit ist in beiden Strafvorschriften normatives Tatbestandsmerkmal.[252]

Der Begriff der drohenden Zahlungsunfähigkeit ist in dem Insolvenzverschleppungsstraftatbestand des § 15a Absatz 4 und 5 i. V. m. Absatz 1 Satz 1 InsO nicht enthalten. Nachdem die drohende Zahlungsunfähigkeit in § 18 Absatz 1 InsO lediglich als fakultatives Antragsrecht des Schuldners ausgestaltet wurde[253] und für die Organe der juristischen Person, insbesondere der GmbH und AG, gemäß § 15a Absatz 1 Satz 1 InsO keine Antragspflicht besteht, scheidet eine Insolvenzverschleppungsstrafbarkeit beim Vorliegen von drohender Zahlungsunfähigkeit aus. Dies entspricht auch der bisherigen Rechtslage. Auch in den §§ 64 Absatz 1, 71 Absatz 4 GmbHG, 92 Absatz 2, 268 Absatz 2 Satz 1 AktG – jeweils a. F. – war keine Antragspflicht für Organe bzw. Liquidatoren oder Abwickler bei drohender Zahlungsunfähigkeit vorgesehen.

3. Überschuldung

Die *Überschuldung* ist gemäß § 19 Absatz 1 InsO bei juristischen Personen und damit auch bei der GmbH und AG ein Grund für die Eröffnung des Insolvenzverfahrens. Im Kernstrafrecht ist die Überschuldung als normatives Tatbestandsmerkmal in § 283 StGB enthalten. Zudem ist die Überschuldung Tatbestandsmerkmal im Insolvenzverschleppungsstraftatbestand. Bei Überschuldung der AG oder GmbH besteht gemäß § 15a Absatz 1 Satz1 i. V. m. Absatz 4 und 5 InsO eine strafbewehrte Verpflichtung zur Insolvenzantragstellung.

---

[252] Vgl. nur Radtke, in: MüKo/StGB § 283 Rn. 72, § 283c Rn. 22 f.

[253] In der Diskussion zur Insolvenzrechtsreform wurde noch überlegt, ob die drohende bzw. bevorstehende Zahlungsunfähigkeit als allgemeiner Eröffnungsgrund – auch für die Gläubiger - eingeführt werden soll. Vgl. Erster Bericht der Kommission für Insolvenzrecht, Leitsatz 1.2.5. Absatz 1, S. 109 ff.

II. Insolvenzrechtsakzessorische Bestimmung der strafrechtlichen Krisenmerkmale?

Eine generelle Vorüberlegung, die allerdings nur in Grenzen von der konkreten Begriffsbestimmung losgelöst vorgenommen werden kann, ist die Frage, ob und in welchem Maße das insolvenzrechtliche Begriffsverständnis für die Ausfüllung der strafrechtlichen Krisenmerkmale der *drohenden und eingetretenen Zahlungsunfähigkeit* und der *Überschuldung* im Insolvenzstrafrecht heranzuziehen ist. Diese Frage stellt sich primär für die Strafvorschriften der §§ 283 ff. StGB. Seit der Verlagerung der Insolvenzverschleppungsdelikte vom Gesellschaftsrecht in eine zentrale neue Regelung in § 15a InsO dürfte sich die Streitfrage, ob die Krisenmerkmale in den früher im Gesellschaftsrecht geregelten Insolvenzverschleppungsdelikten (§§ 84 Absatz 1 Nr. 2 GmbHG, 401 Absatz 1 Nr. 2 AktG, 130b, 177a HGB,148 Absatz 1 Nr. 2 GenG – jeweils a. F.) insolvenzrechtlich oder eigenständig strafrechtlich zu interpretieren sind, erledigt haben.

Die nachfolgenden allgemeinen Überlegungen gelten als Richtschnur für die im nächsten Abschnitt durchzuführende Begriffsbestimmung. Maßgeblich ist insofern nicht die abstrakte Vorgabe einer strengen Akzessorietät oder völlig autonomen strafrechtlichen Auslegung, sondern die konkrete Bestimmung der einzelnen strafrechtlichen Krisenmerkmale.

Ausgangspunkt der Überlegung ist die Parallelität der Begriffe der drohenden und eingetretenen Zahlungsunfähigkeit und Überschuldung, die im zivilen Insolvenzrecht als Gründe für die Eröffnung des Insolvenzverfahrens und im Insolvenzstrafrecht als Krisenmerkmale Verwendung finden. Dieser Zusammenhang zwischen dem Insolvenz- und dem Insolvenzstrafrecht wurde bereits bei den Überlegungen zur Bestimmung des Begriffs der Unternehmenskrise thematisiert.[254] Ausgehend von dem insbesondere von *Engisch*[255] herausgearbeiteten Prinzip der *Einheit der Rechtsordnung* kommen für identische Begriffe in Rechtsbereichen, die wie das Insolvenz- und das Insolvenzstrafrecht eine enge Verbindung aufweisen, keine bzw. keine allzu weit voneinander abweichenden Auslegungen in Betracht.[256] Umstritten ist allerdings, inwiefern das Begriffsverständnis des zivilen Insolvenzrechts für das Insolvenzstrafrecht maßgeblich ist. Für diese Frage hat sich bislang noch keine einheitliche Auslegungslinie herausgebildet. Das Meinungsspektrum reicht

---

[254] Siehe oben S. 10.

[255] Vgl. Engisch, Einheit d. Rechtsordnung, S. 1 ff.

[256] Vgl. diesbezüglich auch MGB-Bieneck § 75 Rn. 47 und 51; K.Schmidt, in FS-Rebmann, S. 419 (437); ebenso: Penzlin, S. 71 und Moosmayer, S. 158 f.; anders aber: Achenbach, in: GS-Schlüchter, S. 257 (268) und Wegner, in: Achenbach/Ransiek VII 1 Rn. 18. Relativierend: Erdmann, S. 95 ff.

von einem streng zivil- bzw. insolvenzrechtsakzessorischen Begriffsverständnis[257] bis hin zu einer mehr oder weniger eigenständigen strafrechtlichen Begriffsbestimmung.[258] Teilweise wird – über das Insolvenzstrafrecht hinaus – sogar von einer generellen Akzessorietät der strafrechtlichen Begriffsbestimmung ausgegangen.[259]

Zur Terminologie ist in diesem Zusammenhang anzumerken, dass die Akzessorietät der Auslegung der strafrechtlichen Krisenmerkmale auch als Zivilrechtsakzessorietät bezeichnet wird. Dies ist sachlich richtig, da das schuldrechtliche Verhältnis zwischen einem Gläubiger und einem Schuldner materiell-rechtlich durch das Zivilrecht bestimmt wird. Dieses Verhältnis setzt sich in den hieran anknüpfenden Regelungen zur Durchsetzung von Gläubigeransprüchen durch die von der InsO zur Verfügung gestellten Verfahrensarten fort. Das in der Insolvenzordnung geregelte Insolvenzverfahren hat gemäß § 1 Satz 1 InsO die gemeinschaftliche Befriedigung der Gläubiger durch Verwertung des Schuldnervermögens in einem geordneten (Insolvenz-) Verfahren zum Ziel. Es ist daher nicht zu beanstanden, wenn die Insolvenzordnung üblicherweise als Zivilrecht eingeordnet wird.[260] Gleichwohl wird nicht übersehen, dass die InsO als Verfahrensrecht grundsätzlich dem Öffentlichen Recht zugeordnet werden könnte, da es sich bei der InsO um für die Beteiligten bindendes Verfahrensrecht handelt, das grundsätzlich nicht der Disposition des Gläubiger oder des Schuldners unterliegt und daher auch eine hoheitliche Komponente enthält.[261]

---

[257]   Vgl. MGB-Bieneck § 75 Rn. 48 ff.; Reck, Insolvenzstraftaten, Rn. 85, 95 ff., 102, 126 ff.; Bieneck, StV 1999, 43; Krause, NStZ 1999, 161 (162); Höffner, BB 1999, 252 f.; Bittmann, wistra 1998, 321 (323 f.); Degener, in: FS-Rudolphi, S. 405 (414 ff.); Bittmann, in: Insolvenzstrafrecht § 11 Rn. 65, 82. Ebenso Röhm, S. 121, 154, 201; Röhm, INF 2003, 592 (594 ff.). Für die Überschuldung und Zahlungsunfähigkeit auch: Pelz, Insolvenzstrafrecht, Rn. 82, 96 - anders aber für die drohende Zahlungsunfähigkeit: Pelz, Insolvenzstrafrecht, Rn. 110 f. Erdmann, S. 89 ff., 112 f. will nur bei Vorliegen gewichtiger teleologischer Argumente zu einer eigenständigen strafrechtlichen Begriffsbestimmung kommen, ansonsten aber unter dem Gesichtspunkt der Normenklarheit eine parallele Auslegung vornehmen.

[258]   Sch/Sch-Stree/Heine, StGB § 283 Rn. 50a, 52; Penzlin, S. 129 f., 134, 137 ff., 144 f.; Achenbach, in: GS-Schlüchter, S. 257 (266 ff., 273); Wegner, in: Achenbach/Ransiek VII 1 Rn. 18, VII 2 Rn. 8; Beck, in: Wabnitz/Janovsky 6 Rn. 101, offen gelassen hingegen in Rn. 77, 89 f.; wohl auch Wessels/Hillenkamp, BT 2 Rn. 462; inzwischen auch Weyand/Diversy, Rn. 34, 51; kritisch bereits zur KO: Ransiek, Unternehmensstrafrecht, S. 151 ff., 162. Vgl. auch die Nachweise bei Fischer, StGB vor § 283 Rn. 6.

   Lackner/Kühl, StGB § 283 Rn. 5; LK-Tiedemann, StGB vor § 283 Rn. 125 ff, 147 ff.; Moosmayer, S. 143 ff., 159 und Plathner, S. 149 ff., 159, 173, 191, 210 wollen bei einer im Ausgangspunkt zivilrechtsorientierten Auslegung zudem strafrechtliche Besonderheiten berücksichtigen.

[259]   Vgl. Erdmann, S. 90 ff. mit weiteren Nachweisen.

[260]   Vgl. hierzu auch Plathner, S. 142.

[261]   Vgl. Stürner, in: MüKo/InsO Einleitung Rn. 77 f.

1. Zivilrechtsakzessorische Bestimmung der Krisenmerkmale im Insolvenzverschleppungsstraftatbestand (§ 15a Absatz 4 und 5 InsO)?

Bereits für die früher in den gesellschaftsrechtlichen Einzelregelungen enthaltenen Insolvenzverschleppungsdelikte (§§ 84 Absatz 1 Nr. 2 GmbHG, 401 Absatz 1 Nr. 2 AktG, 130b, 177a HGB, 148 Absatz 1 Nr. 2 GenG – jeweils a. F.) wurde ganz überwiegend vertreten, dass die Krisenmerkmale Zahlungsunfähigkeit und Überschuldung akzessorisch zu den zivilrechtlichen Regelungen des Insolvenzrechts zu bestimmen sind, da in den Insolvenzverschleppungsstraftatbeständen gerade auf die Vorschriften und Voraussetzungen des zivilen Insolvenzrechts verwiesen wird.[262]

Mit Inkrafttreten der InsO wurde in § 17 Absatz 2 InsO eine Legaldefinition für den Insolvenzeröffnungsgrund der Zahlungsunfähigkeit eingeführt. Über die Maßgeblichkeit des insolvenzrechtlichen Begriffsverständnisses des neuen § 17 InsO für die die Bestimmung des strafrechtlichen Krisenmerkmals der Zahlungsunfähigkeit in § 84 Absatz 1 Nr. 2 GmbHG a. F. – mithin also zur Frage der Insolvenzrechtsakzessorietät der Bestimmung dieses strafrechtlichen Tatbestandsmerkmals des Insolvenzverschleppungsstraftatbestands – entstand eine Meinungsverschiedenheit zwischen dem ersten und dem fünften Strafsenat des BGH.[263] Der fünfte Strafsenat trat in einem Urteil vom 19. April 2007 für eine Auslegung des Krisenmerkmals der Zahlungsunfähigkeit ein, die trotz Geltung des § 17 Absatz 2 InsO der bisherigen Auslegung des BGH zu dem zur Konkursordnung entwickelten Begriffsverständnis – unter Berücksichtigung der Kriterien der Dauerhaftigkeit und Wesentlichkeit der Zahlungsunfähigkeit – entsprach.[264] Der fünfte Strafsenat verwies in seiner Begründung zur Definition der Zahlungsunfähigkeit auf eine aus dem Jahr 1997 stammende Entscheidung des BGH zum alten Konkursrecht.[265] Dagegen erklärte der erste Strafsenat in einem Beschluss vom 23. Mai 2007 ausdrücklich, dass die Legaldefinition des § 17 Absatz 2 InsO auch für die Bestimmung des strafrechtlichen Krisenmerkmals der Zahlungsunfähigkeit in § 84 Absatz 1 Nr. 2 GmbHG a. F. maßgeblich sei und es auf die zusätzlichen Merkmale der Dauerhaftigkeit und der Wesentlichkeit des Zahlungsunvermögens nicht an-

---

[262] So auch Achenbach, in: GS-Schlüchter, S. 257 f.; Anders und für eine eigenständige Bestimmung aber: Penzlin, S. 148 ff. (153, 159). Für eine Bestimmung unter Berücksichtung strafrechtlicher Besonderheiten: Scholz/Tiedemann, GmbHG vor § 82 Rn. 37.

[263] Vgl. dazu auch Achenbach, NStZ 2008, 503 (506).

[264] BGH, NStZ 2008, 415 mit Anm. von Wegner, wistra 2007, 386 f.

[265] BGH, NStZ 2008, 415 mit Verweis auf BGHR GmbHG § 64 I Zahlungsunfähigkeit 1. Vgl. dazu die Anmerkung in BGH, NStZ 2007, 643 (644).

komme.[266] In dieser späteren Entscheidung vom 23. Mai 2007 nahm der erste Strafsenat ausdrücklich zu dem Urteil des fünften Strafsenats vom 19. April 2007 Stellung und brachte zwischen den Zeilen seine Verwunderung über die „Hintanstellung der Zivilrechtsakzessorietät der Strafnorm"[267] zum Ausdruck. Inzwischen hat sich auch fünfte Strafsenat in einer aktuellen Entscheidung vom 20. Oktober 2008 der insolvenzrechtsakzessorischen Auslegung angeschlossen, allerdings ohne auf die vorstehend wiedergegebene Meinungsverschiedenheit einzugehen.[268] Dies lässt vermuten, dass der fünfte Strafsenat in seinem Urteil vom 19. April 2007 möglicherweise von einer Fortgeltung der bisherigen Zahlungsunfähigkeitsdefinition der Rechtsprechung ausging, ohne sich der mit der Einführung des § 17 InsO bezweckten Änderungen bewusst gewesen zu sein.

Die insolvenzrechtsakzessorische Bestimmung der Krisenmerkmale der Insolvenzverschleppung gilt erst recht seit der Verlagerung der Regelungen zur Insolvenzverschleppung einschließlich der Strafbarkeitsanordnung in die InsO. Für den neuen in § 15a Absatz 4 und 5 i. V. m. Absatz 1 InsO geregelten Insolvenzverschleppungsstraftatbestand, der die verspätete, gänzlich unterlassene oder unrichtige Stellung des Antrags auf Eröffnung des Insolvenzverfahrens unter Strafe stellt, kommt eine von den zivilrechtlichen Regelungen des Insolvenzrechts unabhängige Auslegung der Krisenmerkmale Zahlungsunfähigkeit und Überschuldung nicht in Betracht. Es wäre aus systematischen Gründen paradox, die Begriffe Zahlungsunfähigkeit und Überschuldung innerhalb des gleichen Gesetzes unterschiedlich zu bestimmen. Ein weiteres Argument gegen eine abweichende Auslegung ergibt sich aus der Art und Weise des Aufbaus, den der Gesetzgeber für die Neuregelung des Insolvenzverschleppungsstraftatbestands wählte. Die Strafvorschrift der Insolvenzverschleppung in § 15a Absatz 4 und 5 InsO ist unvollständig. Die konkrete strafbewehrte Verhaltenspflicht ergibt sich erst durch die Verweisung auf die Regelung der Insolvenzantragspflicht in § 15a Absatz 1 Satz 1 InsO. Bei der Insolvenzantragspflicht gemäß § 15a Absatz 1 Satz 1 InsO handelt es sich zweifelsfrei um eine insolvenzrechtliche und nicht um eine strafrechtliche Regelung. Auch der Begründung des Regierungsentwurfs zum MoMiG ist zu entnehmen, dass der Sinn und Zweck der Insolvenzantragspflicht ein insolvenzrechtlicher ist.[269]

Eine andere Regelungstechnik wählte der Gesetzgeber seinerzeit für die früher im Gesellschaftsrecht enthaltenen Insolvenzverschleppungsdelikte. Die Strafvorschriften der §§ 84 Absatz 1 Nr. 2 GmbHG, 401 Absatz 1 Nr. 2 AktG, 130b, 177a

---

266 BGH, NStZ 2007, 643.

267 Wörtliches Zitat aus: BGH, NStZ 2007, 643 (644).

268 BGH, NJW 2009, 157 (158) in Absatz 20 der Entscheidungsbegründung zur Zahlungsunfähigkeit im Sinne von § 17 Absatz 2 InsO. Vgl. auch Wegner, HRRS 2009, 32 f.

269 Vgl. die Begründung im RegE MoMiG, BT-Drs. 16/6140 vom 25. Juli 2007, S. 133 f.

HGB – jeweils a. F. – waren trotz der jeweils enthaltenen Verweisung auf die zivilrechtliche Regelung zur Insolvenzantragspflicht als Strafvorschriften vollständig. Die strafrechtlichen Krisenmerkmale der Zahlungsunfähigkeit und der Überschuldung, die zum Bestehen einer Insolvenzantragspflicht führen, waren in dem jeweiligen Insolvenzverschleppungsstraftatbestand enthalten.[270]

Die nun durch den Gesetzgeber der MoMiG-Reform gewählte Regelungstechnik der vollständigen Verweisung des Insolvenzverschleppungsstraftatbestands des § 15a Absatz 4 und 5 InsO auf die in § 15a Absatz 1 Satz 1 InsO enthaltene Insolvenzantragspflicht lässt nach der hier vertretenen Auffassung keinen Raum für eine abweichende Auslegung der Zahlungsunfähigkeit und der Überschuldung als strafrechtliche Krisenmerkmale des Insolvenzverschleppungsstraftatbestands einerseits und als Gründe für die Eröffnung des Insolvenzverfahrens gemäß den §§ 17, 19 InsO andererseits. Der als sog. Blankettstrafgesetz gefasste Insolvenzverschleppungsstraftatbestand des § 15a Absatz 4 und 5 StGB bedarf zu seiner Ausfüllung der Heranziehung der Regelung der zivilrechtlichen Insolvenzantragspflicht in § 15a Absatz 1 Satz 1 InsO. Bei Blankettstrafgesetzen beziehen sich die allgemeinen Anforderungen an Strafgesetze – insbesondere das Bestimmtheitsgebot – auch auf die Normen und Normbestandteile, auf die verwiesen wird.[271] Die in § 15a Absatz 1 Satz 1 InsO enthaltene Pflicht zur Beantragung der Eröffnung des Insolvenzverfahrens wegen Überschuldung oder Zahlungsunfähigkeit einer juristischen Person wird damit zur tatbestandlichen Voraussetzung des Insolvenzverschleppungsstraftatbestandes gemacht.

Die Krisenmerkmale Zahlungsunfähigkeit und Überschuldung des Insolvenzverschleppungsstraftatbestands des § 15a Absatz 4 und 5 i. V. m. Absatz 1 Satz 1 InsO sind daher streng akzessorisch zum insolvenz- bzw. zivilrechtlichen Begriffsverständnis der §§ 17 und 19 InsO zu bestimmen.

---

[270] Anders allerdings: § 148 Absatz 1 Nr. 2 GenG a. F., der keine Angaben zu den Insolvenzeröffnungsgründen enthielt, sondern auf die entsprechenden Regelungen in § 99 Absatz 1 GenG verwies.

[271] Vgl. z. B. Sch/Sch-Eser, StGB § 1 Rn. 17 f., 18a ff.; LK-Dannecker, StGB § 1 Rn. 148 ff.; Fischer, StGB § 1 Rn. 5a; Lackner/Kühl, StGB § 1 Rn. 2 jeweils mit weiteren Nachweisen. Vgl. auch Plathner, S. 114 ff.

2. Zivilrechtsakzessorische Bestimmung der Krisenmerkmale im Insolvenzstrafrecht (§§ 283 ff. StGB)?

Nicht nur die begriffliche Identität der drohenden und eingetretenen Zahlungsunfähigkeit und der Überschuldung als Krisenmerkmale des Insolvenzstrafrechts und als Eröffnungsgründe des zivilen Insolvenzrechts, sondern auch die historische Entwicklung des Insolvenzstrafrechts legt eine eng an das zivilrechtliche Begriffsverständnis angelehnte Ausfüllung der Begriffe im Insolvenzstrafrecht nahe.[272] Berücksichtigt man, dass die erst seit dem 1. WiKG vom 29. Juli 1976[273] im Kernstrafrecht in den §§ 283 ff. StGB enthaltenen Konkurs- bzw. Insolvenzstraftaten zuvor weitestgehend als Strafbestimmungen in den §§ 239 ff. KO enthalten waren, so spricht auch dieser Umstand für eine insolvenzrechtsakzessorische Auslegung. Zwar waren die Begriffe Zahlungsunfähigkeit und Überschuldung nicht unmittelbar in den Strafvorschriften der §§ 239 ff. KO enthalten. In diesen Strafnormen wurde aber auf die Zahlungseinstellung oder die Eröffnung des Insolvenzverfahrens abgestellt und somit zumindest mittelbar auf die bereits zu Zeiten der KO geltenden Eröffnungsgründe der Zahlungsunfähigkeit gemäß § 102 KO und der Überschuldung nach den §§ 207, 209, 213 KO verwiesen.[274] Innerhalb desselben Gesetzes ist nach der hier vertretenen Auffassung für identische Begriffe jedoch nicht zu einem unterschiedlichen Verständnis zu kommen.

Im Zuge der Insolvenzrechtsreform wurde von Seiten des Gesetzgebers zur Frage der Zivilrechtsakzessorietät der insolvenzstrafrechtlichen Regelungen des StGB nicht explizit Stellung genommen. Zwar führte der Gesetzgeber für das zivile Insolvenzrecht in den §§ 17 Absatz 2, 18 Absatz 2, 19 Absatz 2 InsO Legaldefinitionen für die Eröffnungsgründe ein. Zur Relevanz dieser Legaldefinitionen für das Strafrecht sind im Regierungsentwurf zur InsO jedoch nur vereinzelte Andeutungen enthalten. Dort wird ausgeführt, dass der in § 283 StGB bereits zuvor enthaltene Begriff der drohenden Zahlungsunfähigkeit durch die neue Definition in der InsO konkretisiert werde[275] und dass die InsO-Definition auch für das Strafrecht größere Klarheit bringen könne.[276] Aus diesen Aussagen zur drohenden Zahlungsunfähigkeit wird auf eine vom Gesetzgeber allgemein vorausgesetzte Zivilrecht-

---

[272] Vgl. MGB-Bieneck § 75 Rn. 48 ff.; Bieneck, StV 1999, 43; Höffner, BB 1999, 252 f.; Bittmann, wistra 1998, 321 (323 f.); Degener, in: FS-Rudolphi, S. 405 (414 ff.). Ebenso Röhm, S. 123 f.; Röhm, INF 2003, 592 (594 ff.). Ausführlich zur historischen Entwicklung des Insolvenzstrafrechts: Seemann, S. 7 ff.

[273] 1. WiKG vom 29. Juli 1976, BGBl. I S. 2034; vgl. dazu Heinz, GA 1977, 193 (216 ff.). Vgl. auch Dannecker/Knierim/Hagemeier, Rn. 21.

[274] Vgl. Klug, in: Jaeger, KO § 239 Rn. 2 i. V. m. vor § 239 Rn. 9 f.

[275] Vgl. RegE EGInsO, BT-Drs. 12/3803, S. 100.

[276] Vgl. RegE InsO, BT-Drs. 12/2443, S. 114.

sakzessorietät – auch für die Begriffe der eingetretenen Zahlungsunfähigkeit und Überschuldung – geschlossen.[277]

Neben diesen historischen und systematischen Argumenten wird vor allem auf den gemeinsamen und primären Zweck der Vorschriften des Insolvenz- wie des Insolvenzstrafrechts abgestellt. Beide Regelungskomplexe haben den Schutz der Gläubigerinteressen[278] bzw. die Sicherstellung der gemeinschaftlichen bzw. gleichmäßigen Befriedigung der Gläubiger zum Ziel.[279] Aufgrund dieser gemeinsamen Zielsetzung in beiden Regelungsbereichen scheidet eine voneinander abweichende Begriffsbestimmung aus.[280]

Zudem soll einem einheitlichen Begriffsverständnis der Vorteil größerer Rechtssicherheit, Rechtsklarheit und Vorhersehbarkeit zukommen.[281] *Bittmann* hält die von ihm hinsichtlich der objektiven Tatbestandsseite befürwortete insolvenzrechtsakzessorische Auslegung überdies für praxistauglicher[282]; er will für das Vorliegen des subjektiven Tatbestands aber vom insolvenzrechtlichen Begriffsverständnis abweichende, variable Kriterien heranziehen.[283]

Die Vertreter dieses Meinungslagers sehen sich unter anderem durch die vorgenannten Gründe dazu veranlasst, für eine eng an das Insolvenzrecht geknüpfte, zivilrechtsakzessorische Auslegung der insolvenzstrafrechtlichen Krisenmerkmale einzutreten.[284]

Der jüngeren Rechtsprechung zu den §§ 283 ff. StGB unter Geltung der InsO ist bislang noch keine eindeutige Aussage, sondern allenfalls eine gewisse Tendenz zur insolvenzrechtsakzessorischen Bestimmung der Krisenmerkmale zu entnehmen.[285]

---

[277] MGB-Bieneck § 75 Rn. 48; Röhm, S. 121 ff., 154, 201; Erdmann, S. 99 ff.

[278] Vgl. die obigen Ausführungen auf S. 17 ff. zum Rechtsgüterschutz der §§ 283 ff. StGB.

[279] Vgl. § 1 Satz 1 InsO – siehe dazu auch die Klarstellung zum insolvenzrechtlichen Grundsatz des *par condicio creditorum* auf S. 17.

[280] Bieneck, StV 1999, 43; MGB-Bieneck § 75 Rn. 51; Röhm, S. 125 ff. So wohl auch Erdmann, S. 103 ff., unter Betonung der Verknüpfung zwischen der Krisensituation und den Bankrotthandlungen in § 283 Abs. 1 StGB.

[281] Röhm, S. 122; Erdmann, S. 92 ff., 96 f.

[282] Bittmann, in: Insolvenzstrafrecht § 11 Rn. 65, Rn. 61 ff.

[283] Bittmann, in: Insolvenzstrafrecht § 11 Rn. 62. Kritisch: Uhlenbruck, NZI 2005, 616.

[284] Vgl. MGB-Bieneck § 75 Rn. 48 ff.; Bieneck, StV 1999, 43; Krause, NStZ 1999, 161 (162); Höffner, BB 1999, 252 f.3; Reck, ZInsO 1999, 195 (197); Bittmann, in: Insolvenzstrafrecht § 11 Rn. 65, 77, 82; Uhlenbruck, NZI 2005, 616; Degener, in: FS-Rudolphi, S. 405 (414 ff.). Ebenso: Röhm, S. 121, 154, 201; Erdmann, S. 89 ff., 112 f.

[285] Vgl. BGH, NStZ 2004, 283 f.; BGH, NStZ 2003, 546 (547); BGH, NStZ 2001, 485 (486).

3. Eigenständige strafrechtliche Begriffsbestimmung – funktionale Akzessorietät?

Nach einer Gegenauffassung sollen die insolvenzstrafrechtlichen Krisenmerkmale mehr oder weniger eigenständig zu bestimmen sein, wobei die Ansichten auseinander gehen, wie nah die strafrechtliche Auslegung an den Vorgaben des zivilen Insolvenzrechts angelehnt sein soll bzw. wie eigenständig die strafrechtliche Begriffsbestimmung vorzunehmen ist.[286] Ausgangspunkt dieser Auslegungslinie ist zunächst ebenfalls das zivil- bzw. insolvenzrechtliche Begriffsverständnis.[287] Allerdings sollen für die insolvenzstrafrechtliche Begriffsbestimmung Besonderheiten bzw. die Eigenständigkeit des Strafrechts zu berücksichtigen sein. Dieses von der Gegenansicht in unterschiedlicher Gewichtung vertretene Prinzip wird daher auch als funktionale Akzessorietät bezeichnet.[288]

Die Eigenständigkeit soll vor allem darin liegen, dass durch das Insolvenzstrafrecht nicht das Insolvenzverfahren an sich geschützt wird, sondern zwischen zivilem Insolvenzrecht und Insolvenzstrafrecht zumindest teilweise unterschiedliche Intentionen bzw. Schutzrichtungen vorliegen sollen und die Begriffe im Zivil- und im Strafrecht eine unterschiedliche Funktion haben.[289] Zu den strafrechtlichen Besonderheiten, die eine Abweichung von einer streng zivilrechtsakzessorischen strafrechtlichen Begriffsbestimmung erforderlich machen sollen, werden überdies der Grundsatz in *dubio pro reo* im Zusammenhang mit der Überschuldungsfeststellung[290] und die umstrittene Einbeziehung von Verbrauchern in den Täterkreis der §§ 283 ff. StGB[291] gezählt.

---

[286] Vgl. Sch/Sch-Stree/Heine, StGB § 283 Rn. 50a, 52; Penzlin, S. 129 f., 134, 137 ff., 144 f.; Achenbach, in: GS-Schlüchter, S. 257 (266 ff., 273); Wegner, in: Achenbach/Ransiek VII 1 Rn. 18, VII 2 Rn. 8; Beck, in: Wabnitz/Janovsky 6 Rn. 101; vgl. auch Wessels/Hillenkamp, BT 2 Rn. 462.

[287] Vgl. z. B. Lackner/Kühl, StGB § 283 Rn. 5; LK-Tiedemann, StGB vor § 283 Rn. 155; Bittmann, in: Insolvenzstrafrecht § 12 Rn. 17; Dannecker/Knierim/Hagemeier, Rn. 54; so wohl auch Sch/Sch-Stree/Heine, StGB § 283 Rn. 50a.

[288] Sch/Sch-Stree/Heine, StGB § 283 Rn. 50a; Fischer, StGB vor § 283 Rn. 6.

[289] Vgl. Sch/Sch-Stree/Heine, StGB § 283 Rn. 50a i. V. m. vor § 283 Rn. 2; Wessels/Hillenkamp, BT 2 Rn. 462; Plathner, S. 149 ff. So wohl auch: Achenbach, in: GS-Schlüchter, S. 257 (268 ff.).

[290] Vgl. LK-Tiedemann, StGB vor § 283 Rn. 155 f.; ihm folgend: Lackner/Kühl, StGB § 283 Rn. 5; Moosmayer, S. 143 ff.; Weyand/Diversy, Rn. 32. Dagegen: Hiltenkamp-Wisgalle, S. 235, 237 f.; ebenso: Achenbach, in: GS-Schlüchter, S. 257 (267 f.). Kritisch auch: Penzlin, S. 155 ff.; Pernice, S. 115.

[291] Achenbach, in: GS-Schlüchter, S. 257 (268 ff.); vgl. generell zur Verbraucherstrafbarkeit nach den §§ 283 ff. StGB auch: BGH, NJW 2001, 1874 ff. und nachgehend BVerfG, ZInsO 2004, 738 f.; MGB-Bieneck § 75 Rn. 52 ff.; Penzlin, S. 203 ff.; Krause, S. 84 ff., S. 363 ff.; Röhm, S. 252 ff.; Röhm, ZInsO 2003, 535 (538 ff.).

4. Eigene Stellungnahme

Im Rahmen der vorstehenden Überlegungen wurde bereits ausgeführt, dass die Krisenmerkmale der Zahlungsunfähigkeit und der Überschuldung in dem Insolvenzverschleppungsstraftatbestands des § 15a Absatz 4 und 5 i. V. m. Absatz 1 Satz 1 streng insolvenzrechtsakzessorisch zu bestimmen sind.[292] Die nachfolgende Stellungnahme konzentriert sich daher auf die Krisenmerkmale der §§ 283 ff. StGB.

Zur Begründung einer eigenständigen insolvenzstrafrechtlichen Begriffsbestimmung wird teilweise plakativ auf die Besonderheiten des Strafrechts verwiesen.[293] Eine Erläuterung, welche Besonderheiten gemeint sind und welche Auswirkungen diese Besonderheiten auf die vorzunehmende Begriffsbestimmung haben sollen, wird jedoch vielfach nur sehr knapp oder überhaupt nicht vorgenommen. Bei genauerer Betrachtung der vorgebrachten Argumente ist festzustellen, dass maßgeblich auf funktionale Unterschiede zwischen der insolvenz- bzw. zivilrechtlichen und der strafrechtlichen Verwendung der Begriffe abgestellt wird. Während die drohende und eingetretene Zahlungsunfähigkeit und die Überschuldung im Insolvenzrecht als Gründe für die Eröffnung des Insolvenzverfahrens ausgestaltet sind, kommt diesen Merkmalen in § 283 StGB die Funktion zu, die Strafbarkeit der an sich schon verwerflichen Verhaltensweisen der § 283 Absatz 1 Nrn. 1 – 8 StGB an das alternative oder kumulative Vorliegen dieser Krisenmerkmale zu knüpfen. Die Krisenmerkmale stellen in § 283 StGB Tatbestandsmerkmale dar.[294] § 283 Absatz 1 StGB stellt die Vornahme bestimmter Verhaltensweisen bei Vorliegen einer Krisensituation unter Strafe. In § 283 Absatz 1 StGB soll den Krisenmerkmalen die Funktion zukommen, die Strafbarkeit auszulösen bzw. im Verhältnis zu den § 283 Absatz 4 Nr. 1 und Absatz 5 Nr. 1 StGB zu verstärken.[295] Auf die Strafrechtsprinzipien der gesetzlichen Bestimmtheit und der *ultima ratio* wird – anders als vielleicht zu erwarten gewesen wäre – nicht unmittelbar abgestellt.

Allein die Verwendung dieser Begriffe als Tatbestandsmerkmale stellt allerdings noch keine Besonderheit des Strafrechts dar und begründet keine Notwendigkeit einer eigenständigen Begriffsbestimmung. Sie führt vielmehr – gewissermaßen zirkulär – zum Ausgangsproblem der Überlegung zurück: der Frage nach der Auslegung dieser Merkmale im Insolvenzstrafrecht. Strafbestimmungen und Tatbe-

---

[292] Siehe oben S. 55ff.

[293] Vgl. Wessels/Hillenkamp, BT 2 Rn. 462; Sch/Sch-Stree/Heine, StGB § 283 Rn. 50a unter Verweis auf Achenbach, in: GS-Schlüchter S. 257 (268 f., 271).

[294] Vgl. dazu bereits oben S. 51 ff.

[295] Achenbach, in: GS-Schlüchter S. 257 (268 f.); ähnlich auch Degener, in: FS-Rudolphi, S. 405 (414 ff.) für das Krisenmerkmal der Überschuldung.

standsmerkmale müssen gemäß Art. 103 Absatz 2 GG, § 1 StGB gesetzlich bestimmt sein.[296] Eine Definition oder Erläuterung dieser Merkmale erfolgt in gesetzlichen Strafbestimmungen jedoch vergleichsweise selten. Die Verwendung ausfüllungsbedürftiger Begriffe ist die Regel[297], wobei die Auslegung von Merkmalen mit außerstrafrechtlichem Bezug für besonders problematisch gehalten wird.[298] Aus diesem Aspekt der Konstruktion von Strafnormen ergibt sich jedoch noch keine Bedingung für eine eigenständige strafrechtliche Begriffsbestimmung. Auch die Heranziehung der Bedeutung des jeweiligen Merkmals in außerstrafrechtlichen Vorschriften ist prinzipiell geeignet, für strafrechtliche Bestimmtheit zu sorgen. In einer Vielzahl von Strafvorschriften ist dies für Begriffe mit zivilrechtlichem Bezug – wie z. B. für das Merkmal *fremd* in den §§ 242, 246, 249, 303 StGB – nahezu unumschränkt anerkannt.[299] Da die fraglichen strafrechtlichen Krisenmerkmale dem zivilen Insolvenzrecht entstammen, liegt eine mit dem zivilrechtlichen Begriffsverständnis übereinstimmende Auslegung nahe. Diese Sichtweise trägt dem strafrechtlichen Bestimmtheitserfordernis in größerem Maße Rechnung als eine divergierende Auslegung, da ein einheitliches Begriffsverständnis identischer Merkmale zu vorhersehbareren Ergebnissen und damit zu einem Zugewinn an Rechtssicherheit führt. Dies ist bei der Auslegung strafrechtlicher Begriffsmerkmale aus rechtsstaatlicher Sicht unbedingt zu begrüßen.[300]

Fraglich ist, ob sich aus dem strafrechtlichen *ultima ratio-Prinzip* möglicherweise das Erfordernis ergibt, bei einzelnen Krisenmerkmalen das Vorliegen der strafrechtlichen Tatbestandsmäßigkeit zu verneinen, obwohl die tatbestandlichen Voraussetzungen nach dem rein zivilrechtlichen Begriffsverständnis erfüllt wären.

Verkürzt dargestellt wird unter dem *ultima ratio*-Prinzip im Strafrecht die Pflicht verstanden, das Strafrecht als schärfste Waffe des Staates nur dann zum Einsatz kommen zu lassen, wenn dies unter Verhältnismäßigkeits- und Subsidiaritätsgesichtspunkten zur Sicherstellung des jeweiligen Rechtsgüterschutzes durch den Ausspruch von Strafe für ein verbotenes, besonders sozialschädliches Verhalten geboten ist.[301] Als Vorüberlegung ist zu erörtern, ob das *ultima ratio*-Prinzip lediglich generell für die Existenz einer Strafvorschrift Geltung beansprucht oder auch für die Bestimmung einzelner Tatbestandsmerkmale von Strafvorschriften zu be-

---

[296] Ausführlich dazu: Ransiek, Bestimmtheitsgebot, S. 7 ff.
[297] Vgl. nur Sch/Sch-Eser, StGB § 1 Rn. 18 ff.
[298] Sch/Sch-Eser, StGB § 1 Rn. 36 mit weiteren Nachweisen.
[299] Vgl. nur Fischer, StGB § 242 Rn. 5, § 246 Rn. 3, § 249 Rn. 3, § 303 Rn. 4.
[300] Vgl. auch Röhm, S. 122; Erdmann, S. 95 ff.
[301] Vgl. z. B. BVerfGE 39, 1 (47); BVerfGE 88, 203 (258); BVerfGE 96, 10 (25 f.); BVerfGE 96, 245 (249); LK-Weigend, StGB Einl. Rn. 1; Sch/Sch-Eser, StGB § 1 Rn. 21; Roxin, AT 1 § 2 Rn. 97 ff.; Höffner, S. 77 ff.; vgl. auch Jescheck/Weigend, S. 52 ff.; Joecks, in: MüKo/StGB Einl. Rn. 2, 22 ff.; Freund, in: MüKo/StGB vor § 13 Rn. 34 f.

rücksichtigen ist. In der gebotenen Kürze ist festzuhalten, dass das *ultima ratio*-Prinzip als Begrenzung des staatlichen Strafanspruchs zu verstehen ist. Für die Schaffung einer Strafnorm durch den Gesetzgeber bedarf es der Bejahung ihrer Notwendigkeit nach der Durchführung einer Geeignetheits-, Erforderlichkeits- und Verhältnismäßigkeits- bzw. Subsidiaritätsabwägung. Für eine bestehende Strafvorschrift gilt das *ultima ratio*-Prinzip dergestalt, dass eine fortlaufende Notwendigkeitskontrolle durchzuführen ist, ob es der strafrechtlichen Sanktionierung eines bestimmten sozialschädlichen Verhaltens durch diese Strafnorm noch und weiterhin bedarf. Für die Frage, wie eine Strafvorschrift auszulegen ist und ihre Elemente zu bestimmen sind, beansprucht das *ultima ratio*-Prinzip hingegen keine unmittelbare Geltung. Hierbei sind die juristischen Auslegungsregeln[302] unter besonderer Berücksichtigung des strafrechtlichen Bestimmtheitsgrundsatzes und der Wortlautgrenze zu berücksichtigen.[303] Das *ultima ratio*-Prinzip kann allenfalls im Anschluss an eine begriffliche Bestimmung von Tatbestandsmerkmalen Fragen an der Existenzberechtigung der untersuchten Strafvorschrift aufwerfen.

Eine gewisse Einschränkung ist jedoch zu machen. Nach dem im Strafrecht anerkannten sog. *Geringfügigkeitsprinzip* scheidet eine Strafbarkeit von Verhaltensweisen, die von äußerst geringer Intensität sind, aber an sich den Tatbestand eines Strafgesetzes erfüllen, gleichwohl aus.[304] Völlig unerhebliche Beeinträchtigungen strafrechtlich geschützter Rechtsgüter lösen kein Strafbedürfnis aus. Es ist nicht von der Hand zu weisen, dass das Geringfügigkeitsprinzip insofern mit dem *ultima ratio*-Prinzip verknüpft ist. Das Geringfügigkeitsprinzip findet bereits bei der Auslegung von Tatbestandsmerkmalen Berücksichtigung. Minimale Beeinträchtigungen sollen danach bereits nicht tatbestandsmäßig sein. Das Geringfügigkeitsprinzip ist auch bei der Bestimmung der strafrechtlichen Krisenmerkmale von Bedeutung. So ist beispielsweise für die Bestimmung der Zahlungsunfähigkeit als Krisenmerkmal des § 283 Absatz 1 StGB anerkannt, dass vorübergehende lediglich kurzfristige Zahlungsstockungen keine Zahlungsunfähigkeit darstellen.[305]

Für den im Zusammenhang mit dem Merkmal der Überschuldung angesprochenen Grundsatz *in dubio pro reo* kann an dieser Stelle nicht generell, sondern sinn-

---

[302] Dazu allgemein: Rüthers, Rechtstheorie Rn. 696 ff.

[303] Aus strafrechtlicher Sicht: Roxin, AT 1 § 5 Rn. 26 ff.; Jescheck/Weigend, S. 150 ff.; Schmitz, in: MüKoStGB § 1 Rn.39 ff., Rn. 65 ff.; Sch/Sch-Eser, StGB § 1 Rn. 17 ff., Rn. 36 ff.; Baumann/Weber/Mitsch § 9 Rn. 57 ff.

[304] „Minima non curat praetor". Frei übersetzt: "Um Kleinigkeiten kümmert sich der Prätor nicht." Dieser Grundsatz wird beispielsweise berücksichtigt bei Beeinträchtigungen des körperlichen Wohlbefindens im Sinne von § 223 StGB, die die Erheblichkeitsschwelle nicht überschreiten, vgl. z. B. Sch/Sch-Eser, StGB § 223 Rn. 4a, sowie bei geringfügigen Behinderungen im Straßenverkehr, vgl. z. B. Fischer, StGB § 240 Rn. 27, 47, 49.

[305] Siehe S. 67 ff. Vgl. auch BGH, NStZ 2007, 643 (644) mit Verweis auf BGH, NJW 2005, 3062.

vollerweise nur im Rahmen der Überlegungen zur Überschuldung Stellung genommen werden.[306]

Die Geltung und Reichweite des Grundsatzes der *Einheit der Rechtsordnung* ist für die Krisenmerkmale des Insolvenzstrafrechts umstritten. Der Grundsatz an sich ist zwar allgemein anerkannt. Während die Verfechter einer eng an das zivile Insolvenzrecht gebundenen Auslegung der strafrechtlichen Krisenmerkmale für eine strenge Geltung des Grundsatzes der Einheit der Rechtsordnung eintreten und so ihre zivilrechtsakzessorische Sicht begründen wollen[307], argumentieren die Befürworter einer eigenständigen strafrechtlichen Auslegung hingegen mit der Theorie der *Relativität der Rechtsbegriffe*.[308] Während unter dem Grundsatz der Einheit der Rechtsordnung verkürzt wiedergegeben die Konsistenz und Widerspruchsfreiheit der Gesetze bzw. der Rechtsordnung und somit auch des gesetzgeberischen Gebrauchs identischer rechtlicher Begriffe verstanden wird[309], kann eine ähnlich griffige Definition für die Lehre von der Relativität der Rechtsbegriffe selbst von den Vertretern dieser Lehre nicht gegeben werden.[310] Als Erklärungsversuche werden vielmehr die Wort-Begriff-Beziehung, die Zusammenhangsbedingtheit und die Abhängigkeit eines Rechtsbegriffs vom jeweiligen übergeordneten Kontext und die generelle Problematik juristischer Auslegung bemüht.[311] Die Lehre von der Relativität der Rechtsbegriffe gibt ein kaum greifbares Bild ab und weist gewisse Begründungsdefizite auf. Insofern werden auch grundsätzliche Zweifel gegen die Lehre von der Relativität der Rechtsbegriffe erhoben.[312] Gleichwohl ist zuzugeben, dass die Bestimmung von Tatbestandsmerkmalen nicht losgelöst von ihrer Funktion im konkreten Zusammenhang erfolgen kann und Erwägungen zum Sinn und Zweck einer Vorschrift[313] die widerspruchsfreie Verwendung identischer Rechtsbegriffe innerhalb der Rechtsordnung überlagern können.

---

[306] Siehe unten S. 159 ff.

[307] Bieneck, StV 1999, 43; MGB-Bieneck § 75 Rn. 51.

[308] Achenbach, in: GS-Schlüchter, S. 257 (268) mit Verweis auf Demko, S. 13 ff. und auf Engisch, Einheit d. Rechtsordnung, S. 43 ff. Der Verweis auf Engisch betrifft lediglich die Beschreibung abweichender Begriffsdeutungen. Engisch selbst tritt für die Erörterung solcher Widersprüche mit dem Ziel einer sinnvollen Rechtsanwendung unter Vermeidung sachlicher Widersprüche ein: Engisch, Einheit d. Rechtsordnung, S. 45. Er hält diese technischen Widersprüche in der Sache für bedeutungslos; vgl. Engisch, Einheit d. Rechtsordnung, S. 45. Insofern geht der Verweis Achenbachs auf Engisch fehl.

[309] Vgl. z. B. Engisch, Einheit d. Rechtsordnung, S. 26 ff., S. 81 ff.; Rüthers, Rechtstheorie, Rn. 145 ff., Rn. 270 ff. und vor allem Rn. 276 ff., 700, 774 ff.

[310] Demko, S. 13 mit weiteren Nachweisen.

[311] Vgl. Demko, S. 13 ff., S. 42 ff., S. 64 ff., S. 105 ff.

[312] Anders aber Demko, S. 161 ff., 174 ff. und insbesondere S. 190 ff., S. 321 ff. Kritisch in insolvenzstrafrechtlicher Hinsicht auch MGB-Bieneck § 75 Rn. 51. Vgl. auch Rüthers, Rechtstheorie Rn. 276 ff, 700 sowie die Stellungnahme von Engisch, Einheit d. Rechtsordnung, S. 45.

[313] Vgl. hierzu Sch/Sch-Eser, StGB § 1 Rn. 40 ff.

Vorliegende Arbeit folgt jedoch eher der Theorie von der Einheit der Rechtsordnung, die nicht im Sinne einer absoluten Bestimmtheit rechtlicher Begriffe[314] verstanden wird. Widersprüche existieren innerhalb der Gesamtrechtsordnung und zum Teil selbst innerhalb von Gesetzen, denn auch der Gesetzgeber kann Regelungsfehler nicht immer vermeiden.[315] Nach der hier vertretenen Ansicht stellt der Grundsatz von der Einheit der Rechtsordnung bei der Bestimmung der strafrechtlichen Krisenmerkmale unter dem Aspekt einer weitmöglichst herzustellenden Widerspruchsfreiheit einen berücksichtigungswürdigen Aspekt dar.[316] Es sei jedoch angemerkt, dass insofern auch kein grundlegender Gegensatz zu Ansätzen der Lehre von der Relativität der Rechtsbegriffe bestehen dürfte.[317] Auch die Auffassung, die für eine enge Zivilrechtsakzessorietät der insolvenzstrafrechtlichen Krisenmerkmale eintritt, berücksichtigt die jeweiligen Besonderheiten des Regelungskontexts einschließlich der Bedeutung der konkreten Norm, die den fraglichen Begriff enthält.

Gemäß der Lehre von der Einheit der Rechtsordnung besteht die Vorstellung, dass der Gesetzgeber bei der Verwendung identischer Begriffe im Insolvenzrecht und in den Insolvenzstraftaten keine grundsätzlich voneinander abweichenden rechtlichen Vorstellungen mit der Verwendung identischer rechtlicher Begriffe verfolgt hat. Zumindest für das Krisenmerkmal der drohenden Zahlungsunfähigkeit kommt dies in den Gesetzgebungsmaterialien zur InsO und zum EGInsO zum Ausdruck.[318]

Nach den vorangehenden Überlegungen allgemein-dogmatischer Art ist eine konkrete Bestimmung der insolvenzstrafrechtlichen Krisenmerkmale der drohenden und eingetretenen Zahlungsunfähigkeit und der Überschuldung vorzunehmen. Die vorangehenden allgemeinen Überlegungen zur Insolvenzrechtsakzessorietät gelten als Richtschnur für die in den nächsten Abschnitten durchzuführenden konkreten Begriffsbestimmungen. Eine abschließende Stellungnahme zum jeweiligen Zusammenhang zwischen dem zivil- und dem strafrechtlichen Begriffsverständnis kann erst im Rahmen der nachfolgenden ausführlichen Behandlung der einzelnen Begriffe erfolgen. Eine Abweichung zwischen der zivil- und der strafrechtlichen Begriffsbestimmung ist jedoch hinzunehmen, wenn dies aus spezifischen straf-

---

[314] Gemeint sind insbesondere auch identische Begriffe, wie dies bei den Krisenmerkmalen des Insolvenzstrafrechts und den Eröffnungsgründen des zivilen Insolvenzrechts der Fall ist.

[315] Vgl. Rüthers, Rechtstheorie Rn. 775.

[316] Vgl. dazu allgemein: Engisch, Einheit d. Rechtsordnung, S. 26 ff., S. 81 ff.; Rüthers, Rechtstheorie, Rn. 276 ff., 774 ff.

[317] Vgl. Demko, S. 153 ff. mit weiteren Nachweisen.

[318] Vgl. RegE EGInsO, BT-Drs. 12/3803, S. 100; RegE InsO, BT-Drs. 12/2443, S. 114. So auch MGB-Bieneck § 75 Rn. 48; Röhm, S. 121 ff.

rechtlichen Gründen, insbesondere aus teleologischen Erwägungen und aus Gründen der Verhältnismäßigkeit, erforderlich ist.

III. Das strafrechtliche Krisenmerkmal der eingetretenen Zahlungsunfähigkeit

Da die strafrechtlichen Krisenmerkmale nach der in dieser Arbeit vertretenen Ansicht im Ausgangspunkt akzessorisch zum insolvenzrechtlichen Begriffsverständnis zu bestimmen sind, wird nachfolgend zunächst auf die Bestimmung der Zahlungsunfähigkeit im zivilen Insolvenzrecht eingegangen. Für die anschließende Bestimmung des strafrechtlichen Begriffsverständnisses wird die insolvenzrechtliche Auslegung zu Grunde gelegt und unter dem Blickwinkel des Strafrechts angepasst, soweit dies aus spezifischen strafrechtlichen Gründen erforderlich ist.

1. Zahlungsunfähigkeit – insolvenzrechtliches Begriffsverständnis

a. Bestimmung der Zahlungsunfähigkeit in der KO

Im Konkursrecht war das in § 102 Absatz 1 KO enthaltene Merkmal der *Zahlungsunfähigkeit* als allgemeiner Grund für die Eröffnung des Konkursverfahrens ausgestaltet.[319] Das zu Zeiten der KO ganz überwiegende Begriffsverständnis in der Rechtsprechung und die herrschende Auffassung in der Literatur definierten die Zahlungsunfähigkeit als das auf einem Mangel an Zahlungsmitteln beruhende, voraussichtlich *dauernde Unvermögen* eines Schuldners, seine sofort zu erfüllenden Geldschulden zumindest *zu einem wesentlichen Teil* zu begleichen.[320] Bereits zu Zeiten der KO galt die Zahlungseinstellung nach § 102 Absatz 2 KO als Erkennungsmerkmal für das Vorliegen von Zahlungsunfähigkeit. Zahlungseinstellung in diesem Sinne lag vor, wenn der Schuldner wegen eines voraussichtlich dauerhaften Mangels an liquiden Mitteln seine fälligen und von den jeweiligen Gläubigern *ernsthaft eingeforderten* Verbindlichkeiten im Allgemeinen nicht mehr erfüllen

---

[319] Kuhn/Uhlenbruck, KO § 102 Rn. 1; vgl. zur Zahlungsunfähigkeit auch die Ausführungen bei BGH, Az.: IX ZB 36/07, Beschluss vom 19. Juli 2007, Absatz 13 f. = BGHZ 173, 286 = BGH, NZI 2007, 579.

[320] Vgl. RGZ 100, 62 (65); RGZ 132, 281 (282 ff.); BGH, NJW 1982, 1952 (1954); BGH, NJW 1991, 980 f.; Hess, KO § 102 Rn. 5; Kilger/K.Schmidt, KO § 102 Rn. 2a mit weiteren Nachweisen. Kritisch zum Merkmal der Wesentlichkeit: Kuhn/Uhlenbruck, KO § 102 Rn. 2. Vgl. auch Matzen, S. 26 ff.; Erdmann, S. 113 f.; Uhlenbruck, in: K.Schmidt/Uhlenbruck, GmbH-Krise, Rn. 819; Harz, ZInsO 2001, 193 (195).

kann.[321] Zusätzlich wurde die Erkennbarkeit der Zahlungseinstellung für die betroffenen Kreise gefordert.[322]

b. Bestimmung der Zahlungsunfähigkeit in der InsO

Die Zahlungsunfähigkeit ist auch nach der InsO – wie bereits im Konkursrecht – gemäß § 17 Absatz 1 InsO allgemeiner Grund für die Eröffnung des Insolvenzverfahrens und kommt bei natürlichen wie bei juristischen Personen als Schuldner in Betracht.[323] *Zahlungsunfähigkeit* im insolvenzrechtlichen Sinn liegt nach der im Zuge der InsO-Reform eingeführten Legaldefinition des § 17 Absatz 2 Satz 1 InsO vor, wenn der Schuldner nicht in der Lage ist, seine fälligen Zahlungsverpflichtungen zu erfüllen. Das Vorliegen von Zahlungsunfähigkeit ist gemäß § 17 Absatz 2 Satz 2 InsO anzunehmen, wenn der Schuldner seine Zahlungen eingestellt hat.

Die Legaldefinition in § 17 Absatz 2 Satz 1 InsO soll für ein größeres Maß an rechtlicher Klarheit sorgen. Nach der Begründung zum Regierungsentwurf der InsO wurde ausdrücklich auf die Aufnahme der zu Zeiten der KO zur Konkretisierung der Zahlungsunfähigkeit verwendeten Merkmale der *Dauerhaftigkeit* und der *Wesentlichkeit*[324] in die gesetzliche Definition verzichtet, um den einschränkenden Tendenzen bei der Begriffsbestimmung entgegenzutreten.[325] Es wird kritisch gesehen, dass es nach dem konkursrechtlichen Begriffsverständnis möglich war, einen über Wochen oder gar Monate andauernden Zustand der Nicht-Begleichung von Forderungen nicht als Zahlungsunfähigkeit, sondern als rechtlich unerhebliche Zahlungsstockung einzustufen.[326]

Die Legaldefinition für Zahlungsunfähigkeit in § 17 Absatz 2 Satz 1 InsO wirft jedoch weiterhin die Frage auf, unter welchen Umständen der Schuldner – abgesehen von der Zahlungseinstellung gemäß § 17 Absatz 2 Satz 2 InsO – nicht in der Lage ist, seine fälligen Zahlungsverbindlichkeiten zu erfüllen. Dazu ist eine Entscheidung über das Vorliegen von Geldilliquidität des Schuldners zu treffen, wobei

---

[321] Kuhn/Uhlenbruck, KO § 102 Rn. 2f mit ausführlichen weiteren Nachweisen.

[322] Hess, KO § 102 Rn. 12 f.; Kuhn/Uhlenbruck, KO § 102 Rn. 2f; vgl. auch FK-InsO-Schmerbach § 17 Rn. 40.

[323] Bork, Insolvenzrecht, Rn. 84; Beck, in: Wabnitz/Janovsky 6 Rn. 70.

[324] Siehe oben S. 66 zur Definition von Zahlungsunfähigkeit gemäß der KO.

[325] RegE BT-Drs. 12/2443, S. 114. Vgl. auch BGH, Az.: IX ZB 36/07, Beschluss vom 19. Juli 2007, Absatz 15 = BGHZ 173, 286 = BGH, NZI 2007, 579; Bußhardt, in: Braun, InsO § 17 Rn. 4 f.; Eilenberger, in: MüKo/InsO § 17 Rn. 5; Harz/Baumgartner/Conrad, ZInsO 2005, 1304 f.; Plathner, S. 154 ff.

[326] Vgl. RegE BT-Drs. 12/2443, S. 114; Kuhn/Uhlenbruck, KO § 102 Rn. 2e – bis zu drei Monate.

die bestehenden und fälligen Zahlungsverpflichtungen den vorhandenen bzw. verfügbaren Zahlungsmitteln gegenüberzustellen sind.[327] Einzelheiten zur Technik der Erstellung einer solchen Liquiditätsbilanz können im Rahmen dieser Arbeit aus Raumgründen nicht dargestellt und behandelt werden. Hierzu wird auf die einschlägige Literatur verwiesen.[328] Bei dem für die Zahlungsunfähigkeit maßgeblichen Liquiditätsvergleich ist auf den Zeitpunkt der Insolvenzeröffnung abzustellen.[329]

Einzelheiten zur Bestimmung des insolvenzrechtlichen Begriffs der Zahlungsunfähigkeit sind nach wie vor umstritten. Auf die zentralen Streitfragen der Abgrenzung der Zahlungsunfähigkeit von bloßen Zahlungsstockungen, der Grenze für geringfügige Liquiditätslücken, der Berücksichtigung der Liquidierbarkeit von Gegenständen des Anlage- und Umlaufvermögens und der Bestimmung der Zahlungseinstellung, wird nachfolgend eingegangen.

aa. Vorübergehende Zahlungsstockungen und geringfügige Liquiditätslücken – Renaissance der Merkmale Dauer und Wesentlichkeit

Die Legaldefinition des § 17 Absatz 2 Satz 1 InsO verzichtet bewusst[330] auf Angaben zum zeitlichen und betragsmäßigen Mindestumfang der Zahlungsunfähigkeit und legt somit nahe, dass für den Vergleich zwischen der vorhandenen Liquidität und den bestehenden Verbindlichkeiten allein die zum Zeitpunkt der Entscheidung über die Verfahrenseröffnung[331] tatsächlich vorhandenen und verfügbaren Zahlungsmittel einzubeziehen sind und dass Zahlungsunfähigkeit bereits dann gegeben ist, wenn die Verbindlichkeiten die Liquidität zum maßgeblichen Zeitpunkt bereits geringfügig übersteigen. Umstritten ist, ob die über diesen Betrachtungszeitpunkt hinausgehende wirtschaftliche Entwicklung des Schuldners und zu er-

---

[327] Bußhardt, in: Braun, InsO § 17 Rn. 16 ff.; Bork, Insolvenzrecht, Rn. 85; Pape/Uhlenbruck/Voigt-Salus, Insolvenzrecht, 17 Rn. 6; Stahlschmidt, JR 2002, 89 f. Vgl. auch aus strafrechtlichr Sicht: Pelz, Insolvenzstrafrecht, Rn. 43; Erdmann, S. 134 f.; Bieneck, StV 1999, 43 f.

[328] Vgl. Eilenberger, in: MüKo/InsO § 17 Rn. 10 ff., 14; FK-InsO-Schmerbach § 17 Rn. 35; Temme, S. 66 ff.; Stahlschmidt, JR 2002, 89 f.; Harz, ZInsO 2001, 193 (197). Vgl. auch aus der strafrechtlichen Literatur: LK-Tiedemann, StGB vor § 283 Rn. 131 f.; Wegner, in: Achenbach/Ransiek VII 1 Rn. 69 ff.; MGB-Bieneck § 76 Rn. 58 ff.

[329] BGH, Az.: IX ZB 36/07, Beschluss vom 19. Juli 2007, Absatz 10 mit weiteren Nachweisen = BGHZ 173, 286.

[330] Vgl. RegE BT-Drs. 12/2443, S. 114.

[331] Vgl. zum maßgeblichen Zeitpunkt: Bußhardt, in: Braun, InsO § 17 Rn. 28.

wartende künftige Einnahmen bis zu einer bestimmen zeitlichen Grenze Berücksichtigung finden können.[332]

Für die punktuelle Sichtweise, die als sog. *Zeitpunktilliquidität* bezeichnet wird[333] und eine trennscharfe Unterscheidung zum Merkmal der lediglich drohenden Zahlungsunfähigkeit ermöglichen soll, spricht der Wortlaut der Legaldefinition in § 17 Absatz 2 Satz 1 InsO und die ausdrückliche gesetzgeberische Stellungnahme, dass auf die Begriffe der Dauer und der Wesentlichkeit für die Definition der Zahlungsunfähigkeit zu verzichten sei.[334]

Allerdings findet sich an derselben Stelle im Regierungsentwurf zur InsO auch die Aussage, dass es sich von selbst verstehe, dass eine *vorübergehende Zahlungsstockung* und *ganz geringfügige Liquiditätslücken* für das Vorliegen von Zahlungsunfähigkeit unerheblich sein sollen und dies einer ausdrücklichen gesetzlichen Erwähnung nicht bedürfe.[335] So selbstverständlich, wie vom Gesetzgeber angenommen, liegt die Sache allerdings nicht. Es stellt sich die Frage, wo die Grenzlinie zwischen einer insolvenzrechtlich unerheblichen kurzfristigen *Zahlungsstockung* und dem Vorliegen von Zahlungsunfähigkeit verläuft bzw. wann von einer noch *geringfügigen Liquiditätslücke* ausgegangen werden kann, und ab welcher Größenordnung einer Unterdeckung das Vorliegen von Zahlungsunfähigkeit anzunehmen ist. In diesem Zusammenhang erleben die nach dem Willen des InsO-Gesetzgebers verbannten einschränkenden Merkmale der *Dauer* und der *Wesentlichkeit* eine Renaissance. Nach einem inzwischen ergangenen Grundsatzurteil des BGH vom 24. Mai 2005 zur Abgrenzung zwischen Zahlungsunfähigkeit und Zahlungsstockungen steht fest, dass ein völliger Verzicht auf die mit den Merkmalen der Dauer und der Wesentlichkeit umschriebenen Einschränkungen nicht möglich ist.[336]

Die Diskussion um die zu Zeiten der KO zur Definition der Zahlungsunfähigkeit verwendeten Begriffe der *Dauer* und der *Wesentlichkeit*, hat sich auf die Problematik der Abgrenzung zwischen Zahlungsunfähigkeit und einer lediglich vorüber-

---

[332] Vgl. nur Penzlin, NZG 1999, 1203 ff und Erdmann, S. 114, 118 ff.
[333] Bork, Insolvenzrecht, Rn. 86; FK-InsO-Schmerbach § 17 Rn. 22; Scholz/K.Schmidt/Bitter, GmbHG vor § 64 Rn. 11; Hüffer, AktG § 92 Rn. 8; Hefermehl/Spindler, in: MüKo/AktG § 92 Rn. 20; Mertens/Cahn, in: KK-AktG Anh. § 92 Rn. 7; vgl. auch Moosmayer, S. 155 ff, S. 159; Pelz, Insolvenzstrafrecht, Rn. 43; Erdmann, S. 124, 130.
[334] RegE BT-Drs. 12/2443, S. 114. Vgl. auch Bußhardt, in: Braun, InsO § 17 Rn. 4 f. Aus strafrechtlicher Sicht: Moosmayer, S. 155 ff; Erdmann, S. 124.
[335] RegE BT-Drs. 12/2443, S. 114. Vgl. auch Kübler/Prütting, Das neue Insolvenzrecht, InsO S. 175 f.
[336] BGH, Urteil vom 24. Mai 2005, Az.: IX ZR 123/04 = BGHZ 163, 134 = BGH, NJW 2005, 3062. Vgl. hierzu Eilenberger, in: MüKo/InsO § 17 Rn. 18; Uhlenbruck, in: K.Schmidt/Uhlenbruck, GmbH-Krise, Rn. 5.17; Bittmann, ZGR 2009, 931 (970).

gehenden Zahlungsstockung bzw. einer noch geringfügigen Liquiditätslücke verlagert und sorgt in Wissenschaft und Praxis für anhaltende Diskussionen.[337]

(1). Vorübergehende Zahlungsstockung

Nach der zu Zeiten der Geltung der KO herrschenden Auffassung sollte im Hinblick auf das geforderte dauerhafte Unvermögen zur Begleichung der fälligen Zahlungsverpflichtungen ab einem mehr als dreimonatigen Zahlungsunvermögen des Schuldners von Zahlungsunfähigkeit auszugehen sein.[338] Diese Auslegung widerspricht nach einhelliger Ansicht der Legaldefinition von Zahlungsunfähigkeit in § 17 Absatz 2 Satz 1 InsO und ist mit dem bereits durch den Gesetzgeber zu § 17 InsO geäußerten Verständnis nicht mehr vereinbar.[339]

Die zu § 17 InsO vertretenen Auffassungen, ab welchem Zeitraum nicht mehr von einer vorübergehenden Zahlungsstockung, sondern von Zahlungsunfähigkeit auszugehen sein soll, weichen zum Teil erheblich voneinander ab. Wird für die Bestimmung der Zahlungsunfähigkeit auf eine *Zeitpunktilliquidität* abgestellt, so wird regelmäßig nur ein einziger Tag für den anzustellenden Vergleich zwischen den insgesamt bestehenden Forderungen und der vorhandenen Liquidität berücksichtigt.[340] Demnach werden alle über diesen eintägigen Betrachtungshorizont hinausgehenden Zahlungsstockungen als Zahlungsunfähigkeit angesehen.[341] Diese extreme Sichtweise ist zu eng und bedarf nach der ganz überwiegenden Auffassung in der Rechtsprechung und Literatur der Korrektur, da bereits nach dem im Regierungsentwurf zur InsO zum Ausdruck kommenden Begriffsverständnis lediglich

---

[337] Vgl. BGHZ 163, 134 (137 ff.) mit ausführlichen weiteren Hinweisen; BGH, ZIP 2007, 1469 (1470 f.); AG Köln, NZI 2000, 89 (91); Eilenberger, in: MüKo/InsO § 17 Rn. 15 ff., 22 f.; Uhlenbruck, in: K.Schmidt/Uhlenbruck, GmbH-Krise, Rn. 5.12 ff., 5.79 ff.; Haas, in: Baumbach/Hueck, GmbHG § 64 Rn. 38; Erdmann, S. 129 ff.; Penzlin, NZG 1999, 1203 ff.; Himmelsbach/Thonfeld, NZI 2001, 11 ff.; Plathner, S. 154 ff.

[338] Vgl. BayObLG, BB 1988, 1840; OLG Düsseldorf, NJW-RR 1998, 1256; Kilger/K.Schmidt, KO § 102 Rn. 2a i.V.m. § 30 Rn. 5; Kuhn/Uhlenbruck, KO § 102 Rn. 2e; Wimmer, NJW 1996, 2546 f.; vgl. auch Erdmann, S. 129 f.; Penzlin, S. 78 ff.

[339] RegE InsO, BT-Drs. 12/2443, S. 114. Vgl. dazu Beck, in: Wabnitz/Janovsky 6 Rn. 71; Penzlin, S. 119; Röhm, S. 108 ff.; Erdmann, S. 130 ff.; Penzlin, NZG 1999, 1203 f.; Burger/Schellberg, BB 1995, 261 (262 f.); Landfermann, BB 1995, 1649 (1651); Wimmer, NJW 1996, 2546, 2547; Temme, S. 29 ff. Vgl. auch Fischer, StGB vor § 283 Rn. 9.

[340] Erdmann, S. 134. Grundsätzlich für eine Zeitpunktilliquidität auch: Moosmayer, S. 157 f. Ebenso wohl: Mertens/Cahn, in: KK-AktG Anh. § 92 Rn. 7, die jedoch - dazu widersprüchlich - in Rn. 8 Zahlungsstockungen von zwei Wochen bis zu einem Monat akzeptieren wollen.

[341] Vgl. z.B. Erdmann, S. 132 f.

kurzfristige Zahlungsstockungen unerheblich sein sollen und nicht zum Vorliegen von Zahlungsunfähigkeit führen sollen.[342]

Für die Beurteilung, ob eine Zahlungsstockung oder Zahlungsunfähigkeit vorliegt, ist vielmehr ein Beurteilungszeitraum zu betrachten. Aber auch innerhalb der Stellungnahmen, die auf eine *Zeitraumilliquidität* abstellen, reicht das Meinungsspektrum von einer Woche bis zu zwei Monaten.[343] In der Rechtsprechung wurde die Grenze, bis zu der noch von Zahlungsstockungen auszugehen sein soll, zunächst bei einem Zeitraum bis zu einem Monat für die Begleichung der fälligen Zahlungsverpflichtungen gezogen.[344] Seit dem unlängst ergangenen Grundsatzurteil des BGH vom 24. Mai 2005 ist der Zeitraum noch vorübergehender Zahlungsstockungen auf maximal drei Wochen zu reduzieren und darüber hinaus von Zahlungsunfähigkeit auszugehen.[345] Bereits zuvor wurde in der Literatur auf einen Zeitraum von zwei bis maximal drei Wochen als zeitliche Grenze für das Vorliegen von bloßen Zahlungsstockungen abgestellt.[346] Maßgeblich beeinflusst durch das vorgenannte BGH-Urteil kann dieser Zeitraum von bis zu drei Wochen inzwischen als ganz herrschende Auffassung in der Literatur bezeichnet werden.[347]

Die vorliegende Arbeit schließt sich der im Grundsatzurteil des BGH vom 24. Mai 2005 vertretenen Auffassung an. Danach ist die zeitliche Grenze für Zahlungsstockungen bei maximal drei Wochen zu ziehen. Der BGH hat für die Abgrenzung zwischen kurzfristigen Zahlungsstockungen und Zahlungsunfähigkeit zutreffend auf das Kriterium der Möglichkeit einer kurzfristigen Kreditbeschaffung abge-

---

[342] RegE InsO, BT-Drs. 12/2443, S. 114. BGH, NJW 2005, 3062 (3063 ff.); Beck, in: Wabnitz/Janovsky 6 Rn. 71; Penzlin, NZG 1999, 1203 f.; Burger/Schellberg, BB 1995, 261 (262 f.); Landfermann, BB 1995, 1649 (1651); Wimmer, NJW 1996, 2546, 2547; Temme, S. 29 ff.; Röhm, S. 110 ff.; Erdmann, S. 130 ff.

[343] Vgl. Himmelsbach/Thonfeld, NZI 2001, 11 (15); Harz, ZInsO 2001, 193 (196); Glozbach, S. 11; vgl. auch die Übersicht bei Harz/Baumgartner/Conrad, ZInsO 2005, 1304 ff.

[344] BGHZ 149, 178 (186 f.); OLG Koblenz, ZInsO 2002, 533 f.; OLG Hamburg, GmbHR 2004, 797 ff.; LG Berlin, ZInsO 2005, 499 ff. Vgl. bereits BGHZ 149, 100 (108); BGH, NJW 1999, 645 f., jeweils noch zur KO und GesO. Wie bereits zur KO weiterhin für einen Zeitraum von drei Monaten: LG Augsburg, DZWIR 2003, 303 ff.

[345] BGHZ 163, 134 (139 ff.) mit ausführlichen weiteren Nachweisen; bestätigt in: BGH, ZIP 2007, 1469 (1470 f.); vgl. auch OLG Hamm, ZInsO 2006, 45 f.; Pape, NJW 2007, 411 (412 f.); Hölzle, ZIP 2007, 613 ff.; anders noch: LG Augsburg, DZWiR 2003, 303 ff. für einen dreimonatigen Zeitraum und eine Liquiditätslücke von 10 bis 25%; sehr eng hingegen: AG Köln, NZI 2000, 89 (91) für zwei Wochen und 5%.

[346] Vgl. Dannecker/Knierim/Hagemeier, Rn. 62, 64; Penzlin, S. 120; Temme, S. 29 ff.; Röhm, S. 108 ff., S. 114 ff.; Burger/Schellberg, BB 1995, 261 (262 f.); Penzlin, NZG 1999, 1203 (1205); Bieneck, StV 1999, 43 f.; vgl. auch Beck, in: Wabnitz/Janovsky 6 Rn. 72; Mertens/Cahn, in: KK-AktG Anh. § 92 Rn. 8 für zwei Wochen bis zu einem Monat. Neumaier, NJW 2005, 3041 f. scheint im Hinblick auf die Gesetzesbegründung (RegE InsO, BT-Drs. 12/2443, S. 114) zu einer zeitlichen Grenze von nur einer Woche zu tendieren.

[347] Vgl. Bußhardt, in: Braun, InsO § 17 Rn. 7 ff.; Kirchhof, in: HK/InsO § 17 Rn. 18; Uhlenbruck, in: K.Schmidt/Uhlenbruck, GmbH-Krise, Rn. 5.17 ff.; Bork, ZIP 2008, 1749 ff.

stellt.[348] Würde man die Zahlungsunfähigkeit fallbeilartig bereits zu dem Zeitpunkt bejahen, zu dem die fälligen Verbindlichkeiten die vorhandenen liquiden Mittel übersteigen, so würde dies auch wirtschaftlich gesunde Unternehmen, die jedoch über eine relativ geringe Liquiditätsdecke verfügen, erfassen. Man denke nur an Unternehmen, die im Immobilienbereich tätig sind und sich einer hohen Kaufpreisforderung aus dem Erwerb einer Immobilie ausgesetzt sehen. Reichen die Eigenmittel zur Bezahlung des Kaufpreises nicht aus und wurde eine Kaufpreisfinanzierung noch nicht bewilligt, so wäre nach dieser abzulehnenden Auffassung Zahlungsunfähigkeit anzunehmen, obwohl die nötige Liquidität problemlos finanziert werden kann, da die erworbene Immobilie oder andere Bestandsimmobilien als Kreditsicherheit gestellt werden können. Dieses Beispiel veranschaulicht, dass eine Zahlungsunfähigkeit dann nicht gegeben ist, wenn sich der Schuldner die zur Befriedigung seiner Verbindlichkeiten erforderlichen liquiden Mittel beschaffen kann. Die vom BGH angesetzte Frist von drei Wochen zur Beschaffung der erforderlichen Mittel – notfalls durch einen Kredit – ist nach der hier vertretenen Auffassung nicht zu beanstanden.[349] Ein bis zwei Wochen sind als zu kurz anzusehen, da dem Schuldner ausreichend Gelegenheit zu geben ist, die erforderlichen liquiden Mittel aufzutreiben. Die angesetzten drei Wochen bewegen sich unterhalb des im geschäftlichen Verkehr häufig anzutreffenden Zahlungsziels von vier Wochen und stellen eine für Gläubiger in der Regel hinnehmbare Zahlungsverzögerung dar. Auch nach der Einschätzung des Gesetzgebers ist eine Höchstfrist von drei Wochen für die Insolvenzantragstellung gemäß § 15a Absatz 1 Satz 1 InsO akzeptabel. Diese Frist ist für die Frage, welche Frist eine für Gläubiger hinnehmbare Zahlungsverzögerung darstellt, heranzuziehen.

(2). Geringfügige Liquiditätslücken

Die zu Zeiten der KO herrschende Ansicht forderte für das Vorliegen von Zahlungsunfähigkeit, dass der Schuldner nicht mehr in der Lage ist, einen *wesentlichen* Teil seiner fälligen Verbindlichkeiten zu erfüllen.[350] Mit dem Kriterium der Wesentlichkeit sollte sichergestellt werden, dass Zahlungsunfähigkeit nicht bereits dann anzunehmen war, wenn der Schuldner von den insgesamt fälligen Zahlungsverpflichtungen den ganz überwiegenden Teil erfüllte und nur mit einem vergleichsweise geringen Teil rückständig wurde. Für die Bestimmung der Wesentlichkeit stellte die herrschende Auffassung zur KO auf eine prozentuale Betrach-

---

[348] BGHZ 163, 134 (139 ff.) = BGH, NJW 2005, 3062 (3063 f.) mit ausführlichen weiteren Nachweisen; bestätigt in BGH, ZIP 2007, 1469 (1470 f.).

[349] Zustimmend auch: Kirchhof, in: HK/InsO § 17 Rn. 18; FK-InsO-Schmerbach § 17 Rn. 1, 20.

[350] Siehe oben S. 66.

tung ab, während sich die Rechtsprechung[351] teilweise mit der Überprüfung begnügte, ob die Nichtzahlung die Regel oder die Ausnahme war. Die prozentuale Grenze wurde ganz überwiegend bei einer Höhe von 10 – 25 % der insgesamt fälligen Verbindlichkeiten gezogen.[352] Demnach konnte der Schuldner mit bis zu einem Viertel seiner Verbindlichkeiten in Rückstand geraten, ohne dass Zahlungsunfähigkeit angenommen wurde.

Nach der Auffassung des InsO-Gesetzgebers sollte das Merkmal der Wesentlichkeit weder in die Legaldefinition für Zahlungsunfähigkeit übernommen werden noch hielt es der Reformgesetzgeber für gerechtfertigt „Zahlungsunfähigkeit erst anzunehmen, wenn der Schuldner einen bestimmten Bruchteil der Gesamtsumme seiner Verbindlichkeiten nicht mehr erfüllen kann".[353] An derselben Stelle wurde allerdings auch ausgeführt, dass „ganz geringfügige Liquiditätslücken"[354] selbstverständlich unberücksichtigt bleiben sollen.

Die Klärung, bis zu welcher Grenze von einer geringfügigen Liquiditätslücke auszugehen sein soll, überließ der Gesetzgeber der Wissenschaft und Praxis.

Auch zur Bestimmung der Grenze noch geringfügiger Liquiditätslücken gehen die Ansichten in Rechtsprechung und Literatur nach wie vor auseinander. Während sich ein Teil der Literatur für einen völligen Verzicht auf einen Prozentwert ausspricht[355], geht die herrschende Auffassung in Rechtsprechung und Literatur davon aus, dass der Grenzwert für das Vorliegen von Zahlungsunfähigkeit auf 10 % zu reduzieren sei und somit für die InsO von Zahlungsunfähigkeit auszugehen sein soll, wenn der Schuldner nicht zumindest 90 % seiner Gesamtverbindlichkeiten erfüllen kann.[356] Diese prozentuale Betrachtung bezieht sich auf die saldierte

---

[351] Vgl. BGH, NJW 1984, 1953 f.; BGH, NJW 1985, 1785; BGH, NJW 1992, 624; ebenso wohl: Kuhn/Uhlenbruck, KO § 102 Rn. 2a; vgl. auch Kilger/K.Schmidt, KO § 30 Rn. 5.

[352] Vgl. BayObLG wistra 1988, 363 f.; OLG Düsseldorf, NJW-RR 1998, 1256; Hess, KO § 102 Rn. 5; Burger/Schellberg, BB 1995, 261 (263); Schedlbauer, DB 1984, 2205 (2212); Hoffmann, DB 1980, 1527 f.; Penzlin, S. 79, 122. Weitere Nachweise bei Kuhn/Uhlenbruck, KO § 102 Rn. 2a. Für einen Grenzwert von 50%: Jäger, DB 1986, 1441 f.; Schlüchter, MDR 1978, 265 (268). Gegen eine prozentualen Ansatz waren zu KO-Zeiten bereits: Matzen, S. 52 f.; Hartung, wistra 1997, 1 (9 f.); vgl. auch die Übersicht bei Harz/Baumgartner/Conrad, ZInsO 2005, 1304 ff.; Erdmann, S. 125.

[353] RegE InsO, BT-Drs. 12/2443, S. 114.

[354] RegE InsO, BT-Drs. 12/2443, S. 114.

[355] Temme, S. 33 ff.; Moosmayer, S. 156 f.; Röhm, S. 117; Erdmann, S. 129; Bieneck, StV 1999, 43 f.; ähnlich: Burger/Schellberg, BB 1995, 261 (263); so wohl bereits: Kuhn/Uhlenbruck, KO § 102 Rn. 2a am Ende.

[356] BGHZ 163, 134 (142 ff., 145) mit ausführlichen weiteren Nachweisen; fortgeführt und bestätigt in. BGH, ZIP 2007, 1469 (1470 ff.); vgl. auch OLG Hamm, ZInsO 2006, 45 f.; AG Köln, NZI 2000, 89 (91); Bork, Insolvenzrecht, Rn. 84 Fn. 5; Glozbach, S. 12. Aus der strafrechtlichen Literatur: MGB-Bieneck § 76 Rn. 56b; in objektiver Hinsicht: Bittmann, in: Insolvenzstrafrecht § 11 Rn. 61.

Gesamthöhe der Verbindlichkeiten und nicht auf die Zahl der Gläubiger. Dabei stellt der BGH in seinem Grundsatzurteil vom 24. Mai 2005 klar, dass die 10 %-Grenze lediglich eine widerlegbare Vermutung für das Vorliegen von Zahlungsunfähigkeit begründet.[357] Abhängig von den Besonderheiten des konkreten Einzelfalles kann auch eine Unterdeckung von mehr als zehn Prozent gegen das Vorliegen von Zahlungsunfähigkeit sprechen. In einem solchen Fall seien – so der BGH – jedoch konkrete Umstände nachzuweisen, die mit an Sicherheit grenzender Wahrscheinlichkeit erwarten lassen, dass die Liquiditätslücke in überschaubarer Zeit beseitigt wird.[358] In einem obiter dictum eines jüngst ergangenen Urteils bestätigt der BGH die 10 %-Grenze für die Bestimmung einer geringfügigen Liquiditätslücke im Sinne des Begriffs der Zahlungsunfähigkeit.[359] Teilweise wird aber nach wie vor an einer Geringfügigkeitsschwelle von 20 – 25 % festgehalten.[360]

Klarzustellen ist, dass die Geringfügigkeitsgrenze von 10 % unabhängig von der Frist von drei Wochen für Zahlungsstockungen gilt.[361] Die geringfügige Unterdeckung muss nicht binnen drei Wochen behoben werden. Gleichwohl kann eine dauerhaft nicht zu beseitigende geringfügige Unterdeckung ein Indiz dafür sein, das im Einzelfall Zahlungsunfähigkeit vorliegt, da das Unternehmen langfristig nicht in der Lage ist erfolgreich bzw. zumindest ausgeglichen zu wirtschaften.

Die vorliegende Arbeit schließt sich für die zivilrechtliche Auslegung der Zahlungsunfähigkeit der im Grundsatzurteil des BGH vom 24. Mai 2005 vertretenen Auffassung auch zur 10 %-Grenze an. Zwar wäre es aus Gründen der Rechtssicherheit und der Rechtsanwendungsklarheit von Vorteil, wenn eine solche Geringfügigkeitsgrenze verzichtbar wäre und somit jede Nicht-Begleichung einer noch so geringen Forderung innerhalb einer Frist von drei Wochen den betroffenen Gläubiger zur Stellung eines Insolvenzantrags wegen Zahlungsunfähigkeit berechtigen würde. Allerdings würde dies dazu führen, dass wirtschaftlich gesunde Einheiten, die einen vorübergehenden Liquiditätsengpass aufweisen, der sich zudem auf einen

---

Ebenso wohl auch: Sch/Sch-Stree/Heine, StGB § 283 Rn. 52; Fischer, StGB vor § 283 Rn. 9a; Dannecker/Knierim/Hagemeier, Rn. 62 f., 69. Ähnlich auch: LG Hamburg, ZIP 2001, 711 ff. für 10 – 25%; Eilenberger, in: MüKo/InsO § 17 Rn. 15, 22, welche jeweils die Nichtbegleichung einer Kleinforderung oder eines kleinen Teils einer Forderung bzw. der Gesamtforderungen ausreichen lassen. Dagegen Bußhardt, in: Braun, InsO § 17 Rn. 14.

[357] BGHZ 163, 134 (142 ff.) = BGH, NJW 2005, 3062 (3065).

[358] BGHZ 163, 134 (142 ff.) = BGH, NJW 2005, 3062 (3065 f.). Vgl. auch Bußhardt, in: Braun, InsO § 17 Rn. 11.

[359] BGH, Urteil vom 12.10.2006, Az.: IX ZR 228/03, DB 2006, 2683 (2684, Abs. 27); bestätigend: BGH, ZIP 2007, 1469 (1471 Absatz 37). Vgl. auch Pape, NJW 2007, 411 (412 f.) mit weiten Rechtsprechungsnachweisen.

[360] LG Augsburg, DZWiR 2003, 303 ff. für einen dreimonatigen Zeitraum und eine Liquiditätslücke von 10 bis 25%. Vgl. auch Harz, ZInsO 2001, 193 (196); Penzlin, S. 129 f.; Bittmann, wistra 1998, 321 (323); Penzlin, NZG 1999, 1203 (1208).

[361] BGHZ 163, 134 (142 ff.) = BGH, NJW 2005, 3062 (3066).

geringen Prozentsatz der Gesamthöhe der Forderungen beschränkt, zahlungsunfähig wären. Der Erhalt wirtschaftlicher Einheiten ist grundrechtlich durch Art. 12 und 14 GG geschützt und zudem gesamtwirtschaftlich erwünscht und – soweit dies vertretbar erscheint – auch durch eine nicht zu stark einengende Auslegung des Insolvenzeröffnungsgrundes der Zahlungsunfähigkeit zu gewährleisten. Zudem ist eine vollständige Befriedigung aller Gläubiger bei einer Überwindung des Liquiditätsengpasses durch die erfolgreiche Fortführung eher gewährleistet als bei einer Versilberung der Vermögensgegenstände des Unternehmens im Wege eines Insolvenzverfahrens, das erfahrungsgemäß nicht zu einer gemeinschaftlichen Befriedigung aller Gläubiger, sondern nur zu deren gleichmäßiger, d. h. quotalen Befriedigung führt.[362] Im Rahmen der vorgenannten 10 %-Grenze ist es noch vertretbar von einem unwesentlichen Liquiditätsengpass und noch nicht von Zahlungsunfähigkeit auszugehen. Unbillige Ergebnisse können im Einzelfall für betroffene Gläubiger dadurch vermieden werden, dass es sich bei der Grenze um eine widerlegbare Vermutung handelt, die im Einzelfall durch weitere Fakten widerlegt werden kann. Zudem besteht für die betroffenen Gläubiger die Möglichkeit, titulierte Ansprüche im Wege der Einzelzwangsvollstreckung durchzusetzen und beispielsweise laufende Zahlungseingänge des Schuldners zu pfänden.

(3). FMStG – keine Zahlungsunfähigkeit bei positiver Fortführungsprognose?

Durch das FMStG vom 17. Oktober 2008 wurde der Überschuldungstatbestand des § 19 InsO zeitlich befristet dahingehend modifiziert, dass Überschuldung gemäß der geänderten Legaldefinition des § 19 Absatz 2 Satz 1 InsO dann nicht anzunehmen ist, wenn die Fortführung des Unternehmens nach den Umständen überwiegend wahrscheinlich ist.[363] Das Bestehen einer positiven Fortführungsprognose steht dem Vorliegen von Überschuldung somit generell entgegen.[364] *Uhlenbruck* hat vorgeschlagen, diese Wertung auch auf die Auslegung des Begriffs der Zahlungsunfähigkeit zu übertragen und Zahlungsunfähigkeit im Falle des

---

[362] Vgl. Beck, in: Wabnitz/Janovsky 6 Rn. 1 ff. zur volkswirtschaftlichen Dimension der Insolvenzen.

[363] Vgl. Art. 5 FMStG vom 17. Oktober 2008, BGBl. I S. 1982 (1988 f.). Vgl. hierzu auch Hölzle, ZIP 2008, 2003 ff.; Holzer, ZIP 2008, 2108 ff.; Thonfeld, NZI 2009, 15 ff.; Möhlmann-Mahlau/Schmitt, NZI 2009, 19 ff.; Spindler, DStR 2008, 2268 (2275 f.); Hecker/Glozbach, BB 2009, 1544 (1545); Hirte/Knof/Mock, ZInsO 2008, 1217 ff.; vgl. auch Amend, ZIP 2009, 589 ff. zum Finanzmarktstabilisierungsergänzungsgesetz.

[364] Vgl. zur jüngeren Entwicklung des Überschuldungsbegriffs: Holzer, ZIP 2008, 2108 ff.; Thonfeld, NZI 2009, 15 f.; Möhlmann-Mahlau/Schmitt, NZI 2009, 19 f.; Hecker/Glozbach, BB 2009, 1544 ff.

Bestehens einer positiven Fortführungsprognose generell zu verneinen.[365] *Uhlenbruck* begründet seinen Vorschlag damit, dass dem Zeitraum von drei Wochen für die Abgrenzung zwischen Zahlungsunfähigkeit und Zahlungsstockung ebenfalls eine Prognose zugrunde liege und auch das Kriterium der Fortbestehensprognose eine Zahlungsfähigkeitsprognose beinhalte und eine solche Auslegung zudem der gesetzgeberischen Intention entspreche, Unternehmen vor den Auswirkungen der Finanzkrise durch ein Aussetzen der Insolvenzantragspflicht zu schützen.[366]

Vergleichbar dazu schlägt *Ransiek* – unabhängig von den Auswirkungen des FMStG – für die strafrechtliche Bestimmung des Krisenmerkmals der Zahlungsunfähigkeit vor, den Prozentwert zur Bestimmung einer geringfügigen Liquiditätslücke durch die Anwendung einer Fortbestehensprognose zu ersetzen.[367] Zu dem Vorschlag von *Ransiek* wird bei den Ausführungen zur strafrechtlichen Begriffsbestimmung Stellung genommen.[368]

Dem Vorschlag von Uhlenbruck ist nicht zuzustimmen, da andernfalls die Grenzen zwischen Zahlungsunfähigkeit und Überschuldung verschwimmen würden. Die Überschuldung ist nach unveränderter Rechtslage gemäß § 19 Absatz 1 InsO nur bei juristischen Personen Insolvenzantragsgrund, während die Zahlungsunfähigkeit allgemeiner Eröffnungsgrund ist. Bei natürlichen Personen, die gemäß § 11 Absatz 1 InsO ebenfalls Subjekt eines Insolvenzverfahrens sein können, kann es eine Fortführungsprognose bereits begrifflich nicht geben. Ferner ist trotz der beachtlichen Geschwindigkeit mit der das FMStG das Gesetzgebungsverfahren durchlaufen hat[369] nicht davon auszugehen, dass der Gesetzgeber eine Änderung des Begriffs der Zahlungsunfähigkeit vergessen hat. Hätte der Gesetzgeber eine Änderung des § 17 InsO für erforderlich gehalten, so hätte er sich in Art. 5 FMStG nicht auf eine Änderung des Überschuldungsbegriffs beschränkt. Eine Außerkraftsetzung der Insolvenzantragspflichten war ohnehin nicht gewollt, andernfalls hätte der Gesetzgeber dies geregelt. Die anderweitige Interpretation von Uhlenbruck geht fehl. Durch das FMStG wurde § 19 InsO zwar geändert – nicht aber ausgesetzt. Im Zusammenhang mit der Bekämpfung der Finanzkrise durch das FMStG wurde zwar auch die Knappheit an Liquidität diskutiert.[370] Eine Änderung des Zah-

---

[365] Uhlenbruck, in: K.Schmidt/Uhlenbruck, GmbH-Krise Rn. 5.33; ebenso Hirte/Knof/Mock, ZInsO 2008, 1217 (1223). Thonfeld, NZI 2009, 15 (17) bedauert, dass eine Änderung des § 17 InsO durch das FMStG unterblieben sei – konkrete Änderungsvorschläge macht er jedoch nicht.

[366] Uhlenbruck, in: K.Schmidt/Uhlenbruck, GmbH-Krise Rn. 5.33.

[367] Ransiek, in: GK-GmbHG § 84 Rn. 47 f.

[368] Siehe unten S. 94.

[369] Vgl. die Übersicht zum zeitlichen Ablauf des Gesetzgebungsverfahren des FMStG bei: Holzer, ZIP 2008, 2108.

[370] Vgl. den Bericht des Haushaltsausschusses zum FMStG, BT-Drs. 16/10651, S. 1 (9 ff.).

lungsunfähigkeitsbegriffs war unter dem Blickwinkel des FMStG jedoch nicht vonnöten, da Art. 1 FMStG in den §§ 1, 2 Absatz 2, § 3 FMStFG die Einrichtung eines rechtsfähigen so genannten Finanzmarktstabilisierungsfonds vorsah, dessen Zweck gemäß § 2 Absatz 1 FMStFG die Stabilisierung des Finanzmarktes durch Überwindung von Liquiditätsengpässen ist. Durch Einsatz von Vermögen aus dem Finanzmarktstabilisierungsfonds sollte ein Liquiditätsengpass im Bankenbereich verhindert werden. Über die Banken gelangt die Liquidität in den allgemeinen Wirtschaftsverkehr. Somit bestand nach der Systematik des FMStG kein Bedürfnis für eine Anpassung von § 17 InsO.

bb. Liquidierbares unbares Vermögen, Ausschöpfung von offenen Kreditlinien?

Zur Beurteilung der Zahlungsfähigkeit sind die liquiden Zahlungsmittel des Schuldners den Verbindlichkeiten in einer Liquiditätsbilanz gegenüberzustellen. Dies bedarf einer Klärung der Streitfragen, ob neben den im Schuldnervermögen tatsächlich vorhandenen liquiden Mitteln (Bar- und Buchgeld) auch kurzfristig liquidierbares unbares Anlage- oder Umlaufvermögen oder nicht ausgeschöpfte Kreditlinien zu den berücksichtigungsfähigen Zahlungsmitteln gezählt werden können.

Nach einer sehr weit gehenden Auffassung sollen neben den Geldmitteln des Schuldners auch kurzfristig liquidierbare Gegenstände des Anlage- und Umlaufvermögens als Zahlungsmittel im Rahmen des Liquiditätsvergleichs angesetzt werden können, wobei bis zu zwanzig Tage als kurzfristiger Zeitraum gelten sollen.[371] Diese Ansicht wird zu Recht abgelehnt.[372] Fällige Zahlungspflichten im Sinne von § 17 Absatz 2 Satz 1 InsO hat der Schuldner in Geld zu begleichen. Im Rahmen des Liquiditätsvergleichs sind daher nur Geldmittel des Schuldners berücksichtigungsfähig und nicht sonstiges unbares Vermögen.[373] Wurden hingegen unbare Vermögensgegenstände durch den Schuldner bereits versilbert und somit in Geld umgewandelt, so ist dieses Barvermögen – sofern es sich noch im Schuldnervermögen befindet – als Liquidität zu berücksichtigen. Die bloße Umwandelbarkeit von unbarem Vermögen in Barvermögen reicht jedoch nicht aus. Durch die Ablehnung der Berücksichtigung von liquidierbarem Anlage- und Umlaufvermögen

---

[371] Vgl. Hörl, S. 62; Hartung, wistra 1997, 1 (4); Franzheim, NJW 1980, 2500 (2503); Eilenberger, in: MuKo/InsO § 17 Rn. 21 mit weiteren Nachweisen

[372] Vgl. z. B. Uhlenbruck, in: K.Schmidt/Uhlenbruck, GmbH-Krise Rn. 5.20 ff.; Röhm, S. 100 ff. jeweils mit ausführlichen weiteren Nachweisen. So wohl auch: Kirchhof, in: HK/InsO § 17 Rn. 16 ff.

[373] Uhlenbruck, in: K.Schmidt/Uhlenbruck, GmbH-Krise Rn. 5.20.

des Schuldners werden zudem erhebliche prognostische Unsicherheiten vermieden. Nach der Gegenauffassung setzt die Berücksichtigung unbaren Vermögens die Einschätzung voraus, dass der betreffende Vermögensgegenstand innerhalb kurzer Frist in Geld umgesetzt werden kann.[374] Noch unsicherer dürfte die nach der Gegenansicht erforderliche weitere Einschätzung des bei der Veräußerung erzielbaren Preises sein. Denn nur der Versilberungswert kann nach der abzulehnenden Auffassung im Rahmen der Liquiditätsbilanz angesetzt werden. Eine Berücksichtigung von liquidierbarem unbarem Vermögen würde zudem den mit der InsO angestrebten gesetzgeberischen Zielen einer frühzeitigeren und massereicheren Insolvenzverfahrenseröffnung zuwider laufen.[375]

Ferner wird vertreten, dass nicht ausgeschöpfte Kreditlinien im Rahmen des Liquiditätsvergleichs als Geldmittel zu berücksichtigen seien, da offene Kreditlinien nach der Verkehrsauffassung Bargeld gleich stünden.[376] Es trifft zwar zu, dass ein Schuldner, der beispielsweise über einen nicht vollständig ausgeschöpften Girokredit verfügt, sich ohne zeitliche Verzögerung mit Zahlungsmitteln bis zur Höhe des Kreditrahmens versorgen kann. Aus Gründen der Rechtsanwendungssicherheit ist jedoch zu fordern, dass der Schuldner in einem solchen Fall zur Beseitigung seiner Zahlungsunfähigkeit auch den entsprechenden Kredit in Anspruch nehmen muss. Mit der Ausschöpfung des Kreditrahmens verfügt der Schuldner wieder über tatsächlich vorhandene Liquidität, die im Rahmen des Liquiditätsvergleichs angesetzt werden kann, und nicht nur über die – eventuell doch mit Hindernissen verbundene – Möglichkeit sich Zahlungsmittel von einem Dritten zu leihen. Die Auffassung, die nicht ausgeschöpfte Kredite als Zahlungsmittel im Rahmen des Liquiditätsvergleichs berücksichtigen will, ist daher abzulehnen. Hierfür spricht zudem, dass damit dem Schuldner Schutzbehauptungen, er hätte von seiner Bank einen Kredit gewährt bekommen und damit seine Verbindlichkeiten begleichen können, abgeschnitten werden.[377]

Ferner ist anerkannt, dass sämtliche Geldmittel des Schuldners zu berücksichtigen sind, sofern sie dem Schuldner zur Verfügung stehen. Dabei spielt es auch keine Rolle, ob diese Geldmittel möglicherweise sogar aus Straftaten herrühren.[378]

---

[374] Vgl. Eilenberger, in: MüKo/InsO § 17 Rn. 21.

[375] Vgl. zu diesem Ziel: RegE InsO, BT-Drs. 12/2443, Begründung S. 80 f., 84 ff. Vgl. auch Ganter, in: MüKo/InsO § 1 Rn. 21 ff.

[376] Uhlenbruck, in: K.Schmidt/Uhlenbruck, GmbH-Krise Rn. 5.23; Temme, S. 12; Moosmayer, S. 149 f.; Reck, ZInsO 1999, 195 (197).

[377] Ebenso: Hartung, wistra 1997, 1 (4); Röhm, S. 104 f.

[378] BGH, NJW 2009, 2600 (2601 f.); BGH, NStZ 2008, 415 (416); BGH, NJW 1982, 1952 (1954). Zustimmend: Ransiek, in: GK-GmbHG § 84 Rn. 43.

cc. Fällige Zahlungspflichten

Durch die Legaldefinition in § 17 Absatz 2 Satz 1 InsO wird klargestellt, dass nur die fälligen Zahlungspflichten des Schuldners zu berücksichtigen sind. Erst künftig fällig werdende Zahlungspflichten finden allein im Rahmen des § 18 InsO bei der Bestimmung der drohenden Zahlungsunfähigkeit Berücksichtigung.[379] Für die Bestimmung der Zahlungsunfähigkeit versteht es sich von selbst, dass gestundete Forderungen zivilrechtlich erst nach Ablauf der Stundungsfrist zu begleichen sind und somit auch erst nach dem Ende der Stundung in die Liquiditätsbilanz einzustellen sind.

Auf das in der konkursrechtlichen Definition verwendete Kriterium der *ernstlich eingeforderten Verbindlichkeiten*[380] kommt es nach der Legaldefinition in § 17 Absatz 2 Satz 1 InsO nicht mehr an.[381] Die begriffliche Beschränkung auf die Unterscheidung zwischen gestundeten und nicht gestundeten Forderungen ist ausreichend und in höherem Maße selbsterklärend. Ein Verzicht auf das Kriterium des ernsthaften Einforderns beseitigt zudem die ansonsten bestehenden Feststellungsschwierigkeiten.[382] Vereinbart der Gläubiger mit dem Schuldner eine Stundung der Forderung, so beseitigt dies deren Fälligkeit. Abreden, die die Fälligkeit der Forderung nicht beseitigen oder bloßes Stillhalten reichen hingegen nicht aus.[383] Dem ist zuzustimmen, da Forderungen, die nicht wirksam gestundet wurden, nach wie vor fällig im Sinne von § 17 Absatz 2 Satz 1 InsO sind. In einem aktuellen Urteil vertrat der BGH die Auffassung, dass fällige Forderungen bereits dann außer Betracht bleiben sollen, wenn sie rein tatsächlich – auch ohne rechtlichen Bindungswillen – gestundet seien und begründete diese mit dem früher zur KO vertretenen Merkmal des ernsthaften Einforderns als Voraussetzung der Zahlungsunfähigkeit.[384] Diese Auffassung des BGH ist abzulehnen.[385] Wie bereits ausgeführt wurde, ist nach der Regelung in § 17 InsO auf das Merkmal des ernsthaften Zahlungsverlangens des Gläubigers zu verzichten. Eine Stundung setzt eine wirksame Vereinbarung, d. h. zwei sich deckende Willenserklärungen voraus. Eine rein tatsächliche Stundung ohne Rechtsbindungswillen, d. h. ein bloßes Stillhalten, beseitigt die Fälligkeit einer Forderung nicht. Es ist in solchen Fällen jedoch genau

---

[379] Kirchhof, in: HK/InsO § 17 Rn. 8.

[380] Siehe oben S. 66.

[381] So auch: Bußhardt, in: Braun, InsO § 17 Rn. 6, 17 f.; Kirchhof, in: HK/InsO § 17 Rn. 10; anders aber wohl: BGH, ZIP 2009, 1235 (1237).

[382] Vgl. FK-InsO-Schmerbach § 17 Rn. 14 f.; Erdmann, S. 123; LK-Tiedemann, StGB vor § 283 Rn. 128 mit weiteren Nachweisen.

[383] BGH, NZI 2007, 579 (580, Absatz 18 f.); zustimmend: Erdmann, NZI 2007, 695 ff.; Vgl. auch Röhm, S. 107; anders aber: BGH, ZIP 2009, 1235; Kirchhof, in: HK/InsO § 17 Rn. 10.

[384] BGH, Urteil vom 14. Mai 2009, ZIP 2009, 1235 (1237), Absatz 22.

[385] Kritisch auch: Schulz, ZIP 2009, 2281 (2282 f.).

zu prüfen, ob in dem Verhalten, das eine rein tatsächliche Stundung darstellen soll, eine konkludente Stundungsabrede gesehen werden kann. Andere Auslegungen widersprechen der Legaldefinition in § 17 Absatz 1 Satz 2 InsO, die ausdrücklich auf die fälligen Zahlungspflichten des Schuldners abstellt.

In einem kürzlich ergangenen Beschluss hat der BGH ausgeführt, dass ein wiederholtes Zahlungsverlangen des Gläubigers nicht erforderlich sei.[386] Es genüge, dass der Wille des Gläubigers feststehe, vom Schuldner Erfüllung zu verlangen.[387] Eine Forderung sei allerdings dann nicht zu berücksichtigen, wenn der Gläubiger in eine spätere oder nachrangige Erfüllung eingewilligt habe – selbst wenn keine rechtlich bindende Vereinbarung getroffen worden sei.[388] Diese Auffassung des BGH und die in dieser Arbeit vertretene Ansicht stimmen weitgehend überein. Die Einschränkung, dass auch rechtlich unverbindliche Stundungen oder Rangrücktritte ausreichen sollen, ist jedoch abzulehnen. Solche Einschränkungen führen durch ihre Unschärfe zu einer größeren Unsicherheit.

Zu Recht bestrittene Zahlungspflichten sind nicht zu berücksichtigen. Zahlungspflichten, die nur teilweise zu Recht bestritten sind, sind mit dem entsprechenden Teilbetrag anzusetzen.[389] Bestreitet der Schuldner Zahlungspflichten ohne jeden Grund, so kann dieses Verhalten auch als Zahlungsunwilligkeit zu werten sein. Zahlungsunwilligkeit ist als Zahlungseinstellung im Sinne von § 17 Absatz 2 Satz 2 InsO anzusehen.

dd. Zahlungseinstellung

Die *Zahlungseinstellung* stellt gemäß § 17 Absatz 2 Satz 1 InsO ein wichtiges Erkennungszeichen für das Vorliegen von Zahlungsunfähigkeit dar. Sie ist aber kein eigenständiger Grund für die Eröffnung des Insolvenzverfahrens. Vielmehr handelt es sich lediglich um eine widerlegbare Vermutung für das Bestehen von Zahlungsunfähigkeit, die vom Schuldner ggf. durch die Leistung der entsprechenden

---

[386] BGH, Az.: IX ZB 36/07, Beschluss vom 19. Juli 2007, Absatz 17 = BGHZ 173, 286 ff. = BGH, NZI 2007, 579 (580). Zustimmend: Erdmann, NZI 2007, 695 ff.

[387] BGH, Az.: IX ZB 36/07, Beschluss vom 19. Juli 2007, Absatz 18 = BGHZ 173, 286 ff. = BGH, NZI 2007, 579 (580).

[388] BGH, Az.: IX ZB 36/07, Beschluss vom 19. Juli 2007, Absatz 17 = BGHZ 173, 286 ff. = BGH, NZI 2007, 579 (580). Unkritisch zustimmend: Erdmann, NZI 695 (698), der durch diese Entscheidung lediglich eine erhebliche Erschwerung des Nachweises der Zahlungsunfähigkeit in der Praxis beklagt.

[389] Uhlenbruck, in: K.Schmidt/Uhlenbruck, GmbH-Krise Rn. 5.25.

Zahlungen entkräftet werden kann.[390] Zahlungseinstellung wird in der InsO nicht definiert. Sie soll anhand von Indizien feststellbar sein, die in der strafrechtlichen Literatur und Judikatur auch als sog. *wirtschaftskriminalistische Beweisanzeichen* für das Vorliegen von Zahlungsunfähigkeit bezeichnet werden.[391] Als solche Indizien werden die kommentarlose Nichtbegleichung einer unbestrittenen Forderung, die Nichtabführung von Beiträgen zur Sozialversicherung, Selbsterklärungen des Schuldners zu weiteren Zahlungen nicht in der Lage zu sein, die Abgabe einer eidesstattlichen Versicherung gemäß § 899 ZPO sowie das Protokoll des Gerichtsvollziehers über einen fruchtlosen Pfändungsversuch genannt.[392] Zurückhaltung ist hingegen bei Wechselprotesten und Scheckrückgaben angebracht.[393] Die Einstellung der Zahlungen durch den Schuldner stellt regelmäßig die letzte Phase der Zahlungsunfähigkeit dar.

Bei der Auslegung des Begriffs der Zahlungseinstellung gemäß § 17 Absatz 2 Satz 2 InsO wird ganz überwiegend, wie bereits zu Zeiten der KO, vorausgesetzt, dass die Zahlungseinstellung für die beteiligten Verkehrskreise nach außen erkennbar geworden sein muss.[394] An diesem Merkmal ist aus Bestimmtheitsgründen festzuhalten. Die Zahlungseinstellung kann nicht bereits bei bloßer Nichtzahlung angenommen werden.

Die Zahlungseinstellung wird erst durch die allgemeine Wiederaufnahme der Zahlungen beseitigt.[395] Die bloße Stundung durch einen oder mehrere Hauptgläubiger

---

[390] RegE InsO, BT-Drs. 12/2443, S. 114; BGH, DB 2006, 2683 (2684, Absatz 12); FK-InsO-Schmerbach § 17 Rn. 40; Bußhardt, in: Braun, InsO § 17 Rn. 31; Kichhof, in: HK/InsO § 17 Rn. 25; Harz, ZInsO 2001, 193 (195).

[391] Vgl. BGH, wistra 1993, 184 f.; BGH, NStZ 2003, 546 f.; MGB-Bieneck, § 76 Rn. 54, 68 ff. ; LK-Tiedemann, StGB vor § 283 Rn. 133; Fischer, StGB vor § 283 Rn. 9b; Beck, in: Wabnitz/Janovsky 6 Rn. 75; Bieneck, in: Insolvenzstrafrecht § 11 Rn. 70 ff.; Dannecker/Knierim/ Hagemeier, Rn. 73; Wegner, in: Achenbach/Ransiek VII 1 Rn. 68, 79 ff.; Maurach/Schröder/ Maiwald, BT 1 § 48 Rn. 13; Wessels/Hillenkamp, BT 2 Rn. 462; Pelz, Insolvenzstrafrecht, Rn. 104 ff.; Harz, ZInsO 2001, 193 (195); Bittmann, wistra 1999, 10 (15); Harz/Baumgartner/Conrad, ZInsO 2005, 1304 (1306, 1308).

[392] Vgl. FK-InsO-Schmerbach § 14 Rn. 75 ff.; Eilenberger, in: MüKo/InsO § 17 Rn. 29 ff. Vgl. aus strafrechtlicher Sicht: Fischer, StGB vor § 283 Rn. 9b; LK-Tiedemann, StGB vor § 283 Rn. 133; SK-Hoyer, StGB § 283 Rn. 21; Pelz, Insolvenzstrafrecht, Rn. 105 f.

[393] BGH, NJW 1962, 102 (104); FK-InsO-Schmerbach § 14 Rn. 83. Großzügiger wohl: BGH, NStZ 2003, 546 f.

[394] BGH, NJW 1984, 1953 f.; BGH, NJW 1985, 1785; BGH, NJW 1992, 624; BGHZ 149, 178 (184 f.); BGH, DB 2006, 2683 (2684, Absatz 13 und 24); BGH, ZIP 2004, 513 (515 f.); BGH, ZIP 2001, 1155; BGH, ZIP 2001, 524 f.; FK-InsO-Schmerbach § 17 Rn. 40; Bork, Insolvenzrecht, Rn. 85.

[395] BGHZ 149, 100 (112 f.) mit weiteren Nachweisen; BGHZ 149, 178 (188 f.); BGH, DB 2006, 2683 (2684, Absatz 23); BGH, ZIP 2007, 1469 (1471, Absatz 32); FK-InsO-Schmerbach § 17 Rn. 39; Eilenberger, in: MüKo/InsO § 17 Rn. 28; Haas, in: Baumbach/Hueck, GmbHG § 64 Rn. 40; Pelz, Insolvenzstrafrecht, Rn. 48. Vgl. bereits Hess, KO § 102 Rn. 14.

reicht nicht aus.[396] In einem jüngst ergangenen Urteil wies der BGH darauf hin, dass auch die Zahlung einzelner beträchtlicher Beträge das Vorliegen von Zahlungseinstellung nicht ausschließt, wenn ein erheblicher Teil der fälligen Verbindlichkeiten nicht bezahlt wird.[397] Der BGH ließ allerdings offen, welcher Anteil an den Gesamtverbindlichkeiten als erheblich gelten soll. Aus nahe liegenden Gründen ist hierfür dieselbe Grenze wie für das Vorliegen einer geringfügigen Liquiditätslücke zu wählen. Danach ist bereits die Nicht-Zahlung von mindestens 10 % der fälligen Gesamtverbindlichkeiten als erheblicher Teil anzusehen. Diese Auffassung findet eine Stütze in einem obiter dictum des genannten Urteils, in dem der BGH die 10 %-Grenze für die Bestimmung des Begriffs der Zahlungsunfähigkeit bestätigt.[398]

Dem Merkmal der Zahlungseinstellung kommt in der Praxis eine erhebliche Bedeutung zu, da das Vorliegen von Zahlungsunfähigkeit bei der Einstellung der Zahlungen widerleglich vermutet wird und es der Aufstellung einer Liquiditätsbilanz zum Nachweis der Zahlungsunfähigkeit grundsätzlich nicht bedarf.[399] Eine Liquiditätsbilanz wird jedoch in vielen Fällen gleichwohl unumgänglich sein, da nur hierdurch der wirtschaftliche Nachweis geführt werden kann, dass der Schuldner – trotz Zahlung einzelner Beträge – den wesentlichen Teil seiner Verbindlichkeiten nicht mehr beglichen hat.

Umstritten ist, ob Zahlungsunfähigkeit nur beim tatsächlichen Fehlen der erforderlichen Zahlungsmittel und nicht bei bloßer Zahlungsunwilligkeit gegeben ist. Nach einer Ansicht soll die bloße Zahlungsunwilligkeit beim Vorhandensein entsprechender Zahlungsmittel unerheblich sein, da nur Geldilliquidität für die Feststellung von Zahlungsunfähigkeit maßgeblich sei.[400] Nach anderer Auffassung ist die Zahlungsunwilligkeit, ja selbst die Nichtzahlung aufgrund irrtümlich angenommener Zahlungsunfähigkeit, als Zahlungseinstellung anzusehen und begründet damit über die Regelvermutung in § 17 Absatz 2 Satz 2 InsO das Vorliegen von Zahlungsunfähigkeit.[401] Letzterer Auffassung ist zuzustimmen. Die abzulehnende Auf-

---

[396] Vgl. FK-InsO-Schmerbach § 17 Rn. 39.
[397] BGH, Urteil vom 12.10.2006, Az.: IX ZR 228/03, DB 2006, 2683 (2684, Abs. 18 f.) = NZI 2007, 36 ff.; vgl. dazu auch Hölzle, ZIP 2007, 613 (617); Gundlach/Frenzel, NZI 2007, 38 f.
[398] BGH, DB 2006, 2683 (2684, Abs. 27).
[399] BGH, DB 2006, 2683 (2684, Abs. 27 f.); Gundlach/Frenzel, NZI 2007, 38 f.
[400] BGH, NJW 1962, 102 (104) - keine Zahlungseinstellung bei Wechselprotest; Uhlenbruck, InsO § 17 Rn. 26 f.; Uhlenbruck, in: K.Schmidt/Uhlenbruck, GmbH-Krise Rn. 5.35; FK-InsO-Schmerbach § 17 Rn. 34; Bork, Insolvenzrecht, Rn. 84; LK-Tiedemann, StGB vor § 283 Rn. 144; Gruber, in: Insolvenzstrafrecht § 7 Rn. 17; Wessels/Hillenkamp, BT 2 Rn. 468; Moosmayer, S. 180; Pernice, S. 114; Penzlin, S. 177f. So wohl auch: Beck, in: Wabnitz/Janovsky 6 Rn. 75 f.
[401] Vgl. RGSt 14, 221 f.; RGSt 41, 309 (312); Harz, ZInsO 2001, 193 (195); Hoffmann, MDR 1979, 713 (716); Fischer, StGB vor § 283 Rn. 13; Lackner/Kühl, StGB § 283 Rn. 27; Sch/Sch-

fassung lädt zu Schutzbehauptungen des Schuldners ein. Einem böswilligen Schuldner könnte es gelingen mit der bloßen Behauptung zahlungsfähig, aber zahlungsunwillig zu sein, das Vorliegen von Zahlungsunfähigkeit abzuwenden. Der erleichterte Nachweis von Zahlungsunfähigkeit über die Regelvermutung der Zahlungseinstellung würde ohne hinreichenden Grund erschwert werden, da nach der Gegenauffassung zusätzlich zur Zahlungsunwilligkeit eine negative Liquiditätsbilanz für den Nachweis von Zahlungsunfähigkeit erforderlich wäre. Es wird außerdem zu recht darauf hingewiesen, dass die Zahlungsunwilligkeit vielfach nur vorgeschoben wird, da der Schuldner deshalb nicht mehr leisten wolle, weil er nicht mehr leisten könne.[402]

c. Auswirkungen der Einführung der InsO auf den zivilrechtlichen Begriff der Zahlungsunfähigkeit

Die Einführung des § 17 InsO hat dazu geführt, dass die Voraussetzungen für das Vorliegen von Zahlungsunfähigkeit deutlich früher vorliegen als dies nach dem zu Zeiten der KO maßgeblichen Begriffsverständnis der Fall war.

Nach der in dieser Arbeit vertretenen Auffassung sind bei der Gegenüberstellung zwischen den liquiden Mitteln und den fälligen Zahlungspflichten des Schuldners zwar weiterhin gewisse Einschränkungen vorzunehmen, die mit den Merkmalen der *Dauer* und der *Wesentlichkeit* umschrieben werden können. Die Reichweite dieser Einschränkungen ist nach dem aktuellen Begriffsverständnis jedoch deutlich geringer. Wurden nach dem früheren Recht *Zahlungsstockungen* von bis zu drei Monaten[403] als hinnehmbar angesehen, so ist dieser Zeitraum nach heutigem Begriffsverständnis auf höchstens drei Wochen zu reduzieren.[404] Die Grenze für eine lediglich geringfügige Liquiditätslücke, die noch nicht zum Vorliegen von Zahlungsunfähigkeit führt, wurde während der Geltung der KO bei bis zu 25 % gezogen.[405] Nach heutigem Begriffsverständnis ist diese Grenze bei maximal 10 % zu ziehen.[406]

Als Zahlungseinstellung im Sinne von § 17 Absatz 2 Satz 2 InsO ist es anzusehen, wenn der Schuldner einen erheblichen Teil seiner Gesamtverbindlichkeiten nicht

---

Stree/Heine, StGB § 283 Rn. 60; NK-Kindhäuser, StGB vor § 283 Rn. 104; MGB-Bieneck § 76 Rn. 52, 85 ff.; Otto, BT § 61 Rn. 102; Röhm, S. 207 ff. (209); Bieneck, wistra 1992, 89.

[402] Vgl. FK-InsO-Schmerbach § 17 Rn. 34; Uhlenbruck, InsO § 17 Rn. 26, Gruber, in: Insolvenzstrafrecht § 7 Rn. 12; Hammerl, S. 15 Fußnote 56 mit weiteren Nachweisen.

[403] Siehe oben S. 70.

[404] Siehe oben S. 71.

[405] Siehe dazu oben S. 72.

[406] Siehe oben S. 74.

mehr befriedigt. Die vorliegende Arbeit zieht die Grenze ebenfalls bei 10 %.[407] Danach kann Zahlungseinstellung vorliegen, obwohl der Schuldner noch bis zu 10 % seiner Gesamtverbindlichkeiten befriedigt.

Nach der in dieser Arbeit vertretenen Auffassung ist die bloße Zahlungsunwilligkeit des Schuldners trotz Vorhandensein ausreichender Zahlungsmittel gleichwohl als Zahlungseinstellung und damit als Zahlungsunfähigkeit anzusehen.[408] Auch diese Auffassung führt zu einem frühzeitigeren Vorliegen des Krisenmerkmals der Zahlungsunfähigkeit.

d. Zusammenfassung

Von Zahlungsunfähigkeit im Sinne von § 17 InsO ist auszugehen, wenn der Schuldner nicht in der Lage ist, seine fälligen Zahlungspflichten zu erfüllen, wobei unerhebliche Zahlungsstockungen bis zu drei Wochen und geringfügige Liquiditätslücken von bis zu 10 % der Gesamtverbindlichkeiten nicht als Zahlungsunfähigkeit anzusehen sind. Zur Feststellung der Zahlungsunfähigkeit ist eine Liquiditätsbilanz aufzustellen. Nicht als liquide Mittel des Schuldners zu berücksichtigen sind nicht ausgeschöpfte Kreditlinien und Anlage- bzw. Umlaufvermögen, das versilbert werden könnte.

Zahlungseinstellung setzt die Erkennbarkeit für die betroffenen Verkehrskreise voraus. Sie kann vorliegen, obwohl der Schuldner noch bis zu 10 % seiner Gesamtverbindlichkeiten befriedigt. Auch die bloße Zahlungsunwilligkeit trotz Vorhandensein ausreichender Zahlungsmittel ist als Zahlungseinstellung anzusehen.

2. Strafrechtliches Begriffsverständnis der Zahlungsunfähigkeit

Vor dem Inkrafttreten des § 17 InsO wurde in der strafrechtlichen Rechtsprechung und Literatur ganz überwiegend auf das zu § 102 KO entwickelte Begriffsverständnis zurückgegriffen[409] und damit eine zum Konkursrecht akzessorische Auslegung vorgenommen.

---

[407] Siehe oben S. 82.
[408] Siehe oben S. 82.
[409] BGH, wistra 1991, 26; BGH, wistra 1993, 184; BGH, NJW 2001, 1874 (1875); Dreher/Tröndle, StGB vor § 283 Rn. 10; Hiltenkamp-Wisgalle, S. 276 f.; vgl. auch LK-Tiedemann, StGB vor § 283 Rn. 125 ff. mit weiteren Nachweisen; Reck, GmbHR 1999, 267; ausführlich: Röhm, S. 90; Moosmayer, S. 149.

Die Bestimmung des in den §§ 283 ff. StGB und in dem Insolvenzverschleppungsdelikt des § 15a Absatz 4 und 5 i. V. m. Absatz 1 Satz 1 InsO enthaltenen strafrechtlichen Krisenmerkmals der *Zahlungsunfähigkeit* orientiert sich zwar in beiden Regelungsbereichen im Ausgangspunkt mehr oder weniger eng an dem eben skizzierten zivilrechtlichen Begriffsverständnis. Das strafrechtliche Begriffsverständnis ist auch nach dem Inkrafttreten von § 17 InsO ungeklärt.[410] Die nachfolgende Bestimmung des strafrechtlichen Krisenmerkmals der Zahlungsunfähigkeit erfolgt unter Zugrundelegung des vorangehend bestimmten zivil- bzw. insolvenzrechtlichen Begriffsverständnisses. Falls und soweit erforderlich erfolgt eine Anpassung der in dieser Arbeit vertretenen insolvenzrechtsakzessorischen Begriffsbestimmung[411] unter Berücksichtigung spezifischer strafrechtlicher Anforderungen wie insbesondere des verfassungsrechtlichen Grundsatzes der Bestimmtheit strafrechtlicher Begriffe (Art. 103 Absatz 2 GG, § 1 StGB).

Nach zutreffender ganz überwiegender Auffassung zu den bis zum Inkrafttreten des MoMiG im Gesellschaftsrecht geregelten Insolvenzverschleppungsdelikten (§§ 84 Absatz 1 Nr. 2 GmbHG, 130b, 177a HGB, 401 Absatz 1 Nr. 2 AktG, 148 Absatz 1 Nr. 2 GenG – jeweils a. F.) wurde der strafrechtliche Begriff der Zahlungsunfähigkeit wie im zivilen Insolvenzrecht bestimmt.[412] Hieran hat sich durch die Zusammenführung der Insolvenzverschleppungsstrafbarkeit durch das MoMiG in dem neuen § 15a Absatz 4 und 5 InsO[413] nichts geändert.[414] Auch der BGH vertritt, nachdem es diesbezüglich zu einem kurzzeitigen Dissens zwischen dem ersten und dem fünften Strafsenat gekommen war, nunmehr einheitlich die Auffassung, dass das Krisenmerkmals der Zahlungsunfähigkeit in § 84 Absatz 1 Nr. 2 GmbHG a. F. akzessorisch zum insolvenzrechtlichen Begriffsverständnis zu bestimmen sei.[415] Es bestehen nach der hier vertretenen Ansicht keine Zweifel, dass der BGH an dieser Auffassung auch für den inzwischen in § 15a Absatz 4 und 5 InsO geregelten Straftatbestand der Insolvenzverschleppung festhalten wird.

Für die Bestimmung des in den §§ 283, 283c StGB enthaltenen strafrechtlichen Krisenmerkmals der *Zahlungsunfähigkeit* hat sich in der strafrechtlichen Literatur

---

[410] So auch Erdmann, S. 19 f., 113 f. zur Auslegung in den §§ 283 ff. StGB.

[411] Siehe oben S. 61.

[412] Für das GmbHG: BGHZ 163, 134 (137). Ebenso – bereits unter Einbeziehung der MoMiG-Reform: Ransiek, in: GK-GmbHG § 84 Rn. 5; vgl. auch Achenbach, in: GS-Schlüchter, S. 257 f. Für das AktG: Schaal, in: MüKo/AktG § 401 Rn. 42 ff. – allerdings zurückhaltend zur Frage der Zivilrechtsakzessorietät.

[413] Art. 9 Ziffer 3 MoMiG vom 23. Oktober 2008, BGBl. I S. 2026 (2037); vgl. auch Art. 9 Ziffer 3 MoMiG in der am 26. Juni 2008 vom Bundestag beschlossenen Fassung, BT-Drs. 16/6140, S. 15, Begründung auf S. 55.

[414] So wohl auch: Ransiek, in: GK-GmbHG § 84 Rn. 3 ff. unter Einbeziehung der MoMiG-Reform.

[415] Siehe dazu oben S. 55.

hingegen noch kein einheitliches oder herrschendes Begriffsverständnis entwickelt. In der Kommentarliteratur wird teilweise noch immer die zu Zeiten der KO gebräuchliche Begriffsdefinition wiedergegeben und mit der Bemerkung verknüpft, dass gegenüber der KO-Definition mehr oder weniger starke im Einzelnen näher ausgeführte Einschränkungen vorzunehmen seien, um den Vorgaben der InsO gerecht zu werden.[416] Inzwischen wird vermehrt eine unmittelbare Geltung der Legaldefinition des § 17 Abs. 2 InsO für das Strafrecht angenommen.[417]

Bei der Bestimmung des strafrechtlichen Krisenmerkmals der Zahlungsunfähigkeit stellen sich im Wesentlichen dieselben Streitfragen wie bei der insolvenzrechtlichen Auslegung. Nachfolgend wird zu den zentralen Streitfragen Stellung genommen.

a. Vorübergehende Zahlungsstockungen und geringfügige Liquiditätslücken

aa. Zeitpunktilliquidität – Verzicht auf die Kriterien der Dauer und der Wesentlichkeit

Eine sehr eng gefasste Bestimmung des insolvenzstrafrechtlichen Begriffs der Zahlungsunfähigkeit nehmen *Moosmayer* und *Erdmann* vor. Beide wollen allein auf eine zeitpunktbezogene Feststellung der Zahlungsunfähigkeit abstellen und unter Außerachtlassung etwaiger Illiquiditätszeiträume und –grenzwerte das tatsächliche Vorliegen von Zahlungsunvermögen zum Zeitpunkt der Vornahme einer Bankrotthandlung im Sinne des § 283 Absatz 1 StGB zum Maßstab machen.[418] Danach soll sowohl auf eine Geringfügigkeitsgrenze für Illiquidität als auch auf einen kurz gefassten Zeitraum noch unbedenklicher Zahlungsstockungen gänzlich zu verzichten sein. Zahlungsunfähigkeit soll bereits dann anzunehmen sein, wenn es dem Schuldner nicht gelingt, seine Verbindlichkeiten spätestens einen Tag nach ihrer Fälligkeit zu erfüllen.[419]

---

[416] Sch/Sch-Stree/Heine, StGB § 283 Rn. 52; ähnlich zurückhaltend: SK-Hoyer, StGB § 283 Rn. 18; vgl. auch LK-Tiedemann, StGB vor § 283 Rn. 126. Otto, BT § 61 Rn. 87 spricht sich für ein Festhalten an den zu Zeiten der KO üblichen Definitionskriterien der Wesentlichkeit und der Dauerhaftigkeit aus.

[417] BGH, NStZ 2007, 643 (644); Lackner/Kühl, StGB § 283 Rn. 7; NK-Kindhäuser, StGB vor § 283 Rn. 97; Fischer, StGB vor § 283 Rn. 9.

[418] Moosmayer, S. 155 ff., 158 f.; Erdmann, S. 129, 134 f. Vgl. bereits: Matzen, S. 50 ff., 114 ff., der schon zu Zeiten der Geltung der KO einen völligen Verzicht auf das Definitionskriterium der Wesentlichkeit forderte.

[419] Vgl. Moosmayer, S. 155 ff., 158 f.; Erdmann, S. 129, 134 f.

Die Auffassungen von *Moosmayer* und *Erdmann* sind abzulehnen. *Erdmanns* Auffassung ist widersprüchlich. Obwohl er die Begründung von *Moosmayer* für dessen zeitpunktbezogene Betrachtungsweise teilweise kritisiert[420], folgt er – allerdings ohne dies kenntlich zu machen – letztlich der Auffassung *Moosmayers*. Auch *Erdmann* spricht sich für eine zeitpunktbezogene Feststellung von Zahlungsunfähigkeit aus[421] und lehnt jede prozentuale Bestimmung eines noch zulässigen Liquiditätsdefizits ab.[422] Ohne sich damit auseinander zu setzen, tritt *Erdmann* damit in Widerspruch zu seiner eingangs aufgestellten Forderung, dass sich die strafrechtliche Begriffsbestimmung an der insolvenzrechtlichen Auslegung der Zahlungsunfähigkeit zu orientieren habe.[423] Die Auffassung *Erdmanns* weicht jedoch erheblich von der im zivilen Insolvenzrecht ganz überwiegend vertretenen Ansicht zur Bestimmung der Zahlungsunfähigkeit ab.[424] Dies war auch bereits zum Zeitpunkt der Veröffentlichung von *Erdmanns* Arbeit im Jahr 2007 der Fall.[425]

Die von *Moosmayer* und *Erdmann* ihren Überlegungen zugrunde gelegte Zivilrechtsakzessorietät für die Bestimmung des strafrechtlichen Begriffs der Zahlungsunfähigkeit[426] ist im Ausgangspunkt auch nach der in dieser Arbeit vertretenen Auffassung zu befürworten. Ebenso zu bekräftigen ist die Forderung, dass für den insolvenzstrafrechtlichen Begriff der Zahlungsunfähigkeit auch nach dem Inkrafttreten der InsO eine eindeutige, bestimmte Definition zu finden sei.[427] *Erdmann* fordert, dass eine vom Insolvenzrecht abweichende, eigenständige insolvenzstrafrechtliche Begriffsbildung nur dann angebracht sei, wenn sie gegenüber dem Zivilrecht einen höheren Grad an rechtlicher Bestimmtheit aufweise.[428] Diesen Ansätzen von *Moosmayer* und *Erdmann* zur Bestimmung des Krisenmerkmals der Zahlungsunfähigkeit ist zuzustimmen, nicht aber dem von ihnen vertretenen Auslegungsergebnis, wonach auf eine Geringfügigkeitsgrenze gänzlich zu verzichten und auf eine strenge Zeitpunktilliquidität abzustellen sei.[429]

Die Sichtweise von *Moosmayer* und *Erdmann* vermeidet zwar Unsicherheiten, die sich zu Zeiten der KO im Zusammenhang mit den zur Definition herangezogenen Merkmalen der Dauer und der Wesentlichkeit ergaben, und ist insofern grundsätz-

---

[420] Erdmann, S. 131 f.

[421] Erdmann, S. 134 f.

[422] Erdmann, S. 129,

[423] Vgl. Erdmann, S. 112 f.

[424] Vgl. zur insolvenzrechtlichen Begriffsbestimmung oben S. 66 ff.

[425] Es sei nur erinnert an das Grundsatzurteil: BGH, Urteil vom 24. Mai 2005, Az.: IX ZR 123/04, BGHZ 163, 134 = BGH, NJW 2005, 3062.

[426] Vgl. Moosmayer, S. 155; Erdmann, S. 112 f.

[427] Vgl. Moosmayer, S. 152 unter Verweis auf LK-Tiedemann, StGB vor § 283 Rn. 129.

[428] Vgl. z.B. Erdmann, S. 97 ff., 112 f.

[429] Moosmayer, S. 155 ff., 158 f.; Erdmann, S. 129, 134 f.

lich geeignet, für ein größeres Maß an strafrechtlicher Bestimmtheit zu sorgen.[430] Sie ist allerdings zu eng gefasst.

Einerseits verfehlen *Moosmayer* und *Erdmann* dadurch die von ihnen selbst geforderte Akzessorietät zum Insolvenzrecht. Das vorangehend behandelte, herrschende insolvenzrechtliche Begriffsverständnis lässt Zahlungsstockungen von bis zu drei Wochen unberücksichtigt, geht demnach von einer kurz gefassten Zeitraumilliquidität aus und will erst darüber hinaus Zahlungsunfähigkeit annehmen.[431] Auch wenn man Zweifel an der zeitlichen Grenze von drei Wochen haben mag, so dürfte diese Auslegung doch zumindest im Einklang mit der Gesetzesbegründung des InsO-Gesetzgebers stehen, wonach eine vorübergehende Zahlungsstockung keine Zahlungsunfähigkeit begründet.[432]

Maßgeblich gegen die Ansicht von *Moosmayer* und *Erdmann* spricht, dass dadurch das Vorliegen von Zahlungsunfähigkeit sehr weit vorverlagert werden würde. Eventuelle Bankrottverhaltensweisen im Sinne des § 283 Absatz 1 StGB könnten über Gebühr kriminalisiert werden, wenn es anschließend zum Eintritt der Voraussetzungen der objektiven Strafbarkeitsbedingung des § 283 Absatz 6 StGB kommt. Dem Schuldner würde keine Gelegenheit gegeben werden, eine zum Zeitpunkt der Bankrottverhaltensweise punktuell eingetretene Liquiditätslücke kurzfristig wieder zu schließen. Es ist durchaus denkbar, dass zum Zeitpunkt der Verwirklichung der Bankrottverhaltensweise eine Zahlungsunfähigkeit noch nicht einmal drohte und damit die in § 283 Absatz 1 StGB vorausgesetzte Krise nach der hier vertretenen Ansicht insgesamt nicht vorgelegen hätte. Die von *Moosmayer* und *Erdmann* vertretene Auffassung verwischt zudem die Grenze zu dem Krisenmerkmal der drohenden Zahlungsunfähigkeit, da die eingetretene Zahlungsunfähigkeit mit der lediglich drohenden Zahlungsunfähigkeit zeitlich nahezu zusammenfallen würde, da ein bestimmter Zeitraum bis zum endgültigen Vorliegen von Zahlungsunfähigkeit entfallen würde und somit auch das zumeist während dieses Zeitraums gegebene Drohen der Zahlungsunfähigkeit.

bb. Zeitraumilliquidität – aber Verzicht auf das Kriterium der Wesentlichkeit

Röhm vertritt für den insolvenzstrafrechtlichen Begriff der Zahlungsunfähigkeit unter Berücksichtigung der Geltung der InsO mehr oder weniger die von *Matzen*[433]

---

[430] Vgl. Matzen, S. 40 ff., 50 ff., 114 f. zur Kritik an den Definitionselementen der Dauer und der Wesentlichkeit zur Zeit der Geltung der KO.

[431] Siehe dazu oben S. 67 ff. Vgl. insbesondere BGHZ 163, 134 = BGH, NJW 2005, 3062.

[432] RegE InsO, BT-Drs. 12/2443, S. 114.

[433] Vgl. Matzen, S. 50 ff., 114 ff.

bereits zu Zeiten der KO vertretene Auslegung, dass auf eine Geringfügigkeitsklausel, das heißt auf jeglichen prozentualen Wert für eine etwaige Liquiditätslücke, gänzlich zu verzichten sei und einzig eine maximal dreiwöchige Zahlungsstockung als Grenze anzuerkennen sei.[434]

Die von *Röhm* für seine Auffassung vorgebrachten Argumente können nicht überzeugen. Es mag zwar zutreffen, dass die Gesetzesbegründung zur InsO einen Verzicht auf eine bestimmte Prozentgrenze nahe legt.[435] Ganz geringfügige Liquiditätslücken sollen nach der Ansicht des Gesetzgebers aber ebenfalls außer Betracht bleiben.[436] Zur Eingrenzung solcher Liquiditätslücken wird nach wie vor auf eine prozentuale Grenze von 10 % abgestellt.[437] Diese Grenze ist unter strafrechtlichen Bestimmtheitsaspekten eher geeignet für Auslegungssicherheit zu sorgen, als ein völliger Verzicht auf eine solche Grenze. Bei dem Verzicht auf einen Prozentwert bestünde die Unsicherheit, ob sich das Ausmaß des Unvermögens des Schuldners, seine Verbindlichkeiten zu begleichen, nicht doch in so engen Grenzen hält, dass die Annahme von Zahlungsunfähigkeit verfehlt wäre. Eine solche Restunsicherheit kann für die strafrechtliche Begriffsbestimmung nicht hingenommen werden.

Bei Zugrundelegung der aktuell wohl herrschenden zivilrechtlichen Auslegung zur Zahlungsunfähigkeit[438] ergeben sich Widersprüche zu *Röhms* Konzept. *Röhm* lehnt es zunächst aus grundsätzlichen Erwägungen und unter Verweis auf das *ultima ratio*-Prinzip ab, im Insolvenzstrafrecht engere Grenzen für die Zahlungsunfähigkeit aufzustellen als im zivilen Insolvenzrecht.[439] Zwar spricht er sich auch in zivilrechtlicher Hinsicht für den Verzicht auf eine Geringfügigkeitsgrenze aus. Die von ihm propagierte Übernahme dieses Verzichts in das Insolvenzstrafrecht[440] würde gegenüber der wohl herrschenden Auffassung im Insolvenzrecht, die für eine Beibehaltung eines geringen Prozentwertes eintritt, aber gerade eine solche Einschränkung darstellen, da jegliches Unvermögen zur Begleichung der fälligen Zahlungsverpflichtungen des Schuldners zum Vorliegen von Zahlungsunfähigkeit

---

[434] Röhm, S. 114, 117 ff., 120. Neumann, S. 66 ff. ist wohl ebenfalls für den Verzicht auf das Wesentlichkeits- bzw. Geringfügigkeitskriterium, sowie für eine zeitliche Grenze von drei Wochen. Neumann schließt sich allerdings lediglich den Ansichten von Uhlenbruck, wistra 1996, 1 (5) und Bieneck, StV 1999, 43 f. an und führt keine eigenen Argumente an, vgl. Neumann, S. 67, 69 f.

[435] RegE InsO, BT-Drs. 12/2443, Begründung S. 114: „Insbesondere erscheint es nicht gerechtfertigt, Zahlungsunfähigkeit anzunehmen, wenn der Schuldner einen bestimmten Bruchteil der Gesamtsumme seiner Verbindlichkeiten nicht mehr erfüllen kann." Vgl. dazu Röhm, S. 117 f.

[436] Vgl. RegE InsO, BT Drs. 12/2443, Begründung S. 114.

[437] Siehe oben S. 74.

[438] Siehe oben S. 67 ff. Vgl. BGHZ 163, 134 = BGH, NJW 2005, 3062.

[439] Vgl. Röhm, S. 117 – insbesondere in Fußnote 453.

[440] Vgl. Röhm, S. 121.

führen würde.[441] Aus heutiger Sicht ist die von *Röhm* vorgeschlagene Lösung daher nicht mehr stimmig.

Maßgeblich gegen die Auffassung von *Röhm* spricht, dass die die Zahlungsunfähigkeit einschränkenden Kriterien der Dauer und der Wesentlichkeit in einem engen Zusammenhang stehen und nach der in vorliegender Arbeit vertretenen Ansicht nicht voneinander losgelöst betrachtet werden können. Sofern *Röhm* zwar Zahlungsstockungen von bis zu drei Wochen für unbeachtlich, im Gegenzug aber jede Liquiditätslücke als ausreichend für die Bejahung von Zahlungsunfähigkeit halten will, erzeugt er einen schwer lösbaren Konflikt, da sich die Frage aufdrängt, ob der Grund für die Zahlungsstockung nicht im Mangel präsenter Zahlungsmittel liegen dürfte. Würde man den Verzicht auf eine Geringfügigkeitsgrenze zugrunde legen, so würde dies kaum lösbare Fragen an der Berechtigung der Dauer von drei Wochen aufwerfen.

Ferner ist auch aus Verhältnismäßigkeitsgründen an einer Geringfügigkeitsgrenze für Liquiditätslücken festzuhalten, da ansonsten Bankrottverhaltensweisen im Sinne von § 283 Absatz 1 StGB bereits verwirklicht werden könnten, obwohl das Verhalten des Schuldners nach der im Zivilrecht maßgeblichen Auffassung noch nicht die Voraussetzungen für Zahlungsunfähigkeit erfüllen würde. Besonders deutlich wird diese Diskrepanz bei dem strafbaren Herbeiführen der Zahlungsunfähigkeit im Sinne von § 283 Absatz 2 StGB. Dass die Auffassung *Röhms* nicht stimmig ist, ergibt sich spätestens unter Berücksichtigung der objektiven Strafbarkeitsbedingung des § 283 Absatz 6 StGB. Da die von *Röhm* vertretene Auffassung zivilrechtlich nicht für die Bejahung von Zahlungsunfähigkeit ausreicht, kann es ohne Hinzutreten weiterer Umstände auch nicht zum Vorliegen der Voraussetzungen des § 283 Absatz 6 StGB kommen. Ein Insolvenzverfahren kann nur dann eröffnet werden, wenn ein Insolvenzgrund vorliegt. Anders als *Röhm* würde die ganz herrschende Auffassung im Zivilrecht bei geringfügigen Liquiditätslücken das Vorliegen von Zahlungsunfähigkeit noch nicht bejahen.

Die Beibehaltung eines Grenzwertes erzeugt zudem keinen Aufwand, der eine begriffliche Unsicherheit mit sich bringen würde. Für die Beurteilung, ob Zahlungsunfähigkeit eingetreten ist, bedarf es der Aufstellung einer Liquiditätsbilanz, in der die bestehenden Verbindlichkeiten den vorhandenen Zahlungsmitteln gegenübergestellt werden. Die Berechnung eines prozentualen Anteils an der Gesamtsumme der Verbindlichkeiten bedeutet insofern so gut wie keinen über die Erstellung der Bilanz hinausgehenden Aufwand. Demnach ist die Berücksichtigung eines Grenzwerts für unerhebliche geringfügige Liquiditätslücken auch unter dem Aspekt strafrechtlicher Bestimmtheit als unbedenklich anzusehen.

---

[441] Vgl. Röhm, S. 121 f.

Einzig der Kritik, dass es nicht gelungen sei, plausible Kriterien für die Bestimmung einer konkreten prozentualen Grenze aufzustellen[442], kann die Zustimmung nicht ganz versagt werden. Hier ist die zivilrechtliche Rechtsprechung und Literatur weiterhin gefordert. Gleichwohl wurde zuvor auf die Notwendigkeit einer Grenzziehung für das Vorliegen einer noch geringfügigen Liquiditätslücke eingegangen. Die Angabe einer prozentualen Größe für diese Grenze ist nach wie vor plausibel und unter strafrechtlichen Bestimmtheitsaspekten zu befürworten. Unter dem Eindruck der sich abzeichnenden Konkretisierung der zivilrechtlichen Begriffsbestimmung kann auch die im Strafrecht erforderliche Begriffsbestimmtheit als gewahrt angesehen werden, so dass für das strafrechtliche Begriffsverständnis keine weiteren Einschränkungen vorgenommen werden müssen.

cc. Unterschiedliche Grenzwerte in objektiver und in subjektiver Hinsicht

Bittmann trat zunächst dafür ein, auch nach dem Inkrafttreten der InsO, auf die für das Begriffsverständnis zu Zeiten der KO entwickelten Grundsätze zurückzugreifen und als Grenze für die Zahlungsunfähigkeit auf eine Lücke an Zahlungsmitteln von bis zu 25 % und einen Zeitraum von bis zu drei Monaten abzustellen.[443] Inzwischen spricht sich auch *Bittmann* für eine Verringerung dieser Grenzwerte aus.[444] In dieser neueren Äußerung zu § 84 Absatz 1 Nr. 2 GmbHG, die gemäß *Bittmann* auch für § 283 StGB heranzuziehen ist[445], will er zudem die Schwäche einer festen Prozentgrenze, die er in der Möglichkeit des Schuldners sieht, jahrelang knapp unter der Liquiditätsgrenze zu wirtschaften, durch die Aufstellung unterschiedlicher Kriterien für die Bestimmung des objektiven und des subjektiven Tatbestands ausschalten.[446] Zahlungsunfähigkeit soll demnach in objektiver Hinsicht bei einer einmonatigen Unterdeckung von 10 % vorliegen.[447] Für den Nachweis des erforderlichen subjektiven Tatbestandes will *Bittmann* ab einer Unterdeckung von 25 % für die Dauer von mindestens einem Monat von einer tatsächlichen Vermutung für das Vorliegen des entsprechenden Tatvorsatzes ausgehen, da dann dem Schuldner das Vorliegen von Zahlungsunfähigkeit nicht verborgen geblieben sein könne.

---

[442] Vgl. Röhm, S. 120.

[443] Bittmann, wistra 1998, 321 (323 f.); vgl. auch Bittmann, in: Insolvenzstrafrecht § 11 Rn. 59 unter Bezugnahme auf die Rechtsprechung des BayObLG, wistra 1988, 363 f. Wegner, in: Achenbach/Ransiek VII 1 Rn. 76 f. will ebenfalls einen dreimonatigen Zeitraum berücksichtigen und scheint zu einem Grenzwert von 15% bis 25% zu tendieren. Er vermeidet aber eine genaue Prozentangabe.

[444] Bittmann, in: Insolvenzstrafrecht § 11 Rn. 61 ff.

[445] Bittmann, in: Insolvenzstrafrecht § 12 Rn. 18.

[446] Bittmann, in: Insolvenzstrafrecht § 11 Rn. 60, 61 ff.

[447] Bittmann, in: Insolvenzstrafrecht § 11 Rn. 61.

Mit zunehmender Dauer der Zahlungsstockung sollen dabei die Anforderungen an die Liquiditätslücke von 25 % bei einer einmonatigen Verzögerung auf bis zu 10 % bei einer maximal dreimonatigen Stockung zu reduzieren sein.[448] Überschreitet der Schuldner diese variablen Grenzwerte soll wiederum eine tatsächliche Vermutung für das Vorliegen des subjektiven Tatbestandes eingreifen.[449]

Der von *Bittmann* im Handbuch Insolvenzstrafrecht[450] vertretenen Ansicht, dass die Zahlungsunfähigkeit in objektiver und in subjektiver Hinsicht unterschiedlich bestimmt werden soll, ist nicht zu folgen. *Bittmann* will hierdurch verhindern, dass der Schuldner unter Umständen jahrelang mit einer defizitären Liquiditätsbilanz wirtschaften können soll.[451] Es stellt sich die Frage, ob dieser Fall in der Praxis überhaupt relevant werden kann. Es dürfte eher üblich sein, dass der Erfolg der Geschäftstätigkeit von Unternehmen Schwankungen unterliegt und es durchaus vorkommen kann, dass Liquiditätslücken auftreten und Zahlungsverzögerungen eintreten, die jedoch in kürzerer Zeit entweder beseitigt werden können oder den Zusammenbruch des Unternehmens einleiten. Dass bei einem Unternehmen jahrelang eine Liquiditätslücke von maximal 10 % besteht und zudem Zahlungsverzögerungen von bis zu drei Wochen die Regel sind, dürfte ein konstruierter Ausnahmefall sein.

Die Auffassung von *Bittmann* ist jedoch auch unabhängig von ihrer praktischen Bedeutung abzulehnen. Sie vermischt Probleme der dogmatischen Bestimmung von Tatbestandsmerkmalen mit allgemeinen Schwierigkeiten der Strafverfolgung. Auch wenn Bittmann die von ihm geforderten Grenzwerte für den subjektiven Tatbestand lediglich als Vermutungsregeln verstanden wissen will, wonach vom Vorliegen von Tatvorsatz ab einer Unterdeckung von 25 % von mehr als einem Monat, von 20 % ab sechs Wochen, von 15 % ab zwei Monaten und von 10 % bei drei Monaten auszugehen sein soll, so soll seiner Ansicht nach eine Strafverfolgung ausscheiden bzw. ein Ermittlungsverfahren ohne gerichtliche Beteiligung gemäß § 153 Absatz 1 Satz 2 StPO einzustellen sein, wenn die Liquiditätslücke nicht zumindest einen Monat lang 25 % oder nach drei Monaten noch bis zu 10 % betrug.[452] Dies birgt die Gefahr, dass von den Strafverfolgungsorganen aus Gründen der Vereinfachung und der Praktikabilität allein die variablen Werte für den Tatvorsatz herangezogen werden, ohne zu beachten, dass es sich lediglich um

---

[448] Bittmann, in: Insolvenzstrafrecht § 11 Rn. 62.
[449] So Bittmann, in: Insolvenzstrafrecht § 11 Rn. 63.
[450] Vgl. Bittmann, in: Insolvenzstrafrecht § 11 Rn. 60 ff.
[451] Vgl. Bittmann, in: Insolvenzstrafrecht § 11 Rn. 60.
[452] Vgl. Bittmann, in: Insolvenzstrafrecht § 11 Rn. 64.

Vermutungsregeln handeln soll. In Anbetracht der knappen Ressourcen der Strafverfolgungsorgane dürfte diese Befürchtung nicht ganz unbegründet sein.

Auch wenn der Nachweis des entsprechenden Tatvorsatzes für die Strafverfolgungsorgane oftmals mit Schwierigkeiten verbunden sein mag, so ist der Vorschlag des Praktikers *Bittmann*[453], der letztlich eine feste Vermutungsregel für das Vorliegen des Tatvorsatzes begründen würde, als dogmatisch unzulässig abzulehnen. Der Nachweis, dass zum Zeitpunkt einer konkreten Tat der erforderliche subjektive Tatbestand vorgelegen hat, ist vollumfänglich zu führen und kann den Strafverfolgungsbehörden nicht zugunsten einer Vermutungsregel erlassen werden. Vermutungsregeln für das Vorliegen des Tatvorsatzes als Strafbarkeitsvoraussetzung können nicht durch eine bloße Begriffsauslegung geschaffen werden, da hiermit in die gesetzgeberische Normsetzungskompetenz und mithin in das Gewaltenteilungsprinzip eingegriffen werden würde. Abgesehen davon, dass derartige Vorsatzvermutungsregeln generell als problematisch anzusehen sind, wäre hierfür zumindest eine gesetzliche Grundlage erforderlich. Um die Problematik des in der Praxis teilweise kaum möglichen Nachweises des erforderlichen Tatvorsatzes abzumildern, hat der Gesetzgeber in einigen Deliktsbereichen Fahrlässigkeitsstrafbarkeiten eingeführt. Dies ist auch für den Bankrottstraftatbestand und die Insolvenzverschleppung der Fall. In § 283 Absatz 4 und 5 StGB wird auf die fahrlässige oder leichtfertige Unkenntnis oder Verursachung der Krisensituation abgestellt. Gemäß § 15a Absatz 5 InsO ist auch die fahrlässige Insolvenzverschleppung strafbar. Der Vorschlag von Bittmann ist auch aus diesem Grund abzulehnen.

Auch die von *Bittmann* mit seiner Auslegung angestrebte Schonung der knappen Strafverfolgungskapazitäten der Staatsanwaltschaften[454] kann kein taugliches Kriterium zur Bestimmung des Krisenmerkmals der Zahlungsunfähigkeit sein.

Der Vorschlag *Bittmanns* ist überdies in sich nicht frei von Widersprüchen. *Bittmann* stellt die Vorgabe von Prozentwerten zunächst als problematisch dar, um anschließend zur Lösung des Problems gleich mehrere prozentuale Grenzwerte vorzuschlagen. Ungeklärt bleibt nach dem Vorschlag *Bittmanns* zudem wie das grundlegende strafrechtsdogmatische Problem gelöst werden soll, dass sich der Vorsatz des Täters auf alle Merkmale des objektiven Tatbestandes beziehen muss.[455] Wenn nun für den objektiven Tatbestand eine Grenze bei Liquiditätslü-

---

[453] Zur Zeit der Herausgabe der Erstauflage des Praxishandbuchs Insolvenzstrafrecht im Jahr 2004 war *Bittmann* Oberstaatsanwalt. Inzwischen ist *Bittmann* Leitender Oberstaatsanwalt, vgl. Bittmann, NStZ 2009, 113.

[454] Vgl. Bittmann, in: Insolvenzstrafrecht § 11 Rn. 64.

[455] Vgl. nur Fischer, StGB § 15 Rn. 2.

cken von maximal 10 % und Zahlungsstockungen von bis zu drei Wochen – bzw. nach *Bittmann* von bis zu einem Monat[456] – gelten soll und für den subjektiven Tatbestand höhere Grenzwerte gelten sollen, so besteht eine schwer überwindbare Diskrepanz. Es wird zwar nicht übersehen, dass *Bittmann* nur von Vermutungsregeln für den Nachweis der subjektiven Tatseite ausgeht. Es wurde bereits darauf hingewiesen, dass eine Übernahme der Grenzwerte für den Nachweis des subjektiven Tatbestandes zu befürchten ist. Die Voraussetzungen für den Nachweis des Tatvorsatzes verlieren durch den Vorschlag *Bittmanns* an Kontur.

dd. Berücksichtigung der Fortbestehensprognose für die Bestimmung von Zahlungsunfähigkeit

Ransiek hat für die strafrechtliche Bestimmung des Krisenmerkmals der Zahlungsunfähigkeit vorgeschlagen, auf eine Fortbestehensprognose statt auf eine gewisse Dauer von Zahlungsstockungen oder einen prozentualen Wert für die Bestimmung von geringfügigen Liquiditätslücken abzustellen.[457] Ein solcher Vorschlag wurde auch von *Uhlenbruck* unter dem Eindruck des FMStG zur Bestimmung des insolvenzrechtlichen Begriffs gemacht.[458] Neben den im Rahmen der Stellungnahme zu der Auffassung von *Uhlenbruck* vorgebrachten Argumenten[459] ist die Auffassung von *Ransiek* auch aus weiteren Gründen abzulehnen. *Ransiek* argumentiert gegen die Anwendung eines Prozentwertes für das Vorliegen von geringfügigen Liquiditätslücken, da es sich hierbei letztlich um eine unsichere Prognose handele.[460] Die thematisierte Problematik ist zwar nicht ganz von der Hand zu weisen. Als Argument gegen einen Prozentwert und für die Fortbestehensprognose kann sie jedoch nicht herangezogen werden, da es sich bei der Fortbestehensprognose um eine mit einer noch größeren Unsicherheit behaftete Prognose handelt. Die Ersetzung eines unsicher zu bestimmenden Merkmals durch ein mit einer noch größeren Unsicherheit behaftetes Merkmal ist nicht geeignet, die strafrechtliche Begriffsbestimmung zu erleichtern. Die Ansicht von *Ransiek* ist aus Gründen strafrechtlicher Bestimmtheit abzulehnen. Die Annahme eines konkreten Prozentwertes ist eher geeignet für einen bestimmbaren Begriff zu sorgen als der Rückgriff auf die Fortbestehensprognose. Zudem würde dies das System der klaren Trennung zwischen den Insolvenzeröffnungsgründen der

---

[456] Bittmann, in: Insolvenzstrafrecht § 11 Rn. 61.
[457] Ransiek, in: GK-GmbHG § 84 Rn. 47 ff.
[458] Uhlenbruck, in: K.Schmidt/Uhlenbruck, GmbH-Krise Rn. 5.33, vgl. dazu oben S. 75.
[459] Siehe dazu oben S. 75 f.
[460] Ransiek, in: GK-GmbHG § 84 Rn. 47.

Zahlungsunfähigkeit und der Überschuldung auf den Kopf stellen, da die Fortbestehensprognose als Element des Überschuldungsbegriffs hierdurch auch für die Zahlungsunfähigkeit maßgeblich wäre.

ee. Berücksichtigung der einschränkenden Kriterien Dauer und Wesentlichkeit

Die überwiegende Zahl der strafrechtlichen Stellungnahmen spricht sich bei der Bestimmung der Zahlungsunfähigkeit für eine Beibehaltung der einschränkenden Kriterien der Dauer und der Wesentlichkeit aus. Die Angaben zu den anzusetzenden Grenzwerten unterscheiden sich jedoch erheblich.

Eine größere Zahl von Stellungnahmen aus der Literatur stellt für das Vorliegen von Zahlungsunfähigkeit als Grenze auf eine Liquiditätslücke von maximal 10 % der Gesamtverbindlichkeiten sowie auf eine maximale Dauer etwaiger Zahlungsstockungen von drei Wochen ab.[461] *Penzlin* will die Grenze für das Vorliegen von Zahlungsunfähigkeit im Insolvenzstrafrecht bei einer Liquiditätslücke von bis zu 20 % und einer bis zu zweimonatigen Zahlungsstockung ziehen.[462] *Plathner* möchte auf die im Konkursrecht angewendeten Kriterien der Wesentlichkeit und der Dauerhaftigkeit zurückgreifen.[463] Eine Stellungnahme, wie diese Kriterien auszufüllen sein sollen, bleibt Plathner jedoch schuldig.[464] *Plathner* versäumt es, greifbare Kriterien für die insolvenzstrafrechtliche Bestimmung der Zahlungsunfähigkeit anzugeben.[465]

Die Auffassung, die auch nach dem Inkrafttreten der InsO für das Insolvenzstrafrecht an der bereits zu Zeiten der KO für das Merkmal der Zahlungsunfähigkeit vertretenen Auslegung[466] festhalten will[467], überzeugt nicht. Diese Ansicht ist mit dem hier vertretenen Prinzip der insolvenzrechtsakzessorischen Begriffsbestimmung nicht mehr vereinbar. Bereits nach der eindeutigen Begründung des InsO-

---

[461] MGB-Bieneck § 76 Rn. 56a ff.; Bieneck, StV 1999, 43 f.; Weyand/Diversy, Rn. 47; Scholz/Tiedemann, GmbHG vor § 82 Rn. 38. Reck, Insolvenzstraftaten, Rn. 96 tendiert wohl zu einer Grenze von 15%.

[462] Penzlin, S. 117 ff., 129 f., 153 f., 176; Penzlin, NZG 1999, 1203 (1208).

[463] Plathner, S. 173.

[464] Plathner, S. 159 ff.

[465] Vgl. Plathner, S. 159 ff.

[466] Siehe oben S. 66.

[467] Vgl. Plathner, S. 173; Bittmann, wistra 1998, 321 (323 f.); wohl auch: Wessels/Hillenkamp, BT 2 Rn. 462.

Gesetzgebers[468] ist das Merkmal der Zahlungsunfähigkeit im neuen Insolvenzrecht in engeren Grenzen zu bestimmen als dies zu Zeiten der KO der Fall war. Der Insolvenzantragspflicht für juristische Personen ist gemäß § 15a Absatz 1 Satz 1 InsO längstens innerhalb von drei Wochen nachzukommen. Demnach wäre es in weniger komplexen Fällen durchaus denkbar, dass der insolvenzgerichtliche Beschluss zur Eröffnung des Insolvenzverfahrens oder zur Ablehnung der Verfahrenseröffnung mangels Masse noch vor dem Ablauf der zu Zeiten der KO für die Bestimmung der Zahlungsunfähigkeit angesetzten dreimonatigen Grenze getroffen würde. Damit wären die Voraussetzungen der objektiven Strafbarkeitsbedingung gemäß § 283 Absatz 6 StGB erfüllt. Eine Krise im Sinne des Krisenmerkmals der Zahlungsunfähigkeit gemäß § 283 Absatz 1 StGB wäre nach der abzulehnenden Auffassung hingegen noch nicht gegeben. Bankrotthandlungen würden somit strafrechtlich noch nicht erfasst werden. Konsequenz dieser kritisierten Auffassung wäre es, dass der Schuldner bzw. seine Organe die Gläubigerinteressen durch die Vornahme von Bankrottverhaltensweisen im Sinne von § 283 Absatz 1 StGB schmälern könnten, ohne bankrottstrafrechtliche Konsequenzen befürchten zu müssen und dies, obwohl das Insolvenzverfahren ggf. sogar bereits eröffnet ist und damit das im Schutz der Befriedigung der Gläubigerinteressen gesehene Schutzgut[469] der Bankrottdelikte zweifelsfrei gegeben ist. Diese Diskrepanz ist durch eine insolvenzrechtsakzessorische Auslegung des Krisenmerkmals der Zahlungsunfähigkeit zu vermeiden. Die Ansicht, wonach die frühere konkursrechtliche Auslegung für das Krisenmerkmal der Zahlungsunfähigkeit in § 283 StGB beizubehalten sein soll, ist daher abzulehnen.

Für den Vorschlag *Penzlins*, Zahlungsunfähigkeit erst ab dem Überschreiten einer Liquiditätslücke von bis zu 20 % und ab einer Zahlungsstockung von bis zu zwei Monaten anzunehmen[470], gilt dasselbe wie für die Auffassungen, die am Begriffsverständnis der KO festhalten wollen. Das Begriffsverständnis *Penzlins* ist nur geringfügig enger als die zu Zeiten der KO herrschende Auslegung und würde demnach ebenfalls zu einem verspäteten Eingreifen des Strafrechtsschutzes der §§ 283 ff. StGB führen. Um Diskrepanzen zwischen dem zivilen Insolvenzrecht und dem Strafrechtsschutz der §§ 283 ff. StGB zu vermeiden, ist eine enger gefasste Bestimmung des Krisenmerkmals der Zahlungsunfähigkeit vonnöten.

---

[468] RegE InsO, BT-Drs. 12/2443, S. 114.
[469] Ausführlich dazu: LK-Tiedemann, StGB vor § 283 Rn. 2, 4 ff., 45 ff.; Bittmann, in: Insolvenzstrafrecht § 12 Rn. 25 ff.; MGB-Bieneck § 75 Rn. 94 ff.; Köhler, in: Wabnitz/Janovsky 7 Rn. 114 ff. (119); vgl. auch Penzlin, S. 7 ff.; Röhm, S. 63 ff.; Moosmayer, S. 121 ff.
[470] Penzlin, S. 117 ff., 129 f., 153 f., 176; Penzlin, NZG 1999, 1203 (1208).

Diejenigen Vertreter der Literatur, die für eine Übernahme des zivilrechtlichen Begriffsverständnisses ins Strafrecht plädieren und demnach als Grenze für das Vorliegen von Zahlungsunfähigkeit auf eine Liquiditätslücke von maximal 10 % der Gesamtverbindlichkeiten sowie auf eine Dauer etwaiger Zahlungsstockungen von längstens drei Wochen abstellen[471], liegen mit dem in dieser Arbeit vertretenen Ansicht auf einer Linie. Diese Sichtweise hat den Vorteil der größtmöglichen Übereinstimmung im Hinblick auf das sowohl im zivilen Insolvenzrecht als auch im Insolvenzstrafrecht vorherrschende Schutzprinzip für sich. In beiden Regelungsbereichen steht der Schutz der gleichmäßigen Befriedigung der Gläubiger in der Insolvenz, das sog. par condicio creditorum, im Mittelpunkt. Durch einheitliche Kriterien für die Bestimmung gleichlautender Begriffe im Insolvenzrecht und im Insolvenzstrafrecht wird diesem gemeinsamen Prinzip in größerem Maße Rechnung getragen, da es ansonsten zu den vorangehend skizzierten Diskrepanzen zwischen den zivilrechtlichen Voraussetzungen für die Eröffnung des Insolvenzverfahrens und dem bei diesen Voraussetzungen bzw. zu diesem Zeitpunkt ansetzenden strafrechtlichen Schutz kommen würde.

Eine neue seit dem Inkrafttreten der InsO ausdrücklich zur Bestimmung des Krisenmerkmals der Zahlungsunfähigkeit gemäß § 283 StGB ergangene höchstrichterliche strafrechtliche Rechtsprechung ist nicht ersichtlich. Der 4. Strafsenat des BGH ließ in einem Urteil vom 22. Februar 2001 durchblicken, dass er wohl einer Übernahme der Definition des § 17 Absatz 2 InsO zuneigt.[472] Es liegen allerdings mehrere aktuelle Entscheidungen des BGH zur Bestimmung des Krisenmerkmals der Zahlungsunfähigkeit in dem Insolvenzverschleppungsstraftatbestand des § 84 Absatz 1 Nr. 2 GmbHG a. F. vor, die ergänzend herangezogen werden können. Nachdem es zwischenzeitlich eine Uneinigkeit zwischen dem ersten[473] und dem fünften[474] Strafsenat des BGH zur Auslegung des Merkmals der Zahlungsunfähigkeit gab, ist dieser Streit seit einer kürzlich ergangenen Entscheidung des fünften Strafsenats des BGH vom 20. Oktober 2008[475] als beigelegt anzusehen.[476] Danach vertritt der BGH nunmehr einheitlich die Auffassung, dass das strafrechtliche Krisenmerkmal der Zahlungsunfähigkeit zivilrechtsakzessorisch auszulegen sei.

---

[471] MGB-Bieneck § 76 Rn. 56a ff.; Bieneck, StV 1999, 43 f.; Pape/Uhlenbruck/Voigt-Salus, Insolvenzrecht, 17 Rn. 5; Weyand/Diversy, Rn. 47; Scholz/Tiedemann, GmbHG vor § 82 Rn. 38.

[472] Vgl. BGH, NStZ 2001, 485 (486).

[473] BGH, NStZ 2007, 643.

[474] BGH, NStZ 2008, 415 mit Verweis auf BGHR GmbHG § 64 I Zahlungsunfähigkeit 1. Vgl. dazu die Anmerkung in BGH, NStZ 2007, 643 (644).

[475] BGH, NJW 2009, 157 (158) - in Absatz 20 der Entscheidungsbegründung zur Zahlungsunfähigkeit im Sinne von § 17 Absatz 2 InsO. Vgl. auch Wegner, HRRS 2009, 32 f.

[476] Ausführlich dazu oben S. 55.

Der erste Strafsenat[477] verweist zur Zahlungsunfähigkeit auf die zivilrechtliche Grundsatzentscheidung des neunten Zivilsenats vom 24. Mai 2005[478], der auch in vorliegender Arbeit gefolgt wird.[479] Die Rechtsprechung zur Insolvenzverschleppungsstrafbarkeit dürfte auf die Auslegung der Zahlungsunfähigkeit in den §§ 283 ff. StGB übertragbar sein, zumal sich der BGH – soweit veröffentlicht – noch nicht ausdrücklich dahingehend geäußert hat, dass das Krisenmerkmal der Zahlungsunfähigkeit für den Insolvenzverschleppungsstraftatbestand anders auszulegen sei als für die §§ 283 ff. StGB.

Alles in allem ist daher für das Insolvenzstrafrecht an der Maßgeblichkeit der zivilrechtlichen Bestimmung des Begriffs der Zahlungsunfähigkeit festzuhalten. Die Forderung *Bienecks*[480], die zivilrechtliche Rechtsprechung des BGH[481] zur Zahlungsunfähigkeit auch dem strafrechtlichen Begriffsverständnis zugrunde zu legen, ist zu bekräftigen.

b. Maßgebliche Zahlungspflichten und Zahlungsmittel

Im Rahmen der vorstehenden Überlegungen zur Bestimmung des insolvenzrechtlichen Begriffsverständnisses vertritt die vorliegende Arbeit die Auffassung, dass bei dem Liquiditätsvergleich zwischen den fälligen Zahlungspflichten und den vorhandenen Zahlungsmitteln des Schuldners allein die tatsächlich vorhandenen Zahlungsmittel zu berücksichtigen sind und kurzfristig liquidierbares Anlage- oder Umlaufvermögen des Schuldners außer Betracht zu bleiben hat.[482] Auch offene Kreditlinien sind nicht als Zahlungsmittel im Rahmen der Liquiditätsbilanz zu berücksichtigen.[483] Es steht dem Schuldner jedoch frei, Gegenstände aus seinem Vermögen tatsächlich zu versilbern oder neue Kredite aufzunehmen, um für die nötige Liquidität zu sorgen. Die so gewonnenen Geldmittel wären, sofern sie im Schuldnervermögen tatsächlich noch vorhanden sind, zu berücksichtigen. Die bloße Möglichkeit einer Versilberung oder Kreditaufnahme hat im Rahmen des Liquiditätsvergleichs jedoch außer Betracht zu bleiben, da eine Bewertung dieser Positionen unsicher ist. Zudem ist fraglich, ob die anzusetzenden Geldmittel auch tatsächlich erlangt werden können.

---

[477] Vgl. BGH, NStZ 2007, 643 (644).
[478] BGH, Urteil vom 24. Mai 2005, Az.: IX ZR 123/04 = BGHZ 163, 134 ff.
[479] Siehe oben S. 74.
[480] MGB-Bieneck § 76 Rn. 56a ff.
[481] BGHZ 163, 134 ff.
[482] Siehe oben S. 77.
[483] Siehe oben S. 78.

Die zur insolvenzrechtlichen Begriffsbestimmung in dieser Arbeit vertretene Auffassung ist auch für die Bestimmung des strafrechtlichen Krisenmerkmals der Zahlungsunfähigkeit heranzuziehen. Die Berücksichtigung von liquidierbarem Vermögen und nicht ausgeschöpften Krediten hat aus Gründen der erforderlichen Bestimmtheit strafrechtlicher Begriffe zu unterbleiben.

c. Zahlungsunwilligkeit als Zahlungseinstellung

In vorliegender Arbeit wird im Rahmen der insolvenzrechtlichen Begriffsbestimmung die Ansicht vertreten, dass eine bloße Zahlungsunwilligkeit des Schuldners – trotz Vorhandensein entsprechender Zahlungsmittel – als Zahlungseinstellung im Sinne von § 17 Absatz 2 Satz 2 InsO anzusehen ist und somit zum Vorliegen von Zahlungsunfähigkeit führt.[484] An dieser Auslegung ist auch für die insolvenzstrafrechtliche Begriffsbestimmung festzuhalten. Sie entspricht ohnehin der im Strafrecht herrschenden Auffassung.[485]

d. Auswirkungen der InsO auf das insolvenzstrafrechtliche Begriffsverständnis der Zahlungsunfähigkeit

Für die insolvenzrechtliche Begriffsbestimmung wurde herausgearbeitet, dass Zahlungsunfähigkeit nach der zivilrechtlichen Auslegung früher vorliegt, als dies nach der zu Zeiten der KO maßgeblichen Auslegung der Fall war.[486] Vorliegende Arbeit befürwortet eine insolvenzrechtsakzessorische Bestimmung des strafrechtlichen Krisenmerkmals der Zahlungsunfähigkeit.[487] Insofern liegt Zahlungsunfähigkeit auch nach der strafrechtlichen Begriffsbestimmung früher vor. Mit Ausnahme der strafrechtlichen Stellungnahme, die für eine Beibehaltung des konkursrechtlichen Begriffsverständnisses eintritt[488], führen auch die vorstehend behandelten übrigen strafrechtlichen Auffassungen zur Zahlungsunfähigkeit dazu, dass das Vorliegen dieses Krisenmerkmals früher zu bejahen ist als dies zu Zeiten der KO der Fall war.

---

[484] Siehe oben S. 82.
[485] Vgl. RGSt 14, 221 f.; RGSt 41, 309 (312); Fischer, StGB vor § 283 Rn. 13; Lackner/Kühl, StGB § 283 Rn. 27; Sch/Sch-Stree/Heine, StGB § 283 Rn. 60; Harz, ZInsO 2001, 193 (195); Hoffmann, MDR 1979, 713 (716).
[486] Siehe oben S. 83.
[487] Siehe oben S. 61.
[488] Bittmann, wistra 1998, 321 (323 f.); diese Auffassung wird von Bittmann heute so nicht mehr vertreten, vgl. Bittmann, in: Insolvenzstrafrecht § 11 Rn. 59 ff.

Das seit der Einführung der InsO geänderte strafrechtliche Begriffsverständnis bewirkt nach nahezu einhelliger Ansicht eine zeitliche *Vorverlagerung* des Eingreifens der strafrechtlichen Verantwortlichkeit nach den §§ 283 ff. StGB. Die in § 283 Absatz 1 StGB mit dem Merkmal der Zahlungsunfähigkeit charakterisierte Unternehmenskrise liegt ebenso früher vor wie die in § 283c Absatz 1 StGB vorausgesetzte Zahlungsunfähigkeit. Da in der objektiven Strafbarkeitsbedingung des § 283 Absatz 6 StGB auf die Eröffnung des Insolvenzverfahrens abgestellt und damit der Insolvenzeröffnungsgrund der Zahlungsunfähigkeit gemäß § 17 InsO mit einbezogen wird, sind auch die Voraussetzungen der objektiven Bedingung der Strafbarkeit frühzeitiger gegeben als dies nach dem zu Zeiten der KO herrschenden Begriffsverständnis der Fall war.

Alles in allem führt das zu § 17 InsO akzessorische insolvenzstrafrechtliche Begriffsverständnis der Zahlungsunfähigkeit zu einer zeitlichen Vorverlagerung des Eingreifens der Strafbarkeit nach den §§ 283 ff. StGB.[489]

Für den in dem Insolvenzverschleppungsstraftatbestand des § 15a Absatz 4 und 5 i. V. m. Absatz 1 Satz 1 InsO ebenfalls enthaltenen Begriff der Zahlungsunfähigkeit gilt nichts anderes, da die Zahlungsunfähigkeit auch hier akzessorisch zum insolvenzrechtlichen Begriffsverständnis zu bestimmen ist. Die Pflicht der in § 15a Absatz 1 InsO angesprochenen Organmitglieder, die Eröffnung des Insolvenzverfahrens zu beantragen, ist früher als zu Zeiten der KO gegeben. Somit liegt ebenfalls eine Vorverlagerung der Strafhaftung vor.[490]

e. Zusammenfassung zum insolvenzstrafrechtlichen Zahlungsunfähigkeitsbegriff

Das vorangehend bestimmte insolvenzrechtliche Verständnis des Begriffs der Zahlungsunfähigkeit[491] ist auch in strafrechtlicher Hinsicht überzeugend. Auch bei Berücksichtigung spezifischer strafrechtlicher Vorgaben kann an der in dieser Arbeit vorgenommenen insolvenzrechtsakzessorischen Bestimmung des insolvenzstrafrechtlichen Begriffs der Zahlungsunfähigkeit festgehalten werden. Diese

---

[489] Vgl. Moosmayer, S. 33, 152, 155 ff.; Röhm, S. 121, 154 f., 201, 219; Penzlin, S. 163; Pelz, Insolvenzstrafrecht, Rn. 42; MGB-Bieneck § 75 Rn. 47 ff. (49); Wegner, in: Achenbach/Ransiek VII 1 Rn. 4; Bittmann, in: Insolvenzstrafrecht § 12 Rn. 15 ff.; LK-Tiedemann, StGB vor § 283 Rn. 10; Sch/Sch-Stree/Heine, StGB vor § 283 Rn. 1a, § 283 Rn. 50a ff.; Otto, BT § 61 Rn. 79; Hörl, S. 59 f.; Reck, Insolvenzstraftaten, Rn. 90. Vgl. auch Lackner/Kühl, StGB § 283 Rn. 5 ff.; Bittmann, wistra 1998, 321 ff.

[490] Vgl. zum bisherigen Recht: Gruber, in: Insolvenzstrafrecht § 7 Rn. 15; Köhler, in: Wabnitz/Janovsky 7 Rn. 38 unter Verweis auf Beck, in: Wabnitz/Janovsky 6 Rn. 70 ff., 93 ff.; Schaal, in: MüKo/AktG § 401 Rn. 43; so wohl auch Reck, GmbHR 1999, 267 (270 ff., 274). Vgl. auch Burger/Schellberg, KTS 1995, 563, (569 ff., 577); Röhm, S. 201; MGB-Bieneck § 75 Rn. 47 ff.

[491] Siehe dazu oben S. 67 ff.

Auffassung zur Bestimmung der Zahlungsunfähigkeit wird für den Insolvenzver-schleppungsstraftatbestand auch von der ganz herrschenden Auffassung in Rechtsprechung und Literatur und für die §§ 283 ff. StGB von einer im Vordringen befindlichen Auffassung in der Literatur vertreten.[492]

Im Insolvenzstrafrecht ist als Grenze für das Vorliegen von Zahlungsunfähigkeit auf eine Liquiditätslücke von maximal 10 % der Gesamtverbindlichkeiten sowie auf eine Dauer etwaiger Zahlungsstockungen von längstens drei Wochen abzustellen. Diese Auslegung vermeidet Unsicherheiten und Unklarheiten und hat den Vorteil der größtmöglichen Übereinstimmung im Hinblick auf den sowohl durch das zivile Insolvenzrecht als auch durch das Insolvenzstrafrecht angestrebten Schutz bzw. Rechtsgüterschutz der Befriedigungsinteressen der Gläubiger einschließlich dem Schutz der gleichmäßigen Befriedigung, der Gewährleistung des sog. par condicio creditorum. Hierdurch können Diskrepanzen zwischen den zivilrechtlichen Voraussetzungen für die Eröffnung des Insolvenzverfahrens und dem bei diesen Voraussetzungen bzw. zu diesem Zeitpunkt ansetzenden strafrechtlichen Schutz vermieden werden.

IV. Das strafrechtliche Krisenmerkmal der drohenden Zahlungsunfähigkeit

Die *drohende Zahlungsunfähigkeit* wurde mit der Einführung des § 18 InsO neu als Grund für die Eröffnung des Insolvenzverfahrens in die InsO aufgenommen. Allerdings entschied sich der InsO-Gesetzgeber dafür, diesen Eröffnungsgrund gemäß § 18 Absatz 1 InsO auf den Fall des Schuldnerantrags zu beschränken, um den Druck auf den Schuldner im Vorfeld der Insolvenz durch einen Gläubigerantrag auf Eröffnung des Insolvenzverfahrens wegen drohender Zahlungsunfähigkeit nicht weiter zu erhöhen.[493] Der Gesetzgeber folgte damit nicht dem Vorschlag der Insolvenzrechtskommission, die sich noch für die Einführung der drohenden Zahlungsunfähigkeit als allgemeinen Eröffnungsgrund ausgesprochen hatte.[494]

Seit der Einführung des § 18 InsO besteht zwischen den zivilrechtlichen Insolvenzeröffnungsgründen und den strafrechtlichen Krisenmerkmalen in § 283 Absatz 1 StGB ein Gleichlauf, da die drohende Zahlungsunfähigkeit bereits zuvor im Bankrottstraftatbestand in § 283 Absatz 1 StGB als Element der wirtschaftlichen

---

[492] Vgl. oben S. 85.

[493] RegE InsO, BT-Drs. 12/2443, S. 114. Vgl. auch Landfermann, BB 1995, 1649 (1651); FK-InsO-Schmerbach § 18 Rn. 22; Bork, Insolvenzrecht, Rn. 88; Bußhardt, in: Braun, InsO § 18 Rn. 1 mit weiteren Nachweisen.

[494] Vgl. Erster Bericht der Kommission für Insolvenzrecht, Leitsatz 1.2.5. Absatz 1, S. 109 ff. Vgl. dazu auch Drukarczyk, in: MüKo/InsO § 18 Rn. 4 ff.; Kübler/Prütting, Das neue Insolvenzrecht, InsO S. 176 ff.

Krise und in § 283d Absatz 1 Nr. 1 StGB enthalten war. Die das Krisenmerkmal der drohenden Zahlungsunfähigkeit enthaltenden §§ 283, 283d StGB wurden durch das 1. Gesetz zur Bekämpfung der Wirtschaftskriminalität (1. WiKG) vom 29. Juli 1976 in das Kernstrafrecht integriert.[495]

Nachdem die drohende Zahlungsunfähigkeit in § 18 Absatz 1 InsO als fakultatives Antragsrecht des Schuldners ausgestaltet wurde und für den Geschäftsführer der GmbH und das Vorstandsmitglied der AG gemäß § 15a Absatz 1 Satz 1 InsO keine Antragspflicht bei lediglich drohender Zahlungsunfähigkeit konstituiert wurde, besteht bei lediglich drohender Zahlungsunfähigkeit auch kein Strafbarkeitsrisiko wegen Insolvenzverschleppung gemäß § 15a Absatz 4 und 5 InsO. Die nachfolgenden strafrechtlichen Überlegungen betreffen daher allein die Auslegung des Krisenmerkmals der drohenden Zahlungsunfähigkeit im Bankrottstraftatbestand des § 283 StGB und der Schuldnerbegünstigung gemäß § 283d Absatz 1 Nr. 1 StGB. Zunächst ist allerdings auf die zivilrechtliche Auslegung des Begriffs der drohenden Zahlungsunfähigkeit einzugehen.

1. Begriffsverständnis im zivilen Insolvenzrecht

Gemäß der Legaldefinition in § 18 Absatz 2 InsO ist das Drohen der Zahlungsunfähigkeit anzunehmen, wenn der Schuldner voraussichtlich nicht in der Lage ist, seine bestehenden Zahlungsverpflichtungen im Zeitpunkt ihrer Fälligkeit zu erfüllen.

Schon nach der gesetzlichen Regelung in § 18 Absatz 2 InsO kommt es für das Vorliegen der drohenden Zahlungsunfähigkeit auf die Prognose an, ob der Schuldner in der Lage sein wird, seine bereits bestehenden, aber noch nicht fälligen Verbindlichkeiten zum Zeitpunkt ihrer Fälligkeit zu erfüllen.[496] Für die Prognose soll gemäß der Begründung des Regierungsentwurfs zur InsO die gesamte Entwicklung der Finanzlage des Schuldners bis zur Fälligkeit aller bestehenden Verbindlichkeiten berücksichtigt werden.[497] Danach ist der Schuldner *voraussichtlich* nicht in der Lage, seine fällig werdenden Verbindlichkeiten zu erfüllen, wenn der Eintritt von Zahlungsunfähigkeit wahrscheinlicher ist als deren Vermeidung.[498]

Die Stellungnahmen in der insolvenzrechtlichen Literatur orientieren sich an den vorgenannten Ausführungen in der Begründung des InsO-Regierungsentwurfs

---

[495] 1. WiKG vom 29. Juli 1976, BGBl. I S. 2034; vgl. dazu Heinz, GA 1977, 193 ff. (zu den §§ 283 ff. StGB auf S. 216 ff.).

[496] RegE InsO, BT-Drs. 12/2443, S. 114 f.

[497] RegE InsO, BT-Drs. 12/2443, S. 115.

[498] RegE InsO, BT-Drs. 12/2443, S. 114 f. Vgl. auch Pape/Uhlenbruck/Voigt-Salus, Insolvenzrecht, 17 Rn. 23; Plathner, S. 174 f.; Erdmann, S. 137 f.

zur drohenden Zahlungsunfähigkeit.[499] Umstritten sind die für die Bestimmung des Begriffs der drohenden Zahlungsunfähigkeit maßgeblichen Merkmale der *Voraussichtlichkeit* und der *bestehenden Zahlungspflichten*.[500] Bei der Voraussichtlichkeit stehen vor allem methodische Fragestellungen hinsichtlich der vorzunehmenden Prognose im Vordergrund. Problematisch ist vor allem, auf welchen Zeitraum bzw. auf welche zeitliche Grenze für die zu berücksichtigenden Zahlungsverpflichtungen abzustellen ist. Für das Merkmal der *bestehenden Zahlungspflichten* ist insbesondere die Frage nach der Bestimmung und den inhaltlichen Grenzen der anzusetzenden Zahlungsverpflichtungen umstritten.

a. Die Zahlungsfähigkeitsprognose und der zu berücksichtigende Zeitraum

Für die gemäß § 18 Absatz 2 InsO erforderliche Prognose ist ein Finanz- bzw. Liquiditätsplan aufzustellen, der auf der „Soll-Seite" die zu berücksichtigenden Zahlungspflichten und die zu erwartenden Ausgaben aufführt und den bestehenden Zahlungsmitteln sowie den im Prognosezeitraum zu erwartenden Einnahmen auf der „Haben-Seite" gegenüberstellt.[501]

Nach einhelliger Ansicht ist für die Beurteilung der drohenden Zahlungsunfähigkeit auch die künftige Finanzentwicklung des Schuldners zu berücksichtigen und damit eine zeitraumbezogene in die Zukunft gerichtete Betrachtung vorzunehmen.[502] Umstritten ist allerdings, ob eine zeitliche Höchstgrenze für diese Betrachtung anzusetzen ist und wo ggf. eine solche zeitliche Grenze zu ziehen ist. Teilweise wird der Endpunkt des berücksichtigungsfähigen Prognosezeitraums in der zuletzt fällig werdenden bereits bestehenden Verbindlichkeit des Schuldners gesehen.[503] Ab-

---

[499] Vgl. Bork, Insolvenzrecht, Rn. 88 f.; FK-InsO-Schmerbach § 18 Rn. 4 ff.; kritisch Temme, S. 54 ff.

[500] Vgl. Temme, S. 54 ff.; Bußhardt, in: Braun, InsO § 18 Rn. 5 ff., 9 ff.; FK-InsO-Schmerbach § 18 Rn. 5 ff., 9 ff.; Drukarczyk, in: MüKo/InsO § 18 Rn. 10 ff.; Burger/Schellberg, BB 1995, 261 (264 f.); Harz, ZInsO 2001, 193 (197); Stahlschmidt, JR 2002, 89 (90 f.).

[501] Vgl. RegE InsO, BT-Drs. 12/2443, S. 114 f.; FK-InsO-Schmerbach § 18 Rn. 9, 11; Burger/Schellberg, BB 1995, 261 (264 f.); Harz, ZInsO 2001, 193 (197); Stahlschmidt, JR 2002, 89 (90 f.); Erdmann, S. 150 ff. Eine ausführliche Darstellung eines möglichen Finanzplans ist bei Drukarczyk, in: MüKo/InsO § 18 Rn. 20 ff. und bei Temme, S. 66 ff. zu finden.

[502] Vgl. RegE InsO, BT-Drs. 12/2443, S. 114 f.; Bußhardt, in: Braun, InsO § 18 Rn. 6, 8; FK-InsO-Schmerbach § 18 Rn. 8; Obermüller/Hess, InsO Rn. 92 ff.; Pape/Uhlenbruck/Voigt-Salus, Insolvenzrecht, 17 Rn. 22; Bieneck, StV 1999, 43 (45); Burger/Schellberg, BB 1995, 261 (264 f.); Harz, ZInsO 2001, 193 (197); Stahlschmidt, JR 2002, 89 (90 f.). Vgl. auch Erdmann, S. 144.

[503] Drukarczyk, in: MüKo/InsO § 18 Rn. 10; Stahlschmidt, JR 2002, 89 (91); Bieneck, StV 1999, 43 (45). Vgl. auch Penzlin, S. 137. Bußhardt, in: Braun, InsO § 18 Rn. 7 stellt missverständlich auf die zuletzt fällig werdende *Forderung* ab – auch dort dürfte die zuletzt fällig werdende Verbindlichkeit des Schuldners gemeint sein, da eine Begründung für diese Abweichung von der überwiegenden Auffassung nicht angeführt wird.

hängig vom Fälligkeitstermin kann sich daraus mitunter ein sehr langer Betrachtungszeitraum ergeben. Genannt werden z. B. langfristige Verbindlichkeiten von über 15 Jahren.[504] Eine Laufzeit von mehr als 10 Jahren ist insbesondere bei Darlehen zur Anschaffung von Gegenständen des Anlagevermögens wie Maschinen oder Fabrikgebäuden keine Seltenheit. Da die mit der Prognose verbundene Unsicherheit mit der Länge des zu beurteilenden Zeitraums zunimmt,[505] wird gefordert, den zeitlichen Prognoserahmen mehr oder weniger stark zu begrenzen. Über das Maß und eventuelle Kriterien für die Begrenzung gehen die Ansichten zum Teil weit auseinander. Die vertretenen Auffassungen in der insolvenzrechtlichen Literatur reichen von einigen Monaten, einem Jahr, dem aktuellen und eventuell folgenden Geschäftsjahr bis zu mehreren Jahren.[506] Die Rechtsprechung hat hierzu bislang noch nicht Stellung genommen.

In der vorliegenden Arbeit wird vertreten, dass den Bestimmtheitsproblemen, die mit der durchzuführenden Prognose zwangsläufig einhergehen, durch eine zeitliche Begrenzung des Prognosezeitraums zu begegnen ist. Zur Vermeidung von Wiederholungen wird auf die nachfolgenden Ausführungen zur insolvenzstrafrechtlichen Begriffsbestimmung verwiesen, die auch für die insolvenzrechtliche Auslegung heranzuziehen sind.[507] Der begrifflichen Bestimmtheit kommt zwar im Strafrecht durch den Verfassungsrang (Art. 103 Absatz 2 GG) eine größere Bedeutung als im zivilen Insolvenzrecht zu. Aber auch im zivilen Insolvenzrecht gilt, dass eine Beschränkung des Zeitraums am besten geeignet ist, um die bestehenden Prognoseunsicherheiten bei mehrjährigen Betrachtungszeiträumen zu beseitigen. Der Prognosezeitraum ist daher auf *ein Jahr* ab dem Betrachtungszeitraum zu begrenzen. Finanzpläne werden in Unternehmen üblicherweise als Jahrespläne aufgestellt, da es darüber hinaus vielfach schwer fällt, die konkrete wirtschaftliche Entwicklung des Unternehmens vorherzusagen bzw. zu planen.

Liegt jedoch der Fälligkeitszeitpunkt der zu letzt fällig werdenden Verbindlichkeit vor der Jahresgrenze, so markiert der Fälligkeitstermin dieser Verbindlichkeit die zeitliche Grenze für die Prognose.

---

[504] FK-InsO-Schmerbach § 18 Rn. 8a; Harz, ZInsO 2001, 193 (197); Gogger, S. 34 nennt 15 bis 20 Jahre.

[505] Vgl. das Beispiel bei Drukarczyk, in: MüKo/InsO § 18 Rn. 25 ff.

[506] Vgl. die Übersichten bei FK-InsO-Schmerbach § 18 Rn. 10 i.V.m. Rn. 8c; Drukarczyk, in: Mü-Ko/InsO § 18 Rn. 41 ff.; Pape/Uhlenbruck/Voigt-Salus, Insolvenzrecht, 17 Rn. 22 jeweils mit ausführlichen weiteren Nachweisen. Vgl. auch Hecker/Glozbach, BB 2009, 1544 (1545).

[507] Siehe unten S. 110.

b. Voraussichtliche Zahlungsunfähigkeit

Das Merkmal *voraussichtlich* in § 18 Absatz 2 InsO wird von der ganz überwiegenden Meinung so verstanden, dass zur Annahme von drohender Zahlungsunfähigkeit eine Wahrscheinlichkeit von mindestens 50 % bestehen muss, dass der Schuldner den im Finanzplan aufgeführten Zahlungsverpflichtungen nicht wird nachkommen können.[508]

Dabei ist ungeklärt, welche Bewertungskriterien bei der Durchführung der Prognose anzuwenden sind.[509] So stellt sich die Frage, ob es auf die subjektive Einschätzung des Schuldners oder auf eine objektivierte Sicht eines externen, sachverständigen Dritten ankommt.[510] Es wird vorgebracht, dass die Abweichung der Bewertungen, insbesondere hinsichtlich der noch unbestimmten voraussichtlichen Ausgaben, zunehmen darf, je eher die Wahrscheinlichkeitsgrenze für Zahlungsunfähigkeit erreicht wird.[511] Da eine Verfahrenseröffnung wegen drohender Zahlungsunfähigkeit nur auf Antrag des Schuldners erfolgen kann, hat der Schuldner selbst die erforderliche Illiquiditätsprognose vorzunehmen. Somit kommt es nach der hier vertretenen Auffassung auf die Einschätzung des Schuldners an. Die Gefahr der Manipulation durch den Schuldner bei der Bewertung des Liquiditätsplans ist aufgrund der nicht bestehenden Antragspflicht als eher gering zu bewerteten.[512]

Teilweise wird vertreten, dass ein ggf. mehrjähriger Prognosezeitraum die mit der Prognose einhergehende Unsicherheit merklich erhöhe und deshalb mit zunehmender Länge des Prognosezeitraums eine geringere Wahrscheinlichkeit für den zukünftigen Eintritt von Zahlungsunfähigkeit als die 50 %-Grenze sachgemäß sei.[513] Diese Auffassung ist abzulehnen, da sie die Voraussetzungen für das Vorliegen von drohender Zahlungsunfähigkeit zu Lasten des Schuldners absenkt. Die Problematik der steigenden Unsicherheit mit zunehmender Länge des Prognosezeitraums kann nach der in dieser Arbeit vertretenen Auffassung am wirksamsten durch eine zeitliche Begrenzung des maßgeblichen Prognosezeitraums beseitigt werden. Einer Absenkung der 50 %-Grenze bedarf es nicht. Eine Absenkung wür-

---

[508] RegE InsO, BT-Drs. 12/2443, S. 115; Bußhardt, in: Braun, InsO § 18 Rn. 5; Obermüller/Hess, InsO Rn. 92; FK-InsO-Schmerbach § 18 Rn. 13; Dannecker/Knierim/Hagemeier, Rn. 78; Bieneck, StV 1999, 43 (45); Burger/Schellberg, BB 1995, 261 (265); Stahlschmidt, JR 2002, 89 (90 f.); Erdmann, S. 147 f. Ausführlich: Drukarczyk, in: MüKo/InsO § 18 Rn. 32 ff.

[509] Eingehend zu dieser Problematik: Temme, S. 70 ff.

[510] Vgl. Temme, S. 70 ff.

[511] Vgl. Burger/Schellberg, BB 1995, 261 (265); Temme, S. 80 f.

[512] Vgl. dazu Temme, S. 73 ff.

[513] Vgl. Bittmann, wistra 1998, 321 (325); zustimmend: FK-InsO-Schmerbach § 18 Rn. 14; ebenso: Wegner, in: Achenbach/Ransiek VII 1 Rn. 84 f.

de auch im Widerspruch zur Begründung des Regierungsentwurfs der InsO stehen, in der auf eine überwiegende Wahrscheinlichkeit abgestellt wird.[514]

c. Maßgebliche Zahlungspflichten

Ferner ist die Bestimmung der maßgeblichen Zahlungspflichten problematisch. Es
ist fraglich, ob auch bereits absehbare zukünftige, aber noch nicht bestehende
Zahlungsverpflichtungen zu berücksichtigen sind.

Nach dem Wortlaut des § 18 Absatz 2 InsO sind lediglich die bereits bestehenden aber noch nicht fälligen Zahlungsverpflichtungen für die Illiquiditätsprognose
zu berücksichtigen. In der Begründung des Regierungsentwurfs zur InsO wird hingegen ausgeführt, dass neben den zu erwartenden Einnahmen auch die zukünftigen noch nicht bestehenden Zahlungspflichten für den durchzuführenden Vergleich in den Finanzplan aufzunehmen seien.[515] Ausgehend von dieser
Widersprüchlichkeit[516] sind auch die im insolvenzrechtlichen Schrifttum vertretenen Ansichten uneinheitlich. Ein Teil der Literatur spricht sich für eine weitgehend
an der Begründung des Regierungsentwurfs orientierte Auslegung aus und will
auch künftige noch nicht begründete Zahlungspflichten, die im Prognosezeitraum
fällig werden, berücksichtigen, da nur so ein umfassender Überblick über die zukünftige Finanzentwicklung des Schuldners möglich sei.[517] Andere Vertreter des
Schrifttums sprechen sich dagegen für eine enge auf den Gesetzeswortlaut ab-
stellende Bestimmung aus und begründen dies mit erheblichen Unsicherheiten,
die sich aus einer eventuell zeitlich unbegrenzten Vorhersage der Finanzentwicklung ergeben würden.[518] Das Problem einer sinnvollen Begrenzung dieser
Finanzvorschau stellt sich auch den Befürwortern der Berücksichtigung künftiger
noch nicht bestehender Forderungen, weshalb überwiegend auf eine zeitliche
Grenze abgestellt wird, die durch den spätesten Fälligkeitstermin der bereits bestehenden Verbindlichkeiten markiert werden soll.[519]

Vorliegende Arbeit vertritt die Ansicht, dass bei der vorzunehmenden Prognose
über die künftige Entwicklung der Liquidität des Schuldners auch die sicher zu
erwartenden künftigen Einnahmen und Ausgaben im Prognosezeitraum zu be-

---

[514] RegE InsO, BT-Drs. 12/2443, S. 115.

[515] RegE InsO, BT-Drs. 12/2443, S. 115.

[516] Temme, S. 55 ff.; Penzlin, S. 136 f.;Uhlenbruck, in: K.Schmidt/Uhlenbruck, GmbH-Krise
Rn. 5.47;Gruber, in: Insolvenzstrafrecht § 7 Rn. 36 ff.

[517] Uhlenbruck, in: K.Schmidt/Uhlenbruck, GmbH-Krise Rn. 5.47; Bittmann, wistra 1998, 321 (326);
ausführlich: Röhm, S. 140 ff., 147 f.; einschränkend: Temme, S. 64.

[518] FK-InsO-Schmerbach § 18 Rn. 7; Burger/Schellberg, BB 1995, 261 (264, Fußnote 27). Differenzierend: Drukarczyk, in: MüKo/InsO § 18 Rn. 42 ff.

[519] Temme, S. 63 f.; Röhm, S. 147 f.

rücksichtigen sind, unabhängig davon, ob diese zum Betrachtungszeitraum bereits bestehen oder nicht. Nur so ist eine umfassende Beurteilung der künftigen Liquiditätsentwicklung möglich, die für die Bestimmung der drohenden Zahlungsunfähigkeit maßgeblich ist.[520] Würden künftige Verbindlichkeiten, die zwar noch nicht bestehen, aber im Prognosezeitraum fällig werden, nicht berücksichtigt werden, so würde dies die Aussagefähigkeit des Liquiditätsplanes ebenso verfälschen wie die Nicht-Berücksichtigung künftiger Einnahmen.

2. Insolvenzstrafrechtliche Bestimmung der drohenden Zahlungsunfähigkeit

Da der Begriff der *drohenden Zahlungsunfähigkeit* im Kernstrafrecht bereits vor dessen Einführung als Insolvenzeröffnungsgrund mit Inkrafttreten der InsO enthalten war, existiert zum insolvenzstrafrechtlichen Begriffsverständnis bereits eine vergleichsweise große Zahl an Stellungnahmen. Das Krisenmerkmal der drohenden Zahlungsunfähigkeit sorgt im Insolvenzstrafrecht für anhaltende Diskussionen, die mit der Einführung des § 18 InsO neue Nahrung erhielten.[521]

Gemäß der Begründung des Regierungsentwurfs zur InsO soll die Legaldefinition des § 18 Absatz 2 InsO geeignet sein, auch für das Strafrecht größere Klarheit zu bringen.[522] Diese Erwartung des Gesetzgebers hat sich nicht erfüllt. Bereits bei der vorangehenden zivilrechtlichen Begriffsklärung war auf etliche Streitpunkte für die Auslegung des Merkmals der drohenden Zahlungsunfähigkeit einzugehen.[523] Insofern finden sich gewissermaßen umgekehrt die bereits zuvor im Insolvenzstrafrecht bestehenden Streitpunkte nunmehr auch im zivilen Insolvenzrecht wieder.

Nach der in dieser Arbeit vertretenen Auffassung sind die strafrechtlichen Krisenmerkmale insolvenzrechtsakzessorisch zu bestimmen.[524] Daran ist im Grunde festzuhalten, obwohl die drohende Zahlungsunfähigkeit als Krisenmerkmal bereits in den §§ 283 ff. StGB enthalten war, bevor § 18 InsO im Zuge der Insolvenzrechts-

---

[520] Ebenso: Drukarczyk, in: MüKo/InsO § 18 Rn. 15 ff., 42 ff.; Uhlenbruck, in: K.Schmidt/ Uhlenbruck, GmbH-Krise Rn. 5.48.

[521] Vgl. nur Beck, in Wabnitz/Janovsky 6 Rn. 88 ff.; Pelz, Insolvenzstrafrecht, Rn. 110; Röhm, S. 140 ff.; Erdmann, S. 135 f. Für eine Streichung des strafrechtlichen Krisenmerkmals der drohenden Zahlungsunfähigkeit: Penzlin, S. 162.

[522] RegE InsO, BT-Drs. 12/2443, S. 114.

[523] Siehe oben S. 102. Kritisch bereits: Moosmayer, S. 169; Penzlin, S. 137; Uhlenbruck, wistra 1996, 1 (3).

[524] Siehe oben S. 61.

reform als Eröffnungsgrund eingeführt wurde.[525] Zu klären ist allerdings, ob aus Bestimmtheitsgründen Einschränkungen bei der strafrechtlichen Begriffsbestimmung vorzunehmen sind.

Die mit der erforderlichen Illiquiditätsprognose einhergehende Unsicherheit[526] wird unter dem Aspekt strafrechtlicher Bestimmtheit für bedenklich gehalten.[527] Vereinzelt wird eine Verurteilung unter Zugrundelegung des Krisenmerkmals der drohenden Zahlungsunfähigkeit verfassungsrechtlich für unzulässig gehalten und ein Verstoß gegen Art. 103 Absatz 2 GG angenommen.[528] Eine verfassungswidrige Unbestimmtheit des strafrechtlichen Krisenmerkmals der drohenden Zahlungsunfähigkeit ist nach der hier vertretenen Auffassung vermeidbar, da zumindest eine einschränkende Auslegung die erforderliche Bestimmtheit zu gewährleisten vermag und prognostische Elemente dem Strafrecht nicht grundsätzlich fremd sind.[529] Um ein verfassungsrechtlich unbedenkliches Maß an strafrechtlicher Bestimmtheit zu erreichen, wird für die insolvenzstrafrechtliche Auslegung der drohenden Zahlungsunfähigkeit vor allem eine Begrenzung des Prognosezeitraums auf ein Jahr bzw. auf ein Geschäftsjahr gefordert.[530]

a. Insolvenzstrafrechtliche Bestimmung der drohenden Zahlungsunfähigkeit

Nach der hier vertretenen Auffassung ist das insolvenzstrafrechtliche Krisenmerkmal der drohenden Zahlungsunfähigkeit im Ausgangspunkt – wie in § 18 Absatz 2 InsO – als voraussichtliches Unvermögen des Schuldners, seine Zahlungspflichten im Zeitpunkt ihrer Fälligkeit zu erfüllen, zu verstehen.[531]

---

[525] Einführung der §§ 283 ff. StGB in das Kernstrafrecht durch Art. 1 Ziffer 5 des 1. WiKG vom 29. Juli 1976, BGBl. I S. 2034; Einführung des § 18 InsO durch die InsO vom 5. Oktober 1994, BGBl. I S. 2866 (2868).

[526] Vgl. auch Bittmann, in: Insolvenzstrafrecht § 11 Rn. 80.

[527] LK-Tiedemann, StGB vor § 283 Rn. 135; Tiedemann, Insolvenz-Strafrecht vor § 283 Rn. 135; Beck, in: Wabnitz/Janovsky 6 Rn. 89; MGB-Bieneck § 76 Rn. 74; Röhm, INF 2003, 592; Uhlenbruck, wistra 1996, 1 (3); Reck, ZInsO 1999, 195 (197); Erdmann, S. 153 ff.

[528] Matzen, S. 54 ff., 113; vgl. auch Temme, S. 72.

[529] Vgl. z.B. die §§ 56 Abs. 1, 57a Abs. 1 S. 2, 63, 64, 67 Abs. 1, 70 Abs. 1, 183 Abs. 3. Vgl. auch Röhm, S. 152.

[530] Vgl. Bittmann, in: Insolvenzstrafrecht § 11 Rn. 80; MGB-Bieneck § 76 Rn. 75; Beck, in Wabnitz/Janovsky 6 Rn. 90; Wegner, in: Achenbach/Ransiek VII Rn. 87; Dannecker/Knierim /Hagemeier, Rn. 76, 80; Bittmann, wistra 1998, 321 (325); Röhm, S. 152 ff. Penzlin, S. 137 fordert zwar eine gesetzgeberische Korrektur; wie diese für die drohende Zahlungsunfähigkeit aussehen soll, bleibt aber unklar. Lediglich auf die zuletzt fällig werdende Verbindlichkeit abstellend: NK-Kindhäuser, StGB vor § 283 Rn. 99. Kein Bedürfnis für eine Begrenzung des Prognosezeitraums sieht Erdmann, S. 156, Fn. 657.

[531] Ebenso: Fischer, StGB vor § 283 Rn. 10; Lackner/Kühl, StGB § 283 Rn. 8; Otto, BT § 61 Rn. 88 und wohl auch: Sch/Sch-Stree/Heine, StGB § 283 Rn. 53.

Das Krisenmerkmal der drohenden Zahlungsunfähigkeit setzt sich aus zwei Begriffsteilen zusammen: Zahlungsunfähigkeit und Drohen. Für die Zahlungsunfähigkeit ist – wie bereits zuvor zur eingetretenen Zahlungsunfähigkeit herausgearbeitet wurde[532] – ein Liquiditätsvergleich vorzunehmen. Für das Drohen kommt es auf eine Bewertung der Wahrscheinlichkeit für den zukünftigen Eintritt von Zahlungsunfähigkeit an. Ob Zahlungsunfähigkeit droht, hängt somit maßgeblich von der künftigen Entwicklung der Liquiditätslage des Schuldners ab. Zum maßgeblichen Betrachtungszeitpunkt ist zu fragen, ob das Eintreten von Zahlungsunfähigkeit wahrscheinlicher ist als ihre Vermeidung. Problematisch ist, welche Zahlungsverpflichtungen und Einnahmen in den Liquiditätsvergleich aufzunehmen sind, welches Ausmaß das zu erwartende Unvermögen erreichen darf und welcher Zeitraum für die Illiquiditätsprognose zu berücksichtigen ist.[533]

aa. Liquiditätsplan

Als Grundlage für die vorzunehmende Prognose ist ein *Liquiditätsplan* zu erstellen, der die zukünftige Finanzentwicklung des Schuldners umfassend berücksichtigt.[534] Nach der hier vertretenen Ansicht sind dabei sowohl die zum Betrachtungszeitpunkt bereits bestehenden Zahlungspflichten als auch die künftigen zum Zeitpunkt der Prognose bereits mit hinreichender Sicherheit absehbaren Zahlungsverpflichtungen und Einnahmen zu berücksichtigen, sofern ihr Fälligkeitstermin im Prognosezeitraum liegt.[535] Die drohende Zahlungsunfähigkeit beinhaltet gerade ein zukunftsbezogenes prognostisches Element. Dies macht die Berücksichtigung der noch nicht bestehenden, aber bereits hinreichend sicher zu erwartenden Verbindlichkeiten und Einnahmen erforderlich. Eine hinreichende Sicherheit besteht in diesem Zusammenhang nur dann, wenn die künftigen Verbindlichkeiten bzw. Einnahmen unbestritten, der Höhe nach bereits bezifferbar sind und der Boden für ihre Entstehung bereits zum Zeitpunkt der Betrachtung bereitet ist. Dies ist nur dann der Fall, wenn sich die zu erwartenden Einnahmen nicht nur auf die durchschnittlichen Annahmen der zurückliegenden Geschäftsentwicklung gründen, son-

---

[532] Siehe oben S. 103.

[533] Vgl. Sch/Sch-Stree/Heine, StGB § 283 Rn. 53; Lackner/Kühl, StGB § 283 Rn. 8; MGB-Bieneck § 76 Rn. 73 ff.; vgl. auch Röhm, S. 140 ff.; Erdmann, S. 139 ff.

[534] Vgl. Sch/Sch-Stree/Heine, StGB § 283 Rn. 53; Bittmann, in: Insolvenzstrafrecht § 11 Rn. 79; Wegner, in: Achenbach/Ransiek VII 1 Rn. 85; Wessels/Hillenkamp, BT 2 Rn. 462; Erdmann, S. 149 ff.

[535] So auch: Sch/Sch-Stree/Heine, StGB § 283 Rn. 53; Lackner/Kühl, StGB § 283 Rn. 8; Bittmann, in: Insolvenzstrafrecht § 11 Rn. 80; MGB-Bieneck § 76 Rn. 75; Erdmann, S. 145 f.; Röhm, S. 140 ff. Nur die drängenden, künftigen Zahlungspflichten berücksichtigen will: LK-Tiedemann, StGB vor § 283 Rn. 139. Nur auf die bereits bestehenden Geldansprüche abstellend: SK-Hoyer, StGB § 283 Rn. 23.

dern sich insbesondere auf bereits angebahnte Geschäfte, z. B. aus bestehenden Kunden- bzw. Bankenkontakten, beziehen. Dementsprechend ist für die zu berücksichtigenden künftigen Zahlungspflichten ebenfalls zu fordern, dass sich diese zum Betrachtungszeitpunkt aus bereits bestehenden Geschäftskontakten ergeben müssen. Rein hypothetische Erwägungen, wie z. B. potentielle Produkthaftungsrisiken, haben unberücksichtigt zu bleiben. Das Gegenteil gilt allerdings dann, wenn zum Prognosezeitpunkt bereits grob bezifferbare Schadensanzeigen bzw. -meldungen wegen Produktfehlern beim Schuldner eingegangen sind.[536] Bei den künftigen Zahlungspflichten sind im Prognosezeitraum auch die sich aus dem regulären Geschäftsbetrieb ergebenden laufenden Verpflichtungen zur Zahlung von Arbeitsentgelten, Sozialabgaben, Steuern und sonstigen Abgaben zu berücksichtigen.

bb. Zeitliche Begrenzung des Prognosezeitraums?

Im Ausgangspunkt wird die Länge des Prognosezeitraums grundsätzlich durch die zuletzt fällig werdende Verbindlichkeit bestimmt.[537] Im insolvenzstrafrechtlichen Schrifttum wird teilweise eine Begrenzung des Prognosezeitraums auf ein bis zwei Jahre bzw. auf ein bis zwei Geschäftsjahre gefordert. Begründet wird dies mit einer wachsenden begrifflichen Unsicherheit, da ein mitunter mehrere Jahre umfassender Zeitraum ein zu großes Prognoserisiko mit sich bringen soll.[538] Einer Begrenzung des Prognosezeitraums ist nach der hier vertretenen Auffassung zuzustimmen. Mit zunehmender Länge des Prognosezeitraums nimmt die Fehleranfälligkeit der Voraussage zur künftigen Zahlungsunfähigkeit zu. Mit einem sehr langen Prognosezeitraum würde auch die mit der Bestimmung des insolvenzstrafrechtlichen Begriffs verbundene Unsicherheit zunehmen. Die zeitliche Einschränkung des Betrachtungszeitraums macht darüber hinaus auch aus Gründen einer zu vermeidenden Überkriminalisierung Sinn. Langfristige Darlehensverbindlichkeiten, deren Raten monatlich oder jährlich fällig werden, können sich über einen Zeitraum von über zehn Jahren erstrecken. Die in diesem Zeitraum berücksichti-

---

[536] Vgl. auch Bittmann, wistra 1998, 321 (325); Reck, GmbHR 1999, 267 (270); Röhm, INF 2003, 592 (594). Aus der zivilrechtlichen Literatur: FK-InsO-Schmerbach § 18 Rn. 6.

[537] LK-Tiedemann, StGB vor § 283 Rn. 139; Sch/Sch-Stree/Heine, StGB § 283 Rn. 53; Lackner/ Kühl, StGB § 283 Rn. 8; Fischer, StGB vor § 283 Rn. 11; MGB-Bieneck § 76 Rn. 75; Bittmann, in Insolvenzstrafrecht § 11 Rn. 80; Röhm, S. 152; Bieneck, StV 1999, 43 (45); Uhlenbruck, wistra 1996, 1 (4). NK-Kindhäuser, StGB vor § 283 Rn. 99 will keine zeitliche Höchstgrenze festsetzen. Ebenso: Erdmann, S. 156.

[538] Bittmann, wistra 1998, 321 (326); Röhm, S. 154; Übersicht bei: Pelz, Insolvenzstrafrecht Rn. 58, der sich in Rn. 57 für einen Zeitraum von fünf Jahren ausspricht im Anschluss an: Paulus, DStR 2003, 598 (599); Vgl. auch Temme, S. 81.

gungsfähigen Einnahmen bzw. Erlöse dürften hingegen nur selten bzw. nur zu Beginn des Prognosezeitraums mit hinreichender Bestimmtheit vorliegen. Dies hätte zur Folge, dass Verbindlichkeiten bereits voll – zu erwartende Einnahmen hingegen ab dem Zeitpunkt zu dem diese als nicht hinreichend gesichert gelten müssen, gar nicht im Rahme des Liquiditätsvergleichs angesetzt werden dürften. Damit bestünde die Gefahr, dass das Drohen von Illiquidität bei langen Prognosezeiträumen in diesen Fällen wahrscheinlicher wäre als bei kürzeren Prognosezeiträumen. Dieses Ergebnis ist unbefriedigend, da die drohende Zahlungsunfähigkeit im zivilen Insolvenzrecht nur auf Antrag des Schuldners zur Eröffnung des Insolvenzverfahrens führt, während die drohende Zahlungsunfähigkeit in § 283 Absatz 1 StGB neben der eingetretenen Zahlungsunfähigkeit und der Überschuldung ein gleichberechtigtes Tatbestandsmerkmal ist. Das Strafrecht wäre von den Rechtsfolgen für den Schuldner insofern strenger als das Zivilrecht, da der Schuldner den Eintritt der an die drohende Zahlungsunfähigkeit knüpfbaren insolvenzrechtlichen Folgen selbst bestimmen kann. Ein Verzicht auf eine zeitliche Begrenzung des Prognosezeitraums wäre eine unter Verhältnismäßigkeitsgesichtspunkten unvertretbare Lösung. Diese Aspekte vernachlässigt *Erdmann*, der sich gegen eine zeitliche Begrenzung des Betrachtungszeitraums ausspricht.[539]

Fraglich ist allerdings, wo eine sinnvolle zeitliche Grenze für den maßgeblichen Liquiditätsvergleich gezogen werden kann. In der Literatur wird für eine Begrenzung auf ein bis zwei Jahre bzw. Geschäftsjahre zumeist vorgebracht, dass sich die finanzielle Entwicklung des Schuldners bzw. des Schuldnerunternehmens in diesem Zeitraum mit hinreichender Sicherheit abschätzen ließe[540] bzw. bei einem längeren Zeitraum dem strafrechtlichen Bestimmtheitsgrundsatz nicht mehr genügt werde.[541] Während die erstgenannte Begründung noch einigermaßen einleuchten mag, kann die zweite Begründung nicht ohne weiteres befriedigen. Da es den Anschein hat, dass die geforderten Zeitgrenzen ohnehin mehr oder weniger nach freiem Ermessen festgesetzt wurden, muss zumindest hinterfragt werden, weshalb ein Zeitraum von bis zu zwölf Monaten noch ausreichend bestimmt sein soll und weshalb ein Zeitraum von mehr als zwölf Monaten strafrechtlichen Bestimmtheitsanforderungen nicht mehr genügen soll. Eine überzeugende Antwort existiert hierzu nicht.

Ausgangspunkt für die Bemessung einer zeitlichen Grenze für die Illiquiditätsprognose ist lediglich die Erkenntnis, dass ein zu kurz gefasster Zeitraum, der bereits

---

[539] Vgl. Erdmann, S. 156.
[540] Vgl. z. B. Bittmann, wistra 1998, 321 (325); Röhm, S. 154.
[541] So z. B. MGB-Bieneck § 76 Rn. 75.

in der Begründung des Regierungsentwurfs zur InsO[542] geforderten Berücksichtigung der gesamten Finanzentwicklung des Schuldners nicht gerecht werden würde. Ein zu lang gefasster Zeitraum würde den Schuldner schlechter stellen, da die künftige Zahlungsunfähigkeit dann zumeist wahrscheinlicher wäre.

In diesem Spannungsfeld ist eine Lösung zu finden. Um eine dem Schuldner bzw. dem Schuldnerunternehmen gerecht werdende zeitliche Grenze zu finden, könnte es Sinn machen, auf eine unternehmensbezogene Kennziffer – wie z. B. den sog. *Cash Flow*[543] – abzustellen und damit die von Unternehmung zu Unternehmung mitunter erheblich voneinander abweichenden Zahlungsmittelschöpfungsmöglichkeiten zu berücksichtigen. Dies würde allerdings die Bestimmung einer Relationsgröße zur Cash Flow-Kennziffer notwendig machen, da der Cash Flow allein noch keine ohne weiteres vergleichbare Kennziffer darstellt. Die anzustellende Prognose würde bei einem solchen Verfahren zusätzlich verkompliziert werden Zudem wäre die erforderliche Übertragbarkeit auf unterschiedliche Schuldnerunternehmen fraglich. Dies dürfte wiederum zu wenig einzelfallgerechten Ergebnissen führen. Ein Abstellen auf den Cash Flow ist daher nicht überzeugend.

Alles in allem scheint daher die – wenn auch mehr oder weniger frei gewählte – *Grenze von einem Jahr ab dem Betrachtungszeitpunkt* angemessen und überdies praktikabel zu sein. Letztlich kann diese Grenze trotz fortbestehender Begründungsdefizite befürwortet werden. Der wohl überwiegenden Auffassung in der insolvenzstrafrechtlichen Literatur ist zuzustimmen.[544]

Wirksam wird diese Begrenzung nur dann, wenn der Fälligkeitstermin der letzten noch nicht fälligen bereits bestehenden oder hinreichend sicher zu erwartenden Verbindlichkeit nach dieser Zeitgrenze liegt.[545] Ansonsten ist die Fälligkeit der zu letzt fällig werdenden Verbindlichkeit die zeitliche Grenze für die vorzunehmende Prognose.

Die hier vertretene Sichtweise weicht von der wohl überwiegenden Auffassung im zivilen Insolvenzrecht[546], die keine zeitliche Begrenzung des Prognosezeitraums

---

[542] RegE InsO, BT-Drs. 12/2443, S. 115.

[543] Unter dem Begriff Cash Flow wird in der Betriebswirtschaftslehre eine Kennziffer zur Beurteilung der Finanz- und Ertragskraft einer Unternehmung verstanden. Der Cash Flow stellt den sich aus dem betrieblichen Umsatzprozess ergebenden Betrag dar, der dem Unternehmen im untersuchten Geschäftsjahr zur Verfügung steht. Vgl. auch Harz, ZInsO 2001, 193 (199 ff.) zur Bedeutung des Cash Flow im Rahmen der Überschuldungsprüfung.

[544] Vgl. Bittmann, in: Insolvenzstrafrecht § 11 Rn. 80; Beck, in Wabnitz/Janovsky 6 Rn. 90; Wegner, in: Achenbach/Ransiek VII Rn. 87; Bittmann, wistra 1998, 321 (325); Röhm, S. 152 ff. Ähnlich MGB-Bieneck § 76 Rn. 75, der für eine Begrenzung auf das Ende des auf den Betrachtungszeitpunkt folgenden Geschäftsjahres plädiert.

[545] Vgl. auch Wegner, in: Achenbach/Ransiek VII 1 Rn. 87; Röhm, S. 154; Bittmann, wistra 1998, 321 (325).

[546] Siehe dazu oben S. 103.

vorsieht, ab. Eine streng zivilrechtsakzessorische Auslegung[547] unter Heranziehung der wohl überwiegend im zivilen Insolvenzrecht vertretenen Ansicht zur Bestimmung des Begriffs der drohenden Zahlungsunfähigkeit kann nach der hier vertretenen Ansicht im Insolvenzstrafrecht mit Rücksicht auf strafrechtliche Bestimmtheits- und Verhältnismäßigkeitsanforderungen nicht erfolgen. Vorliegende Arbeit befürwortet auch für das zivile Insolvenzrecht die Einführung einer zeitlichen Grenze von einem Jahr ab dem Betrachtungszeitpunkt für die vorzunehmende Zahlungsfähigkeitsprognose.[548]

cc. Grenzwert für den Grad der Illiquiditätswahrscheinlichkeit

Anknüpfend an die Begründung im Regierungsentwurf zur InsO, wonach der Begriff „voraussichtlich" in § 18 Absatz 2 InsO so zu verstehen sei, dass der Eintritt von Zahlungsunfähigkeit wahrscheinlicher sein müsse als deren Vermeidung[549], fordert die ganz überwiegende Auffassung im insolvenzstrafrechtlichen Schrifttum eine Illiquiditätswahrscheinlichkeit von über 50 %.[550] Eine Mindermeinung will dagegen die anzusetzende Zahlungsunfähigkeitswahrscheinlichkeit mit zunehmender Dauer des Prognosezeitraums weiter verringern.[551] Diese Auffassung ist abzulehnen. Ebenso wie die Ausdehnung des maßgeblichen Prognosezeitraums auf mehrjährige Zeitspannen, würde sie zu einer nicht hinnehmbaren stärkeren Belastung des Schuldners führen. Auf die vorangehenden Ausführungen zur zeitlichen Begrenzung des Prognosezeitraums kann insofern verwiesen werden.[552] Da vorangehend bereits eine Begrenzung des Prognosezeitraums befürwortet wurde, ist eine weitergehende Einschränkung der Wahrscheinlichkeitsgrenze nicht erforderlich. Durch die zeitliche Einschränkung des Prognosezeitraums wird die mit der Illiquiditätsvoraussage einhergehende Unsicherheit in ausreichendem Maße kompensiert. Es ist daher an der 50 %-Grenze festzuhalten.

---

[547] Vgl. auch die knappe Übersicht bei Beck, in: Wabnitz/Jnaovsky 6 Rn. 89. Gegen eine Heranziehung des § 18 InsO ist Pelz, Insolvenzstrafrecht, Rn. 110. Für eine insolvenzrechtsakzessorische Bestimmung hingegen: Pape/Uhlenbruck/Voigt-Salus, Insolvenzrecht, 47 Rn. 15; Plathner, S. 191 – allerdings ohne nähere Begründung.

[548] Siehe oben S. 104.

[549] RegE InsO, BT-Drs. 12/2443, S. 115.

[550] MGB-Bieneck § 76 Rn. 76; Röhm, S. 148 f.; Pelz, Insolvenzstrafrecht, Rn. 111; Reck, Insolvenzstraftaten, Rn. 121; Reck, GmbHR 1999, 267 (270); Röhm, INF 2003, 592 (594). Kritisch: LK-Tiedemann, StGB vor § 283 Rn. 138 f., der eine starre 50 %-Grenze für zu eng hält.

[551] Vgl. Bittmann, wistra 1998, 321 (325); zustimmend wohl: Sch/Sch-Stree/Heine, StGB § 283 Rn. 53 und aus der zivilrechtlichen Literatur: FK-InsO-Schmerbach § 18 Rn. 14. Anders und für eine Heranziehung der Kriterien für die eingetretene Zahlungsunfähigkeit: Bittmann, in: Insolvenzstrafrecht § 11 Rn. 76 ff.

[552] Siehe oben S. 110.

b. Auswirkungen des § 18 InsO auf das Insolvenzstrafrecht

Die Diskussion um die Bestimmung des insolvenzstrafrechtlichen Begriffsverständ-nisses der drohenden Zahlungsunfähigkeit wurde durch die Einführung des § 18 InsO erneut angefacht. Allerdings hat § 1 InsO – anders als in der Begründung zum Regierungsentwurf der InsO vermutet[553] – keine größere Klarheit für das Strafrecht bringen können. Dies zeigen die vorstehenden Ausführungen zur Be-stimmung des strafrechtlichen Krisenmerkmals der drohenden Zahlungsunfä-higkeit. Die Streitfragen im Rahmen der Bestimmung des insolvenzrechtlichen und des strafrechtlichen Begriffsverständnisses sind dieselben.

Im Hinblick auf die objektive Strafbarkeitsbedingung des § 283 Absatz 6 StGB ist die Neuregelung der drohenden Zahlungsunfähigkeit in § 18 Absatz 1 InsO von erheblicher Bedeutung. Stellt der Schuldner bzw. das zuständige Schuldnerorgan den Eigenantrag wegen drohender Zahlungsunfähigkeit und wird auf diesen An-trag hin das Insolvenzverfahren eröffnet oder die Eröffnung mangels Masse ab-gelehnt, so liegen damit die Voraussetzungen der objektiven Strafbarkeitsbedin-gung des § 283 Absatz 6 StGB vor. Mit dem Eigenantrag gemäß § 18 InsO würde der Schuldner somit selbst für den Eintritt der Voraussetzungen des § 283 Ab-satz 6 StGB sorgen und sich damit selbst zumindest in die Gefahr einer möglichen Strafverfolgung nach den §§ 283 ff. StGB bringen.[554] Auf die im Zusammenhang mit § 283 Absatz 6 StGB zu erörternden Probleme, insbesondere auf die Frage nach der Erforderlichkeit strafrechtlicher Korrekturen[555], wird in einem eigenen Kapitel ausführlich eingegangen.[556]

Festzuhalten ist, dass die Einführung des § 18 InsO zu einer Vorverlagerung des Eingreifens der Strafbarkeit gemäß den §§ 283 ff. StGB geführt hat, da die Vor-aussetzungen der objektiven Strafbarkeitsbedingung der §§ 283 Absatz 6, 283b Absatz 3, 283c Absatz 3 283d Absatz 4 StGB früher vorliegen, wenn der Eigenan-trag gemäß § 18 InsO gestellt wird. Der Insolvenzeröffnungsgrund der drohenden Zahlungsunfähigkeit greift zeitlich früher ein als der der eingetretenen Zahlungs-unfähigkeit.

---

[553] RegE InsO, BT-Drs. 12/2443, S. 114.
[554] Vgl. K.Schmidt, in: K.Schmidt/Uhlenbruck, GmbH-Krise Rn. 5.52.
[555] Vgl. nur die Forderungen bei Moosmayer, S. 183 ff.; Röhm, S. 220 ff.; Neumann, S. 91 ff.; vgl. auch Röhm, NZI 2002, 134 ff.
[556] Siehe unten S. 183 ff.

c. Zusammenfassung zur drohenden Zahlungsunfähigkeit im Insolvenzstrafrecht

Das insolvenzstrafrechtliche Krisenmerkmal der drohenden Zahlungsunfähigkeit ist zu verstehen als voraussichtliches Unvermögen des Schuldners, seine Zahlungspflichten im Zeitpunkt ihrer Fälligkeit zu erfüllen. Für den Begriffsteil der Zahlungsunfähigkeit ist ein Liquiditätsvergleich vorzunehmen. Für das Drohen kommt es auf eine Bewertung der Wahrscheinlichkeit des zukünftigen Eintritts von Zahlungsunfähigkeit an. Zum Betrachtungszeitpunkt ist zu fragen, ob das Eintreten von Zahlungsunfähigkeit wahrscheinlicher ist als ihre Vermeidung. Grundlage für die vorzunehmende Prognose ist ein *Liquiditätsplan*, der die zukünftige Finanzentwicklung des Schuldners umfassend zu berücksichtigen hat.[557] In dem Liquiditätsplan sind neben den bereits bestehenden, aber noch nicht fälligen Zahlungspflichten und neben den vorhandenen Zahlungsmitteln auch die künftigen, zum Zeitpunkt der Prognose bereits mit hinreichender Sicherheit zu erwartenden Zahlungsverpflichtungen und Einnahmen zu berücksichtigen, sofern diese im Prognosezeitraum fällig werden. Für die zu berücksichtigenden Zahlungspflichten ist eine zeitliche Grenze von einem Jahr ab dem Betrachtungszeitpunkt angemessen und praktikabel. Ist die zu letzt fällig werdende bestehende oder hinreichend sicher zu erwartende Verbindlichkeit bereits vor dem Ende dieses Jahreszeitraums fällig, so stellt der Fälligkeitszeitpunkt dieser Verbindlichkeit die zeitliche Grenze für die vorzunehmende Prognose dar. Zahlungsunfähigkeit droht, wenn die Illiquiditätswahrscheinlichkeit 50 % übersteigt.[558] Das strafrechtliche Krisenmerkmal der drohenden Zahlungsunfähigkeit kann somit nicht streng akzessorisch zur wohl überwiegenden Auffassung im zivilen Insolvenzrecht bestimmt werden, da dort auf eine zeitliche Begrenzung des Prognosezeitraums verzichtet wird. Vorliegende Arbeit befürwortet jedoch auch für das zivile Insolvenzrecht eine Begrenzung des maßgeblichen Prognosezeitraums auf ein Jahr.[559]

V. Das strafrechtliche Krisenmerkmal der Überschuldung

Das Vorliegen von *Überschuldung* ist gemäß § 19 Absatz 1 InsO bei juristischen Personen Grund für die Eröffnung des Insolvenzverfahrens. Dasselbe gilt gemäß

---

[557] Vgl. Sch/Sch-Stree/Heine, StGB § 283 Rn. 53; Bittmann, in: Insolvenzstrafrecht § 11 Rn. 79; Wegner, in: Achenbach/Ransiek VII 1 Rn. 85; Wessels/Hillenkamp, BT 2 Rn. 462.

[558] Ebenso MGB-Bieneck § 76 Rn. 76; Röhm, S. 148 f.; Pelz, Insolvenzstrafrecht, Rn. 111; Reck, GmbHR 1999, 267 (270); neuerdings kritisch: LK-Tiedemann, StGB vor § 283 Rn. 138 f.

[559] Siehe oben S. 104.

§ 19 Absatz 3 InsO auch für Personengesellschaften, bei denen keine natürliche Person persönlich haftender Gesellschafter ist.[560] Die Überschuldung war bereits vor ihrer Regelung in § 19 InsO als Grund für die Eröffnung des Insolvenzverfahrens anerkannt. Die bisherigen Regelungen waren allerdings nicht in einem einzigen Paragrafen gebündelt, sondern auf eine große Zahl an Einzelvorschriften wenig übersichtlich verstreut.[561] § 19 Absatz 2 InsO enthält auch eine Legaldefinition für den Begriff der Überschuldung. Die Überschuldung ist nicht nur ein Grund für die Eröffnung des Insolvenzverfahrens, sondern auch strafrechtliches Tatbestandsmerkmal in § 283 Absatz 1 StGB sowie in dem neu in § 15a Absatz 4 und 5 i. V. m. Absatz 1 Satz 1 InsO geregelten Insolvenzverschleppungsstraftatbestand.

Der Begriff der Überschuldung ist im Zivilrecht und im Strafrecht bereits seit geraumer Zeit Gegenstand von Diskussionen und Konkretisierungsbemühungen.[562] Die dazu ergangenen Stellungnahmen sind zahlreich, teilweise umfangreich und weisen vereinzelt auch eine beachtliche Diskussionstiefe auf. In vorliegender Arbeit wird die Bestimmung des Begriffs der Überschuldung daher weder insolvenzrechtlich noch insolvenzstrafrechtlich umfassend neu aufgerollt. Die Arbeit konzentriert sich auf die Wiedergabe der wesentlichen insolvenzrechtlichen Grundzüge zur Überschuldung und vertieft wichtige Fragen und Probleme, die sich für die Verwendung des Begriffs der Überschuldung im Insolvenzverschleppungsstraftatbestand sowie in § 283 StGB ergeben. Dazu zählen insbesondere die Auswirkungen der jüngeren Gesetzgebung. Ausführlich behandelt werden die Änderung des Überschuldungsbegriffs durch Art. 5 des Finanzmarktstabilisie-

---

[560] Einen Überblick zum Anwendungsbereich des § 19 InsO gibt FK-InsO-Schmerbach § 19 Rn. 3. Einen ausführlichen Überblick über die historische Entwicklung der Überschuldung gibt Götz, KTS 2003, 1 ff.

[561] Regelungen zur Überschuldung enthielten vor allem die §§ 207 Abs. 1, 209 Abs. 1 S. 2, 213 KO, § 2 Abs. 1 S. 3 VglO, § 1 Abs. 1 S. 1,2 GesO, § 63 Abs. 1 GmbHG a. F.

[562] Verwiesen sei nur auf die Ausführungen und Literaturangaben in der jüngeren Rechtsprechung, in einigen Standardkommentaren sowie auf einige monographische Untersuchungen; exemplarisch genannt seien: FK-InsO-Schmerbach § 19 Rn. 1 ff.; Drukarczyk, in: MüKo/InsO § 19 Rn. 1 ff.; Uhlenbruck, InsO § 19 Rn. 1 ff.; Pape/Uhlenbruck/Voigt-Salus, Insolvenzrecht, 17 Rn. 25; BGH, Urteil v. 5.2.2007, II ZR 234/05, Abs. 19 = ZIP 2007, 676 (679); LK-Tiedemann, StGB vor § 283 Rn. 147 ff.; Sch/Sch-Stree/Heine, StGB § 283 Rn. 51; NK-Kindhäuser, StGB vor § 283 Rn. 92 ff.; SK-Hoyer, StGB § 283 Rn. 11 ff.; Fischer, StGB vor § 283 Rn. 7; Lackner/Kühl, StGB § 283 Rn. 6; Scholz/K.Schmidt/Bitter, GmbHG vor § 64 Rn. 15 ff.; Haas, in; Baumbach/Hueck, GmbHG § 64 Rn. 43 ff.; Hefermehl/Spindler, in: MüKo/AktG § 92 Rn. 23 ff.; Hüffer, AktG § 92 Rn. 10 ff.; Haack, Der Konkursgrund der Überschuldung bei Kapital- und Personengesellschaften, 1980; Vonnemann, Die Feststellung der Überschuldung, 1989; Biermann, Die Überschuldung als Voraussetzung zur Konkurseröffnung, 1963; Böcker, Die Überschuldung im Recht der Gesellschaft mit beschränkter Haftung, 2002; Groth, Überschuldung und eigenkapitalersetzende Gesellschafterdarlehen, 1995; Harneit, Überschuldung und erlaubtes Risiko, 1984; Höfner, Die Überschuldung als Krisenmerkmal des Konkursstrafrechts, 1981.

rungsgesetzes (FMStG) vom 17. Oktober 2008[563] sowie die Auswirkungen des Bilanzrechtsmodernisierungsgesetzes (BilMoG) vom 25. Mai 2009.[564] Ferner werden zentrale Streitfragen zu der durch das FMStG aufgewerteten Fortführungsprognose, zur Berücksichtigung von Fortführungs- oder von Liquidationswerten und zu den Auswirkungen des § 19 InsO auf das insolvenzstrafrechtliche Begriffsverständnis behandelt. Zunächst ist allerdings in einem Überblick auf die Bestimmung des Überschuldungsbegriffs im zivilen Insolvenzrecht einzugehen.

1. Insolvenzrechtliches Begriffsverständnis der Überschuldung einschließlich den Auswirkungen der InsO, des FMStG, des MoMiG und des BilMoG

a. Entwicklung des Überschuldungsbegriffs seit der Einführung des § 19 InsO

Zum besseren Verständnis der Streitfragen zur Begriffsbestimmung wird in dem nachfolgenden kurzen Überblick auf die wesentlichen Entwicklungsschritte des Überschuldungsbegriffs des § 19 InsO eingegangen.[565]

aa. Einführung des § 19 InsO

Durch die am 1. Januar 1999 in Kraft getretene[566] Insolvenzordnung vom 5. Oktober 1994[567] wurde § 19 InsO mit folgendem Wortlaut eingeführt:

„§ 19 Überschuldung

(1)   Bei einer juristischen Person ist auch die Überschuldung Eröffnungsgrund.

(2)   Überschuldung liegt vor, wenn das Vermögen des Schuldners die bestehenden Verbindlichkeiten nicht mehr deckt. Bei der Bewertung des Vermögens

---

[563]   Vgl. Art. 5 FMStG vom 17. Oktober 2008, BGBl. I S. 1982 (1988 f.). Vgl. hierzu auch Hölzle, ZIP 2008, 2003 ff.; Holzer, ZIP 2008, 2108 ff.; Thonfeld, NZI 2009, 15 ff.; Möhlmann-Mahlau/Schmitt, NZI 2009, 19 ff.; Spindler, DStR 2008, 2268 (2275 f.).

[564]   BilMoG vom 25. Mai 2009, BGBl. I S. 1102.

[565]   Einen ausführlichen Überblick zur Entwicklung des Überschuldungsbegriffs gibt: Holzer, ZIP 2008, 2108 ff.

[566]   Die Insolvenzordnung ist gemäß § 359 InsO i. V. m. Art. 110 Abs. 1 und Abs. 2 EGInsO am 1.1.1999 in Kraft getreten.

[567]   InsO vom 5. Oktober 1994, BGBl. I S. 2866 (2868).

> *des Schuldners ist jedoch die Fortführung des Unternehmens zugrunde zu legen, wenn diese nach den Umständen überwiegend wahrscheinlich ist.*
>
> *(3) Ist bei einer Gesellschaft ohne Rechtspersönlichkeit kein persönlich haftender Gesellschafter eine natürliche Person, so gelten die Absätze 1 und 2 entsprechend. Dies gilt nicht, wenn zu den persönlich haftenden Gesellschaftern eine andere Gesellschaft gehört, bei der ein persönlich haftender Gesellschafter eine natürliche Person ist."*

Gemäß der mit § 19 InsO neu eingeführten Legaldefinition in § 19 Absatz 2 Satz 1 InsO lag Überschuldung vor, wenn das Vermögen des Schuldners die bestehenden Verbindlichkeiten nicht mehr deckt. Zudem legte der Gesetzgeber in § 19 Absatz 2 Satz 2 InsO fest, dass bei der Bewertung des Schuldnervermögens die Fortführung des Unternehmens zugrunde zu legen ist, wenn dies nach den Umständen überwiegend wahrscheinlich ist.

bb. Änderung des § 19 Absatz 2 InsO durch das FMStG

Durch Art. 5 des FMStG[568] vom 17. Oktober 2008 wurde die Legaldefinition der Überschuldung in § 19 Absatz 2 InsO wie folgt neu gefasst:

> *„(2) Überschuldung liegt vor, wenn das Vermögen des Schuldners die bestehenden Verbindlichkeiten nicht mehr deckt, es sei denn, die Fortführung des Unternehmens ist nach den Umständen überwiegend wahrscheinlich."*

Gemäß der geänderten Legaldefinition ist Überschuldung dann nicht anzunehmen, wenn die Fortführung des Unternehmens nach den Umständen überwiegend wahrscheinlich ist.[569] Das Bestehen einer positiven Fortführungsprognose steht dem Vorliegen von Überschuldung somit generell entgegen.[570] Der konkreten Ausgestaltung des § 19 Absatz 2 InsO kann durch die Formulierung *„es sei denn"* entnommen werden, dass es sich bei der rechnerischen Überschuldung um eine widerlegliche Vermutung für das Vorliegen von Überschuldung handelt, die jedoch

---

[568] Art. 5 FMStG vom 17. Oktober 2008, BGBl. I S. 1982 (1988 f.).

[569] Vgl. Art. 5 FMStG vom 17. Oktober 2008, BGBl. I S. 1982 (1988 f.). Vgl. hierzu auch: Hölzle, ZIP 2008, 2003 ff.; Holzer, ZIP 2008, 2108 ff.; Thonfeld, NZI 2009, 15 ff.; Möhlmann-Mahlau/Schmitt, NZI 2009, 19 ff.; Spindler, DStR 2008, 2268 (2275 f.); K.Schmidt, DB 2008, 2467 ff.; Dannecker/Knierim/Hagemeier, Rn. 55. Allgemein zum FMStG: Ewer/Behnsen, NJW 2008, 3457 ff.

[570] Vgl. zur jüngeren Entwicklung des Überschuldungsbegriffs: Holzer, ZIP 2008, 2108 ff.; Thonfeld, NZI 2009, 15 f.; Möhlmann-Mahlau/Schmitt, NZI 2009, 19 f. Kritisch: Bittmann, ZGR 2009, 931 (971 f.).

durch eine positive Fortbestehensprognose entkräftet werden kann.[571] Die Neufassung des § 19 Absatz 2 InsO trat gemäß Art. 7 Absatz 1 FMStG am Tag nach der Verkündung des FMStG in Kraft. Die Verkündung im Bundesgesetzblatt erfolgte ebenfalls am 17. Oktober 2008, so dass die Änderung des § 19 Absatz 2 InsO bereits am 18. Oktober 2008 in Kraft getreten ist.

Der Gesetzgeber des FMStG ging zunächst davon aus, dass eine auf rund zwei Jahre begrenzte Änderung des § 19 Absatz 2 InsO ausreichend sei, um Unternehmen vor den Auswirkungen der Finanzkrise zu schützen und sah deshalb in Art. 6 Absatz 3 i. V. m. Art. 7 Absatz 2 FMStG zunächst eine Befristung der vorstehend dargestellten Änderung des § 19 Absatz 2 InsO bis zum 31. Dezember 2010 vor.[572] Die Befristung wurde zwischenzeitlich durch das Gesetz zur Erleichterung der Sanierung von Unternehmen vom 24. September 2009 bis zum 31. Dezember 2013 verlängert.[573]

cc. Ergänzung des § 19 Absatz 2 InsO durch das MoMiG

Im Zuge der Reform des GmbH-Rechts durch das MoMiG wurde § 19 Absatz 2 InsO gemäß Art. 9 Ziffer 4 des MoMiG vom 23. Oktober 2008[574] um einen weiteren Satz ergänzt und erhielt hierdurch folgenden Wortlaut:

> „(2) Überschuldung liegt vor, wenn das Vermögen des Schuldners die bestehenden Verbindlichkeiten nicht mehr deckt, es sei denn, die Fortführung des Unternehmens ist nach den Umständen überwiegend wahrscheinlich. Forderungen auf Rückgewähr von Gesellschafterdarlehen oder aus Rechtshandlungen, die einem solchen Darlehen wirtschaftlich entsprechen, für die gemäß § 39 Abs. 2 zwischen Gläubiger und Schuldner der Nachrang im Insolvenzverfahren hinter den in § 39 Abs. 1 Nr. 1 bis 5 bezeichneten Forderungen vereinbart worden ist, sind nicht bei den Verbindlichkeiten nach Satz 1 zu berücksichtigen."

Gemäß der Begründung des Regierungsentwurfs zum MoMiG soll durch die Ergänzung des § 19 Absatz 2 InsO – unter dem Eindruck der Rechtsprechung des

---

[571] Vgl. Grube/Röhm, wistra 2009, 81 (83). So wohl auch: Bittmann, wistra 2009, 138 (140).

[572] Art. 6 Absatz 3 i. V. m. Art. 7 Absatz 2 FMStG vom 17. Oktober 2008, BGBl. I S. 1982 (1989). Vgl. dazu Holzer, ZIP 2008, 2108.

[573] Art. 1 Gesetz zur Erleichterung der Sanierung von Unternehmen vom 24. September 2009, BGBl. I S. 3151. Siehe dazu auch unten S. 121.

[574] Art. 9 Ziffer 4 MoMiG vom 23. Oktober 2008, BGBl. I S. 2026 (2037 f.).

BGH[575] zur Nachrangigkeit von Gesellschafterdarlehen – eine Klarstellung und Vereinfachung betreffend die Behandlung von Gesellschafterdarlehen in der Überschuldungsbilanz erreicht werden.[576] Der Regierungsentwurf zum MoMiG sah zunächst eine generelle Nachrangigkeit von Gesellschafterdarlehen vor.[577] In der Gesetzesfassung entschied sich der Gesetzgeber jedoch dazu, am Erfordernis der Vereinbarung einer Nachrangigkeit der Ansprüche aus Gesellschafterdarlehen und wirtschaftlich entsprechenden Rechtshandlungen festzuhalten. Gemäß der Fassung, die § 19 Absatz 2 letzter Satz InsO durch das MoMiG erhielt, ist danach zur Vermeidung der Passivierung von Ansprüchen aus Gesellschafterdarlehen in der Überschuldungsbilanz ein einfacher Rangrücktritt in den Rang des § 39 Absatz 2 InsO erforderlich – aber auch ausreichend. Teilweise wird vorgebracht, dass es für die Ausnahme von der Passivierungspflicht ausreichend gewesen wäre, einen Rangrücktritt auf die Stufe des § 39 Absatz 1 Nr. 5 InsO zu vereinbaren.[578] Durch die eindeutige Gesetzesfassung des § 19 Absatz 2 letzter Satz InsO sind solche Überlegungen durch das MoMiG jedoch verworfen worden.

dd. Änderung des ab dem 1. Januar 2014 geltenden § 19 Absatz 2 InsO durch das FMStErgG

Offensichtlich begünstigt durch den großen Zeitdruck unter dem das FMStG entstand, wurde übersehen, dass die vorstehend dargestellte Ergänzung von § 19 Absatz 2 InsO durch das MoMiG aufgrund der Befristungsregelung in Art. 6 Absatz 3 i. V. m. Art. 7 Absatz 2 FMStG[579] mit Ablauf des 31. Dezember 2010 bzw. nach Verlängerung der Befristung[580] mit Ablauf des 31. Dezember 2013 wieder weggefallen wäre. Ab dem 1. Januar 2014 hätte wieder die vor dem Inkrafttreten des FMStG am 18. Oktober 2008 geltende Fassung des § 19 Absatz 2 InsO gegolten.

Dieses Versäumnis wurde durch Art. 4 des FMStErgG vom 7. April 2009[581] behoben. Der ab dem 1. Januar 2014 geltende § 19 Absatz 2 InsO wurde somit wie-

---

[575] BGHZ 146, 264 ff.

[576] Vgl. RegE MoMiG, BT-Drs. 16/6140 vom 25. Juli 2007, Begründung S. 135 f.

[577] Vgl. Art. 9 Ziffer 4 RegE MoMiG, BT-Drs. 16/6140 vom 25. Juli 2007, S. 30, Begründung S. 135 f.

[578] Vgl. K.Schmidt, DB 2008, 2467 (2471).

[579] Art. 6 Absatz 3 i. V. m. Art. 7 Absatz 2 FMStG vom 17. Oktober 2008, BGBl. I S. 1982 (1989).

[580] Siehe S. 121.

[581] Art. 4 FMStErgG vom 7. April 2009, BGBl. I S. 725 (732). Vgl. dazu Amend, ZIP 2009, 589 (593); Thonfeld, NZI 2009, 15 (18 ff.); Hecker/Glozbach, BB 2009, 1544 (1547 f.).

der um den vorstehend dargestellten weiteren Satz ergänzt, der bereits durch Art. 9 Ziffer 4 des MoMiG vom 23. Oktober 2008[582] ergänzt wurde.

Vorbehaltlich, dass in der Zwischenzeit keine weiteren Änderungen von § 19 Absatz 2 InsO erfolgen, wird § 19 Absatz 2 InsO ab dem 1. Januar 2014 folgenden Wortlaut haben:

> „(2) Überschuldung liegt vor, wenn das Vermögen des Schuldners die bestehen-
> den Verbindlichkeiten nicht mehr deckt. Bei der Bewertung des Vermögens
> des Schuldners ist jedoch die Fortführung des Unternehmens zugrunde zu
> legen, wenn diese nach den Umständen überwiegend wahrscheinlich ist.
> Forderungen auf Rückgewähr von Gesellschafterdarlehen oder aus Rechts-
> handlungen, die einem solchen Darlehen wirtschaftlich entsprechen, für die
> gemäß § 39 Abs. 2 zwischen Gläubiger und Schuldner der Nachrang im In-
> solvenzverfahren hinter den in § 39 Abs. 1 Nr. 1 bis 5 bezeichneten Forde-
> rungen vereinbart worden ist, sind nicht bei den Verbindlichkeiten nach Satz
> 1 zu berücksichtigen."

Teilweise wird für eine dauerhafte Beibehaltung des bis zum 31. Dezember 2013 geltenden Überschuldungsbegriffs plädiert.[583] Vereinzelt wird sogar eine Abschaffung des Insolvenzeröffnungsgrundes der Überschuldung gefordert.[584]

ee. Verlängerung der zeitlichen Geltung des durch das FMStG geänderten Überschuldungsbegriffs bis zum 31. Dezember 2013 durch das Gesetz zur Erleichterung der Sanierung von Unternehmen

Unter dem Eindruck der anhaltenden Auswirkungen der Finanzkrise des Herbstes 2008 hielt es der Gesetzgeber für erforderlich, die gemäß dem FMStG zunächst bis zum 31. Dezember 2010 geltende Befristung des mit dem FMStG eingeführten Überschuldungsbegriffs bis zum 31. Dezember 2013 zu verlängern. Durch Art. 1 des Gesetzes zur Erleichterung der Sanierung von Unternehmen vom 24. September 2009[585] wurde Art. 7 Abs. 2 des FMStG entsprechend geändert. Weitere Regelungen enthielt das Gesetz zur Erleichterung der Sanierung von Unterneh-

---

[582] Art. 9 Ziffer 4 MoMiG vom 23. Oktober 2008, BGBl. I S. 2026 (2037 f.).

[583] K.Schmidt, ZIP 2009, 1551 (1552, 1554); K.Schmidt, DB 2008, 2467 (2471). So wohl auch: Dahl, NZI, 2008, 719 (720 f.). Kritisch auch: Möhlmann-Mahlau/Schmitt, NZI 2009, 19 (24).

[584] Vgl. Hölzle, ZIP 2008, 2003 (2004 f.).

[585] Art. 1 Gesetz zur Erleichterung der Sanierung von Unternehmen vom 24. September 2009, BGBl. I S. 3151. Vgl. dazu Hoos/Kleinschmidt, NZG 2009, 1172 ff.; Wolf, DStR 2009, 2682 (2683). Kritisch: Bittmann, ZGR 2009, 931 (971 f.).

men nicht. Der durch die InsO eingeführte und durch das MoMiG ergänzte Überschuldungsbegriff gilt somit erst wieder ab dem 1. Januar 2014.

In der Literatur wird spekuliert, ob es diese Rückkehr zu dem durch die InsO eingeführten Überschuldungsbegriff überhaupt geben wird.[586] Selbst in der Begründung des Gesetzentwurfs der seinerzeitigen Regierungsfraktionen der CDU/ CSU und SPD zu dem *Gesetz zur Erleichterung der Sanierung von Unternehmen* wird ausgeführt, dass die Bundesregierung dem Deutschen Bundestag Mitte der nächsten Legislaturperiode, d. h. voraussichtlich im September 2011, über die Erfahrungen mit dem weiter geltenden Überschuldungsbegriff und die Notwendigkeit einer weiteren Verlängerung oder eine Rückkehr zum früheren Überschuldungsbegriff zu berichten habe.[587]

b. Überschuldungsbilanz als Ausgangspunkt der Überschuldungsfeststellung

Ausgangspunkt für das Vorliegen einer Überschuldung ist die Feststellung, dass das Vermögen des Schuldners die bestehenden Verbindlichkeiten nicht mehr deckt. Dies ist unumstritten und völlig unabhängig davon welche Fassung des § 19 Absatz 2 InsO gilt. Grundlage der Überschuldungsfeststellung ist ein Vergleich zwischen dem Vermögen und den Verbindlichkeiten des Schuldners. Für den vorzunehmenden Vergleich ist nach einhelliger Ansicht eine *Überschuldungsbilanz*, die auch *Überschuldungsstatus* genannt wird, zu erstellen.[588] Darauf beschränken sich allerdings oftmals die Gemeinsamkeiten der zur Überschuldung entwickelten Ansichten, denn zur Frage nach der konkreten Messung der Überschuldung und der Methodik der Überschuldungsbestimmung existiert eine kaum überschaubare Zahl von Stellungnahmen.[589]

---

[586] Hoos/Kleinschmidt, NZG 2009, 1172 (1173).

[587] Gesetzentwurf der Fraktionen der CDU/CSU und SPD vom 21. August 2009, BT-Drs. 16/13927, Begründung, S. 5.

[588] RegE InsO, BT-Drs. 12/2443, S. 115; BGHZ 164, 50; BGH, NZI 2001, 202 f.; KG, ZInsO 2006, 437 ff.; OLG Naumburg, ZInsO 2004, 512 ff.; OLG Köln, NZG 2001, 411 f.; OLG Düsseldorf, NJW 1997, 1455 f.; FK-InsO-Schmerbach § 19 Rn. 6, 9; Uhlenbruck, InsO § 19 Rn. 14 ff.; Pape/Uhlenbruck/Voigt-Salus, Insolvenzrecht, 17 Rn. 36 ff.; Obermüller/Hess, InsO Rn. 100; Temme, S. 113; Röhm, S. 185 ff.; Groth, S. 27 ff.; Erdmann, S. 157; Bork, Insolvenzrecht, Rn. 92 f.; Pelz, Insolvenzstrafrecht, Rn. 84; Beck, in: Wabnitz/Janovsky 6 Rn. 93; Glozbach, S. 13 f.; Biermann, S. 48 f., 60 ff.; Haack, S. 77 ff.; Höfner, S. 115 ff.; Haas, in: Baumbach/Hueck, GmbHG § 64 Rn. 47a f.; Hefermehl/Spindler, in: MüKo/AktG § 92 Rn. 25 ff.; Wolf, DStR 1998, 126 f.; Möhlmann, DStR 1998, 1843 (1845 f.); Harz, ZInsO 2001, 193 (198); Stahlschmidt, JR 2002, 89 (92); Höffner, BB 1999, 198; Götz, KTS 2003, 1 (32 f.); Harz/Baumgartner/Conrad, ZInsO 2005, 1304 (1309); ausführlich: Beintmann, S. 6 ff., 9 ff.

[589] Vgl. nur die ausführliche Darstellung bei Drukarczyk, in: MüKo/InsO § 19 Rn. 20 ff. Treffend führt Drukarczyk, in: MüKo/InsO § 19 Rn. 2 aus, dass der einfache Wortlaut des § 19 Abs. 2 InsO auf

Die Aufstellung einer Überschuldungsbilanz stellt jedoch nach heutiger Auffassung lediglich die erste Stufe der Überschuldungsfeststellung dar. Zu Zeiten der Geltung der KO wurde teilweise vertreten, dass eine einstufige Feststellung der Überschuldung durch einen statischen Vergleich zwischen Aktiva und Passiva des Schuldners auf der Grundlage der Handelsbilanz vorzunehmen sei.[590] Diese Auffassung wurde bereits vor dem Inkrafttreten der InsO abgelehnt.[591] Neben der statischen bzw. rechnerischen Feststellung der Überschuldung aufgrund des Vergleichs zwischen dem Vermögen und den Verbindlichkeiten des Schuldners wurde die Berücksichtigung der Fortbestehens- bzw. Lebensfähigkeit des Schuldners als dynamische Komponente der Überschuldungsfeststellung gefordert. Dies hat sich bis heute gehalten. Seit dem Inkrafttreten des § 19 InsO wird in unterschiedlichen Ausprägungen an der Berücksichtigung einer Fortbestehensprognose im Rahmen der Bestimmung des Überschuldungsbegriffs festgehalten.[592] Dieser Grundsatz kann auch den vorstehend dargestellten unterschiedlichen Gesetzesfassungen von § 19 Absatz 2 InsO seit dem Inkrafttreten der InsO entnommen werden.

c. Zweistufige Methoden der Überschuldungsfeststellung

Gemäß den vorstehend dargestellten Gesetzesfassungen, die § 19 InsO seit seinem Inkrafttreten am 1. Januar 1999 hatte, hat und voraussichtlich auch ab dem 1. Januar 2014 haben wird, steht fest, dass die Überschuldung mittels einer zweistufigen Methode zu bestimmen ist. Neben der statischen Komponente des Vergleichs zwischen dem Vermögen und den Verbindlichkeiten des Schuldners ist eine dynamische bzw. prognostische Komponente, die sog. Fortbestehensprognose, zu berücksichtigen.[593] Zur konkreten Anwendung und Ausgestaltung dieser Grundpfeiler der Überschuldungsbestimmung haben sich jedoch unterschiedliche Ansätze entwickelt.[594] Heute ist allgemein anerkannt, dass im Rahmen der Bestimmung der Überschuldung eine Prognose zur (Über-) Lebensfähigkeit der Unter-

---

den ersten Blick über die große Zahl an Schwierigkeiten der Interpretation und Anwendung der Vorschrift hinwegtäuscht.

[590] Nachweise bei: Kuhn/Uhlenbruck, KO § 102 Rn. 3. Vgl. auch Röhm, S. 167; Grube/Röhm, wistra 2009, 81 f.

[591] Vgl. nur Kuhn/Uhlenbruck, KO § 102 Rn. 3a.

[592] So auch: K.Schmidt, in: K.Schmidt/Uhlenbruck, GmbH-Krise, Rn. 5.72.

[593] Vgl. K.Schmidt, in: K.Schmidt/Uhlenbruck, GmbH-Krise, Rn. 5.72.

[594] Vgl. Drukarczyk, in: MüKo/InsO § 19 Rn. 20 ff.; FK-InsO-Schmerbach § 19 Rn. 6 ff.; vgl. auch den historischen Überblick bei Götz, KTS 2003, 1 ff. Ausführlich: Fromm, ZInsO 2004, 943 ff. und Beintmann, S. 12 ff. Vgl. auch OLG Düsseldorf, NJW-RR 1998, 1256 (1257). Aus neuerer Zeit und unter Berücksichtigung der Auswirkungen des FMStG: Möhlmann-Mahlau/Schmitt, NZI 2009, 19 ff.; Holzer, ZIP 2008, 2108 ff.

nehmung vorzunehmen ist.[595] Kernpunkt der Diskussionen ist die Frage, auf welcher Ebene die Fortbestehensprognose anzuwenden ist. Umstritten ist, ob die Fortbestehensprognose ein eigenständiges Tatbestandsmerkmal der Überschuldungsprüfung ist oder ob sie lediglich eine Vorentscheidung über die maßgebliche Vermögensbewertung trifft und festlegt, ob das Vermögen des Schuldners in der Überschuldungsbilanz mit Fortführungs- oder mit Liquidationswerten anzusetzen ist.[596] Hierzu haben sich im Wesentlichen zwei unterschiedliche Methoden herausgebildet, um die sich letztlich auch die vorstehend dargestellten jüngsten gesetzgeberischen Maßnahmen drehen. Es handelt sich hierbei einerseits um die zu Zeiten der KO herrschende Ansicht zur Überschuldungsmessung[597], die sog. *modifizierte zweistufige Methode,* die teilweise auch als *neue zweistufige Methode*[598] bezeichnet wird, und andererseits um die Methode der Überschuldungsfeststellung gemäß § 19 InsO in der seit Inkrafttreten der InsO und bis zum 17. Oktober 2008 maßgeblichen Fassung, für die sich bislang noch kein eigener Name Begriff herausgebildet hat. Die letztgenannte Methode wird nachfolgend aus Vereinfachungsgründen als *einfache zweistufige Methode* bezeichnet. Dies ermöglicht eine sprachlich eindeutige Abgrenzung von der modifizierten zweistufigen Methode. In den beiden nächsten Abschnitten erfolgt ein grober Überblick zur Überschuldungsmessung durch die modifizierte zweistufige Methode und durch die in vorliegender Arbeit sog. einfache zweistufige Methode. Der Vollständigkeit halber wird kurz auf die sog. *herkömmliche zweistufige Methode eingegangen,* gemäß der die Überschuldung zu Zeiten der KO bestimmt wurde bevor sich die modifizierte zweistufige Methode durchsetzen konnte.

aa. Die herkömmliche zweistufige Methode der Überschuldungsbestimmung

Gemäß der sog. herkömmlichen zweistufigen Methode[599] wurde das Vorliegen von Überschuldung zu Zeiten der KO durch zwei nacheinander durchzuführende Schritte bestimmt. In einem ersten Schritt war eine Fortführungsprognose durchzuführen. Das Ergebnis dieser Fortführungsprognose entschied über die Be-

---

[595] Vgl. nur K.Schmidt, DB 2008, 2267 (2468).
[596] Vgl. dazu bereits: Biermann, S. 44 ff.; Haack, S. 77 ff.; Höfner, S. 117 ff.; Harneit, S. 10 ff., 14. Vgl. auch . RegE InsO vom 15. April 1992, BT-Drs. 12/2443, Begründung S. 115; Obermüller/Hess, InsO Rn. 103; K.Schmidt, DB 2008, 2267 (2468).
[597] Vgl. nur den RegE InsO, BT-Drs. 12/2443, S. 115; sowie die Nachweise bei: Drukarczyk, in: MüKo/InsO § 19 Rn. 38 ff.; Temme, S. 114, Fn. 12, 13.
[598] Vgl. K.Schmidt, DB 2008, 2267 (2468 f.).
[599] Vgl. Kuhn/Uhlenbruck, KO § 102 Rn. 5c, 6d; Grube/Röhm, wistra 2009, 81 (82).

wertung des Schuldnervermögens mit Fortführungs- oder mit Liquidationswerten. Ausgehend von dem Ergebnis der Fortführungsprognose war – in einem zweiten Schritt – die Überschuldungsbilanz entweder mit Liquidationswerten oder mit Fortführungswerten aufzustellen. Überschuldung lag vor, wenn die in der Überschuldungsbilanz ausgewiesenen Verbindlichkeiten das Vermögen überstiegen.

bb. Bestimmung der Überschuldung gemäß der modifizierten zweistufigen Methode

Nach der zu Zeiten der KO überwiegend vertretenen, maßgeblich von *Karsten Schmidt*[600] entwickelten, *modifizierten zweistufigen Methode* war für die Messung der Überschuldung zwischen einem *prognostischen Element* und einem *exekutorischen* bzw. *statischen Element*, die beide gleichwertig nebeneinander standen, zu unterscheiden.[601] Das prognostische Element bestand in einer Beurteilung der künftigen Lebensfähigkeit der Unternehmung, der bereits damals sog. *Fortführungsprognose*. Für diese Prognose waren insbesondere die Finanzplanung und Ertragsfähigkeitsprüfung zu berücksichtigen. Unter dem exekutorischen Element wurde die Bewertung des Schuldnervermögens nach Liquidationswerten verstanden. Reichte das mit Liquidationswerten bewertete Vermögen des Schuldners nicht mehr zur Deckung der Verbindlichkeiten aus, lag *rechnerische* Überschuldung vor.[602] *Überschuldung im Sinne der KO* lag nach der modifizierten zweistufigen Methode allerdings nur dann vor, wenn kumulativ vom Vorliegen von rechnerischer Überschuldung auszugehen war und die Fortführungsprognose negativ ausfiel.[603] Eine Überschuldung war somit bereits dann nicht mehr anzunehmen, wenn allein die Fortführungsprognose zu einem positiven Ergebnis führte. Auf die Überschuldungsbilanz konnte dann verzichtet werden.[604]

---

[600] Vgl. z. B. Kilger/K.Schmidt, KO § 102 Rn. 2b; K.Schmidt, in: K.Schmidt/Uhlenbruck, GmbH-Krise, Rn. 5.63; Scholz/K.Schmidt/Bitter, GmbHG vor § 64 Rn. 17 ff.; K.Schmidt, DB 2008, 2267 (2468 f.). Zustimmend: Beintmann, S. 41.

[601] Vgl. BGHZ 119, 201 (214); BGH, NJW 1995, 1739 (1743); K.Schmidt, in: K.Schmidt/Uhlenbruck, GmbH-Krise, Rn. 852; vgl. dazu auch Pape/Uhlenbruck/Voigt-Salus, Insolvenzrecht, 17 Rn. 28 f.; Picot/Aleth, Unternehmenskrise, Rn. 91 f.; Höffner, BB 1999, 198 (201 f.); Götz, KTS 2003, 1 (27 f.); Otto, BT § 61 Rn. 83 ff.; Grube/Röhm, wistra 2009, 81 (82). Vgl. neuerdings auch: RegE FMStG BT-Drs. 16/10600, Begründung S. 21. Für die Fortgeltung dieser Methode trotz Inkrafttreten des § 19 Abs. 2 InsO in der Fassung der InsO von 1994: Glozbach, S. 13 f.; Erdmann, S. 198 ff.

[602] Vgl. Picot/Aleth, Unternehmenskrise, Rn. 97; K.Schmidt, in: K.Schmidt/Uhlenbruck, GmbH-Krise, Rn. 852, 875; Drukarczyk, in: MüKo/InsO § 19 Rn. 39; Höffner, BB 1999, 198 (204).

[603] Vgl. Drukarczyk, in: MüKo/InsO § 19 Rn. 39.

[604] Ausführlich zur Theorie der modifizierten zweistufigen Methode: Drukarczyk, in: MüKo/InsO § 19 Rn. 38 ff.; K.Schmidt, in: K.Schmidt/Uhlenbruck, GmbH-Krise, Rn. 852; vgl. auch FK-InsO-Schmerbach § 19 Rn. 6.

cc. Bestimmung der Überschuldung gemäß der einfachen zweistufigen Methode

Die Einführung des § 19 Absatz 2 InsO in der Fassung der Insolvenzordnung aus dem Jahr 1994 bewirkte eine Abkehr von der zuvor in Literatur und Rechtsprechung überwiegend vertretenen modifizierten zweistufigen Methode.[605] Von der ganz überwiegenden Zahl der neueren Stellungnahmen wird die Regelung in § 19 Absatz 2 InsO als Entscheidung des Gesetzgebers für eine *einfache zweistufige Methode* und damit als Ablehnung der modifizierten zweistufigen Überschuldungsprüfung bewertet.[606]

Nach § 19 Absatz 2 Satz 1 InsO in der Fassung gemäß der InsO von 1994[607] liegt Überschuldung vor, wenn das Vermögen des Schuldners seine bestehenden Verbindlichkeiten nicht mehr deckt. Satz 2 dieser Fassung der InsO ergänzt, dass bei der Bewertung des Vermögens des Schuldners die Fortführung des Unternehmens zugrunde zu legen sei, wenn diese nach den Umständen überwiegend wahrscheinlich sei.

Die nach dieser Gesetzesfassung maßgebliche Überschuldungsprüfung wird in vorliegender Arbeit zwar als *einfache zweistufige Methode* bezeichnet. Für die Überschuldungsmessung gemäß § 19 Absatz 2 InsO in der Fassung der InsO von 1994 sind jedoch je nach Ablauf der Prüfung grundsätzlich drei Schritten vorzunehmen.[608] In einem ersten Schritt ist das Vorliegen rechnerischer Überschuldung auf der Grundlage von Liquidationswerten zu ermitteln. Liegt hiernach keine Überschuldung vor, so könnte die Überschuldungsprüfung an dieser Stelle abgebrochen werden, da bereits bei Ansetzung von Liquidationswerten, die Summe der Vermögenswerte des Schuldners größer ist als die Summe der Verbindlichkeiten.[609] *Drukarczyk* spricht sich bei vorgenanntem Ergebnis des ersten Schrittes der Überschuldungsprüfung zwar gegen eine Entbehrlichkeit der Fortführungsprognose aus, da bei diesem ersten Schritt noch nicht entschieden sei, ob die Li-

---

[605] Vgl. BGHZ 171, 46 = BGH, NJW-RR 2007, 759; RegE InsO vom 15. April 1992, BT-Drs. 12/2443, Begründung S. 115.

[606] Klarstellend: BGH, Urteil v. 5.2.2007, II ZR 234/05, Abs. 19 = ZIP 2007, 676 (679) = GmbHR 2007, 482 (485), mit Anmerkung von Poertzgen, GmbH 2007, 485 f. Vgl. auch FK-InsO-Schmerbach § 19 Rn. 6 ff.; K.Schmidt, in: K.Schmidt/Uhlenbruck, GmbH-Krise, Rn. 853 ff.; Temme, S. 114 ff.; Erdmann, S. 158; Groth, S. 30 ff.; Stahlschmidt, JR 2002, 89 (92); Harz, ZInsO 2001, 193 (198 f.); Höffner, BB 1999, 198 (205). Unzutreffend: Böcker, S. 105 ff.; Glozbach, S. 13 f.

[607] Siehe oben S. 117.

[608] Anschaulich: Drukarczyk, in: MüKo/InsO § 19 Rn. 42 ff.; vgl. auch Uhlenbruck, in: K.Schmidt/Uhlenbruck, GmbH-Krise Rn. 5.112.

[609] Vgl. Drukarczyk, in: MüKo/InsO § 19 Rn. 45 f. – Fall 1.

quidation tatsächlich gewählt werde.[610] Dies ist jedoch abzulehnen, da ein anderes Ergebnis nur dann in Betracht kommen könnte, wenn das mit Fortführungswerten bewertete Vermögen des Schuldners geringer sein könnte als das mit Liquidationswerten angesetzte Schuldnervermögen. Da dies regelmäßig nur in der Theorie denkbar sein dürfte, kann in den Fällen, in denen bereits das mit Liquidationswerten angesetzte Schuldnervermögen größer ist als die Summe der Verbindlichkeiten, davon ausgegangen werden, dass keine Überschuldung vorliegt und nach dieser Methode auf eine Fortführungsprognose verzichtet werden. Liegt nach diesem ersten Schritt Überschuldung vor, so ist in einem weiteren Schritt eine Fortbestehensprognose durchzuführen. Fällt die Fortbestehensprognose negativ aus, so liegt Überschuldung vor.[611] Ist die Überlebensfähigkeit der Unternehmung zu bejahen, so erlaubt dies die Bewertung des Schuldnervermögens mit Fortführungswerten. Andernfalls bleibt es beim Ansatz von Liquidationswerten.[612] In einem dritten Schritt ist – beim Vorliegen einer positiven Fortführungsprognose – erneut eine Überschuldungsbilanz aufzustellen, in der das Schuldnervermögen mit Fortführungswerten anzusetzen ist. Auf der Grundlage dieser Überschuldungsbilanz mit Fortführungswerten ist erneut die rechnerische Überschuldung zu bestimmen. Übersteigt das Vermögen die Verbindlichkeiten, liegt keine Überschuldung vor. Ist die Summe der Verbindlichkeiten nach wie vor größer als das mit Fortführungswerten angesetzte Vermögen, so ist das Unternehmen überschuldet.

Abweichend von dieser auf drei Schritten beruhenden Methode der Überschuldungsmessung wird für die Bestimmung der Überschuldung gemäß § 19 Absatz 2 InsO in der Fassung der InsO von 1994 vertreten, dass zunächst in einem ersten Schritt eine Fortbestehensprognose vorzunehmen sei. In einem zweiten Schritt sei dann – abhängig vom Ergebnis der Fortbestehensprognose – ein Überschuldungsstatus zur Bestimmung rechnerischer Überschuldung entweder mit Fortführungswerten oder mit Liquidationswerten aufzustellen.[613] Diese Vorgehensweise wird für ökonomischer gehalten, da eine zweimalige Aufstellung einer Überschuldungsbilanz auf jeden Fall vermieden werde.[614]

---

[610] Drukarczyk, in: MüKo/InsO § 19 Rn. 46.

[611] Vgl. Drukarczyk, in: MüKo/InsO § 19 Rn. 45 f. – Fall 2.

[612] Ausführlich zur Bewertung des Schuldnervermögens: Drukarczyk, in: MüKo/InsO § 19 Rn. 84 ff.; Hefermehl/Spindler, in: MüKo/AktG § 92 Rn. 25 ff.; Haas, in: Baumbach/Hueck, GmbHG § 64 Rn. 56 f.; Scholz/K.Schmidt/Bitter, GmbHG vor § 64 Rn. 24 ff.; Gruber, in: Insolvenzstrafrecht § 7 Rn. 53 ff.; Temme, S. 128 ff.; Pelz, Insolvenzstrafrecht, Rn. 22 ff.

[613] Bußhardt, in: Braun, InsO § 19 Rn 12 f.; Hüffer, AktG § 92 Rn. 12; Uhlenbruck, in: K Schmidt/Uhlenbruck, GmbH-Krise, Rn. 5.111 f., 5.116; Groth, S. 32 ff.; Temme, S. 117, S. 118 ff.; Bieneck, StV 1999, 43 f.; Harz, ZInsO 2001, 193 (198); Haas, in: Baumbach/Hueck, GmbHG § 64 Rn. 44 ff., 47a ff.; Röhm, S. 174. Offen gelassen Pelz, Insolvenzstrafrecht, Rn. 13 ff.

[614] Drukarczyk, in: MüKo/InsO § 19 Rn. 46 ff.; Temme, S. 116. Vgl. auch Uhlenbruck, in: K.Schmidt/Uhlenbruck, GmbH-Krise, Rn. 5.118.

Welche Rangfolge gelten soll, sorgt auch nach dem Inkrafttreten der InsO weiterhin für Diskussionen.[615] In einer kürzlich ergangenen Entscheidung hat der BGH klargestellt[616]: *„Aus dem Aufbau der Norm des § 19 Absatz 2 InsO folgt ohne weiteres, dass die Überschuldungsprüfung nach Liquidationswerten in Satz 1 den Regelfall und die nach Fortführungswerten in Satz 2, der eine positive Fortbestehensprognose voraussetzt, den Ausnahmefall darstellt."* Dem kann entnommen werden, dass der BGH für die Überschuldungsbestimmung gemäß der einfachen zweistufigen Methode wohl dem vorstehend dargestellten dreistufigen Prüfungsaufbau zuneigt. Nach der hier vertretenen Auffassung wollte der Gesetzgeber mit der Einführung der InsO zwar vermeiden, dass allein die Fortbestehensprognose über das Vorliegen von Überschuldung hinweghelfen soll – es sollte jedoch nicht vollständig auf die Fortbestehensprognose verzichtet werden. Dies spricht dafür, die Überschuldungsbestimmung gemäß der einfachen zweistufigen Methode mit der Fortbestehensprognose zu beginnen[617], denn letztlich kommt der Fortbestehensprognose bei der Überschuldungsbestimmung gemäß § 19 Absatz 2 InsO in der Fassung der InsO von 1994 die entscheidende Bedeutung bei der Weichenstellung über die Bewertung des Vermögens des Schuldners mit Liquidations- oder mit Fortführungswerten zu.[618] Diese Prüfungsreihenfolge entspricht der vorstehend dargestellten herkömmlichen zweistufigen Methode.[619] Zwingende Gründe sprechen nicht für die eine oder andere Vorgehensweise. Die dreistufige Vorgehensweise ist nur dann unökonomischer, wenn eine zweite Überschuldungsbilanz zu erstellen ist, da die mit Liquidationswerten erstellte erste Überschuldungsbilanz eine rechnerische Überschuldung ausweist. Letztlich ist es eine Zweckmäßigkeitsfrage, in welcher Reihenfolge die Überschuldungsprüfung vorgenommen wird.[620]

---

[615] Vgl. BGH, Urteil v. 5.2.2007, II ZR 234/05, Abs. 19 = GmbHR 2007, 482 (485) mit Anmerkung von Poertzgen, GmbH 2007, 485 f.; FK-InsO-Schmerbach § 19 Rn. 7a ff.; Uhlenbruck, in: K.Schmidt/Uhlenbruck, GmbH-Krise, Rn. 5.116 ff.; Scholz/K.Schmidt/Bitter, GmbHG vor § 64 Rn. 24 ff.; Uhlenbruck, InsO § 19 Rn. 34, 36 ff.; Temme, S. 115 ff.; Böcker, S. 96 ff.

[616] BGH, NZI 2007, 44.

[617] Ebenso: Gruber, in: Insolvenzstrafrecht § 7 Rn. 52.

[618] Ebenso: Uhlenbruck, in: K.Schmidt/Uhlenbruck, GmbH-Krise, Rn. 5.119.

[619] Siehe oben S. 124.

[620] Kirchhof, in; HK/InsO § 19 Rn. 16; Uhlenbruck, in: K.Schmidt/Uhlenbruck, GmbH-Krise, Rn. 5.119; Drukarczyk, in: MüKo/InsO § 19 Rn. 46; Bittmann, wistra 1999, 10 (11).

d. Überschuldungsbestimmung gemäß § 19 Absatz 2 InsO in der durch das FMStG geänderten und bis zum 31. Dezember 2013 maßgeblichen Fassung

In der Regierungsbegründung zum FMStG wird ausgeführt, dass die Finanzkrise zu erheblichen Wertverlusten, insbesondere bei Aktien, Wertpapieren und Immobilien geführt habe und dies bei Unternehmen zum Vorliegen von bilanzieller Überschuldung führen würde.[621] Es sei daran erinnert, dass nach dem vor dem Inkrafttreten des FMStG maßgeblichen Überschuldungsbegriff die Fortbestehensprognose lediglich die Bewertung des Schuldnervermögens mit Fortführungswerten statt mit Liquidationswerten bewirkte. Von der Finanzkrise betroffene Kapitalgesellschaften, deren mit Fortführungswerten bewertetes Vermögen eine bilanzielle Überschuldung ausweisen würde, hätten danach gemäß den §§ 64 Absatz 1 GmbHG, 92 Absatz 2 AktG a. F. binnen drei Wochen Insolvenzantrag stellen müssen, auch wenn eine Besserung der Situation in wenigen Monaten absehbar gewesen wäre.[622] Durch die Änderung des Überschuldungsbegriffs durch das FMStG sollte vermieden werden, dass Unternehmen, auf welche die vorgenannten Umstände zutreffen, zwingend ein Insolvenzverfahren durchlaufen müssen.[623]

Gemäß der Begründung des Regierungsentwurfs zum FMStG soll durch die Änderung des Überschuldungsbegriffs in § 19 Absatz 2 InsO wieder der sog. modifizierte zweistufige Überschuldungsbegriff eingeführt werden, der bis zum Inkrafttreten der InsO insbesondere in der Rechtsprechung des BGH vertreten wurde.[624] Der Gesetzgeber des FMStG konnte sich jedoch nicht für eine dauerhafte Beibehaltung dieses Überschuldungsbegriffs entscheiden und sah in Art. 7 Absatz 2 i. V. m. Art. 6 Absatz 3 FMStG vor, dass der bisherige Überschuldungsbegriff des § 19 Absatz 2 InsO in der Fassung der InsO von 1994 zunächst wieder ab dem 1. Januar 2011 gelten soll.[625] Die Befristung wurde in der Zwischenzeit bis zum 31. Dezember 2013 verlängert.[626] Somit gilt der Überschuldungsbegriff der InsO von 1994 in der durch das MoMiG bzw. FMStErgG ergänzten Fassung wieder ab dem 1. Januar 2014.

---

[621] Vgl. BT-Drs. 16/10600, S. 21.

[622] Vgl. die Begründung im Regierungsentwurf des FMStG, BT-Drs. 16/10600, S. 21.

[623] Vgl. die Begründung im Regierungsentwurf des FMStG, BT-Drs. 16/10600, S. 21. Vgl. auch K. Schmidt, DB 2008, 2467 (2469 f.); Grube/Röhm, wistra 2009, 81 (82 f.).

[624] Vgl. die Begründung im Regierungsentwurf des FMStG, BT-Drs. 16/10600, S. 21 mit Verweis auf: BGHZ 119, 201 (214).

[625] Art. 6 Absatz 3 i. V. m. Art. 7 Absatz 2 FMStG vom 17. Oktober 2008, BGBl. I S. 1982 (1989). Vgl. Holzer, ZIP 2008, 2108.

[626] Siehe oben S. 121.

Somit ist seit dem 18. Oktober 2008 und bis zum 31. Dezember 2013 die vorstehend näher dargestellte modifizierte zweistufige Methode zur Überschuldungsbestimmung anzuwenden.[627]

e. Überschuldungsbestimmung gemäß § 19 Absatz 2 InsO in der ab dem 1. Januar 2014 maßgeblichen Fassung – kritische Würdigung

Gemäß Art. 7 Absatz 2 i. V. m. Art. 6 Absatz 3 FMStG gilt ab dem 1. Januar 2014 wieder der Überschuldungsbegriff der InsO in der Fassung der InsO von 1994[628], einschließlich der Ergänzung von § 19 Absatz 2 InsO durch das MoMiG bzw. das FMStErgG. Für die Bestimmung der Überschuldung ist ab dem 1. Januar 2014 wieder die vorstehend behandelte einfache zweistufige Methode maßgeblich.[629]

Ob es dabei bleibt, ist zumindest fraglich. Das Hin und Her der gesetzgeberischen Änderungen des Überschuldungstatbestands durch das FMStG wurde vielfach kritisiert.[630] Noch in der Begründung zum Regierungsentwurf des FMStG wurde eine dauerhafte Beibehaltung der Änderung des § 19 Absatz 2 InsO durch das FMStG und somit eine dauerhafte Anwendung der modifizierten zweistufigen Methode der Überschuldungsbestimmung befürwortet.[631] Die Bestimmung zu der Befristung des durch das FMStG geänderten § 19 Absatz 2 InsO in Art. 7 Absatz 2 i. V. m. Art. 6 Absatz 3 FMStG fand erst auf Drängen des Rechtsausschusses des Bundestags Eingang in das FMStG.[632] Der Rechtsausschuss begründet diese zeitliche Befristung mit Gläubigerschutzerwägungen und einer Erleichterung der Sanierungsmöglichkeiten insolventer Unternehmen.[633] Offensichtlich sieht der Rechtsausschuss in der Aufwertung der Fortbestehensprognose durch die modifizierte zweistufige Methode zu einem eigenständigen Grund zur Verneinung des Vorliegens von Überschuldung eine Gefahr für die Ziele, die seinerzeit mit der Einführung der InsO verfolgt wurden. Ziel der Einführung der InsO war es unter anderem zu einer frühzeitigeren Eröffnung des Insolvenzverfahrens zu kom-

---

[627] Siehe oben S. 125.

[628] FMStG vom 17. Oktober 2008, BGBl. I S. 1982 (1989).

[629] Siehe oben S. 126.

[630] Vgl. die Kritik bei: K. Schmidt, DB 2008, 2467 (2470 f.); Dahl, NZI 2008, 719 ff.; Thonfeld, NZI 2009, 15 (19 f.); Hölzle, ZIP 2008, 2003 (2004 f.); Möhlmann-Mahlau/Schmitt, NZI 2009, 19 (24).

[631] Vgl. Begründung im Regierungsentwurf des FMStG, BT-Drs. 16/10600, S. 21.

[632] Vgl. dazu die Stellungnahme des mitberatenden Rechtsausschusses in der Beschlussempfehlung und dem Bericht des Haushaltsausschusses zum FMStG, BT-Drs. 16/10651, S. 10. Vgl. auch Spindler, DStR 2008, 2268 (2276).

[633] Vgl. die Stellungnahme des Rechtsausschusses in der Beschlussempfehlung zum FMStG, BT-Drs. 16/10651, S. 10.

men.[634] An die möglichst frühzeitige Verfahrenseröffnung knüpfte sich die Hoffnung, dass bei einer frühen Verfahrenseröffnung mehr Haftungsmasse vorhanden sei und somit weniger Insolvenzverfahren mangels Masse gar nicht erst eröffnet werden und die Befriedigungsquote der Gläubiger besser sei.[635]

Es ist fraglich, ob die Bedenken des Rechtsausschusses gegen die dauerhafte Beibehaltung der modifizierten zweistufigen Methode zur Überschuldungsmessung berechtigt sind. Die vom Rechtsausschuss angeführten Gläubigerschutzerwägungen überzeugen als Argument nur dann, wenn die einfache zweistufige Methode ein höheres Gläubigerschutzniveau gewährleisten kann als die modifizierte zweistufige Methode. Soweit ersichtlich liegen hierzu keine empirischen Untersuchungen vor. Auch die einfache zweistufige Methode stellt keine rein objektive Möglichkeit zur Feststellung von Überschuldung dar. Die Bedeutung der Fortbestehensprognose für die Überschuldungsmessung ist heute allgemein anerkannt.[636] Ohne Berücksichtigung einer Fortbestehensprognose würden Kapitalgesellschaften, die gute Ertragsaussichten aufweisen, bei denen aber punktuell eine Unterbilanz vorliegt, in ein Insolvenzverfahren gezwungen werden. Dies würde in vielen Fällen eine Zerschlagung erhaltenswerter Einheiten bedeuten. Eine Folge, die es im volkswirtschaftlichen Interesse zu vermeiden gilt. Es wird nicht gelingen eine rein objektive Methode der Überschuldungsfeststellung zu entwickeln die eine Fortbestehensprognose beinhaltet. Da die Fortbestehensprognose in die Zukunft blickt, ist es unvermeidlich, dass sich diese Prognose aus der ex post-Betrachtung möglicherweise als unzutreffend darstellt. Ziel der Überschuldungsbestimmung muss die Herausbildung von Kriterien für die Fortbestehensprognose sein, die wenig fehleranfällig sind und eine möglichst fundierte Aussage zur mittelfristigen Finanzkraft der Unternehmung treffen können. Der Gesetzgeber des FMStG wählte mit der modifizierten zweistufigen Methode eine Methode der Überschuldungsmessung, die er in der Finanzkrise für vorteilhaft hielt. Dass damit aber das Niveau des Gläubigerschutzes gegenüber dem bisherigen Überschuldungsbegriff gesenkt werden sollte oder dies zumindest in Kauf genommen wurde, kann weder den Materialien zur Entstehung des FMStG noch der Systematik des durch das FMStG geänderten § 19 Absatz 2 InsO entnommen werden. Es ist daher nicht anzunehmen, dass die einfache zweistufige Methode Gläubigerschutzinteressen in größerem Maße gerecht werden kann als die modifizierte zweistufige Methode.

Als zweites Argument gegen eine dauerhafte Beibehaltung der modifizierten zweistufigen Methode führt der Rechtsausschuss unter Bezugnahme auf die Diskus-

---

[634] Vgl. z. B. die Begründung im RegE InsO, BT-Drs. 12/2443, S. 80 f.
[635] Vgl. RegE InsO, BT-Drs. 12/2443, Begründung S. 81.
[636] Vgl. nur K. Schmidt, DB 2008, 2467 (2470).

sion zur Einführung der InsO die Möglichkeit der Sanierung insolventer Unternehmen an. Dieses Argument überzeugt nicht. Das FMStG führte zwar zu einer derzeit noch zeitlich befristeten Änderung von § 19 Absatz 2 InsO. Die Möglichkeiten einer Sanierung im Insolvenzverfahren, insbesondere im Wege einer übertragenden Sanierung oder durch die insolvenzrechtliche Eigenverwaltung oder durch ein Insolvenzplanverfahren bleiben durch das FMStG jedoch unverändert bestehen.

Es kann festgehalten werden, dass die vom Rechtsausschuss vorgebrachten Gründe für eine zeitliche Befristung der Änderung von § 19 Absatz 2 InsO durch das FMStG nicht überzeugend sind. Zudem hat inzwischen der Gesetzgeber selbst durch eine weitere Verlängerung der Befristung bis zum 31. Dezember 2013[637] Fakten geschaffen und sich über die ursprünglichen Bedenken des Rechtsausschusses hinweggesetzt. Auch darüber hinaus ist eine dauerhafte Beibehaltung der modifizierten zweistufigen Methode zu befürworten.

Karsten Schmidt ist zuzustimmen, wenn er fordert, dass das Ziel der Überschuldungsbestimmung sein müsse, die richtige Formel zu finden, mit der fortführungswürdige Unternehmen von solchen, die unter Strafandrohung in das Insolvenzverfahren zu zwingen sind, unterschieden werden können.[638] Dieses Ziel kann nach der in vorliegender Arbeit vertretenen Ansicht auch bei Geltung der modifizierten zweistufigen Methode zur Bestimmung der Überschuldung erreicht werden, sofern es gelingt eine aussagekräftige und wenig fehleranfällige Fortbestehensprognose herauszubilden.

f. Die Fortbestehensprognose

Die Fortbestehens- bzw. Fortführungsprognose stellt ein zentrales Kriterium des Überschuldungsbegriffs dar.[639] Dies gilt in besonderem Maße für die modifizierte zweistufige Methode, da nach dieser Methode allein eine positive Fortbestehensprognose ausreichend ist, um das Vorliegen von Überschuldung zu verneinen. § 19 Absatz 2 2. Halbsatz InsO führt aus, dass Überschuldung nicht vorliegt, wenn eine Fortführung des Unternehmens nach den Umständen überwiegend wahrscheinlich ist. Die Fortbestehensprognose soll darüber Auskunft geben, ob eine Fortführung überwiegend wahrscheinlich ist. Weitere Vorgaben enthält § 19 InsO

---

[637] Siehe oben S. 121.
[638] K. Schmidt, DB 2008, 2467 (2470).
[639] Gruber, in: Insolvenzstrafrecht § 7 Rn. 53 ff.; Temme, S. 118 ff. Ausführlich: Wolf, DStR 2009, 2682 ff.

zur Erstellung der Fortbestehensprognose nicht. Der Inhalt bzw. die Methode der Fortbestehensprognose sorgen nach wie vor für Diskussionen.[640]

aa. *Überwiegende Wahrscheinlichkeit und Fortführungswille*

Das Gesetz fordert eine überwiegende Wahrscheinlichkeit der Unternehmensfortführung. Ausgehend von dem eindeutigen Wortlaut ist damit eine Fortführungswahrscheinlichkeit von mehr als 50 % gemeint.[641] Beträgt die Wahrscheinlichkeit der Unternehmensfortführung nur genau 50 %, so fällt die Fortführungsprognose negativ aus.[642] Eine hohe Wahrscheinlichkeit der Fortführung, z. B. von 70 % oder mehr ist nicht zu verlangen.

Umstritten ist, ob die Grenze von mehr als 50 % objektiv zu bestimmen ist oder ob es auf die subjektive Einschätzung der Organe des Schuldners ankommt.[643] Vorliegende Arbeit stimmt der Ansicht zu, nach der die Fortführungswahrscheinlichkeit objektiv auf der Grundlage der Fortbestehensprognose zu bestimmen ist. Andernfalls wäre Schutzbehauptungen Tür und Tor geöffnet. Die Problematik einer subjektiven Auslegung der Prognose dürfte sich ohnehin nur dann stellen, wenn die Prognose zu keinem eindeutigen Ergebnis kommt und Interpretationsspielräume offen lässt. Kommt bereits die Fortbestehensprognose zu dem Ergebnis, dass eine Fortführung nicht in Betracht kommt, ist kein Raum für subjektive Deutungen. Nach der hier vertretenen Ansicht stellt sich somit eher die Frage nach der Qualität der Fortbestehensprognose und weniger die Frage nach der objektiven oder subjektiven Auslegung des Prognoseergebnisses. Eine sorgfältig erstellte Prognose wird in der Regel wenig Interpretationsspielraum bieten.

Nach zutreffender Ansicht setzt eine positive Fortbestehensprognose voraus, dass die Fortführung des Unternehmens auch tatsächlich beabsichtigt ist.[644]

---

[640] Vgl. Uhlenbruck, in: K.Schmidt/Uhlenbruck, GmbH-Krise, Rn. 5.122 ff.; Wolf, DStR 2009, 2682 ff.

[641] Kirchhof, in: HK/InsO § 19 Rn. 8, 13; Uhlenbruck, in: K.Schmidt/Uhlenbruck, GmbH-Krise, Rn. 5.128.

[642] Unzutreffend (allerdings noch zu § 19 InsO in der Fassung der InsO 1994): Röhm, S. 183, der bereits das exakte Erreichen der 50 %-Grenze ausreichen lassen will.

[643] Vgl. die ausführlichen Nachweise bei Uhlenbruck, in: K.Schmidt/Uhlenbruck, GmbH-Krise, Rn. 5.128.

[644] Vgl. RegE InsO, BT-Drs. 12/2443, Begründung S. 115; BGH, NZI 2007, 44; Drukarczyk, in: MüKo/InsO § 19 Rn. 85; Mertens/Cahn, in: KK-AktG Anh. § 92 Rn. 14; Dahl, NZI 2008, 719 (720).

bb. Inhalt bzw. Methode der Fortbestehensprognose

Die Frage, welche Methode am besten geeignet ist, um zu beurteilen, ob die Fortführung des Unternehmens nach den Umständen überwiegend wahrscheinlich ist,
ist zwar eine rechtlich eingekleidete Frage. Im Kern handelt es sich jedoch um
eine ökonomische Frage. Im Rahmen der Erstellung der Fortführungsprognose
hat sich die Auffassung durchgesetzt, dass die künftige Zahlungsfähigkeit des
Schuldners bzw. die zukünftige Finanzkraft der Unternehmung maßgeblich sei.[645]
Vereinzelt wurde vertreten, dass es auf eine Ertragsfähigkeitsprüfung[646] ankomme
oder dass eine Rentabilitätsprüfung[647] vorzunehmen sei. Die Ertragsfähigkeitsprüfung, die berücksichtigen will, ob das Unternehmen in Zukunft ohne Verluste
weitergeführt werden kann, und die Rentabilitätsprüfung, die weitergehend verlangt, dass das Unternehmen in Zukunft Gewinne erwirtschaftet, sind für die Fortbestehensprognose nicht heranzuziehen. Ziel der Insolvenzantragspflicht gemäß
§ 15a Absatz 1 InsO sowie der hieran anknüpfenden Strafdrohung wegen Insolvenzverschleppung gemäß § 15 Absatz 4 und 5 InsO ist der Gläubigerschutz.[648]
Daran hat sich der Inhalt der Fortbestehensprognose zu orientieren. Dem Gläubigerschutz ist genügt, wenn die Unternehmung in der Zukunft in der Lage ist, ihre
Verbindlichkeiten zu erfüllen. Die darüber hinausgehende Forderung nach der
Ertragsfähigkeit oder Rentabilität der Unternehmung lässt sich mit dem Zweck des
Gläubigerschutzes nicht rechtfertigen und ist daher abzulehnen.[649]

Maßgebliches Kriterium für die Fortbestehensprognose ist – positiv ausgedrückt –
die Beurteilung der künftigen Zahlungsfähigkeit bzw. – negativ ausgedrückt – die
Beurteilung der künftigen Zahlungsunfähigkeit. Sofern der BGH prüft, ob die künftige Finanzkraft nach überwiegender Wahrscheinlichkeit für eine Fortführung des

---

[645] BGHZ 119, 201 (214); BGH, GmbHR 2004, 898 (900); BGH, NJW 1998, 233 (234); Drukarczyk,
in: MüKo/InsO § 19 Rn. 52 ff.; Hefermehl/Spindler, in: MüKo/AktG § 92 Rn. 28; Hüffer, AktG
§ 92 Rn. 12; Mertens/Cahn, in: KK-AktG Anh. § 92 Rn. 14; Casper, in: GK-GmbHG § 64
Rn. 50 f.; Haas, in: Baumbach/Hueck, GmbHG § 64 Rn. 46; Böcker, S. 86 ff.; Groth, S. 33 ff.;
Erdmann, S. 159 ff.; Röhm, S. 175 ff.; Temme, S. 118 ff.; Pelz, Insolvenzstrafrecht, Rn. 19 ff.;
Harz, ZInsO 2001, 193 (198); Stahlschmidt, JR 2002, 89 (94); Bormann, GmbHR 2004, 902 f.;
Möhlmann, DStR 1998, 1843 (1844 f.). Ransiek will hingegen auf das Kriterium der Kreditun-
würdigkeit für die Fortbestehensprognose im Rahmen der Überschuldungsprüfung abstellen;
vgl. Ransiek, in: Gropp, Wirtschaftskriminalität, S. 203 (211 f.). Abwegig: Burger/Schellberg, BB
1995, 261 (266), die allein subjektive Absichten berücksichtigen wollen.

[646] Vgl. Bittmann, wistra 1999, 10 (14); Wolf, DStR 1998, 126 (127 f.). Für eine Berücksichtigung
der Ertragsfähigkeit wohl auch: FK-InsO-Schmerbach § 19 Rn. 21; Wolf, DStR 2009, 2682
(2683, 2685). Widersprüchlich: Dahl, NZI 2008, 719 (720 f.), der einerseits positive Erträge fordert aber andererseits keine Insolvenzantragspflicht für Unternehmen fordert, die mittelfristig in
der Lage sind, ihre Verbindlichkeiten zu erfüllen.

[647] Vgl. die Nachweise bei Röhm, S. 177.

[648] Siehe oben S. 32.

[649] Vgl. auch Haas, in: Baumbach/Hueck, GmbHG § 64 Rn. 46; ähnlich Röhm, S. 178 f.

Unternehmens ausreicht[650], so ist festzuhalten, dass dies im Wesentlichen der Beurteilung der künftigen Zahlungsfähigkeit entspricht.[651] Die Fortbestehensprognose ist somit eine Zahlungsfähigkeitsprognose.[652] Die Insolvenzeröffnungsgründe der Überschuldung und der Zahlungsunfähigkeit weisen demnach Berührungspunkte und Überschneidungen auf.[653] Dasselbe gilt für die Überschuldung und die drohende Zahlungsunfähigkeit.[654]

Die konkrete Ausgestaltung der Zahlungsfähigkeitsprognose ist letztlich eine betriebswirtschaftliche Fragestellung.[655] Innerhalb der Auffassungen, die auf die künftige Zahlungsfähigkeit abstellen, besteht Einigkeit, dass die künftige Zahlungsfähigkeit in einem Finanzplan sichtbar zu machen ist.[656] Demnach kommt der Finanzplanung der Unternehmung entscheidende Bedeutung zu. Die Finanzplanung ist um eine Plan-Bilanz und eine Plan-Ergebnisrechnung bzw. Plan-Gewinn- und Verlustrechnung zu ergänzen.[657] Grundlage aller Planungen muss allerdings ein tragfähiges Unternehmenskonzept sein – ohne ein solches Konzept sind jegliche Planungen Makulatur.[658]

cc. Prognosezeitraum

Der Blick der Fortbestehensprognose ist in die Zukunft gerichtet. Umstritten ist, über welchen Zeitraum die Prognose der künftigen Zahlungsfähigkeit zu erstrecken ist. In einem grundlegenden Urteil vom 13. Juli 1992 stellte der BGH fest, dass die Fortbestehensprognose negativ sei, wenn die Finanzkraft kurz- oder mit-

---

[650] Vgl. BGHZ 119, 201 (214); BGH, GmbHR 2004, 898 (900); BGH, NJW 1998, 233 (234); BGH, NZI 2007, 44.

[651] Zutreffend: Uhlenbruck, in: K.Schmidt/Uhlenbruck, GmbH-Krise Rn. 5.124 m. w. N.

[652] Haas, in: Baumbach/Hueck, GmbHG § 64 Rn. 46; Drukarczyk, in: MüKo/InsO § 19 Rn. 53; zustimmend: Uhlenbruck, in: K.Schmidt/Uhlenbruck, GmbH-Krise Rn. 5.123 f.

[653] Drukarczyk, in: MüKo/InsO § 19 Rn. 123 ff.; FK-InsO-Schmerbach § 19 Rn. 4; Bork, Insolvenzrecht, Rn. 94; vgl. auch MGB-Bieneck § 76 Rn. 79.

[654] Drukarczyk, in: MüKo/InsO § 19 Rn. 127; FK-InsO-Schmerbach § 19 Rn. 5.

[655] Vgl. nur Radtke, in: MüKo/StGB § 283 Rn. 6.

[656] Drukarczyk, in: MüKo/InsO § 19 Rn. 54; Uhlenbruck, in: K.Schmidt/Uhlenbruck, GmbH-Krise Rn. 5.123; Casper, in: GK-GmbHG § 64 Rn. 50; Kirchhof, in: HK/InsO § 19 Rn. 12; Haas, in: Baumbach/Hueck, GmbHG § 64 Rn. 46; K.Schmidt, DB 2008, 2467 (2470); Dahl, NZI 2008, 719 (720); Möhlmann-Mahlau/Schmitt, NZI 2009, 19 (21 f.).

[657] BGH, NZI 2007, 44; Uhlenbruck, in: K.Schmidt/Uhlenbruck, GmbH-Krise Rn. 5.123; Drukarczyk, in: MüKo/InsO § 19 Rn. 54; Kirchhof, in: HK/InsO § 19 Rn. 12; Möhlmann-Mahlau/Schmitt, NZI 2009, 19 (21 f.).

[658] Deutlich BGH, NZI 2007, 44; Uhlenbruck, in: K.Schmidt/Uhlenbruck, GmbH-Krise Rn. 5.123 mit weiteren Nachweisen.

telfristig nicht zu einer Fortführung des Unternehmens ausreiche.[659] Eine zeitliche Präzisierung hat der BGH bislang nicht vorgenommen. In der Literatur gehen die Auffassungen auseinander. Nach der eher restriktiven überwiegenden Ansicht in der Literatur soll der maßgebliche Prognosezeitraum ein Jahr bzw. bis zum Ende des nächsten Geschäftsjahres bzw. maximal zwei Jahre umfassen.[660] Großzügigere Ansichten plädieren dafür, den Prognosezeitraum so lange wie möglich[661] bzw. bis zum Fälligwerden der letzten bereits bestehenden Verbindlichkeit zu bestimmen.[662]

Vorliegende Arbeit tritt für eine enge zeitliche Begrenzung des Prognosezeitraums ein. Sinnvollerweise ist der Prognosezeitraum auf *ein Jahr* ab dem Zeitpunkt der Vornahme der Beurteilung der künftigen Zahlungsfähigkeit zu begrenzen.[663] Der restriktiven Tendenz in der herrschenden Ansicht in der Literatur ist zuzustimmen. Gegen einen längeren Prognosezeitraum spricht, dass es in der Natur der Sache einer Beurteilung künftiger Annahmen liegt, dass die Prognose mit zunehmender Dauer des zu beurteilenden Zeitraums ungenauer wird. Zudem ist eine mehrere Jahre in die Zukunft gerichtete Finanzplanung kaum möglich bzw. sehr fehleranfällig.[664] Maßgeblich gegen einen längeren Zeitraum, insbesondere gegen einen Zeitraum der durch die letzte fällig werdende Verbindlichkeit bestimmt wird, spricht, dass es hierdurch zu problematischen Verzerrungen kommen kann, die für den Schuldner äußerst nachteilig sind. Liegen bei dem Schuldner langfristige Verbindlichkeiten mit einer Laufzeit von beispielsweise zehn Jahren vor, so wäre nach der abzulehnenden Auffassung ein zehnjähriger Prognosezeitraum zu wählen. Die genannten langfristigen Verbindlichkeiten stellen sichere Auszahlungen im Prognosezeitraum dar. Sichere Einnahmen können hingegen zum Ende des Prognosezeitraums hin auf plausibler Grundlage kaum oder aus Vorsichtsgründen nur in geringer Höhe vorhergesagt werden. Dies hätte zur Folge, dass die Fortbestehensprognose beim Vorliegen langfristiger Verbindlichkeiten aufgrund der kaum möglichen langfristigen Vorhersage von Einnahmen tendenziell eher negativ ausfallen würde als dies bei kürzeren Betrachtungszeiträumen der Fall wäre. Dieses unsachgemäße Ergebnis kann durch eine Begrenzung des Prognosezeitraums auf ein Jahr vermieden werden. Bereits im Rahmen der Bestimmung des Krisen-

---

[659] BGH, Az.: II ZR 269/91 = BGHZ 119, 201 (214) = BGH, NJW, 1992, 2891 (2894).

[660] Uhlenbruck, in: K.Schmidt/Uhlenbruck, GmbH-Krise Rn. 5.126; Haas, in: Baumbach/Hueck, GmbHG § 64 Rn. 47; Drukarczyk, in: MüKo/InsO § 19 Rn. 56; Casper, in: GK-GmbHG § 64 Rn. 50; Kirchhof, in: HK/InsO § 19 Rn. 12; Temme, S. 126 f.; Dahl, NZI 2008, 719 (720); Möhlmann-Mahlau/Schmitt, NZI 2009, 19 (21).

[661] K. Schmidt, DB 2008, 2467 (2470) – bereits unter Einbeziehung des FMStG.

[662] Burger/Schellberg, BB 1995, 261 (265).

[663] Ebenso: Röhm, S. 185.

[664] Vgl. Uhlenbruck, in: K.Schmidt/Uhlenbruck, GmbH-Krise Rn. 5.126 mit weiteren Nachweisen.

merkmals der drohenden Zahlungsunfähigkeit spricht sich die vorliegende Arbeit für eine zeitliche Begrenzung der Prognose auf ein Jahr aus. Ergänzend ist auf die dort vorgebrachten Argumente zu verweisen.[665]

dd. Auswirkungen der zeitlich befristeten Änderung des § 19 Absatz 2 InsO durch das FMStG auf die Fortbestehensprognose

Die Geltung der modifizierten zweistufigen Methode zur Überschuldungsbestimmung ist nunmehr gemäß Art. 6 Absatz 3 i. V. m. Art. 7 Absatz 2 FMStG zeitlich befristet bis zum 31. Dezember 2013. Danach gilt wieder die einfache zweistufige Methode.[666] Ursprünglich sah das FMStG eine zeitliche Befristung bis zum 31. Dezember 2010 vor.[667] Die Befristung wurde inzwischen bis zum 31. Januar 2013 verlängert.[668] Die zeitliche Befristung kann zu dem bislang noch nicht erörterten Problem führen, dass die Fortbestehensprognose zwar positiv ist, da die künftige Zahlungsfähigkeit der Unternehmung gegeben ist, das Unternehmen aber gemäß der ab dem 1. Januar 2014 wieder geltenden einfachen zweistufigen Methode überschuldet wäre, da das mit Fortführungswerten angesetzte Vermögen des Schuldners die Verbindlichkeiten nicht deckt. Bis zum 31. Dezember 2013 wäre das Unternehmen nicht überschuldet. Eine Insolvenzantragspflicht wäre zu verneinen. Ab dem 1. Januar 2014 wäre das Unternehmen jedoch aufgrund der dann wieder gegebenen Überschuldungssituation verpflichtet, gemäß § 15a Absatz 1 Satz 1 InsO binnen höchstens drei Wochen Insolvenzantrag zu stellen. Regelmäßig bereits mit Insolvenzantragstellung, spätestens aber mit der insolvenzgerichtlichen Entscheidung über den Insolvenzantrag stellt der Schuldner seine Zahlungen ein. Wird eine Fortbestehensprognose nach dem 1. Januar 2013 vorgenommen, so ist aufgrund des einjährigen Prognosezeitraums die Zahlungsfähigkeit bis einschließlich nach dem 1. Januar 2014 zu beurteilen. Da das Unternehmen ab dem 1. Januar 2014 nach dem dann wieder geltenden Überschuldungsbegriff der einfachen zweistufigen Methode als überschuldet gelten würde, wäre aufgrund der Verpflichtung zur Insolvenzantragstellung mit einer Einstellung der Zahlungen spätestens drei Wochen nach dem 1. Januar 2014 zu rechnen. Dies hätte jedoch zur Folge, dass die Fortbestehensprognose negativ wäre, da die

---

[665] Siehe oben S. 110.

[666] Siehe dazu oben S. 118 und S. 121. Art. 7 Absatz 2 FMStG wurde durch Art. 1 des Gesetzes zur Erleichterung der Sanierung von Unternehmen vom 24. September 2009, BGBl. I S. 3151, entsprechend geändert.

[667] Art. 6 Absatz 3 i. V. m. Art. 7 Absatz 2 FMStG in der Fassung vom 17. Oktober 2008, BGBl. I S. 1982 (1989).

[668] Siehe oben S. 121.

Prüfung der künftigen Zahlungsfähigkeit innerhalb eines einjährigen Betrachtungszeitraums zu dem Ergebnis führen würde, dass das Unternehmen spätestens drei Wochen nach dem 1. Januar 2014 Insolvenzantrag stellen müsste und daher seinen Zahlungsverpflichtungen voraussichtlich nicht mehr nachkommen würde. Letztlich würde in diesem Fall allein der ab dem 1. Januar 2014 wieder geltende Überschuldungsbegriff dazu führen, dass die Fortbestehensprognose, die nach dem bis zum 31. Dezember 2013 geltenden Überschuldungsbegriff positiv wäre, negativ wäre.

Dies hätte zur Folge, dass die nach dem FMStG gewollte zunächst zweijährige und nach Verlängerung[669] fünfjährige Geltung der modifizierten zweistufigen Methode durch die im Rahmen der Fortbestehensprognose durchzuführende Zahlungsfähigkeitsprognose auf eine zunächst einjährige bzw. inzwischen vierjährige Geltung reduziert werden würde. Diese Auswirkungen wären nach der überwiegenden Auffassung im zivilen Insolvenzrecht[670], die einen Prognosezeitraum von bis zu zwei Jahren heranziehen will, noch gravierender.[671] Die mit der Änderung des Überschuldungsbegriffs durch das FMStG verfolgte Intention des Gesetzgebers, dass eine positive Fortbestehensprognose ausreichen soll, damit ein Unternehmen nicht zwingend ein Insolvenzverfahren durchlaufen muss[672], würde unterlaufen werden. Das Ziel, die Sanierung von Unternehmen zu erleichtern[673], wäre in Gefahr.

Die Verneinung der Fortbestehensprognose ist in vorgenanntem Fall zwingend. Es ist abzulehnen, durch eine restriktive Auslegung zu einem anderen Ergebnis zu kommen, da ansonsten die aus Bestimmtheitserwägungen ohnehin kritisch gesehene Fortbestehensprognose an Kontur verlieren würde. Dieses Beispiel verdeutlicht die konstruktivischen Mängel der zeitlichen Befristung der Änderung des Überschuldungsbegriffs. Die zeitliche Befristung wurde vielfach kritisiert.[674] Eine zeitlich unbefristete Geltung der modifizierten zweistufigen Methode zur Über-

---

[669] Art. 1 Gesetz zur Erleichterung der Sanierung von Unternehmen vom 24. September 2009, BGBl. I S. 3151.

[670] Siehe oben S. 135.

[671] Vgl. hierzu auch: K.Schmidt, ZIP 2009, 1551 (1552); Römermann, NZG 2009, 854 (855).

[672] Vgl. die Begründung im Regierungsentwurf des FMStG, BT-Drs. 16/10600, S. 21. Vgl. auch K. Schmidt, DB 2008, 2467 (2469 f.); Grube/Röhm, wistra 2009, 81 (82 f.).

[673] Gesetz zur Erleichterung der Sanierung von Unternehmen vom 24. September 2009, BGBl. I S. 3151.

[674] Vgl. Möhlmann-Mahlau/Schmitt, NZI 2009, 19 (20 ff., 24); K.Schmidt, DB 2008, 2467 (2470); Hölzle, ZIP 2008, 2003 (2004); Gehrlein, NZI 2009, 457 (458); anders und für eine Fortgeltung des Überschuldungsbegriffs des § 19 Absatz 2 InsO in der Fassung der InsO von 1994 hingegen: Dahl, NZI 2008, 719 (721).

schuldungsbestimmung wäre zu begrüßen, da dies für eine Beseitigung dieser Widersprüchlichkeit sorgen würde.

g. Vermögensbewertung – Auswirkungen des MoMiG und des BilMoG

Gegenstand der rechnerischen Überschuldungsbestimmung ist die Gegenüberstellung von Verbindlichkeiten und Vermögen des Schuldners in einem Überschuldungsstatus. Die Bewertung der in einer solchen Überschuldungsbilanz zu berücksichtigenden Aktiva und Passiva und die Frage welche Aktiva und Passiva überhaupt aufzunehmen sind, ist von erheblicher Bedeutung für die Bestimmung rechnerischer Überschuldung.

Für Diskussionen sorgte die Berücksichtigung eigenkapitalersetzender Darlehen, insbesondere beim Vorliegen einer Rangrücktrittsvereinbarung. Hierzu hat der Gesetzgeber mit dem MoMiG eine klarstellende Regelung in § 19 Absatz 2 InsO getroffen, auf die nachfolgend eingegangen wird. Weitere Kernpunkte der Diskussion sind die Berücksichtigungsfähigkeit immaterieller Vermögenswerte, wie z. B. des Firmenwerts, sowie die eher betriebswirtschaftliche Frage nach der Anwendung des Substanzwert- oder des Ertragswertverfahrens im Rahmen der Aufstellung der Überschuldungsbilanz mit Fortführungswerten. Eine umfassende Behandlung dieser ausgewählten Diskussionspunkte würde den Umfang dieser Arbeit sprengen. Nachfolgend kann lediglich ein Überblick zum Streitstand gegeben und auf wichtige Neuerungen eingegangen werden.

aa. Maßgeblichkeit der Handelsbilanz?

Die Handelsbilanz liefert zwar wichtige Anhaltspunkt für die wertmäßige Bestimmung der in der Überschuldungsbilanz anzusetzenden Positionen. Die Wertansätze der Handelsbilanz können jedoch nach heute ganz überwiegend vertretener Auffassung nicht eins zu eins für die Erstellung der Überschuldungsbilanz übernommen werden.[675] In der Überschuldungsbilanz sind nach nahezu einhelliger

---

[675] Vgl. BGHZ 146, 264 (257 f.); FK-InsO-Schmerbach § 19 Rn. 8; Uhlenbruck, in: K.Schmidt/Uhlenbruck, GmbH-Krise, Rn. 5.110. Die Handelsbilanz ist lediglich ein möglicher Ausgangspunkt für die Aufstellung der Überschuldungsbilanz; vgl. Drukarczyk, in: MüKo/InsO § 19 Rn. 87; Gehrlein, NZI 2009, 457 (458). Böcker, S. 58 ff. (69), 106 ff. hingegen spricht sich für die Zugrundelegung einer modifizierten Handelsbilanz aus. Ebenso: Bieneck, StV 1999, 43 f. und Bittmann, wistra 1999, 10 (12). Ausführlich zur Bedeutung der Handelsbilanz für die Überschuldungsmessung, insbesondere unter Berücksichtigung der historischen Entwicklung: Götz, KTS 2003, 1 (17 ff.). Vgl. auch die strafrechtlichen Stellungnahmen: BGHSt 15, 306 (309 f.); BGH, wistra 1987, 28; Sch/Sch-Stree/Heine, StGB § 283 Rn. 51; Reck, Insolvenzstraftaten, Rn. 172 ff. (204);

Auffassung vielmehr die *tatsächlichen* bzw. *wahren Werte* des Vermögens und der Verbindlichkeiten zu berücksichtigen.[676] Nach einer weiteren im insolvenzstrafrechtlichen Schrifttum vertretenen Auffassung sollen dagegen die Wertansätze der Handelsbilanz übernommen und korrigiert werden, indem stille Reserven und Rückstellungen aufgelöst werden.[677] Dies vermag nicht zu überzeugen, da die aus der Handelsbilanz ersichtlichen Werte den von Wahlrechten und vorsichtiger Bewertung geprägten Bilanzierungsvorschriften des Handelsrechts[678] folgen und keinen für die Überschuldungsbeurteilung erforderlichen Aufschluss über den wahren Wert des Schuldnervermögens geben können. Die Wertansätze der Handelsbilanz sind in aller Regel, insbesondere aufgrund des handelsrechtlichen Vorsichtsprinzips[679] und des Niederstwertprinzips[680] bzw. aufgrund von Abschreibungsvorgaben des Handelsrechts, deutlich niedriger. Dies wirft die Frage auf, wie die tatsächlichen bzw. wahren Werte zu bestimmen sind.

bb. Substanzwert- oder Ertragswertverfahren

Nicht vom Gesetzgeber geregelt wurde die Frage nach der Anwendung des *Substanz-* oder des *Ertragswertverfahrens* bei der Bewertung der Vermögensgegenstände des Schuldners.[681] Diese Frage stellt sich nur für den Fall, dass eine positive Fortführungsprognose besteht und die Überschuldungsbilanz nach der einfachen zweistufigen Methode mit Fortführungswerten aufzustellen ist.

Ob der für die Überschuldungsmessung maßgebliche wahre Unternehmenswert nach der Substanz- oder nach der Ertragswertmethode zu bestimmen ist, ist

---

Pelz, Insolvenzstrafrecht, Rn. 82, 84, 22 f.; Höfner, S. 106 ff.; Degener, in: FS-Rudolphi, S. 505 (421), mit ausführlichen weiteren Nachweisen.

[676] Vgl. bereits die Begründung im Regierungsentwurf zur InsO, BT-Drs. 12/2443, S. 115. Vgl. auch BGHSt 15, 306 (309); BGH, NStZ 2003, 546 f.; BGH, NJW 2000, 154 (157); SK-Hoyer, StGB § 283 Rn. 12; Sch/Sch-Stree/Heine, StGB § 283 Rn. 51; NK-Kindhäuser, StGB vor § 283 Rn. 93; Bittmann, in: Insolvenzstrafrecht § 11 Rn. 83; MGB-Bieneck § 76 Rn. 9; Pelz, Insolvenzstrafrecht, Rn. 22 ff.; Dannecker/Knierim/Hagemeier, Rn. 56; Weyand/Diversy, Rn. 30 ff.; vgl. auch LK-Tiedemann, StGB vor § 283 Rn. 150; Franzheim, NJW 1980, 2500 f.; Höffner, BB 1999, 198 f.; Lüderssen, S. 87 (95).

[677] Ausführlich dazu: Bittmann, in: Insolvenzstrafrecht § 11 Rn. 83 mit weiteren Nachweisen; Bittmann, wistra 1999, 19 (12 ff.).

[678] Vgl. Merkt, in: Baumbach/Hopt, HGB § 252 Rn. 1 ff.; Wiedmann, in: Ebenroth/Boujong/Joost/Strohn, HGB § 238 Rn. 28, § 252 Rn. 1 ff.

[679] Vgl. Merkt, in: Baumbach/Hopt, HGB § 252 Rn. 10; Haas, in: Baumbach/Hueck, GmbHG § 42 Rn. 16.

[680] Vgl. Merkt, in: Baumbach/Hopt, HGB § 253 Rn. 1 ff.

[681] Vgl. dazu ausführlich: Böcker, S. 57 ff.; Röhm, S. 186 ff; Erdmann, S. 162 ff., jeweils mit vielen weiteren Nachweisen. Vgl. auch Groth, S. 105 ff.; Bormann, GmbHR 2004, 902 f.; kritisch Penzlin, S. 132 ff. Vgl. bereits Gurke, S. 90 ff.

umstritten.[682] Nach beiden Methoden sind gewisse Annahmen und prognostische Spielräume unvermeidbar. Die Substanzwertmethode stellt auf den Ansatz des konkreten Wiederbeschaffungswerts eines jeden einzelnen Gegenstands der Unternehmung ab[683], während die Ertragswertmethode den Wert des Unternehmens als Ganzes bzw. in seinen zusammengehörigen Teilen unter Berücksichtigung der künftigen Erträge ansetzt.[684] Die Bewertung bei positiver Fortbestehensprognose hat nach der Ertragswertmethode zu erfolgen. Diese weist zwar vordergründig einen größeren prognostischen Einfluss auf, was unter Bestimmtheitsgesichtspunkten wenig wünschenswert ist, sie ermöglicht es aber, dem tatsächlichen Wert der Unternehmung umfassender Rechnung zu tragen. Sie ermöglicht die Berücksichtigung immaterieller Güter, wie z. B. des Geschäfts- oder Firmenwerts, des Kundenstamms, der Patente, Markenrechte oder Konzessionen[685], sofern eine Verwertbarkeit durch Verkauf in Betracht kommt. Dies ist nach der Substanzwertmethode nicht bzw. für eigene gewerbliche Schutzrechte oder Konzessionen so gut wie nicht möglich.

Da die Substanzwertmethode demnach nicht geeignet ist, den Wert aller Vermögenspositionen des Unternehmens wiederzugeben und insbesondere bei Branchen mit einem geringen Anteil von körperlichen Produktionsmitteln zu einer Unterschätzung des Werts führen kann, ist die Ertragswertmethode vorzugswürdig. Die im Rahmen der Ertragswertmethode notwendige Prognose zu den künftigen Erträgen ist nach der hier vertretenen Auffassung zur Fortführungsprognose[686] an dem Liquiditätsvergleich zur künftigen Zahlungsfähigkeit auszurichten. Aus den bereits zur zeitlichen Begrenzung des Prognosezeitraums zur Fortbestehensprognose angeführten Erwägungen ist auch in diesem Zusammenhang eine Be-

---

[682] Vgl. nur die ausführliche Behandlung bei: Böcker, S. 58 ff.; 146 ff.; Röhm, S. 185 ff.; vgl. auch Erdmann, S. 188 ff., 194 ff.; Höffner, BB 1999, 198 (200); Reck, ZInsO 2004, 661 (664 f.). Noch zur KO: Höfner, S. 135 ff., 192 ff. Vgl. auch Lüderssen, S. 87 (90 ff.); Gurke, S. 91 ff.

[683] Für die Substanzwertmethode: Kirchhof, in: HK(InsO) § 19 Rn. 14.

[684] Vgl. MGB-Bieneck § 76 Rn. 38 ff.; Röhm, S. 186 ff.; Erdmann, S. 188 ff., 194 ff., Gurke, S. 95 ff. jeweils mit weiteren Nachweisen.

[685] Bei einer Vielzahl von Betrieben, die eher dem Dienstleistungssektor zuzuordnen sind, kommt diesen Vermögenspositionen ein unter Umständen beträchtlicher Wert zu – insbesondere im Verhältnis zu den sonstigen Produktionsmitteln. Es wäre daher unvertretbar, solche immateriellen Vermögensgegenstände in der Überschuldungsbilanz gänzlich unberücksichtigt zu lassen. Um diese Positionen in die Überschuldungsbilanz aufnehmen zu können, ist allerdings für deren wertmäßigen Ansatz das Bestehen einer Verwertungsmöglichkeit – insbesondere durch Verkauf – vorauszusetzen. Vgl. K.Schmidt, DB 2008, 2467 (2471); Harz/Baumgartner/Conrad, ZInsO 2005, 1304 (1309); Scholz/K.Schmidt/Bitter, GmbHG vor § 64 Rn. 31 ff.; Obermüller/Hess, InsO Rn. 103; Vgl. auch aus der strafrechtlichen Literatur: Sch/Sch-Stree/Heine, StGB § 283 Rn. 51; Bittmann, in: Insolvenzrecht § 11 Rn. 85; MGB-Bieneck § 76 Rn. 12, 40; LK-Tiedemann, StGB vor § 283 Rn. 152; Pelz, Insolvenzstrafrecht, Rn. 23; Lüderssen, S. 87 (95 f.); zurückhaltend: Reck, ZInsO 2004, 661 (666) – zur Bewertung aber Reck, ZInsO 2004, 728 f.; ablehnend: Wegner, in: Achenbach/Ransiek VII 1 Rn. 47 – zumindest für den Fall der Liquidation.

[686] Siehe oben S. 134.

schränkung des Betrachtungszeitraums auf ein Jahr vorzunehmen.[687] Ferner ermöglicht die Ertragswertmethode eine Erfassung des Wertes des Unternehmens des Schuldners als Einheit.[688] Dies bleibt bei der an einzelnen Werten orientierten Substanzwertmethode außer Betracht. Die Berücksichtigung des schuldnerischen Unternehmens als Einheit ist sachgerechter sofern von einer Fortführung auszugehen ist. Die Ertragswertmethode ist daher vorzugswürdig.

Sofern hingegen klar ist, dass der Überschuldungsstatus mit Liquidationswerten aufzustellen ist, scheidet eine Vermögensbewertung nach dem Ertragswertverfahren aus. In diesem Fall sind allein die bei der Liquidation zu erzielenden Werte anzusetzen. Grundsätzlich sind dabei die Einzelverkaufspreise anzusetzen, sofern nicht die berechtigte Annahme besteht, dass Vermögensgegenstände des Schuldners als Einheit veräußert werden können und hierbei ein höherer Preis als beim Einzelverkauf erzielt werden kann.[689]

cc. Änderung des § 19 Absatz 2 InsO durch das MoMiG

Bei der Aufstellung der Überschuldungsbilanz sind sämtliche bestehenden Verbindlichkeiten des Schuldners zu passivieren. Dies sind nicht nur die fälligen Zahlungsverpflichtungen, sondern alle vermögensmindernden Verbindlichkeiten, insbesondere gemäß § 39 Absatz 1 InsO nachrangige Insolvenzforderungen, da es sich auch hierbei um vollwertige Schulden handelt.[690] Umstritten war, was für eigenkapitalersetzende Gesellschafterdarlehen und wirtschaftlich gleichgestellte Verbindlichkeiten gilt, für die eine Nachrangigkeit vereinbart wurde und ob es sich um eine einfache oder um eine sog. qualifizierte Rangrücktrittsvereinbarung handeln muss.[691]

Durch Art. 9 Ziffer 4 des MoMiG vom 23. Oktober 2008[692] wurde § 19 Absatz 2 InsO um einen weiteren Satz ergänzt. Danach sind Ansprüche auf die Rückgewähr von Gesellschafterdarlehen und aus wirtschaftlich entsprechenden Rechts-

---

[687] Siehe oben S. 135. Vgl. auch MGB-Bieneck § 76 Rn. 41, der auf das Ende des auf die Feststellung folgenden Geschäftsjahres abstellen will; anders aber z. B.: Röhm, S. 188 f., der sich im Rahmen seiner Überlegungen zur Fortbestehensprognose auf S. 185 allerdings noch für eine Zeitgrenze von 1 Jahr ausgesprochen hatte.

[688] K. Schmidt, DB 2008, 2467 (2471). Ausführlich: Drukarczyk, in: MüKo/InsO § 19 Rn. 111.

[689] Vgl. Uhlenbruck, in: K.Schmidt/Uhlenbruck, GmbH-Krise, Rn. 5.137; Scholz/K.Schmidt/Bitter, GmbHG vor § 64 Rn. 31 f.; Böcker, S. 52.

[690] Vgl. Kirchhof, in: HK/InsO § 19 Rn. 23, 26; Casper, in: GK-GmbHG § 64 Rn. 55; Burger/Schellberg, KTS 1995, 563 (572). So wohl auch: Drukarczyk, in: MüKo/InsO § 19 Rn. 104.

[691] Vgl. BGHZ 146, 264 (272 ff.) = BGH, NJW 2001, 1280, bestätigt in BGHZ 171, 46 (49 f.); Casper, in: GK-GmbHG § 64 Rn. 45, 55; Drukarczyk, in: MüKo/InsO § 19 Rn. 104; Kirchhof, in: HK/InsO § 19 Rn. 26.

[692] Art. 9 Ziffer 4 MoMiG vom 23. Oktober 2008, BGBl. I S. 2026 (2037 f.).

handlungen in einem Überschuldungsstatus zu passivieren. Dies gilt auch bei positiver Fortführungsprognose.[693] Eine Ausnahme von der Passivierungspflicht gilt allerdings dann, wenn für die Ansprüche aus dem Gesellschafterdarlehen bzw. der wirtschaftlich entsprechenden Rechtshandlung eine Rangrücktrittsvereinbarung getroffen wurde. Gemäß der Ergänzung von § 19 Absatz 2 InsO ist nunmehr klargestellt, dass zur Vermeidung der Passivierung von Ansprüchen aus Gesellschafterdarlehen in der Überschuldungsbilanz ein einfacher Rangrücktritt in den Rang des § 39 Absatz 2 InsO erforderlich aber auch ausreichend ist.[694] Diese Klarstellung durch das MoMiG zur Passivierung von Ansprüchen aus Gesellschafterdarlehen, für die eine Nachrangigkeit vereinbart wurde, ist zu begrüßen. Sie sorgt für diese in der Praxis bedeutende Frage für die nötige Rechtsklarheit und Rechtsanwendungssicherheit.

Nachdem zwischenzeitlich die Frage aufgetaucht war, ob diese Klarstellung durch das MoMiG aufgrund der Änderung des Überschuldungsbegriffs durch das FMStG ab dem 1. Januar 2011 wieder verloren geht[695], hat der Gesetzgeber inzwischen durch Art. 4 des FMStErgG vom 7. April 2009[696] für die nötige Klarstellung gesorgt und gesetzlich festgeschrieben, dass die Ergänzung von § 19 Absatz 2 InsO durch das MoMiG auch nach dem 1. Januar 2011 bzw. – aufgrund der zwischenzeitlichen Verlängerung – nach dem 1. Januar 2014 in der dann gültigen Fassung des § 19 Absatz 2 InsO erhalten bleibt.

dd. Berücksichtigung selbst geschaffener immaterieller Vermögenswerte und des Firmenwerts, Auswirkungen des BilMoG

Nach wie vor umstritten ist die Frage, ob selbst geschaffene immaterielle Vermögensgegenstände des Schuldners und der originäre, d. h. selbst geschaffene Firmenwert im Überschuldungsstatus als Aktiva angesetzt werden dürfen.[697] Selbst geschaffene immaterielle Vermögensgegenstände sind beispielsweise Konzessionen, gewerbliche Schutzrechte, wie Patente, Marken-, Urheber- und Verlagsrechte sowie Geschmacks- und Gebrauchsmusterrechte, aber auch ähnliche lizenzierungsfähige Rechte und Werte, wie Produktionsverfahren, Softwarerechte, Rezep-

---

[693] Vgl. BGHZ 171, 46 (49 f.) = BGH, NJW-RR 2007, 759 (761).

[694] Vgl. RegE MoMiG, BT-Drs. 16/6140 vom 25. Juli 2007, Begründung S. 135 f.

[695] Vgl. z. B. K.Schmidt, DB 2008, 2467 (2470 f.); Thonfeld, NZI 2009, 15 (18 f.); Bittmann, wistra 2009, 138 (139).

[696] Art. 4 FMStErgG vom 7. April 2009, BGBl. I S. 725 (732). Vgl. hierzu auch Amend, ZIP 2009, 589 (593); Thonfeld, NZI 2009, 15 (18 ff.).

[697] Vgl. Scholz/K.Schmidt/Bitter, GmbHG vor § 64 Rn. 21, 34; Böcker, S. 52.

te und Know-how einschließlich der Lizenzen an solchen Rechten und Werten.[698] Der originäre Geschäfts- oder Firmenwert besteht in der Differenz zwischen dem Wert sämtlicher einzelner Vermögensgegenstände bewertet mit dem Substanzwert und der Gesamtsumme der Verbindlichkeiten.[699] Als derivativer Geschäftswert wird hingegen der entgeltlich erworbene Geschäfts- bzw. Firmenwert bezeichnet.[700] Teilweise wird die Aktivierung selbst geschaffener immaterieller Vermögensgegenstände in der Überschuldungsbilanz generell abgelehnt.[701] Nach anderer Auffassung sollen auch solche immateriellen Gegenstände in der Überschuldungsbilanz aktiviert werden können, wenn eine selbständige Übertragbarkeit bzw. eine Realisierbarkeit der Werte gegeben ist.[702] Ähnliches gilt für den Geschäfts- bzw. Firmenwert. Auch hier soll ein Ansatz in der Überschuldungsbilanz nur dann möglich sein, wenn eine Übertragbarkeit und Veräußerbarkeit gegeben ist.[703]

Die Stellungnahmen, die eine Berücksichtigung selbst geschaffener immaterieller Vermögensgegenstände ablehnen, orientieren sich an den bisherigen Bilanzierungsvorgaben des Handelsrechts. Nach der bisherigen Rechtslage bestand für selbst geschaffene immaterielle Vermögensgegenstände gemäß § 248 Absatz 2 HGB a. F. ein Aktivierungsverbot. Diese Regelung des HGB wurde jedoch kürzlich durch Bilanzrechtsmodernisierungsgesetz (BilMoG) geändert. Das BilMoG wurde am 26. März 2009 vom Bundestag beschlossen. Am 3. April 2009 hat der Bundesrat zugestimmt. Die Verkündung im Bundesgesetzblatt erfolgte am 25. Mai 2009.[704] Die Anwendung der durch das BilMoG geänderten Vorschriften ist erstmalig für nach dem 31. Dezember 2009 beginnende Geschäftsjahre verbindlich.[705] § 248 Absatz 2 HGB wurde durch das BilMoG wie folgt neu gefasst:

---

[698] Vgl. Hennrichs, in: MüKo/AktG § 248 HGB Rn. 13 f.

[699] Merkt, in: Baumbach/Hopt, HGB § 255 Rn. 32; Wiedmann, in: Ebenroth/Boujong/Joost/Strohn, HGB § 255 Rn. 67 ff.; Ballwieser, in: MüKo/HGB § 255 Rn. 101.

[700] Wiedmann, in: Ebenroth/Boujong/Joost/Strohn, HGB § 255 Rn. 67; Tiedchen, in: MüKo/AktG § 255 HGB Rn. 84.

[701] Vonnemann, Rn. 113 ff.; Klar, S. 98 ff.; Böcker, S. 54 – fraglich aber S. 56 f.

[702] Kirchhof, in: HK/InsO § 19 Rn. 20; Drukarczyk, in: MüKo/InsO § 19 Rn. 87, 93; Kuhn/Uhlenbruck, KO § 102 Rn. 6k; Haas, in: Baumbach/Hueck, GmbHG § 64 Rn. 51; Scholz/K.Schmidt/Bitter, GmbHG vor § 64 Rn. 36; Gruber, in: Insolvenzstrafrecht § 7 Rn. 62; Pelz, Insolvenzstrafrecht, Rn. 23.

[703] Kirchhof, in: HK/InsO § 19 Rn. 20; Bußhardt, in: Braun, InsO § 19 Rn. 18; Scholz/K.Schmidt/Bitter, GmbHG vor § 64 Rn. 21, 34 – bei positiver Fortführungsprognose; Klar, S. 62 ff.; Pelz, Insolvenzstrafrecht, Rn. 23. Haas, in: Baumbach/Hueck, GmbHG § 64 Rn. 51 stellt auf die Übertragbarkeit des Unternehmens ab.

[704] BR-Drs. 270/09, BT-Drs. 16/10067. BilMoG vom 25. Mai 2009, BGBl. I S. 1102.

[705] Art. 66 Absatz 3 EGHGB, vgl. BilMoG vom 25. Mai 2009, BGBl. I S. 1102 (1118); Art. 2 Ziff. 4 BR-Drs. 270/09.

„(2) Selbst geschaffene immaterielle Vermögensgegenstände des Anlagevermö-
gens können als Aktivposten in die Bilanz aufgenommen werden. Nicht auf-
genommen werden dürfen selbst geschaffene Marken, Drucktitel, Verlags-
rechte, Kundenlisten oder vergleichbare immaterielle Vermögensgegens-
tände des Anlagevermögens. "

Damit besteht für selbst geschaffene immaterielle Vermögensgegenstände des
Anlagevermögens, mit Ausnahme der in § 248 Absatz 2 Satz 2 HGB n. F. geregelten Ausnahmen, künftig ein Aktivierungswahlrecht.[706]

Für die Erstellung der Überschuldungsbilanz lässt sich diesen jüngsten Änderungen des § 248 Absatz 2 HGB durch das BilMoG entnehmen, dass der Gesetzgeber seine handelsrechtlichen Vorbehalte gegenüber der Aktivierung von selbst geschaffenen immateriellen Vermögensgegenständen aufgegeben hat. Diese Tendenz ist auch bei der Frage der Aktivierung in der Überschuldungsbilanz zu beachten. Den Auffassungen, die für eine generelle Unzulässigkeit der Berücksichtigung selbst geschaffener immaterieller Vermögensgegenstände in der Überschuldungsbilanz eintreten, ist nach der hier vertretenen Ansicht durch die Änderung
von § 248 Absatz 2 HGB durch das BilMoG der Boden entzogen. Dies ändert jedoch nichts daran, dass die Wertansätze der Handelsbilanz nicht unverändert für
die Überschuldungsbilanz übernommen werden können. Für die Überschuldungsbilanz sind unverändert die wahren Werte der Vermögensgegenstände des
Schuldners anzusetzen.[707] Eine Berücksichtigung selbst geschaffener immaterieller Vermögensgegenstände ist in der Überschuldungsbilanz dann möglich und
vorzunehmen, wenn diesen Gegenständen ein tatsächlicher Wert zukommt. Unter
Berücksichtigung der Auswirkungen des BilMoG ist eine Aktivierung von selbst geschaffenen immateriellen Vermögensgegenständen in der Überschuldungsbilanz
zulässig, wenn für diese Gegenstände ein konkreter Wert besteht. Anzusetzen ist
der Wert bzw. Preis zu dem diese Gegenstände übertragen und veräußert werden
können. Seit der Änderung des § 248 Absatz 2 HGB durch das BilMoG besteht
kein Grund für ein weiteres Festhalten an der generellen Skepsis gegenüber immateriellen Vermögensgegenständen. Es würde eine nicht hinnehmbare Schlecht-
erstellung des Schuldners bei der Aufstellung der Überschuldungsbilanz bedeuten, wenn übertrag- und veräußerbare immaterielle Vermögensgegenstände nicht
angesetzt werden dürften.

---

[706] BilMoG vom 25. Mai 2009, BGBl. I S. 1102 (1103). RegE BilMoG vom 30. Juli 2008, BT-Drs.
16/10067, Begründung S. 35; Meyer, DStR 2009, 762 (763); Wiese/Lukas, GmbHR 2009, 561
(562).

[707] Siehe dazu oben. S. 139.

Von einer Berücksichtigung des Firmenwertes bzw. des sog. *good will* im Überschuldungsstatus gehen neuerdings auch die Bundestagsfraktionen der ehemaligen Regierungskoalition aus CDU/CSU und SPD aus. In der Begründung zum Entwurf des FMStG heißt es ausdrücklich, dass zwingend Insolvenzantrag zu stellen sei, sofern es einer AG oder GmbH nicht gelinge „unter Einbeziehung der stillen Reserven, des Firmenwertes und des „good will" eine ausgeglichene Bilanz darzustellen".[708] Die Begründung zum Entwurf des FMStG scheint davon auszugehen, dass es sich bei dem *Firmenwert* und dem *good will* um unterschiedliche Vermögensgegenstände handelt. Nach zutreffender Ansicht ist darunter jedoch derselbe Vermögensgegenstand zu verstehen.[709]

An dem handelsrechtlichen Bilanzierungsverbot für den originären bzw. selbst geschaffenen Firmen- bzw. Geschäftswert[710] hat sich hingegen durch das BilMoG nichts geändert.[711] Entsprechend der zur Aktivierung selbst geschaffener immaterieller Vermögensgegenstände vertretenen Ansicht kommt eine Berücksichtigung des Firmen- bzw. Geschäftswertes in der Überschuldungsbilanz nur dann in Betracht, wenn diesem ein selbständiger und veräußerbarer Wert zukommt. Für die Überschuldungsmessung spielt es keine Rolle, ob es sich um einen originären selbst geschaffenen oder um einen derivativen erworbenen Firmenwert handelt. Es mag zwar zutreffen, dass ein solcher aktivierbarer Firmenwert oftmals nur dann bestehen wird, wenn eine Übertragung des Schuldnervermögens als Einheit als möglich erscheint, da nur dann ein Erlös erzielbar sein dürfte, der über der Summe der Einzelverkaufspreise der Wirtschaftsgüter liegt. Dies ist jedoch nicht zwingend. Zu denken ist beispielsweise an die Nutzbarkeit bzw. Übertragbarkeit einer Firmierung, der eine große Marktbekanntheit und –reputation zukommt[712], ohne dass es sich hierbei um ein selbständig geschütztes Markenrecht handelt.

---

[708] Begründung Entwurf FMStG, BT-Drs. 16/10600, S. 21. Vgl. auch Wegner, HRRS 2009, 32 (34).

[709] Vgl. nur Tiedchen, in: MüKo/AktG § 255 HGB Rn. 84.

[710] Tiedchen, in: MüKo/AktG § 255 HGB Rn. 84; Wiedmann, in: Ebenroth/Boujong/Joost/Strohn, HGB § 255 Rn. 67.

[711] Vgl. Meyer, DStR 2009, 762 (763).

[712] Möglicherweise kam diesem Aspekt eine gewisse Bedeutung bei der Übernahme der Mobiltelefonsparte von Siemens durch den Mobiltelefonherstellers BENQ zu.

h. Zusammenfassung zu den Auswirkungen der InsO, des FMStG, des MoMiG und des BilMoG auf den Überschuldungsbegriff des § 19 Absatz 2 InsO

Mit der Einführung des § 19 Absatz 2 InsO in der Fassung der *InsO* von 1994 wurde nach dem Willen des Gesetzgebers ein Überschuldungsbegriff gesetzlich fixiert, der von der zuvor zur KO ganz überwiegend vertretenen Auffassung abwich. Gemäß dem Überschuldungsbegriff des § 19 Absatz 2 InsO in der Fassung der InsO von 1994[713] kam es ausschließlich auf einen Vergleich zwischen dem Vermögen und den Verbindlichkeiten des Schuldners an. Die Fortbestehensprognose entschied lediglich über die Bewertung des Vermögens des Schuldners mit Liquidations- oder mit Fortführungswerten. Damit sollte einer vorschnellen fehleranfälligen Annahme der Überlebensfähigkeit der Unternehmung entgegengewirkt werden. Das bloße Vorliegen einer positiven Fortbestehensprognose reichte nicht mehr aus, um eine rechnerische Überschuldung zu überwinden.[714] Diese Fassung des § 19 Absatz 2 InsO führte zu einem häufigeren Vorliegen der Überschuldung als zu Zeiten der KO.

Durch das *FMStG* wurde der Überschuldungsbegriff in § 19 Absatz 2 InsO in Anbetracht der Finanzkrise zeitlich befristet bis zum 31. Dezember 2010 bzw. inzwischen verlängert bis zum 31. Dezember 2013 durch den Überschuldungsbegriff der früher zur KO überwiegend vertretenen Ansicht, der sog. modifizierten zweistufigen Methode, ersetzt.[715] Seit Inkrafttreten des FMStG am 18. Oktober 2008 und bis einschließlich zum 31. Dezember 2013 ist allein das Bestehen einer positiven Fortbestehensprognose ausreichend für die Verneinung von Überschuldung. Das häufigere Vorliegen von Überschuldung gemäß dem Überschuldungsbegriff des § 19 Absatz 2 InsO in der Fassung der InsO von 1994 wurde hierdurch wieder – wenn auch zeitlich befristet – zurückgedreht.

Ab dem 1. Januar 2014 wird allerdings wieder der Überschuldungsbegriff des § 19 Absatz 2 InsO in der Fassung der InsO von 1994 gelten und die Überschuldungsmessung gemäß der modifizierten zweistufigen Methode wieder ablösen.[716] Vorausgesetzt, der Gesetzgeber sieht sich in der Zwischenzeit nicht erneut zu einer Änderung der Rechtslage veranlasst. Lediglich die Ergänzung von § 19 Absatz 2 InsO durch das MoMiG um einen weiteren Satz bleibt erhalten. Diese Klarstellung

---

[713] Siehe oben S. 117.
[714] RegE InsO, BT-Drs. 12/2443, S. 115. Klarstellend: BGH, Urteil v. 5.2.2007, II ZR 234/05, Abs. 19 = ZIP 2007, 676 (679).
[715] Siehe oben S. 118.
[716] Siehe oben S. 118.

hinsichtlich der Pflicht zur Passivierung von eigenkapitalersetzenden Darlehen im Überschuldungsstatus – sofern kein sog. einfacher Rücktritt hinter den Rang des § 39 Absatz 1 InsO vereinbart wurde[717] – ist zu begrüßen.

Der Fortbestehensprognose kommt im Rahmen der Überschuldungsmessung eine herausgehobene Bedeutung zu. Maßgebliches Kriterium für die Fortbestehensprognose ist die Beurteilung der künftigen Zahlungsfähigkeit des Unternehmens, wobei nach vorliegender Arbeit der Prognosezeitraum auf ein Jahr zu begrenzen ist. Die Fortbestehensprognose ist somit eine Zahlungsfähigkeitsprognose.[718] Damit weist die Überschuldungprüfung Überschneidungen mit dem Insolvenzeröffnungsgrund der drohenden Zahlungsunfähigkeit auf.[719]

Durch das BilMoG wurde das handelsbilanzielle Aktivierungsverbot des § 248 Absatz 2 HGB a. F. für selbst geschaffene immaterielle Vermögensgegenstände im Wesentlichen durch ein Aktivierungswahlrecht ersetzt.[720] Diese gesetzgeberische Intention ist auch bei der Frage der Aktivierung selbst geschaffener immaterieller Vermögensgegenstände im Rahmen der Überschuldungsbilanz zu berücksichtigen. Nach vorliegender Arbeit sind selbst geschaffene immaterielle Vermögensgegenstände im Überschuldungsstatus zu aktivieren und mit dem Wert bzw. Preis, zu dem diese Gegenstände übertragen und veräußert werden können, anzusetzen.

2. Insolvenzstrafrechtlicher Überschuldungsbegriff

Die Bestimmung des im Insolvenzverschleppungsstraftatbestand des § 15a Absatz 4 und 5 i. V. m. Absatz 1 InsO und in § 283 Absatz 1 StGB enthaltenen strafrechtlichen Krisenmerkmals der *Überschuldung* sorgt auch im Insolvenzstrafrecht für anhaltende Diskussionen. Die bereits länger zurück liegende Einführung des § 19 InsO und dessen Änderung durch das FMStG sowie die Auswirkungen des MoMiG und des BilMoG haben frischen Wind in die strafrechtliche Debatte gebracht.[721]

---

[717] Siehe oben S. 119.

[718] Drukarczyk, in: MüKo/InsO § 19 Rn. 53; zustimmend: Uhlenbruck, in: K.Schmidt/Uhlenbruck, GmbH-Krise Rn. 5.123 f. Haas, in: Baumbach/Hueck, GmbHG § 64 Rn. 46; Groth, S. 34 ff.; Temme, S. 118 ff.; Röhm, S. 177 ff., 184 f.; Stahlschmidt, JR 2002, 89 (94); Harz, ZInsO 2001, 193 (198 ff.).

[719] Drukarczyk, in: MüKo/InsO § 19 Rn. 127; FK-InsO-Schmerbach § 19 Rn. 5.

[720] Siehe oben S. 145.

[721] Vgl. Bittmann, NZI 2009, 113 ff.; Wegner, HRRS 2009, 32 (33 ff.).

Überschuldung liegt gemäß der Legaldefinition des § 19 Absatz 1 InsO vor, wenn die Verbindlichkeiten des Schuldners dessen Vermögen übersteigen bzw. die Passiva durch die Aktiva nicht mehr gedeckt sind. Dies ist unumstritten, bedarf keiner weiteren Erörterung und gilt auch für die Bestimmung des strafrechtlichen Überschuldungsbegriffs.[722] Der vorzunehmende Vermögensvergleich erfordert die Aufstellung einer Überschuldungsbilanz bzw. eines Überschuldungsstatus.[723] Darüber hinaus sind jedoch zur Methodik der Überschuldungsbestimmung und zur Bewertung des Schuldnervermögens viele Fragen umstritten.[724] Generell lässt sich sagen, dass die Streitfragen zur Bestimmung und Messung der Überschuldung, die vorangehend bei der Bestimmung des insolvenzrechtlichen Begriffsverständnisses behandelt wurden, auch in der insolvenzstrafrechtlichen Diskussion wiederkehren. Im Rahmen der nachfolgenden insolvenzstrafrechtlichen Bestimmung des Krisenmerkmals der Überschuldung werden daher auch nicht alle Streifragen stereotyp wiederholt. An dem in dieser Arbeit vertretenen Prinzip der insolvenzrechtsakzessorischen Begriffsbestimmung ist grundsätzlich auch für das Krisenmerkmal der Überschuldung festzuhalten.

Die nachfolgende Bestimmung des insolvenzstrafrechtlichen Überschuldungsbegriffs konzentriert sich auf die Diskussion spezifischer insolvenzstrafrechtlicher Aspekte und Streitfragen einschließlich der Frage ob und ggf. welche Anpassungen an dem vorstehend bestimmten insolvenzrechtlichen Ausgangsbegriff der Überschuldung aus strafrechtlichen Gründen vorzunehmen sind. Zudem hat die zeitliche Befristung der Änderung des zivilrechtlichen Überschuldungsbegriffs des § 19 Absatz 2 InsO durch das FMStG[725] strafrechtliche Folgeprobleme geschaffen.

---

[722] Sch/Sch-Stree/Heine, StGB § 283 Rn. 51; Lackner/Kühl, StGB § 283 Rn. 6; NK-Kindhäuser, StGB vor § 283 Rn. 92; LK-Tiedemann, StGB vor § 283 Rn. 150 ff.; MGB-Bieneck § 76 Rn. 6; Bittmann, in: Insolvenzstrafrecht § 11 Rn. 81; Pelz, Insolvenzstrafrecht, Rn. 82; Maurach/Schröder/Maiwald, BT 1 § 48 Rn. 13; Erdmann, S. 157; Degener, in: FS-Rudolphi, S. 405 (407 f.); Pfeiffer, in: FS-Rowedder, S. 347 (359); Achenbach, in: GS-Schlüchter, S. 257 (266 f.); Bieneck, StV 1999, 43 f.; Bittmann, wistra 1999, 10 f.; vgl. auch bereits Schlüchter, MDR 1978, 977 ff.; Haack, NJW 1981, 1353; Franzheim, NJW 1980, 2500 f.; Groth, S. 27 f.; Biermann, S. 32.

[723] Sch/Sch-Stree/Heine, StGB § 283 Rn. 51; Fischer, StGB vor § 283 Rn. 7d; NK-Kindhäuser, StGB vor § 283 Rn. 93; LK-Tiedemann, StGB vor § 283 Rn. 150 ff.; Wegner, in: Achenbach/Ransiek VII Rn. 23 ff.; Bittmann, in: Insolvenzstrafrecht § 11 Rn. 83 ff.; MGB-Bieneck § 76 Rn. 6; Wessels/Hillenkamp, BT 1 Rn. 461; Degener, in: FS-Rudolphi, S. 405 (407 f.); Reck, ZInsO 2004, 661 f.; Achenbach, in: GS-Schlüchter, S. 257 (266 f.); Pfeiffer, in: FS-Rowedder, S. 347 (360); Böcker, S. 147f.; Harneit, S. 10 ff.; Pelz, Insolvenzstrafrecht, Rn. 13 ff.; Moosmayer, S. 161; Röhm, S. 185 ff.

[724] Vgl. nur LK-Tiedemann, StGB vor § 283 Rn. 155 ff., 152 ff.; Sch/Sch-Stree/Heine, StGB § 283 Rn. 51; Wegner, in: Achenbach/Ransiek VII 1 Rn. 20 ff.; Degener, in: FS-Rudolphi, S. 405 (408 ff.); Röhm, S. 185 ff.; vgl. auch Achenbach, in: GS-Schlüchter, S. 257 (269).

[725] Siehe dazu oben S. 118.

a. Zivilrechtsakzessorischer Überschuldungsbegriff in § 15a Absatz 4 und 5 InsO

Wie bereits vorangehend bei den Überlegungen zur Insolvenzrechtsakzessorietät und zur insolvenzstrafrechtlichen Bestimmung des Krisenmerkmals der Zahlungsunfähigkeit ausgeführt wurde[726], nimmt der Insolvenzverschleppungsstraftatbestand des § 15a Absatz 4 und 5 InsO unmittelbar Bezug auf die in § 15a Absatz 1 Satz 1 InsO geregelte Insolvenzantragspflicht beim Vorliegen von Überschuldung. Der Straftatbestand der Insolvenzverschleppung enthält nicht bereits in § 15a Absatz 4 und 5 InsO sämtliche Tatbestandsmerkmale. Der strafrechtliche Normbefehl dieses Blankettstraftatbestands[727] ergibt sich erst durch die Verweisung auf die in § 15a Absatz 1 Satz 1 InsO enthaltene Insolvenzantragspflicht. Teilweise wurde schon bisher von einer engen Zivilrechtsakzessorietät ausgegangen.[728] Zum Teil wurde eine Bindung an das zivilrechtliche Begriffsverständnis aber auch mehr oder weniger verneint.[729]

b. Zivilrechtsakzessorischer Überschuldungsbegriff in § 283 StGB

In § 283 StGB ist hingegen unmittelbare Bezugnahme auf das zivile Insolvenzrecht vorhanden, weshalb eine begriffliche Übereinstimmung mit der insolvenzrechtlichen Auslegung nicht bereits aus diesem Aspekt vorgegeben ist. Zum Verhältnis zwischen dem Überschuldungsbegriff des Bankrottstraftatbestands und dem insolvenzrechtlichen Begriff des § 19 InsO gehen die Stellungnahmen auseinander. Eine enge insolvenzrechtsakzessorische Bestimmung wird nur von einer Minderheit befürwortet.[730] Für eine weitgehend eigenständige Auslegung tritt ebenfalls nur eine geringe Zahl von Vertretern aus der Literatur ein.[731] Die Mehrzahl

---

[726] Siehe dazu oben S. 55 und S 85.

[727] Allgemein zu Blankettstraftatbeständen: Sch/Sch-Eser, StGB § 1 Rn. 17 f., 18a ff.; LK-Dannecker, StGB § 1 Rn. 148 ff. jeweils mit ausführlichen weiteren Nachweisen.

[728] MGB-Bieneck § 84 Rn. 16; Köhler, in: Wabnitz/Janovsky 7 Rn. 38 i. V. m. Beck, in: Wabnitz/Janovsky 6 Rn. 93 ff. (100), vgl. aber auch Rn. 101 f.; Bieneck, StV 1999, 43 f.; Höffner, BB 1999, 252 f.; wohl auch Degener, in: FS-Rudolphi, S. 405 (415 f.); Plathner, S. 210 – der sich allerdings aus strafrechtlichen Gründen für eine Bindung an das zivile Insolvenzrecht ausspricht.

[729] Wegner, in: Achenbach/Ransiek VII 2 Rn. 24 i. V. m. VII 1 Rn. 16, 19 ff., Rn. 35 ff.; so wohl auch: Scholz/Tiedemann, GmbHG vor § 82 Rn. 37. Offen gelassen: Schaal, in: MüKo/AktG § 401 Rn. 43.

[730] MGB-Bieneck § 76 Rn. 6 i. V. m. § 75 Rn. 48 ff.; SK-Hoyer, StGB § 283 Rn. 10, 11 ff.; Moosmayer, S. 164, 211; Pelz, Insolvenzstrafrecht, Rn. 82; Bieneck, StV 1999, 43 f.; Bittmann, wistra 1999, 10 f.; Höffner, BB 1999, 252 f.

[731] Wegner, in: Achenbach/Ransiek VII 1 Rn. 16, 19 ff.; Achenbach, in: GS-Schlüchter, S. 257 (268 f.); Penzlin, S. 154 ff., 213; Böcker, S. 150.

der Ansichten geht von einer an § 19 Absatz 2 InsO angelehnten Begriffsbestimmung unter Berücksichtigung strafrechtlicher Besonderheiten aus.[732]

Ob an der insolvenzrechtsakzessorischen Auslegung ohne Einschränkungen festzuhalten ist, kann abschließend für die §§ 283 ff. StGB und für § 15a Absatz 4 und 5 InsO erst im Anschluss an die Behandlung der Streitfragen zur Bestimmung des strafrechtlichen Begriffsverständnisses der Überschuldung beurteilt werden.

c. Auswirkungen der zeitlich befristeten Änderung des Überschuldungsbegriffs durch das FMStG auf das insolvenzstrafrechtliche Begriffsverständnis

Durch Art. 5 des FMStG[733] vom 17. Oktober 2008 wurde die Legaldefinition der Überschuldung in § 19 Absatz 2 InsO gemäß Art. 6 Absatz 3 i. V. m. Art. 7 Absatz 2 FMStG[734] zeitlich befristet zum 31. Dezember 2013 geändert.[735] Seit dem 18. Oktober 2008 und bis zum 31. Dezember 2013 ist im Insolvenzrecht das Vorliegen von Überschuldung gemäß der modifizierten zweistufigen Methode[736] zu beurteilen, danach gilt wieder der bisherige Überschuldungsbegriff des § 19 Absatz 2 InsO in der Fassung gemäß der InsO 1994 und damit die einfache zweistufige Methode.[737]

aa. Maßgeblichkeit für den insolvenzstrafrechtlichen Überschuldungsbegriff

Es stellt sich die Frage, ob die diversen Änderungen des insolvenzrechtlichen Überschuldungsbegriffs für die Bestimmung des insolvenzstrafrechtlichen Überschuldungsbegriffs maßgeblich sind. Hierbei ist zunächst zwischen dem Insolvenzverschleppungsstraftatbestand des § 15a Absatz 4 und 5 InsO und dem Bankrottstraftatbestand des § 283 StGB zu differenzieren. Gesetzliche Übergangsregelungen für die an die Überschuldung anknüpfenden Strafvorschriften,

---

[732] LK-Tiedemann, StGB vor § 283 Rn. 155 ff.; Radtke, in: MüKo/StGB § 283 Rn. 6; Sch/Sch-Stree/Heine, StGB § 283 Rn. 51; Lackner/Kühl, StGB § 283 Rn. 6; Sorgenfrei, in: Park, Kapitalmarktstrafrecht, Teil 3, Kapitel 5, T 2, Rn. 5; Beck, in: Wabnitz/Janovsky 6 Rn. 93 ff., 100 ff.; Wessels/Hillenkamp, BT 2 Rn. 461; Uhlenbruck, wistra 1996, 1 (5); Plathner, S. 210.

[733] Art. 5 FMStG vom 17. Oktober 2008, BGBl. I S. 1982 (1988 f.).

[734] Art. 6 Absatz 3 i. V. m. Art. 7 Absatz 2 FMStG vom 17. Oktober 2008, BGBl. I S. 1982 (1989). Vgl. Holzer, ZIP 2008, 2108.

[735] Siehe dazu auch oben S. 118.

[736] Siehe oben S. 125.

[737] Siehe oben S. 126.

die insbesondere für vor dem Inkrafttreten des FMStG noch nicht abgeurteilte Fälle von Bedeutung wären, sehen weder das FMStG noch das FMStErgG vor.[738]

Die Maßgeblichkeit des Überschuldungsbegriffs des § 19 Absatz 2 InsO für die Strafbarkeit der Insolvenzverschleppung gemäß § 15a Absatz 4 und 5 InsO ergibt sich ohne weiteres aus dem Umstand, dass durch diesen Straftatbestand auf die Insolvenzantragspflicht in § 15a Absatz 1 Satz 1 InsO Bezug genommen wird. Für die Insolvenzantragspflicht wegen Überschuldung gemäß § 15a Absatz 1 Satz 1 InsO ist daher der Überschuldungsbegriff des § 19 Absatz 2 InsO maßgeblich. Es würde jeder am Wortlaut, der Systematik und dem Sinn und Zweck der InsO orientierten Auslegung widersprechen, wenn die die Insolvenzantragspflicht auslösende Überschuldung in § 15a Absatz 1 Satz 1 InsO anders zu bestimmen wäre als in dem – zudem in § 19 Absatz 2 InsO gesetzlich definierten – Insolvenzeröffnungsgrund der Überschuldung. Das streng insolvenzrechtsakzessorische Begriffsverständnis der Insolvenzantragspflicht entspricht auch dem bisherigen ganz herrschenden Begriffsverständnis zu den §§ 64 Absatz 1 GmbHG a. F., 92 Absatz 2 AktG a. F.[739] Für den Insolvenzverschleppungsstraftatbestand sind die Änderungen des § 19 Absatz 2 InsO durch das FMStG, MoMiG, FMStErgG und durch das Gesetz zur Erleichterung der Sanierung von Unternehmen[740] daher in jedem Fall maßgeblich.

Dagegen könnte für den Bankrottstraftatbestand – wenn auch sehr formal – argumentiert werden, dass durch das FMStG der Überschuldungsbegriff des § 19 Absatz 2 InsO und nicht der des § 283 StGB geändert wurde. Eine solche Auffassung lässt sich jedoch nur dann vertreten, wenn ein Bezug des Bankrottstraftatbestands zum Überschuldungsbegriff des § 19 Absatz 2 InsO verneint wird. Dies wird jedoch nur von einer Minderheit vertreten.[741] Neben einigen Stimmen[742], die eine streng insolvenzrechtsakzessorische Bestimmung fordern, geht die Mehrzahl der Ansichten von einer an § 19 Absatz 2 InsO angelehnten Bestimmung des Überschuldungsbegriffs des § 283 StGB unter Berücksichtigung strafrechtlicher

---

[738] Vgl. FMStG vom 17. Oktober 2008, BGBl. I S. 1982; FMStErgG vom 7. April 2009, BGBl. I S. 725. Vgl. auch Wegner, HRRS 2009, 32 (34); Adick, HRRS 2009, 155 ff.

[739] Vgl. Haas, in: Baumbach/Hueck, GmbHG § 64 Rn. 43a; Hüffer, AktG § 92 Rn. 10; Spindler, in: MüKo/AktG § 92 Rn. 19.

[740] Siehe dazu oben S. 119 ff.

[741] Vgl. Wegner, in: Achenbach/Ransiek VII 1 Rn. 16, 19 ff.; Achenbach, in: GS-Schlüchter, S. 257 (268 f.); Böcker, S. 150; Penzlin, S. 154 ff., 213.

[742] MGB-Bieneck § 76 Rn. 6 i. V. m. § 75 Rn. 48 ff.; SK-Hoyer, StGB § 283 Rn. 10, 11 ff.; Moosmayer, S. 164, 211; Pelz, Insolvenzstrafrecht, Rn. 82; Bieneck, StV 1999, 43 f.

Besonderheiten aus.[743] Da sich vorliegende Arbeit im Ausgangspunkt für eine insolvenzrechtsakzessorische Begriffsbestimmung einsetzt, ist zunächst von der Maßgeblichkeit des insolvenzrechtlichen Überschuldungsbegriffs des § 19 Absatz 2 InsO auszugehen. Selbst wenn in den nachfolgenden Überlegungen zu dem Ergebnis zu kommen sein sollte, dass aus spezifischen strafrechtlichen Gründen gewisse Anpassungen an dem Begriffsverständnis des zivilen Insolvenzrechts vorzunehmen sind, so ist dies keinesfalls mit einer von § 19 Absatz 2 InsO losgelösten eigenständigen Begriffsbestimmung gleichzusetzen. Daher sind die Änderungen des Überschuldungsbegriffs des § 19 Absatz 2 InsO durch das FMStG auch bei der Bestimmung des Begriffs der Überschuldung des § 283 StGB zu beachten.[744]

bb. Auswirkungen auf Altfälle

Seit dem Inkrafttreten des FMStG am 18. Oktober 2008 und bis zum 31. Dezember 2013 ist das Vorliegen von Überschuldung gemäß dem durch das FMStG geänderten Überschuldungsbegriff bereits beim Bestehen einer positiven Fortbestehensprognose zu verneinen. Nach dem bisherigen und ab dem 1. Januar 2014 wieder geltenden Überschuldungsbegriff führt eine positive Fortbestehensprognose hingegen lediglich zum Ansatz von Fortführungswerten in der Überschuldungsbilanz. Der durch das FMStG geänderte Überschuldungsbegriff stellt den Schuldner besser, da bereits das Vorliegen einer positiven Fortbestehensprognose eine Überschuldung ausschließt.

Fraglich ist, ob dieser geänderte Überschuldungsbegriff auch Auswirkungen auf noch nicht abgeurteilte Fälle hat, in denen vor dem 18. Oktober 2008 zweifelsfrei eine Überschuldung vorhanden war, die – beim Vorliegen der sonstigen Voraussetzungen – zur Bejahung einer Strafbarkeit wegen Insolvenzverschleppung oder wegen Bankrotts ausgereicht hätte, für die aber nunmehr aufgrund einer zu bejahenden Fortbestehensprognose zu dem Ergebnis zu kommen wäre, dass – gemäß dem durch das FMStG geänderten § 19 Absatz 2 InsO – doch keine Überschuldung vorliegt. Dass solche Fälle existieren dürften, kann bereits aus dem Umstand geschlossen werden, dass sich der Gesetzgeber in Anbetracht der Finanzkrise des Jahres 2008 veranlasst sah, den Überschuldungsbegriff zu ändern. Er wollte vermeiden, dass Unternehmen, bei denen eine überwiegende Wahr-

---

[743] Vgl. Radtke, in: MüKo/StGB § 283 Rn. 6; LK-Tiedemann, StGB vor § 283 Rn. 155 ff.; Sch/Sch-Stree/Heine, StGB § 283 Rn. 51; Lackner/Kühl, StGB § 283 Rn. 6; Sorgenfrei, in: Park, Kapitalmarktstrafrecht, Teil 3, Kapitel 5, T 2, Rn. 5; Uhlenbruck, wistra 1996, 1 (5); Plathner, S. 210.

[744] So wohl auch Fischer, StGB vor § 283 Rn. 7a f.

scheinlichkeit besteht, dass sie weiter erfolgreich am Markt teilnehmen können, zwingend ein Insolvenzverfahren durchlaufen müssten.[745] Das FMStG sieht für insolvenzstrafrechtliche Altfälle keine Übergangsvorschriften vor.[746] Auch in das spätere FMStErgG wurde keine Übergangsregelung aufgenommen

Zu klären ist, ob die Änderung des § 19 Absatz 2 InsO durch das FMStG auch für die vorangehend beschriebenen Altfälle maßgeblich ist und daher für solche Fälle nach dem sog. Meistbegünstigungsprinzip zu einer Straflosigkeit zu kommen ist. Grundsätzlich ist für die Strafbarkeit gemäß § 2 Absatz 1 StGB das zum Zeitpunkt der Tat geltende Strafgesetz maßgeblich. Eine Ausnahme hiervon lässt jedoch das in § 2 Absatz 3 StGB enthaltene Meistbegünstigungsprinzip zu. Danach ist das mildeste Gesetz anzuwenden, wenn das zum Tatzeitpunkt geltende Strafgesetz geändert wird bevor über die Tat bzw. den „Altfall" entschieden wurde.

Durch Art. 5 des FMStG[747] wurde jedoch lediglich die Legaldefinition der Überschuldung in § 19 Absatz 2 InsO geändert. § 19 InsO ist kein Strafgesetz, so dass die Anwendung des Meistbegünstigungsprinzips auf die vorgenannten Altfälle fraglich ist. Im Rahmen der Anwendung des Meistbegünstigungsprinzips des § 2 Absatz 3 StGB ist jedoch anerkannt, dass zur Ermittlung des mildesten Gesetzes der gesamte Rechtszustand im Bereich des betreffenden materiellen Strafgesetzes heranzuziehen ist und daher bei Blankettstraftatbeständen auch die blankettausfüllenden Vorschriften zu berücksichtigen sind.[748] Ändert sich die ausfüllende Vorschrift, so liegt eine Änderung des Strafgesetzes im Sinne des § 2 Absatz 3 StGB vor.[749] Bei dem Insolvenzverschleppungsstraftatbestand des § 15a Absatz 4 und 5 InsO handelt es sich um einen Blankettstraftatbestand.[750] Die erforderliche Unrechtskontinuität besteht.[751] Die Insolvenzverschleppungsstrafbarkeit wegen unterlassener oder verspäteter Stellung des Insolvenzantrags wegen Überschuldung blieb durch die Änderung des § 19 Absatz 2 InsO ebenso unangetastet wie die Pflicht, beim Vorliegen von Überschuldung, spätestens innerhalb von drei Wochen Insolvenzantrag zu stellen.

---

[745] Vgl. die Begründung im Regierungsentwurf des FMStG, BT-Drs. 16/10600, S. 21. Vgl. auch K. Schmidt, DB 2008, 2467 (2469 f.); Wegner, HRRS 2009, 32 (34); Grube/Röhm, wistra 2009, 81 (82 f.). Adick, HRRS 2009, 155 geht von einer hohen Praxisrelevanz aus.

[746] Fromm/Gierthmühlen, NZI 2009, 665 ff.

[747] Art. 5 FMStG vom 17. Oktober 2008, BGBl. I S. 1982 (1988 f.).

[748] BVerfG, NJW 1995, 315 (316); BGHSt 20, 177 (181) = NJW 1965, 981 (982); BGH, NStZ 92 535; OLG Düsseldorf, NJW 1991, 711; Sch/Sch-Eser, StGB § 2 Rn. 20, 26; Fischer, StGB § 2 Rn. 8, vor § 283 Rn. 7a; Adick, HRRS 2009, 155 (156 f.).

[749] BGHSt 20, 177 (180 f.) = NJW 1965, 981 (982); Schmitz, in: MüKo/StGB § 2 Rn. 28, 31.

[750] Zurückhaltend zur Anwendung des Meistbegünstigungsprinzips auf Blankettstraftatbestände: Fromm/Gierthmühlen, NZI 2009, 665 (666).

[751] Vgl. zur Unrechtskontinuität: Sch/Sch-Eser, StGB § 2 Rn. 24; Fischer, StGB § 2 Rn. 5.

Somit liegt für die vorgenannten Altfälle hinsichtlich einer möglichen Insolvenzverschleppungsstrafbarkeit ein Anwendungsfall des Meistbegünstigungsprinzips des § 2 Absatz 3 StGB vor. Als mildestes Gesetz ist die für den Täter günstigste Fassung der Strafvorschrift zu verstehen.[752] Milder in diesem Sinne ist die Änderung des Überschuldungsbegriffs durch das FMStG. Es wurde bereits ausgeführt, dass der Überschuldungsbegriff der modifizierten zweistufigen Methode den Schuldner besser stellt. Ist im konkreten Fall aufgrund der Änderung des Überschuldungsbegriffs des § 19 Absatz 2 InsO durch das FMStG das Vorliegen von Überschuldung – anders als nach dem zuvor geltenden Überschuldungsbegriff – aufgrund einer positiven Fortbestehensprognose zu verneinen, so scheidet in solchen noch nicht abgeurteilten Altfällen eine Strafbarkeit wegen Insolvenzverschleppung aufgrund dem zu berücksichtigenden Meistbegünstigungsprinzip aus.[753]

Die Ausnahmeregelung in § 2 Absatz 4 StGB steht dem nicht entgegen. Die vorgenannten Altfälle liegen bereits nicht im Anwendungsbereich von § 2 Absatz 4 StGB. Die Strafbarkeit wegen Insolvenzverschleppung – einschließlich der Bezugnahme auf die Insolvenzantragspflicht, die wiederum auf das Vorliegen von Überschuldung abstellt – war oder ist nicht zeitlich befristet. Obwohl die Änderung des § 19 Absatz 2 InsO durch das FMStG bis zum 31. Dezember 2013 zeitlich befristet ist, handelt es sich hierbei nicht um ein Zeitgesetz im Sinne von § 2 Absatz 4 StGB. Im Übrigen handelt es sich auch bei der durch das FMStG geänderten InsO nicht um ein Zeitgesetz, da deren Geltung nicht kalendermäßig beschränkt ist.[754] Die Überschuldung wird es auch nach dem 31. Dezember 2013 geben. Sie ist dann jedoch wieder nach dem früheren Begriffsverständnis zu bestimmen.

Fraglich ist, ob das Meistbegünstigungsprinzip in den vorgenannten Altfällen auch für eine Strafbarkeit gemäß § 283 StGB gilt. Bei dem Bankrottstraftatbestand des § 283 StGB handelt es sich nicht um ein Blankettstrafgesetz. Eine Änderung des Bankrottstraftatbestands oder eine ausdrückliche Erstreckung der Änderungen des § 19 Absatz 2 InsO durch das FMStG auf den Bankrottstraftatbestand war weder im FMStG vorgesehen noch kann dies der Begründung oder den Gesetzesmaterialien zum FMStG entnommen werden.[755] Das Meistbegünstigungsprinzip des § 2 Absatz 3 StGB ist daher bereits nach seinem Wortlaut nicht einschlägig, da das maßgebliche Strafgesetz des § 283 StGB durch das FMStG nicht geändert

---

[752] Schmitz, in: MüKo/StGB § 2 Rn. 20; Fischer, StGB § 2 Rn. 4.

[753] Vgl. auch Scholz/Tiedemann, GmbHG vor § 82 Rn. 43; Adick, HRRS 2009, 155 (156 f.); Fromm/Gierthmühlen, NZI 2009, 665 (666 f.).

[754] Vgl. Adick, HRRS 2009, 155 (157); anders: Fromm/Gierthmühlen, NZI 2009, 665 (668); Scholz/Tiedemann, GmbHG vor § 82 Rn. 43.

[755] FMStG vom 17. Oktober 2008, BGBl. I S. 1982; Auch in der Begründung zum Regierungsentwurf des FMStG, BT-Drs. 16/10600, S. 21 ist hierzu nichts enthalten.

wurde. Geändert hat sich – bei Zugrundelegung einer insolvenzrechtsakzessorischen Bestimmung des Überschuldungsbegriffs – lediglich die Auslegung des Tatbestandsmerkmals der Überschuldung. Dies stellt jedoch keine Gesetzesänderung im Sinne des § 2 Absatz 3 StGB dar. Die Änderung des § 19 Absatz 2 InsO durch das FMStG führt in den vorstehend näher bezeichneten Altfällen somit – anders als bei der Insolvenzverschleppung – nicht zu einer Straflosigkeit etwaiger Bankrottverhaltensweisen im Sinne des § 283 Absatz 1 StGB aufgrund des Meistbegünstigungsprinzips. Hängt eine Bankrottstrafbarkeit jedoch in einem konkreten noch nicht abgeurteilten Fall lediglich von der Anwendung des Überschuldungsbegriffs des § 19 Absatz 2 InsO in der Fassung vor der Änderung durch das FMStG ab, und wäre die konkrete Tat bei Zugrundelegung des durch das FMStG geänderten Begriffsverständnisses der Überschuldung nicht gemäß § 283 StGB strafbar, so wäre eine Verurteilung aufgrund des zwischenzeitlich geänderten Verständnisses der Überschuldung gleichwohl unangebracht.[756] Die Praxis kann sich in solchen Fällen mit einer Einstellung des Strafverfahrens aus Opportunitätsgründen (§§ 153 ff. StPO) behelfen, da ein öffentliches Interesse an der Strafverfolgung in solchen Fällen in der Regel zu verneinen sein wird.[757]

Bittmann spricht sich aus Praktikabilitätserwägungen für eine generelle Anwendung des Begriffsverständnisses der modifizierten zweistufigen Methode auf alle Altfälle aus, um die bestehende Rechtsunsicherheit zu vermeiden.[758] Dogmatische Argumente führt *Bittmann* nicht an. Der Auffassung von *Bittmann* ist nach der hier vertretenen Ansicht grundsätzlich zuzustimmen. Mangels unmittelbarer Anwendbarkeit des Meistbegünstigungsprinzips wird für § 283 StGB jedoch eine Lösung unter Berücksichtigung der prozessualen Einstellungsmöglichkeiten für vorzugswürdig gehalten.

d. Streitfragen zur Bestimmung des insolvenzstrafrechtlichen Überschuldungsbegriffs

Nachfolgend wird auf insolvenzstrafrechtliche Streitfragen zur Bestimmung des Überschuldungsbegriffs des § 283 StGB und des Insolvenzverschleppungsstraftatbestands eingegangen.

---

[756] Ebenso Bittmann, wistra 2009, 138 (140).
[757] Ähnlich zur Insolvenzverschleppungsstrafbarkeit: Wegner, HRRS 2009, 32 (34).
[758] Bittmann, wistra 2009, 138 (140); leitender Oberstaatsanwalt, Dessau-Roßlau.

aa. Vorliegen von Überschuldung nach sämtlichen anerkannten Maßstäben?

Zur Bestimmung des insolvenzstrafrechtlichen Überschuldungsbegriffs besteht eine Vielzahl an unterschiedlichen Auffassungen zu einzelnen Streitpunkten. Für Diskussionen sorgen dabei insbesondere die Fortbestehensprognose und Fragen zur Bewertung des Vermögens und der Verbindlichkeiten des Schuldners, die in den Überschuldungsstatus einzustellen sind. Ausgehend von der Unsicherheit der Überschuldungsfeststellung, die aus diesen Streitpunkten resultiert, wird für den Überschuldungsbegriff des § 283 StGB von der wohl überwiegenden bankrott-strafrechtlichen Literatur gefordert, dass das Vorliegen von Überschuldung aus Bestimmtheitsgründen nach allen anerkannten Bewertungsmethoden bzw. -maß-stäben feststehen muss.[759] Um die Reichweite einer solchen Ansicht grob zu er-fassen, ist in Erinnerung zu rufen, dass zur Bestimmung des strafrechtlichen Überschuldungsmerkmals beispielsweise vertreten wird, dass von den um stille Reserven korrigierten Wertansätzen der Handelsbilanz auszugehen sei[760], statt von den üblicherweise geforderten tatsächlichen bzw. wahren Werten der Vermö-gensgegenstände. Nach dem Substanzwertverfahren dürfen lediglich die Einzel-verkaufspreise und nicht der Wert des Unternehmens als solcher angesetzt wer-den.[761] Für die Fortbestehensprognose soll keine zeitliche Begrenzung vorzuneh-men sein und die Prognose soll auf den Zeitpunkt des Fälligwerdens der letzten bestehenden Verbindlichkeiten auszudehnen sein.[762] Ferner sollen selbst geschaf-fene immaterielle Vermögensgegenstände und der Firmenwert bei der Vermö-gensaufstellung berücksichtigt werden dürfen.[763] Vereinzelt wird der Überschul-dungsbegriff sogar für verfassungswidrig gehalten.[764]

Diesen Stellungnahmen zum Überschuldungsbegriff mit dem Argument entge-genzutreten, dass es sich hierbei nicht um anerkannte Bewertungsmethoden han-

---

[759] Sch/Sch-Stree/Heine, StGB § 283 Rn. 51; ausführlich: Radtke, in: MüKo/StGB vor § 283 Rn. 71. Vgl. auch Beck, in: Wabnitz/Janovsky 6 Rn. 102; MGB-Bieneck § 76 Rn. 44; Wegner, in: A-chenbach/Ransiek VII 1 Rn. 37; wohl auch LK-Tiedemann, StGB vor § 283 Rn. 158; Tiedemann, Insolvenz-Strafrecht vor § 283 Rn. 158; noch zur KO Pfeiffer, in: FS-Rowedder, S. 347 (360 f.). Schlüchter, MDR 1978, 265 (267) fordert eine qualifizierte Überschuldung, die erst bei einem Überschuldungsquotienten von unter 0,9 gegeben sein soll. Franzheim, NJW 1980, 2500 f. ist hingegen für die generelle Zugrundelegung von Zerschlagungswerten. Einschränkend auch: Harneit, S. 76 ff. Anders hingegen: Ransiek, Unternehmensstrafrecht, 159 f., der für die Über-schuldungsmessung das Vorliegen von rechnerischer Überschuldung und einer negativen Fort-führungsprognose ausreichen lässt. Zweifelnd: Pernice, S. 115.

[760] Siehe dazu oben S. 139.

[761] Siehe oben S. 140.

[762] Siehe dazu oben S. 135.

[763] Siehe oben S. 145.

[764] Vgl. Höfner, S. 270 ff.; vgl. hierzu auch Penzlin, S. 158. Die Bestimmtheit des Bankrottstraftatbe-stands bejahend: BVerfG, NJW 1978, 1423 ff.

delt, würde lediglich zu einer Verlagerung auf den Streit, ob eine Methode anerkannt ist oder nicht, führen und ist daher abzulehnen. Dies würde die Unsicherheit der Bestimmung des Überschuldungsbegriffs, die nach der vorgenannten Ansicht gerade vermieden werden soll, erheblich erhöhen.

Fraglich ist, ob diese Ansicht Zustimmung verdient. Ausgehend von der Schwierigkeit keinen klar umrissenen Überschuldungsbegriff angeben zu können, ist der Ansatzpunkt dieser Auffassung durchaus nachvollziehbar. Es wird von dieser Ansicht versucht, den kleinsten gemeinsamen Nenner der Diskussion um den Überschuldungsbegriff, zum maßgeblichen Auslegungsprinzip zu erheben. Diese Auffassung versucht aus der Not eine Tugend zu machen. Gerade für die Strafverfolgungsorgane stellt sich die Problematik, dass sich ein Beschuldigter aufgrund der unterschiedlichen zur Bestimmung der Überschuldung vertretenen Auffassungen darauf berufen kann, dass bei ihm kein Vorsatz vorliege, da er nach einer anerkannten Bewertungsmethode einen Überschuldungsstatus aufgestellt habe gemäß dem keine Überschuldung vorlag. Diese Problematik wird von vorliegender Arbeit nicht verkannt. Sie stellt sich im Grunde jedoch auch für die strafrechtlichen Krisenmerkmale der drohenden und der eingetretenen Zahlungsunfähigkeit. Auch zu diesen Krisenmerkmalen existiert eine ganze Reihe von Streitfragen. Umstritten sind insbesondere die Prognose im Rahmen der Bestimmung der drohenden Zahlungsunfähigkeit[765] oder die Abgrenzung zwischen Zahlungsunwilligkeit und Zahlungsunfähigkeit.[766] Eine vergleichbare Diskussion, wonach die Krisenmerkmale der drohenden und der eingetretenen Zahlungsunfähigkeit nach allen in Betracht kommenden anerkannten Bewertungsmaßstäben vorliegen müssten, existiert jedoch nicht. Es bleibt daher zu fragen, weshalb diese Bedenken für das Krisenmerkmal der Überschuldung bestehen sollen, für die Krisenmerkmale der drohenden und der eingetretenen Zahlungsunfähigkeit hingegen nicht. Eine ausdrückliche Stellungnahme hierzu liegt nicht vor. Es kann nur vermutet werden, dass die Bestimmtheitsbedenken, die gegen das bankrottstrafrechtliche Krisenmerkmal der Überschuldung vorgebracht werden[767], größer sind als bei der drohenden und der eingetretenen Zahlungsunfähigkeit. Vereinzelt wird das strafrechtliche Krisenmerkmal der Überschuldung mangels Bestimmtheit sogar als verfassungswidrig angesehen.[768]

---

[765] Vgl. oben S. 110.
[766] Vgl. dazu oben S. 99.
[767] Vgl. nur LK-Tiedemann, StGB vor § 283 Rn. 158; Tiedemann, Insolvenz-Strafrecht vor § 283 Rn. 158.
[768] Höfner, S. 270 ff.; zustimmend für die Überschuldungsbestimmung gemäß der herkömmlichen zweistufigen Methode: Penzlin, S. 158.

Gegen diese Ansicht spricht, dass sie zwar das Problem beklagt, dass es bislang nicht gelungen sei einen trennscharfen Überschuldungsbegriff für § 283 StGB herauszuarbeiten. Zur Beseitigung des Problems an sich trägt diese Ansicht, die lediglich einen Kompromiss der Kompromisse darstellt, jedoch nichts bei. Die Ansicht, die auf eine Überschuldungsbestimmung nach allen anerkannten Bewertungsmaßstäben abstellt, vermag nicht zu befriedigen, da sie eine Auseinandersetzung mit den Anforderungen an die Bestimmung eines zweifelsfreien strafrechtlichen Überschuldungsbegriffs vermeidet. Diese Ansicht wird zurecht damit kritisiert, dass es nicht nachvollziehbar sei, wie eine Auffassung, die keinen inhaltlich abschließend bestimmten Überschuldungsbegriff vertritt, überhaupt zur Einhaltung des Bestimmtheitsgebots beitragen soll.[769] Durch die Kombination mehrerer mit Bestimmtheitsproblemen belasteter Bewertungsmaßstäbe wird das Ergebnis der Auslegung nicht bestimmter. Werden Bewertungsunsicherheiten bei der Überschuldungsbestimmung angenommen, so werden diese durch die Anwendung mehrerer unsicherer Methoden lediglich kaschiert, keineswegs aber eliminiert. Die Ansicht, die das Vorliegen von Überschuldung nach allen anerkannten Beurteilungsmaßstäben beurteilen will, ist bereits aus diesen methodischen Gründen abzulehnen.

Die vorliegende Arbeit versucht, einen Beitrag zur Präzisierung des insolvenzstrafrechtlichen Überschuldungsbegriffs und damit zur Normenklarheit und -bestimmtheit zu leisten. Die Herausarbeitung eines strafrechtlichen Bestimmtheitsanforderungen genügenden und trennscharfen Überschuldungsbegriffs ist zudem von großer Bedeutung für die Praxis. Möglichen Schuldnern werden hierdurch klare Verhaltensmaßstäbe und den Strafverfolgungsbehörden eindeutige Vorgaben für den zu führenden Tatnachweis an die Hand gegeben.

bb. Anwendung des Grundsatzes in dubio pro reo?

Teilweise wird die Ansicht vertreten, dass der Grundsatz *in dubio pro reo* im Rahmen der strafrechtlichen Bestimmung des Überschuldungsbegriffs, insbesondere hinsichtlich der Fortbestehensprognose, zu berücksichtigen sei.[770] Danach soll wohl die für den Schuldner günstigste Auslegung des Überschuldungsbegriffs gelten.

Für die Anwendung des Grundsatzes *in dubio pro reo* ist zu differenzieren zwischen der Feststellung bzw. Nicht-Feststellbarkeit von Tatsachen und der Rechts-

---

[769] Vgl. Ransiek, Unternehmensstrafrecht, S. 154; zustimmend: Penzlin, S. 157.

[770] Vgl. Scholz/Tiedemann, GmbHG vor § 82 Rn. 41; LK-Tiedemann, StGB vor § 283 Rn. 154 f.

anwendung, d. h. der Subsumtion der feststellbaren bzw. nachweisbaren Tatsachen unter eine bestimmte Strafvorschrift. Auf Tatsachenebene findet der Zweifelsgrundsatz Anwendung. Im Bereich der Rechtsanwendung und –auslegung ist der Grundsatz *in dubio pro reo* hingegen nicht zu berücksichtigen. Ein Strafrichter, der Zweifel an den Tatsachengrundlagen für eine Verurteilung hat, muss zugunsten des Angeklagten den für diesen günstigsten Sachverhalt zugrunde legen – selbst wenn dies zu einem Freispruch führt.[771] Der Zweifelssatz gilt nur bei nicht anderweitig behebbaren Schwierigkeiten der Feststellung von Tatsachen. Er gilt bei der Klärung der tatsächlichen Gegebenheiten, die einer strafrechtlichen Würdigung zugrunde zu legen sind.[772] Dies gilt für die Überschuldungsbestimmung beispielsweise bei Unklarheiten über Tatsachen, die Grundlage für einzelne Vermögenspositionen sind.[773]

Bei der Auslegung und Anwendung des Überschuldungsbegriffs handelt es sich jedoch um eine rechtliche Beurteilung, für die der Zweifelsgrundsatz nicht gilt.[774] Eine strafrechtliche Maxime, wonach bei der Anwendung des Strafrechts die für den Täter günstigste Auslegung zu wählen ist, besteht nach dem dieser Arbeit zugrunde liegenden Verständnis nicht.[775] Eine undifferenzierte generelle Anwendung des Grundsatzes *in dubio pro reo* auf die insolvenzstrafrechtliche Überschuldungsfeststellung[776] ist daher abzulehnen.

Soweit der Grundsatz *in dubio pro reo* im Rahmen der Fortführungsprognose herangezogen wird und Fortführungswerte bereits dann in der Überschuldungsbilanz angesetzt werden, wenn Zweifel am Ergebnis der Fortbestehensprognose bestehen, so ist diese Auffassung mit *Bieneck*[777] und *Radtke*[778] dahingehend zu konkretisieren, dass zwischen der Feststellung der tatsächlichen Voraussetzungen, die für die Anwendung der Prognosekriterien benötigt werden, und der Durchführung der Prognose, d. h. dem Wahrscheinlichkeitsurteil an sich, zu unterscheiden ist. Für Unklarheiten im Bereich der Tatsachenfeststellung gilt der Zweifelsgrund-

---

[771] Vgl. Fischer, StGB § 1 Rn. 20.

[772] Allgemein zum Grundsatz *in dubio pro reo:* Sch/Sch-Eser, StGB § 1 Rn. 52.

[773] Vgl. Radtke, in: MüKo/StGB vor § 283 Rn. 71.

[774] Instruktiv: Radtke, in: MüKo/StGB vor § 283 Rn. 70 f.; vgl. auch Böcker, S. 148 f.; MGB-Bieneck § 76 Rn. 33; Bittmann, in: Insolvenzstrafrecht § 11 Rn. 104; Fromm, ZInsO 2004, 943 (945). Deutlich auch: Grube/Röhm, wistra 2009, 81 (84); zustimmend: Bittmann, wistra 2009, 138 (140) – jeweils zur Fortbestehensprognose.

[775] Vgl. auch zum Gedanken *in dubio mitius*: BGHSt 6, 131 (133); Sch/Sch-Eser, StGB § 1 Rn. 52; speziell für das Insolvenzstrafrecht: Groth, S. 126; Böcker, S. 148; Franzheim, wistra 1984, 212 (213).

[776] So aber wohl: Beck, in: Wabnitz/Janovsky 6 Rn. 101.

[777] MGB-Bieneck § 76 Rn. 33; vgl. auch Bittmann, in: Insolvenzstrafrecht § 11 Rn. 104.

[778] Radtke, in: MüKo/StGB vor § 283 Rn. 70, 71.

satz.[779] Für die sich aus der Anlegung rechtlicher Kriterien ergebende Wahrscheinlichkeit der Unternehmensfortführung gilt der Grundsatz *in dubio pro reo* hingegen nicht, da es sich dabei um eine Anwendung des Rechts handelt.[780] Die Tatsachen und Umstände, die der Fortführungsprognose zugrunde zu legen sind, können bewertet werden und insofern kann auch eine überwiegende Wahrscheinlichkeit als Ergebnis einer rechtlichen Bewertung angegeben werden. Einzig für die Ausgangstatsachen, die für diese Bewertung benötigt werden, ist der Grundsatz *in dubio pro reo* anwendbar.[781] Deshalb ist an der überwiegenden Wahrscheinlichkeit für die Unternehmensfortführung im Rahmen der bankrottstrafrechtlichen Überschuldungsprüfung festzuhalten.

cc. Maßgebliche Prüfungsreihenfolge bzw. Methode der Überschuldungsmessung

Für die Bestimmung des Krisenmerkmals der Überschuldung in § 283 StGB und im Insolvenzverschleppungsstraftatbestand stellt sich die Frage, ob die Überschuldungsprüfung mit der Aufstellung einer Überschuldungsbilanz unter Ansetzung von Liquidationswerten oder mit der Fortbestehensprognose zu beginnen ist. Diese Frage stellt sich unabhängig davon, ob die zeitlich befristete Änderung des Überschuldungsbegriffs des § 19 Absatz 2 InsO durch das FMStG[782] auch für die Bestimmung des insolvenzstrafrechtlichen Krisenmerkmals der Überschuldung für maßgeblich gehalten wird, was ausgehend von dem in vorliegender Arbeit vertretenen insolvenzrechtsakzessorischen Ansatz zu bejahen ist.

(1). Prüfungsreihenfolge bei der einfachen zweistufigen Methode

§ 19 Absatz 2 Satz 2 InsO in der Fassung der InsO 1994 gab für das zivile Insolvenzrecht vor, dass die Bewertung des Schuldnervermögens mit Fortführungswerten zu erfolgen hat, wenn der Fortbestand des Unternehmens überwiegend wahrscheinlich ist. Die im Insolvenzrecht umstrittene und vorangehend behandelte Frage[783], ob zuerst die Wahrscheinlichkeit der Unternehmensfortführung zu prüfen

---

[779] Vgl. MGB-Bieneck § 76 Rn. 33, 35; Bittmann, in: Insolvenzstrafrecht § 11 Rn. 104; Grube/Röhm, wistra 2009, 81 (84); Bittmann, wistra 2009, 138 (140).

[780] Vgl. Bittmann, in: Insolvenzstrafrecht § 11 Rn. 104; Radtke, in: MüKo/StGB vor § 283 Rn. 70; Grube/Röhm, wistra 2009, 81 (84); zustimmend: Bittmann, wistra 2009, 138 (140).

[781] So auch MGB-Bieneck § 76 Rn. 33; Grube/Röhm, wistra 2009, 81 (84).

[782] Siehe dazu oben S. 118.

[783] Siehe oben S. 126 zur einfachen zweistufigen Methode.

ist oder ob die anzunehmende Unternehmensfortführung lediglich eine Bilanzkorrektur beim Vorliegen rechnerischer Überschuldung erfordert, stellt sich auch im Strafrecht.[784] Da die Bewertung mit Fortführungswerten zu einem größeren Vermögen des Schuldners führt, soll zunächst von einem mit Fortführungswerten erstellten Überschuldungsstatus auszugehen sein.[785] Liquidationswerte sollen in der Ausgangsüberschuldungsbilanz ausnahmsweise nur dann anzusetzen sein, wenn der Zusammenbruch der Unternehmung für den Schuldner evident sei.[786] Nach einer anderen Ansicht soll die Überschuldungsbilanz zugunsten des Schuldners – entgegen der von § 19 Absatz 2 Satz 2 InsO a. F. geforderten überwiegenden Wahrscheinlichkeit – bereits dann mit Fortführungswerten zu erstellen sein, wenn die Fortführung der Unternehmung nicht ganz unwahrscheinlich ist.[787] Vereinzelt wurde im bankrottstrafrechtlichen Schrifttum gefordert, trotz Inkrafttreten des § 19 Absatz 2 InsO in der Fassung der InsO von 1994, weiterhin an der modifizierten zweistufigen Methode der Überschuldungsprüfung festzuhalten.[788]

Die in vorliegender Arbeit für den zivilrechtlichen Überschuldungsbegriff vertretene Ansicht, dass die Überschuldungsprüfung nach der einfachen zweistufigen Methode mit der Fortbestehensprognose zu beginnen sei[789], kann auch für die Bestimmung des Überschuldungsbegriffs des § 283 StGB beibehalten werden. Dies entspricht auch der wohl überwiegenden Auffassung.[790] Diese Vorgehensweise ist weniger umständlich und spart ggf. die erneute Aufstellung einer Überschuldungsbilanz mit Fortführungswerten. Abhängig von der Annahme zum Fortbestehen der Unternehmung, ist das Vermögen des Schuldners im Überschuldungsstatus entweder mit Fortführungs- oder mit Liquidationswerten anzusetzen.[791] Die Fortbe-

---

[784] Vgl. dazu Degener, in: FS-Rudolphi, S. 405 (416); MGB-Bieneck § 76 Rn. 21 ff.; Höffner, BB 1999, 252. Sch/Sch-Stree/Heine, StGB § 283 Rn. 51 mit weiteren Nachweisen. Für die Fortbestehensprognose als ersten Schritt der Überschuldungsprüfung z. B.: Bittmann, in: Insolvenzstrafrecht § 11 Rn. 90 ff.; SK-Hoyer, StGB § 283 Rn. 15; Röhm, S. 182 ff.; Bieneck, StV 1999, 43 f.; so wohl auch: Lackner/Kühl, StGB § 283 Rn. 6 und Wessels/Hillenkamp, BT 2 Rn. 461. Für die Prüfung der rechnerischen Überschuldung als ersten Schritt z. B.: NK-Kindhäuser, StGB vor § 283 Rn. 95; Moosmayer, S. 164 f.; Uhlenbruck, wistra 1996, 1 (6). Zur Bedeutungslosigkeit dieser Auseinandersetzung in der Praxis: Wegner, in: Achenbach/Ransiek VII 1 Rn. 30 ff., 33 f.

[785] Vgl. z. B. Böcker, einerseits in zivilrechtlicher Hinsicht S. 105 ff., abweichend davon aber in strafrechtlicher Hinsicht, S. 148 f.

[786] OLG Düsseldorf, NJW 1997, 1455 (1456).

[787] Lackner/Kühl, StGB § 283 Rn. 6; LK-Tiedemann, StGB vor § 283 Rn. 155 – anders aber wohl in Rn. 158; Beck, in: Wabnitz/Janovsky 6 Rn. 101; Wessels/Hillenkamp, BT 2 Rn. 461; so wohl auch: Uhlenbruck, wistra 1996, 1 (6); vgl. auch OLG Düsseldorf, NJW 1997, 1455 f.

[788] Otto, BT § 61 Rn. 84 ff., 86; Erdmann, S. 169 f., 198 ff..

[789] Siehe oben S. 126 ff.

[790] Vgl. auch LK-Tiedemann, StGB vor § 283 Rn. 155; MGB-Bieneck § 76 Rn. 22, 24 ff.; Bittmann, wistra 1999, 10 f.; Degener, in FS-Rudolphi, S. 405 (416 ff.); Lackner/Kühl, StGB § 283 Rn. 6; Röhm, S. 174.

[791] Vgl. zur Fortführungsprognose auch: BGHZ 163, 134 (146 f.).

stehensprognose wäre nur dann verzichtbar, wenn bereits nach dem mit Liquidationswerten aufgestellten Überschuldungsstatus fest steht, dass keine Überschuldung vorliegt. Dies dürfte im Falle des § 283 StGB bereits deshalb ausgeschlossen sein, da es gemäß der objektiven Strafbarkeitsbedingung des § 283 Absatz 6 StGB zum Vorliegen von Zahlungseinstellung, Insolvenzverfahrenseröffnung bzw. Ablehnung der Verfahrenseröffnung mangels Masse gekommen sein muss. Andernfalls scheidet eine Strafbarkeit wegen Bankrotts von vornherein aus. Es ist daran festzuhalten, dass die Überschuldungsprüfung mit der Fortbestehensprognose zu beginnen ist.

(2). Prüfungsreihenfolge bei der modifizierten zweistufigen Methode

Da bei der modifizierten zweistufigen Methode das Bestehen einer positiven Fortführungsprognose ausreicht, um das Vorliegen von Überschuldung zu verneinen, wird in vorliegender Arbeit wie bereits für das Insolvenzrecht[792] auch für das Insolvenzstrafrecht vorgeschlagen, die Überschuldungsprüfung mit der Fortbestehensprognose zu beginnen. Zwingend ist diese Vorgehensweise jedoch nicht. Die Fortbestehensprognose und der mit Liquidationswerten aufzustellende Überschuldungsstatus sind voneinander unabhängige Merkmale zur Überschuldungsmessung gemäß der modifizierten zweistufigen Methode.[793]

dd. Fortbestehensprognose

Der Fortbestehens- bzw. Fortführungsprognose kommt auch in insolvenzstrafrechtlicher Hinsicht eine besondere Bedeutung zu. Nach der modifizierten zweistufigen Methode ist die Überschuldung beim Vorliegen einer positiven Prognose über den Fortbestand der Unternehmung bereits per se zu verneinen, nach der einfachen zweistufigen Methode entscheidet die Fortbestehensprognose über die Bewertung des Schuldnervermögens mit Fortführungs- oder mit Liquidationswerten.[794] Durch die Änderung der Legaldefinition des § 19 Absatz 2 InsO durch das FMStG hat die bereits vor der Einführung des § 19 Absatz 2 InsO in der Fassung der InsO von 1994 umstrittene Fortbestehensprognose gegenüber der zuvor gel-

---

[792] Siehe oben S. 125.

[793] Vgl. K.Schmidt, in: K.Schmidt/Uhlenbruck, GmbH-Krise Rn. 5.58, 5.60;Uhlenbruck, in: K.Schmidt/Uhlenbruck, GmbH-Krise Rn. 5.114 – jeweils bereits unter Berücksichtigung des FMStG.

[794] Ebenso: Degener, in: FS-Rudolphi, S. 405 (416). Anders aber: Reck, ZInsO 2004, 661 (663 f.).

tenden einfachen zweistufigen Methode an Bedeutung gewonnen.[795] Auf die Fortführungsprognose ist daher ausführlich einzugehen.

(1). Überwiegende Wahrscheinlichkeit der Unternehmensfortführung

Die Fortbestehensprognose soll darüber Auskunft geben, ob die Fortführung des Unternehmens nach den Umständen überwiegend wahrscheinlich ist. Eine überwiegende Wahrscheinlichkeit im Sinne der Fortführungsprognose ist gegeben, wenn die Unternehmung fortgeführt werden soll, d. h. ein Fortführungswille[796] besteht, und die den jeweiligen Umständen zu entnehmende Wahrscheinlichkeit der Fortführung größer als 50 % ist.[797] Dies entspricht auch der zum zivilen Insolvenzrecht vertretenen Auffassung.[798]

Nach einer verbreiteten Auffassung soll es für das insolvenzstrafrechtliche Begriffsverständnis im Rahmen der Fortbestehensprognose nicht auf die überwiegende Wahrscheinlichkeit des Fortbestehens ankommen. Es soll vielmehr bereits ausreichen, dass das Fortbestehen nicht ganz unwahrscheinlich ist.[799] Begründet wird dies mit strafrechtlichen Bestimmtheitsanforderungen und unterschiedlichen Zwecksetzungen der Fortbestehensprognose in insolvenz- und insolvenzstrafrechtlicher Hinsicht.[800] Tiedemann führt dazu aus, dass § 19 Absatz 2 InsO und damit auch die Fortbestehensprognose im Insolvenzrecht den Zweck habe, eine eindeutige Beurteilung der Insolvenzeröffnungsvoraussetzungen zu ermöglichen, während es im Insolvenzstrafrecht um den Schutz der künftigen Insolvenzmasse gegen unzulässige Beeinträchtigungen gehe.[801] Diese Auffassung ist abzulehnen. Das Argument von Tiedemann, dass die Fortbestehensprognose unterschiedlichen Zwecksetzungen diene, trifft nur vordergründig zu. Die Überschuldung ist im Insolvenzrecht gemäß § 19 Absatz 1 InsO nicht nur ein Grund für die Eröffnung des Insolvenzverfahrens über das Vermögen einer juristischen Person. An das Vorliegen von Überschuldung ist gemäß § 15a Absatz 1 Satz 1 InsO bei juristischen Personen eine Pflicht zur Stellung des Insolvenzantragsstellung geknüpft. Diese Pflicht sowie die hierauf Bezug nehmende Insolvenzverschleppungsstraf-

---

[795] Hölzle, ZIP 2008, 2003 (2004 f.); Grube/Röhm, wistra 2009, 81 (83).
[796] Vgl. hierzu auch: MGB-Bieneck § 76 Rn. 36; Bittmann, wistra 2009, 138 (140).
[797] So auch MGB-Bieneck § 76 Rn. 33; Röhm, S. 183 f.; Erdmann, S. 186.
[798] Siehe oben S. 133.
[799] So vor allem: LK-Tiedemann, StGB vor § 283 Rn. 155; Tiedemann, Insolvenz-Strafrecht vor § 283 Rn. 154 f.; Lackner/Kühl, StGB § 283 Rn. 6; Beck, in: Wabnitz/Janovsky 6 Rn. 101; Moosmayer, S. 161; so wohl auch: Uhlenbruck, wistra 1996, 1 (6); OLG Düsseldorf, NJW 1997, 1455 f.
[800] Vgl. LK-Tiedemann, StGB vor § 283 Rn. 155; Moosmayer, S. 160 f.
[801] LK-Tiedemann, StGB vor § 283 Rn. 155.

barkeit gemäß § 15a Absatz 4 und 5 InsO dienen dem Schutz der finanziellen Befriedigungsinteressen der Gläubiger.[802] Diese Schutzrichtung entspricht dem in dieser Arbeit vertretenen Rechtsgüterschutz des § 283 StGB.[803] Bei der Bestimmung des Überschuldungsbegriffs ist dieser übereinstimmende Schutzgedanke zu berücksichtigen. Es besteht daher weder ein Bedürfnis, noch der Raum für eine im Insolvenzrecht und im Insolvenzstrafrecht abweichende Bestimmung des Merkmals der überwiegenden Wahrscheinlichkeit als Kernaussage der Fortbestehensprognose. Die abzulehnende Ansicht würde das Schutzniveau des strafrechtlichen Gläubigerschutzes des § 283 StGB absenken, ohne dass hierfür ein überzeugender Grund bestünde.[804] Etwaige Bestimmtheitsbedenken können durch die in vorliegender Arbeit ausgearbeitete Konkretisierung zur Fortbestehensprognose überwunden werden.

Dass bereits die nicht ganz unwahrscheinliche Fortführung ausreichen soll, findet zudem keine Stütze in den als Ausgangspunkt auch für das Strafrecht maßgeblichen zivilrechtlichen Vorgaben des § 19 Absatz 2 InsO. Während für die überwiegende Wahrscheinlichkeit im Sinne des § 19 Absatz 2 InsO ein klarer Grenzwert angegeben wird und bei über 50 % festgemacht werden kann[805], würde sich für die abzulehnende Auffassung die Frage stellen, ab welcher Grenze die Unternehmensfortführung nicht ganz unwahrscheinlich ist – bereits bei 25 bis 45 % oder schon bei mehr als 10 %. Die mit der abzulehnenden Ansicht verbundene Ungewissheit ist in jedem Fall größer als nach dem hier vertretenen Standpunkt – zumindest ist mit ihr kein Zuwachs an strafrechtlicher Bestimmtheit verbunden.[806]

Soweit ersichtlich wird zur Bestimmung der überwiegenden Wahrscheinlichkeit in insolvenzstrafrechtlichen Stellungnahmen nicht gefordert, dass die Wahrscheinlichkeit aus der Sicht des Schuldners zu bestimmen sei.[807] Dies wäre – wie bereits

---

[802] Siehe oben S. 32.

[803] Siehe oben S. 17 zum Rechtsgüterschutz des § 283 StGB.

[804] Vgl. auch MBG-Bieneck § 76 Rn. 33.

[805] Siehe dazu auch oben S. 133.

[806] Ebenso: Röhm, S. 184.

[807] Möglicherweise in diese Richtung geht jedoch die Auffassung des BGH, NJW-RR 2007, 690 (692, Absatz 16), der dem Vorstand einer Genossenschaft bei der Überschuldungsfeststellung einen gewissen Beurteilungsspielraum zubilligen will und dies mit den möglichen strafrechtlichen Folgen einer auch fahrlässig möglichen Insolvenzverschleppung begründet. Diese Entscheidung dürfte auf den GmbH-Geschäftsführer und den AG-Vorstand ohne weiteres übertragbar sein. Die Auffassung des BGH ist jedoch abzulehnen, da sie zu einer vermeidbaren Aufweichung der Konturen des ohnehin umstrittenen Überschuldungsbegriffs führt. Zudem bleibt unklar, ob der Beurteilungsspielraum für die Vermögensbewertung, für die Fortbestehensprognose oder für den Vermögensvergleich gelten soll. Zweifel am Vorliegen des erforderlichen Tatvorsatzes oder der fahrlässigen Erkennbarkeit müssen zu einer Verneinung des Vorliegens des subjektiven

zum zivilen Insolvenzrecht ausgeführt wurde[808] – auch im Insolvenzstrafrecht abzulehnen.[809] Über den Willen zur Fortführung hinaus sind im Rahmen der Fortbestehensprognose keine weiteren subjektiven Kriterien zu berücksichtigen.

(2). Unklare Fortbestehensprognose

Fraglich ist, welche Konsequenzen im Insolvenzstrafrecht an eine unklare Fortbestehensprognose zu knüpfen sind. Hierbei ist zu differenzieren, worin die Unklarheit besteht. Liegt eine nicht behebbare Unklarheit auf Tatsachenebene vor, so gilt der Zweifelsgrundsatz *in dubio pro reo*. Kein Anwendungsfall des Zweifelsgrundsatzes ist hingegen die Frage, ob die im Rahmen der Fortbestehensprognose zu berücksichtigenden Tatsachen für eine überwiegende Wahrscheinlichkeit der Fortführung des Unternehmens sprechen. Dies ist eine reine Rechtsanwendungsfrage, für die der Grundsatz *in dubio pro reo* nicht gilt.[810]

Die maßgebliche Tatsachenbasis für die Fortbestehensprognose ist – ggf. unter Heranziehung des Zweifelsgrundsatzes – für den maßgeblichen Beurteilungszeitraum so umfassend wie möglich aufzubereiten. Für die anschließende Bewertung ist lediglich zu fragen, ob die Tatsachen für eine überwiegende Fortführungswahrscheinlichkeit sprechen. Ist das Ergebnis der Bewertung dieser Tatsachen, dass eine überwiegende Wahrscheinlichkeit der Fortführung nicht angenommen werden kann, so liegt, so knapp dieser Befund auch ausfallen mag, gerade keine positive Fortbestehensprognose vor.[811]

Es wurde bereits darauf hingewiesen, dass nach der befristeten Änderung des § 19 Absatz 2 InsO durch das FMStG, das Vorliegen von Überschuldung beim Bestehen rechnerischer Überschuldung widerleglich vermutet wird.[812] Kann die Vermutung durch eine positive Fortführungsprognose nicht widerlegt werden, ist vom Vorliegen von Überschuldung auszugehen. Diese gesetzliche Regelung in § 19 Absatz 2 InsO in der Fassung des FMStG ist auch für die Auslegung des Überschuldungsbegriffs im Insolvenzstrafrecht zu berücksichtigen. Es ist daher zu fordern, dass eine positive Fortbestehensprognose tatsächlich vorliegen muss. Unsicherheiten gehen zu Lasten des Schuldners – nicht zu Lasten der Gläubiger.

Voraussetzungen für eine Strafbarkeit führen und dürfen ihren Niederschlag nicht in einer Verwässerung des Überschuldungsmerkmals finden.

[808] Siehe oben S. 133.

[809] So auch: Bittmann, wistra 2009, 138 (140).

[810] Vgl. dazu bereits die obige ausführliche Stellungnahme zum Zweifelsgrundsatz auf S. 159.

[811] Vgl. auch Bittmann, wistra 2009, 138 (140).

[812] Siehe oben S. 118.

Eine positive Fortbestehensprognose liegt nicht nur dann nicht vor, wenn die zu beurteilenden Tatsachen die Annahme einer überwiegenden Wahrscheinlichkeit der Fortführung nicht rechtfertigen, sondern auch dann, wenn die sonstigen Umstände – auch aufgrund von Unklarheiten – nicht ausreichen, um eine positive Prognose zu stellen.[813]

(3). Fortbestehensprognose als Zahlungsfähigkeitsprognose

Die Fortbestehensprognose wird im Insolvenzstrafrecht aus Bestimmtheitsgründen vielfach für problematisch gehalten.[814] Dem ist entgegenzuhalten, dass jede in die Zukunft gerichtete Betrachtung mit einem gewissen Irrtumsrisiko behaftet ist[815] und sich eine wirklich sichere Bewertung immer erst in der Rückschau durchführen lässt. Die Berücksichtigung künftiger Entwicklungen ist dem Insolvenzstrafrecht nicht fremd. Dies zeigt insbesondere auch die Bestimmung der sonstigen Krisenmerkmale der drohenden und eingetretenen Zahlungsunfähigkeit.[816] Für die Fortbestehensprognose sind Kriterien aufzustellen, die strafrechtlichen Bestimmtheitsanforderungen genügen. Mit der Fortbestehensprognose ist eine Annahme zur Überlebensfähigkeit der Unternehmung zu treffen. Dazu werden wie im zivilen Insolvenzrecht[817] auch im Insolvenzstrafrecht die Aspekte der künftigen Zahlungsfähigkeit, der Rentabilität und der Ertragsfähigkeit herangezogen.[818] Bei der Bestimmung der für die Fortbestehensprognose maßgeblichen Kriterien sind die geschützten Rechtsgüter maßgeblich zu berücksichtigen. Der Bankrottstraftatbestand des § 283 Absatz 1 StGB dient vor allem dem Schutz des Bestands des in der Unternehmenskrise noch vorhandenen Schuldnervermögens vor unzulässigen Beeinträchtigungen, die das potentielle Insolvenzvermögen schmälern oder zumindest gefährden.

Aufgrund der übereinstimmenden Zielrichtung des insolvenzrechtlichen und des insolvenzstrafrechtlichen Schutzgedankens kann auf die vorstehenden Ausfüh-

---

[813] Ebenso: Bittmann, wistra 2009, 138 (140).

[814] Penzlin, S. 154 ff., 158 ff. Vgl. auch Lackner/Kühl, StGB § 283 Rn. 6; LK-Tiedemann, StGB vor § 283 Rn. 155; Moosmayer, S. 161; Uhlenbruck, wistra 1996, 1 (6), die – außer Penzlin - allesamt bereits die nicht ganz unwahrscheinliche Unternehmensfortführung für den Ansatz von Fortführungswerten genügen lassen wollen.

[815] Vgl auch Erdmann, S. 185.

[816] Siehe oben S. 107 zur drohenden und oben S. 84 zur eingetretenen Zahlungsunfähigkeit.

[817] Siehe oben S. 134.

[818] MGB-Bieneck § 76 Rn. 28 ff.; Bittmann, in: Insolvenzstrafrecht § 11 Rn. 92; Degener, in: FS-Rudolphi, S. 405 (416); Röhm, S. 177 ff.

rungen zum zivilen Insolvenzrecht verwiesen werden.[819] Dort wurden die Kriterien der Rentabilitäts- und der Ertragsfähigkeitsprüfung abgelehnt mit der – auch für das Insolvenzstrafrecht geltenden – Begründung, dass es dem Rechtsgüterschutz am besten Rechnung trägt, wenn auf die künftige Zahlungsfähigkeit des Schuldners abgestellt wird. Bereits hierdurch werden die Befriedigungsinteressen der Gläubiger in ausreichendem Maße geschützt.

Die Fortbestehensprognose verlangt eine Einschätzung zur künftigen Entwicklung der Liquidität des Schuldners.[820] Maßgeblich ist, ob die Unternehmung in Zukunft in der Lage ist, ihre Verbindlichkeiten zu erfüllen. Für die Beurteilung der künftigen Zahlungsfähigkeit ist ein umfassender Finanzplan zu erstellen. Darin sind alle Liquiditätszuflüsse einschließlich der mit hinreichender Sicherheit zu erwartenden Einnahmen als auch die Verbindlichkeiten einschließlich der bereits mit hinreichender Sicherheit zu erwartenden Verpflichtungen zu berücksichtigen, wenn der jeweilige Fälligkeitstermin in die Betrachtungsperiode fällt. Kurz gefasst ist zu prüfen, ob die liquiden Mittel des Schuldners zur Befriedigung der Geldansprüche der Gläubiger in Zukunft ausreichen werden. Die Beschränkung auf die finanzielle Zukunft des Schuldners bzw. des Schuldnerunternehmens wird dem maßgeblichen Schutzgut des Bankrott- und des Insolvenzverschleppungsstraftatbestands, der Wahrung der finanziellen Interessen der Gläubiger, in ausreichendem Maße gerecht. Aus Gläubigersicht spielt es keine Rolle, wie rentabel oder profitabel das Schuldnerunternehmen in der Zukunft sein könnte oder wie es um die zukünftige Ertragslage bestellt ist. Der Gläubiger einer Geldforderung hat in der Krise des Schuldnerunternehmens vor allem die Erfüllung seines Anspruchs zu besorgen. Die bloße Aufrechterhaltung einer Geschäftsverbindung oder sonstige über den Geldanspruch hinausgehende, insbesondere nicht-finanziellen Interessen werden von § 283 StGB nicht geschützt und haben daher im Rahmen der Auslegung des Überschuldungsbegriffs unberücksichtigt zu bleiben. Gegenstand der Fortbestehensprognose muss daher die Frage nach der künftigen Zahlungsfähigkeit des Schuldners sein.[821]

---

[819] Siehe oben S. 134.

[820] Vgl. auch BGHZ 119, 201 (213 f.); OLG Düsseldorf, NJW-RR 1998, 1256 f.; Degener, in: FS-Rudolphi, S. 405 (418 f.); Reck, ZInsO 2004, 661 (663); Röhm, S. 177 ff.; wohl auch: Bittmann, wistra 1999, 10 (14).

[821] Vgl. auch MGB-Bieneck § 76 Rn. 29 ff.; Gruber, in: Insolvenzstrafrecht § 7 Rn. 53; Groth, S. 35; Röhm, S. 177 ff.; Bieneck, StV 1999, 43 f.; Reck, GmbHR 1999, 267 (270 f.); Penzlin, S. 87 ff., 112, 132 ff., 158 ff.; Pelz, Insolvenzstrafrecht, Rn. 19 ff.; Erdmann, S. 201. So wohl auch: Böcker, S. 149 f. und Degener, in: FS-Rudolphi, S. 405 (422 f.), die beide auf die Bedeutung der (drohenden) Zahlungsunfähigkeit gegenüber der Überschuldung abstellen. Vgl. auch aus dem Zivilrecht: Haas, in: Baumbach/Hueck, GmbHG § 64 Rn. 46; Drukarczyk, in: MüKo/InsO § 19 Rn. 53; zustimmend: Uhlenbruck, in: K.Schmidt/Uhlenbruck, GmbH-Krise Rn. 5.123 f.

Es würde zu weit gehen, die Fortbestehensprognose an die künftige Fähigkeit der Unternehmung Gewinne zu erwirtschaften zu knüpfen.[822] Zudem würde eine Rentabilitätsprüfung weitere Fragen aufwerfen. Unklar wäre beispielsweise, ob die Aussicht künftig irgendeinen Gewinn zu erwirtschaften ausreichen soll oder ob eine gewisse Rentabilitätsquote zu verlangen ist. Falls es auf eine Quote ankäme, wäre fraglich, ob die Kennziffer mit dem Umsatz, dem Eigenkapital oder dem Gesamtkapital ins Verhältnis zu setzen ist.[823] Auch diese offenen Fragen zeigen, dass die Rentabilität als Kriterium der Fortbestehensprognose wenig geeignet ist.

Auch die Ertragsfähigkeitsprüfung ist kein geeignetes Kriterium zur Bestimmung der Fortbestehensprognose.[824] Unter einer Ertragsfähigkeitsprüfung wird regelmäßig die Überlegung verstanden, ob die Unternehmung auf der Grundlage des vergangenen Periodenerfolgs unter Heranziehung sonstiger mikro- und makroökonomischer Indikatoren künftig in der Lage sein wird, die Verbindlichkeiten und Betriebskosten aus eigenen Erträgen zu decken und in diesem Sinne erfolgreich zu wirtschaften.[825] In der Kombination aus vergangenheitsbezogenen Parametern und einer Vielzahl quantifizierter Vermutungen wird zu Recht eine erhebliche Unsicherheit gesehen.[826] Der entscheidende Unterschied zur künftigen Zahlungsfähigkeitsprognose liegt darin, dass die Ertragsfähigkeitsprognose externe Liquiditätszuflüsse ausblendet und allein auf die Fähigkeit des Unternehmens zur Innenfinanzierung durch eigene Erträge abstellt. Da es durchaus denkbar und möglich ist, dass sich die Gesellschafter dazu entscheiden der Gesellschaft zur Überwindung der Überschuldung frisches Kapital zur Verfügung zu stellen oder sich ein Investor findet, sollte dieser Aspekt durch die Beschränkung auf eine Ertragsfähigkeitsprüfung, die lediglich die Innenfinanzierungskraft beurteilt, nicht von vornherein ausgeblendet werden.[827] Welchen Quellen der berücksichtigungsfähige Liquiditätszufluss entstammt, spielt keine Rolle. *Bieneck*[828] ist zuzustimmen, dass es

---

Bittmann, in: Insolvenzstrafrecht § 11 Rn. 93 will die zukünftige Zahlungsfähigkeit nur bei fehlender Ertragsfähigkeit berücksichtigen. Ebenso: Bittmann, wistra 1999, 10 (14).

[822] Ebenso: Grube/Röhm, wistra 2009, 81 (83).

[823] Vgl. dazu auch: Höfner, S. 185 ff.

[824] So auch: Höfner, S. 190; Degener, in: FS-Rudolphi, S. 405 (417 f.). Anders hingegen: Bittmann, in: Insolvenzstrafrecht § 11 Rn. 92 f., der wohl auf die Ertragsfähigkeitsprognose abstellen will. Seit Änderung des § 19 Absatz 2 InsO durch das FMStG ebenfalls für eine Ertragsfähigkeitsprognose: Grube/Röhm, wistra 2009, 81 (83).

[825] Vgl. MGB-Bieneck § 76 Rn. 30; Degener, in: FS-Rudolphi, S. 405 (417 f.).

[826] Degener, in: FS-Rudolphi, S. 405 (417 f.).

[827] Diesen Aspekt vernachlässigen: Grube/Röhm, wistra 2009, 81 (83), die aufgrund der Änderung des § 19 Abs. 2 InsO durch das FMStG auf die Ertragsfähigkeitsprüfung abstellen wollen, um die Grenzen zur drohenden Zahlungsunfähigkeit nicht zu verwischen. Anders noch zu Zeiten der Geltung des § 19 Abs. 2 InsO a. F.: Röhm, S. 177 für eine Berücksichtung der künftigen Zahlungsfähigkeit.

[828] MGB-Bieneck § 76 Rn. 31.

aus Gläubigersicht unerheblich ist, ob ein bestehender und fälliger Geldanspruch mit eigenen, ggf. hinreichend sicher zu erwartenden Erträgen der Unternehmung oder mit zugeschossenem Eigenkapital beglichen wird.

(4). Zeitliche Begrenzung des Prognosezeitraums

Auch im Insolvenzstrafrecht wird kontrovers diskutiert, welcher zeitliche Horizont für die Prognose der zukünftigen Zahlungsfähigkeit zu wählen ist.[829] Richtigerweise ist die zeitliche Grenze nicht allzu weit in die Zukunft zu verlegen, um das Prognoserisiko möglichst gering zu halten. Andererseits ist der zu berücksichtigende Zeitraum auch nicht zu kurz zu wählen, da ansonsten saisonale und konjunkturelle Einflüsse ein zu starkes Gewicht gewinnen würden und Anstrengungen des Schuldners zur Krisenbewältigung möglicherweise nicht mehr berücksichtigt werden würden.

An der in vorliegender Arbeit zum insolvenzrechtlichen Begriff vorgeschlagenen Grenze von einem Jahr ab dem Beurteilungszeitpunkt[830] ist auch für das Insolvenzstrafrecht festzuhalten. Die hierfür bereits zum zivilen Insolvenzrecht vorgebrachten Bestimmtheitserwägungen gelten erst recht für das Insolvenzstrafrecht, da insofern der Bestimmtheit strafrechtlicher Begriffe Verfassungsrang zukommt (Art. 103 Absatz 2 GG). Daher ist dem Vorschlag *Röhms* zuzustimmen und ein Zeitraum von einem Jahr zu befürworten.[831] Der von der wohl überwiegenden Auffassung angesetzte Zeitraum bis zum Ende des laufenden bzw. des nächsten Geschäftsjahres dürfte hiervon in den meisten Fällen im Ergebnis kaum abweichen. Die Begrenzung auf den Zeitraum von einem Jahr erscheint sachgemäß, da diese Grenze eindeutiger und von unternehmensspezifischen Gegebenheiten, wie der Festlegung des Geschäftsjahres, unabhängig ist und damit insgesamt für einen Zugewinn an strafrechtlicher Bestimmtheit sorgt.

---

[829] Für einen kurz gefassten Zeitraum von nur drei Monaten: Reck, GmbHR 1999, 270 (273). Für einen Zeitraum von einem Jahr: Röhm, S. 185. Für eine Begrenzung auf das Ende des auf die Überschuldungsfeststellung folgenden Geschäftsjahres: Lackner/Kühl, StGB § 283 Rn. 6; Sch/Sch-Stree/Heine, StGB § 283 Rn. 51; SK-Hoyer, StGB § 283 Rn. 16; NK-Kindhäuser, StGB vor § 283 Rn. 95; MGB-Bieneck § 76 Rn. 32; Pelz, Insolvenzstrafrecht, Rn. 86; Bittmann, wistra 1999, 10 (14); Uhlenbruck, wistra 1996, 1 (6).

[830] Siehe oben S. 135.

[831] Röhm, S. 185.

ee. Vermögensbewertung im Überschuldungsstatus

Sowohl nach der einfachen zweistufigen Methode als auch nach der modifizierten zweistufigen Methode bedarf es der Aufstellung einer Überschuldungsbilanz, in der das Vermögen des Schuldners seinen Verbindlichkeiten gegenüberzustellen ist. Hierbei ist auch im Insolvenzstrafrecht anerkannt, dass nicht die Werte der Handelsbilanz eins zu eins übernommen werden können, sondern die wahren bzw. tatsächlichen Werte anzusetzen sind.[832] Während der Überschuldungstatus nach der modifizierten zweistufigen Methode mit Liquidationswerten zu erstellen ist, trifft nach der einfachen zweistufigen Methode die Fortbestehensprognose die Vorentscheidung, ob Liquidations- oder Fortführungswerte in der Überschuldungsbilanz anzusetzen sind. Die Bewertung einzelner Vermögenspositionen und Verbindlichkeiten ist auch im Insolvenzstrafrecht umstritten.[833] Die Streitpunkte entsprechen denen des zivilen Insolvenzrechts. Auf die dortigen Ausführungen wird deshalb verwiesen.[834]

Bei Bestehen einer positiven Fortführungsprognose ist bei Anwendung der einfachen zweistufigen Methode das Schuldnervermögen mit Fortführungswerten, die nach dem Ertragswertverfahren und nicht nach dem Substanzwertverfahren zu bestimmen sind, anzusetzen. Die Substanzwertmethode würde zu niedrigeren Werten führen und eine Annäherung an Liquidationswerte bedeuten.[835] Dies ist beim Vorliegen einer positiven Fortbestehensprognose jedoch gerade nicht sachgerecht. Bei Bestehen einer positiven Fortbestehensprognose sind Fortführungswerte anzusetzen. Das Ertragswertverfahren ist eher geeignet solche Fortführungswerte abzubilden.

Die klarstellende Ergänzung von § 19 Absatz 2 InsO durch Art. 9 Ziffer 4 des MoMiG vom 23. Oktober 2008[836], dass Ansprüche auf Rückgewähr von Gesellschafterdarlehen und aus wirtschaftlich entsprechenden Rechtshandlungen in einem Überschuldungsstatus zu passivieren sind, sofern nicht eine Rangrücktrittsvereinbarung getroffen wurde, ist auch für das Insolvenzstrafrecht zu beachten und auch aus dieser Sicht uneingeschränkt zu begrüßen. Diese Ergänzung durch das MoMiG entspricht der bisher ganz überwiegend vertretenen insolvenz- und insolvenzstrafrechtlichen Meinung.[837] Ebenso zu befürworten ist die Nachbesse-

---

[832] Vgl. nur Radtke, in: MüKo/StGB vor § 283 Rn. 64.

[833] Vgl. z. B. MGB-Bieneck § 76 Rn. 38 ff.; Radtke, in: MüKo/StGB vor § 283 Rn. 64 ff.

[834] Siehe oben S. 139 ff.

[835] Ebenso: MGB-Bieneck § 76 Rn. 40.

[836] Art. 9 Ziffer 4 MoMiG vom 23. Oktober 2008, BGBl. I S. 2026 (2037 f.).

[837] Vgl. BGHZ 146, 264 (271 ff.); Hasselbach/Wicke, BB 2001, 435 f.; Böcker, S. 151 ff.; Beintmann, S. 61 ff., Röhm, S. 191 ff. jeweils mit ausführlichen weiteren Nachweisen. Vgl. auch

rung des Gesetzgebers durch Art. 4 des FMStErgG vom 7. April 2009[838], wonach nunmehr auch gesetzlich festgeschrieben ist, dass diese Ergänzung von § 19 Absatz 2 InsO durch das MoMiG auch ab dem 1. Januar 2014 erhalten bleibt.

Im Insolvenzstrafrecht ist wie im zivilen Insolvenzrecht umstritten, ob selbst geschaffene immaterielle Vermögensgegenstände des Schuldners und der originäre selbst geschaffene Firmenwert bei der Aufstellung des Überschuldungsstatus als Aktiva angesetzt werden dürfen.[839] Für die zivilrechtliche Auslegung des Überschuldungsbegriffs wurde dies in vorliegender Arbeit bejaht, sofern dem betreffenden immateriellen Vermögensgegenstand ein konkreter Wert, auf der Grundlage eines möglichen Veräußerungspreises, beigemessen werden kann.[840] Seit der Änderung des § 248 Absatz 2 HGB durch das BilMoG[841] besteht auch handelsrechtlich kein Grund für ein weiteres Festhalten an der generellen Ablehnung der Aktivierung dieser immateriellen Vermögensgegenstände. Es würde den Schuldner im Insolvenzstrafrecht ohne sachlichen Grund schlechter stellen, wenn übertrag- und veräußerbare immaterielle Vermögensgegenstände in der Überschuldungsbilanz nicht aktiviert werden dürften. Auch in dem Entwurf des FMStG wird für das Zivilrecht offensichtlich von einer Berücksichtigung des Firmenwertes und des sog. *good will* im Überschuldungsstatus ausgegangen.[842] Diese Überlegungen sind auch im Insolvenzstrafrecht zu berücksichtigen.

e. Zusammenfassung zur Insolvenzrechtsakzessorietät

Nachdem die Streitfragen zur insolvenzstrafrechtlichen Begriffsbestimmung behandelt wurden, ist auf die eingangs gestellte Frage zurückzukommen, ob gegenüber dem vorstehend bestimmten insolvenzrechtlichen Überschuldungsbegriff[843]

MGB-Bieneck § 76 Rn. 16; Bittmann, in: Insolvenzstrafrecht § 11 Rn. 88 f.; NK-Kindhäuser, StGB vor § 283 Rn. 93; Fischer, StGB vor § 283 Rn. 7b; LK-Tiedemann, StGB vor § 283 Rn. 152; Pelz, Insolvenzstrafrecht, Rn. 32 f.; Reck, Insolvenzstraftaten, Rn. 185 f., 267 ff.; Weyand/Diversy, Rn. 38; Uhlenbruck, wistra 1996, 1 (6); Bieneck, StV 1999, 43; Harz/Baumgartner/Conrad, ZInsO 2005, 1304 (1310 f.); Watzlawik, NZI 2004, 608 (610); wohl auch für eine Passivierung: Sch/Sch-Stree/Heine, StGB § 283 Rn. 51. Anders noch: OLG Düsseldorf, NJW-RR 1998, 1256 (1257 f.) mit ausführlichen weiteren Nachweisen. Anders auch: K.Schmidt, Wege zum Insolvenzrecht, S. 89 ff. Kritik bei Bormann, GmbHR 2001, 689 (690 ff.).

[838] Art. 4 FMStErgG vom 7. April 2009, BGBl. I S. 725 (732). Vgl. hierzu auch Amend, ZIP 2009, 589 (593); Thonfeld, NZI 2009, 15 (18 ff.).

[839] Vgl. Scholz/K.Schmidt/Bitter, GmbHG vor § 64 Rn. 21, 34; Sorgenfrei, in: Park, Kapitalmarktstrafrecht, Teil 3, Kapitel 5, T 2, Rn. 6; Böcker, S. 52.

[840] Siehe oben S. 143.

[841] Art. 1 Ziffer 6 BilMoG vom 25. Mai 2009, BGBl. I S. 1102 (1103).

[842] Begründung Entwurf FMStG, BT-Drs. 16/10600, S. 21. Vgl. auch Wegner, HRRS 2009, 32 (34).

[843] Siehe dazu oben S. 117 ff.

Anpassungen aus spezifischen strafrechtlichen Gründen vorzunehmen sind. Es kann festgehalten werden, dass gegenüber dem in vorliegender Arbeit vertretenen insolvenzrechtlichen Überschuldungsbegriff keine Anpassungen für die insolvenzstrafrechtliche Auslegung des Krisenmerkmals der Überschuldung, insbesondere im Hinblick auf strafrechtliche Bestimmtheits- oder Verhältnismäßigkeitserwägungen, vorzunehmen sind. Der für das Insolvenzstrafrecht – und zwar sowohl für den Insolvenzverschleppungsstraftatbestand als auch für den Bankrottstraftatbestand – maßgebliche Überschuldungsbegriff kann akzessorisch zu dem vorangehend bestimmten zivilrechtlichen Begriffsverständnis bestimmt werden.

Unterschiede zum insolvenzrechtlichen Begriffsverständnis ergeben sich nach der hier vertretenen Auffassung nicht, da die wohl überwiegende Auffassung im Bankrottstrafrecht, die verlangt, dass Überschuldung nach allen in Betracht kommenden anerkannten Methoden vorliegen muss, abzulehnen ist. Teilweise wird im Insolvenzstrafrecht eine Absenkung der für die Fortbestehensprognose erforderlichen überwiegenden Wahrscheinlichkeit auf eine nicht ganz unwahrscheinliche Fortführung vorgeschlagen. Dieser Ansicht ist aus Gründen des Gläubigerschutzes nicht zuzustimmen. Vorliegende Arbeit tritt sowohl für das insolvenzrechtliche als auch für das insolvenzstrafrechtliche Begriffsverständnis aus Bestimmtheitsgründen für eine Begrenzung des Prognosezeitraums der Fortbestehensprognose auf ein Jahr ab dem Betrachtungszeitpunkt ein. Für die Fortbestehensprognose ist auf die künftige Zahlungsfähigkeit und nicht auf Rentabilitäts- und Ertragsfähigkeitserwägungen abzustellen. Zudem ist der Grundsatz *in dubio pro reo* nach der hier vertretenen Ansicht ausschließlich bei der Bestimmung der maßgeblichen Tatsachengrundlage und nicht generell bei der Überschuldungsbestimmung bzw. Fortbestehensprognose zu berücksichtigen. All dies führt dazu, dass keine Abweichungen aus spezifischen strafrechtlichen Erwägungen gegenüber dem vorstehend näher bestimmten insolvenzrechtlichen Begriffsverständnis erforderlich sind.

Die einheitliche Bestimmung des Überschuldungsbegriffs in § 15a Absatz 4 und 5 InsO und in § 283 StGB hat zudem den Vorteil, dass keine fragwürdige Dualität der Begrifflichkeit innerhalb des Insolvenzstrafrechts besteht. Dies sorgt für eine größere Rechtsklarheit und Rechtssicherheit. Ein klar umrissener mit den insolvenzrechtlichen Vorgaben identischer insolvenzstrafrechtlicher Überschuldungsbegriff ist für die Normadressaten vorhersehbarer als ein ggf. strengerer strafrechtlicher Begriff und erleichtert zudem die Normanwendung für die Praxis, die sich mit der Frage nach dem Vorliegen und Nachweis der Überschuldung beschäftigen muss. Dies ist für die Strafverfolgungspraxis von erheblicher Bedeutung, da von dieser Seite zuletzt beklagt wurde, dass aufgrund der Komplexität des Überschuldungsbegriffs und -nachweises vielfach auf das einfacher nachweisbare

Krisenmerkmal der Zahlungsunfähigkeit ausgewichen werde.[844] Die vorstehend herausgearbeitete Bestimmung des insolvenzstrafrechtlichen Überschuldungsbegriffs wirkt dem in der Strafverfolgungspraxis angenommenen Bedeutungsverlust der Überschuldung entgegen.

Die insolvenzrechtsakzessorische Bestimmung des insolvenzstrafrechtlichen Überschuldungsbegriffs bedeutet jedoch auch, dass die jeweiligen Änderungen des § 19 Absatz 2 InsO durch das FMStG[845], das MoMiG, das FMStErgG und das Gesetz zur Erleichterung der Sanierung von Unternehmen zu berücksichtigen sind. Zeitlich befristet bis zum 31. Dezember 2013 ist die Überschuldung gemäß der modifizierten zweistufigen Methode zu bestimmen. Ab dem 1. Januar 2014 gilt für die Überschuldung wieder die zuvor geltende einfache zweistufige Methode. Lediglich die Ergänzung von § 19 Absatz 2 InsO durch das MoMiG bleibt erhalten. Vorangehend wurde daher im Rahmen der strafrechtlichen Begriffsbestimmung auf beide Methoden zur Überschuldungsbestimmung eingegangen.[846]

Dieses gesetzliche Hin- und Her ist auch von insolvenzstrafrechtlichen Stellungnahmen kritisiert worden.[847] Vorliegende Arbeit hält die zeitlich befristete Änderung des § 19 Absatz 2 InsO ebenfalls für unglücklich, da dies einer sich festigenden Begriffsbestimmung entgegenwirkt. Gleichwohl sind die in vorliegender Arbeit herausgearbeiteten Eckpunkte zur Bestimmung des Überschuldungsmerkmals sowohl für die modifizierte zweistufige Methode als auch für die einfache zweistufige Methode geeignet für eine größere begriffliche Bestimmtheit zu sorgen. Zudem sind die Unterschiede beim Vorliegen einer positiven Fortbestehensprognose zwischen der einfachen zweistufigen Methode und der modifizierten zweistufigen Methode mitunter überschaubar, da die Berücksichtigung des originären selbst geschaffenen Firmenwertes im Überschuldungsstatus der einfachen zweistufigen Methode ein ähnliches Gewicht haben kann wie die positive Fortbestehensprognose im Rahmen der modifizierten zweistufigen Methode.[848]

---

[844] Vgl. z. B. die Stellungnahme der Staatsanwälte Grube/Röhm, wistra 2009, 81 und 84 f.

[845] Siehe dazu oben S. 118.

[846] Vgl. oben S. 161 ff.

[847] Vgl. z. B. Bittmann, wistra 2009, 138 (139); Wegner, HRRS 2009, 32 (33 f.). Vgl. auch zum zivilen Insolvenzrecht die Kritik von K.Schmidt, DB 2008, 2467 (2470).

[848] Vgl. auch K.Schmidt, DB 2008, 2467 (2470).

f. Auswirkungen der jüngeren Gesetzgebung auf den strafrechtlichen Überschuldungsbegriff

aa. Auswirkungen der Einführung der InsO von 1994

Die Einführung des § 19 InsO in der Fassung der InsO von 1994 bewirkte eine zwischenzeitliche Abkehr von der sog. modifizierten zweistufigen Methode der Überschuldungsbestimmung.[849] In der Fassung des § 19 Absatz 2 InsO gemäß der InsO von 1994 half allein eine positive Fortbestehensprognose nicht mehr über das Vorliegen von rechnerischer Überschuldung hinweg. Diese Änderung bewirkte, dass die rechtlichen Voraussetzungen der Überschuldung häufiger als zuvor gegeben waren.[850]

bb. Auswirkungen des FMStG, des MoMiG und des BilMoG

Die Ausweitung des Anwendungsbereichs der Überschuldung durch die Einführung des § 19 InsO in der Fassung der InsO von 1994 war jedoch nicht vor Dauer. Durch das FMStG wurde der Überschuldungsbegriff angesichts der Finanzkrise wieder geändert.[851] Seit Inkrafttreten des FMStG am 18. Oktober 2008 und bis einschließlich zum 31. Dezember 2013 gilt die sog. modifizierte zweistufige Methode[852] für die Überschuldungsbestimmung. Danach ist allein das Bestehen einer positiven Fortbestehensprognose ausreichend für die Verneinung von Überschuldung. Das häufigere Vorliegen von Überschuldung gemäß dem Überschuldungsbegriff des § 19 Absatz 2 InsO in der Fassung der InsO von 1994 wurde hierdurch wieder – wenn auch zeitlich befristet – zurückgedreht.

Ab dem 1. Januar 2014 wird allerdings wieder der Überschuldungsbegriff des § 19 Absatz 2 InsO in der Fassung der InsO von 1994 gelten. Hierdurch kommt es aufgrund der insolvenzrechtsakzessorischen Begriffsbestimmung dann wieder zu

---

[849] Vgl. z. B. Lackner/Kühl, StGB § 283 Rn. 6; Radtke, in: MüKo/StGB vor § 283 Rn. 68 ff.; Sch/Sch-Stree/Heine, StGB § 283 Rn. 51; MGB-Bieneck § 76 Rn. 23, 24. Anders jedoch: Erdmann, S. 198 ff., der trotz seinerzeitiger Geltung des § 19 Absatz 2 InsO in der Fassung der InsO von 1994 an der modifizierten zweistufigen Methode für das Insolvenzstrafrecht festhalten will.

[850] Burger/Schellberg, KTS 1995, 563, (569 ff., 577); Röhm, S. 201; Grube/Röhm, wistra 2009, 81 (82); wohl auch: Reck, GmbHR 1999, 267 (270 ff., 274). Vgl. auch MGB-Bieneck § 75 Rn. 47 ff.; Beck, in: Wabnitz/Janovsky 6 Rn. 100; Schaal, in: MüKo/AktG § 401 Rn. 43.

[851] Siehe dazu oben S. 118.

[852] Siehe oben S. 118.

dem vorangehend beschriebenen häufigeren Vorliegen des Krisenmerkmals der Überschuldung.

Das MoMiG führte zu einer zu begrüßenden Klarstellung hinsichtlich der Pflicht zur Passivierung von Ansprüchen aus eigenkapitalersetzenden Darlehen und wirtschaftlich entsprechenden Rechtshandlungen im Überschuldungsstatus, es sei denn es wurde ein sog. einfacher Rangrücktritt hinter den Rang des § 39 Absatz 1 InsO vereinbart.[853] Die Änderung des § 19 Absatz 2 InsO durch das MoMiG ist aufgrund der insolvenzrechtsakzessorischen Begriffsbestimmung auch im Insolvenzstrafrecht zu berücksichtigen. Diese Ergänzung von § 19 Absatz 2 InsO bleibt auch nach dem 31. Dezember 2013 erhalten.

Durch das BilMoG wurde das handelsbilanzielle Aktivierungsverbot des § 248 Absatz 2 HGB a. F. für selbst geschaffene immaterielle Vermögensgegenstände im Wesentlichen durch ein Aktivierungswahlrecht ersetzt.[854] Diese Kehrtwende des Gesetzgebers ist auch bei der Klärung der Streitfrage nach der Zulässigkeit der Aktivierung selbst geschaffener immaterieller Vermögensgegenstände im Rahmen der Überschuldungsbilanz zu berücksichtigen. Eine Aktivierung selbst geschaffener immaterieller Vermögensgegenstände einschließlich des originären Firmenwertes ist zuzulassen. Für das Insolvenzstrafrecht ist allerdings die Einschränkung zu machen, dass nur mit dem Wert bzw. Preis aktiviert werden darf, zu dem diese Gegenstände übertragen und veräußert werden können.

g. Zusammenfassung zum insolvenzstrafrechtlichen Überschuldungbegriff

Überschuldung im Sinne des § 283 StGB liegt nach allgemeiner Auffassung vor, wenn die Verbindlichkeiten des Schuldners dessen Vermögen übersteigen, was mittels einer Überschuldungsbilanz sichtbar zu machen ist.[855] In der vorliegenden Arbeit wird vorgeschlagen, die Überschuldungsprüfung mit der Fortbestehensprognose zu beginnen, unabhängig davon, ob die einfache zweistufige Methode oder die modifizierte zweistufige Methode anzuwenden ist.

---

[853] Siehe oben S. 119.

[854] Siehe oben S. 145.

[855] Vgl. z. B. BGHZ 119, 201 (213 f.); BGH, NJW 1983, 676 f.; OLG Düsseldorf, NJW-RR 1998, 1256 f.; Sch/Sch-Stree/Heine, StGB § 283 Rn. 51; Lackner/Kühl, StGB § 283 Rn. 6; LK-Tiedemann, StGB vor § 283 Rn. 150 ff.; MGB-Bieneck § 76 Rn. 6; Bittmann, in: Insolvenzstrafrecht § 11 Rn. 81; Pelz, Insolvenzstrafrecht, Rn. 82; Degener, in: FS-Rudolphi, S. 405 (407 f.); Pfeiffer, in: FS-Rowedder, S. 347 (359); Achenbach, in: GS-Schlüchter, S. 257 (266 f.); Bieneck, StV 1999, 43 f.; Bittmann, wistra 1999, 10 f.; vgl. auch bereits Schlüchter, MDR 1978, 977 ff.; Haack, NJW 1981, 1353; Franzheim, NJW 1980, 2500 f.; Groth, S. 27 f.; Biermann, S. 32.

Mit der Fortbestehensprognose ist eine Einschätzung vorzunehmen, ob die Fortführung des Unternehmens nach den Umständen überwiegend wahrscheinlich ist. Eine überwiegende Wahrscheinlichkeit im Sinne der Fortführungsprognose ist gegeben, wenn die Unternehmung fortgeführt werden soll, d. h. ein Fortführungswille vorliegt, und die Wahrscheinlichkeit der Fortführung größer als 50 % ist.[856] Mit der Fortbestehensprognose ist eine Annahme zur Überlebensfähigkeit der Unternehmung zu treffen. Ausgehend von dem Rechtsgüterschutz des § 283 StGB[857] und des § 15a Absatz 4 und 5 InsO[858] hat die Bestimmung der Fortbestehensprognose unter dem Aspekt des Schutzes der finanziellen Interessen der Gläubiger zu erfolgen. Der Gläubiger einer Geldforderung sorgt sich in der Krise des Schuldnerunternehmens vor allem um die Erfüllung seines Anspruchs. Gegenstand der Fortbestehensprognose ist daher die Frage nach der künftigen Zahlungsfähigkeit. Für deren Beurteilung ist ein umfassender Finanzplan zu erstellen. Darin sind alle hinreichend sicher zu erwartenden Liquiditätszu- und -abflüsse zu berücksichtigen, wenn deren jeweiliger Fälligkeitstermin in die Betrachtungsperiode fällt. Um das Prognoserisiko möglichst gering zu halten, ist eine zeitliche Begrenzung des Betrachtungszeitraums auf ein Jahr vorzunehmen.[859]

Für die Fortbestehensprognose ist daher zu fragen, ob die innerhalb eines Jahres ab dem Betrachtungszeitpunkt vorhandene und hinreichend sicher zu erwartende Liquidität des Schuldners zur Deckung der bereits bestehenden und der mit hinreichender Sicherheit absehbaren im Betrachtungszeitraum fällig werdenden Verbindlichkeiten ausreichen wird. Ist dies der Fall, so ist von der Überlebensfähigkeit der Unternehmung auszugehen.

Bei positiver Fortbestehensprognose hat die Bewertung des Schuldnervermögens bei Anwendung der einfachen zweistufigen Methode gemäß der Ertragswertmethode zu erfolgen. Bei einer negativen Fortführungsprognose sind in der Überschuldungsbilanz gemäß der einfachen zweistufigen Methode Liquidationswerte anzusetzen. Bei der Überschuldungsbestimmung gemäß der modifizierten zweistufigen Methode sind im Überschuldungsstatus immer Liquidationswerte anzusetzen, da bereits das Bestehen einer positiven Fortbestehensprognose ausreicht, um das Vorliegen von Überschuldung zu verneinen.

---

[856] So auch: MGB-Bieneck § 76 Rn. 33; Röhm, S. 183 f.
[857] Siehe oben S. 17. Vgl. auch BGH, NJW 2001, 1874 f., mit Anm. Krause, NStZ 2002, 42 f.; Sch/Sch-Stree/Heine, StGB vor § 283 Rn. 2; LK-Tiedemann, StGB vor § 283 Rn. 45 ff.; Moosmayer, S. 121; Röhm, S. 46 ff., 63 ff.; Dohmen/Sinn, KTS 2003, 205 ff., jeweils mit weiteren Nachweisen.
[858] Siehe oben S. 32.
[859] Ebenso: Röhm, S. 185.

In der Überschuldungsbilanz sind das Vermögen und die Verbindlichkeiten des Schuldners mit den wahren bzw. tatsächlichen Werten anzusetzen. Die Werte der Handelsbilanz können nicht übernommen werden. Ansprüche aus eigenkapitalersetzenden Darlehen und wirtschaftlich entsprechenden Rechtshandlungen sind im Überschuldungsstatus zu passivieren, es sei denn es wurde eine vertragliche Nachrangigkeit auf die Stufe der Ansprüche gemäß § 39 Absatz 2 InsO vereinbart. Selbst geschaffene immaterielle Vermögensgegenstände und der originäre Firmenwert sind mit ihrem möglichen Veräußerungswert zu aktivieren, wenn diese Vermögensgegenstände übertrag- und veräußerbar sind.

VI. Zusammenfassung zu den Auswirkungen der InsO, des FMStG, des MoMiG und des BilMoG auf die Bestimmung der insolvenzstrafrechtlichen Krisenmerkmale

Mit der InsO wurden in den §§ 17 Absatz 2, 18 Absatz 2 und 19 Absatz 2 InsO Legaldefinitionen eingeführt. In der Begründung zum Regierungsentwurf des EGInsO wurde davon ausgegangen, dass die Einführung der InsO zu einer Erleichterung der Aufklärung der Insolvenzstraftaten führen wird.[860] Außer der Umbenennung der früheren Konkursstraftaten in Insolvenzstraftaten wurden keine Änderungen oder Anpassungen des Strafrechts für erforderlich gehalten.[861]

Die Auswirkungen der Einführung der InsO auf die Insolvenzstraftaten sind jedoch erheblich. Mittlerweile liegen hierzu auch zahlreiche Stellungnahmen aus Wissenschaft und Praxis vor.[862] Ausgehend von der in vorliegender Arbeit vertretenen insolvenzrechtsakzessorischen Bestimmung der strafrechtlichen Krisenmerkmale ist festzuhalten, dass sich durch die Einführung der vorgenannten Legaldefinitionen nicht nur das insolvenzrechtliche, sondern auch das insolvenzstrafrechtliche Begriffsverständnis verändert hat. Im Vergleich zu der zu Zeiten der KO herrschenden Ansicht hat sich durch die Einführung der InsO der Anwendungsbereich

---

[860] BT-Drs. 12/3803, S. 100; BT-Drs. 12/2443, S. 114; vgl. auch Kübler/Prütting, Das neue Insolvenzrecht, EGInsO, S. 238 f.

[861] Vgl. BT-Drs. 12/3803, S. 100. Die möglichen Auswirkungen auf das Strafrecht blieben bereits in der Diskussion, die der Einführung der InsO vorausging, weitgehend unberücksichtigt. Vgl. Erster Bericht der Kommission für Insolvenzrecht (herausgegeben vom Bundesjustizministerium), 1985, S. 111 (Leitsatz 1.2.5): „Offen bleibt, wie sich die Änderungen im Gesellschaftsrecht und Strafrecht auswirken." Vgl. auch bereits: Uhlenbruck, wistra 1996, 1 f.

[862] Verwiesen sei z. B. auf die Dissertationen von Moosmayer, Penzlin, Röhm, Plathner, Neumann und Erdmann. Siehe auch Sch/Sch-Stree/Heine vor § 283 Rn. 1a und § 283 Rn. 50a; Lackner/Kühl, StGB § 283 Rn. 5; MGB-Bieneck § 75, insbes. Rn. 48 ff. und § 76; Beck, in: Wabnitz/Janovsky 6, insbes. Rn. 56 ff. Wegner, in: Achenbach/Ransiek VII 1; Bittmann, in: Insolvenzstrafrecht § 12 Rn. 15 ff.; Hörl, S. 58 ff.; Achenbach, GS-Schlüchter, S. 257 ff.; Uhlenbruck, wistra 1996, 1 ff.; Bieneck, StV 1999, 43 ff.; Höffner, BB 1999, 198 ff. und 1999, 252 ff.; Reck, GmbHR 1999, 267 ff.

der Krisenmerkmale erweitert bzw. liegen die Voraussetzungen der Krisenmerkmale regelmäßig früher vor.[863] Zu diesem Ergebnis kommen auch andere insolvenzstrafrechtliche Stellungnahmen.[864]

Die eingetretene Zahlungsunfähigkeit liegt früher vor, da die Grenzen für kurzfristige Zahlungsstockungen auf höchstens drei Wochen und für geringfügige Liquiditätslücken auf nicht mehr als zehn Prozent der Gesamtverbindlichkeiten entsprechend dem insolvenzrechtlichen Begriffsverständnis abzusenken sind.[865] Es ist abzulehnen, im Rahmen der Feststellung der Zahlungsunfähigkeit auf eine Fortbestehensprognose statt auf eine Liquiditätsbilanz abzustellen.[866]

Der neu eingeführte Insolvenzeröffnungsgrund der drohenden Zahlungsunfähigkeit hat vor allem Auswirkungen auf die objektive Bedingung der Strafbarkeit in § 283 Absatz 6 StGB.[867] Zu § 283 Absatz 6 StGB erfolgt eine ausführliche Stellungnahme im nachfolgenden Kapitel.

Auch der strafrechtliche Überschuldungsbegriff ist akzessorisch zu dem vorangehend ausführlich bestimmten insolvenzrechtlichen Begriffsverständnis zu bestimmen. Der Überschuldungsbegriff des § 19 Absatz 2 InsO in der Fassung der InsO von 1994[868] sieht vor, dass die Überschuldung durch einen Vergleich zwischen dem Vermögen und den Verbindlichkeiten des Schuldners zu bestimmen ist, wobei der Fortbestehensprognose lediglich die Funktion zukommt, über die Bewertung des Vermögens des Schuldners mit Liquidations- oder mit Fortführungswerten zu entscheiden. Dies führte zu einem häufigeren Vorliegen des Insolvenzgrundes der Überschuldung als zu Zeiten der KO. Durch das FMStG wurde dies – wenn auch zeitlich befristet vom 18. Oktober 2008 bis einschließlich zum 31. Dezember 2013 – wieder zurückgedreht. Während dieses Zeitraums ist die Überschuldung gemäß der sog. modifizierten zweistufigen Methode zu bestimmen.[869] Ab dem 1. Januar 2014 wird jedoch wieder der bisherige Überschuldungsbegriff des § 19 Absatz 2 InsO in der Fassung der InsO von 1994, d. h. die Überschuldungsbe-

---

[863] Vgl. z. B. LK-Tiedemann, StGB vor § 283 Rn. 10; Sch/Sch-Stree/Heine, StGB vor § 283 Rn. 1a, § 283 Rn. 50a ff.; Lackner/Kühl, StGB § 283 Rn. 5 ff.; SK-Hoyer, StGB vor § 283 Rn. 1, § 283 Rn. 6 ff.; Moosmayer, S. 33, 152, 155 ff.; Röhm, S. 121, 154 f., 201, 219; Penzlin, S. 163; Pelz, Insolvenzstrafrecht, Rn. 42; MGB-Bieneck § 75 Rn. 47 ff. (49); Wegner, in: Achenbach/Ransiek VII 1 Rn. 4; Bittmann, in: Insolvenzstrafrecht § 12 Rn. 15 ff.

[864] Röhm, S. 317 ff.; Bittmann, in: Insolvenzstrafrecht § 12 Rn. 15 ff., 19; SK-Hoyer, StGB vor § 283 Rn. 1 f.; LK-Tiedemann, StGB vor § 283 Rn. 10; Wegner, in: Achenbach/Ransiek VII 1 Rn. 4.

[865] Siehe oben S. 99.

[866] Näher dazu oben S. 94.

[867] Vgl. dazu oben S. 114.

[868] Siehe oben S. 117.

[869] Siehe oben S. 118.

stimmung gemäß der einfachen zweistufigen Methode, gelten. Dies bewirkt, dass die Überschuldungsvoraussetzungen wieder häufiger als zuvor vorliegen werden.

Die Einführung des MoMiG und des BilMoG hatte in erster Linie Auswirkungen auf den Überschuldungsbegriff. Durch das MoMiG wurde § 19 Absatz 2 InsO klarstellend ergänzt, dass Ansprüche aus eigenkapitalersetzenden Gesellschafterleistungen im Überschuldungsstatus zu passivieren, es sei denn es wurde ein sog. einfacher Rangrücktritt auf die Stufe der Ansprüche gemäß § 39 Absatz 2 InsO vereinbart. Seit dem BilMoG gilt erst recht, dass selbst geschaffene immaterielle Vermögensgegenstände und der originäre Firmenwert mit ihrem möglichen Veräußerungswert im Überschuldungsstatus zu aktivieren sind, wenn diese Vermögensgegenstände übertrag- und veräußerbar sind.

Vergleichbare Auswirkungen des MoMiG und des BilMoG auf die strafrechtlichen Krisenmerkmale der drohenden und eingetretenen Zahlungsunfähigkeit bestehen nicht.

3. Kapitel: Aktuelle Streitfragen zur objektiven Strafbarkeitsbedingung des § 283 Absatz 6 StGB

Die Einführung der InsO führte nicht nur dazu, dass die Voraussetzungen der strafrechtlichen Krisenmerkmale der drohenden und eingetretenen Zahlungsunfähigkeit und der Überschuldung früher gegeben sind als dies zu Zeiten der KO der Fall war, sie führte auch zu einer zeitlichen Vorverlagerung des Strafrechtsschutzes durch die Insolvenzstraftaten. Der Insolvenzverschleppungsstraftatbestand des § 15a Absatz 4 und 5 InsO knüpft an das Vorliegen von Überschuldung und Zahlungsunfähigkeit an. Da die Voraussetzungen dieser Insolvenzeröffnungsgründe früher als zu Zeiten der KO vorliegen, hat sich der Anwendungsbereich der Strafbarkeit wegen Insolvenzverschleppung zeitlich nach vorne verlagert. Dies gilt uneingeschränkt für den Insolvenzeröffnungsgrund der Zahlungsunfähigkeit. Für die Überschuldung gilt dies mit Einschränkungen. Aufgrund der befristeten Änderung des Überschuldungsbegriffs durch das FMStG[870] und durch das Gesetz zur Erleichterung der Sanierung von Unternehmen[871] ist die Überschuldung im Zeitraum zwischen dem 18. Oktober 2008 und dem 31. Dezember 2013 im Wesentlichen wie von der herrschenden Auffassung zu Zeiten der Geltung der KO zu bestimmen. Ab dem 1. Januar 2014 gilt wieder der mit der InsO von 1994 eingeführte, durch das MoMiG geringfügig ergänzte Überschuldungsbegriff. Dann trifft die Feststellung, dass der Insolvenzeröffnungsgrund der Überschuldung früher vorliegt als zu Zeiten der KO wieder uneingeschränkt zu.

Gemäß § 283 Absatz 6 StGB[872] ist objektive Bedingung für eine Strafbarkeit nach den §§ 283 ff. StGB, dass der Täter seine Zahlungen eingestellt hat oder über sein Vermögen das Insolvenzverfahren eröffnet wurde oder der Eröffnungsantrag mangels Masse abgewiesen wurde. Zu einer Vorverlagerung des Vorliegens der Voraussetzungen des § 283 Absatz 6 StGB führte insbesondere die Einführung des fakultativen Insolvenzeröffnungsgrundes der drohenden Zahlungsunfähigkeit in § 18 InsO. Auf Antrag des Schuldners kann nunmehr bereits bei lediglich drohender Zahlungsunfähigkeit ein Insolvenzverfahren eröffnet werden. Zudem führt auch das frühere Eingreifen der Insolvenzeröffnungsgründe der eingetretenen Zahlungsunfähigkeit und der Überschuldung zu einer zeitlichen Vorverlagerung des Vorliegens des § 283 Absatz 6 StGB.

---

[870] Siehe oben S. 118.

[871] Vgl. oben S. 121.

[872] In den §§ 283b Absatz 3, 283c Absatz 3 StGB wird auf § 283 Absatz 6 StGB verwiesen. § 283d Absatz 4 StGB enthält eine für die Schuldnerbegünstigung angepasste Regelung.

Die Einführung der InsO hat den Streit, ob und gegebenenfalls wie sich die Überwindung der Unternehmenskrise auf die Strafbarkeit des Täters auswirkt, neu entfacht. Mit der InsO wurden der Schuldnerantragsgrund der drohenden Zahlungsunfähigkeit[873] und die besonderen Verfahren der Eigenverwaltung[874] und der Insolvenzplanverwaltung[875] neu eingeführt. Es wird diskutiert, ob in § 283 Absatz 6 StGB im Zusammenhang mit dem Eröffnungsgrund der drohenden Zahlungsunfähigkeit und diesen neuen Verfahrensarten überhaupt noch von einem wirtschaftlichen Zusammenbruch der Krisenunternehmung ausgegangen werden kann.[876] Bei einer Krisenüberwindung soll der Täter straflos bleiben.

Umstritten ist ferner die Frage, ob zwischen der objektiven Strafbarkeitsbedingung, der Krise und den Bankrottverhaltensweisen im Sinne des § 283 Absatz 1 StGB ein Zusammenhang bestehen muss und welche Anforderungen an einen solchen Zusammenhang gegebenenfalls zu stellen sind. Ähnliche Fragen wurden für die Konkursstraftaten im Hinblick auf das Schuldprinzip bereits vor dem 1. WiKG[877] diskutiert.[878]

Nachfolgend wird auf die vorgenannten Streitpunkte zu § 283 Absatz 6 StGB eingegangen.

I. Täter = Schuldner

Der Wortlaut des § 283 Absatz 6 StGB: „Die Tat ist nur dann strafbar, wenn der *Täter* seine..." wird als fehlerhaft angesehen, da auf den *Täter* und nicht auf den *Schuldner* abgestellt wird. Dabei handelt es sich nach einhelliger Auffassung um ein Redaktionsversehen des Gesetzgebers, das im Wege der berichtigenden Auslegung zu korrigieren ist.[879] Dies wird überwiegend damit begründet, dass die vor

---

[873] § 18 InsO.
[874] §§ 270 ff. InsO.
[875] §§ 217 ff. InsO.
[876] Vgl. z. B. Bittmann, in: Insolvenzstrafrecht § 12 Rn. 309.
[877] Regierungsentwurf zum 1. WiKG v. 29. Juli 1976, BT-Drs. 7/3441.
[878] Vgl. Klug, in: Jaeger, KO vor § 239 KO Rn. 7 f., § 240 Rn. 9. Vgl. auch die Nachweise bei MGB-Bieneck § 76 Rn. 93, 84; Neumann, S. 20 f.
[879] Bittmann, in: Insolvenzstrafrecht § 12 Rn. 310 i. V. m. Rn. 36; MGB-Bieneck § 76 Rn. 82; NK-Kindhäuser, StGB vor § 283 Rn. 43; Lackner/Kühl, StGB § 283 Rn. 2; LK-Tiedemann, StGB vor § 283 Rn. 59 f.; Sch/Sch-Stree/Heine, StGB § 283 Rn. 59a; Radtke, in: MüKo/StGB vor § 283 Rn. 95; Arloth NStZ 1990, 570 (574); Tiedemann NJW 1977, 777 (780); Deutscher/Körner wistra 1996, 8 (12); Weyand/Diversy, Rn. 23 a. E.; Moosmayer S. 61 ff.; Büning, S. 61 ff.; Grub S. 11 ff.; Penzlin S. 55 f.; Krause, Sonderdelikte, S. 81 f.; offengelassen: Röhm S. 249 ff.; kritisch: Wehleit S. 14 ff.; ihm folgend: SK-Hoyer, StGB § 283 Rn. 97. Anderer Ansicht sind: Labsch

der Regelung des § 283 Absatz 6 StGB durch das 1.WiKG[880] geltenden Strafbestimmungen in den §§ 239 ff. KO eindeutig den Schuldner als Täter bezeichneten.[881]

II. Erfordernis eines Zusammenhangs zwischen Bankrottverhaltensweise und objektiver Strafbarkeitsbedingung des § 283 Absatz 6 StGB

Es ist umstritten, ob und ggf. was für ein Zusammenhang zwischen der Bankrottverhaltensweise gemäß § 283 Absatz 1 StGB und der objektiven Strafbarkeitsbedingung des § 283 Absatz 6 StGB bestehen muss. Zwischen der Strafbarkeitsbedingung und den zu Zeiten des Vorliegens einer Unternehmenskrise verwirklichten Bankrottverhaltensweisen des § 283 Absatz 1 StGB muss jedenfalls kein kausaler Zusammenhang bestehen.[882] Etwas anderes gilt nur für § 283 Absatz 2 StGB. Bei § 283 Absatz 2 StGB muss die Herbeiführung der Überschuldung oder Zahlungsunfähigkeit kausal durch eine Bankrotthandlung bedingt sein.

Seit der Einführung der InsO reicht für die Eröffnung des Insolvenzverfahrens gemäß § 18 InsO ein Insolvenzantrag des Schuldners wegen drohender Zahlungsunfähigkeit aus. Für das Vorliegen der objektiven Strafbarkeitsbedingung des § 283 Absatz 6 StGB muss somit kein endgültiger wirtschaftlicher Zusammenbruch mehr vorliegen. Eine besonders schwere Krise, die bereits in einem aufgrund drohender Zahlungsunfähigkeit eröffneten Insolvenzverfahren gesehen wird, reicht nunmehr aus.[883]

---

wistra 1985, 1 (4); Matzen S. 20, die im Hinblick auf Art. 103 Abs. 2 GG eine Gesetzeskorrektur für notwendig halten.

[880] Vgl. dazu den Regierungsentwurf zum 1. WiKG v. 29. Juli 1976, BT-Drs. 7/3441, S. 33. Vgl. auch Heinz, GA 1977, 193 (218 f.).

[881] Vgl. nur exemplarisch den Wortlautauszug aus § 239 KO: *Schuldner, welche ihre Zahlungen eingestellt haben, oder über deren Vermögen das Konkursverfahren eröffnet worden ist, werden wegen betrüglichen Bankrotts mit Freiheitsstrafe [...]*; oder § 240 KO: *Schuldner, welche ihre Zahlungen eingestellt haben, oder über deren Vermögen das Konkursverfahren eröffnet worden ist, werden wegen einfachen Bankrotts mit Freiheitsstrafe [...]*; zu finden beispielsweise bei: Klug, in: Jaeger, KO § 239, § 240 jeweils vor den Anmerkungen.

[882] BGHSt 1, 186 (191); BGHSt 28, 231 (234); LK-Tiedemann, StGB vor § 283 Rn. 92, § 283 Rn. 224; Sch/Sch-Stree/Heine, StGB § 283 Rn. 59; SK-Hoyer, StGB vor § 283 Rn. 19; MGB-Bieneck § 76 Rn. 83; Bittmann, in: Insolvenzstrafrecht § 12 Rn. 315; Wegner, in: Achenbach/Ransiek VII 1 Rn. 100; Köhler, in: Wabnitz/Janovsky 7 Rn. 117 f.; Maurach/Schröder/Maiwald, BT 1 § 48 Rn. 17; Pelz, Insolvenzstrafrecht, Rn. 220. Überblick bei: Moosmayer, S. 188 ff.; undifferenziert: Grosche, S. 19 ff.

[883] Vgl. LK-Tiedemann, StGB vor § 283 Rn. 10; Lackner/Kühl, StGB § 283 Rn. 26.

1. Überblick über den Meinungsstand zum Zusammenhangserfordernis

Es wird gefordert, dass zwischen dem Täterverhalten und der Strafbarkeitsbedingung ein bestimmter Zusammenhang gegeben sein muss. Aus rechtsstaatlichen Gründen wird es als problematisch angesehen, wenn der Täter bei drohender oder eingetretener Zahlungsunfähigkeit oder bei Überschuldung eine Bankrotthandlung im Sinne des § 283 Absatz 1 StGB verwirklicht, die Voraussetzungen der objektiven Strafbarkeitsbedingung aber aus völlig anderen Gründen, die mit der Situation bei Verwirklichung der Bankrotthandlung keine Verbindung aufweisen, eintreten.[884] Es soll jedoch irrelevant sein, ob die Bankrotthandlung dem Eintritt der objektiven Strafbarkeitsbedingung zeitlich vorausgeht oder nachfolgt.[885] Es wird gefordert, dass ein *äußerer Zusammenhang* oder eine *rein tatsächliche Beziehung* zwischen der Tathandlung und der Strafbarkeitsbedingung bestehen müsse.[886] Teilweise wird ein Gefährdungszusammenhang gefordert.[887] Vereinzelt wird die Notwendigkeit eines Zusammenhangs auch ganz verneint.[888]

Nach Auffassung von *Hoyer* soll maßgeblich sein, ob sich *„die generalisierende negative Folgenprognose, die den Gesetzgeber zum Erlass seines abstrakten Gefährdungsverbots veranlasst hat, im Lichte des konkreten Einzelfalls ex post noch aufrecht"* halten lässt.[889] Anders ausgedrückt meint dies wohl, dass die in der Krise verwirklichten für die Befriedigungsinteressen der Gläubiger zumindest abstrakt gefährlichen Bankrotthandlungen dann nicht bestraft werden sollen, wenn die endgültige Gefährdung der Befriedigungsinteressen der Gläubiger, die sich in der Zahlungseinstellung, der Eröffnung des Insolvenzverfahrens oder der Ablehnung der Verfahrenseröffnung mangels Masse realisiert, ausblieb.

Das eigentliche Unrecht und die Strafwürdigkeit des § 283 StGB werden bereits in der Vornahme von Bankrottverhaltensweisen beim Bestehen einer Krise im Sinne

---

[884] LK-Tiedemann, StGB vor § 283 Rn. 91 f.; MGB-Bieneck § 76 Rn. 93 jeweils mit weiteren Nachweisen.

[885] BGHSt 1, 186 (191); Lackner/Kühl, StGB § 283 Rn. 29; LK-Tiedemann, StGB vor § 283 Rn. 96.

[886] BGH, NStZ 2008, 401 (402); vgl. dazu auch Achenbach, NStZ 2008, 503 (507); SK-Hoyer, StGB vor § 283 Rn. 17 ff.; Lackner/Kühl, StGB § 283 Rn. 29; Sorgenfrei, in: Park, Kapitalmarktstrafrecht, Teil 3, Kapitel 1, T 2, Rn. 15; Radtke, in: MüKo/StGB vor § 283 Rn. 103; vgl. bereits Klug, in: Jaeger, KO vor § 239 KO Rn. 7 f.; Hauck, S. 41 (zu § 283b StGB); Hiltenkamp-Wisgalle, S. 325 ff.; Penzlin, S. 182. Bittmann, in: Insolvenzstrafrecht § 12 Rn. 316 fordert hingegen einen „inneren" Zusammenhang.

[887] Otto, BT § 61 Rn. 104 mit weiteren Nachweisen. Anders hingegen: Sch/Sch-Stree/Heine, StGB § 283 Rn. 59, die auf einen Gefahrzusammenhang abstellen, den sie allerdings abweichend von Otto bestimmen.

[888] MGB-Bieneck § 76 Rn. 93; Bieneck, wistra 1992, 89 (91); Schäfer, wistra 1990, 81 (86).

[889] SK-Hoyer, StGB vor § 283 Rn. 19; ihm zustimmend: Sch/Sch-Stree/Heine, StGB § 283 Rn. 59; Wegner, in: Achenbach/Ransiek VII 1 Rn. 100.

von § 283 Absatz 1 StGB bzw. im Herbeiführen der Überschuldung oder Zahlungsunfähigkeit durch eine Bankrottverhaltensweise im Sinne des § 283 Absatz 2 StGB gesehen.[890] Die objektive Strafbarkeitsbedingung soll hingegen die Strafbedürftigkeit regeln.[891] Gelingt es dem Täter, den Eintritt der in § 283 Absatz 6 StGB aufgeführten Voraussetzungen abzuwenden, so soll trotz der Verwirklichung von Bankrottverhaltensweisen kein Bedürfnis für seine Bestrafung bestehen.[892] Der objektiven Strafbarkeitsbedingung kommt insofern eine die Strafbarkeit einschränkende Funktion zu.[893] Das Erfordernis eines Zusammenhangs zwischen der Bankrotthandlung und der objektiven Strafbarkeitsbedingung wird damit begründet, dass ansonsten lange Zeit – mitunter mehrere Jahre – vor oder nach der Vornahme der Bankrottverhaltensweise liegende Zahlungseinstellungen oder Insolvenzen zu einer Strafbarkeit gemäß § 283 StGB führen könnten, obwohl ersichtlich kein Zusammenhang mit der seinerzeitigen Bankrotthandlung bestünde.[894]

Ausgehend von der abstrakten Gefährlichkeit der Bankrottverhaltensweisen wird gefordert, dass Zweifel am Bestehen des erforderlichen Zusammenhangs zu Lasten des Schuldners gehen sollen.[895] Dies wird damit begründet, dass bereits die Verwirklichung der Bankrotthandlung tatbestandsmäßig und als abstrakt gefährliches Verhalten strafrechtliches Unrecht sei. Nach der wohl überwiegenden Auffassung soll der Grundsatz *in dubio pro reo* hinsichtlich des geforderten Zusammenhangs nicht gelten.[896]

2. Eigene Stellungnahme zum Zusammenhangserfordernis

Der Gesetzgeber hat sich dazu entschieden, die Bankrottstrafbarkeit an das Vorliegen der Voraussetzung des § 283 Absatz 6 StGB zu knüpfen, so dass die Verwirklichung von Bankrottverhaltensweisen im Sinne des § 283 Absatz 1 StGB

---

[890] Radtke, in: MüKo/StGB vor § 283 Rn. 91; Sch/Sch-Stree/Heine, StGB § 283 Rn. 59.

[891] Vgl. nur Radtke, in: MüKo/StGB vor § 283 Rn. 103.

[892] LK-Tiedemann, StGB vor § 283 Rn. 89 f..

[893] Lackner/Kühl, StGB § 283 Rn. 26; Radtke, in: MüKo/StGB vor § 283 Rn. 91; LK-Tiedemann, StGB vor § 283 Rn. 89; Moosmayer, S. 190.

[894] Vgl. z. B. Sch/Sch-Stree/Heine, StGB § 283 Rn. 59; LK-Tiedemann, StGB vor § 283 Rn. 92; Bittmann, in: Insolvenzstrafrecht § 12 Rn. 311 ff.; Radtke, in: MüKo/StGB vor § 283 Rn. 103.

[895] Vgl. nur LK-Tiedemann, StGB vor § 283 Rn. 92, 97.

[896] OLG Düsseldorf, NJW 1980, 1292 f.; OLG Hamburg, NJW 1987, 1343 f.; LK-Tiedemann, StGB vor § 283 Rn. 97; Fischer, StGB vor § 283 Rn. 17; Sch/Sch-Stree/Heine, StGB § 283 Rn. 59; SK-Hoyer, StGB vor § 283 Rn. 18; Wegner, in: Achenbach/Ransiek VII 1 Rn. 99; Bittmann, in: Insolvenzstrafrecht § 12 Rn. 321; Schlüchter, JR 1979, 513 (515); Heinz, GA 1977, 193 (218); Krause, S. 227 f. Anderer Ansicht sind: NK-Kindhäuser, StGB vor § 283 Rn. 110; Radtke, in: MüKo/StGB vor § 283 Rn. 105; Lackner/Kühl, StGB § 283 Rn. 29; Penzlin, S. 187 f. mit weiteren Nachweisen.

straflos bleibt, wenn die Merkmale der Strafbarkeitsbedingung nicht vor oder nach der Vornahme der Bankrotthandlung gegeben sind. Kommt es nicht zu der in § 283 Absatz 6 StGB geregelten besonders schweren Krise des Schuldners, so soll nach dem Willen des Gesetzgebers an vorangehende oder nachfolgende Bankrottverhaltensweisen kein strafrechtliches Unwerturteil geknüpft werden können. Ein kausaler Zusammenhang zwischen der in der Krise verwirklichten Bankrottverhaltensweise und den Kriterien der objektiven Strafbarkeitsbedingung ist zwar nicht zu verlangen – es wäre jedoch in der Tat wenig überzeugend, den Täter auch dann zu bestrafen, wenn kein wie auch immer gearteter Zusammenhang zwischen der Bankrottverhaltensweise und der objektiven Strafbarkeitsbedingung besteht. Vorliegende Arbeit schließt sich daher im Grunde der ganz herrschenden Auffassung an, die einen *äußerlichen Zusammenhang* bzw. eine *rein tatsächliche Beziehung* zwischen der Tathandlung und der Strafbarkeitsbedingung verlangt.[897] Ein Strafbedürfnis ist zu verneinen, wenn ein Zusammenhang zwischen Bankrottverhaltensweise und Strafbarkeitsbedingung nicht besteht.

Dass die Strafwürdigkeit nicht in der Verwirklichung der Voraussetzungen des § 283 Absatz 6 StGB, sondern in der Vornahme der Bankrotthandlungen in der Krise (§ 283 Absatz 1 StGB) bzw. der Herbeiführung der Überschuldung oder Zahlungsunfähigkeit durch eine Bankrottverhaltensweise (§ 283 Absatz 2 StGB) gesehen wird, ist mit der historischen Entwicklung der Insolvenzstraftaten zu erklären. Maßgeblich beeinflusst durch den französischen *code de commerce* von 1804 wurde das strafwürdige Unrecht zunehmend nicht mehr in der Insolvenz als solcher, sondern in gläubigerbeeinträchtigenden Verhaltensweisen gesehen.[898] Im Übrigen wird auf die vorangehenden Ausführungen zur Entstehung des modernen Insolvenzstrafrechts bei der Bestimmung des Rechtsguts des § 283 StGB verwiesen.[899]

Otto fordert, dass „*sich im Eintritt der Strafbarkeitsbedingung jene Gefahr realisiert hat, die in der Krisensituation ihren Ausdruck fand*".[900] Diese Ansicht ist abzulehnen. Die Forderung nach einem Gefahrverwirklichungszusammenhang stößt be-

---

[897] Vgl. BGHSt 28, 231 (234) = BGH, NJW 1979, 1418; BGH, NStZ 2008, 401 (402); BGH, NJW 2001, 1874 (1876); Lackner/Kühl, StGB § 283 Rn. 29; Sorgenfrei, in: Park, Kapitalmarktstrafrecht, Teil 3, Kapitel 5, T 2, Rn. 15; Radtke, in: MüKo/StGB vor § 283 Rn. 103; Sch/Sch-Stree/Heine, StGB § 283 Rn. 59; Röhm, S. 228.

[898] Vgl. dazu ausführlich: Seemann, S. 12 ff. Vgl. auch LK-Tiedemann, StGB vor § 283 Rn. 32 ff.; Hiltenkamp-Wisgalle, S. 32 ff.; Röhm, S. 57 f.

[899] Siehe dazu oben S. 18.

[900] Otto, BT § 61 Rn. 104; ausführlich: Otto, GS-Bruns, S. 281 ff. Ähnlich auch: NK-Kindhäuser, StGB vor § 283 Rn. 110.

reits dann auf Schwierigkeiten, wenn die bei Bestehen einer Krise verwirklichte Bankrotthandlung der Strafbarkeitsbedingung zeitlich nachfolgt.

Die Ablehnung der Geltung des Zweifelssatzes im Hinblick auf das Bestehen des Zusammenhangs ist folgerichtig und bereits damit zu begründen, dass zwischen Bankrottverhaltensweise und Strafbarkeitsbedingung kein kausaler Zusammenhang bestehen muss. Die Gegenansicht, die verlangt, dass dem Täter der Zusammenhang zwischen Krise und Bedingungseintritt zweifelsfrei nachgewiesen werden muss[901], liefe aber maßgeblich auf den Nachweis eines Kausalzusammenhangs hinaus. Die Gegenansicht, welche die Geltung von *in dubio pro reo* fordert, wird den vorangehend erörterten Besonderheiten der Struktur des § 283 StGB nicht gerecht. § 283 Absatz 6 StGB enthält lediglich eine objektive Strafbarkeitsbedingung und keine Tatbestandsmerkmale.

a. Unschärfe des erforderlichen Zusammenhangs

Es wird jedoch zu Recht darauf hingewiesen, dass es bislang nicht gelungen sei, die Unschärfe, was unter einem äußerlichen Zusammenhang oder einer rein tatsächlichen Beziehung zu verstehen sei, zu beseitigen.[902] Statt Kriterien für den geforderten Zusammenhang aufzustellen werden einzelfallbezogene Verhaltensweisen angeführt, bei denen der Zusammenhang zu bejahen sein soll. Genannt werden Bankrotthandlungen, die zu einer unmittelbaren Schmälerung der Insolvenzmasse geführt haben oder wenn die durch die Bankrottverhaltensweise gefährdeten Gläubiger auch von den Kriterien des § 283 Absatz 6 StGB betroffen seien, ferner wenn Forderungen von Gläubigern schon zur Zeit der Bankrotthandlung bestanden hätten, die bei der Einstellung der Zahlungen noch nicht getilgt waren, oder wenn Rechnungslegungsmängel bis zur Zahlungseinstellung andauern oder wenn zur Zeit der Bankrottverhaltensweise bestehende Verbindlichkeiten des Schuldners nur durch neu aufgenommene Kredite befriedigt werden konnten.[903] Auch durch diese Aufzählung von Einzelfällen gewinnt der unscharfe Begriff des Zusammenhangs nicht an Konturen.

---

[901] So aber: Penzlin, S. 187; wohl auch: NK-Kindhäuser, StGB vor § 283 Rn. 110.

[902] Vgl. z. B. Radtke, in: MüKo/StGB vor § 283 Rn. 103, 105; Moosmayer, S. 189.

[903] Vgl. Lackner/Kühl, StGB § 283 Rn. 29; Röhm, S. 224 f. jeweils mit ausführlichen weiteren Nachweisen.

b. Zeitliche Komponente des erforderlichen Zusammenhangs

Anerkannt ist, dass die Frage, ob ein Zusammenhang besteht, eine zeitliche Komponente aufweist. Teilweise wird der erforderliche Zusammenhang auch unmittelbar als *zeitlicher und tatsächlicher Zusammenhang* bezeichnet.[904] Ein Zusammenhang zwischen Bankrottverhaltensweise und Strafbarkeitsbedingung ist daher zu verneinen, wenn es dem Schuldner gelingt, die Krise zu überwinden.[905] Er ist auch zu verneinen, wenn die Verfügungsbefugnis wieder auf den Schuldner übergeht.[906] Der Schuldner erlangt die Verfügungsbefugnis wieder zurück, wenn das Insolvenzverfahren nach seiner Durchführung durch Beschluss des Insolvenzgerichts gemäß § 200 Absatz 1 InsO aufgehoben wird[907], wenn es mangels Masse gemäß § 215 Absatz 2 InsO eingestellt wurde oder durch die Aufhebung des Insolvenzverfahrens gemäß §§ 258, 259 Absatz 1 Satz 2 InsO nach rechtskräftiger Insolvenzplanbestätigung. Mit der insolvenzgerichtlichen Anordnung der Eigenverwaltung geht die Verwaltungsbefugnis gemäß § 270 Absatz 1 Satz 1 InsO zwar ebenfalls wieder auf den Schuldner über. Da der Schuldner bei der Eigenverwaltung aber gemäß § 270 Absatz 1 Satz 1 InsO der Aufsicht eines Sachwalters untersteht, kann dies der Zurückerlangung der Verfügungsbefugnis nicht gleich gestellt werden. Klarzustellen ist, dass die Einstellung des (bereits eröffneten) Insolvenzverfahrens mangels Masse gemäß § 215 Absatz 2 InsO nicht mit der in § 283 Absatz 6 StGB gemeinten Ablehnung der Verfahrenseröffnung mangels Masse zu verwechseln ist. In dem in § 283 Absatz 6 StGB geregelten Fall des § 26 Absatz 1 InsO kommt es gar nicht erst zur Eröffnung des Insolvenzverfahrens[908], infolge dessen der Schuldner die Verwaltungs- und Verfügungsbefugnis gemäß § 80 Absatz 1 InsO verlieren würde.

Die Zurückerlangung des freien Verwaltungs- und Verfügungsrechts des Schuldners über sein Vermögen markiert den zeitlichen Endpunkt für die Verwirklichung von Bankrottverhaltensweisen, die einen Zusammenhang mit dem zuvor eröffneten Insolvenzverfahren aufweisen. Danach vorgenommene Bankrottverhaltensweisen

---

[904] Vgl. z. B. Fischer, StGB vor § 283 Rn. 17; Radtke, in: MüKo/StGB vor § 283 Rn. 103; Pelz, Insolvenzstrafrecht Rn. 220.

[905] Vgl. z. B. Tiedemann, Insolvenz-Strafrecht vor § 283 Rn. 100; Fischer, StGB vor § 283 Rn. 17; Radtke, in: MüKo/StGB vor § 283 Rn. 103; MGB-Bieneck § 76 Rn. 94; Pelz, Insolvenzstrafrecht Rn. 226.

[906] Radtke, in: MüKo/StGB vor § 283 Rn. 93; Tiedemann, Insolvenz-Strafrecht vor § 283 Rn. 100; Lackner/Kühl, StGB § 283 Rn. 29; Sch/Sch-Stree/Heine, StGB § 283 Rn. 59; ähnlich: Fischer, StGB vor § 283 Rn. 16.

[907] Kießner, in: Braun, InsO § 200 Rn. 8.

[908] Vgl. Fischer, StGB vor § 283 Rn. 15; Sch/Sch-Stree/Heine, StGB § 283 Rn. 62.

können strafbar sein, wenn es erneut zum Vorliegen der Merkmale des § 283 Absatz 6 StGB kommt und der erforderliche Zusammenhang gegeben ist.[909]

Für die Beseitigung der Zahlungseinstellung kommt es wie vorangehend bereits behandelt wurde[910] auf die allgemeine Wiederaufnahme der Zahlungen an.

Vor dem Eintritt eines der vorgenannten Endzeitpunkte kommt das Bestehen eines Zusammenhangs zwischen der Bankrottverhaltensweise und der objektiven Strafbarkeitsbedingung in Betracht. Die Konkretisierung des zeitlichen Rahmens bewirkt jedoch noch keine Präzisierung, was genau unter dem zu erforderlichen Zusammenhang zu verstehen ist.

c. Tatsächliche Vermutung des Zusammenhangs innerhalb einer Jahresfrist

Da es bislang nicht gelungen ist, eine anerkannte und trennscharfe Definition für den erforderlichen Zusammenhang zwischen der Bankrotthandlung und der objektiven Strafbarkeitsbedingung herauszuarbeiten und dies in absehbarer Zeit wohl auch nicht gelingen dürfte, ist eine stärkere zeitliche Einschränkung für das Bestehen des Zusammenhangs vorzunehmen, um diesbezüglichen Bedenken entgegenzuwirken. In vorliegender Arbeit wird daher vorgeschlagen, den Zeitraum für das Bestehen des Zusammenhangs grundsätzlich auf *ein Jahr* vor und nach dem Eintritt der Voraussetzungen des § 283 Absatz 6 StGB zu beschränken. Innerhalb des Jahreszeitraums ist regelmäßig von dem Bestehen des Zusammenhangs im Sinne einer tatsächlichen Vermutung auszugehen, darüber hinaus bedarf es weiterer Anhaltspunkte, dass der Zusammenhang besteht. Aber auch innerhalb der Jahresfrist ist es dem Schuldner möglich, die Vermutung zu widerlegen. Sollte die vorstehend als zeitliche Grenze gezogene Wiedererlangung der Verfügungsbefugnis des Schuldners vor dem Ablauf der Jahresfrist liegen, ist der Zeitpunkt der Wiedererlangung der Verfügungsbefugnis maßgeblich. Entsprechendes gilt für eine Beseitigung der Zahlungseinstellung durch die allgemeine Wiederaufnahme der Zahlungen vor dem Ablauf der Jahresfrist.

Die Voraussetzungen des § 283 Absatz 6 StGB treten offen zu Tage und können daher an einem bestimmten Zeitpunkt festgemacht werden. Der Beschluss über die Eröffnung des Insolvenzverfahrens wird gemäß § 30 InsO öffentlich bekannt

---

[909] Vgl. Radtke, in: MüKo/StGB vor § 283 Rn. 93; Fischer, StGB vor § 283 Rn. 16; Moosmayer, S. 196.

[910] Siehe oben S. 81.

gemacht. Auch die Ablehnung der Verfahrenseröffnung mangels Masse ist seit der Einführung des neuen § 26 Absatz 1 Satz 3 InsO durch das Gesetz zur Vereinfachung des Insolvenzverfahrens vom 13. April 2007 nunmehr öffentlich bekannt zu machen.[911] Die Zahlungseinstellung wird zwar nicht öffentlich bekannt gemacht. Es ist jedoch daran festzuhalten, dass die Zahlungseinstellung für die betroffenen Verkehrskreise erkennbar sein muss.[912] Die Erkennbarkeit kann beispielsweise in der Erklärung des Schuldners, nicht mehr zahlen zu können, liegen. Mit der Erkennbarkeit liegt ebenfalls ein konkreter zeitlicher Anknüpfungspunkt vor.

Für die Frist von einem Jahr spricht, dass der Gesetzgeber im Rahmen der Reform des GmbH-Rechts durch das *MoMiG* im Zusammenhang mit der Abschaffung des Eigenkapitalersatzrechts ebenfalls auf eine Jahresfrist für die Rückgewähr eigenkapitalersetzender Leistungen von der Gesellschaft an Gesellschafter, insbesondere für Rückzahlungen von Gesellschafterdarlehen, abstellte. Durch Art. 1 Ziffer 22 des MoMiG vom 23. Oktober 2008 wurden die §§ 32a, 32b GmbHG aufgehoben.[913] Als Korrektiv für die Deregulierung des Eigenkapitalersatzrechts wurden die Anfechtungsmöglichkeiten erleichtert. So sind nach entsprechender Neufassung durch das MoMiG nunmehr gemäß § 135 Absatz 1 Nr. 2 InsO bzw. gemäß dem parallelen § 6 Absatz 1 Nr. 2 AnfG Rückzahlungen von Gesellschafterdarlehen innerhalb eines Jahres vor dem Insolvenzeröffnungsantrag bzw. vor Erlangung des vollstreckbaren Schuldtitels generell anfechtbar.[914] Der Gesetzgeber des MoMiG sah Zahlungen an Gesellschafter im Vorfeld der Insolvenz als kritisch an und zog mit der Jahresfrist eine klare zeitliche Grenze.[915] Zahlungen innerhalb der Jahresfrist sollen durch eine Anfechtung zur Insolvenzmasse gezogen werden können bzw. dem Einzelgläubiger im Wege der Anfechtung wieder als Befriedigungsmasse zur Verfügung gestellt werden. Zahlungen außerhalb der Jahresfrist bleiben hingegen von der generellen Anfechtungsmöglichkeit unangetastet. Der Gesetzgeber sah nur Rückzahlungen innerhalb der zeitlichen Nähe von einem Jahr zur Insolvenzantragsstellung als anfechtbar an.

Dieser Gedanke kann auf das Zusammenhangserfordernis bei § 283 Absatz 6 StGB übertragen werden. Innerhalb einer zeitlichen Nähe von einem Jahr zum

---

[911] Vgl. Art. 1 Ziffer 8 des Gesetzes zur Vereinfachung des Insolvenzverfahrens vom 13. April 2007, BGBl. I S. 509 (510).

[912] Siehe dazu oben S. 81.

[913] Art. 1 Ziffer 22 MoMiG vom 23. Oktober 2008, BGBl. I S. 2026 (2029).

[914] Neufassung von § 135 InsO gemäß Art. 9 Ziffer 8 MoMiG vom 23. Oktober 2008, BGBl. I S. 2026 (2038); Neufassung von § 6 AnfG gemäß Art. 11 Ziffer 1 MoMiG vom 23. Oktober 2008, BGBl. I S. 2026 (2039). Vgl. auch den Regierungsentwurf der Bundesregierung zum MoMiG vom 25. Juli 2007, BT-Drs. 16/6140, S. 139; K. Schmidt, in: K.Schmidt/Uhlenbruck, GmbH-Krise Rn. 2.78 ff.

[915] Vgl. bereits die Begründung im Referentenentwurf zum MoMiG vom 29. Mai 2006, S. 56.

Eintritt der Merkmale des § 283 Absatz 6 StGB, d. h. der Insolvenzeröffnung, der Ablehnung der Verfahrenseröffnung mangels Masse oder der Zahlungseinstellung, ist von einer generellen Strafbedürftigkeit von Bankrottverhaltensweisen auszugehen, sofern dem Schuldner nicht der Nachweis gelingt, dass kein Zusammenhang besteht. Demnach besteht innerhalb der Jahresfrist eine tatsächliche Vermutung für das Vorliegen des Zusammenhangs. Außerhalb der Jahresfrist muss das Bestehen eines Zusammenhangs nachgewiesen werden.

Die zeitliche Grenze sorgt für Vorhersehbarkeit und damit für Rechtssicherheit. Sie erhöht die Normenklarheit sowohl für den Schuldner als auch für die Strafverfolgungsorgane. Hierdurch fällt die weiterhin vorhandene Unschärfe nicht mehr ins Gewicht.

III. Vorliegen der objektiven Strafbarkeitsbedingung des § 283 Absatz 6 StGB trotz Krisenüberwindung?

Fraglich ist, welche Auswirkungen die Überwindung der Unternehmenskrise bzw. die Sanierung des Krisenunternehmens trotz Vorliegen einer Bankrotthandlung im Sinne des § 283 Absatz 1 StGB auf eine mögliche Bestrafung des Schuldners gemäß den §§ 283 ff. StGB hat. Hierbei ist zu unterscheiden, ob die Voraussetzungen der objektiven Strafbarkeitsbedingung des § 283 Absatz 6 StGB bereits vorliegen oder nicht.

1. Krisenüberwindung vor dem Eintritt der Voraussetzungen des § 283 Absatz 6 StGB

Gelingt dem Schuldner die Überwindung der Krise vor dem Eintritt der Voraussetzungen der objektiven Strafbarkeitsbedingung des Bankrottstraftatbestands, so scheidet nach einhelliger Ansicht[916] eine Strafbarkeit nach den Insolvenzstraftaten des StGB aus, da die für eine Bestrafung des Täters notwendigen Voraussetzungen des § 283 Absatz 6 StGB nicht erfüllt sind. Der Sache nach besteht überwiegend Einigkeit, dass in solchen Fällen eine Bestrafung des Schuldners bzw. der

---

[916] BT Drs. 7/3441 S. 33; BGHSt 28, 231 (233); BGH, JZ 1979, 75 (77); LK-Tiedemann, StGB vor § 283 Rn. 166, Rn. 90; Sch/Sch-Stree/Heine, StGB § 283 Rn. 59; Bittmann, in: Insolvenzstrafrecht § 12 Rn. 326; Wegner, in: Achenbach/Ransiek VII 1 Rn. 180; Köhler, in: Wabnitz/Janovsky 7 Rn. 117 ff. (119); Krause, S. 222 f., 226 ff.; Röhm, S. 223 ff.; Penzlin, S. 180 ff.; Moosmayer, S. 188 ff.; Heinz, GA 1977, 193 (218 f.). Anderer Ansicht ist: Schäfer, wistra 1990, 81 (86 f.).

Schuldnerorgane mangels Strafbedürfnis wenig sachgemäß wäre.[917] Treten die Voraussetzungen der objektiven Strafbarkeitsbedingung des § 283 Absatz 6 StGB zu einem späteren Zeitpunkt doch noch ein, so wird dies vor allem durch die Verneinung des für erforderlich gehaltenen Zusammenhangs zwischen der ursprünglichen Unternehmenskrise und dem späteren Unternehmenszusammenbruch bzw. der späteren besonders schweren Krise im Sinne des § 283 Absatz 6 StGB gelöst.[918] Eine Bankrottstrafbarkeit auf Grund der ersten Krise scheidet demnach aus.

Umstritten ist allerdings, welche Anforderungen an die Krisenüberwindung zu stellen sind. Diskutiert wird, ob eine nachhaltige Sanierung der Unternehmensfinanzen im Sinne einer echten Konsolidierung[919] zu fordern ist oder ob auch eine vorübergehende Krisenüberwindung ausreicht.[920] Eine Krisenüberwindung soll bei zeitweiser Zahlungsunfähigkeit dann gegeben sein, wenn eine nicht nur kurzfristige Wiederherstellung der Liquidität vorliegt, was bei einer Liquiditätssicherung bezogen auf einen Erwartungszeitraum von etwa einem Jahr der Fall sein soll.[921] Eine echte Konsolidierung soll hingegen erst dann vorliegen, wenn die Krisenüberwindung von Dauer ist und die Überschuldung oder die drohende oder eingetretene Zahlungsunfähigkeit nicht nur kurzfristig, z. B. durch die Aufnahme weiterer Kredite oder durch die Übernahme von Bürgschaften, abgewendet werden konnte.[922]

Beide Ansichten zu den Anforderungen an eine Krisenüberwindung sind mit dem Problem behaftet, dass die Überwindung der Krise bereits zu einem Zeitpunkt beurteilt werden muss, zu dem die Dauerhaftigkeit der Krisenüberwindung noch nicht endgültig festgestellt, sondern lediglich prognostiziert werden kann. Eine solche Vorhersage ist aber immer mit einer mehr oder weniger großen Unsicherheit belastet, so dass auch die Forderung nach einer echten Konsolidierung nur scheinbar ungerechtfertigte Straflosigkeitsannahmen auszuscheiden vermag. Wird eine

---

[917] Vgl. nur LK-Tiedemann, StGB vor § 283 Rn. 90; Röhm, S. 223 ff.; Penzlin, S. 180 ff. und Moosmayer, S. 188 ff.; jeweils mit weiteren Nachweisen.

[918] Vgl. LK-Tiedemann, StGB vor § 283 Rn. 166; eine ausführliche Darstellung des Meinungsstandes findet sich jeweils auch bei: Röhm, S. 223 ff.; Penzlin, S. 179 ff. und Moosmayer, S. 188 ff. Gegen einen Zusammenhang zwischen Tathandlung und Strafbarkeitsbedingung aber: MGB-Bieneck § 76 Rn. 93 ff.; Neumann, S. 104; ebenso bereits zur KO: Bieneck, wistra 1992, 91; Schäfer, wistra 1990, 81 (86 f.).

[919] BGH, JZ 1979, 75 (76 f.), die dort getroffene Aussage des BGH zur Krisenüberwindung wurde aufgegriffen in: BGHSt 28, 231 (233 f.); so auch: Hiltenkamp-Wisgalle, S. 333; Pelz, Insolvenzstrafrecht, Rn. 226 f.

[920] Tiedemann, NJW 1979, 254 mit weiteren Nachweisen; zurückhaltend: Moosmayer, S. 194.

[921] Vgl. NK-Kindhäuser, StGB vor § 283 Rn. 109; vgl. auch Penzlin, S. 185.

[922] Vgl. BGH, MDR 1981, 454; Richter, GmbHR 1984, 137 (142); vgl. auch Bittmann, in: Insolvenzstrafrecht § 12 Rn. 324.

echte Konsolidierung gefordert ist der Zeitraum für die Beurteilung ihres Vorliegens größer zu wählen als bei einer vorübergehenden Krisenüberwindung. Je länger der Beurteilungszeitraum veranschlagt wird, desto eher besteht jedoch die Gefahr, dass ein etwaiges späteres Vorliegen der Voraussetzungen des § 283 Absatz 6 StGB nicht mehr in dem zu fordernden Zusammenhang zur ursprünglichen Unternehmenskrise steht. Die Forderung nach einer echten bzw. vollständigen Konsolidierung ist mit einem höheren Prognoserisiko belastet und bereits aus diesem Grund nicht vorzugswürdig.[923]

Tiedemann[924] ist zuzustimmen, dass nach der Einführung der InsO für die Eröffnung des Insolvenzverfahrens und somit für das Vorliegen der objektiven Strafbarkeitsbedingung des § 283 Absatz 6 StGB kein endgültiger wirtschaftlicher Zusammenbruch mehr vorliegen muss, sondern bereits eine besonders schwere Krise ausreicht, da es nunmehr zur Insolvenzeröffnung kommen kann, obwohl lediglich eine drohende und keine eingetretene Zahlungsunfähigkeit gegeben ist. Folglich ist auch bereits die Überwindung der drohenden Zahlungsunfähigkeit als ausreichende Bewältigung der Krise anzusehen. Eine lediglich drohende Zahlungsunfähigkeit kann einfacher beseitigt werden als die eingetretene Zahlungsunfähigkeit. Da § 283 Absatz 6 StGB nach geltendem Recht keinen endgültigen Unternehmenszusammenbruch mehr voraussetzt, kann für die Überwindung der in § 283 Absatz 6 StGB beschriebenen Situation keine dauerhafte oder vollständige Sanierung mehr gefordert werden. Vielmehr reicht eine kurzfristige Überwindung der Krisenmerkmale im Sinne des § 283 Absatz 1 StGB aus. Sobald aber die Voraussetzungen des § 283 Absatz 6 StGB erfüllt sind, endet die Möglichkeit zur Überwindung der Krise.

2. Krisenüberwindung <u>nach</u> Eintritt der Voraussetzungen des § 283 Absatz 6 StGB – Anpassung des § 283 Absatz 6 StGB?

Möglicherweise bestehen aufgrund der Einführung der InsO Auswirkungen auf das Insolvenzstrafrecht, die eine Anpassung der in § 283 Absatz 6 StGB geregelten objektiven Strafbarkeitsbedingung erforderlich machen. Vorangehend wurde festgestellt, dass die Einführung der InsO eine zeitliche Vorverlagerung des Vorlie-

---

[923] Vgl. auch Penzlin, S. 185 f.

[924] LK-Tiedemann, StGB vor § 283 Rn. 166 ff. Gegenansichten, wollen für das Vorliegen der Voraussetzungen des § 283 Abs. 6 StGB auch nach der Einführung der InsO nur den endgültigen wirtschaftlichen Zusammenbruch ausreichen lassen; vgl. Moosmayer, S. 184 ff.; Neumann, S. 104 ff.; widersprüchlich: Röhm, S. 229 ff und S. 235. Zu diesen Auffassungen wird im nachfolgenden Abschnitt ausführlich Stellung genommen.

gens der objektiven Strafbarkeitsbedingung des § 283 Absatz 6 StGB gegenüber der vor der Einführung der InsO gegebenen Rechtslage bewirkte.[925] Diese Auswirkungen der InsO auf die Strafbarkeitsbedingung des § 283 Absatz 6 StGB werden kritisch gesehen. Insbesondere die neu geschaffene Möglichkeit der Insolvenzverfahrenseröffnung nach einem Schuldnerantrag wegen drohender Zahlungsunfähigkeit sorgt hinsichtlich § 283 Absatz 6 StGB für anhaltende Diskussionen.[926] Wird nach einem Schuldnerantrag gemäß § 18 Absatz 1 InsO das Insolvenzverfahren eröffnet und ein Insolvenzplan mit dem Ziel der Sanierung[927] des Schuldnerunternehmens aufgestellt und angenommen oder einer insolvenzrechtlichen Eigenverwaltung zur Sanierung[928] zugestimmt, so ist ein wirtschaftlicher Fortbestand des Unternehmens – trotz Insolvenzverfahrenseröffnung – denkbar. Bleibt der endgültige wirtschaftliche Zusammenbruch aus, so soll ein Bedürfnis nach einer Bestrafung gemäß den §§ 283 ff. StGB nicht gegeben sein.[929] In diesen Fällen wird diskutiert, ob bereits durch eine restriktive Auslegung des § 283 Absatz 6 StGB zu einer Straflosigkeit zu kommen ist oder ob es einer Anpassung des § 283 Absatz 6 StGB bedarf.

a. Auslegungslösung von Moosmayer

Moosmayer hat diese Frage als erster für die Situation aufgeworfen, dass das Insolvenzverfahren gemäß § 18 Absatz 1 InsO auf Schuldnerantrag wegen drohender Zahlungsunfähigkeit eröffnet wurde und ein Insolvenzplan zur Unternehmensfortführung mit dem Ziel der Sanierung des Krisenunternehmens vereinbart und rechtskräftig insolvenzgerichtlich bestätigt wurde.[930] Dann soll entsprechend den Krisenüberwindungsfällen der Zusammenhang zwischen Krise und Unternehmenszusammenbruch zu verneinen und eine Straflosigkeit des Schuldners bzw. seiner Organe anzunehmen sein, da es nicht zum endgültigen Zusammen-

---

[925] Siehe oben S. 181. Vgl. auch LK-Tiedemann, StGB vor § 283 Rn. 10; Lackner/Kühl, StGB § 283 Rn. 5 ff.; MGB-Bieneck § 75 Rn. 49; Hörl, S. 58 ff., S. 67; Moosmayer, S. 33 ff.; Penzlin, S. 165 f.; Neumann, S. 92 ff.; Röhm, S. 201 ff.; Uhlenbruck, wistra 1996, 1 (3 ff.); Rönnau, NStZ 2003, 525 f.

[926] Fischer, StGB vor § 283 Rn. 11; Köhler, in: Wabnitz/Janovsky 7 Rn. 119; Wegner, in: Achenbach/Ransiek VII 1 Rn. 4, 89; MGB-Bieneck § 75 Rn. 48 ff., § 76 Rn. 73 ff.; Hörl, S. 58 ff.; Moosmayer, S. 183 ff.; Penzlin, S. 190 ff.; Neumann, S. 92 ff.; Röhm, S. 201 ff.; Uhlenbruck, wistra 1996, 1 (3 ff.); Röhm, NZI 2002, 134 (136).

[927] Zum Insolvenzplan zur Sanierung: Ehlers/Drieling, Unternehmenssanierung, S. 169 ff; Erdmann, S. 39 ff.

[928] Zur Eigenverwaltung unter Sanierungsaspekten: Vallender, in: K.Schmidt/Uhlenbruck, GmbH-Krise Rn. 1732.

[929] Vgl. nur Moosmayer, S. 183 ff.; Penzlin, S. 165 f.; Neumann, S. 73 ff.

[930] Vgl. Moosmayer, S. 191 ff. zur straflimitierenden Wirkung des Sanierungsplans.

bruch des Unternehmens gekommen sei und folglich auch kein Zusammenhang zur Krise bestünde.[931] Dogmatisch begründet wird diese Lösung durch eine entsprechend restriktive Auslegung und Handhabung des § 283 Absatz 6 StGB.[932] Diese Auffassung fand vereinzelt Zustimmung[933], teilweise wurde eine noch weitergehende gesetzgeberische Lösung vorgeschlagen[934], die eine ergänzende Änderung der objektiven Strafbarkeitsbedingung des § 283 Absatz 6 StGB notwendig machen würde. Die Ansicht wurde aber verschiedentlich auch abgelehnt – sei es wegen fehlender Praxistauglichkeit[935] oder aus dogmatischen Gründen.[936]

b. Stellungnahme zur Auslegungslösung von Moosmayer

Aufgrund des erforderlichen Zusammenhangs zwischen der in der Krise verwirklichten Bankrotthandlung des § 283 Absatz 1 StGB und dem Eintritt der Voraussetzungen der objektiven Strafbarkeitsbedingung gemäß § 283 Absatz 6 StGB ist nicht daran zu rütteln, dass – zumindest *de lege lata* – Straffreiheit nur dann zu erlangen ist, wenn die Krise bereits vor dem Eintritt der Voraussetzungen des § 283 Absatz 6 StGB überwunden wurde. Allerdings sind damit Überlegungen *de lege ferenda* zur Zweckmäßigkeit der gesetzgeberischen Umgestaltung der Strafbarkeitsbedingung des § 283 Absatz 6 StGB nicht vom Tisch. Vielmehr ist lediglich die von *Moosmayer* entwickelte Auslegungslösung abzulehnen, da sie keine Stütze im Gesetz findet.[937]

Mit dem Eintritt der Voraussetzungen der Strafbarkeitsbedingung des § 283 Absatz 6 StGB sind bis dato verwirklichte Bankrotthandlungen des Schuldners als strafbares Unrecht anzusehen. Dies gilt unabhängig davon, ob ein Schuldnerantrag im Sinne des § 18 InsO zur Eröffnung des Insolvenzverfahrens oder zur Abweisung der Verfahrenseröffnung mangels Masse geführt hat oder nicht. Da auch eine Sanierung aufgrund eines Insolvenzplans ein zuvor eröffnetes Insolvenzverfahren voraussetzt, ist die Bedingung des § 283 Absatz 6 StGB nach der derzeiti-

---

[931] Moosmayer, S. 194 f.

[932] Moosmayer, S. 194 f.

[933] Uhlenbruck, ZInsO 1998, 250 (252).

[934] Röhm, S. 229 ff.; Neumann, S. 113 ff.; Röhm zustimmend auch: MGB-Bieneck, 3. Auflage, § 76 Rn. 71c, zurückhaltender in der 4. Auflage: MGB-Bieneck § 76 Rn. 98.

[935] MGB-Bieneck, 3. Auflage, § 76 Rn. 71a.

[936] Penzlin, S. 192 ff.

[937] So auch: LK-Tiedemann, StGB vor § 283 Rn. 180; MGB-Bieneck, 3. Auflage, § 76 Rn. 71c; Köhler, in: Wabnitz/Janovsky 7 Rn. 119; Penzlin, S. 194 f.; Röhm, S. 235 f.; Neumann, S. 104 ff.

gen Gesetzesfassung in diesem Fall verwirklicht.[938] Bereits begangene Bankrotthandlungen bleiben strafbar.

Die im Verhältnis zum Wortlaut durch die vorgeschlagene Auslegungslösung erzeugte Anwendungsunsicherheit kann aus strafrechtlichen Bestimmtheitsgründen nicht hingenommen werden. Die Strafbarkeitsbedingung des § 283 Absatz 6 StGB enthält zwar keine Tatbestandsmerkmale, sie enthält aber strafbarkeitsbegründende Voraussetzungen für eine Bestrafung des Täters, weshalb das Bestimmtheitsgebot auch in dieser Hinsicht zu beachten ist.[939] Der eindeutige Wortlaut lässt keinen Raum für eine Auslegung, die über ein abweichendes teleologisches Verständnis zu einem anderen Ergebnis zu kommen versucht.[940]

Der Vorschlag *Moosmayers* ist zudem mit der Unsicherheit belastet, wie und zu welchem Zeitpunkt der geforderte Sanierungserfolg zu bestimmen sein soll.[941] *Moosmayer* schlägt vor, auf den Zeitpunkt der Rechtskraft der gerichtlichen Bestätigung des Insolvenzplans gemäß § 248 InsO oder auf den Zeitpunkt der Aufhebung der Planüberwachung gemäß § 268 InsO abzustellen.[942] Diese Zeitpunkte sind jedoch nicht geeignet, um einen Sanierungserfolg beurteilen zu können. Zu beiden Beobachtungszeitpunkten kann der für erforderlich gehaltene Sanierungserfolg nicht hinreichend sicher beurteilt, sondern allenfalls prognostiziert werden. Eine Prognose beinhaltet aber eine gewisse Irrtumswahrscheinlichkeit, weshalb *Moosmayer* an dem Kriterium des Ausbleibens des wirtschaftlichen Zusammenbruchs des Schuldnerunternehmens festhalten will[943] und somit die bloße Sanierungswahrscheinlichkeit nicht ausreichen lässt.

Erst die ex post Betrachtung, ob alle in der Insolvenz bestehenden Gläubigeransprüche aufgrund der Insolvenzplansanierung erfüllt werden konnten, ohne dass es zum endgültigen wirtschaftlichen Kollaps im Sinne des restriktiv ausgelegten § 283 Absatz 6 StGB kam, würde hier Gewissheit erbringen können. Eine solche Beurteilung könnte allerdings erst nach Abschluss der Plansanierung erfolgen – jedenfalls aber nicht zu den vorgeschlagenen Zeitpunkten. Der Zeitpunkt der insolvenzgerichtlichen Planbestätigung gemäß § 248 InsO stellt den Beginn und nicht den Abschluss der eigentlichen Insolvenzplanverwaltung dar.[944] Auch der insolvenzgerichtliche Beschluss der Aufhebung der Planüberwachung gemäß

---

[938] So auch: Penzlin, S. 196; Röhm, S. 235 f.
[939] Vgl. Sch/Sch-Eser, StGB § 1 Rn. 27.
[940] Vgl. Sch/Sch-Eser, StGB § 1 Rn. 40, wonach die teleologische Auslegung nur dann zu bemühen ist, wenn der mögliche Wortsinn mehrere Auslegungen zulässt. Vgl. zur Auslegungstechnik auch: Jescheck/Weigend, S. 154 ff.
[941] Hierzu auch: Penzlin, S. 195 f.
[942] Vgl. Moosmayer, S. 193 f.
[943] Moosmayer, S. 194 f.
[944] So wohl auch: Moosmayer, S. 194 oben.

§ 268 InsO stellt keinen geeigneten Endzeitpunkt für eine Beurteilung des Sanierungserfolgs dar. Zum Zeitpunkt des § 268 InsO kann es zwar sein, dass alle Gläubigeransprüche erfüllt sind. Dies kommt in Betracht, wenn alle diese Ansprüche gemäß § 268 Absatz 1 Nr.1 1. Alt. InsO Gegenstand der insolvenzgerichtlichen Planüberwachung waren. Dies ist aber, wie auch die sonstigen Voraussetzungen des § 268 InsO veranschaulichen, nicht zwingend.

Auch aus Praktikabilitätserwägungen wurde Kritik an dem Vorschlag von *Moosmayer* geübt.[945] Die Vorstellung, dass von Seiten der Strafverfolgungsbehörden ein Ermittlungsverfahren wegen der Verwirklichung der tatbestandlichen Voraussetzungen des Bankrotts eröffnet werden müsste – der Abschluss oder das weitere Betreiben dieses Ermittlungsverfahrens aber von der zeitlich mitunter erheblich späteren Überprüfung abhängen soll, ob und wann die Strafbarkeitsbedingung im Sinne des § 283 Absatz 6 StGB vorliegt, führt in der Tat zu Zweifeln an der Praxistauglichkeit dieses Vorschlags.

Fraglich ist zudem, wie der Sanierungserfolg, der letztlich das Ausbleiben des endgültigen Unternehmenszusammenbruchs markieren soll, bestimmt werden könnte. Hierzu macht *Moosmayer* keine näheren Angaben.

Es ist zu fragen, welche tauglichen Indikatoren für das Ausbleiben des wirtschaftlichen Zusammenbruchs aufgrund einer Sanierung des Schuldnerunternehmens herangezogen werden könnten. Allein die vollständige Befriedigung der in der Insolvenz (noch) geltend gemachten Gläubigerforderungen aufgrund der Plansanierung böte hierfür die größtmögliche Sicherheit.[946] Eine vollständige Befriedigung der Gläubigerforderungen im Insolvenzverfahren wurde in der Praxis bislang nur in höchst seltenen Einzelfällen erreicht.[947] *Penzlin* ist zuzustimmen, wenn er die praktische Relevanz dieser Fallkonstellation für äußerst gering hält.[948] Zumindest eine teilweise nicht fälligkeitsgerechte Erfüllung der noch erhobenen Forderungen der Gläubiger wird auch bei einer erfolgreichen Plansanierung nur selten ganz zu vermeiden sein. Bereits dies stellt jedoch eine nicht unerhebliche Gefährdung der Gläubigerinteressen dar.

---

[945] MGB-Bieneck 3. Auflage § 76 Rn. 71a; Röhm, S. 236 f.; Penzlin, S. 196 f.; Neumann, S. 106.
[946] Vgl. Penzlin, S. 195 f.
[947] Vgl. die Nachweise bei Penzlin, S. 196 f.
[948] Penzlin, S. 196 f.

c. *Vorschläge zur gesetzgeberischen Umgestaltung des § 283 Absatz 6 StGB*

Röhm[949] und *Neumann*[950] haben Vorschläge zu einer Überarbeitung des Wortlauts des § 283 Absatz 6 StGB vorgebracht, die sich nach der Auffassung dieser Autoren jedoch nicht nur auf den Idealfall einer vollständigen Erfüllung der Gläubigeransprüche durch die Plansanierung im Anschluss an einen Schuldnerantrag wegen drohender Zahlungsunfähigkeit beschränken sollen. *Röhms* Vorschlag soll generell nach einem Antrag des Schuldners gemäß § 18 InsO eingreifen[951] und so einer angestrebten Sanierung des Schuldnerunternehmens den Weg ebnen. *Neumann* spricht sich für die Einführung eines allgemeinen Strafantragserfordernisses für alle Insolvenzstraftaten des StGB aus.[952] Ergänzend spricht sich *Neumann* für eine Einschränkung des § 283 Absatz 6 StGB bei einem gemäß § 18 InsO eröffneten Insolvenzverfahren aus.[953] In dieselbe Richtung geht der von *Vallender* auf einer Insolvenzrechtstagung gemachte Vorschlag zu einer Umgestaltung des § 283 Absatz 6 StGB.[954] Ob eine gesetzgeberische Umgestaltung des § 283 Absatz 6 StGB zu befürworten ist, bedarf der weiteren Prüfung. Dies gilt erst recht für die weit reichenden Änderungsvorschläge von *Röhm* und *Neumann*.

aa. *Vorschlag von Röhm zur Neufassung des § 283 Absatz 6 StGB*

Röhm schlägt eine Neufassung des § 283 Absatz 6 StGB vor, nach der die Bankrotthandlung nur dann strafbar sein soll, wenn der Täter seine Zahlungen eingestellt hat oder wenn das Insolvenzverfahren auf Grund von eingetretener Zahlungsunfähigkeit oder Überschuldung eröffnet bzw. seine Eröffnung mangels Masse abgelehnt wurde.[955] Danach bliebe die drohende Zahlungsunfähigkeit als Grund für die Eröffnung des Insolvenzverfahrens für die Strafbarkeitsbedingung des § 283 Absatz 6 StGB unberücksichtigt. Der Zustand vor der Einführung der InsO wäre wieder hergestellt.[956] *Röhm* will den Eintritt der objektiven Strafbarkeits-

---

[949]   Röhm, S. 229 ff.

[950]   Neumann, S. 106 ff., S. 113 ff.

[951]   Vgl. Röhm, S. 229 ff.

[952]   Neumann, S. 119 ff., S. 132 f.

[953]   Vgl. Neumann, S. 97 ff., S. 132.

[954]   Vgl. die Nachweise bei: Fischer, DZWIR 2002, 15 (19 f.).

[955]   Röhm, S. 230; Röhm, NZI 2002, 134 (136 ff.); ihm folgend: MGB-Bieneck, 3. Auflage, § 76 Rn. 71b Fn. 116c, zurückhaltender in der 4. Auflage: § 76 Rn. 98. Röhm ergänzt diesen Vorschlag durch eine weitere Empfehlung zur Änderung des § 283 Abs. 6 StGB: Ersetzung des Begriffs Täter durch den Begriff Schuldner, vgl. Röhm, S. 251.

[956]   Vgl. Röhm, S. 239 f.

bedingung generell verneinen, wenn ein Insolvenzverfahren nach einem Antrag des Schuldners gemäß § 18 InsO eröffnet bzw. die Eröffnung mangels Masse abgelehnt wurde.[957] Auf das Ausbleiben des wirtschaftlichen Zusammenbruchs oder das Gelingen der Sanierung aufgrund eines Insolvenzplans wird ausdrücklich verzichtet.[958]

bb. Stellungnahme zum Vorschlag Röhms

Die Empfehlung *Röhms* zu einer gesetzgeberischen Umgestaltung des § 283 Absatz 6 StGB hat den Aspekt der Einfachheit für sich und sie vermeidet einige Kritikpunkte, die auch von *Röhm* selbst zum Vorschlag von *Moosmayer* vorgebracht wurden.[959] Fraglich ist, ob der Vorschlag *Röhms* überzeugen kann. *Röhm* umgeht die bereits zu dem Vorschlag von *Moosmayer* geäußerte Kritik dadurch, dass er die drohende Zahlungsunfähigkeit als Grund für die Eröffnung des Insolvenzverfahrens generell aus § 283 Absatz 6 StGB ausklammert. Dadurch soll sich die Problematik der Feststellung des Ausbleibens des endgültigen wirtschaftlichen Zusammenbruchs des Schuldnerunternehmens erübrigen.[960] Wollte man dem Vorschlag *Röhms* folgen, würden sich auch die oben geschilderten Zweifel an der Praxistauglichkeit der Auslegungslösung von *Moosmayer* nicht ergeben.[961] *Röhm* beruft sich zur Begründung seines Vorschlags überdies auf den Sinn und Zweck des § 18 InsO.[962]

Nach der in dieser Arbeit zu § 283 Absatz 6 StGB vertretenen Auffassung ist der endgültige wirtschaftliche Kollaps des Krisenunternehmens keine Voraussetzung für den Eintritt der objektiven Strafbarkeitsbedingung des Bankrotts. Das Vorliegen einer besonders schweren Krise ist ausreichend.[963] Die von *Röhm* vorgeschlagene Beschränkung der Strafbarkeitsbedingung auf Fälle der Zahlungseinstellung oder der Insolvenzverfahrenseröffnung bzw. Ablehnung der Eröffnung mangels Masse auf Grund von eingetretener Zahlungsunfähigkeit oder Überschuldung[964] ist nicht sachgerecht. Maßgeblich gegen diesen Vorschlag spricht, dass dadurch eine nicht gerechtfertigte strafrechtliche Besserstellung des Schuldners bzw. seiner Organe

---

[957] Röhm, S. 233, 235 ff.; Röhm, NZI 2002, 134 (136 ff.).
[958] Röhm, S. 233.
[959] Vgl. Röhm, S. 235 ff.
[960] Vgl. auch Röhm, S. 238 in Fn. 801.
[961] Vgl. Röhm, S. 236 f.; vgl. auch: Röhm, NZI 2002, 134 (137).
[962] Vgl. Röhm, S. 237 ff. ; vgl. auch: Röhm, NZI 2002, 134 (137 ff.).
[963] Siehe oben S. 193.
[964] Vgl. Röhm, S. 230.

eintreten würde, wenn der Eigenantrag gemäß § 18 Absatz 1 InsO gestellt wird. Eine solche Strafbarkeitseinschränkung wäre zu befürworten, wenn dadurch das strafrechtlich geschützte Rechtsgut keine wesentliche Beeinträchtigung erfahren würde oder wenn sonstige Auswirkungen des Vorschlags eine sich ergebende Beeinträchtigung kompensieren würden. Weder das Eine noch das Andere ist bei dem Vorschlag *Röhms* gegeben. Die Insolvenzstraftaten des StGB schützen primär das Interesse der Gläubiger an einer Befriedigung ihrer auf Geld gerichteten Ansprüche.[965] Mit der Einführung der InsO kam es zu einer Vorverlagerung des Eintritts der Voraussetzungen des § 283 Absatz 6 StGB und damit zu einer Ausdehnung des Anwendungs- und des Schutzbereichs des Bankrottstrafrechts. Der Vorschlag *Röhms* revidiert diese Vorverlagerung und Ausdehnung durch § 18 InsO und führt damit zu einer Einschränkung des Gläubigerschutzes. Dies wird zumindest teilweise auch von *Röhm* selbst so gesehen.[966] Es bleibt zu fragen, ob diese Beeinträchtigung durch die von *Röhm* behaupteten Vorteile aufgewogen wird. Die zur Praxistauglichkeit und Wortlautgrenze angeführten Vorteile[967] beheben lediglich anwendungsbezogene Kritikpunkte. Aus Gläubigersicht ergibt sich hierdurch kein Ausgleich für die Einschränkung des § 283 Absatz 6 StGB.

Auch die von *Röhm* bemühte teleologische und funktionale Auslegung des § 18 InsO[968] vermag keine überzeugenden Argumente für das Vorliegen einer entsprechenden Kompensation zu erbringen. Die von *Röhm* behauptete bessere Befriedigung der Gläubiger bei einer früheren Eröffnung des Insolvenzverfahrens nach einem Schuldnerantrag wegen drohender Zahlungsunfähigkeit[969] ist zumindest fraglich. Auch wenn es nahe liegend erscheint, dass das verwertbare Restvermögen des Schuldners größer ist, wenn das Insolvenzverfahren bereits wegen drohender Zahlungsunfähigkeit und nicht erst auf Grund von eingetretener Zahlungsunfähigkeit oder Überschuldung eröffnet wird, kann *Röhm* für diese Vermutung keinen Beleg anführen. Auch hier könnte lediglich eine Untersuchung der Rechtswirklichkeit Klarheit bringen. Eine solche Studie ist jedoch nicht ersichtlich. Die Verneinung des Strafbedürfnisses in der hier diskutierten Konstellation aufgrund einer lediglich vermuteten besseren Befriedigung der Gläubiger erscheint gewagt. Letztlich würde dieses Argument *Röhms* bedeuten, dass bereits die Aussicht auf eine geringfügig bessere Befriedigungsquote in dem nach einem Eigenantrag des Schuldners gemäß § 18 Absatz 1 InsO eröffneten Insolvenzverfahren den Aus-

---

[965] Siehe oben S. 17; so auch Röhm, S. 235.

[966] Vgl. Röhm, S. 229, S. 233.

[967] Vgl. Röhm, S. 235 f.

[968] Vgl. Röhm, S. 237 ff.

[969] Vgl. Röhm, S. 238 f.

schluss der Strafbarkeit des Schuldners wegen § 283 StGB nach einem Eigenantrag gemäß § 18 InsO rechtfertigen können soll.

Röhm will auf die Feststellung einer tatsächlich besseren Befriedigung der Gläubiger verzichten. Dies führt jedoch zu einer ungerechtfertigten Ungleichbehandlung im Verhältnis zu den sonstigen Elementen der objektiven Strafbarkeitsbedingung des § 283 Absatz 6 StGB. Es ist nicht auszuschließen, dass die Befriedigungsquote in einem auf Grund von eingetretener Zahlungsunfähigkeit oder Überschuldung eröffneten Insolvenzverfahren genauso gut - bzw. genauso schlecht – wie bei einem wegen drohender Zahlungsunfähigkeit eröffneten Verfahren ist. Den Eintritt der objektiven Strafbarkeitsbedingung im einen Fall zu bejahen, im anderen Fall aber zu verneinen wäre sachlich nicht gerechtfertigt.

Einen erheblichen Kritikpunkt stellt die nach *Röhms* Vorschlag bestehende Möglichkeit des Schuldners dar, sich durch eine Antragsstellung gemäß § 18 InsO einer ansonsten möglicherweise bestehenden oder entstehenden Bankrottstrafbarkeit zu entledigen. Diese Möglichkeit eröffnet ein erhebliches Missbrauchspotential. Stellt der Schuldner rechtzeitig einen Eigenantrag gemäß § 18 InsO, bevor eine Antragsmöglichkeit der Gläubiger nach den §§ 17, 19 InsO besteht, so könnte er damit kraft eigenen Handelns das Vorliegen der Strafbarkeitsbedingung des § 283 Absatz 6 StGB abwenden und somit seine Bestrafung wegen der vorangehenden Vornahme von Bankrotthandlungen verhindern. Bereits hierin könnte ein nicht unerhebliches Interesse des Schuldners liegen. Dies gilt insbesondere im Hinblick auf die in den §§ 6 Absatz 2 GmbHG, 76 Absatz 3 Satz 2 AktG angeordneten Organverbote nach insolvenzstrafrechtlichen Verurteilungen. Diese Konsequenz wurde von *Röhm* zumindest teilweise erkannt.[970] Seine Stellungnahme hierzu ist allerdings unzutreffend. *Röhm* behauptet, dass die frühe Antragsstellung des Schuldners gemäß § 18 InsO zivilrechtlich erwünscht sei[971] und deshalb mit einer Straflosigkeit des Schuldners zu belohnen sei.[972] Dagegen spricht, dass bereits in der Verwirklichung von Verhaltensweisen gemäß § 283 Absatz 1 StGB bei Bestehen einer Krise das eigentliche Unrecht des Bankrottstraftatbestands liegt.[973] Vermeidet der Schuldner trotz einer bestehenden Unternehmenskrise solche Verhaltensweisen, hat er auch bei einer Antragsstellung gemäß § 18 Absatz 1 InsO keine strafrechtlichen Konsequenzen zu befürchten. Eine durch den Vorschlag *Röhms* ermöglichte strafrechtliche Reinwaschung des Schuldners vom Makel des

---

[970] Vgl. Röhm, S. 238.

[971] Zutreffend ist: Mit der Einführung der InsO wurde die Hoffnung sowohl auf eine höhere Zahl von Insolvenzverfahren, deren Eröffnung nicht bereits mangels Masse abgewiesen wird, als auch auf höhere Befriedigungsquoten verbunden; vgl. die Begründung zum Regierungsentwurf der Insolvenzodnung, BT-Drs. 12/2443, S. 72 ff., S. 77 ff.

[972] Vgl. Röhm, S. 237 ff., S. 239.

[973] Deutlich: Sch/Sch-Stree/Heine, StGB § 283 Rn. 59.

Bankrotts bei Stellung des Eigenantrags gemäß § 18 InsO ist strafrechtsdogma-
tisch nicht vertretbar, da dies nach der derzeitigen Systematik des § 283 Absatz 6
StGB gewissermaßen einen Rücktritt vom vollendeten Delikt darstellen würde.
Auch kann die Eigenantragsstellung des Schuldners gemäß § 18 Absatz 1 InsO
nicht als tätige Reue aufgefasst werden.[974] Eine solche sieht der Bankrottstraftatbestand *de lege lata* nicht vor. *De lege ferenda* wäre die Einführung einer Regelung der tätigen Reue[975] durch die Antragsstellung gemäß § 18 InsO aus den in
diesem Abschnitt genannten Gründen abzulehnen. Die Stellung des Eigenantrags
gemäß § 18 InsO beseitigt weder die abstrakte noch die konkrete Gefährlichkeit
der Tathandlungen des § 283 Absatz 1 StGB, noch kann eine verwirklichte Bankrotthandlung hierdurch beseitigt oder wieder gut gemacht werden. Der Vorschlag
Röhms zur Neufassung der objektiven Strafbarkeitsbedingung ist daher abzulehnen.

cc. Vorschlag von Neumann zur Ergänzung des § 283 Absatz 6 StGB durch ein Strafantragserfordernis

Neumann schlägt eine Ergänzung des § 283 Absatz 6 StGB durch ein Strafantragserfordernis vor.[976] Das Strafantragserfordernis soll für alle Insolvenzstraftatbestände des StGB gelten. *Neumann* will für die Stellung des Strafantrags zwischen der Situation vor und nach der Eröffnung des Insolvenzverfahrens unterscheiden. Vor der Verfahrenseröffnung sollen der Bankrott und die sonstigen
Insolvenzstraftaten des StGB nur auf Antrag verfolgt werden können, wobei auch
die Strafverfolgung von Amts wegen bei Bejahung des besonderen öffentlichen
Verfolgungsinteresses möglich sein soll.[977] Nach der Eröffnung des Insolvenzverfahrens soll hingegen nur die entsprechend §§ 244, 245 InsO mehrheitlich be-
schließende Gläubigerversammlung antragsberechtigt sein.[978] Wird hingegen die

---

[974] So auch: Bittmann, in: Insolvenzstrafrecht § 12 Rn. 324.

[975] Die Stellung des Eigenantrags gemäß § 18 InsO beseitigt weder die abstrakte Gefährlichkeit der
Tathandlungen des § 283 Abs. 1 StGB noch kann eine verwirklichte Bankrotthandlung hierdurch
beseitigt oder wieder gut gemacht werden.

[976] Neumann, S. 106 ff., S. 113 ff., S. 132 f. Neumann (S. 132) schlägt die Einführung eines zusätzlichen § 283 Abs. 7 StGB mit folgendem Wortlaut vor: „Der Bankrott wird nur auf Antrag verfolgt,
es sei denn, daß die Strafverfolgungsbehörde wegen des besonderen öffentlichen Interesses an
der Strafverfolgung ein Einschreiten von Amts wegen für geboten hält. Ist das Insolvenzverfahren eröffnet, so kann nur die Gläubigerversammlung über die Stellung des Antrags
entscheiden. Die §§ 244, 245 InsO gelten entsprechend. Ein Strafantrag ist nicht erforderlich,
wenn der Eröffnungsantrag mangels Masse abgewiesen wurde."

[977] Neumann, S. 132.

[978] Neumann, S. 132.

Insolvenzverfahrenseröffnung mangels Masse abgelehnt, soll ein Strafantrag nicht erforderlich sein.[979]

Überdies schlägt *Neumann* eine Ergänzung der bisherigen Regelung der objektiven Strafbarkeitsbedingung des § 283 Absatz 6 StGB vor. Gemäß dem Vorschlag *Neumanns* soll die Bedingung des § 283 Absatz 6 StGB nicht eintreten, wenn das Insolvenzverfahren aufgrund eines Antrags des Schuldners gemäß § 18 Absatz 1 InsO eröffnet wurde und es später nicht doch noch zur Überschuldung, eingetretenen Zahlungsunfähigkeit oder Zahlungseinstellung kommt.[980]

Die vorgeschlagene Herausnahme des Eröffnungsgrundes der drohenden Zahlungsunfähigkeit aus der objektiven Strafbarkeitsbedingung entspricht weitgehend dem Lösungsansatz von *Röhm*. Neu ist hingegen der Vorschlag, ein Strafantragserfordernis für die §§ 283 ff. StGB einzuführen. Die von *Neumann* vorgeschlagene Umgestaltung und Ergänzung des § 283 Absatz 6 StGB ist insgesamt deutlich komplizierter und unübersichtlicher als die vorangehend behandelte Empfehlung von *Röhm*. Nachfolgend wird zu dem Vorschlag *Neumanns* kritisch Stellung genommen.

dd. Stellungnahme zu dem Vorschlag von Neumann zur Ergänzung der §§ 283 ff. StGB um ein Strafantragserfordernis

Die Einführung eines Strafantragserfordernisses stößt auf dogmatische Bedenken. Bei dem Bankrottstraftatbestand des § 283 StGB handelt es sich nach ganz überwiegender und zutreffender Ansicht – mit Ausnahme der § 283 Absatz 1 Nr. 1 bis 3 StGB – um ein abstraktes Gefährdungsdelikt, da eine tatsächliche Schädigung der Gläubiger nicht verlangt wird.[981] Bislang besteht für kein Gefährdungsdelikt[982] des StGB ein Strafantragserfordernis – verwiesen sei insbesondere auf die abstrakten Gefährdungsdelikte der §§ 231, 306a Absatz 1, 316, 326, 328 Absatz 1 StGB. Dies bedeutet zwar nicht, dass der Vorschlag *Neumanns* allein schon aus diesem Grund abwegig wäre. Er stellt allerdings strafrechtsdogmatisches Neuland dar. *Neumann* setzt sich hiermit nicht auseinander. Ein Strafantragserfordernis besteht bei Gefährdungsdelikten wohl vor allem deshalb nicht, weil nach der Konzeption des § 77 Absatz 1 StGB grundsätzlich der Verletzte berechtigt ist, einen erforderlichen Strafantrag zu stellen. Die Ermittlung eines antragsberechtigten Verletzten bei Delikten, die tatbestandlich bereits eine abstrakte

---

[979] Neumann, S. 132.

[980] Neumann, S. 132.

[981] Vgl. nur Lackner/Kühl, StGB § 283 Rn. 1; LK-Tiedemann, StGB § 283 Rn. 2 ff.; Fischer, StGB vor § 283 Rn. 3; so wohl auch Neumann selbst auf S. 103.

[982] Vgl. allgemein zu Gefährdungsdelikten: Lackner/Kühl, StGB vor § 13 Rn. 32.

Gefährdung ausreichen lassen, dürfte auf kaum lösbare Schwierigkeiten stoßen. Auf die Problematik, wer nach dem Vorschlag *Neumanns* antragsberechtigt sein soll, ist daher ausführlicher einzugehen.

Bei der Einführung eines Strafantragserfordernisses muss zumindest klar sein, wer antragsberechtigt sein soll. Diese Mindestanforderung ist durch den Regelungsvorschlag von *Neumann* in mehrfacher Hinsicht nicht erfüllt. Während der von *Neumann* vorgeschlagene § 283 Absatz 7 Satz 2 StGB n. F.[983] vorsieht, dass nach der Eröffnung des Insolvenzverfahrens allein die Gläubigerversammlung antragsberechtigt sein soll, bleibt unklar, wer vor der Eröffnung des Insolvenzverfahrens, beispielsweise bei einer Zahlungseinstellung des Schuldners, zur Antragsstellung berechtigt sein soll. *Neumanns* § 283 Absatz 7 Satz 1 StGB n. F.[984] enthält im Gegensatz zu *Satz 2* keine Präzisierung, wer antragsberechtigt sein soll, wenn nicht das besondere öffentliche Verfolgungsinteresse von Seiten der Strafverfolgungsbehörde angenommen wird. Mangels ausdrücklicher Nennung der Antragsberechtigten gilt die allgemeine Regelung des § 77 Absatz 1 StGB, wonach der Verletzte bzw. die Verletzten zur Stellung des Strafantrags berechtigt sind. Die Bestimmung des Verletzten ist in diesem Zusammenhang unklar, da es bei den meisten Bankrotthandlungen des § 283 Absatz 1 StGB zumindest problematisch sein wird, einen unmittelbar Geschädigten festzustellen.[985] Als mögliche Verletzte kämen die Gläubiger, und zwar jeder einzelne Gläubiger in Betracht. Diese Ungleichbehandlung innerhalb des Vorschlags von *Neumann* leuchtet nicht ein. Den Ausführungen von *Neumann*[986] kann hierfür keine Begründung entnommen werden.

Zur Disziplinierung einzelner Gläubiger und zur Erschwerung der Antragsstellung von Einzelgläubigern will *Neumann* nach der Eröffnung des Insolvenzverfahrens zudem die §§ 244, 245 InsO entsprechend anwenden und so ein eingeschränktes Mehrheitserfordernis für die Stellung des Strafantrags einführen.[987] Dieser Vorschlag benachteiligt Gläubiger mit einer geringeren Forderungssumme, obwohl diese durch die Insolvenz des Schuldners mitunter stärker und existenzieller betroffen sein können. Man denke nur an die Arbeitnehmer des Schuldners oder an

---

[983] Vgl. Neumann, S. 132.

[984] Vgl. Neumann, S. 132.

[985] Ein Vermögensschadenserfolg würde erst dann eintreten, wenn die Befriedigung des vermögensrechtlichen Anspruchs eines Gläubigers endgültig ausbleibt. Dies lässt sich allerdings mit hinreichender Sicherheit noch nicht zum Zeitpunkt der Begehung der Bankrotthandlung, sondern erst nach dem Abschluss des Insolvenzverfahrens oder der Ablehnung der Verfahrenseröffnung mangels Masse beurteilen.

[986] Vgl. Neumann, S. 113 ff., S. 125 ff.

[987] Vgl. Neumann, S. 132, S. 125 ff.

Handwerks- oder Zuliefererbetriebe im Gegensatz zu Kreditinstituten. Das Interesse dieser Gläubiger an der Stellung des Strafantrags erscheint berechtigt. Ihr faktischer Ausschluss durch das geforderte Quorum ist als unbillig abzulehnen. Zudem bestehen erhebliche Bedenken an der Praktikabilität der analogen Anwendung der §§ 244, 245 InsO für die Strafantragsstellung. Während die Antragsbefugnis des Antragstellers im Normalfall für die Staatsanwaltschaft vergleichsweise unproblematisch feststellbar ist, stellt sich die Frage, wer die komplizierte Antragsbefugnisüberprüfung nach dem Vorschlag *Neumanns* vornehmen soll. Dies ist insbesondere im Hinblick auf die vorgeschlagene entsprechende Anwendung des in § 245 InsO geregelten Obstruktionsverbots unklar und zwar sowohl in personeller als auch in tatsächlicher und umfänglicher Hinsicht.

Die Strafverfolgungsbehörde soll bei Bejahung des öffentlichen Verfolgungsinteresses von Amts wegen nur vor Eröffnung des Insolvenzverfahrens ermitteln dürfen. *Neumann* begründet dies mit dem Schutz der Kreditwirtschaft als Teil des Rechtsgüterschutzes.[988] Wollte man dieses Schutzgut anerkennen, so wäre es auch nach der Eröffnung des Insolvenzverfahrens betroffen. Dann soll nach *Neumann* aber nur die Gläubigerversammlung antragsberechtigt sein und eine Bejahung des Verfolgungsinteresses durch die Staatsanwaltschaft ausscheiden.[989] Das Konzept *Neumanns* ist hier einseitig und überzeugt nicht.

Die Einführung eines Strafantragserfordernisses ist zudem auch in der Sache verfehlt. *Neumann* weist zwar zutreffend darauf hin, dass ein Strafantragserfordernis nur dann in Betracht komme, wenn der staatlichen Strafverfolgung von Amts wegen nur eine geringe Bedeutung zukomme.[990] Die Insolvenzstraftaten des StGB stellen jedoch anders als z. B. die Beleidigungsstraftatbestände oder der Hausfriedensbruch gerade keine Bagatelldelikte dar, bei denen eine staatliche Strafverfolgung zur Wiederherstellung des Rechtsfriedens nur nach einer entsprechenden Antragsstellung des Opfers geboten wäre. Dies legt bereits ein Vergleich der Strafrahmen dieser Delikte nahe.[991] Die Herabstufung der Insolvenzstraftaten zu Antragsdelikten würde ein falsches Signal setzen. Das in diesem Zusammenhang von *Neumann* vorgebrachte Entkriminalisierungsargument[992] überzeugt nicht, da

---

[988] Vgl. Neumann, S. 125.
[989] Vgl. Neumann, S. 132, S. 125 ff.
[990] Vgl. Neumann, S. 121 f.
[991] § 283 Absatz 1 StGB sieht einen Strafrahmen von Geldstrafe bis zu fünf Jahren Freiheitsstrafe vor. Die §§ 185 ff. StGB sehen eine Höchststrafe von bis zu zwei Jahren Freiheitsstrafe vor. Die Höchststrafe für den Hausfriedensbruch beträgt bis zu einem Jahr Freiheitsstrafe.
[992] Vgl. Neumann, S. 119.

ansonsten ein beträchtliches Ungleichgewicht innerhalb des StGB im Vergleich zu sonstigen Deliktsgruppen, wie z. B. den §§ 263 ff. StGB, entstünde.

Anders als von *Neumann* behauptet, liegt bei den Insolvenzstraftaten auch keine besondere Verbindung zwischen Täter und Opfer vor, die es rechtfertigen würde, eine staatliche Strafverfolgung nur auf Antrag des Opfers aufzunehmen. Dass ein Opfer eine vermögensrechtliche Forderung gegen den Täter hat, reicht als Sonderverbindung ohnehin nicht aus, da grundsätzlich jedes Opfer eines Vermögensdelikts einen zivilrechtlichen Restitutionsanspruch gegen den Täter hat. Eine Sonderverbindung zwischen Gläubiger und Schuldner entsteht auch nicht durch die Zustimmung zu einem Insolvenzplan zur Sanierung unter Beteiligung des Schuldners.[993] Die persönliche Mitwirkung des Schuldners an einem Sanierungsplan wird regelmäßig nur dann erforderlich sein, wenn die besonderen persönlichen Kenntnisse oder Fähigkeiten des Schuldners für die Fortführung des Unternehmens unerlässlich wären. Die Zustimmung der Gläubiger zu einem Sanierungsplan muss nicht einstimmig erfolgen. Dann müsste bei Ablehnung des Sanierungsplans durch einen Gläubiger aber auch das Bestehen einer Sonderverbindung verneint werden. Eine für ein Strafantragserfordernis erforderliche Sonderverbindung liegt somit insgesamt nicht vor.

Da *Neumann* das Antragserfordernis nur für die Insolvenzstraftatbestände des StGB vorsehen will und die Strafbarkeit wegen Insolvenzverschleppung unverändert belassen will, ergäbe sich für juristische Personen ein nicht zu rechtfertigendes Ungleichgewicht. So würde der von einem GmbH-Geschäftsführer verwirklichte Bankrott nur auf Antrag verfolgt werden. Die Insolvenzverschleppung würde jedoch von Amts wegen verfolgt werden. Auch diesbezüglich ist die Empfehlung *Neumanns* unausgewogen und systematisch nicht konsistent.

Alles in allem ist der Vorschlag *Neumanns,* ein Strafantragserfordernis für die §§ 283 ff. StGB einzuführen, daher abzulehnen.

ee. Stellungnahme zu den Vorschlägen von Vallender und Neumann zur Änderung des § 283 Absatz 6 StGB

Vallender machte auf einer Tagung zu Problemen des neuen Insolvenzrechts im Jahr 2001 den Vorschlag § 283 Absatz 6 StGB um einen weiteren Satz zu ergänzen, um die von ihm behauptete Sanierungsfeindlichkeit der §§ 283 ff. StGB zu

---

[993] So aber Neumann, S. 122.

beseitigen.[994] Die Empfehlung *Vallenders*[995] sieht eine Straflosigkeit vor, wenn der Täter einen Eigenantrag wegen drohender Zahlungsunfähigkeit stellt und der wirtschaftliche Zusammenbruch bis zur Bestätigung des Insolvenzplans oder der späteren Aufhebung der Planüberwachung ausbleibt. *Vallenders* Vorschlag liegt kein eigenständiges Konzept zu Grunde. Es handelt sich vielmehr um einen Vorschlag zur Kodifikation der Auslegungslösung von *Moosmayer*.[996] Die bereits zu *Moosmayers* Vorschlag geäußerte inhaltliche Kritik trifft auch auf den Vorschlag von *Vallender* zu. Auf die vorangehenden Überlegungen kann daher verwiesen werden.[997] Der Formulierungsvorschlag *Vallenders* ist aus strafrechtsdogmatischer Sicht wenig geglückt. Die undifferenzierte Verwendung der Begriffe *Schuldner* und *Täter* in einem Satz würde eine Vergrößerung der ohnehin bestehenden Unsicherheit über das Verständnis dieser Begriffe in § 283 Absatz 6 StGB erzeugen.[998] Die Einführung des bislang ungebräuchlichen Begriffs des „wirtschaftlichen Zusammenbruchs" ist abzulehnen, da auch dadurch eine erhebliche Auslegungsunklarheit entstehen würde. Eine Beschränkung auf die im Insolvenzstrafrecht bereits etablierten und in der derzeitigen Fassung des § 283 Absatz 6 StGB enthaltenen Begriffe ist vorzugswürdig. Darüber hinaus ist *Vallenders* Entwurf nicht konsistent, da der Vorschlag lediglich das Insolvenzplanverfahren berücksichtigen will. Die noch im Vortrag *Vallenders*[999] als Sanierungsoption angesprochene Eigenverwaltung bliebe hingegen ebenso unberücksichtigt wie die gemäß § 284 InsO mögliche Fassung eines Insolvenzplans in der Eigenverwaltung.

Der weitere Vorschlag von *Neumann*, die drohende Zahlungsunfähigkeit als Insolvenzeröffnungsgrund im Rahmen der objektiven Strafbarkeitsbedingung des § 283 Absatz 6 StGB nicht zu berücksichtigen, wenn Überschuldung, Zahlungseinstellung oder eingetretene Zahlungsunfähigkeit im eröffneten Insolvenzverfahren ausbleiben, entspricht der Sache nach einer Kombination aus den Vorschlägen von *Röhm* und *Moosmayer*. Die Kritik zu den Empfehlungen von *Röhm* und *Moosmayer* trifft auch auf den Vorschlag von *Neumann* zu.[1000]

---

[994] Nachweise zu dem Vorschlag *Vallenders* bei: Fischer, DZWIR 2002, 15 (19 f.).

[995] Siehe Fischer, DZWIR 2002, 15 (19) zum Wortlaut des Vorschlags von Vallender: „Hat der Täter einen Insolvenzantrag wegen drohender Zahlungsunfähigkeit gestellt und ist der wirtschaftliche Zusammenbruch des Schuldners nicht bis zur Planbestätigung oder der Aufhebung eines sich anschließenden Überwachungsverfahrens erfolgt, ist die Tat nicht strafbar."

[996] Siehe dazu oben S. 194.

[997] Siehe oben S. 195 ff.

[998] Vgl. dazu oben S. 182.

[999] Siehe Fischer, DZWIR 2002, 15 (19 f.) zu dem Vortrag Vallenders.

[1000] Siehe oben S. 195 ff. zu Moosmayer und oben S. 199 ff. zu Röhm.

Sofern *Neumann* auf einen Zusammenhang zwischen der in der Krise verwirklichten Bankrotthandlung und der objektiven Strafbarkeitsbedingung generell verzichten will[1001], steht der Vorschlag im Widerspruch zu der hier vertretenen Auffassung.[1002] Es ist zudem fraglich, ob die Schlussfolgerung *Neumanns* zutrifft, dass *"die Gefahr eines Wertungswiderspruchs zwischen Insolvenzordnung und Insolvenzstrafrecht"*[1003] bestehe, wenn ein Insolvenzverfahren, das nach einem Antrag wegen drohender Zahlungsunfähigkeit eröffnet wurde, zu staatsanwaltlichen Ermittlungen von Amts wegen führe. Auf das Verhältnis zwischen dem Insolvenzrecht und dem Insolvenzstrafrecht wird in der nachfolgenden abschließenden Stellungnahme eingegangen.

d. Stellungnahme zu den Auswirkungen der InsO auf § 283 Absatz 6 StGB

Vielfacher Ausgangspunkt der Diskussion zur Notwendigkeit der Anpassung der objektiven Strafbarkeitsbedingung des Bankrotts ist die Befürchtung, dass ein krisenbefangenes Unternehmen durch die Belastung mit insolvenzstrafrechtlichen Ermittlungen endgültig kollabiert.[1004] Dieser bereits in der Begründung zum 1. WiKG[1005] gesehene Aspekt wird im Zusammenhang mit den Reformvorschlägen zu § 283 Absatz 6 StGB überbewertet.[1006] Zwar wird das Bestehen einer solchen Gefahr vielfach behauptet, empirische Befunde hierzu fehlen jedoch. Deshalb wäre eine Untersuchung, ob und in welcher Hinsicht ein strafrechtliches Ermittlungsverfahren Krisenunternehmen belasten kann, hilfreich und weiterführend.

Der in einigen insolvenzstrafrechtlichen Stellungnahmen[1007] behauptete Wertungswiderspruch zwischen dem zivilen Insolvenzrecht und dem Insolvenzstrafrecht, der durch die Einführung der InsO entstanden sein soll, ist als solcher nicht gegeben. Es trifft zwar zu, dass sich der Reformgesetzgeber mit der Einführung der InsO eine frühere Eröffnung des Insolvenzverfahrens und damit weniger mangels

---

[1001] Vgl. Neumann, S. 104.

[1002] Siehe oben S. 185 f.

[1003] Vgl. Neumann, S. 93.

[1004] Vgl. Fischer, StGB vor § 283 Rn. 4, 5; LK-Tiedemann, StGB vor § 283 Rn. 87; NK-Kindhäuser, StGB vor § 283 Rn. 102; Bittmann, in: Insolvenzstrafrecht § 12 Rn. 307; MGB-Bieneck § 76 Rn. 84; Krause, S. 223 Fn. 135; Moosmayer, S. 183 ff.; vgl. auch Penzlin, S. 165 f.; Röhm, S. 203 ff.; Neumann, S. 93; Heinz, GA 1977, 193 (218 f.).

[1005] Vgl. BT-Drs. 7/3441, S. 33. Insgesamt zum 1. WiKG: Heinz, GA 1977, 193 (209 ff.).

[1006] In der Tendenz wie hier: Bittmann, in: Insolvenzstrafrecht § 12 Rn. 325.

[1007] Moosmayer, S. 166 ff. (169), S. 183 ff. (192); Röhm, S. 217 ff. (222), S. 228 ff.; Neumann, S. 92 ff.

Masse abgelehnte Verfahren erhoffte.[1008] Dieses Ziel sollte auch durch die Einführung des Eröffnungsgrundes der drohenden Zahlungsunfähigkeit erreicht werden.[1009] Indem der Gesetzgeber die Antragsstellung gemäß § 18 Absatz 1 InsO allein dem Schuldner überlassen hat und in § 15a Absatz 1 InsO bewusst keine Antragspflicht wegen drohender Zahlungsunfähigkeit einführte[1010], machte er deutlich, dass es sich hierbei um ein fakultatives Antragsrecht des Schuldners handeln soll. Hätte der Gesetzgeber gegenüber den bisherigen Eröffnungsgründen eine frühzeitigere Einleitung des Insolvenzverfahrens sicherstellen wollen, dann hätte er eine Antragspflicht oder ein Gläubigerantragsrecht bei drohender Zahlungsunfähigkeit einführen können – wie dies im ersten Vorschlag der Kommission für Insolvenzrecht auch vorgesehen war.[1011] Davon wurde aber bewusst abgesehen[1012], um Gläubigern kein Druckmittel für außerhalb eines Insolvenzverfahrens liegende Zwecke an die Hand zu geben.[1013] Dass die Entscheidung des Schuldners zur Stellung eines Eigenantrags wegen drohender Zahlungsunfähigkeit nur aufgrund einer vorangehenden gründlichen Abwägung des Für und Wider gefasst werden wird, liegt auf der Hand. Dass bei dieser Entscheidungsfindung des Schuldners auch strafrechtliche Aspekte eine Rolle spielen können und dürfen, ist nicht zu bestreiten.[1014] Hierin ist aber kein funktionaler Widerspruch zwischen Insolvenz- und Insolvenzstrafrecht zu sehen. Vielmehr stellen strafrechtliche Überlegungen einen Entscheidungsparameter des Schuldners bei einer möglichen Eigenantragsstellung gemäß § 18 InsO dar. Demnach ist in § 283 Absatz 6 StGB nach der hier vertretenen Auffassung keine unbeabsichtigte Beeinträchtigung des insolvenzrechtlichen Ziels einer frühzeitigen Insolvenzverfahrenseröffnung zu sehen. § 283 Absatz 6 StGB bedarf insofern keiner Anpassung.

[1008] Vgl. die Begründung zum Regierungsentwurf der Insolvenzordnung, BT-Drs. 12/2443, S. 80 f.; S. 84 ff.

[1009] Vgl. BT-Drs. 12/2443, S. 84 ff.

[1010] In der Begründung des Regierungsentwurfs zur InsO, BT-Drs. 12/2443, heisst es auf S. 115 ausdrücklich: *„Hierzu ist zu bemerken, daß die Antragspflichten der Vertretungsorgane juristischer Personen (insbesondere § 92 Abs. 2 AktG; § 64 Abs. 1 GmbHG) vom Gesetzentwurf nicht auf die drohende Zahlungsunfähigkeit ausgedehnt werden; auch insoweit sollen die Möglichkeiten einer außergerichtlichen Sanierung nicht verkleinert werden."*

[1011] Erster Bericht der Kommission für Insolvenzrecht, S. 28 Ziffer 1.2.1 Absatz 2 Satz 1 und S. 30 Ziffer 1.2.5.

[1012] Begründung des InsO-Entwurfs der Bundesregierung, BT-Drs. 12/2443, S. 114: *„Entsprechend einem Vorschlag der Kommission für Insolvenzrecht wird die drohende Zahlungsunfähigkeit als neuer Grund für die Eröffnung des Insolvenzverfahrens eingeführt. [...] Abweichend von dem Kommissionsvorschlag wird dieser Eröffnungsgrund allerdings auf den Fall des Schuldnerantrags beschränkt (Absatz 1)."*

[1013] So die ausdrückliche Begründung des Regierungsentwurfs zur Insolvenzordnung, BT-Drs. 12/2443, S. 84.

[1014] Vgl. auch Uhlenbruck, in: K.Schmidt/Uhlenbruck, GmbH-Krise Rn. 5.52.

Wird § 283 Absatz 6 StGB unverändert belassen, bleibt die begriffliche Kongruenz zwischen dem insolvenzrechtlichen und dem insolvenzstrafrechtlichen Verständnis von der Eröffnung des Insolvenzverfahrens erhalten, da dem straf- wie dem zivilrechtlichen Begriff dieselben Eröffnungsgründe zugrunde liegen.

Es ist darauf hinzuweisen, dass die Belastung des Schuldners bzw. seiner Organe durch staatsanwaltschaftliche Ermittlungen in einem auf Grund von drohender Zahlungsunfähigkeit eröffneten Insolvenzverfahren nicht allzu groß ausfallen dürfte, wenn keine insolvenzstraftatbestandlichen Verhaltensweisen verwirklicht wurden. Ist beispielsweise die Rechnungslegung auf dem geforderten aktuellen Stand, so ist eine entsprechende Nachfrage der Staatsanwaltschaft rasch beantwortet. Anders sieht es möglicherweise aus, wenn der Tatbestand eines Insolvenzdelikts der §§ 283 ff. StGB vorliegt. Dann ist eine Verschonung des Krisenunternehmens vor staatsanwaltschaftlichen Ermittlungen nach der Eröffnung des Insolvenzverfahrens allerdings auch nicht sachgerecht.

Gegen diesen Ansatz spricht, dass eine Restunsicherheit für den Schuldner bleibt, ob möglicherweise doch Mängel der Rechnungslegung bestehen oder eine Verhaltensweise vorliegt, die unter die wenig bestimmte Generalklausel des § 283 Absatz 1 Nr. 8 StGB fallen kann. Es mag zutreffen, dass diese Unwägbarkeit Schuldner von einer Stellung des Eigenantrags gemäß § 18 InsO abhalten kann und somit die gesetzgeberisch erhoffte frühzeitiger Eröffnung des Insolvenzverfahrens unterbleibt.

Das Risiko, dass sich Geschäftspartner von einem Unternehmen nach der Stellung eines Eigenantrags wegen drohender Zahlungsunfähigkeit abwenden, besteht jedoch immer. Dieses Risiko besteht auch nach den vorstehend abgelehnten Auffassungen, die für eine restriktive Auslegung oder für eine Änderung des § 283 Absatz 6 StGB eintreten. Dieser Gefahr kann der Schuldner nur dadurch begegnen, dass er frühzeitig Gespräche mit seinen Geschäftspartnern führt und gemeinsam mit ihnen und wichtigen Gläubigern, insbesondere Banken, die Vorteile einer Sanierung unter Durchführung eines Insolvenzverfahrens erörtert.

Es ist ohnehin anzumerken, dass ein Schuldner nur dann einen Eigenantrag auf Insolvenzeröffnung wegen drohender Zahlungsunfähigkeit stellen wird, wenn er sich hiervon Vorteile erhofft. Solche Vorteile könnten darin bestehen, dass eine Sanierung gemäß einem Insolvenzplan oder aufgrund einer Eigenverwaltung unter dem Schirm des Insolvenzrechts Erfolg versprechender sein kann, als der Versuch einer Sanierung außerhalb eines eröffneten Insolvenzverfahrens. Eine solche Sichtweise stellt jedoch nach wie vor eine Ausnahme dar. Stellungnahmen aus der insolvenzrechtlichen Praxis, bestätigen, dass die Insolvenzgerichte der

Anordnung einer Eigenverwaltung kritisch gegenüber stehen.[1015] Der Schuldner wird deshalb in den meisten Fällen versuchen, alles daran zu setzen, eine Sanierung außerhalb des Insolvenzverfahrens zu erreichen. Es würde die Bedeutung des Insolvenzstrafrechts jedoch überschätzen, den Grund für diese Einstellung der Schuldner in der Furcht vor den §§ 283 ff. StGB zu sehen.

Auch die Einführung der InsO hat nichts daran geändert, dass mit der Eröffnung des Insolvenzverfahrens vielfach das Verdikt des endgültigen Scheiterns verbunden ist. Die Möglichkeit der Eigenverwaltung greift aus Sicht des Schuldners zwar weniger stark in seinen bisherigen Status ein als ein Regelinsolvenzverfahren bei dem zwingend ein Insolvenzverwalter eingesetzt wird. Die Eigenverwaltung kann jedoch nicht auf das alleinige Betreiben des Schuldners erreicht werden. Sie wird gemäß § 270 Absatz 1 Satz 1 InsO vom Insolvenzgericht angeordnet. Es wurde bereits angemerkt, dass in der Praxis nach wie vor Vorbehalte der Insolvenzgerichte gegenüber der Eigenverwaltung bestehen.[1016] Sollte der Schuldner eine Eigenverwaltung anstreben, so wird er frühzeitig mit den wichtigsten Geschäftspartnern und Gläubigern Kontakt aufnehmen müssen, denn ohne das Vertrauen dieser Beteiligten wird ein Insolvenzgericht in der Praxis kaum bereit sein, eine Eigenverwaltung nach einem entsprechenden Antrag des Schuldners anzuordnen.[1017]

Da der deutsche Gesetzgeber mit der InsO den Gläubigerinteressen nach wie vor den Vorrang vor den Interessen des Schuldnerunternehmens eingeräumt hat[1018], besteht für den Schuldner in der Regel kein Interesse, die Insolvenzeröffnung wegen drohender Zahlungsunfähigkeit selbst zu beantragen. Selbst wenn der Schuldner einen gut vorbereiteten Entwurf eines Insolvenzplans vorlegt, kann er nicht verhindern, dass die Gläubigerversammlung diesen ablehnt und in dem ersten Berichtstermin gemäß § 157 Absatz 1 InsO die Stilllegung und Verwertung des Schuldnerunternehmens beschließt.

Nach der in vorliegender Arbeit vertretenen Ansicht sind die maßgeblichen Gründe für die Zurückhaltung der Schuldner, Eigenantrag wegen drohender Zahlungsunfähigkeit zu stellen, im Insolvenzrecht und nicht in dem Risiko einer Insolvenzstrafbarkeit zu sehen. Auch wenn sich einzelne Schuldner durch das Insolvenz-

---

[1015] Uhlenbruck, in: K.Schmidt/Uhlenbruck, GmbH-Krise Rn. 5.51 mit ausführlichen weiteren Nachweisen. Vgl. auch Vallender, in: K.Schmidt/Uhlenbruck, GmbH-Krise Rn. 9.4 f.

[1016] Vallender, in: K.Schmidt/Uhlenbruck, GmbH-Krise Rn. 9.4.

[1017] Vallender, in: K.Schmidt/Uhlenbruck, GmbH-Krise Rn. 9.5. Vallender leitet die Insolvenzabteilung des AG Köln, vgl. K.Schmidt/Uhlenbruck, GmbH-Krise, S. XLVI.

[1018] Uhlenbruck, in: K.Schmidt/Uhlenbruck, GmbH-Krise Rn. 5.51.

strafbarkeitsrisiko möglicherweise von der Stellung eines Eigenantrags wegen drohender Zahlungsunfähigkeit abhalten lassen, so ist eine Änderung des § 283 Absatz 6 StGB nach der hier vertretenen Ansicht trotzdem abzulehnen. Eine Ausklammerung des nach einem Eigenantrag eröffneten Insolvenzverfahrens würde eine nicht zu rechtfertigende Schwächung des insolvenzstrafrechtlichen Gläubigerschutzes bewirken. Der Gläubigerschutz verdient den Vorzug gegenüber der möglichen Erleichterung der strafrechtlichen Bedenken eines Schuldners vor der Stellung eines Eigenantrags wegen drohender Zahlungsunfähigkeit. Zudem dürfte die Missbrauchsgefahr bei einer Ausklammerung des nach einem Eigenantrag eröffneten Insolvenzverfahrens aus § 283 Absatz 6 StGB erheblich sein. Aus der Praxis wird berichtet, dass viele Eigenanträge wegen drohender Zahlungsunfähigkeit von juristischen Personen nur deshalb gestellt werden, um zu verschleiern, dass bereits seit geraumer Zeit – jedenfalls länger als die gesetzlich höchstens zulässigen drei Wochen – eine Insolvenzantragspflicht wegen Überschuldung oder eingetretener Zahlungsunfähigkeit bestand.[1019] Auf diesem Weg wird versucht, einen Selbstanzeigeeffekt hinsichtlich einer Insolvenzverschleppungsstrafbarkeit gemäß § 15a Absatz 4 und 5 InsO zu vermeiden.

Alles in allem ist daher festzuhalten, dass die für eine Änderung bzw. Anpassung der objektiven Strafbarkeitsbedingung des Bankrottstraftatbestands vorgebrachten Argumente nicht überzeugen. Die momentane Regelung ist beizubehalten.

[1019] Vgl. z. B. K.Schmidt, in: K.Schmidt/Uhlenbruck, GmbH-Krise Rn. 5.41.

4. Kapitel: Täterkreis und Insolvenzdelikte – aktuelle Probleme der strafrechtlichen Organhaftung gemäß den §§ 283 ff. StGB und gemäß § 15a Absatz 4 und 5 InsO

In diesem Kapitel werden aktuelle Streitfragen zur insolvenzstrafrechtlichen Haftung von Organen der AG und der GmbH, einschließlich der UG (haftungsbeschränkt), behandelt. Die Untersuchung konzentriert sich auf die strafrechtliche Verantwortlichkeit der Geschäftsleitungs- und Vertretungsorgane. Dies sind bei der AG jedes Vorstandsmitglied und bei der GmbH bzw. bei der UG (haftungsbeschränkt) jeder Geschäftsführer. Dabei ist auch auf die Strafbarkeit sog. faktischer Organe einzugehen. Als faktisches Organ werden sowohl das zivilrechtlich unwirksam bestellte Organ einer Gesellschaft als auch die überhaupt nicht als Organ bestellte aber gleichwohl („faktisch") wie ein Organ für die Gesellschaft tätig werdende natürliche Person bezeichnet. Auf die strafrechtliche Verantwortlichkeit der Mitglieder des Aufsichtsrats einer AG und der Gesellschafter einer GmbH bzw. UG (haftungsbeschränkt) wird nur im Hinblick auf die in § 15a Absatz 3 InsO neu eingeführte Ersatzverantwortlichkeit bei Führungslosigkeit der Gesellschaft eingegangen. Ferner beschränkt sich die Arbeit auf die Organhaftung gemäß dem Insolvenzverschleppungsstraftatbestand des § 15a Absatz 4 und 5 InsO und gemäß den Insolvenzstraftaten der §§ 283 ff. StGB. Eine ausführliche Behandlung sämtlicher im zweiten Kapitel aufgeführten Krisendelikte[1020] würde den Rahmen dieser Arbeit sprengen. Die nachfolgend zu behandelnden aktuellen Streitfragen sind trotz dieses begrenzten Untersuchungsgegenstands zahlreich.

Nachfolgend wird zunächst auf grundlegende Aspekte der strafrechtlichen Organhaftung eingegangen. Anschließend erfolgt eine Stellungnahme zu den durch das MoMiG[1021] neu gefassten Vorschriften der §§ 6 Absatz 2 GmbHG, 76 Absatz 3 AktG. Diese regeln unter welchen Umständen eine natürliche Person nicht Geschäftsführer oder Vorstand sein kann. Danach wird auf den Täterkreis des neu durch das MoMiG eingeführten § 15a Absatz 4 und 5 InsO[1022] eingegangen. In § 15a Absatz 3 InsO wurde erstmalig eine ersatzweise Insolvenzantragspflicht der Mitglieder des Aufsichtsrats einer AG oder Genossenschaft und der Gesellschafter einer GmbH bzw. UG (haftungsbeschränkt) im Fall der Führungslosigkeit der Ge-

---

[1020] Vgl. oben S. 14.

[1021] MoMiG vom 23. Oktober 2008, BGBl. I S. 2026.

[1022] § 15a InsO, eingeführt durch Art. 9 Ziffer 3 des MoMiG vom 23. Oktober 2008, BGBl. I S. 2026 (2037).

sellschaft eingeführt.[1023] Im darauf folgenden Abschnitt wird auf die strafrechtliche Verantwortlichkeit faktischer Vertretungsorgane der AG und GmbH bzw. UG (haftungsbeschränkt), insbesondere wegen Insolvenzverschleppung, eingegangen. Anschließend wird zur sog. *Interessentheorie* Stellung genommen. Das vierte Kapitel endet mit einer Behandlung der Streitfrage, ob eine Strafbarkeit wegen der Verletzung von Rechnungslegungspflichten, insbesondere gemäß den §§ 283 Absatz 1 Nr. 7, 283b Absatz 1 Nr. 3 StGB, möglicherweise zu verneinen ist, wenn der Täter zur Erfüllung der strafbewehrten Pflicht selbst nicht in der Lage war.

I. Grundlagen der strafrechtlichen Organhaftung

1. Unternehmens- und Verbandsstrafbarkeit

Die Unternehmung selbst sieht sich nach derzeitiger – nach wie vor diskutierter – Rechtslage[1024] in Deutschland keiner Strafhaftung ausgesetzt. Auch wenn die Überlegungen zur Begründung einer genuinen Verbands- bzw. Unternehmensstrafbarkeit nicht nachlassen[1025], so wird die Strafbarkeit von Unternehmen doch ganz überwiegend aufgrund der nicht gegebenen Handlungs- oder Schuldfähigkeit eines Verbandes bzw. Unternehmens dogmatisch zutreffend verneint.[1026] Aufgrund der nicht bestehenden Fähigkeit, einen eigenen Willen zu bilden und nach diesem zu handeln, fehlt es den Unternehmen bereits an den Grundvoraussetzungen für eine eigene strafrechtliche Verantwortlichkeit.[1027] Die Verbände handeln vielmehr allein durch ihre organschaftlichen Vertreter. Eine unternehmensbezogene strafrechtliche Verantwortlichkeit wegen einer Insolvenzstraftat kann deshalb auch nur die natürlichen Personen in Organ- bzw. Vertretungsfunktionen treffen.[1028]

[1023] Vgl. dazu auch die Begründung im RegE MoMiG vom 25. Juli 2007, BT-Drs. 16/6140, S. 134 f.

[1024] Ausführlich: Kindler, Verbandsstrafe, S. 48 ff., 211 ff. mit Lösungsvorschlägen *de lege lata* und *de lege ferenda*. Vgl. auch Sch/Sch-Cramer/Heine vor § 25 Rn. 118; MGB-Müller-Gugenberger § 23 Rn. 28 ff.; Fischer, StGB § 14 Rn. 1c; Radtke, in: MüKo/StGB § 14 Rn. 2, 123 und vor § 38 Rn. 83; Achenbach wistra 2002, 441 (442 ff.). Vgl. Ransiek, Unternehmensstrafrecht, S. 322 ff.

[1025] Vgl. nur aus neuerer Zeit: MGB-Müller-Gugenberger § 23 Rn. 45 ff.; Baumann/Weber/Mitsch § 13 Rn. 15 ff. mit weiteren Nachweisen zur Handlungsfähigkeit juristischer Personen. Vgl. auch Ransiek, Unternehmensstrafrecht, S. 322 ff.; Achenbach, in: Achenbach/Ransiek I 1 Rn. 7.

[1026] So z. B. RGSt 5, 182 (183); 16, 119 (123); 33, 261 (264); 47, 90 (91); BGHSt 3, 132; 12, 245; Sch/Sch-Cramer/Heine vor § 25 Rn. 118 f. mit ausführlichen weiteren Nachweisen; vgl. zur Schuldfähigkeit: Sch/Sch-Stree vor § 38 Rn. 6; LK-Walter vor § 13 Rn. 30; LK-Tiedemann, StGB vor § 283 Rn. 63; Jescheck/Weigend, S. 227 ff.; Tiedemann NJW 1988, 1169 (1172); Matzen S. 19 f.; Labsch wistra 1985, 3. Speziell zum Insolvenzstrafrecht: Röhm S. 245 ff.

[1027] Vgl. nur Jescheck/Weigend, S. 227 ff.

[1028] Allenfalls über den Auffangtatbestand des § 30 Absatz 2 Nr. 1 OWiG kann die Unternehmung beim Vorliegen einer sog. Anknüpfungstat - einer unternehmenspflicht¬bezogenen Straftat oder

2. Strafrechtliche Organhaftung im Überblick

Der Begriff *Organ* ist im Kernstrafrecht vor allem in § 14 Absatz 1 Nr. 1 StGB zu finden.[1029] Der durch das MoMiG eingeführte § 15a InsO[1030] regelt in Absatz 1 Satz 1 die Insolvenzantragspflicht der Mitglieder des Vertretungs*organs* juristischer Personen. Anders als § 15a Absatz 4 und 5 i. V. m. Absatz 1 Satz 1 InsO ist § 14 StGB kein eigenständiger Straftatbestand.[1031] § 14 StGB regelt die Zurechnung von strafbarkeitsbegründenden, besonderen persönlichen Merkmalen auf das handelnde, vertretungsberechtigte Organ oder bestimmte Vertreter.[1032] Zur Erläuterung der Funktion des § 14 StGB ist kurz auf die Entstehung der Vorschrift einzugehen.

Die Entstehung und Bedeutung der im Regelungsgefüge des StGB einzigartigen Norm des § 14 StGB lässt sich an einem berühmten historischen Beispiel verdeutlichen. Die Einführung einer strafrechtlichen Organhaftungsvorschrift wurde maßgeblich durch das Bestehen von nicht zu schließenden Strafbarkeitslücken im wirtschaftsstrafrechtlichen Bereich – namentlich im Konkursstrafrecht – begünstigt.[1033] So weigerte sich bereits 1874 das preußische Obertribunal[1034], ein Genossenschaftsvorstandsmitglied, das Bankrotthandlungen im Sinne der §§ 281, 283 StGB a. F.[1035] begangen hatte, zu verurteilen, da das Vorstandsmitglied nicht *seine* Zahlungen eingestellt hatte und die unordentliche Buchführung nicht *sein* Vermögen betraf, sondern jeweils nur hinsichtlich der Genossenschaft gegeben war. Mittelbar führte diese Entscheidung aufgrund des in diesen Fallkonstellationen bereits damals bejahten Strafbedürfnisses drei Jahre später zur Einführung einer

---

Ordnungswidrigkeit - eines Vertreters oder Organs mit einer Geldbuße von bis zu einer Million Euro belegt werden. Vgl. dazu Sch/Sch-Cramer/Heine vor § 25 Rn. 120; MGB-Müller-Gugenberger § 23 Rn. 34; Achenbach wistra 2002, 441 (442 ff.); Többens, NStZ 1999, 1 (5 f.); Eidam, wistra 2003, 447 (448 ff.).

[1029] Die Verwendung des Begriffs oder Begriffsteils „Organ" in den §§ 5 Nr. 15, 36, 75 Satz 1 Nr.1, 78b Abs. 2, 89, 90b, 92 Abs. 2 Nr. 1, 102, 103, 105, 106, 106b, 203, 335b StGB hat keine weitergehende Bedeutung für die in dieser Arbeit vorzunehmende Begriffsbestimmung.

[1030] Eingeführt durch Art. 9 Ziffer 3 des MoMiG vom 23. Oktober 2008, BGBl. I S. 2026 (2037).

[1031] Vgl. Rogall, in: Amelung, Verantwortlichkeit S. 145 (154). Ein Straftatbestand wird charakterisiert durch die Beschreibung eines rechtlich missbilligten tatsächlichen Verhaltens im sogenannten Tatbestand, an den, sofern er verwirklicht ist, eine rechtliche Folge, die Strafdrohung geknüpft wird – vgl. zum Tatbestandsbegriff statt aller: Roxin AT 1 S. 216 ff. (§10 Rn.1, 7ff).

[1032] Sch/Sch-Lenckner/Perron, StGB § 14 Rn. 1; Lackner/Kühl, StGB § 14 Rn. 1; Schröder, Täterkreis S. 4.

[1033] So die sog. Lückentheorie; vgl. RGSt 49, 247; 60, 234; 69, 73; vgl. auch LK-Schünemann, StGB § 14 Rn. 3.

[1034] Preußisches Obertribunal vom 9. November 1874, GA 23 (1875), 31 ff.

[1035] Die Insolvenzstraftaten sind heute in den §§ 283 ff. StGB geregelt.

speziellen Zurechnungsvorschrift in der Reichskonkursordnung.[1036] Vergleichbare Zurechnungsprobleme in anderen Bereichen des Kern- und Nebenstrafrechts führten zur Einführung entsprechender Zurechnungsnormen in den Einzelgesetzen. Die dadurch entstandene Zersplitterung und Unübersichtlichkeit wurde erst durch die einheitliche Regelung in § 50 a StGB a. F. beseitigt.[1037] *Schünemann* ist in seiner Einschätzung daher zuzustimmen, dass mit der vorgenannten Entscheidung des preußischen Obertribunals *„die Weichen zur Einführung des § 50 a StGB"* a. F. – dem heutigen § 14 StGB – gestellt wurden.[1038]

§ 14 StGB ist die zentrale Norm der strafrechtlichen Organ- und Vertreterhaftung.[1039] § 14 StGB rechnet strafbarkeitsbegründende, besondere persönliche Merkmale, die eigentlich nur beim Vertretenen vorliegen würden, dem handelnden, vertretungsberechtigten Organ bzw. bestimmten sonstigen Vertretern zu.[1040]

Zur Funktion des § 14 StGB existieren unterschiedliche Ansichten. Es wird vertreten, dass § 14 StGB eine strafbarkeitsbegründende Tatbestandsergänzungsvorschrift[1041], eine Strafausdehnungsvorschrift[1042] oder eine gesetzliche Analogieanordnung[1043] sei.

Nach der wohl ganz überwiegenden Ansicht handelt es sich bei der Anwendung des § 14 StGB auf die betreffenden Straftatbestände um eine strafbarkeitsbegründende Tatbestandsergänzung.[1044] Dem für eine juristische Person handelnden Organ werden Voraussetzungen der Strafbarkeit, die sich an die vertretene Gesellschaft richten, wie z. B. die Schuldnereigenschaft im Sinne des § 283 StGB, zugerechnet, da ansonsten – wie in dem vorstehenden anschaulichen Beispielsfall des Preußischen Obertribunals gezeigt wurde – unvertretbare Strafbarkeitslücken

---

[1036] Damaliger § 244 KO (ursprünglich eingeführt als § 214 KO).

[1037] Vgl. nur sämtliche durch Art. 140 EGOWiG vom 14.5.1968 aufgehobenen Einzelregelungen.

[1038] LK-Schünemann, StGB § 14 Rn. 2; ebenso Rogall, in: Amelung, Verantwortlichkeit, S. 145 (147).

[1039] Vgl. NK-Marxen/Böse, StGB § 14 Rn. 4.

[1040] NK-Marxen/Böse, StGB § 14 Rn. 2; Sch/Sch-Lenckner/Perron, StGB § 14 Rn. 1; Lackner/Kühl, StGB § 14 Rn. 1; Fischer, StGB § 14 Rn. 1b; Schröder Täterkreis S. 4; Rogall, in: Amelung, Verantwortung, S. 145.

[1041] Bruns GA 1982, 1 (8 f.); Sch/Sch-Lenckner/Perron, StGB § 14 Rn. 1; Schroth S. 28 ff. So wohl auch Rogall, in: Amelung, Verantwortung, S. 145 (157).

[1042] Fischer, StGB § 14 Rn. 1b; Lackner/Kühl, StGB § 14 Rn. 1. Vgl. auch Schröder, S. 13 ff.

[1043] NK-Marxen/Böse, StGB § 14 Rn. 5 ff.; Marxen, JZ 1988, 286 (287).

[1044] Grundlegend: Bruns GA 1982, 1 (8 f.); Vgl. auch: Sch/Sch-Lenckner/Perron, StGB § 14 Rn. 1; SK-Hoyer, StGB § 14 Rn. 4 f.; Schroth S. 28 ff. Ebenso wohl auch: Rogall, in: Amelung, Verantwortung, S. 145 (157).

entstünden.[1045] Zur Vermeidung solcher Lücken wird die strafrechtliche Verantwortlichkeit durch § 14 StGB auf das Organ bzw. den Vertreter überwälzt.[1046] *Fischer* führt aus, dass § 14 StGB den Anwendungsbereich bei Sonder- und Pflichtdelikten, die sich an einen bestimmten Adressatenkreis richten, auf Personen ausdehne, die stellvertretend für den Normadressaten handeln.[1047]

Marxen sieht in § 14 StGB hingegen die gesetzliche Absicherung eines Analogieschlusses, da sich aus der Anwendung des § 14 StGB auf die betreffende Strafvorschrift ein neuer, eigenständiger, dem Ausgangstatbestand lediglich assoziierter Straftatbestand ergebe.[1048] Die Anwendung des § 14 StGB führe gemäß *Marxen* zu einem Austausch auf Täterseite und damit zur Ersetzung eines wesentlichen Merkmals des Tatbestandes. Deshalb liege nicht mehr eine bloße Tatbestandsergänzung, sondern ein neuer Straftatbestand vor.[1049]

Zutreffend ist, dass über § 14 StGB dem Organ bzw. Vertreter die zunächst fehlende Tätereigenschaft gemäß dem betreffenden Straftatbestand zugerechnet wird und sich hierdurch der Kreis der möglichen Täter vergrößert.[1050] Es trifft insofern zu, dass § 14 StGB eine strafbarkeitsausdehnende Funktion hat.[1051] Dies gilt auch nach der wohl überwiegenden Ansicht, die in § 14 StGB eine strafbarkeitsbegründende Tatbestandsergänzung sieht.[1052] Diesbezüglich überschneiden sich diese Auffassungen.

Gegen das gesetzliche Analogiegebot wird angeführt, dass die Anwendung des § 14 StGB nicht zu einer Schaffung neuer Straftatbestände führe, da die Zurechnung des § 14 StGB auf Vertreter – beispielsweise durch die Ergänzung des betreffenden Tatbestands um den Zusatz *wer als Vertreter/vertretungsberechtigtes Organ* den Tatbestand verwirklicht – ohne weiteres unmittelbar in den jeweiligen Straftatbestand integriert werden könnte und es sich somit nicht um neu entstehende Strafvorschriften handele.[1053] § 14 StGB kommt die Funktion zu, den betreffenden Straftatbestand um die Einbeziehung von Vertretern und Organen zu ergänzen. Die Annahme einer Analogiefunktion würde zu weit gehen, da sie unberücksichtigt ließe, dass der Vertreter bzw. das Organ in einer engen Beziehung

---

[1045] Vgl. Rogall, in: Amelung, Verantwortung, S. 145 ff.
[1046] Vgl. nur Bruns GA 1982, 1 (8).
[1047] Fischer, StGB § 14 Rn. 1b.
[1048] NK-Marxen/Böse, StGB § 14 Rn. 5; Marxen, JZ 1988, 286 (287). Ähnlich: Radtke, in: MüKo/StGB § 14 Rn. 9. Kritisch: Rogall, in: Amelung, Verantwortung, S. 145 (155 f.).
[1049] Marxen, JZ 1988, 286 (287).
[1050] Vgl. z. B. Rogall, in: Amelung, Verantwortung, S. 145 (154).
[1051] So insbesondere: Fischer, StGB § 14 Rn. 1b; Lackner/Kühl, StGB § 14 Rn. 1; Rogall, in: Amelung, Verantwortung, S. 145 (154, 156).
[1052] Vgl. Sch/Sch-Lenckner/Perron, StGB § 14 Rn. 1; SK-Hoyer, StGB § 14 Rn. 4 f.
[1053] Vgl. z. B. Rogall, in: Amelung, Verantwortung, S. 145 (156 f.).

zum Vertretenen steht und § 14 StGB letztlich den Besonderheiten der Rechts- und Handlungsfähigkeit juristischer Personen[1054] sowie der arbeitsteiligen Wirtschaft[1055] Rechnung trägt. Der wohl überwiegenden Ansicht, die in § 14 StGB eine strafbarkeitsbegründende Tatbestandsergänzungsvorschrift sieht, ist daher zuzustimmen.

Der Bestimmtheitsgrundsatz des Art. 103 Absatz 2 GG gilt direkt, da es sich bei § 14 Absatz 3 StGB um eine strafbarkeitsbegründende Norm und nicht um eine bloße gesetzgeberische Deklaration der faktischen Betrachtungsweise handelt.[1056]

Die Zurechnungsnorm des § 14 StGB bezieht sich in Absatz 1 Nr. 1 auf die Handlung *„als vertretungsberechtigtes Organ einer juristischen Person oder als Mitglied eines solchen Organs"*. Juristische Personen sind organisatorische Verbände, denen nach der Rechtsordnung Rechtsfähigkeit zukommt.[1057] Die in § 14 Absatz 1 Nr. 1 StGB vorausgesetzte Vertretungsberechtigung des Organs ergibt sich nicht aus dem Strafrecht. Sie bestimmt sich nach den für die jeweilige juristische Person geltenden – in der Regel gesellschaftsrechtlichen[1058] – Normen. § 14 Absatz 1 Nr. 1 StGB stellt allein auf die allgemeine rechtlich abstrakte Vertretungsbefugnis ab.[1059]

Da sich ein Organwalter jedoch auch ohne jeden Bezug zu seiner Organstellung – gewissermaßen als Privatmann oder -frau – strafbar machen kann, ist folgende Einschränkung geboten: Der Anwendungsbereich des § 14 Abs. 1 StGB ist nur dann eröffnet, wenn das Organ auch *als solches* gehandelt hat.[1060] Hierdurch sollen strafrechtlich relevante Verhaltensweisen, die allein im Eigeninteresse des Täters vorgenommen werden und keinen Bezug zur Organstellung aufweisen,

---

[1054] Vgl. unten S. 219.

[1055] Siehe dazu auch unten S. 222.

[1056] Vgl. Tiedemann NJW 1977, 777 (779 f.); Tiedemann NJW 1979, 1849 (1850 f.); LK-Tiedemann, StGB vor § 283 Rn. 69 f.; NK-Kindhäuser, StGB vor § 283 Rn. 50; Hoyer NStZ 1988, 369; Radtke, in: MüKo/StGB § 14 Rn. 9, 12; Stein, Das faktische Organ, S. 194 ff.; SK-Samson, StGB § 14 Rn. 7b. Ebenso wohl auch Lackner/Kühl, StGB § 14 Rn. 6; Weber StV 1988, 16 f.; NK-Marxen/Böse, StGB § 14 Rn. 42 ff.; Marxen JZ 1988, 286 f. Anderer Ansicht ist Bruns GA 1982, 1 (19 ff.); Bruns JR 1984, 133 ff., der auf die von ihm sog. „tatsächliche Betrachtungsweise" abstellt.

[1057] Vgl. statt aller: Kübler/Assmann, GesR § 4 IV.

[1058] § 14 Abs. 1 Nr. 1 StGB erfasst auch juristische Personen des öffentlichen Rechts – vgl. NK-Marxen/Böse, StGB § 14 Rn. 34.

[1059] Vgl. Radtke, in MüKo/StGB § 14 Rn. 71, 73 f.; NK-Marxen/Böse, StGB § 14 Rn. 36.

[1060] BGHSt 30, 127 (128); Fischer, StGB § 14 Rn. 4 f.; Bruns GA 1982, 1 (26 ff.); Tiedemann NJW 1986, 1842 (1844 f.); ausführlich auch: Rogall, in: Amelung, Verantwortlichkeit, S. 145 (172).

ausgeschieden werden.[1061] Vor allem die Rechtsprechung nimmt eine solche Abgrenzung nach der sog. Interessentheorie vor und prüft, ob das Verhalten des Organs im Interesse des Unternehmens oder im eigenen Interesse erfolgte.[1062] Hierbei besteht eine Parallele zur Abgrenzung zwischen § 283 StGB und § 266 StGB. Auch im Rahmen des § 14 StGB ist die Abgrenzung nach der subjektiven Tendenz der Handlung in der Literatur ganz überwiegend auf Kritik gestoßen.[1063] Auf die nachfolgende Stellungnahme zur Interessentheorie wird diesbezüglich verwiesen.[1064]

3. Struktur und Handlungsfähigkeit der Kapitalgesellschaften AG und GmbH, einschließlich der UG (haftungsbeschränkt)

Kapitalgesellschaften wie die AG oder die GmbH sind juristische Personen[1065] und haben eine eigene Rechtspersönlichkeit. Zur Konstitution der AG und der GmbH bedarf es wie der Begriff Kapitalgesellschaft bereits anzeigt eines bestimmten Mindestkapitals, das von den Gesellschaftern aufzubringen und ins Handelsregister einzutragen ist.[1066] Dieses Kapital steht den Gläubigern einer Kapitalgesellschaft als Haftungsmasse zur Verfügung.

Eine Ausnahme von dem Mindestkapitalerfordernis stellt die mit dem MoMiG in § 5a GmbHG neu eingeführte UG (haftungsbeschränkt) dar.[1067] Die UG (haftungs-

---

[1061] BGHSt 34, 221 (223f); BGH, NStZ 1987, 279f; Lackner/Kühl, StGB § 14 Rn. 8 mit weiteren Nachweisen.

[1062] Vgl. zur Interessentheorie: BGHSt 6, 316; BGHSt 28, 371; BGHSt 30, 127; BGHSt 34, 221; BGH, NJW 1969, 1494; BGH, wistra 1983, 71; BGH, wistra 1986, 262; BGH, wistra 1987, 216. Zustimmend: NK-Marxen/Böse, StGB § 14 Rn. 28 ff.

[1063] Kritisch z. B.: Labsch, wistra 1985, 1 (5 ff.); Deutscher/Körner, wistra 1996, 8 (13); Arloth, NStZ 1990, 570 ff.; Sch/Sch-Lenckner/Perron, StGB § 14 Rn. 26; LK-Tiedemann, StGB vor § 283 Rn. 79 ff.; MGB-Bieneck § 77 Rn. 28 ff.; Bittmann, in: Insolvenzstrafrecht § 12 Rn. 44 ff.; Ransiek, Unternehmensstrafrecht S. 91 f. ; Mosiek, wistra 2003, 370 ff.; Ausführlich: Mohr, S. 50 ff. und Wehleit, S. 23 ff., 33 ff. Vgl. auch AG Halle-Saalkreis NJW 2002, 77.

[1064] Siehe unten S. 287.

[1065] K.Schmidt, GesR § 8 II., § 22 und § 8 IV.; Wiedemann WM Sonderbeilage 4/1975 S. 7 ff.

[1066] Der zur Gründung einer AG erforderliche Mindestnennbetrag beträgt gemäß §§ 29, 36 Abs. 2 AktG Euro 50.000,- und wird gemäß § 1 Absatz 2 AktG als Grundkapital bezeichnet. Bei der GmbH beträgt das Mindestgründungskapital nach wie vor Euro 25.000,- und wird gemäß § 5 Absatz 1 Satz 1 GmbHG Stammkapital genannt. Der RefE MoMiG vom 29. Mai 2006 (vgl. http://www.bmj.bund.de/files/-/1236/RefE%20MoMiG.pdf), der in Art. 1 Nr. 3 eine Änderung des § 5 Absatz 1 GmbHG zur genrellen Absenkung des Mindestkapitals der GmbH auf Euro 10.000,- vorsah, konnte sich im Gesetzgebungsverfahren nicht durchsetzen. Vgl. zum RefE MoMiG auch die Besprechungen von Römermann, GmbHR 2006, 673 ff.; Breitenstein/Meyding, BB 2006, 1457 ff.; Seibert, ZIP 2006, 1157 ff.; K.Schmidt, GmbHR 2007, 1 ff.

[1067] § 5a GmbHG zur UG (haftungsbeschränkt) wurde eingeführt durch Art. 1 Ziffer 6 des MoMiG vom 23. Oktober 2008, BGBl. I S. 2026 f.

beschränkt) kann gemäß § 5a Absatz 1 GmbHG theoretisch bereits mit einem Stammkapital von einem Euro gegründet werden.[1068] Bei der UG (haftungsbeschränkt) handelt es sich jedoch nicht um eine neue Gesellschaftsform, sondern lediglich um eine Variante der GmbH ohne bestimmtes Stammkapital.[1069] Für die UG (haftungsbeschränkt) gelten die in § 5a GmbHG enthaltenen Sondervorschriften. Hervorzuheben ist die in § 5a Absatz 3 GmbHG geregelte gesetzliche Verpflichtung zur jährlichen Bildung einer Rücklage in Höhe von 25 % des Jahresüberschusses. Die Rücklage darf gemäß § 5a Absatz 3 Satz 2 GmbHG nur für eine nominelle Kapitalerhöhung (§ 57c GmbHG) oder zum Ausgleich eines Jahresfehlbetrags oder Verlustvortrags verwendet werden. Die Pflicht zur Rücklagenbildung endet erst, wenn die Gesellschaft ihr Kapital auf den Betrag des Mindeststammkapitals einer klassischen GmbH in Höhe von EUR 25.000,00 erhöht hat.[1070] Da es sich bei der UG (haftungsbeschränkt) um eine Variante der GmbH handelt, finden im Übrigen die Vorschriften des GmbHG Anwendung.[1071] Auch bei der UG (haftungsbeschränkt) handelt es sich um eine juristische Person.[1072]

Ihre Handlungsfähigkeit erlangen alle juristischen Personen bzw. Verbände erst durch ihre Organe.[1073] Der Begriff Organ entstammt dem griechischen *organon* und ist mit *Werkzeug* zu übersetzen.[1074] Er wird häufig – wenn auch terminologisch unsauber – gleichbedeutend für das gesellschaftsrechtliche Amt wie für die natürliche Person, die das jeweilige Amt bekleidet, verwendet. Diese begriffliche Unschärfe, die sich auch in die gesellschaftsrechtliche Literatur eingeschlichen hat[1075], ist in den meisten Fällen nicht zu beanstanden, da sich in der Regel aus dem Kontext unschwer erschließen lässt, welche Bedeutung des Begriffs gemeint ist. Auch in der vorliegenden Arbeit wird davon ausgegangen, dass die strenge Einhaltung dieser Terminologie nicht an jeder Stelle zum Verständnis erforderlich ist. Gleichwohl ist zwischen dem Organ als gesellschaftsrechtlich-organisatorischer Erscheinung und der natürlichen Person als Organwalter zu unterscheiden.

[1068] Vgl. Wicke, GmbHG § 5a Rn.1; Kindler, NJW 2008, 3249. Vgl. auch bereits die Begründung im RegE MoMiG, BT-Drs. 16/6140, S. 31 f. zur „haftungsbeschränkten Unternehmergesellschaft".

[1069] Vgl. bereits die Begründung im RegE MoMiG, BT-Drs. 16/6140, S. 75; Vgl. auch Wicke, GmbHG § 5a Rn.1; Kindler, NJW 2008, 3249; Hirte, NZG 2008, 761 (762); Müller-Gugenberger, GmbHR 2009, 578 (579).

[1070] Vgl. Wicke, GmbHG § 5a Rn. 9; Kindler, NJW 2008, 3249 (3250); Hirte, NZG 2008, 761 (762).

[1071] Wicke, GmbHG § 5a Rn. 2.

[1072] § 13 GmbHG.

[1073] Zöllner/Noack, in: Baumbach/Hueck, GmbHG vor § 35 Rn. 2; K.Schmidt, GesR § 14 II. 1.; Kübler/Assmann, GesR § 15 III. 1., § 18 V. 1.; Peltzer, JuS 2003, 348 (349 ff.).

[1074] Vgl. z. B. Kort, in: GK-AktG § 76 Rn. 11.

[1075] Siehe nur das „Geständnis" von K.Schmidt, GesR § 14 III. 1b.

Als Organ werden die gesetzlich oder satzungsmäßig institutionalisierten Gremien der Willensbildung, Leitung und Überwachung des gesellschaftsrechtlichen Verbandes bezeichnet und nach ihrer Funktion in Willensbildungsorgane, Geschäftsführungs- und Vertretungsorgane und Aufsichtsorgane unterteilt.[1076]

a. Organe der AG und ihre Funktion

Das deutsche Aktienrecht kennt drei Organe der AG: den zur Leitung, Geschäftsführung und Vertretung der Gesellschaft berufenen Vorstand[1077]; den für die Wahl, Überwachung und erforderlichenfalls Abberufung des Vorstandes zuständigen Aufsichtsrat[1078] und die Hauptversammlung[1079] als Forum der Aktionäre zur Ausübung ihrer Rechte in Bezug auf die AG.

b. Organe der GmbH und der UG (haftungsbeschränkt) und ihre Funktion

Die GmbH verfügt über zwei gesetzliche Organe[1080]: den oder die Geschäftsführer[1081] als Geschäftsführungs- und Vertretungsorgan und die Gesellschaftergesamtheit[1082] als Willensbildungsorgan. Die Einrichtung eines Aufsichtsrats als Aufsichtsorgan ist gemäß dem GmbHG nicht vorgeschrieben. § 52 GmbHG sieht lediglich eine gesetzliche Regelung über die freiwillige Bildung eines Aufsichtsrats vor.[1083] Für die UG (haftungsbeschränkt) gelten die Ausführungen zur GmbH entsprechend. Die Einrichtung eines Aufsichtsrats bei einer UG (haftungsbeschränkt)

[1076] Hüffer, AktG § 76 Rn. 4; K.Schmidt, GesR § 14 II. 1.; Kübler/Assmann, GesR § 15 III. 1., § 15 IV. 1., § 18 V. 1.; Peltzer, JuS 2003, 348 (349 f.).

[1077] §§ 76 Abs. 1, 78 Abs. 1 AktG

[1078] §§ 84 Abs. 1, 3, 111 Abs. 1, 2 AktG

[1079] § 118 Abs. 1 AktG

[1080] Vgl. Kübler/Assmann, GesR § 18 I. 1a.; K.Schmidt, GesR § 36 I. 1a.; Zöllner/Noack, in: Baumbach/Hueck, GmbHG vor § 35 Rn. 2.

[1081] § 35 Abs. 1 GmbHG.

[1082] §§ 45 ff. GmbHG. Ob auch der Gesellschafterversammlung im Sinne des § 48 Abs. 1 GmbHG Organqualität zukommt, ist umstritten. Die Gesellschafterversammlung ist nach überzeugender Ansicht kein eigenständiges Organ der GmbH, sondern lediglich das regelmäßige Verfahren, in dem die Gesellschafter ihre Beschlüsse fassen – vgl. K.Schmidt, GesR § 36 I. 2. und III. 1.; Roth/Altmeppen, GmbHG § 48 Rn. 2. Nach anderer Auffassung kommt der Gesellschafterversammlung selbst Organqualität zu - vgl. Zöllner/Noack, in: Baumbach/Hueck, GmbHG vor § 35 Rn. 2; Zöllner, in: Baumbach/Hueck, GmbHG § 45 Rn. 4.

[1083] Wird bei der GmbH ein Aufsichtsrat i. S. d. § 52 GmbHG gebildet, so gelten für dessen Tätigkeit – vorbehaltlich anderweitiger gesellschaftsvertraglicher Vereinbarungen - die aktienrechtlichen Regelungen.

dürfte aufgrund ihrer Konzeption für kleinere Unternehmen mit geringem Kapital-
bedarf[1084] die große Ausnahme bleiben.

4. Strafrechtliche Organhaftung bei Kollegial- bzw. Mehrpersonenorganen

Die heutige Wirtschaftsrealität ist geprägt von arbeitsteiligem Handeln.[1085] Dies gilt
auch für die im Mittelpunkt dieser Arbeit stehenden Geschäftsführungs- und Vertretungsorgane der AG und GmbH. Gerade bei größeren Kapitalgesellschaften besteht das Geschäftsführungs- und Leitungsorgan zweckmäßigerweise aus mehreren natürlichen Personen.[1086] Für Aktiengesellschaften mit einem Grundkapital von
mehr als drei Millionen Euro ist durch § 76 Absatz 2 Satz 2 AktG[1087] gesetzlich
festgelegt, dass der Vorstand grundsätzlich aus mindestens zwei Personen bestehen muss.[1088] Die aus mehreren natürlichen Personen bestehenden Geschäftsfüh-
rungs- und Vertretungsorgane der AG und GmbH sind dabei regelmäßig nach
dem Prinzip der Arbeitsteilung in Ressorts bzw. Sparten untergliedert.[1089] Organe,
die sich aus mehreren Organwaltern zusammensetzen, werden auch als Kollegial-
bzw. Mehrpersonenorgane bezeichnet.

Besteht das Organ aus mehreren Organwaltern, kommt sowohl eine gemeinsame
Haftung aller Organmitglieder als auch die Haftung eines einzelnen Mitgliedes
sowie die Haftung einer bestimmten Gruppe aus dem Kreis der Organmitglieder in
Betracht. Konstruktivisch setzt das deutsche Strafrecht nach dem Zuschnitt der

---

[1084] Kindler, NJW 2008, 3249.

[1085] Vgl. Sch/Sch-Lenckner/Perron, StGB § 14 Rn. 1; MGB-Schmid § 30 Rn. 2; Raum, in: Wab-
nitz/Janovsky 4 Rn. 59; Krekeler/Werner, Rn. 49; Pelz, Insolvenzstrafrecht, Rn. 125.

[1086] Vgl. Hefermehl/Spindler, in: MüKo/AktG § 76 Rn. 79; Hüffer, AktG § 76 Rn. 1; K.Schmidt, GesR
§ 28 II. 3. (zur AG), § 36 II. 1c. (zur GmbH). So sieht z. B. der deutsche Corporate Governance
Kodex unabhängig von der Unternehmensgröße in der Soll-Regelung 4.2.1 vor, dass der Vorstand aus mehreren natürlichen Personen besteht. Die aktuelle Fassung des deutschen Corporate Governance Kodex vom 18. Juni 2009 und vorangehende Fassungen sind unter
www.corporate-governance-code.de abrufbar.

[1087] Gemäß § 76 Abs. 2 S. 2 2. Halbsatz AktG kann die Satzung bestimmen, dass der Vorstand
ausnahmsweise nur aus einer Person besteht. Vgl. Hefermehl/Spindler, in: MüKo/AktG § 76
Rn. 80; Hüffer, AktG § 76 Rn. 22.

[1088] Ebenso bei Geltung des Mitbestimmungsgesetzes bzw. der sog. Montanmitbestimmung (§§ 33
MitbestG, 13 MontanmitbestG, 13 MitbestErgG), wonach dem Vorstand ein Arbeitsdirektor an-
gehören muss und der Vorstand zumindest nach überwiegender Auffassung folglich aus mindestens zwei Personen besteht – vgl. K.Schmidt, GesR § 28 II. 2a. Vergleichbares gilt für die
mitbestimmte GmbH: Hier ist im zu bestellender Arbeitsdirektor als Geschäftsführer anzusehen
– vgl. Scholz/Schneider, GmbHG § 35 Rn. 130 f.

[1089] Vgl. K.Schmidt, GesR § 28 II 3b. (AG), § 36 II 1c. (GmbH); LK-Schünemann, StGB § 14 Rn. 53;
Sch/Sch-Lenckner/Perron, StGB § 14 Rn. 19.

meisten Straftatbestände lediglich eine Einzelperson als Täter voraus.[1090] Auch bei der strafrechtlichen Kollegialorganhaftung kann es letztlich immer nur eine individuelle Verantwortlichkeit des einzelnen Organmitglieds geben.[1091] Von dem insofern eindeutigen Wortlaut des § 14 Abs. 1 Nr. 1 StGB werden sowohl ein- als auch mehrgliedrige Organe erfasst, wobei bereits die Regelung des § 14 Absatz 1 Nr. 1 StGB eine Differenzierung vorsieht.[1092] § 14 Abs. 1 Nr. 1 1. Alt. StGB betrifft das (einzelne) vertretungsberechtigte Organ, während § 14 Abs. 1 Nr. 1 2. Alt StGB das (jeweilige) Mitglied eines solchen Organs erfasst. Im Ausgangspunkt richtet sich eine mögliche strafrechtliche Merkmalszurechnung gemäß § 14 StGB an alle Organmitglieder gleichermaßen.[1093]

Die Kollegialorganhaftung ist ein Spezialproblem, das sich insbesondere auch außerhalb der Sondersituation der Unternehmenskrise stellt und daher nicht zum Untersuchungsgegenstand der vorliegenden Arbeit zählt. Zur strafrechtlichen Verantwortlichkeit der Mitglieder von Kollegialorganen existieren ausführliche monographische Stellungnahmen.[1094] Nachfolgend wird lediglich auf wichtige Grundlagen eingegangen, die im Hinblick auf die Sondersituation der Unternehmenskrise bzw. im Hinblick auf eine Verantwortlichkeit gemäß den Insolvenzstraftaten von Bedeutung sind. Grundlegend zu unterscheiden ist zwischen der Kollegialorganhaftung bei Begehungs- und bei Unterlassungsdelikten.

a. Begehungsdelikt und Kollegialorgan

Bei mehrgliedrigen Geschäftsführungs- und Vertretungsorganen bestehen im Hinblick auf Delikte, die durch aktives Tun verwirklicht werden, keine Besonderheiten. Schafft beispielsweise ein Mitglied eines mehrköpfigen Vorstands einer AG in der Unternehmenskrise Vermögen beiseite und begeht damit eine Bankrotthandlung

---

[1090] Zwar ist das deutsche Strafrecht als Tatstrafrecht – im Gegensatz zu einem sog. reinen Täterstrafrecht -ausgestaltet; vgl. Roxin AT 1 § 6 Rn. 1. Gleichwohl ist die Verwirklichung einer Straftat durch eine natürliche Person das Grundkonstruktionsprinzip bei fast allen Straftaten in Deutschland – vgl. MGB-Häcker § 19 Rn. 1; MGB-Müller-Gugenberger § 22 Rn. 4; Ransiek, Unternehmensstrafrecht, S. 8.

[1091] Vgl. Schlösser, S. 135; Schmidt-Salzer, NJW 1988, 1937 (1938); Schmidt-Salzer, NJW 1990, 2966 (2967 ff.); Deutscher/Körner, wistra 1996, 327 (328 f.).

[1092] Vgl. z. B. Radtke, in: MüKo/StGB § 14 Rn. 73.

[1093] BGH, wistra 1990, 97 f.; OLG Düsseldorf, NStZ 1981, 265 mit Anm. Göhler, NStZ 1982, 11; OLG Hamm, NJW 1971, 817; Radtke, in: MüKo/StGB § 14 Rn. 73; Sch/Sch-Lenckner/Perron, StGB § 14 Rn. 18; Schröder, Täterkreis S. 120; vgl. auch Rogall, in: KK/OWiG § 9 Rn. 43, 45.

[1094] Vgl. z. B. Schaal, Strafrechtliche Verantwortlichkeit bei Gremienentscheidungen in Unternehmen, Berlin, 2001; Schlösser, Soziale Tatherrschaft, ein Beitrag zur Frage der Täterschaft in organisatorischen Machtapparaten, Berlin, 2004.

im Sinne des § 283 Absatz 1 Nr. 1 StGB, so spielt es für dessen Strafbarkeit keine Rolle, dass noch weitere Vorstandsmitglieder vorhanden sind. Andere Mitglieder des Vorstands sind für diese Tat nur dann strafrechtlich verantwortlich, wenn sie an ihr als (Mit-) Täter oder Teilnehmer mitgewirkt haben. Eine Generalverantwortlichkeit eines Vorstandsmitglieds für Begehungsdelikte, die in dem Geschäftsbereich verwirklicht werden, der dem Vorstandsmitglied zugewiesen ist, wird zu Recht ebenso abgelehnt wie die Begrenzung der Verantwortlichkeit bei Begehungsdelikten auf den eigenen Geschäftsbereich.[1095] Für Begehungsdelikte gilt auch bei Kollegialorganen der allgemeine Grundsatz, dass Täter nur sein kann, wer den Straftatbestand durch eigenes Tun verwirklicht hat.

b. Unterlassungsstrafbarkeit bei mehrgliedrigen Organen

Die Strafbarkeit wegen Unterlassungsdelikten ist bei mehrgliedrigen Organen problematisch. Anders als bei Begehungsdelikten, die einen aktiven Beitrag des einzelnen Täters voraussetzen, stellt sich bei Unterlassungsdelikten, die eine strafrechtliche Verantwortlichkeit bereits an das bloße Untätigbleiben bei Bestehen einer Handlungs- oder Erfolgsabwendungspflicht knüpfen, die Frage nach der Gesamtverantwortlichkeit aller (untätigen) Organmitglieder. Von grundlegender Bedeutung für die Unterlassungsstrafbarkeit der Mitglieder von mehrgliedrigen Geschäftsführungs- und Vertretungsorganen ist die sog. Lederspray-Entscheidung des BGH.[1096] Seither ist es ganz herrschende Meinung, dass im Ausgangspunkt alle Mitglieder eines Kollegialorgans gleichermaßen für die Vornahme einer unterlassungsstrafrechtlich geforderten Handlung verantwortlich sind.[1097] Die dem jeweiligen Mitglied des Kollegialorgans gebotene Handlung ist unter Berücksichtigung des ihm aufgrund seiner Mitwirkungsrechte *Möglichen* und *Zumutbaren* zu bestimmen.[1098] Dies bedeutet keine restriktive Handhabung des § 14 Absatz 1 Nr. 1 StGB, sondern lediglich eine Verdeutlichung der allgemeinen Haftungsvoraussetzungen des unechten Unterlassensdelikts. Der Täter hat für die ihm vorgeworfene Unterlassung nur dann einzustehen, wenn ihm die geforderte Handlung zumutbar und objektiv möglich war.[1099] Dies folgt bereits aus dem allgemeinen Grundsatz, dass niemand zu Unmöglichem verpflichtet sein kann.[1100]

[1095] Vgl. Radtke, in: MüKo/StGB § 14 Rn. 67 am Ende.

[1096] BGHSt 37, 106; vgl. dazu auch Schaal, S. 17 ff., S. 196 ff.; Schlösser, S. 46 f., 130 ff.

[1097] BGHSt 37, 106 (124 f.). Vgl. auch MGB-Schmid § 30 Rn. 22; Krekeler/Werner, Rn. 52 ff.; Pelz, Insolvenzstrafrecht Rn. 124. Kritisch: Schlösser, S. 132 ff., 140 ff.

[1098] BGHSt 37, 106 (126). Vgl. auch Pelz, Insolvenzstrafrecht Rn. 126.

[1099] BGHSt 37, 106 (125f); Allgemein zu diesen beiden Voraussetzungen des unechten Unterlassungsdelikts: RGSt 77, 127; BGHSt 4, 20 (22f); 6, 46 (57); BGH, GA 1963,16 und 1968, 337 –

Seit der Lederspray-Entscheidung des BGH kommt bei einer ressortmäßigen Aufteilung innerhalb des Kollegialorgans grundsätzlich eine Begrenzung der individuellen Verantwortlichkeit auf den eigenen Aufgabenbereich in Betracht, es sei denn es liegt ein Ereignis vor, das die Allzuständigkeit aller Kollegialorganmitglieder begründet.[1101] In Situationen, die eine Allzuständigkeit begründen, ist das einzelne Organmitglied auch über seinen eigenen Geschäftsbereich hinaus verpflichtet.[1102]

Auch die sich abzeichnende Krise des Unternehmens stellt eine solche Situation, die die Allzuständigkeit begründet, dar. Die Auffassung, die in der Krise der Unternehmung eine besondere Verpflichtung aller Organmitglieder zur Wachsamkeit und zur kritischen Überprüfung besonders wichtiger Maßnahmen in anderen Geschäftsbereichen annimmt[1103], verdient Zustimmung. Begrenzt wird diese Aufmerksamkeits- und Überwachungspflicht jedoch durch den sog. *Vertrauensgrundsatz* gemäß dem von den Mitgliedern eines Kollegialorgans darauf vertraut werden darf, dass ein mit der Wahrnehmung der Aufgaben seines Ressorts betrautes Organmitglied diese Pflichten auch sachgemäß und ordentlich erfüllt.[1104] Für den AG-Vorstand kommt diese Sorgfaltspflicht insbesondere in § 93 Abs. 1 AktG zum Ausdruck.[1105] An den erforderlichen Umfang dieser Mitkontrolle der anderen Geschäftsbereiche sind keine überhöhten Anforderungen zu stellen. Die erforderliche Überwachung besteht vor allem in der Wahrnehmung von Informationspflichten, um sich einen Überblick über die Vorgänge in den anderen Ressorts zu verschaffen.[1106] *Lenckner* und *Perron* ist daher zuzustimmen, wenn sie einen konkreten tatsächlichen Anlass fordern, durch den sich die Überwachung eines Organkollegen geradezu *„aufdrängen musste".*[1107] Die Krise der Unternehmung verlangt zwar

---

ebenso sind die Erfordernisse der *Möglichkeit* und *Zumutbarkeit* der gebotenen Handlung bei der Prüfung des unechten Unterlassungsdelikts in der Literatur anerkannt: Sch/Sch-Stree, StGB vor § 13 Rn. 141 f.; Fischer, StGB § 13 Rn. 42 und 44 f. Unter Kausalitätsgesichtspunkten: Schaal, S. 203 ff.

[1100] „Ultra posse nemo obligatur"; vgl. BGHSt 4, 20 (22); BGHSt 6, 46 (57); ausdrücklich: BGH, NStZ 1998, 192; BGH, NStZ 2000, 414 (415). Vgl. auch Baumann/Weber/Mitsch § 15 Rn. 15; Fischer, StGB § 13 Rn. 42.

[1101] BGHSt 37, 106 (124 f.).

[1102] Schmidt-Salzer, NJW 1990, 2966 (2967 ff.); Ransiek, Unternehmensstrafrecht, S. 66 f.

[1103] Gruber, in: Insolvenzstrafrecht § 5 Rn. 37; Thümmel, BB 2002, 1105 f.; Semler, AG 2005, 321; Deutscher/Körner, wistra 1996, 327 (329 f.); Fleischer, BB 2004, 2645 (2646 ff.) knüpft zur Bestimmung der Verantwortlichkeit maßgeblich an das Verhalten bei Beschlüssen des Gesamtorgans an.

[1104] Vgl. BGHZ 133, 370 (377); BGH, wistra 2000, 137 ff.; Deutscher/Körner, wistra 1996, 327 (329 f.).

[1105] Hüffer, AktG § 93 Rn. 1 ff.; Hefermehl/Spindler, in: MüKo/AktG § 93 Rn. 1 ff.; Ausführlich zur möglichen Haftung aus § 93 Abs. 1 und 2 AktG: Semler, AG 2005, 321 (324 ff.).

[1106] Zutreffend: Deutscher/Körner, wistra 1996, 327 (330).

[1107] Sch/Sch-Lenckner/Perron, StGB § 14 Rn. 19; Deutscher/Körner, wistra 1996, 327 (330).

ein erhöhtes Maß an Wachsamkeit der einzelnen Organmitglieder.[1108] Sie begründet aber nicht einen Generalverdacht, dass sich andere Organmitglieder strafbar machen werden.

5. Organstrafbarkeit bei der Delegation von Organpflichten auf Nicht-Organmitglieder

Die Führung eines Unternehmens bringt aufgrund der Komplexität der Aufgabe, insbesondere bei größeren Gesellschaften, die Notwendigkeit mit sich, Organpflichten zu delegieren. Dabei ist zwischen der Übertragung von Organpflichten auf Dritte, die keine Organmitglieder sind, und einer ressortmäßigen Aufteilung der Aufgaben unter den einzelnen Organmitgliedern eines mehrgliedrigen Organs zu unterscheiden.[1109] Zur strafrechtlichen Verantwortlichkeit der Mitglieder eines mehrgliedrigen Organs ist auf den vorangehenden Abschnitt zu verweisen.[1110] Auch bei einem Kollegialorgan ist es üblich, dass Aufgaben an Dritte delegiert werden. Bei der Delegation auf Dritte kommt die Übertragung sowohl auf hierarchisch nachgeordnete Unternehmensangehörige als auch auf unternehmensexterne Personen in Betracht.[1111]

Die Strafbarkeit von Organmitgliedern im Zusammenhang mit der Delegation von Organpflichten auf Nicht-Organmitglieder ist ein Spezialproblem der Organhaftung, das sich insbesondere auch außerhalb der Unternehmenskrise und ohne Bezug zu den Insolvenzstraftaten stellt und daher nicht Untersuchungsgegenstand der vorliegenden Arbeit ist. Nachfolgend wird daher lediglich auf Grundzüge eingegangen, die insbesondere für die Stellungnahme zur Organstrafbarkeit wegen Rechnungslegungsverstößen gemäß den §§ 283, 283b StGB bei eigenem Unvermögen bzw. bei Unmöglichkeit[1112] von Relevanz sind.

Nach zutreffender, ganz herrschender Auffassung verbleibt dem delegierenden Geschäftsführungs- und Vertretungsorgan eine Restverantwortlichkeit für die ordnungsgemäße Auswahl, Übertragung und die Überwachung der Aufgabenerfüllung.[1113] Diese Auswahl-, Kontroll- und Überwachungspflichten der Führungsor-

---

[1108] Ausführlich: Redeke, ZIP 2010, 159 (160 ff.).

[1109] Vgl. auch Froesch, DB 2009, 722 (723), der zwischen horizontaler, vertikaler und externer Delegation unterscheidet.

[1110] Siehe oben S. 222 ff.

[1111] Vgl. Froesch, DB 2009, 722 (723), Fleischer ZIP 2003, 1 (8 f.).

[1112] Siehe dazu unten S. 295 ff.

[1113] Vgl. RGSt 58, 304 (305); vgl. auch BGHSt 15, 103 (106); BGH, wistra 2000, 136; Fleischer, ZIP 2003, 1 (8 f.); Medicus, GmbHR 1998, 9 ff.; Regierer, S. 172; Wegner, in: Achenbach/Ransiek

gane bei der Delegation von Organpflichten auf Dritte leiten sich aus der konkret übertragenen Pflicht und nicht bereits aus dem Delegationsakt an sich ab. Es verbleibt somit eine aufgabenspezifische und nicht lediglich eine delegationsspezifische Restverantwortlichkeit beim übertragenden Organ.[1114] Anknüpfungspunkt für eine mögliche strafrechtliche Verantwortlichkeit des Übertragenden bleibt somit – trotz Delegation – die übertragene Aufgabe selbst. Kommt es zu einer Verletzung der strafbewehrten übertragenen Pflicht durch den mit der Aufgabe betrauten Dritten, so kann sich eine strafrechtliche Verantwortlichkeit des Übertragenden aus der delegierten Pflicht selbst ergeben, wenn die sonstigen, insbesondere subjektiven, Voraussetzungen beim Übertragenden vorliegen.[1115]

Gehörte die übertragene Pflicht zum Geschäftsbereich eines bestimmten AG-Vorstands oder GmbH-Geschäftsführers, so trifft dieses Organmitglied auch eine möglicherweise gegebene strafrechtliche Verantwortlichkeit für Überwachungsmängel im Hinblick auf die delegierte Pflicht. Die konkrete strafrechtliche Haftung kann sich dabei entweder nach den Voraussetzungen des unechten Unterlassungsdelikts richten, wenn die Überwachungspflicht eine Garantenstellung im Sinne des § 13 Absatz 1 StGB begründet, oder nach dem delegierten Pflichtenkreis selbst, wenn sich hieraus eine spezielle strafrechtliche (Unterlassungs-) Verantwortlichkeit ergibt. Dies ist beispielsweise für die Buchführungs- und Bilanzdelikte der § 283 Absatz 1 Nrn. 5 und 7 zu bejahen. Das Bestehen einer Überwachungsgarantenpflicht im Sinne des § 13 StGB kann nicht generell und für jede Delegation angenommen werden. Es kommt vielmehr auf die im Einzelfall übertragene Aufgabe an.[1116] Gehört die delegierte Aufgabe zu den Pflichten, die eine Allzuständigkeit sämtlicher Organmitglieder begründen, so verbleibt eine entsprechende Kontrollverantwortlichkeit bei allen Mitgliedern des Organs.[1117] Fehlt es an einzelnen Haftungsvoraussetzungen für einen Straftatbestand, der unmittelbar an eine übertragene Pflicht anknüpft, so kann auch eine Verantwortlichkeit der Mit-

---

VII 1 Rn. 137; MGB-Bieneck § 82 Rn. 24; Raum, in: Wabnitz/Janovsky 4 Rn. 33 ff., 41 ff.; Sch/Sch-Stree/Heine, StGB § 283 Rn. 32; NK-Kindhäuser, StGB § 283 Rn. 58; LK-Tiedemann, StGB § 283 Rn. 101; Weyand/Diversy, Rn. 81.

[1114] Vgl. z. B. Köhler, in: Wabnitz/Janovsky 7 Rn. 148 f.; Bittmann, in: Insolvenzstrafrecht § 12 Rn. 159 f. jeweils zur Buchführungspflicht im Sinne des § 283 Abs. 1 Nr. 5 StGB.

[1115] Deutlich auch: LK-Tiedemann, StGB § 283 Rn. 101; Weyand/Diversy, Rn. 81; Regierer, S. 172; Biletzki, NStZ 1999, 537 (540); Reck, ZInsO 2001, 633 f.

[1116] Dies kann beispielsweise die Sicherung und Überwachung eröffneter betrieblicher Gefahrenquellen sein - man denke nur an den zur Überwachung der Gefahrenquellen einer Baustelle verpflichteten Bauleiter einer GmbH oder AG aus dem Bausektor – vgl. LK-Weigend, StGB § 13 Rn. 48. Ob und inwiefern sich eine generelle Überwachungsgarantenpflicht des Führungsorgans zur Verhinderung betriebsbezogener Straftaten untergebener Mitarbeiter ergibt, ist umstritten – ausführlich dazu LK-Weigend, StGB § 13 Rn. 56; Bottke, Nichtverhütung, S. 11 ff., 25 ff., 73 ff. Vgl. zur sog. Geschäftsherrenhaftung auch: LK-Schünemann, StGB § 13 Rn. 67; Lackner/Kühl, StGB § 13 Rn. 14 jeweils mit ausführlichen Nachweisen.

[1117] Froesch, DB 2009, 722 (723 f.); vgl. auch Raum, in: Wabnitz/Janovsky 4 Rn. 33 ff. zur Situation der fehlenden Befassung des Gesamtorgans.

glieder des Führungsorgans wegen einer Aufsichtspflichtverletzung gemäß § 130 OWiG gegeben sein.[1118]

Die Untersuchung der Strafbarkeit des beauftragten Nicht-Organmitglieds zählt nicht zum Gegenstand der Untersuchung. Der Vollständigkeit halber sei jedoch erwähnt, dass auch für die beauftragte Person ein Strafbarkeitsrisiko besteht. Beispielsweise kann sich ein für die Erfüllung delegierter Rechnungslegungsaufgaben[1119] intern zuständiger, unternehmensangehöriger Mitarbeiter unter Zurechnung der in den §§ 283 Absatz 1 Nrn. 5 oder 7, 283b StGB statuierten Pflichten gemäß § 14 Absatz 2 StGB selbst wegen der Buchführungs- und Bilanzierungsdelikte strafbar machen. Mit der Aufgabenübertragung wird entweder eine Teilleitungsaufgabe im Sinne des § 14 Absatz 2 Nr. 1 StGB oder eine ausdrückliche Beauftragung mit der Wahrnehmung einer einzelnen Aufgabe des Betriebsinhabers im Sinne des § 14 Absatz 2 Nr. 2 StGB vorliegen.[1120] Fraglich ist, ob sich auch eine unternehmensexterne Person, wie z. B. ein Steuerberater oder Wirtschaftsprüfer, der mit der Buchhaltung oder Bilanzierung beauftragt wurde, gemäß den §§ 283 Absatz 1 Nrn. 5 oder 7, 283b StGB strafbar machen kann, da eine Strafbarkeit nach diesen Vorschriften an die handelsrechtliche Buchführungs- und Bilanzierungspflicht anknüpft und der beauftragte Dritte diese Verpflichtung lediglich als externer Dienstleister übernimmt.[1121] Auch für externe Dritte kommt eine Zurechnung der geforderten Kaufmanns- und Schuldnereigenschaften gemäß § 14 Absatz 2 Nr. 2 StGB in Betracht. Alles in allem können sich bei Vorliegen der genannten Voraussetzungen auch die mit der Erbringung der übertragenen Pflichten betrauten Nicht-Organmitglieder i. V. m. § 14 StGB nach den § 283 Absatz 1 Nrn. 5 und 7, 283b StGB strafbar machen.[1122]

[1118] Vgl. MGB-Bieneck § 82 Rn. 24. Siehe auch oben S. 42 zu § 130 OwiG.

[1119] Bei den Buchführungs- und Bilanzierungsaufgaben handelt es sich nach dem gesetzlichen Leitbild der § 41 Abs. 1 GmbHG, § 91 Abs. 1 AktG um Pflichten, die den zur Führung der Geschäfte der Unternehmung berufenen Personen obliegen. Hierbei handelt es sich um Paradebeispiele für übertragbare Organpflichten. Vgl. auch MGB-Häcker § 89 Rn. 9 ff; Regierer, S.17.

[1120] Vgl. NK-Marxen/Böse, StGB § 14 Rn. 57 ff., 60; Radtke, in: MüKo/StGB § 14 Rn. 94 ff.; Fischer, StGB § 14 Rn. 9 ff., 17; Lackner/Kühl, StGB § 14 Rn. 3.

[1121] Vgl. Regierer, S. 18.

[1122] So auch: LK-Tiedemann, StGB § 283 Rn. 101; NK-Kindhäuser, StGB § 283 Rn. 58; Bittmann, in: Insolvenzstrafrecht § 12 Rn. 155, 160.

II. Inhabilität – Organverbote gemäß den §§ 6 Absatz 2 GmbHG, 76 Absatz 3 AktG

Die in den §§ 6 Absatz 2 GmbHG, 76 Absatz 3 AktG enthaltenen Ausschluss-gründe sind nicht nur bei der Neubestellung einer natürlichen Person zum Ge-schäftsführer oder Vorstandsmitglied zu beachten. Sie führen bei ihrem Eintritt auch bei einem bereits bestellen Geschäftsführer oder Vorstandsmitglied automa-tisch zum Verlust der Organstellung.[1123]

1. Änderungen durch das MoMiG

Im Zuge der Reform des GmbH-Rechts durch das MoMiG wurden die Regelun-gen, wer gemäß den §§ 6 Absatz 2 GmbHG, 76 Absatz 3 AktG <u>nicht</u> Geschäfts-führer einer GmbH oder UG (haftungsbeschränkt) bzw. Vorstand einer AG sein kann, grundlegend überarbeitet und erweitert.[1124] Die Änderung dieser Vorschrif-ten sorgte bereits im Rahmen der Entstehung des MoMiG für Diskussionen. In der nachfolgenden synoptischen Übersicht werden die Änderungen der sog. Inhabili-tätsvorschriften[1125] der §§ 6 Absatz 2 GmbHG, 76 Absatz 3 AktG durch das Mo-MiG der bisherigen Rechtslage und dem Vorschlag zu einer Neuregelung gemäß dem Referentenentwurf des MoMiG gegenübergestellt.

Rechtslage vor Inkrafttreten des MoMiG	Regelungsvorschlag RefE MoMiG	Rechtslage seit Inkrafttreten des MoMiG
§ 6 Absatz 2 GmbHG	§ 6 Absatz 2 GmbHG	§ 6 Absatz 2 GmbHG
Geschäftsführer kann nur eine natürliche, unbeschränkt geschäftsfähige Person sein. Ein Betreuer, der bei der Besorgung seiner Vermögen-sangeegenheiten ganz oder teilweise einem Einwilligungs-vorbehalt (§ 1903 des Bürger-lichen Gesetzbuchs) unter-	Geschäftsführer kann nur eine natürliche, unbeschränkt ge-schäftsfähige Person sein. Geschäftsführer kann nicht sein, wer 1. als Betreuer bei der Besor-gung seiner Vermögensan-gelegenheiten ganz oder teilweise einem Einwilli-	Geschäftsführer kann nur eine natürliche, unbeschränkt ge-schäftsfähige Person sein. Geschäftsführer kann nicht sein, wer 1. als Betreuer bei der Be-sorgung seiner Vermögens-angelegenheiten ganz oder teilweise einem Einwilli-

---

[1123] Vgl. BGHZ 115, 78 (80) = BGH, NJW 1991, 2566 f.; Scholz/Schneider, GmbHG § 6 Rn. 31; Kort, in: GK-AktG § 76 Rn. 215; Bürgers/Israel, in: HK/AktG § 76 Rn. 36; Hüffer, AktG § 76 Rn. 27; Pelz, Insolvenzstrafrecht, Rn. 624; Römermann, NZI 2008, 641 (646).

[1124] Vgl. Art. 1 Ziffer 7 und Art. 5 Ziffer 6 MoMiG vom 23. Oktober 2008, BGBl. I S. 2026 (2027, 2035).

[1125] Vgl. Wälzholz, GmbHR 2008, 841 (848); Bittmann, NStZ 2009, 113 (118); Wegner, HRRS 2009, 32 (35).

liegt, kann nicht Geschäftsführer sein. Wer wegen einer Straftat nach den §§ 283 bis 283d des Strafgesetzbuchs verurteilt worden ist, kann auf die Dauer von fünf Jahren seit der Rechtskraft des Urteils nicht Geschäftsführer sein; in die Frist wird die Zeit nicht eingerechnet, in welcher der Täter auf behördliche Anordnung in einer Anstalt verwahrt worden ist. Wem durch gerichtliches Urteil oder durch vollziehbare Entscheidung einer Verwaltungsbehörde die Ausübung eines Berufs, Berufszweiges, Gewerbes oder Gewerbezweiges untersagt worden ist, kann für die Zeit, für welche das Verbot wirksam ist, bei einer Gesellschaft, deren Unternehmensgegenstand ganz oder teilweise mit dem Gegenstand des Verbots übereinstimmt, nicht Geschäftsführer sein

gungsvorbehalt (§ 1903 des Bürgerlichen Gesetzbuchs) unterliegt,

2. aufgrund eines gerichtlichen Urteils oder einer vollziehbaren Entscheidung einer Verwaltungsbehörde einen Beruf, einen Berufszweig, ein Gewerbe oder einen Gewerbezweig nicht ausüben darf, sofern der Unternehmensgegenstand ganz oder teilweise mit dem Gegenstand des Verbots übereinstimmt,

3. wegen einer vorsätzlich begangenen Straftat nach

a) § 82 oder § 84,

b) den §§ 399 bis 401 des Aktiengesetzes oder

c) den §§ 283 bis 283d des Strafgesetzbuchs

verurteilt worden ist; dieser Ausschluss gilt für die Dauer von fünf Jahren seit der Rechtskraft des Urteils, wobei die Zeit nicht eingerechnet wird, in welcher der Täter auf behördliche Anordnung in einer Anstalt verwahrt worden ist.

gungsvorbehalt (§ 1903 des Bürgerlichen Gesetzbuchs) unterliegt,

2. aufgrund eines gerichtlichen Urteils oder einer vollziehbaren Entscheidung einer Verwaltungsbehörde einen Beruf, einen Berufszweig, ein Gewerbe oder einen Gewerbezweig nicht ausüben darf, sofern der Unternehmensgegenstand ganz oder teilweise mit dem Gegenstand des Verbots übereinstimmt,

3. wegen einer oder mehrerer vorsätzlich begangener Straftaten

a) des Unterlassens der Stellung des Antrags auf Eröffnung des Insolvenzverfahrens (Insolvenzverschleppung),

b) nach den §§ 283 bis 283d des Strafgesetzbuchs (Insolvenzstraftaten),

c) der falschen Angaben nach § 82 dieses Gesetzes oder § 399 des Aktiengesetzes,

d) der unrichtigen Darstellung nach § 400 des Aktiengesetzes, § 331 des Handelsgesetzbuchs, § 313 des Umwandlungsgesetzes oder § 17 des Publizitätsgesetzes oder

e) nach den §§ 263 bis 264a oder den §§ 265b bis 266a des Strafgesetzbuchs zu einer Freiheitsstrafe von mindestens einem Jahr

verurteilt worden ist; dieser Ausschluss gilt für die Dauer von fünf Jahren seit der Rechtskraft des Urteils,

wobei die Zeit nicht eingerechnet wird, in welcher der
Täter auf behördliche An-
ordnung in einer Anstalt
verwahrt worden ist.

Satz 2 Nr. 3 gilt entsprechend bei einer Verurtei-
lung im Ausland wegen ei-
ner Tat, die mit den in Satz
2 Nr. 3 genannten Taten
vergleichbar ist.

Auf eine synoptische Gegenüberstellung der Fassungen des § 76 Absatz 3 AktG wird verzichtet, da die Regelungen – bis auf die Erfassung des Vorstandsmitglieds statt des Geschäftsführers – mit den vorstehenden Fassungen des § 6 Absatz 2 GmbHG inhaltsgleich sind.

Nachfolgend wird lediglich auf die geänderten Bestimmungen der §§ 6 Absatz 2 Nr. 3 GmbHG, 76 Absatz 3 Nr. 3 AktG eingegangen. Die Regelungen, wer gemäß §§ 6 Absatz 2 Nr. 1 und 2 GmbHG, 76 Absatz 3 Nr. 1 und 2 AktG wegen des Bestehens von Betreuung mit Einwilligungsvorbehalt oder aufgrund eines Gewerbeverbots nicht Geschäftsführer oder Vorstand sein kann, blieben durch das MoMiG sachlich unverändert.[1126] In den Neuregelungen der §§ 6 Absatz 2 Nr. 2 GmbHG, 76 Absatz 3 Nr. 2 AktG wird zwar nicht mehr explizit klargestellt, dass das Organverbot nur für die Zeit der Wirksamkeit des Gewerbeverbots gilt. Dies ist jedoch selbstverständlich und bedurfte deshalb keiner weiteren Erwähnung. Gemäß der Begründung des Regierungsentwurfs zum MoMiG waren insofern keine Änderungen beabsichtigt. Es handele sich lediglich um formale Änderungen, welche die Übersichtlichkeit verbessern sollen.[1127]

[1126] Die Forderung des Bundesrats, vgl. BR-Drs. 354/07, S. 8 f., im Rahmen der §§ 6 Absatz 2 Nr. 2 GmbHG, 76 Absatz 3 Nr. 2 AktG auch ausländische Verwaltungsentscheidungen über die Versagung der Organbestellung – beispielsweise gemäß dem Company Directors Disqualification Act englischen Rechts – zu berücksichtigen, konnte sich im Gesetzgebungsverfahren nicht durchsetzen. Vgl. Wicke, GmbHG § 6 Rn. 5.

[1127] RegE MoMiG, BT-Drs. 16/6140 vom 25. Juli 2007, Begründung S. 76.

a. Erweiterung des Straftatenkatalogs in §§ 6 Absatz 2 Nr. 3 GmbHG, 76 Absatz 3 Nr. 3 AktG

Der vorstehenden Gegenüberstellung kann entnommen werden, dass der Katalog von Verurteilungen, die zu einer Inhabilität führen, erheblich erweitert wurde und zwar sowohl gegenüber der Rechtslage vor dem Inkrafttreten des MoMiG am 1. November 2008[1128] als auch gegenüber dem Referentenentwurf zum MoMiG vom 29. Mai 2006.[1129] Gemäß §§ 6 Absatz 2 Nr. 3a GmbHG, 76 Absatz 3 Nr. 3a AktG führt nunmehr auch eine Verurteilung wegen vorsätzlicher Insolvenzverschleppung zur Inhabilität. Diese Ergänzung war bereits im Referentenentwurf zum MoMiG vorgesehen. Ebenso vorgesehen war auch die Ergänzung des Straftatenkatalogs um Verurteilungen wegen falschen Angaben gemäß den §§ 82 GmbHG, 399 AktG[1130] und wegen unrichtigen Darstellungen gemäß § 400 AktG. Die weiteren Straftaten wegen unrichtigen Angaben gemäß den §§ 331 HGB, 313 UmwG, 17 PublG wurden erst in der Endfassung des MoMiG ergänzt und waren im Referentenentwurf noch nicht vorgesehen. Nicht in die Gesetzesfassung übernommen wurde hingegen die im Referentenentwurf zum MoMiG noch vorgesehene Einbeziehung der Straftaten der unterlassenen Anzeige von Verlusten in Höhe der Hälfte des Stamm- bzw. Grundkapitals gemäß den §§ 84 GmbHG, 401 AktG. Eine Begründung für diese Abweichung ist dem Regierungsentwurf zum MoMiG nicht zu entnehmen.[1131]

Gemäß §§ 6 Absatz 2 Nr. 3e GmbHG, 76 Absatz 3 Nr. 3e AktG führen nunmehr auch Verurteilungen zu einer Freiheitsstrafe von mindestens einem Jahr wegen dem allgemeinen Vermögensdelikt des § 263 StGB zu einem Organverbot. Die Ergänzung des Straftatenkatalogs in den §§ 6 Absatz 2 Nr. 3e GmbHG, 76 Absatz 3 Nr. 3e AktG war im Gesetzgebungsverfahren zum MoMiG umstritten.

Im Regierungsentwurf zum MoMiG wurde eine Beschränkung auf die §§ 265b, 266, 266a StGB gefordert, da diese Straftatbestände in der Regel einen Bezug zur Tätigkeit von Geschäftsführungsorganen aufweisen würden.[1132] Der Regierungs-

---

[1128] Vgl. Art. 25 MoMiG vom 23. Oktober 2008, BGBl. I S. 2026 (2043).

[1129] Vgl. zu rechtstatsächlichen Aspekten dieser Erweiterung: Drygala, ZIP 2005, 423 (425), der von einer Verdreifachung des betroffenen Personenkreises ausgeht.

[1130] Ein Geschäftsführer muss bei der Anmeldung seiner Organbestellung zum Handelsregister gemäß § 8 Absatz 3 GmbHG versichern, dass keine Umstände vorliegen, die seiner Bestellung gemäß § 6 Absatz 2 Satz 2 Nr. 2 und 3 sowie Satz 3 GmbHG entgegenstehen. Falsche Angaben sind gemäß § 82 Absatz 1 Nr. 5 GmbHG strafbar. Für das Vorstandsmitglied besteht eine entsprechende Verpflichtung gemäß § 37 Absatz 2 Satz 1 AktG und eine entsprechende Strafbarkeit gemäß § 399 Absatz 1 Nr. 6 AktG.

[1131] Vgl. RegE MoMiG, BT-Drs. 16/6140 vom 25. Juli 2007, Begründung S. 76 ff.

[1132] RegE MoMiG, BT-Drs. 16/6140 vom 25. Juli 2007, S. 3, 25, Begründung S. 76 ff.

entwurf zum MoMiG sprach sich deutlich gegen eine Aufnahme der §§ 263, 263a, 264, 264a StGB in den Katalog der Straftaten der §§ 6 Absatz 2 Nr. 3e GmbHG, 76 Absatz 3 Nr. 3e AktG aus, da der Anwendungsbereich für diese Straftatbestände sehr vielgestaltig sei und Verurteilungen wegen diesen Delikten regelmäßig nicht im Zusammenhang mit der Tätigkeit eines Geschäftsführers stünden.[1133] Da die Organverbote der §§ 6 Absatz 2 Nr. 3e GmbHG, 76 Absatz 3 Nr. 3e AktG einen starken Eingriff in die Berufsfreiheit (Art. 12 GG) darstellen, müsste gemäß der Begründung des Regierungsentwurfs insbesondere eine Berücksichtigung des § 263 StGB unterbleiben, zumal Abgrenzungsschwierigkeiten zwischen den §§ 242, 263 StGB zu ungerechten Ergebnissen führen könnten, da Verurteilungen wegen Diebstahls nicht zu einem Organverbot führen.[1134]

Auf Drängen des Bundesrats wurde der Katalog erweitert[1135], so dass nunmehr auch Verurteilungen zu einer Freiheitsstrafe von mindestens einem Jahr wegen den §§ 263, 263a, 264, 264a StGB ein Organverbot zur Folge haben. Als Begründung für diese Erweiterung wird in der Stellungnahme des Bundesrats zum MoMiG vom 6. Juli 2007 angeführt, dass es nicht auf einen Bezug zur Tätigkeit als Geschäftsführungsorgan ankomme und Personen, die wegen Vermögensdelikten zu hohen Strafen verurteilt wurden, vielmehr generell ungeeignet seien, das Amt eines Geschäftsführers bzw. Vorstands auszuüben.[1136] Auch Verurteilungen wegen den §§ 263, 263a, 264, 264a StGB zu einer Freiheitsstrafe von mindestens einem Jahr brächten deutlich zum Ausdruck, dass der Täter eine zweifelhafte Einstellung zu fremden Vermögensmassen habe.[1137] Zudem sei die Abgrenzungsproblematik zwischen Diebstahl und Betrug eher im Bagatellbereich anzusiedeln und daher bei Freiheitsstrafen von mindestens einem Jahr nicht relevant.[1138]

Nicht durchsetzen konnte sich hingegen die Forderung des Bundesrats, auch Verurteilungen wegen Steuerstraftaten gemäß den §§ 369 ff. AO[1139] und wegen § 5 des Gesetzes über die Sicherung von Bauforderungen[1140] in den Katalog der Straftaten, die zu einem Organverbot führen, aufzunehmen.

[1133] RegE MoMiG, BT-Drs. 16/6140 vom 25. Juli 2007, Begründung S. 78.

[1134] RegE MoMiG, BT-Drs. 16/6140 vom 25. Juli 2007, Begründung S. 78.

[1135] BR-Drs. 354/07, S. 9 f. Zustimmend: Spindler, in: MüKo/AktG § 76 Rn. 114. Kritisch zum RefE MoMiG auch bereits: Scholz/Schneider, GmbHG § 6 Rn. 80.

[1136] BR-Drs. 354/07, S. 9 f.

[1137] BR-Drs. 354/07, S. 9 f.

[1138] BR-Drs. 354/07, S. 9 f.

[1139] Vgl. BR-Drs. 354/07, S. 11. Vgl. auch Wälzholz, GmbHR 2008, 841 (849).

[1140] Vgl. BR-Drs. 354/07, S. 9 f.

b. Beschränkung auf Vorsatztaten

Seit der Änderung der §§ 6 Absatz 2 Nr. 3 GmbHG, 76 Absatz 3 Nr. 3 AktG durch das MoMiG führen nur noch Verurteilungen wegen vorsätzlichen Verhaltensweisen zu einem Organverbot.[1141] Diese Einschränkung sah bereits der Referentenentwurf zum MoMiG vor.[1142] Vor dem Inkrafttreten des MoMiG führten gemäß §§ 6 Absatz 2 Satz 3 GmbHG, 76 Absatz 3 Satz 3 AktG – jeweils a. F. – auch fahrlässig verwirklichte Insolvenzstraftaten zu einem Organverbot.[1143] Die generelle Beschränkung auf Verurteilungen wegen Vorsatztaten soll Zweifel an der Verhältnismäßigkeit der bisherigen Regelungen beseitigen.[1144]

c. Beschränkung auf Verurteilungen zu mindestens einem Jahr Freiheitsstrafe gemäß den §§ 6 Absatz 2 Nr. 3e GmbHG, 76 Absatz 3 Nr. 3e AktG

Die in den §§ 6 Absatz 2 Nr. 3e GmbHG, 76 Absatz 3 Nr. 3e AktG aufgeführten Straftaten der §§ 263, 263a, 264, 264a, 265b, 266, 266a StGB führen nur dann zu einem Organverbot, wenn der Täter zu einer Freiheitsstrafe von mindestens einem Jahr verurteilt wurde. Die Beschränkung auf Verurteilungen zu einer Freiheitsstrafe von mindestens einem Jahr soll sicherstellen, dass Verurteilungen wegen Bagatellfällen nicht automatisch zu einem Organverbot führen.[1145] Bei Verurteilungen zu Freiheitsstrafen von mindestens einem Jahr soll regelmäßig keine Vertrauensbasis für eine ordnungsgemäße und den Regeln des Wirtschaftslebens entsprechende Geschäftsführung bestehen.[1146]

[1141] Vgl. Art. 1 Ziffer 7 und Art. 5 Ziffer 6 MoMiG vom 23. Oktober 2008, BGBl. I S. 2026 (2027, 2035)

[1142] Vgl. RefE MoMiG vom 29. Mai 2006 (http://www.bmj.bund.de/files/-/1236/RefE%20MoMiG.pdf), S. 2, Begründung S. 41.

[1143] Vgl. Kort, in: GK-AktG § 76 Rn. 212, 216; Müller-Gugenberger, GmbHR 2009, 578 (581); Pelz, Insolvenzstrafrecht, Rn. 624; Stein, AG 1987, 165 (166). Bereits die Begründung zum RefE MoMiG vom 29. Mai 2006 (http://www.bmj.bund.de/files/-/1236/RefE%20MoMiG.pdf) stellt auf S. 41 klar, dass fahrlässige Insolvenzstraftaten gemäß § 283 Absatz 4 und 5 StGB und gemäß § 283b Absatz 2 StGB nach dem neuen Recht nicht erfasst sein sollen.

[1144] RegE MoMiG, BT-Drs. 16/6140 vom 25. Juli 2007, Begründung S. 78; Vgl. bereits RefE MoMiG vom 29. Mai 2006 (http://www.bmj.bund.de/files/-/1236/RefE%20MoMiG.pdf), Begründung S. 41. Vgl. auch Bürgers/Israel, in: HK/AktG § 76 Rn. 35.

[1145] BR-Drs. 354/07, S. 9 f.; vgl. auch RegE MoMiG, BT-Drs. 16/6140 vom 25. Juli 2007, Begründung S. 78.

[1146] Vgl. BR-Drs. 354/07, S. 10.

d. Erstreckung auf entsprechende Verurteilungen im Ausland

Durch die §§ 6 Absatz 2 Satz 3 GmbHG, 76 Absatz 3 Satz 3 AktG wird gesetzlich klargestellt, dass auch Auslandsverurteilungen wegen Straftaten, die mit den in §§ 6 Absatz 2 Satz 2 Nr. 3 GmbHG, 76 Absatz 3 Satz 2 Nr. 3 AktG genannten Verurteilungen vergleichbar sind, zu einem Organverbot führen. Dies soll einen einheitlichen Schutzstandard vor ungeeigneten Personen als Geschäftsführer bzw. Vorstandsmitglieder gewährleisten.[1147] Die überwiegende Auffassung in der Rechtsprechung und der Literatur ging bereits vor dem Inkrafttreten des MoMiG davon aus, dass ausländische Verurteilungen wegen Straftaten, die mit den §§ 283 – 283d StGB vergleichbar sind, zu einem Organverbot führen, obwohl die früheren Gesetzesfassungen hierzu keine ausdrückliche Regelung enthielten.[1148]

2. Stellungnahme

Bereits vor dem Inkrafttreten des MoMiG führten die Ausschlussgründe der §§ 6 Absatz 2 GmbHG, 76 Absatz 3 AktG zu Diskussionen.[1149] Nachfolgend wird zu den Änderungen der §§ 6 Absatz 2 GmbHG, 76 Absatz 3 AktG durch das MoMiG kritisch Stellung genommen.

a. Verfassungsmäßigkeit der §§ 6 Absatz 2 GmbHG, 76 Absatz 3 AktG?

Die vor dem Inkrafttreten des MoMiG geltenden Inhabilitätsregelungen der §§ 6 Absatz 2 GmbHG, 76 Absatz 3 AktG wurden unter verfassungsrechtlichen Aspekten kritisch gesehen.[1150] Teilweise wurden die seinerzeit geltenden Organverbote für verfassungswidrig gehalten.[1151] Die Beschränkung auf die Insolvenz-

---

[1147] Vgl. RegE MoMiG, BT-Drs. 16/6140 vom 25. Juli 2007, Begründung S. 78.

[1148] OLG Naumburg, ZIP 2000, 622 (624 f.); Scholz/Schneider, GmbHG § 6 Rn. 23; Hueck/Fastrich, in: Baumbach/Hueck, GmbHG § 6 Rn. 14; Pelz, Insolvenzstrafrecht, Rn. 624; Müller-Gugenberger, GmbHR 2009, 578 (581 f.); Rudolph, in: Insolvenzstrafrecht § 5 Rn. 127; Bittmann, NStZ 2009, 113 (119). Ablehnend: LG Köln, NJW-RR 1995, 553 f.; Kort, in: GK-AktG § 76 Rn. 213; Spindler, in: MüKo/AktG § 76 Rn. 111.

[1149] Vgl. Stein, AG 1987, 165 ff.; Drygala, ZIP 2005, 423 ff. Jeweils kritisch zum Vorschlag des RefE MoMiG zur Änderung der §§ 6 Absatz 2 GmbHG, 76 Absatz 3 AktG: Bittmann, GmbHR 2007, 70 (75 ff.); Scholz/Schneider, GmbHG § 6 Rn. 25, 77 ff.

[1150] Vgl. Hüffer, AktG § 76 Rn. 27; Spindler, in: MüKo/AktG § 76 Rn. 92, 111; Kort, in: GK-AktG § 76 Rn. 216; MGB-Bieneck, § 75 Rn. 124; Röhm, S. 11 Fn. 29; Moosmayer, S. 62; Drygala, ZIP 2005, 423 (426), Arloth, NStZ 1990, 570 (574); Stein, AG 1987, 165 ff. mit weiteren Nachweisen.

[1151] Stein, AG 1987, 165 (176).

straftaten der §§ 283 ff. StGB und die Nicht-Berücksichtigung einer Strafbarkeit wegen Insolvenzverschleppung wurde wegen der übereinstimmenden Zielrichtung dieser Strafvorschriften als Verstoß gegen den Gleichheitsgrundsatz (Art. 3 GG) angesehen.[1152] Zudem wurde in den vor dem MoMiG geltenden Ausschlussgründen der §§ 6 Absatz 2 GmbHG a. F., 76 Absatz 3 AktG a. F. vereinzelt ein unverhältnismäßiger Verstoß gegen die Berufsfreiheit (Art. 12 GG) gesehen, da keine Berücksichtigung der Gesamtwürdigung von Tat und Täter möglich sei, auch fahrlässige Taten erfasst würden und eine fünfjährige Dauer des Organverbots ohne Möglichkeit einer Abstufung unangemessen hoch sei.[1153] Es ist zu klären, ob die Neuregelung der §§ 6 Absatz 2 GmbHG, 76 Absatz 3 AktG durch das MoMiG etwaige verfassungsrechtliche Bedenken beseitigt hat oder ob möglicherweise neue Zweifel an der Verfassungsmäßigkeit bestehen.

aa. Erweiterung des Straftatenkatalogs in den §§ 6 Absatz 2 Nr. 3 GmbHG, 76 Absatz 3 Nr. 3 AktG

Sowohl der Bankrottstraftatbestand des § 283 StGB als auch die Insolvenzverschleppungsstraftatbestand des § 15a Absatz 4 und 5 InsO bezwecken den Schutz der finanziellen Befriedigungsinteressen der Gläubiger.[1154] Dass eine Verurteilung wegen Bankrotts ein Organverbot zur Folge hat – eine Verurteilung wegen Insolvenzverschleppung hingegen nicht, wäre in der Tat im Hinblick auf den Gleichheitsgrundsatz des Art. 3 GG nicht zu rechtfertigen.[1155] Dieser Verstoß gegen den Grundsatz der Gleichbehandlung wurde durch die Einbeziehung von Verurteilungen wegen Insolvenzverschleppung in den durch das MoMiG geänderten §§ 6 Absatz 2 Nr. 3a GmbHG, 76 Absatz 3 Nr. 3a AktG beseitigt.[1156]

Fraglich ist allerdings, ob die durch das MoMiG vorgenommene Erweiterung des Katalogs der Straftaten, die gemäß §§ 6 Absatz 2 Nr. 3 GmbHG, 76 Absatz 3 Nr. 3 AktG ein Organverbot zur Folge haben, zu neuen Zweifeln an der Einhaltung des Gleichbehandlungsgrundsatzes geführt hat.[1157] Eng verbunden mit dieser Überlegung ist die grundsätzliche Frage, ob für Straftaten, die zu einem Organverbot

---

[1152] Vgl. MGB-Bieneck, § 75 Rn. 124; Röhm, S. 11 Fn. 29; Moosmayer, S. 62; Arloth, NStZ 1990, 570 (574); Stein, AG 1987, 165 (166 ff.). Vgl. auch RegE MoMiG, BT-Drs. 16/6140 vom 25. Juli 2007, Begründung S. 78.

[1153] Stein, AG 1987, 165 (171 ff., 176).

[1154] Vgl. oben S. 17 und S. 32.

[1155] RegE MoMiG, BT-Drs. 16/6140 vom 25. Juli 2007, Begründung S. 78.

[1156] Vgl. dazu auch die Begründung zum RegE MoMiG, BT-Drs. 16/6140 vom 25. Juli 2007, S. 78.

[1157] Vgl. auch Drygala, ZIP 2005, 423 (426).

führen, ein Bezug zur Tätigkeit als Geschäftsführer oder Vorstandsmitglied zu fordern ist[1158] oder ob bereits die Verurteilung wegen einer vorsätzlichen Tat – ggf. zu einer bestimmten Mindeststrafe – ausreichen kann.[1159] Da es sich bei den §§ 6 Absatz 2 GmbHG, 76 Absatz 3 AktG um Gründe handelt, die zu einem Ausschluss als Geschäftsführer oder Vorstandsmitglied führen, liegt es nahe, einen Bezug zur Tätigkeit als Geschäftsführungs- und Vertretungsorgan zu verlangen.[1160] Andererseits ist festzuhalten, dass auch Verurteilungen wegen § 283 StGB nicht notwendigerweise in einem Zusammenhang mit der Tätigkeit eines Geschäftsführers oder Vorstandsmitglieds stehen müssen. Es ist inzwischen herrschende Auffassung, dass auch Bankrottverhaltensweisen im Zusammenhang mit einer Verbraucherinsolvenz zum Anwendungsbereich des § 283 StGB zählen.[1161] Somit bestand auch nach den vor dem Inkrafttreten des MoMiG in den Inhabilitätsvorschriften ausschließlich erfassten §§ 283 ff. StGB nicht zwingend ein Bezug zur Tätigkeit als Geschäftsführer bzw. Vorstandsmitglied.

Gemäß der Begründung des Regierungsentwurfs zum MoMiG sollen die §§ 265b, 266, 266a StGB regelmäßig einen Bezug zur Tätigkeit von Geschäftsführungsorganen aufweisen – nicht aber die §§ 263, 263a, 264, 264a StGB. Deshalb wurde eine Aufnahme der letztgenannten Delikte in den Katalog der Straftaten der §§ 6 Absatz 2 Nr. 3e GmbHG, 76 Absatz 3 Nr. 3e AktG abgelehnt.[1162] Diese Auffassung ist inkonsequent, da es bereits ausreichen soll, wenn der geforderte Bezug zur Tätigkeit eines Geschäftsführungsorgans *in der Regel* besteht. Dies mag zwar für § 266a StGB, der die Arbeitgebereigenschaft verlangt[1163], zutreffen. § 266 StGB kann hingegen auf vielfältige Art und Weise und insbesondere ohne jeden Bezug zur Organtätigkeit verwirklicht werden. Daher ist auch die Ablehnung der Einbeziehung der §§ 263, 263a, 264, 264a StGB wenig überzeugend. Auch diese Delikte können zwar einen Bezug zur Tätigkeit als Geschäftsführungsorgan aufweisen. Zwingend ist dies jedoch nicht. Problematisch ist, dass lediglich ein *in der Regel* bestehender Bezug zur Tätigkeit als Geschäftsführungsorgan zum Maßstab erhoben wird. Soweit ersichtlich ist keine empirische Untersuchung vorhanden, die sich mit der Frage beschäftigt, ob Verurteilungen gemäß den §§ 263, 263a, 264,

---

[1158] Vgl. RegE MoMiG, BT-Drs. 16/6140 vom 25. Juli 2007, Begründung S. 77 f.; Vgl. bereits RefE MoMiG vom 29. Mai 2006 (http://www.bmj.bund.de/files/-/1236/RefE%20MoMiG.pdf), Begründung S. 41. Vgl. auch Bittmann, GmbHR 2007, 70 (75 ff.); Drygala, ZIP 2005, 423 (426).

[1159] So tendenziell: BR-Drs. 354/07, S. 9 f.

[1160] So auch: Drygala, ZIP 2005, 423 (426).

[1161] Vgl. dazu BGH, NJW 2001, 1874 ff.; BVerfG, ZInsO 2004, 738 f.; Bittmann, in: Insolvenzstrafrecht § 12 Rn. 7 ff., 9; MGB-Bieneck § 75 Rn. 52 ff. Kritisch: Moosmayer, S. 172 f.; Penzlin, S. 199 ff.; ausführliche Kritik bei Röhm, S. 252 ff.

[1162] RegE MoMiG, BT-Drs. 16/6140 vom 25. Juli 2007, Begründung S. 77 f.

[1163] Vgl. Bollacher, S. 78 ff.

264a, 265b, 266, 266a StGB einen Bezug zur Tätigkeit als Geschäftsführungs-organ aufweisen. Eine solche Untersuchung ist zu empfehlen.

Dies führt zu dem Grundproblem, das den Regelungen der §§ 6 Absatz 2 Nr. 3 GmbHG, 76 Absatz 3 Nr. 3 AktG anhaftet. Auf einen tatsächlich bestehenden Be-zug der Verurteilungen zur Organtätigkeit wird verzichtet. Dies war bereits vor dem Inkrafttreten des MoMiG der Fall. Durch die Erweiterung des Straftatenkatalogs in den §§ 6 Absatz 2 Nr. 3 GmbHG, 76 Absatz 3 Nr. 3 AktG durch das MoMiG hat sich dieses Manko jedoch erheblich verschärft. Ein solcher Bezug könnte aus ver-fassungsrechtlichen Erwägungen, insbesondere aus Gründen der Verhältnis-mäßigkeit, zu fordern sein. Organverbote gemäß den §§ 6 Absatz 2 GmbHG, 76 Absatz 3 AktG stellen einen Eingriff in die Berufsfreiheit (Art. 12 GG) dar.[1164] Ein solcher Eingriff in die Berufsfreiheit muss zum Schutz wichtiger Gemeinschafts-güter gerechtfertigt, d. h. erforderlich, geeignet und verhältnismäßig sein.[1165] Der Schutz wichtiger Gemeinschaftsgüter kann bejaht werden, da die §§ 6 Absatz 2 Nr. 3 GmbHG, 76 Absatz 3 Nr. 3 AktG verhindern, dass Personen, die wegen ein-schlägigen Straftaten verurteilt wurden, Geschäftsführer oder Vorstandsmitglied sein können. Die diesbezügliche Bedeutung für die Redlichkeit von Geschäftsfüh-rern und Vorstandsmitgliedern geht über die Bewahrung der Interessen der Ge-sellschafter und der Gläubiger der Gesellschaft hinaus.[1166] Es besteht die abstrak-te Gefahr, dass kriminelle Geschäftsführer oder Vorstände ihre Stellung aus-nutzen, um unter dem Deckmantel der AG oder GmbH weitere Straftaten mit Bezug zu ihrer Organtätigkeit zu begehen. Dies könnte letztlich zu Schäden der Allgemeinheit[1167] führen.[1168]

Die Organverbote müssten auch geeignet sein, um Personen, die sich zur Übernahme von Geschäftsführungsaufgaben als ungeeignet erwiesen haben, von solchen Tätigkeiten auszuschließen. Dies ist zu bejahen. Dem Gesetzgeber steht bei der Wahl der geeigneten Mittel ein weiter Beurteilungsspielraum zu. Nur ob-jektiv untaugliche Mittel stellen einen unverhältnismäßigen Eingriff in die Berufs-freiheit dar.[1169]

Fraglich ist jedoch, ob der Eingriff in Art. 12 GG auch erforderlich ist, d. h. ob die Organverbote gemäß den §§ 6 Absatz 2 Nr. 3 GmbHG, 76 Absatz 3 Nr. 3 AktG

[1164] Vgl. Drygala, ZIP 2005, 423 (426); Stein, AG 1987, 161 (171); Scholz, in: Maunz/Dürig, GG Art. 12 Rn. 301.

[1165] BVerfGE 7, 377 ff.; BVerfGE 13, 97 (107). Vgl. auch Scholz, in: Maunz/Dürig, GG Art. 12 Rn. 335; Drygala, ZIP 2005, 423 (426); Stein, AG 1987, 161 (172 ff.).

[1166] Anders wohl: Spindler, in: MüKo/AktG § 76 Rn. 114, der auf den Gläubigerschutz abstellt.

[1167] Beispielsweise höhere Zinsen auf Darlehen, aufgrund der Schädigung von Kreditgebern.

[1168] Zutreffend: Stein, AG 1987, 165 (172) mit weiteren Nachweisen.

[1169] Vgl. Scholz, in: Maunz/Dürig, GG Art. 12 Rn. 336.

das mildeste wirksame Mittel darstellen. Eine Verurteilung, die die Voraussetzungen der §§ 6 Absatz 2 Nr. 3 GmbHG, 76 Absatz 3 Nr. 3 AktG erfüllt, führt automatisch zu einem Verlust der Organstellung und zu einem Bestellungsverbot. Anders als bei § 70 StGB finden weder die konkrete Tat noch die Person des Täters bei dieser automatisch eintretenden Rechtsfolge Berücksichtigung. Als weniger stark eingreifende Rechtsfolge käme zudem ein Organverbot für einen kürzeren Zeitraum als fünf Jahre in Betracht.[1170]

Gemäß den Ausschlussgründen der §§ 6 Absatz 2 Nr. 3 GmbHG, 76 Absatz 3 Nr. 3 AktG sollen Personen, die aufgrund von bestimmten Verurteilungen als ungeeignet zur Übernahme oder Ausübung des Amtes eines Geschäftsführers oder Vorstandsmitglieds gelten, kraft Gesetzes aussortiert werden. Dies setzt jedoch voraus, dass von Verurteilungen gemäß den §§ 6 Absatz 2 Nr. 3 GmbHG, 76 Absatz 3 Nr. 3 AktG auf die Ungeeignetheit zur Übernahme von Geschäftsleitungsaufgaben geschlossen werden könnte bzw. dass zwischen der Verurteilung und der Tätigkeit als Geschäftsführungsorgan ein Zusammenhang besteht. Das Organverbot wäre nur dann gerechtfertigt, wenn sich aus den zu einem Organverbot führenden Verurteilungen sicher ableiten ließe, dass die betreffende Person zum Schutz der Allgemeinheit nicht Geschäftsführungsorgan sein darf.[1171]

Es würde unter dem Gesichtspunkt der Verhältnismäßigkeit im engeren Sinne, d. h. der Zweck-Mittel-Relation zu weit gehen, wenn jede Verurteilung zwingend einen Ausschluss als Geschäftsführer oder Vorstand zur Folge hätte. Wer beispielsweise einen wertvollen Gebrauchtwagen privat verkauft und dabei einen überhöhten Preis erzielt, weil er über den Zustand des Wagens vorsätzlich falsche Angaben macht und wegen dieser Tat zu einer Freiheitsstrafe von einem Jahr verurteilt wird, muss nicht generell als Geschäftsführer ungeeignet sein. Ein Bezug zur Geschäftsführungstätigkeit ist in diesem Beispiel nicht gegeben. Da Verurteilungen im Sinne der §§ 6 Absatz 2 Nr. 3 GmbHG, 76 Absatz 3 Nr. 3 AktG automatisch zu einem Ausschluss als Geschäftsführer oder Vorstandsmitglied führen, ist das tatsächliche Bestehen eines Bezugs zur Tätigkeit als Geschäftsführungsorgan zu fordern und nicht nur ein regelmäßig bestehender Bezug. Aufgrund der Vielgestaltigkeit möglicher Verurteilungen gemäß den §§ 263, 263a, 266 StGB ist ein solcher Bezug jedoch nicht gegeben. Die Erfassung von Verhaltensweisen in den §§ 6 Absatz 2 Nr. 3 GmbHG, 76 Absatz 3 Nr. 3 AktG, die keinen Bezug zur Geschäftsführungstätigkeit aufweisen, ist unverhältnismäßig und damit im Hinblick

---

[1170] Vgl. auch die Kritik bei Stein, AG 1987, 161 (173 f.); Drygala, ZIP 2005, 423 (426).
[1171] Drygala, ZIP 2005, 423 (426).

auf die grundrechtlich garantierte Berufsfreiheit (Art. 12 GG) unzulässig.[1172] Auch eine Abstufung der Dauer des Organverbots nach der Schwere der Tat und dem Ausmaß des Schadens ist nach der derzeitigen Fassung der Inhabilitätsvorschriften nicht möglich. Dies ist unter dem Gesichtspunkt der Angemessenheit der Rechtsfolge, die an eine Verurteilung im Sinne der §§ 6 Absatz 2 Nr. 3 GmbHG, 76 Absatz 3 Nr. 3 AktG geknüpft wird, jedoch zu fordern.

Es ist daher durch eine Änderung der gesetzlichen Bestimmungen sicherzustellen, dass Verurteilungen nur dann zu einem Organverbot führen, wenn die konkrete Tat einen Bezug zur Tätigkeit als Geschäftsführungsorgan aufweist. Da zumindest nicht ausgeschlossen ist, dass die §§ 263, 263a, 264, 264a, 265b, 266, 266a StGB einen solchen Bezug aufweisen können, scheiden einzelne der genannten Straftatbestände nicht von vornherein aus. Ob ggf. aufgrund des Gleichbehandlungsgrundsatzes weitere Straftatbestände in den Katalog der §§ 6 Absatz 2 Nr. 3 GmbHG, 76 Absatz 3 Nr. 3 AktG aufzunehmen sind, bedarf keiner Diskussion, da der nachfolgende Vorschlag zu einer Änderung der gesetzlichen Regelungen der §§ 6 Absatz 2 Nr. 3 GmbHG, 76 Absatz 3 Nr. 3 AktG, 70 StGB eine Berücksichtigung sonstiger Verurteilungen ermöglicht.[1173]

bb. Beschränkung auf Vorsatztaten und Verurteilungen zu einer Freiheitsstrafe von mindestens einem Jahr in den §§ 6 Abs. 2 Nr. 3e GmbHG, 76 Abs. 3 Nr. 3e AktG

Die Neufassung der §§ 6 Absatz 2 GmbHG, 76 Absatz 3 AktG durch das MoMiG brachte eine generelle Beschränkung auf Vorsatztaten[1174], um Zweifel an der Verhältnismäßigkeit der bisherigen Regelungen zu beseitigen.[1175] Die in §§ 6 Absatz 2 Nr. 3e GmbHG, 76 Absatz 3 Nr. 3e AktG aufgeführten Straftaten der §§ 263, 263a, 264, 264a, 265b, 266, 266a StGB führen nur dann zu einem Organverbot, wenn der Täter zu einer Freiheitsstrafe von mindestens einem Jahr verurteilt wurde. Bei solchen Verurteilungen soll die Vertrauensbasis für eine ord-

---

[1172] Vgl. auch Stein, AG 1987, 165 (176) zur vor dem Inkrafttreten des MoMiG geltenden Rechtslage.

[1173] Siehe dazu unten S. 246.

[1174] Vgl. Art. 1 Ziffer 7 und Art. 5 Ziffer 6 MoMiG vom 23. Oktober 2008, BGBl. I S. 2026 (2027, 2035).

[1175] RegE MoMiG, BT-Drs. 16/6140 vom 25. Juli 2007, Begründung S. 78. So bereits im RefE MoMiG vom 29. Mai 2006 (http://www.bmj.bund.de/files/-/1236/RefE%20MoMiG.pdf), Begründung S. 41. Vgl. auch Bürgers/Israel, in: HK/AktG § 76 Rn. 35.

nungsgemäße und den Regeln des Wirtschaftslebens entsprechende Geschäftsführung fehlen.[1176]

Diese Einschränkung auf Vorsatztaten und Verurteilungen zu mindestens einem Jahr Freiheitsstrafe ist uneingeschränkt zu begrüßen. Aufgrund des Eingriffs in die Berufsfreiheit (Art. 12 GG) ist sicherzustellen, dass nicht jede Verurteilung wegen einer Tat, die nach der Art ihrer Verwirklichung und der Höhe des Strafausspruchs eher zur Bagatellkriminalität zählt, zu einem Organverbot führt.[1177] Ein Täter, der die zu einem Organverbot führende Tat vorsätzlich, d. h. mit Wissen und Wollen der Tatbestandsverwirklichung[1178], begeht, weist eine feindlichere Gesinnung zur Rechtsordnung auf als ein Täter, der die Tat lediglich fahrlässig verwirklicht. Auch die Beschränkung in §§ 6 Absatz 2 Nr. 3e GmbHG, 76 Absatz 3 Nr. 3e AktG auf Verurteilungen zu einer Freiheitsstrafe von mindestens einem Jahr ist geeignet eher unbedeutende Taten auszuscheiden. Wer vor dem Inkrafttreten des MoMiG wegen fahrlässigem Bankrott verurteilt wurde, kann aufgrund der Beschränkung auf Vorsatztaten nunmehr wieder das Amt eines Geschäftsführers oder Vorstands übernehmen, ohne gegen die Inhabilitätsregelungen zu verstoßen.[1179]

Fraglich ist jedoch, ob die Ungleichbehandlung der in den 6 Absatz 2 Nr. 3 GmbHG, 76 Absatz 3 Nr. 3 AktG aufgeführten Verurteilungen unter dem Gesichtspunkt der Gleichbehandlung (Art. 3 GG) zu beanstanden ist, da einerseits jede Verurteilung wegen einer vorsätzlichen Tat im Sinne der §§ 6 Absatz 2 Nr. 3a-d GmbHG, 76 Absatz 3 Nr. 3a-d AktG zu einem Organverbot führt, während andererseits nur Verurteilungen zu einer Freiheitsstrafe von mindestens einem Jahr wegen Vorsatztaten gemäß den §§ 6 Absatz 2 Nr. 3e GmbHG, 76 Absatz 3 Nr. 3e AktG ein Organverbot zur Folge haben. Eventuell rechtfertigt der in den Taten im Sinne der §§ 6 Absatz 2 Nr. 3a-d GmbHG, 76 Absatz 3 Nr. 3a-d AktG möglicherweise stärker ausgeprägte Bezug zur Tätigkeit als Geschäftsführungsorgan die unterschiedliche Behandlung dieser Delikte. Da empirische Untersuchungen zum Bestehen eines Bezugs zur Tätigkeit als Geschäftsführungsorgan bei Verurteilungen wegen den §§ 283 ff. StGB oder wegen den §§ 263, 266 StGB fehlen, kann die bloße Möglichkeit des Bestehens eines stärkeren Bezugs jedoch nicht als Rechtfertigung dienen. Vorangehend wurde verdeutlicht, dass auch § 283 StGB ohne jeden Zusammenhang mit der Tätigkeit als Organ verwirklicht werden kann.

Ferner ist fraglich, ob sich unter Berücksichtigung der geschützten Rechtsgüter eine Bevorzugung der in den §§ 6 Absatz 2 Nr. 3a-d GmbHG, 76 Absatz 3 Nr. 3a-

---

[1176] Vgl. BR-Drs. 354/07, S. 10.
[1177] Vgl. Müller-Gugenberger, GmbHR 2009, 578 (581).
[1178] Vgl. nur Fischer, StGB § 15 Rn. 3.
[1179] Müller-Gugenberger, GmbHR 2009, 578 (582).

d AktG genannten Taten rechtfertigen lässt. Nach der in vorliegender Arbeit vertretenen Auffassung bezwecken die Insolvenzstraftaten des StGB und der Insolvenzverschleppungsstraftatbestand den Schutz der finanziellen Befriedigungsinteressen der Gläubiger; der Schutz überindividueller Rechtsgüter ist hingegen abzulehnen.[1180] Eine Strafbarkeit gemäß § 283 StGB kommt auch dann in Betracht, wenn nur ein einziger Gläubiger vorhanden ist.[1181] § 263 StGB und § 266 StGB schützen das Vermögen.[1182] Sowohl § 283 StGB als auch die §§ 263, 266 StGB dienen somit nicht dem Schutz überindividueller Rechtsgüter. Somit lässt sich auch aufgrund des Rechtsgüterschutzes keine Ungleichbehandlung zwischen § 283 StGB einerseits und §§ 263, 266 StGB andererseits rechtfertigen. Dies gilt umso mehr, da die vor allem von der Rechtsprechung vertretene sog. Interessentheorie[1183] dazu führt, dass typische Bankrottverhaltensweisen als Untreue bestraft werden.[1184]

Alles in allem liegt in der Ungleichbehandlung zwischen Verurteilungen im Sinne der §§ 6 Absatz 2 Nr. 3a-d GmbHG, 76 Absatz 3 Nr. 3a-d AktG und Verurteilungen gemäß den §§ 6 Absatz 2 Nr. 3e GmbHG, 76 Absatz 3 Nr. 3e AktG ein ungerechtfertigter Verstoß gegen den Gleichbehandlungsgrundsatz (Art. 3 GG) vor. Es ist nicht ersichtlich, weshalb ein Bankrotteur oder der Täter einer Insolvenzverschleppung, die wegen ihrer vorsätzlichen Tat zu einer Geldstrafe verurteilt werden, gefährlicher sein sollen als ein (Kredit-) Betrüger oder der Täter einer Untreue, die zu einer entsprechenden Geldstrafe verurteilt werden. Die Verurteilung wegen vorsätzlichem Bankrott oder wegen vorsätzlicher Insolvenzverschleppung führt automatisch zu einem Ausschluss als Geschäftsführungsorgan, während Verurteilungen wegen Betrugs oder Untreue nur dann ein Organverbot zur Folge haben, wenn eine Freiheitsstrafe von mindestens einem Jahr verhängt wird.

Der Verstoß gegen den Gleichheitsgrundsatz wird vermieden, wenn entweder generell Verurteilungen im Sinne der §§ 6 Absatz 2 Nr. 3 GmbHG, 76 Absatz 3 Nr. 3 AktG erst ab einem Jahr Freiheitsstrafe berücksichtigt werden oder wenn auf die Mindestfreiheitsstrafe ganz verzichtet wird. Im Hinblick auf den Eingriff in Art. 12 GG wäre aus Verhältnismäßigkeitsgründen die generelle Einführung einer Mindeststrafe von einem Jahr Freiheitsstrafe zu befürworten. Denkbar wäre jedoch auch ein Verzicht auf die Mindeststrafe, wenn der Eintritt des Organverbots unter Verhältnismäßigkeitsgesichtspunkten flexibler gestaltet wird. Der nachfol-

---

[1180] Siehe oben S. 17 zu § 283 StGB und oben S. 32 zu § 15a Absatz 4 und 5 InsO.

[1181] Vgl. BGH, NJW 2001, 1874; Sch/Sch-Stree/Heine, StGB vor § 283 Rn. 2; Fischer, StGB vor § 283 Rn. 3.

[1182] Siehe oben S. 35 zu § 263 StGB und oben S. 36 zu § 266 StGB.

[1183] Siehe unten S. 287 zur Interessentheorie.

[1184] Vgl. RegE MoMiG, BT-Drs. 16/6140 vom 25. Juli 2007, Begründung S. 77; Pelz, Insolvenzstrafrecht, Rn. 296 f.

gende Vorschlag zu einer Neuregelung der Organverbote beseitigt diesen Verstoß gegen den Gleichbehandlungsgrundsatz.[1185]

cc. Begriff der Insolvenzverschleppung in §§ 6 Absatz 2 Nr. 3a GmbHG, 76 Absatz 3 Nr. 3a AktG

In den §§ 6 Absatz 2 Nr. 3a GmbHG, 76 Absatz 3 Nr. 3a AktG führte der Gesetzgeber mit dem MoMiG eine Legaldefinition für den Begriff der Insolvenzverschleppung ein. Insolvenzverschleppung ist danach das *Unterlassen der Stellung des Antrags auf Eröffnung des Insolvenzverfahrens*. Eine Bezugnahme auf § 15a Absatz 4 InsO erfolgte hingegen nicht. Gemäß § 15a Absatz 4 InsO steht jedoch nicht nur das vollständige Unterlassen des Insolvenzantrags, sondern auch die verspätete und die unrichtige Antragstellung unter Strafe. Dies führt zu der Frage, ob ein Organverbot nur wegen der unterlassenen Insolvenzantragstellung oder auch wegen der verspäteten und unrichtigen Antragstellung in Betracht kommt.[1186] Im Hinblick auf den sanktionsähnlichen Charakter der §§ 6 Absatz 2 Nr. 3a GmbHG, 76 Absatz 3 Nr. 3a AktG könnte eine eng am Wortlaut orientierte Auslegung in Betracht kommen, so dass die Stellung eines Insolvenzantrags – unabhängig davon, ob die Antragstellung verspätet oder gar unrichtig war – das Vorliegen eines Organverbots im Sinne der §§ 6 Absatz 2 Nr. 3a GmbHG, 76 Absatz 3 Nr. 3a AktG in jedem Fall verhindern würde.

Fraglich ist, ob diese Auslegung eine ungerechtfertigte Ungleichbehandlung und damit einen Verstoß gegen Art. 3 GG darstellt. Sowohl die Strafbarkeit der unterlassenen Antragstellung als auch die Strafbarkeit der verspäteten Antragstellung dienen gleichermaßen dem Interesse an einer rechtzeitigen Stellung des Insolvenzantrags zum Schutz der finanziellen Befriedigungsinteressen der Gläubiger der Gesellschaft.[1187] Eine sachliche Rechtfertigung durch Rechtsgüterschutzerwägungen, weshalb die verspätete Antragsstellung besser gestellt werden sollte als die gänzlich unterlassene Stellung des Insolvenzantrags, ist somit nicht ersichtlich. Ein Verstoß gegen Art. 3 GG wäre daher bei dieser Auslegung zu bejahen.

Eine solche Beschränkung auf die unterlassene Antragstellung wäre jedoch unbeabsichtigt, da die Strafbarkeit wegen Insolvenzverschleppung nach dem eindeuti-

---

[1185] Siehe unten S. 246.

[1186] Vgl. Wegner, HRRS 2009, 32 (36); Römermann, NZI 2008, 641 (646).

[1187] Siehe dazu oben S. 32.

gen Wortlaut der Begründung im Regierungsentwurf zum MoMiG insgesamt erfasst werden soll[1188]:

„Zu den Ausschlussgründen gehört zukünftig neben den bereits bisher genannten Straftaten nach den §§ 283 bis 283d StGB eine strafrechtliche Verurteilung wegen Insolvenzverschleppung. Erfasst werden damit Verurteilungen auf Grundlage des neuen § 15a Abs. 4 InsO-E (Artikel 9 Nr. 3) ebenso wie Verurteilungen nach den derzeit geltenden inhaltsgleichen Straftatbeständen in § 84 Abs. 1 Nr. 2 GmbHG, § 401 Abs. 1 Nr. 2 AktG [...]."

Möglicherweise können die §§ 6 Absatz 2 Nr. 3a GmbHG, 76 Absatz 3 Nr. 3a AktG dahingehend berichtigend ausgelegt werden, dass auch Verurteilungen wegen Insolvenzverschleppung aufgrund der verspäteten oder unrichtigen Antragstellung zu einem Organverbot führen. Die Entstehungsgeschichte und der Sinn und Zweck dieser Vorschriften würden für eine solche Auslegung sprechen. Dem steht jedoch der eindeutige Wortlaut entgegen. Bei den §§ 6 Absatz 2 Nr. 3a GmbHG, 76 Absatz 3 Nr. 3a AktG handelt es sich zwar nicht um Strafvorschriften, auf die Art. 103 Absatz 2 GG unmittelbar anwendbar wäre. Die Regelungen über Organverbote in den §§ 6 Absatz 2 Nr. 3 GmbHG, 76 Absatz 3 Nr. 3 AktG haben jedoch einen sanktionsähnlichen Charakter, da der Ausschluss als Geschäftsführungsorgan an bestimmte Verurteilungen geknüpft wird. Zudem verlangt der Eingriff in das Grundrecht des Art. 12 GG nach klar definierten gesetzlichen Eingriffsvoraussetzungen. Dies trifft auf die Neufassung der §§ 6 Absatz 2 Nr. 3a GmbHG, 76 Absatz 3 Nr. 3a AktG durch das MoMiG nicht zu. Die Einbeziehung der verspäteten und der unrichtigen Antragstellung im Wege der berichtigenden Auslegung der §§ 6 Absatz 2 Nr. 3a GmbHG, 76 Absatz 3 Nr. 3a AktG ist somit aus Bestimmtheitsgründen abzulehnen.[1189] Der Verstoß gegen den Gleichbehandlungsgrundsatz (Art. 3 GG) kann nicht im Wege der Auslegung beseitigt werden.

dd. Übergangsregelung

Gemäß den Übergangsregelungen in den §§ 3 Absatz 2 Satz 2 EGGmbHG, 19 Satz 2 EGAktG wird klargestellt, dass Verurteilungen nach den §§ 6 Absatz 2 Nr. 3a, c – e GmbHG, 76 Absatz 3 Nr. 3a, c – e AktG, die vor dem 1. November 2008 rechtskräftig wurden, für die durch das MoMiG neu gefassten Organverbots-

---

[1188] RegE MoMiG, BT-Drs. 16/6140 vom 25. Juli 2007, Begründung S. 77.
[1189] Im Ergebnis ebenso: Wegner, HRRS 2009, 32 (36); Römermann, NZI 2008, 641 (646).

regelungen keine Berücksichtigung finden.[1190] Somit finden die durch das MoMiG neu geregelten §§ 6 Absatz 2 Nr. 3 GmbHG, 76 Absatz 3 Nr. 3 AktG Anwendung auf alle Verurteilungen, die nach dem Inkrafttreten des MoMiG am 1. November 2008 rechtskräftig werden. Danach können Taten im Sinne der §§ 6 Absatz 2 Nr. 3 GmbHG, 76 Absatz 3 Nr. 3 AktG, die vor dem 1. November 2008 beendet wurden und nach dem 1. November 2008 abgeurteilt werden, zu einem Ausschluss als Geschäftsführungsorgan gemäß den durch das MoMiG neu gefassten Inhabilitätsregelungen führen.

Bittmann hält dies für einen Verstoß gegen das Rückwirkungsverbot (Art. 103 Absatz 2 GG) und damit für verfassungswidrig.[1191] *Bittmann* weist zurecht darauf hin, dass auch auf bereits begangene Taten die nachträglich verschärften, da ausgeweiteten Regelungen der §§ 6 Absatz 2 Nr. 3 GmbHG, 76 Absatz 3 Nr. 3 AktG angewendet werden sollen.[1192] Fraglich ist allerdings, ob es sich bei den §§ 6 Absatz 2 Nr. 3 GmbHG, 76 Absatz 3 Nr. 3 AktG um Strafvorschriften im Sinne des Rückwirkungsverbots der Art. 103 Absatz 2 GG, § 1 StGB handelt. *Bittmann* bejaht dies, da es sich bei den §§ 6 Absatz 2 Nr. 3 GmbHG, 76 Absatz 3 Nr. 3 AktG um nachträglich verschärfte Regelungen handele, die an Straftaten anknüpfen.[1193] Gemäß der Konkretisierung des Rückwirkungsverbots in § 2 Absatz 3 StGB ist das mildeste Gesetz anzuwenden, wenn das Strafgesetz, das bei Beendigung der Tat gilt, vor der Entscheidung geändert wird.

Das Rückwirkungsverbot gilt für alle Regelungen, die das *Ob* und *Wie* der Strafbarkeit bestimmen.[1194] Hierzu zählen unstreitig auch Vorschriften über die Rechtsfolgen von Straftaten, einschließlich der Nebenfolgen.[1195] Bei den §§ 6 Absatz 2 GmbHG, 76 Absatz 3 AktG handelt es sich um Ausschlussgründe für Geschäftsführungsorgane. Dies wird insbesondere aus den in §§ 6 Absatz 2 Nr. 1 und 2 GmbHG, 76 Absatz 3 Nr. 1 und 2 AktG geregelten Ausschlussgründen ersichtlich, die keinen Zusammenhang mit strafrechtlichen Verurteilungen aufweisen. Geschäftsführer oder Vorstandsmitglieder, welche die Ausschlussgründe der §§ 6 Absatz 2 GmbHG, 76 Absatz 3 AktG erfüllen, werden kraft Gesetzes für ungeeignet gehalten, das Amt eines Geschäftsführungsorgans auszuüben. Bei den Verurteilungen im Sinne der §§ 6 Absatz 2 Nr. 3 GmbHG, 76 Absatz 3 Nr. 3 AktG handelt es sich um vertypte Berufsverstöße von Vorstandsmitgliedern oder Ge-

---

[1190] Art. 2, Art. 6 Ziffer 2 MoMiG vom 23. Oktober 2008, BGBl. I S. 2026 (2032, 2036). Vgl. Scholz/Schneider, GmbHG § 6 Rn. 3.

[1191] Bittmann, NStZ 2009, 113 (119). Nicht angesprochen bei: Müller-Gugenberger, GmbHR 2009, 578 (582).

[1192] Bittmann, NStZ 2009, 113 (119).

[1193] Bittmann, NStZ 2009, 113 (119).

[1194] Vgl. Fischer, StGB § 1 Rn. 15; Sch/Sch-Eser, StGB § 2 Rn. 20 jeweils mit weiteren Nachweisen.

[1195] Schmitz, in: MüKo/StGB § 1 Rn. 12, 16.

schäftsführern, die automatisch zu deren Ausschluss als Geschäftsführungsorgan führen.

In freien Berufen, wie z. B. der Anwaltschaft, entscheidet bei Verstößen gegen das anwaltliche Berufsrecht der BRAO ein Ehrengericht über mögliche Sanktionen bis hin zum Ausschluss aus der Anwaltschaft gemäß § 114 Absatz 1 Nr. 5 BRAO. Es ist anerkannt, dass das Rückwirkungsverbot des Art. 103 Absatz 2 GG auf Ehrenstrafen solcher Ehrengericht Anwendung findet.[1196] Für Geschäftsführer und Vorstandsmitglieder liegt eine vergleichbare Situation vor, obwohl es für diese keine vergleichbaren Ehrengerichte gibt.[1197]. An die Stelle der Verurteilung durch das Ehrengericht tritt die Verurteilung durch ein Strafgericht der ordentlichen Gerichtsbarkeit, die beim Vorliegen einer Verurteilung im Sinne der §§ 6 Absatz 2 Nr. 3 GmbHG, 76 Absatz 3 Nr. 3 AktG zu einem automatischen Ausschluss als Geschäftsführungsorgan führt. Die Vergleichbarkeit dieser Situation mit ehrengerichtlichen Verurteilungen rechtfertigt es, das Rückwirkungsverbot der Art. 103 Absatz 2 GG, §§ 1, 2 StGB auch auf die Organverbotsregelungen der §§ 6 Absatz 2 Nr. 3 GmbHG, 76 Absatz 3 Nr. 3 AktG anzuwenden.

Der Auffassung von *Bittmann*[1198] ist daher zuzustimmen. Die Anwendung der durch das MoMiG neu gefassten §§ 6 Absatz 2 Nr. 3 GmbHG, 76 Absatz 3 Nr. 3 AktG auf vor dem 1. November 2008 beendete Taten ist verfassungswidrig. Die §§ 6 Absatz 2 Nr. 3 GmbHG, 76 Absatz 3 Nr. 3 AktG können nur auf Taten, die nach dem 1. November 2008 beendet wurden, angewendet werden.

ee. Verfassungswidrigkeit

Es ist somit festzuhalten, dass die durch das MoMiG neu gefassten §§ 6 Absatz 2 Nr. 3 GmbHG, 76 Absatz 3 Nr. 3 AktG gegen Art. 3 GG, das verfassungsrechtliche Rückwirkungsverbot des Art. 103 Absatz 2 GG und gegen Art. 12 GG verstoßen. Zur Vermeidung dieser Verstöße wird nachfolgend eine verfassungskonforme Neuregelung der §§ 6 Absatz 2 Nr. 3 GmbHG, 76 Absatz 3 Nr. 3 AktG vorgeschlagen.

[1196] Vgl. BGHSt 28, 333 (336 f.); Schmitz, in: MüKo/StGB § 1 Rn. 18 mit weiteren Nachweisen.

[1197] Ausgenommen sind Fälle, in denen das Geschäftsführungsorgan als Angehöriger eines freien Berufes einem Ehrengericht untersteht wie z. B. ein Rechtsanwalt als Geschäftsführer einer Rechtsanwalts-GmbH.

[1198] Bittmann, NStZ 2009, 113 (119).

b. Vorschlag zur Änderung der §§ 6 Absatz 2 Nr. 3 GmbHG, 76 Absatz 3 Nr. 3 AktG, 70 StGB de lege ferenda

Kern des Vorschlags zur verfassungskonformen Neuregelung der Organverbote ist die folgende Ergänzung von § 70 StGB um einen neuen Absatz 5:

> *„(5)*   *Entsprechend den Vorschriften für die Anordnung eines Berufsverbots kann dem Täter verboten werden, Vorstandsmitglied einer AG oder Geschäftsführer einer GmbH zu sein. Ein Organverbot im Sinne von Satz 1 kommt in der Regel in Betracht, wenn der Täter wegen einer oder mehrerer vorsätzlich begangener Straftaten*
>
> *1.*   *des § 15a Absatz 4 InsO,*
>
> *2.*   *nach den §§ 283 bis 283d dieses Gesetzes,*
>
> *3.*   *der §§ 82, 84 GmbHG oder der §§ 399, 401 AktG,*
>
> *4.*   *der unrichtigen Darstellung nach § 400 des Aktiengesetzes, § 331 des Handelsgesetzbuchs, § 313 des Umwandlungsgesetzes oder § 17 des Publizitätsgesetzes oder*
>
> *5.*   *nach den §§ 263 bis 264a oder den §§ 265b bis 266a dieses Gesetzes,*
>
> *zu einer Freiheitsstrafe von mindestens einem Jahr verurteilt wird."*

Durch die Verweisung auf die entsprechende Geltung der Vorschriften über die Anordnung eines Berufsverbots findet insbesondere die in § 70 Absatz 1 StGB vorgesehene Gesamtwürdigung von Tat und Täter Berücksichtigung. Ein Organverbot kommt nur in Betracht, wenn der in § 70 Absatz 1 StGB vorausgesetzte Bezug zur Tätigkeit als Organ gegeben ist. Dies beseitigt verfassungsrechtliche Bedenken an der Verhältnismäßigkeit der Organverbotsregelungen *de lege lata*. Die im Gesetzgebungsverfahren des MoMiG möglicherweise vergessenen §§ 84 GmbHG, 401 AktG werden berücksichtigt. Aus Gründen der Verhältnismäßigkeit und der Gleichbehandlung wird nunmehr generell auf Verurteilungen zu einer Freiheitsstrafe von mindestens einem Jahr abgestellt. Durch die generelle Verweisung auf § 15a Absatz 4 InsO in § 70 Absatz 5 Nr. 1 StGB *de lege ferenda* wird der Verstoß der derzeit geltenden Fassung der §§ 6 Absatz 2 Nr. 3a GmbHG, 76 Absatz 3 Nr. 3a AktG gegen den Gleichbehandlungsgrundsatz beseitigt.

Der Vorschlag zur Neuregelung eines § 70 Absatz 5 StGB greift bewusst auf die Regelbeispieltechnik zurück und zählt Fälle auf, in denen ein Organverbot regelmäßig in Betracht kommt. Dies gibt dem erkennenden Gericht ein Leitbild für die Anordnung von Organverboten und gestattet gleichzeitig eine flexible Anwendung der Organverbotsregelungen, da in Einzelfällen eine Gesamtwürdigung der Tat für die Anordnung eines Organverbots bei Verurteilungen zu weniger als einem Jahr Freiheitsstrafe sprechen kann. Selbst fahrlässige Straftaten können nach dem Regelungsvorschlag in Ausnahmefällen wieder zur Anordnung eines Organverbots führen, wenn dies nach der vorzunehmenden Gesamtwürdigung angemessen erscheint. Zudem wäre nach dem Regelungsvorschlag entsprechend § 70 Absatz 1 StGB eine Abstufung der Dauer des Organverbots von einem Jahr bis zu fünf Jahren möglich.

Denkbar wäre auch eine allgemeine Erstreckung der Organverbotsregelungen gemäß § 70 Absatz 5 StGB *de lege ferenda* auf Mitglieder des Vertretungsorgans juristischer Personen. Da sich vorliegende Arbeit auf die Organe der GmbH und der AG beschränkt, unterbleiben in dieser Arbeit weitere Überlegungen zu dieser Frage.

Die Organverbotsregelungen der §§ 6 Absatz 2 Nr. 3 GmbHG, 76 Absatz 3 Nr. 3 AktG könnten durch eine Bezugnahme auf das Bestehen eines Organverbots im Sinne des § 70 Absatz 5 StGB *de lege ferenda* vereinfacht werden. Es wird vorgeschlagen die §§ 6 Absatz 2 Nr. 3 GmbHG, 76 Absatz 3 Nr. 3 AktG jeweils wie folgt neu zu fassen:

> „*3. einem Organverbot gemäß § 70 Abs. 5 des Strafgesetzbuchs unterliegt. Dies gilt entsprechend bei einer Verurteilung im Ausland wegen einer Tat, die mit den in § 70 Abs. 5 des Strafgesetzbuchs genannten Taten vergleichbar ist und die Anordnung eines Organverbots rechtfertigen würde.*"

Diese Vereinfachung erhöht die Rechtsklarheit. Auf die Angaben zur Dauer und zur Nicht-Berücksichtigung von Zeiträumen, während denen sich der Täter in behördlich angeordneter Verwahrung in einer Anstalt befindet, kann verzichtet werden, da entsprechende Regelungen bereits in § 70 Absatz 4 StGB enthalten sind.[1199] Das Rückwirkungsverbot der Art. 103 Absatz 2 GG, §§ 1,2 StGB wäre zudem unstreitig auf die vorgeschlagene Neuregelung des § 70 Absatz 5 StGB anwendbar.

[1199] Vgl. auch Dannecker/Knierim/Hagemeier, Rn. 27, die zwar nicht auf die Notwendigkeit der Änderung der Inhabilitätsvorschriften eingehen, aber auf die Möglichkeit der Verhängung eines Berufsverbots bei einer berufsbezogenen Tat im Sinne der Inhabilitätsregelungen hinweisen.

c. Erstreckung auf entsprechende Verurteilungen im Ausland

Die Tätigkeit in- und ausländischer Unternehmen macht nicht an der jeweiligen Landesgrenze halt. In den letzten Jahren wurde die rechtliche Mobilität von juristischen Personen in Europa beständig ausgeweitet.[1200] Es ist daher nur konsequent, dass mit dem Inkrafttreten des MoMiG endgültig eine Abkehr von der Sitztheorie erfolgte und aufgrund der Streichung des § 4a Absatz 2 GmbHG a. F. der satzungsmäßige Sitz einer Gesellschaft nicht mehr am Ort der Verwaltung oder einer Betriebsstätte sein muss, sondern auch im Ausland sein kann.[1201] Für Verurteilungen durch nationale Strafgerichte ist jedoch in der Regel der jeweilige Ort, an dem die Straftat verwirklicht wird, maßgeblich. Dies kommt beispielsweise in § 3 StGB zum Ausdruck.

Da die Strafjustiz national ausgerichtet ist, während die Mobilität juristischer Personen zugenommen hat, ist die ausdrückliche Erstreckung der Organverbote auf Verurteilungen im Ausland, die mit den in §§ 6 Absatz 2 Nr. 3 GmbHG, 76 Absatz 3 Nr. 3 AktG genannten Taten vergleichbar sind, zu begrüßen.[1202] Die gesetzgeberische Billigung der bereits zuvor in der Rechtsprechung und Literatur überwiegend vertretenen Auffassung[1203] sorgt für mehr Rechtsklarheit. Die Problematik, dass die Frage der Vergleichbarkeit zu Diskussionen führen kann[1204], ist hinzunehmen. Gemäß der oben vorgeschlagenen Neuregelung der Inhabilitätsvorschriften führt eine vergleichbare ausländische Verurteilung nicht automatisch zu einem Organverbot, sondern nur dann, wenn – unter vergleichender Heranziehung des § 70 Absatz 5 *de lege ferenda* – die Anordnung eines Organverbots gerechtfertigt wäre.

d. Gesamtstrafe bei §§ 6 Absatz 2 Nr. 3e GmbHG, 76 Absatz 3 Nr. 3e AktG

Verurteilungen im Sinne der §§ 6 Absatz 2 Nr. 3e GmbHG, 76 Absatz 3 Nr. 3e AktG führen nur dann zu einem Organverbot, wenn wegen den genannten Straftatbeständen eine Freiheitsstrafe von mindestens einem Jahr verhängt wurde. Die

---

[1200] Vgl. Hueck/Fastrich, in: Baumbach/Hueck, GmbHG § 4a Rn. 10, 13.

[1201] Vgl. Art. 1 Ziffer 4 lit. b MoMiG vom 23, Oktober 2008, BGBl. I S. 2026; RegE MoMiG, BT-Drs. 16/6140 vom 25. Juli 2007, Begründung S. 68; Wicke, GmbHG § 4a Rn. 1; Gehrlein, Der Konzern 2007, 771 (772).

[1202] So wohl auch bereits: Bittmann, GmbHR 2007, 70 (76 f.).

[1203] Vgl. OLG Naumburg, ZIP 2000, 622 (624 f.); Scholz/Schneider, GmbHG § 6 Rn. 23; Hueck/Fastrich, in: Baumbach/Hueck, GmbHG § 6 Rn. 14; Pelz, Insolvenzstrafrecht, Rn. 624; Rudolph, in: Insolvenzstrafrecht § 5 Rn. 127; Bittmann, NStZ 2009, 113 (119).

[1204] Vgl. die Kritik bei Kort, in: GK-AktG § 76 Rn. 213; Bittmann, NStZ 2009, 113 (119); Gehrlein, Der Konzern 2007, 771 (793).

Feststellung dieser Mindeststrafe führt zu Schwierigkeiten, wenn im konkreten Fall eine Gesamtstrafe gebildet wurde. Hierbei sind drei Konstellationen zu unterscheiden.

Wurde für einen in den §§ 6 Absatz 2 Nr. 3e GmbHG, 76 Absatz 3 Nr. 3e AktG genannten Straftatbestand eine Einzelstrafe von mindestens einem Jahr verhängt, die im Rahmen der gebildeten Gesamtstrafe berücksichtigt wurde, so bestehen keine Schwierigkeiten, da die Voraussetzung für den Ausschluss als Geschäftsführungsorgan in jedem Fall gegeben ist.[1205]

Wurde hingegen die Mindeststrafe von einem Jahr Freiheitsstrafe erst erreicht durch die Bildung einer Gesamtstrafe unter Einbeziehung von Einzelstrafen, die jeweils geringere Strafen vorsahen, so stellt sich die Frage, ob in einem solchen Fall ein Organverbot gemäß den §§ 6 Absatz 2 Nr. 3e GmbHG, 76 Absatz 3 Nr. 3e AktG in Betracht kommen kann.[1206] In solchen Fällen ist weiter zu differenzieren. Es ist danach zu unterscheiden, ob ausschließlich Verurteilungen wegen Delikten im Sinne der §§ 6 Absatz 2 Nr. 3e GmbHG, 76 Absatz 3 Nr. 3e AktG in die Gesamtstrafenbildung einbezogen wurden oder ob auch anderweitige Verurteilungen berücksichtigt wurden. Im Hinblick auf den erheblichen Eingriff der Organverbote in Art. 12 GG muss der Ausschluss als Geschäftsführungsorgan gemäß den §§ 6 Absatz 2 Nr. 3e GmbHG, 76 Absatz 3 Nr. 3e AktG unterbleiben, wenn die Mindestfreiheitsstrafe von einem Jahr erst durch die Bildung einer Gesamtstrafe erreicht wurde, in die Straftaten einbezogen wurden, die nicht zum Katalog der §§ 6 Absatz 2 Nr. 3e GmbHG, 76 Absatz 3 Nr. 3e AktG zählen.

Durch die Aufnahme der Mindestfreiheitsstrafe von einem Jahr sollen Bagatellfälle unberücksichtigt bleiben. Die Einschränkung auf Verurteilungen zu einer Freiheitsstrafe von mindestens einem Jahr sollte der deutlichen Erweiterung des sachlichen Anwendungsbereichs der Inhabilitätsvorschriften durch die Aufnahme einer Vielzahl weiterer Straftatbestände restriktiv entgegenwirken.[1207] Diese restriktive Tendenz des Kriteriums der Mindestfreiheitsstrafe von einem Jahr würde abgeschwächt werden, wenn zugelassen werden würde, dass diese Grenze auch durch eine Gesamtstrafe erreicht werden kann, in die Verurteilungen einbezogen werden, welche die Mindestgrenze nicht erreichen. Es ist daher daran festzuhalten, dass ein Organverbot gemäß den §§ 6 Absatz 2 Nr. 3e GmbHG, 76 Absatz 3 Nr. 3e AktG nur dann in Betracht kommt, wenn die Mindestfreiheitsstrafe von einem Jahr durch eine Einzelstrafe erreicht wird. Eine etwaige Einbeziehung dieser einschlägigen Einzelstrafe im Rahmen der Bildung einer Gesamtstrafe schadet hingegen nicht.

[1205] So wohl auch: Bittmann, NStZ 2009, 113 (118); Wegner, HRRS 2009, 32 (36).

[1206] Vgl. hierzu auch: Wegner, HRRS 2009, 32 (36); Bittmann, NStZ 2009, 113 (118).

[1207] Vgl. BR-Drs. 354/07, S. 9 f.; RegE MoMiG, BT-Drs. 16/6140 vom 25. Juli 2007, Begründung S. 76 ff.

Die oben vorgeschlagene Neuregelung der Inhabilitätsvorschriften[1208] vermeidet die im Zusammenhang mit Gesamtstrafen auftretenden Probleme, da ein Organverbot gemäß § 70 Absatz 5 *de lege ferenda* als Nebenfolge der Tat ausdrücklich tenoriert werden muss.[1209]

III. Organstrafbarkeit wegen Insolvenzverschleppung gemäß § 15a InsO

Im Zuge der Reform des GmbH-Rechts durch das MoMiG wurde die Strafbarkeit wegen Insolvenzverschleppung grundlegend überarbeitet und in § 15a Absatz 4 und 5 i. V. m. Absatz 1 Satz 1 InsO neu geregelt.[1210] Der nachfolgenden Gegenüberstellung zwischen den §§ 64, 84 GmbHG a. F. und § 15a InsO kann entnommen werden, dass die Insolvenzantragspflicht und die Strafbarkeit der Insolvenzverschleppung nunmehr einheitlich in § 15a InsO enthalten ist, während die früheren Regelungen im Gesellschaftsrecht verstreut waren.

Rechtslage vor Inkrafttreten des MoMiG		Rechtslage seit Inkrafttreten des MoMiG
§ 64 GmbHG a. F. Insolvenzantragspflicht	§ 84 GmbHG a. F. Pflichtverletzung bei Verlust, Zahlungsunfähigkeit oder Überschuldung	§ 15a InsO Antragspflicht bei juristischen Personen und Gesellschaften ohne Rechtspersönlichkeit
(1) Wird die Gesellschaft zahlungsunfähig, so haben die Geschäftsführer ohne schuldhaftes Zögern, spätestens aber drei Wochen nach Eintritt der Zahlungsunfähigkeit, die Eröffnung des Insolvenzverfahrens zu beantragen. Dies gilt sinngemäß, wenn sich eine Überschuldung der Gesellschaft ergibt.	(1) Mit Freiheitsstrafe bis zu drei Jahren oder mit Geldstrafe wird bestraft, wer es 1. als Geschäftsführer unterläßt, den Gesellschaftern einen Verlust in Höhe der Hälfte des Stammkapitals anzuzeigen, oder	(1) Wird eine juristische Person zahlungsunfähig oder überschuldet, haben die Mitglieder des Vertretungsorgans oder die Abwickler ohne schuldhaftes Zögern, spätestens aber drei Wochen nach Eintritt der Zahlungsunfähigkeit oder Überschuldung, einen Insolvenzantrag zu stellen. Das Gleiche gilt für die organschaftlichen Vertreter der zur Vertretung der Gesellschaft
(2) Die Geschäftsführer sind der Gesellschaft zum Ersatz von Zahlungen verpflichtet, die nach Ein-	2. als Geschäftsführer entgegen § 64 Abs.	

[1208] Siehe oben S. 246.

[1209] Vgl. oben S. 246. Ähnlich bereits: Bittmann, GmbHR 2007, 70 (76), der sich für eine ausdrückliche Tenorierung bestimmter Fälle der Untreue gemäß § 266 StGB ausspricht.

[1210] Art. 9 Ziffer 3 MoMiG vom 23. Oktober 2008, BGBl. I S. 2026 (2037). Vgl. bereits den RegE MoMiG, BT-Drs. 16/6140 vom 25. Juli 2007, S. 29. Eine ausführliche Behandlung des § 15a InsO erfolgte bereits oben S. 30 ff.

tritt der Zahlungsunfähigkeit der Gesellschaft oder nach Feststellung ihrer Überschuldung geleistet werden. Dies gilt nicht von Zahlungen, die auch nach diesem Zeitpunkt mit der Sorgfalt eines ordentlichen Geschäftsmanns vereinbar sind. Auf den Ersatzanspruch finden die Bestimmungen in § 43 Abs. 3 und 4 entsprechende Anwendung.

1 oder als Liquidator entgegen § 71 Abs. 4 unterläßt, bei Zahlungsunfähigkeit oder Überschuldung die Eröffnung des Insolvenzverfahrens zu beantragen.

(2) Handelt der Täter fahrlässig, so ist die Strafe Freiheitsstrafe bis zu einem Jahr oder Geldstrafe.

ermächtigten Gesellschafter oder die Abwickler bei einer Gesellschaft ohne Rechtspersönlichkeit, bei der kein persönlich haftender Gesellschafter eine natürliche Person ist; dies gilt nicht, wenn zu den persönlich haftenden Gesellschaftern eine andere Gesellschaft gehört, bei der ein persönlich haftender Gesellschafter eine natürliche Person ist.

(2) Bei einer Gesellschaft im Sinne des Absatzes 1 Satz 2 gilt Absatz 1 sinngemäß, wenn die organschaftlichen Vertreter der zur Vertretung der Gesellschaft ermächtigten Gesellschafter ihrerseits Gesellschaften sind, bei denen kein Gesellschafter eine natürliche Person ist, oder sich die Verbindung von Gesellschaften in dieser Art fortsetzt.

(3) Im Fall der Führungslosigkeit einer Gesellschaft mit beschränkter Haftung ist auch jeder Gesellschafter, im Fall der Führungslosigkeit einer Aktiengesellschaft oder einer Genossenschaft ist auch jedes Mitglied des Aufsichtsrats zur Stellung des Antrags verpflichtet, es sei denn, diese Person hat von der Zahlungsunfähigkeit und der Überschuldung oder der Führungslosigkeit keine Kenntnis.

(4) Mit Freiheitsstrafe bis zu drei Jahren oder mit Geldstrafe wird bestraft, wer entgegen Absatz 1 Satz 1, auch in Verbindung mit Satz 2 oder Absatz 2 oder Absatz 3, einen Insolvenzantrag nicht,

nicht richtig oder nicht rechtzeitig stellt.

(5) Handelt der Täter in den
Fällen des Absatzes 4 fahrlässig, ist die Strafe Freiheitsstrafe bis zu einem Jahr
oder Geldstrafe.

Die Darstellung der Parallelvorschriften der §§ 92, 401 AktG a. F. unterbleibt aus
Gründen der Übersichtlichkeit.

Die Neuregelung der Insolvenzverschleppung in § 15a InsO hat die Wahrnehm-
barkeit erhöht. *Bittmann* ist jedoch zuzustimmen, dass eine Überführung der Absätze 4 und 5 des § 15a InsO in das Kernstrafrecht in einen neuen § 283e StGB
der Bedeutung des Insolvenzverschleppungsstraftatbestands eher Rechnung getragen hätte.[1211]

Der MoMiG-Gesetzgeber führte nicht nur die bisherigen gesellschaftsrechtlichen
Insolvenzverschleppungsregelungen in § 15a InsO zusammen, sondern weitete
mit § 15a Absatz 4 und 5 i. V. m. Absatz 3 InsO auch den Kreis der tauglichen
Täter im Fall der Führungslosigkeit der Gesellschaft aus. Im Fall der Führungslosigkeit sind neuerdings auch die Gesellschafter einer GmbH bzw. jedes Aufsichts-
ratsmitglied einer AG oder Genossenschaft zur Stellung des Insolvenzantrags
verpflichtet. Unverändert führt das Vorliegen von Zahlungsunfähigkeit oder Überschuldung zur Insolvenzantragspflicht gemäß § 15a Absatz 1 Satz 1 InsO. Von
einer Antragspflicht bei drohender Zahlungsunfähigkeit sah der MoMiG-Gesetzgeber hingegen ab. Nachfolgend wird auf aktuelle Probleme der Neuregelung der
Insolvenzverschleppungsstrafbarkeit in § 15a InsO eingegangen.

Nicht Gegenstand der vorliegenden auf die Organe der AG und GmbH beschränkten Untersuchung ist die umstrittene Frage, ob sich auch Organe ausländischer juristischer Personen gemäß § 15a Absatz 4 und 5 InsO strafbar machen
können. Diese Frage stellt sich insbesondere aufgrund der nunmehr rechtsform-
neutralen Regelung der Insolvenzverschleppungsstrafbarkeit in § 15a Absatz 4
und 5 i. V. m. Absatz 1 Satz 1 InsO.[1212]

[1211] Bittmann, NStZ 2009, 113.

[1212] Vgl. z. B. Weiß, Strafbare Insolvenzverschleppung durch den director einer Ltd., 2009; Radt-
ke/Hoffmann, EuZW 2009, 404; Bittmann, NStZ 2009, 113 (114); Knof/Mock, GmbHR 20076,
852; Casper, in: GK-GmbHG § 64 Rn. 33: Kirchhof, in: HK/InsO § 15a Rn. 3; Bittmann/Gruber,
GmbHR 2008, 867 zur Frage der europarechtlichen Wirksamkeit der Strafbarkeit wegen Insolvenzverschleppung gemäß § 15a Absatz 4 und 5 InsO. Vgl. bereits Schlösser, wistra 2006, 81;

1. Täterkreis

a. Vertretungsorgane und Abwickler

Da die Strafvorschriften in den § 15a Absatz 4 und 5 InsO allgemein auf die Regelungen der Absätze 1 bis 3 verweisen, ist der Kreis der möglichen Täter der Insolvenzverschleppung unter Heranziehung dieser Regelungen zu bestimmen. Taugliche Täter sind somit gemäß § 15a Absatz 1 Satz 1 InsO die Mitglieder des Vertretungsorgans und die Abwickler.[1213] Gemäß § 15a Absatz 2 InsO zählen auch mittelbare organschaftliche Vertreter[1214] zum Kreis der möglichen Täter. Der zur Vertretung der GmbH berufene Geschäftsführer und der zur Vertretung der AG zuständige Vorstand sind unzweifelhaft taugliche Täter im Sinne von § 15a Absatz 1 Satz 1 InsO. Insofern ergeben sich keine Änderungen gegenüber dem bisherigen Täterkreis der Insolvenzverschleppungsdelikte der §§ 84 Absatz 1 Nr. 2 GmbHG a. F., 401 Absatz 1 Nr. 2 AktG a. F.

b. GmbH-Gesellschafter und Aufsichtsräte der AG im Fall der Führungslosigkeit

Durch § 15a Absatz 3 InsO wurde der Täterkreis der Insolvenzverschleppung im Fall der Führungslosigkeit der Gesellschaft auf jeden Gesellschafter einer GmbH und auf jedes Aufsichtsratsmitglieds einer AG oder Genossenschaft erweitert.[1215] Da die Genossenschaft nicht zum Untersuchungsgegenstand der vorliegenden Arbeit zählt, beschränken sich die nachfolgenden Überlegungen auf die GmbH-Gesellschafter und die Aufsichtsratsmitglieder der AG. Führungslosigkeit wird in § 35 Absatz 1 Satz 2 GmbHG als das Nicht-Vorhandensein eines Geschäftsführers bzw. in § 78 Absatz 1 Satz 2 AktG als das Nicht-Vorhandensein des Vorstandes definiert. Während die Regelung im GmbH-Recht auf die Einzelperson des Geschäftsführers abstellt, bezieht sich die Regelung im Aktienrecht auf das Gesamtorgan des Vorstandes und nicht auf das einzelne Vorstandsmitglied. Fraglich ist, ob der Begriff der Führungslosigkeit im Aktienrecht deshalb anders als im GmbH-Recht zu bestimmen ist. Regelt die Satzung einer AG, dass der Vorstand

---

Rönnau, ZGR 2005, 832; Gross/Schork, NZI 2006, 10; Lawlor, NZI 2005, 432; Altmeppen, NJW 2004, 97 (100 f.).

[1213] Vgl. Dannecker/Knierim/Hagemeier, Rn. 516 ff.

[1214] Vgl. RegE MoMiG, BT-Drs. 16/6140 vom 25. Juli 2007, Begründung S. 134.

[1215] Ausführlich: Passarge, GmbHR 2010, 295 ff.

aus mindestens zwei Personen bestehen muss, so könnte Führungslosigkeit möglicherweise bereits dann gegeben sein, wenn nur noch ein Vorstandsmitglied des ursprünglich zweiköpfigen Vorstandes vorhanden ist. Eine solche Auslegung würde jedoch bereits dem Begriff der Führungslosigkeit widersprechen. Eine AG ist im Sinne einer engen Auslegung des Wortlautes nicht bereits dann ohne Führung, wenn die in der Satzung vorgesehene Zahl der Vorstandsmitglieder unterschritten wird, sondern erst dann, wenn kein einziges Vorstandsmitglied mehr vorhanden ist, das einen Insolvenzantrag stellen könnte. Nach dem gesetzlichen Leitbild des § 76 Absatz 2 Satz 1 AktG reicht es daher aus, wenn ein einziges Vorstandsmitglied vorhanden ist. Den Gesetzgebungsmaterialien kann nicht entnommen werden, dass der Begriff der Führungslosigkeit im Aktien- und im GmbH-Recht unterschiedlich zu bestimmen sei.[1216] Führungslosigkeit ist daher sowohl im GmbH-Recht als auch im Aktienrecht nur dann gegeben, wenn kein einziger Geschäftsführer oder kein einziges Vorstandsmitglied vorhanden ist. Der unbekannte Aufenthalt bzw. die bloße Unerreichbarkeit eines Geschäftsführers oder Vorstandsmitglieds stellen hingegen keine Führungslosigkeit dar.[1217]

Den Gesetzgebungsmaterialien kann entnommen werden, dass die Erstreckung der Antragspflicht auf GmbH-Gesellschafter und Aufsichtsratsmitglieder der AG im Fall der Führungslosigkeit zur Bekämpfung von Missbrauchsfällen geschaffen wurde.[1218] Es sollen insbesondere sog. Firmenbestattungen, bei denen eine insolvenzreife Gesellschaft durch eine Sitzverlegung und Geschäftsführerlosigkeit einem geordneten Insolvenzverfahren entzogen wird, verhindert werden.[1219]

Die Erweiterung des Täterkreises gemäß § 15 Absatz 4 und 5 i. V. m. Absatz 3 InsO hat strafrechtliche Folgeprobleme aufgeworfen. Es ist zu klären, ob die Erweiterung des Täterkreises aus strafrechtlicher Sicht zu beanstanden ist und ob es durch die Hintertür des § 15a Absatz 5 InsO möglicherweise zu einer ungewollten Erstreckung der Verantwortlichkeit auf die fahrlässige Unkenntnis von der Führungslosigkeit bzw. der Antragspflicht kam.

[1216] Vgl. z. B. Begründung RegE MoMiG, BT-Drs. 16/6140 vom 25. Juli 2007, S. 61 ff., 101 f., RefE MoMiG vom 29. Mai 2006 (http://www.bmj.bund.de/files/-/1236/RefE%20MoMiG.pdf), Begründung S. 58 f.

[1217] AG Hamburg, NJW 2009, 304 = NZI 2009, 63; vgl. Achenbach, NStZ 2009, 621 (626). Anders noch: Art. 1 Ziffer 27, Art. 5 Ziffer 6 RefE MoMiG vom 29. Mai 2006 (http://www.bmj.bund.de/files/-/1236/RefE%20MoMiG.pdf), S. 7, 17, Begründung S. 34, 58. Ebenso: Passarge, GmbHR 2010, 295 (300).

[1218] Vgl. Begründung RegE MoMiG, BT-Drs. 16/6140 vom 25. Juli 2007, S. 133 ff.

[1219] Vgl. Römermann, GmbHR 2006, 673 (679 f.); Breitenstein/Meyding, BB 2006, 1457 (1461); Seibert, ZIP 2006, 1157 (1164 f.); K.Schmidt, GmbHR 2007, 1 (7); Bork, ZGR 2007, 250 ff.; Bittmann, GmbHR 2007, 70 f. Ausführlich zur sog. Firmenbestattung: Kleindiek, ZGR 2007, 276 ff.

aa. Kritik an der Erweiterung des Täterkreises

Zur Bekämpfung des Missbrauchsfalles der führungslosen Gesellschaft entschied sich der Gesetzgeber zur Einführung einer Ersatzantragspflicht sämtlicher GmbH-Gesellschafter und Aufsichtsräte einer AG gemäß § 15a Absatz 3 InsO.[1220] Die Verletzung der Ersatzantragspflicht führt, beim Vorliegen der jeweiligen Voraussetzungen, zu einer zivilrechtlichen Schadensersatzverpflichtung gegenüber Gläubigern, da § 15a Absatz 3 i. V. m. Absatz 1 Satz 1 InsO ein Schutzgesetz im Sinne von § 823 Absatz 2 BGB ist.[1221] Der MoMiG-Gesetzgeber beließ es jedoch nicht bei dieser zivilrechtlichen Haftung. Die Verweisung in § 15a Absatz 4 InsO auf Absatz 3 führt zu einer Erweiterung des Täterkreises der Insolvenzverschleppungsstrafbarkeit. Fraglich ist, ob diese Ausdehnung der strafrechtlichen Insolvenzverschleppungshaftung Zustimmung verdient. Möglicherweise verstößt die Erweiterung des Täterkreises gemäß § 15a Absatz 4 i. V. m. Absatz 3 InsO gegen das *ultima ratio*-Prinzip. Es wurde bereits weiter oben ausgeführt, dass es das *ultima ratio*-Prinzip gebietet, das Strafrecht als schärfste Waffe des Staates nur dann zum Einsatz kommen zu lassen, wenn ein Strafausspruch für ein besonders sozialschädliches Verhalten unter Verhältnismäßigkeits- und Subsidiaritätsgesichtspunkten zur Sicherstellung des konkreten Rechtsgüterschutzes für unumgänglich gehalten wird.[1222]

Die zivilrechtliche Ersatzantragspflicht gemäß § 15a Absatz 3 InsO wurde zur Bekämpfung des möglichen Missbrauchsfalles der führungslosen Gesellschaft geschaffen. Es ist zwar fraglich, ob bereits von dem Zustand der Führungslosigkeit der Gesellschaft auf das Vorliegen einer Absicht zum Missbrauch der Rechtsform der GmbH oder AG zur Benachteiligung der Gläubiger geschlossen werden kann. Die Führungslosigkeit kann beispielsweise auch durch einen plötzlichen Unfalltod des einzigen Geschäftsführers oder Vorstandes eintreten. Grundsätzlich ist die Einführung einer subsidiären zivilrechtlichen Antragspflicht im Fall der missbrauchsanfälligen Konstellation der Führungslosigkeit geeignet, um die problematischen Missbrauchsfälle zu bekämpfen. Dem Gesetzgeber ist im Zivilrecht eine weite Einschätzungsprärogative bei der Wahl der Mittel zur Verhinderung von etwaigen Missbräuchen zuzubilligen. Im Strafrecht gelten mit dem *ultima ratio*-Prinzip jedoch strengere Anforderungen. Die Strafvorschrift muss nicht nur geeignet, sondern insbesondere auch verhältnismäßig im engeren Sinn sein.

[1220] Vgl. bereits die Begründung zum RefE MoMiG vom 29. Mai 2006 (http://www.bmj.bund.de/files/-/1236/RefE%20MoMiG.pdf), S. 34 f, 62 f.

[1221] Vgl. z. B. Kirchhof, in: HK/InsO § 15a Rn. 29 f.; Gundlach/Frenzel/Strandmann, NZI 2008, 647 f.

[1222] Siehe bereits oben S. 62 zum ultima ratio-Prinzip. Vgl. auch Sch/Sch-Eser, StGB § 1 Rn. 21; Jescheck/Weigend, S. 52 ff.; Freund, in: MüKo/StGB vor § 13 Rn. 34 f.

Nach den gesetzlichen Vorgaben des § 15a Absatz 3 InsO besteht eine Insolvenzantragspflicht für GmbH-Gesellschafter und AG-Aufsichtsräte im Fall der Führungslosigkeit, es sei denn die antragspflichtigen Person hat von der Zahlungsunfähigkeit bzw. Überschuldung oder der Führungslosigkeit keine Kenntnis. Die Ausnahme von der Antragspflicht bei fehlender Kenntnis ist das Korrektiv zu der oftmals nicht gegebenen Einbindung der GmbH-Gesellschafter oder AG-Aufsichtsräte in das Tagesgeschäft. Es wird keine zusätzliche Verpflichtung für GmbH-Gesellschafter oder Aufsichtsräte einer AG begründet, sich permanent über die finanziellen Verhältnisse der Gesellschaft auf dem Laufenden zu halten. Diese Einschränkung des § 15a Absatz 3 InsO gilt auch für die strafrechtliche Insolvenzverschleppungshaftung, da § 15a Absatz 4 InsO vollumfänglich auf Absatz 3 verweist. Wer jedoch als Gesellschafter Kenntnis von der Insolvenzreife oder von der Führungslosigkeit hat, von dem kann erwartet werden, dass er entweder für eine Beseitigung der Führungslosigkeit sorgt oder ggf. selbst Insolvenzantrag stellt. Minderheitsgesellschaftern oder Aufsichtsräten, die nicht über die erforderliche Mehrheit zur Bestellung eines Geschäftsführers oder Vorstandsmitglieds verfügen, bleibt in der Regel keine andere Wahl als die Stellung des Insolvenzantrags. Zudem beseitigen die Einschränkungen des § 15a Absatz 3 InsO bei fehlender Kenntnis Zweifel an der Verhältnismäßigkeit der strafrechtlichen Verantwortlichkeit der ersatzweise antragspflichtigen Gesellschafter einer GmbH bzw. Aufsichtsräte einer AG.

Ferner spricht der Gleichlauf zwischen dem Kreis der insolvenzantragspflichtigen Personen gemäß den § 15a Absatz 1 bis 3 InsO und dem Kreis der möglichen Täter gemäß § 15a Absatz 4 und 5 InsO für eine Erweiterung des Täterkreises im Fall der Führungslosigkeit. Der Anwendungsbereich der Insolvenzverschleppungsstrafbarkeit im Fall der Führungslosigkeit wird zudem durch die vor allem in Konzernfällen häufige Situation, dass keine natürliche Person Gesellschafter einer GmbH ist, weiter eingeengt. Handelt es sich bei sämtlichen Gesellschaftern einer GmbH um andere Gesellschaften, so scheidet deren Strafbarkeit gemäß § 15a Absatz 4 und 5 i. V. m. Absatz 3 InsO aus, da sich eine Gesellschaft mangels Schuldfähigkeit nicht strafbar machen kann.[1223]

Die Erstreckung der strafrechtlich abgesicherten Insolvenzantragspflicht auf GmbH-Gesellschafter und AG-Aufsichtsräte im Fall der Führungslosigkeit ist zudem aus Gründen der Effektivität des Rechtsgüterschutzes geboten. Es wurde bereits ausgeführt, dass der Insolvenzverschleppungsstraftatbestand dem Gläubi-

---

[1223] Siehe bereits oben S. 3 zur nicht gegebenen Strafbarkeit von Gesellschaften.

gerschutz dient.[1224] Im Fall der Führungslosigkeit fehlt jedoch das zur rechtzeitigen Stellung des Insolvenzantrags verpflichtete Vertretungsorgan der Kapitalgesellschaft.[1225] Vor dem Inkrafttreten des MoMiG lief daher der strafrechtliche Rechtsgüterschutz der Insolvenzverschleppung im Fall der Führungslosigkeit ins Leere. Die Erweiterung des Täterkreises bei Führungslosigkeit gemäß § 15a Absatz 4 und 5 i. V. m. Absatz 3 InsO beseitigt dieses Manko.

Alles in allem ist die Erstreckung der Insolvenzverschleppungsstrafbarkeit auf GmbH-Gesellschafter und AG-Aufsichtsratsmitglieder im Fall der Führungslosigkeit nicht zu beanstanden.

bb. Strafbarkeit bei fahrlässiger Unkenntnis?

Im Fall der Führungslosigkeit besteht die zivilrechtliche Insolvenzantragspflicht der GmbH-Gesellschafter und Aufsichtsratsmitglieder einer AG gemäß § 15a Absatz 3 InsO ausnahmsweise nicht, wenn die ersatzweise antragspflichtige Person keine Kenntnis von der Zahlungsunfähigkeit bzw. Überschuldung oder von der Führungslosigkeit hatte. Anders als es in der Literatur vereinzelt vorgebracht wird[1226], ist der Wortlaut des § 15 Absatz 3 letzter Halbsatz InsO, der auf die Kenntnis von der *"Zahlungsunfähigkeit und der Überschuldung"* abstellt, nicht missverständlich. Es wird behauptet, dass nicht klar sei, ob die Insolvenzantragsgründe der Zahlungsunfähigkeit und der Überschuldung kumulativ vorliegen müssen oder nicht.[1227] Diese Stellungnahme ist unzutreffend. Der Wortlaut von § 15a Absatz 3 letzter Halbsatz InsO formuliert mit *"es sei denn"* eine Ausnahmeregelung. Die Exkulpationsmöglichkeit greift nur dann, wenn der ersatzweise antragspflichtigen Person weder das Vorliegen von Zahlungsunfähigkeit noch das Vorliegen von Überschuldung bekannt st. Besteht bei Führungslosigkeit z. B. Kenntnis vom Vorliegen von Überschuldung, so ist bereits dies ausreichend, um die Anwendbarkeit der Ausnahmeregelung in § 15a Absatz 3 letzter Halbsatz InsO zu verneinen. Ferner stellt der Wortlaut des § 15a Absatz 3 InsO klar, dass eine Ausnahme von der grundsätzlich gegebenen Ersatzantragspflicht im Fall der Führungslosigkeit nur dann in Betracht kommt, wenn keine Kenntnis vom Vorliegen der Führungslosigkeit oder vom Vorliegen von Zahlungsunfähigkeit oder Überschuldung besteht. Positiv formuliert bedeutet dies, dass die Ersatzantragspflicht von GmbH-Gesell-

---

[1224] Siehe dazu oben S. 32.
[1225] Vgl. Gundlach/Frenzel/Strandmann, NZI 2008, 647.
[1226] Gundlach/Frenzel/Strandmann, NZI 2008, 647 f.
[1227] So: Gundlach/Frenzel/Strandmann, NZI 2008, 648.

schaftern und AG-Aufsichtsräten gemäß § 15a Absatz 3 InsO nur dann greift, wenn die antragspflichtige Person weder das Bestehen von Führungslosigkeit noch das Vorliegen von Zahlungsunfähigkeit oder Überschuldung kannte.[1228]

Gemäß § 15a Absatz 5 i. V. m. Absatz 4 InsO ist auch die fahrlässige Insolvenzverschleppung strafbar. Da § 15a Absatz 4 i. V. m. Absatz 5 InsO auch auf Absatz 3 zur Ersatzantragspflicht im Fall der Führungslosigkeit verweist, stellt sich die Frage, ob möglicherweise auch die fahrlässige Unkenntnis von der Insolvenzantragspflicht im Fall der Führungslosigkeit unter Strafe steht. Die fahrlässige Unkenntnis könnte sich dabei sowohl auf das Vorliegen von Insolvenzreife als auch auf das Vorliegen von Führungslosigkeit als auch auf das Vorliegen von Insolvenzreife und Führungslosigkeit beziehen. Die Anerkennung einer solchen fahrlässigen Strafbarkeit würde im klaren Widerspruch zu der Ausnahmeregelung in § 15a Absatz 3 letzter Halbsatz InsO stehen. Es wurde vorangehend bereits ausgeführt, dass die zivilrechtliche Ersatzinsolvenzantragspflicht gemäß § 15a Absatz 3 letzter Halbsatz InsO dann nicht besteht, wenn der antragspflichtige GmbH-Gesellschafter oder AG-Aufsichtsrat keine Kenntnis von der Führungslosigkeit und der Insolvenzreife hatte. Da § 15a Absatz 5 i. V. m. Absatz 4 InsO auf die zivilrechtliche Insolvenzantragspflicht in § 15a Absatz 3 InsO verweist, kann eine über die zivilrechtliche Pflichtenstellung hinausgehende fahrlässige Strafhaftung nicht begründet werden.[1229] Aufgrund der Verweisung besteht eine strenge Akzessorietät zur konkreten zivilrechtlichen Insolvenzantragspflicht. Durch die Anknüpfung an die zivilrechtliche Insolvenzantragspflicht scheidet eine Strafbarkeit gemäß § 15a Absatz 4 und 5 InsO von vornherein aus, wenn gegen die zivilrechtliche Antragspflicht nicht verstoßen wird bzw. wenn eine Insolvenzantragspflicht nicht besteht. Haben die im Fall der Führungslosigkeit ersatzweise antragspflichtigen GmbH-Gesellschafter oder Aufsichtsratsmitglieder der AG von der Insolvenzreife oder von der Führungslosigkeit keine Kenntnis, so besteht keine zivilrechtliche Insolvenzantragspflicht gemäß § 15a Absatz 3 InsO. Eine Strafbarkeit wegen fahrlässiger Unkenntnis der Insolvenzantragspflicht oder der Führungslosigkeit gemäß § 15a Absatz 5 i. V. m. Absatz 4 und 3 InsO scheidet daher aus.

[1228] So auch: Bittmann, NstZ 2009, 113 (115); Uhlenbruck, in; K.Schmidt/Uhlenbruck, GmbH-Krise Rn. 11.59. Unklar hingegen: Gundlach/Frenzel/Strandmann, NZI 2008, 648.
[1229] Zutreffend: Bittmann, NStZ 2009, 113 (115).

2. Tathandlung

Gemäß der Neufassung des Insolvenzverschleppungsstraftatbestands in § 15a Absatz 4 InsO wird bestraft, wer bei bestehender Antragspflicht einen Insolvenzantrag nicht, nicht richtig oder nicht rechtzeitig stellt.

a. Strafbarkeit der unterlassenen und der nicht rechtzeitigen Antragstellung

Nach dem Wortlaut der bisherigen Insolvenzverschleppungsstraftatbestände der §§ 84 Absatz 1 Nr. 2 GmbHG a. F., 401 Absatz 1 Nr. 2 AktG a. F. war nur der unterlassene Insolvenzantrag strafbar. Der nicht rechtzeitige gestellte Insolvenzantrag wurde dem überhaupt nicht gestellten Insolvenzantrag jedoch schon früher gleichgestellt.[1230] Demnach enthält § 15a Absatz 4 InsO, der die unterlassene und die nicht rechtzeitige Antragstellung als separate Tathandlungen aufführt, keine Änderung, sondern lediglich eine Klarstellung.

b. Strafbarkeit der unrichtigen Antragstellung

Neuerdings wird in § 15a Absatz 4 InsO auch die *nicht richtige* Insolvenzantragstellung als Tathandlung genannt. Der unrichtige Insolvenzantrag stand bislang nicht unter Strafe. Es ist zu bestimmen, welche Änderung gegenüber der Situation vor dem Inkrafttreten des MoMiG damit verbunden ist. Fraglich ist ferner, ob durch den Insolvenzverschleppungsstraftatbestand mit der Einbeziehung der unrichtigen Antragstellung zusätzlich zum Schutz der Gläubiger auch das Interesse der Adressaten eines Insolvenzantrags an der Richtigkeit des Antrags geschützt wird.

aa. Unzulässiger Antrag = unrichtiger Antrag?

Fraglich ist, was unter einem unrichtigen Antrag im Sinne von § 15a Absatz 4 InsO zu verstehen ist. Den Gesetzgebungsmaterialien können hierzu, keine Hinweise entnommen werden. Dort wird lediglich ausgeführt, dass die bisherigen strafrechtlichen Vorschriften in dem neuen § 15a Absatz 4 InsO zusammengefasst und auf den Fall der Ersatzantragspflicht durch Gesellschafter und Aufsichtsratsmitglieder

---

[1230] Vgl. nur Spindler, in: MüKo/AktG § 92 Rn. 40; Höffner, S. 40.

erstreckt werden.[1231] Im Referentenentwurf zum MoMiG vom 29. Mai 2006 war die Neuregelung zur Insolvenzverschleppung in § 15a InsO noch nicht enthalten.

Unrichtig ist ein Insolvenzantrag nach allgemeinen Grundsätzen, wenn er formale oder inhaltliche Fehler aufweist.[1232] Ein Insolvenzantrag ist gemäß §§ 2, 3 InsO bei dem örtlich zuständigen Insolvenzgericht zu stellen. Der Insolvenzantrag ist formal fehlerhaft, wenn er nicht schriftlich (§ 13 Absatz 1 Satz 1 InsO) gestellt wird, wenn es an der Parteifähigkeit fehlt, wenn er bei juristischen Personen nicht von der antragsberechtigten Person gestellt wird, wenn er bei einer unzuständigen Stelle gestellt wird, wenn er als solcher nicht erkennbar ist oder wenn er den Schuldner oder den Insolvenzgrund nicht eindeutig bezeichnet und wenn er keine substantiierten Angaben zum Bestehen eines Eröffnungsgrundes enthält.[1233]

Inhaltliche Fehler enthält der Insolvenzantrag, wenn er das gemäß § 2 InsO zuständige Insolvenzgericht nicht in die Lage versetzt, die Voraussetzungen für die Eröffnung des Insolvenzverfahrens zu prüfen. Gemäß § 4 InsO sind auf das Verfahren vor dem Insolvenzgericht die Vorschriften der ZPO anzuwenden. Es gelten daher die allgemeinen Vorschriften der ZPO über die Klageerhebung im Zivilprozess.[1234] Der Insolvenzantrag ist als Prozesshandlung unanfechtbar und kann nicht unter einer Bedingung oder Befristung erklärt werden.[1235] Ferner ist nach der ganz herrschenden Auffassung erforderlich, dass der Eröffnungsgrund substantiiert und nachvollziehbar angeben wird, d. h. dass die konkreten Tatsachen, aus denen sich das Vorliegen des Insolvenzgrundes im Wesentlichen ergibt, nachvollziehbar dargestellt werden.[1236] Eine Schlüssigkeit im technischen Sinne ist hingegen nicht erforderlich.[1237] Da die Eröffnung des Insolvenzverfahrens gemäß § 16 InsO voraussetzt, dass ein Eröffnungsgrund gegeben ist, muss es dem Insolvenzgericht durch den Insolvenzantrag zumindest ermöglicht werden, den Insolvenzgrund zu prüfen. Fehlt es an den vorgenannten Voraussetzungen, so ist der Insolvenzantrag von dem Insolvenzgericht als unzulässig abzuweisen.[1238] Ein Antrag,

---

[1231] RegE MoMiG, BT-Drs. 16/6140 vom 25. Juli 2007, Begründung S. 133 f.

[1232] Vgl. Bittmann, ZGR 2009, 931 (970).

[1233] BGHZ 153, 205 ff = NJW 2003, 1187 ff.; vgl. auch Bittmann, ZGR 2009, 931 (970).

[1234] Vgl. nur Bußhardt, in: Braun, InsO § 13 Rn. 6 ff.

[1235] Schmahl, in: MüKo/InsO § 13 Rn. 77, 80; Bußhardt, in: Braun, InsO § 13 Rn. 6.

[1236] BGHZ 153, 205 ff = NJW 2003, 1187 ff.; Kirchhof, in: HK/InsO § 13 Rn 20; Bittmann, ZGR 2009, 931 (970).

[1237] Die früher gemäß § 104 KO erforderliche Vorlage eines Vermögens-, Gläubiger- und Schuldnerverzeichnisses ist seit dem Inkrafttreten der InsO nicht mehr erforderlich; vgl. Bußhardt, in: Braun, InsO § 13 Rn. 10.

[1238] Vor der Abweisung ist dem Antragsteller jedoch rechtliches Gehör zu gewähren, d. h. ihm ist unter Hinweis auf den bzw. die Mängel innerhalb einer angemessenen Frist Gelegenheit zur

der diese Voraussetzungen nicht erfüllt, ist daher als *nicht richtig* gestellter Antrag im Sinne des § 15a Absatz 4 InsO anzusehen.

Vor der Einführung der Tathandlung der unrichtigen Antragstellung in § 15a Absatz 4 InsO schied gemäß der Rechtsprechung eine Bestrafung wegen Insolvenzverschleppung bereits dann aus, wenn ein – ggf. auch unvollständiger – Antrag rechtzeitig gestellt wurde.[1239] Der Antrag musste nicht die vorstehend aufgeführten Voraussetzungen eines inhaltlich richtigen Antrags erfüllen, insbesondere durften erforderliche Unterlagen zur Prüfung des Insolvenzantrags zumindest zunächst fehlen.[1240]

Dieser Auffassung ist durch die Einbeziehung der unrichtigen Antragstellung im neuen Insolvenzverschleppungsstraftatbestand des § 15a Absatz 4 InsO der Boden entzogen.[1241] Der unrichtige bzw. unzulässige Insolvenzantrag steht dem gar nicht oder verspätet gestellten Insolvenzantrag gleich. Insofern hat sich durch die Neufassung des § 15a Absatz 4 InsO eine erhebliche Erweiterung des strafrechtlich sanktionierten Pflichtenkatalogs im Zusammenhang mit der Insolvenzantragspflicht bei juristischen Personen wie der GmbH und der AG ergeben.[1242]

bb. Erweiterung des Rechtsgüterschutzes?

Möglicherweise ist mit der Aufnahme der Tathandlung der unrichtigen Antragstellung eine Erweiterung des Rechtsgüterschutzes des Insolvenzverschleppungsstraftatbestands verbunden. Zusätzlich zum Schutz der Gläubiger könnte auch das Interesse der Adressaten eines Insolvenzantrags an der formalen und inhaltlichen Richtigkeit des Antrags geschützt sein. Der Insolvenzantrag ist beim zuständigen Insolvenzgericht zu stellen. Es wäre denkbar, dass der MoMiG-Gesetzgeber die Effizienz der Arbeit der Insolvenzgerichte stärken wollte und durch die Strafbarkeit der unrichtigen Antragstellung für eine Erleichterung der Bearbeitung der Insolvenzanträge durch eine Verringerung der Zahl unvollständiger oder unzulässiger Anträge sorgen wollte.

Beseitigung zu geben (§§ 4 InsO, 139 Absatz 3 ZPO); vgl. Schmahl, in: MüKo/InsO § 13 Rn. 114.

[1239] BayObLG, NStZ 2000, 595; KG, wistra 2002, 313 (315 f.).

[1240] BayObLG, NStZ 2000, 595.

[1241] Vgl.auch Bittmann, NStZ 2009, 113 (116).

[1242] Unzutreffend: Gundlach/Frenzel/Strandmann, NZI 2008, 647 (650), die davon ausgehen, dass die Insolvenzverschleppungshaftung trotz des neuen Wortlauts inhaltlich nicht verändert wurde.

Der Wortlaut des § 15a Absatz 4 InsO legt auf den ersten Blick eine Erweiterung des Rechtsgüterschutzes des Insolvenzverschleppungsstraftatbestands nahe. Zwingend ist ein solches Wortlautverständnis jedoch nicht. § 15a InsO trat mit dem MoMiG am 1. November 2008 in Kraft.[1243] Gemäß den gesellschaftsrechtlichen Vorläufervorschriften der §§ 84 Absatz 1 Nr. 2 GmbHG a. F., 401 Absatz 1 Nr. 2 AktG a. F. stand nur der unterlassene Insolvenzantrag unter Strafe.[1244] Eine Strafbarkeit der unrichtigen Antragstellung war nicht vorgesehen. Den Gesetzgebungsmaterialien zum MoMiG kann zu einer möglichen Erweiterung des Rechtsgüterschutzes nichts entnommen werden.[1245] Es wäre jedoch sehr ungewöhnlich, wenn der Gesetzgeber mit der neu eingeführten Tathandlung der unrichtigen Antragstellung eine Erweiterung des Rechtsgüterschutzes angestrebt hätte, ohne dass dies im Rahmen des Gesetzgebungsverfahrens zum Ausdruck gekommen wäre. Dies spricht dafür, dass mit der ausdrücklichen Einbeziehung der unrichtigen Antragstellung als Tathandlung der Insolvenzverschleppung keine Erweiterung des Rechtsgüterschutzes verbunden sein soll.

Entscheidend ist, ob es nach dem Sinn und Zweck des Insolvenzverschleppungsstraftatbestands durch Einbeziehung der unrichtigen Antragstellung in den Kreis der Tathandlungen zu einer Erweiterung des Rechtsgüterschutzes kommen sollte. Unstreitig dient der Straftatbestand der Insolvenzverschleppung primär dem Schutz der Gläubigerinteressen, d. h. dem Schutz der finanziellen Befriedigungsinteressen der Insolvenzgläubiger und der Sicherstellung einer gleichmäßigen Befriedigung der Insolvenzgläubiger.[1246]

Selbst wenn die Neuregelung der Strafbarkeit der unrichtigen Insolvenzantragstellung durch § 15a Absatz 4 InsO tatsächlich zu einer Vereinfachung des Prüfungsaufwands der Insolvenzgerichte führen würde, so ist gleichwohl anzunehmen, dass dies nicht der eigentliche Sinn und Zweck der Erweiterung der Tathandlungen um die nicht richtige Stellung eines Insolvenzantrags war. Es ist vielmehr davon auszugehen, dass die Einbeziehung der unrichtigen Antragstellung aus Gründen der Stärkung des Gläubigerschutzes und zur Vermeidung von Missbrauchsfällen wie z. B. der sog. Unternehmensbestattung erfolgte.[1247] Die Einbeziehung der unrichtigen Antragstellung soll – ggf. als erwünschter Nebeneffekt – zu einer frühzeitigeren Eröffnung des Insolvenzverfahrens führen, da der

---

[1243] Vgl. Art. 9 Ziffer 3 i. V. m. Art. 25 MoMiG vom 23. Oktober 2008, BGBl. I S. 2026 (2037, 2043).

[1244] Vgl. hierzu auch: Bittmann, NStZ 2009, 113 (115).

[1245] In der Begründung zur Einführung des § 15a Absatz 4 InsO wird im RegE MoMiG, BT-Drs. 16/6140 auf S. 133 f. lediglich ausgeführt, dass die bisherigen strafrechtlichen Vorschriften in dem neuen § 15a Absatz 4 InsO zusammengefasst und auf den Fall der Ersatzantragspflicht durch Gesellschafter und Aufsichtsratsmitglieder erstreckt werden.

[1246] Siehe dazu bereits oben S. 32.

[1247] So wohl auch: Bittmann, NStZ 2009, 113 (115 f.).

Prüfungsaufwand der Insolvenzgerichte bei vollständigen und richtigen Insolvenzanträgen geringer ist. Erfahrungsgemäß ist bei einer frühzeitigeren Verfahrenseröffnung eher mit einer größeren Insolvenzmasse zu rechnen bzw. eher davon auszugehen, dass überhaupt eine zur Verfahrenseröffnung ausreichende Masse vorhanden ist.[1248] Auch dies würde dem Schutz der Gläubigerinteressen dienen und nicht dem möglichen Interesse der zuständigen Insolvenzgerichte an einer möglichst einfachen Antragsbearbeitung. Die Einbeziehung des Schutzes des Interesses der Insolvenzgerichte als Adressaten eines Insolvenzantrags an der formalen und inhaltlichen Richtigkeit des Antrags ist daher abzulehnen.

Alles in allem dient der Straftatbestand der Insolvenzverschleppung unverändert dem Gläubigerschutz. Die Einbeziehung der unrichtigen Antragstellung in den Kreis der tauglichen Tathandlungen gemäß § 15a Absatz 4 InsO hat daran nichts geändert.

IV. Strafbarkeit faktischer Organe wegen Bankrott und Insolvenzverschleppung

Die strafrechtliche Verantwortlichkeit des sog. faktischen Organs ist ein Sonderproblem der Organhaftung, das sich auch und gerade in der Unternehmenskrise stellt. Die Behandlung dieses Problems sorgt in Rechtsprechung und Literatur bereits seit über einhundert Jahren[1249] für Kontroversen. Unter einem faktischen Organ werden sowohl das zivilrechtlich unwirksam bestellte Organ als auch die überhaupt nicht als Organ bestellte aber gleichwohl („faktisch") wie ein Organ tätig werdende natürliche Person verstanden. Zur Strafbarkeit des faktischen Organs liegen bereits zahlreiche monographische Stellungnahmen vor.[1250] Die nachfolgenden Überlegungen beschränken sich daher auf wesentliche Grundzüge sowie

---

[1248] Die frühzeitigere Verfahrenseröffnung war ein mit der Einführung der InsO verfolgtes Ziel – vgl. hierzu RegE InsO, BT-Drs. 12/2443, Begründung S. 80 f., 84 ff. Vgl. auch Kießner, in: Braun, InsO Einführung Rn. 18 ff.

[1249] Vgl. die Übersichten zur historischen Entwicklung der Rechtsprechung bei: Rodemann, S. 25 ff.; Gübel, S. 47 ff.; Montag, S. 28 ff.; Stein, Das faktische Organ, S. 6 ff., Büning, S. 46 ff.; Hartmann, Insolvenzantragspflicht, S. 46 ff.; Dinkhoff, S. 24, 176 ff.; Fuhrmann, FS-Tröndle, S. 139 (140 ff.).

[1250] Vgl. z. B. Stein, Das faktische Organ, 1984; Hartmann, Die Insolvenzantragspflicht des faktischen Organs, 2005; Gübel, Die Auswirkung der faktischen Betrachtungsweise auf die strafrechtliche Haftung faktischer GmbH-Geschäftsführer, 1994; Montag, Die Anwendung der Strafvorschriften des GmbH-Rechts auf faktische Geschäftsführer, 1994; Rodemann, Zur Begründung der Strafbarkeit des faktischen Geschäftsführers einer GmbH, 2002; Büning, Die strafrechtliche Verantwortlichkeit faktischer Geschäftsführer einer GmbH, 2004; Rogall, Klaus, Die strafrechtliche Organhaftung, in: Amelung, Knut: Individuelle Verantwortung und Beteiligungsverhältnisse bei Straftaten in bürokratischen Organisationen des Staates, der Wirtschaft und der Gesellschaft, 2000.

auf die Strafbarkeit faktischer Geschäftsführungs- und Vertretungsorgane wegen Bankrott und Insolvenzverschleppung. Hierbei ist zu differenzieren, ob ein fehlerhafter Bestellungsakt gegeben ist oder nicht. In der einen Konstellation, die unter dem Begriff des *faktischen Organs* verstanden wird, handelt für die Unternehmung die hierzu gemäß den gesetzlichen Vorgaben von den Gesellschaftern vorgesehene Person. Allerdings wurde diese aufgrund eines Fehlers im Bestellungsakt nicht rechtswirksam zum Organ berufen.[1251] Die Bezeichnung als *faktisches Organ* knüpft hier an die im Zivilrecht entwickelten und anerkannten Rechtsfiguren der *faktischen* bzw. *fehlerhaften Gesellschaft*[1252] oder des *faktischen* bzw. *fehlerhaften Arbeitsverhältnisses*[1253] an. Die Fehlerhaftigkeit der Bestellung ist von den Beteiligten regelmäßig nicht intendiert und der faktische Geschäftsführer oder Vorstand wird zumindest zunächst ohne eigene Kenntnis von der rechtlichen Unwirksamkeit seiner Bestellung für die Gesellschaft tätig.

In der anderen Fallgruppe handelt eine natürliche Person wie ein Organ für die Gesellschaft, beeinflusst maßgeblich das Schicksal der Unternehmung und trifft den Organwaltern vorbehaltene Entscheidungen, ohne dass überhaupt eine – gegebenenfalls unwirksame – Bestellung dieser Person zum Organ tatsächlich vorgenommen worden wäre.[1254] Typisch für diese Konstellation sind Fälle, in denen neben dem faktischen Organ ein untätig bleibendes ordnungsgemäß bestelltes Organ vorhanden ist und das faktische Organ das Amt des Leitungsorgans entweder aus rechtlichen Gründen, insbesondere wegen eines Organverbots[1255] gemäß den §§ 6 Absatz 2 GmbHG, 76 Absatz 3 AktG, nicht ausüben darf oder aus

---

[1251] Vgl. RGSt 16, 269; 36, 269; 43, 407; 64, 81; zusammenfassend zu dieser Rechtsprechung des Reichsgerichts auch: BGHSt 3, 32 (38 f.); Rodemann S. 35; Sch/Sch-Lenckner-Perron, StGB § 14 Rn. 42/43; Fischer, StGB § 14 Rn. 18; LK-Schünemann, StGB § 14 Rn. 69; Fleischer, AG 2004, 517 ff.

[1252] Vgl. nur K.Schmidt, GesR § 6 I 2. mit weiteren Nachweisen; Ransiek, Unternehmensstrafrecht, S. 93; Stein, Das faktische Organ, S. 60 ff.

[1253] Vgl. hierzu: Stein, Das faktische Organ, S. 50 ff.

[1254] Fleischer, AG 2004, 517 ff. zählt zu den aktienrechtlichen faktischen Organen noch die „Vorstandsmitglieder kraft Rechtsscheins" (S. 518). Diese Fallgruppe betrifft nach Fleischer die Situation, dass weder ein förmlicher Akt der Bestellung des nur scheinbaren Organs noch ein tatsächliches Tätigwerden als Organ vorliegt. Durch das Verhalten der betreffenden Person enstehe nach außen der Eindruck, es handele sich um ein Organ(mitglied). Eine strafrechtliche Verantwortung dieses Scheinorgans ist jedoch zu verneinen, denn Grundlage hierfür kann immer nur ein tatsächliches Verhalten des möglichen Täters sein und nicht ein nur erzeugter Rechtsschein, der sich lediglich auf ein scheinbares Verhalten gründet. Vgl. zum strafrechtlichen Handlungsbegriff: Roxin, AT I, § 8 Rn. 1 ff. (S. 184 ff.); Jescheck/Weigend, S. 217 ff.

[1255] Vgl. z. B.: BGHSt 34, 379 (382): „*Das Landgericht geht davon aus, daß diese GmbH, deren Alleingesellschafterin die Ehefrau des Angeklagten war, nicht nur ihr, sondern dem Angeklagten, der wegen eines früheren anderweitigen Konkurses im Hintergrund blieb, "wirtschaftlich gehörte" [...], und stellt fest, daß sie von ihm als faktischem Geschäftsführer tatsächlich beherrscht wurde."* Vgl. auch Dierlamm NStZ 1996, 153; Meyer, in: Insolvenzstrafrecht § 5 Rn. 68. Ebenfalls mit anschaulichen Beispielen: Weyand/Diversy, Rn. 24; K.Schmidt, GesR § 14 III. 4a.

sonstigen Gründen[1256] nicht offiziell ausüben will. In diesen Strohmann- oder Strohfraukonstellationen[1257] hat sich für diejenige natürliche Person, welche das Unternehmen an Stelle des gesetzlichen Organwalters führt, ebenfalls die Bezeichnung als *faktisches Organ* eingebürgert.[1258] In der Strohmannkonstellation ist den Beteiligten die Diskrepanz der Aufgabenwahrnehmung zwischen dem rechtlich bestellten und dem faktischen Organ regelmäßig und gerade aus den Gründen für das Vorliegen der faktischen Organstellung bewusst.[1259]

Die Strafbarkeit faktischer Organe ist umstritten. Die Rechtsprechung neigt aus Gründen der materiellen Gerechtigkeit[1260] überwiegend der Auffassung zu, dass sich jedes faktische Organ denselben Strafbarkeitsrisiken ausgesetzt sehen soll wie ein ordentlich bestelltes Organmitglied.[1261] Einige Autoren vertreten vor allem bei den Sonderdelikten des StGB aufgrund der Regelung in § 14 Absatz 3 StGB eine restriktivere Ansicht und lehnen eine über § 14 Absatz 3 StGB hinausgehende Begründung der Strafbarkeit faktischer Organe wegen eines Verstoßes gegen die Bestimmtheitsgrenze des Art. 103 Absatz 2 GG ab.[1262]

[1256] Z. B. um zu verhindern, persönlich als Geschäftsführer oder Vorstand im Handelsregister geführt zu werden und um dadurch Verflechtungen oder Verbindungen mit anderen Unternehmen zu verschleiern. Auch die Verbergung von Einkünften, um Vollstreckungszugriffe zu vereiteln, spielte in BayObLG GmbHR 1997, 453 eine Rolle. Anders aber beispielsweise der Fall, dass sich der Täter als Inhaber eines "fremden" Betriebs ausgibt, obwohl er selbst der Inhaber dieses Betriebes ist. In diesem Fall ist er bereits als tatsächlicher Betriebsinhaber Adressat entsprechender Strafvorschriften; vgl. hierzu: Sch/Sch-Lenckner/Perron, StGB § 14 Rn. 42/43; MGB-Schmid § 30 Rn. 36. Weitere Fallgruppen bei: Hartmann, Insolvenzantragspflicht, S. 22 ff und S. 34 ff.

[1257] Exemplarisch auch: KG wistra 2002, 313 (314 f.); MGB-Bieneck § 77 Rn. 20. Zur rechtstatsächlichen Bedeutung dieser Fallkonstellation sei auf die – allerdings bereits 1992 in der Forschungsreihe des Bundeskriminalamts veröffentlichte - Untersuchung von Bora/Liebl/Poerting/ Risch zur polizeilichen Bearbeitung von Insolvenzkriminalität, S. 279 f. verwiesen.

[1258] Vgl. RGSt 25, 121; 26, 187; 29, 103; 49, 10; 49, 321; 65, 411; 69, 65; BGHSt 3, 32 (37f); 21, 101 (103ff); 31, 118 (121); BGH, NJW 1997, 66 (67); BayObLG, NJW 1997, 1936; LK-Schünemann, StGB § 14 Rn. 71; MGB-Bieneck § 77 Rn. 8; Rogall, in: Amelung, Verantwortlichkeit, S. 145 (166); Meyer, in: Insolvenzstrafrecht § 5 Rn. 68.

[1259] Vgl. auch Meyer, in: Insolvenzstrafrecht § 5 Rn. 68.

[1260] So ausdrücklich z. B.: BGHSt 31, 118 (122): „Eine andere Auffassung würde den Schutz der Allgemeinheit vor unredlicher Handhabung der Geschäftsführung einer Gesellschaft mit beschränkter Haftung unterlaufen."

[1261] Beispielsweise wird in BGHSt 21, 101 (105) ausgeführt: „Wer so die Stellung eines Vorstandsmitglieds tatsächlich inne hat und als solches tätig wird, den trifft mit Fug auch strafrechtlich der Vorwurf des Rechtsverstoßes, wenn er strafbewehrten Geboten oder Verboten, denen der Vorstand unterliegt, zuwiderhandelt - unbeschadet der etwaigen Verantwortlichkeit der förmlich bestellten Vorstandsmitglieder." Weiter fordert der BGH an derselben Stelle im Urteil eine Bestrafung für dasjenige faktische Organ, das: „unter Mißbrauch wirtschaftlicher Macht und rechtlicher Gestaltungsmöglichkeit Strohmänner als Vorstandsmitglieder vorschiebt [...], um] so der gerechten Strafe [zu] entkommen." Einfügungen in eckiger Klammer erfolgten durch den Verfasser. Vgl. auch BGHSt 46, 62 (64) = NJW 2000, 2285; OLG Karlsruhe, NJW 2006, 1364.

[1262] Vgl. z. B. Büning, S. 65 ff., 81 f. mit weiteren Nachweisen.

Die in der Literatur unternommenen Versuche, eine einheitliche Rechtsfigur des faktischen Organs zu entwickeln bzw. eine einheitliche strafrechtliche Haftungsgrundlage zu entwerfen, insbesondere mittels einer tatsächlichen oder faktischen Betrachtungsweise[1263], können aufgrund nicht überbrückbarer Konflikte mit Art. 103 Absatz 2 GG nicht überzeugen.[1264] Eine strafrechtliche Verantwortlichkeit kann sich immer nur aus der konkreten Anwendung einzelner Straftatbestände ergeben.[1265]

1. Die Strafbarkeit faktischer Organe gemäß § 283 StGB

Nur der Schuldner kann sich gemäß § 283 StGB strafbar machen. Die in § 283 Absatz 6 StGB vorausgesetzte Schuldnereigenschaft ist ein besonderes persönliches Merkmal im Sinne des § 14 Absatz 1 StGB.[1266] § 14 Absatz 3 StGB stellt die Zurechnung der Schuldnereigenschaft der Unternehmung auf den Organwalter auch dann sicher, wenn die Rechtshandlung, die das Organverhältnis begründen sollte, rechtlich unwirksam war. Neben einer *unwirksamen Bestellung* verlangt § 14 Absatz 3 StGB ein *Handeln als Organ*.[1267]

a. Unwirksamer Bestellungsakt

In der Literatur fordert eine engere Auffassung zur Verdeutlichung der gewollten Begründung der Organstellung einen gescheiterten förmlichen Bestellungsakt[1268], während eine großzügigere Auffassung bereits eine konkludente Bestellung aus-

---

[1263] Vor allem: Bruns, GA 1982, 1 (19 ff.); Bruns, JR 1984, 133 ff.; vgl. auch: Gübel, S. 79 ff., S. 150 ff, S. 168 ff.

[1264] Zutreffend: Scholz/Tiedemann, GmbHG vor § 82 Rn. 32; Kohlmann, in: GK-GmbHG, 8. Auflage, § 84 Rn. 15 ff.; Stein, Das faktische Organ, S. 94 f., S. 183 ff.; Büning, S. 81 ff.; Ransiek, Unternehmensstrafrecht, S. 94 ff.; K.Schmidt, in: FS-Rebmann, S. 419 (430 ff.).

[1265] So auch: Stein, Das faktische Organ, S. 94 f.

[1266] NK-Kindhäuser, StGB vor § 283 Rn. 43 f., § 283 Rn. 110; Lackner/Kühl, StGB § 283 Rn. 3; Sch/Sch-Stree/Heine, StGB § 283 Rn. 65.

[1267] Sch/Sch-Lenckner/Perron, StGB § 14 Rn. 42/43; Fischer, StGB § 14 Rn. 18; Lackner/Kühl, StGB § 14 Rn. 6; LK-Schünemann, StGB § 14 Rn. 69 f. jeweils mit weiteren Nachweisen. Vgl. auch Büning, S. 57 ff.

[1268] Sch/Sch-Lenckner/Perron, StGB § 14 Rn. 42/43; Ransiek, Unternehmensstrafrecht, S. 96; Radtke, in: MüKo/StGB § 14 Rn. 111 ff.; Stein, Das faktische Organ, S. 121 f.; Büning, S. 81 ff.; Grub, S. 104 f.; Marxen, JZ 1988, 286 f.; Löffeler, wistra 1989, 121 (122); Hoyer, NStZ 1988, 369 f.; Radtke, NStZ 2003, 154 (156); Otto, StV 1984, 462; so wohl auch: Geißler, GmbHR 2003, 1106 (1108 f.).

reichen lässt.[1269] Die meisten Autoren, die einen gescheiterten förmlichen oder konkludenten Bestellungsakt fordern, sehen in § 14 Absatz 3 StGB eine abschließende gesetzliche Regelung des faktischen Organs bei Sonderdelikten.[1270] Von einer anderen Auffassung in der Literatur wird auf einen wie auch immer gearteten Bestellungsakt verzichtet und stattdessen auf die tatsächlichen Gegebenheiten des Auftretens und Verhaltens des faktischen Organs abgestellt und in § 14 Absatz 3 StGB auch keine abschließende Regelung zur Erfassung der Strafbarkeit faktischer Organe bei Sonderdelikten gesehen.[1271]

Die Einordnung der in der Rechtsprechung vorzufindenden Ansätze zum faktischen Organ ist problematisch, da es sich überwiegend um Einzelfallentscheidungen handelt, die sich nie isoliert mit der Frage nach den Anwendungsvoraussetzungen des § 14 Absatz 3 StGB befasst haben. Die heutige Regelung des § 14 Absatz 3 StGB wurde als § 50a Absatz 3 StGB a. F. erst durch das EGOWiG vom 24. Mai 1968[1272] eingeführt. Da das Phänomen des faktischen Organs aber schon lange Zeit davor Eingang in die Rechtsprechung fand, sind auch ältere Entscheidungen zu berücksichtigen. Die Rechtsprechung ist vor allem durch das Bemühen geprägt, an das Verhalten faktischer Organe dieselben strafrechtlichen Folgen zu knüpfen, wie sie für ordnungsgemäß bestellte Organe in Betracht kommen. So wurden von der Rechtsprechung nach und nach immer geringere Anforderungen an das Vorhandensein eines Bestellungsakts gestellt. Während das Reichsgericht[1273] noch beständig die Notwendigkeit eines förmlichen Akts der – zivilrechtlich unwirksamen – Bestellung betonte, gingen der BGH und verschiedene Obergerichte mehr und mehr dazu über, weniger strenge Anforderungen an das Vorliegen

---

[1269] LK-Tiedemann, StGB vor § 283 Rn. 70; Scholz/Tiedemann, GmbHG vor § 82 Rn. 32 und 9. Auflage Rn. 33. Ebenso wohl: Fischer, StGB vor § 283 Rn. 21a; Reich DB 1967, 1663 (1664 f.), die eine Duldung oder das Einverständnis der Gesellschafter ausreichen lassen. Marxen JZ 1988, 286 f. sieht einen „rudimentären Bestellungsakt" als ausreichend an – distanzierter inzwischen: NK-Marxen/Böse, StGB § 14 Rn. 43. Vgl. auch Peetz GmbHR 2000, 559 (560), der auf das Einverständnis oder die Duldung durch die Gesellschafter abstellt. Achenbach, in: Achenbach/Ransiek I Rn. 17 fordert einen „intentionalen Bestellungsakt", wobei nicht näher ausgeführt wird, was er darunter versteht. Wegner, in: Achenbach/Ransiek VII 1 Rn. 11 lässt eine bloße Duldung nicht ausreichen.

[1270] Vgl. Sch/Sch-Lenckner/Perron, StGB § 14 Rn. 42/43; Radtke, in: MüKo/StGB § 14 Rn. 10; Ransiek, Unternehmensstrafrecht, S. 94; Stein, Das faktische Organ, S. 121, 194 ff.; Tiedemann, NJW 1986, 1842 (1845); Radtke, NStZ 2003, 154 (156); Otto, StV 1984, 462.

[1271] LK-Schünemann, StGB § 14 Rn. 69 ff.; Raum, in: Wabnitz/Janovsky 4 Rn. 13 ff.; Fuhrmann, FS-Tröndle S. 139 (151); Rodemann, S. 60 ff.; Gübel, S. 101 ff., S. 151; Reck, Insolvenzstraftaten, Rn. 50 ff.; Bruns, JR 1984, 133 (136); Dierlamm, NStZ 1996, 153 (156); wohl auch: Weimar, GmbHR 1997, 473 (477).

[1272] EGOWiG vom 24. 5. 1968, BGBl. I S. 503 ff.; vgl. zur Entstehungsgeschichte des heutigen § 14 StGB: LK-Schünemann, StGB § 14 vor Rn. 1; Büning, S. 48 ff.

[1273] Vgl. bereits RGSt 16, 269 (271); 34, 412 (413); 43, 407 (413 ff.); 43, 430 (431); 64, 81 (84); 71, 112 (113).

eines Bestellungsakts zu stellen.[1274] Eine ganze Reihe von Entscheidungen – auch aus neuerer Zeit – erweckt den Eindruck, dass an dem Erfordernis des Vorliegens eines Bestellungsakts überhaupt nicht mehr festgehalten wird.[1275] Teilweise lässt es die Rechtsprechung als Quasi-Bestellung ausreichen, wenn das Verhalten des faktischen Organs durch das auch konkludente Einverständnis der Gesellschafter gedeckt oder zumindest von ihnen geduldet wird.[1276] Sofern es um einen faktischen GmbH-Geschäftsführer geht, wurde dabei auf die Duldung durch die Gesellschafter bzw. deren Mehrheit abgestellt[1277], bei einem faktischen AG-Vorstand ließ der BGH die Duldung durch den Aufsichtsrat genügen.[1278]

b. Handeln als Organ

Verlangte der BGH früher noch, dass das faktische Organ maßgeblichen Einfluss auf alle Geschäfte der Unternehmung gehabt haben muss[1279], so wurden zwi-

---

[1274] Vgl. BGHSt 3, 32; BGHSt 21, 101.; OLG Karlsruhe, NJW 2006, 1364 ff. Ausführliche Übersichten zur Entwicklung der Rechtsprechung geben: Dierlamm, NStZ 1996, 153 (154 f.); K.Schmidt, FS-Rebmann, 1989, S. 419 (421 ff.); Fuhrmann, FS-Tröndle, 1989, S. 139 (140 ff.); Hildesheim wistra 1993, 166 ff.; Gübel S. 47 ff.; Montag S. 28 ff.; Rodemann S. 25 ff.

[1275] Vgl. BGHSt 3, 32 (38). Deutlich auch: BGH, StV 1984, 461 f.; OLG Düsseldorf, NStZ 1988, 368. KG wistra 2002, 313 (314): *„Der Grund für die Haftung des tatsächlichen [gemeint ist der faktische, Anm. d. Verf.] Geschäftsführers liegt darin, daß derjenige, der ohne dazu berufen zu sein, wie ein Geschäftsführer handelt, auch die Verantwortung eines Geschäftsführers tragen und wie ein solcher haften muß, wenn nicht der Schutzzweck des Gesetzes gefährdet werden soll."* Fragwürdig auch: OLG Naumburg, GmbHR 2000, 558: *„Zum anderen ist davon auszugehen, dass der Beklagte zu 2) unabhängig von der Niederlegung des Geschäftsführeramtes die Geschicke der E. GmbH weiter bestimmt hat und daher jedenfalls als Arbeitgeber im Sinne des § 266 a Abs. 1 StGB und als haftender faktischer Geschäftsführer anzusehen ist. [...] Er haftet demnach unabhängig davon, ob er Geschäftsführer und damit Organ der E. GmbH im Sinne des § 14 Abs. 1 Nr. 1 StGB war, zumindest als faktischer Geschäftsführer gemäß § 14 Abs. 3 StGB."* Zu Recht kritisch dazu: Peetz, GmbHR 2000, 559 (560).

[1276] Vgl. BGHSt 46, 62 (65) = NJW 2000, 2285 ff.; OLG Karlsruhe, NJW 2006, 1364 ff.; OLG Düsseldorf, NStZ 1988, 368: *„Er ist allerdings „faktischer Geschäftsführer" gewesen, denn er hat im Einverständnis der Gesellschafter die Stellung eines Geschäftsführers tatsächlich eingenommen".* Vgl. auch: BGHSt 3, 32 (38); 21, 101 (104). Diese Entscheidungen des BGH stammen allerdings noch aus der Zeit vor Inkrafttreten des § 50a StGB a. F. Entsprechende Anklänge zur Haftung des faktischen Organs bei Bestellung durch konkludentes Verhalten sind auch in BGHSt 34, 221 f. zu finden.

[1277] Vgl. nur: BGHSt 3, 32 (38): *„Das Urteil läßt zweifelsfrei erkennen, daß K. seine tatsächliche [gemeint ist die faktische, Anm. d. Verf.] Geschäftsführerstellung im Einverständnis aller Gesellschafter einnahm. Darin liegt eine ausreichende Bestellung zum Geschäftsführer."* Vgl. auch BGHSt 46, 62 (65) = NJW 2000, 2285 ff.

[1278] Ausdrücklich z. B.: BGHSt 21, 101 (104): *„Es muß aber im Anschluß an BGHSt 3, 32, 35 strafrechtlich auch derjenige als Vorstand der AG angesehen werden, der im Einverständnis oder wenigstens mit Duldung des maßgebenden Gesellschaftsorgans, nämlich des Aufsichtsrats, die Stellung eines Vorstands der AG tatsächlich einnimmt."*

[1279] BGHSt 3, 32 (37); BGHSt 21, 101 (103 ff.) – beides allerdings Entscheidungen, als es noch keine dem heutigen § 14 Abs. 3 StGB entsprechende gesetzliche Regelung gab.

schenzeitlich auch die Anforderungen an das Kriterium des *Handelns als Organ* mehr und mehr abgesenkt. In späteren Entscheidungen ließ die Rechtsprechung eine *überragende* Stellung des faktischen Organs in der Geschäftsführung[1280] oder ein *Übergewicht* im Verhältnis zu anderen Organmitgliedern[1281] ausreichen. Zuletzt formulierte der BGH die Anforderungen an ein Tätigwerden des faktischen Organs in zwei zivilrechtlichen Entscheidungen[1282] zu Schadensersatzpflichten des faktischen GmbH-Geschäftsführers folgendermaßen:

> *„Für die Stellung und Verantwortlichkeit einer Person als faktischer Geschäftsführer einer GmbH ist es erforderlich, dass der Betreffende nach dem Gesamterscheinungsbild seines Auftretens die Geschicke der Gesellschaft – über die interne Einwirkung auf die satzungsmäßige Geschäftsführung hinaus – durch eigenes Handeln im Außenverhältnis, das die Tätigkeit des rechtlichen Geschäftsführungsorgans nachhaltig prägt, maßgeblich in die Hand genommen hat."*

Es ist damit zu rechnen, dass diese zivilrechtliche Rechtsprechung auch für die künftige strafrechtliche Rechtsprechung zum faktischen Organ von Relevanz sein wird. Mit dieser jüngsten Rechtsprechung betont der BGH wieder stärker, dass ein faktisches Organ durch sein Verhalten die Geschicke der Gesellschaft zumindest mitbestimmen muss und dass sich dies auch nach außen darstellen muss. Es ist jedoch anzumerken, dass sich der BGH in den angeführten zivilrechtlichen Entscheidungen nicht mit der Vorschrift des § 14 Absatz 3 StGB beschäftigen musste.

In einigen wenigen Entscheidungen wurde zwar herausgestellt, dass zwischen den Voraussetzungen des § 14 StGB bei Sonderdelikten und den in der Rechtsprechung für das faktische Organ anerkannten sonstigen Haftungsvoraussetzungen zu differenzieren sei.[1283] Trotzdem wird dieser Devise in den wenigsten der vorgenannten Entscheidungen zum faktischen Organ Rechnung getragen. Es ist

---

[1280] BGHSt 31, 118 (122); BGH, wistra 1990, 97 (98); vgl. auch: BayObLG, wistra 1991, 195 (197); OLG Düsseldorf, NStZ 1988, 368 f.; BayObLG, NJW 1997, 1936 – das BayObLG will eine überragende Stellung annehmen, wenn mindestens sechs der folgenden acht zentralen Geschäftsführungsaufgaben bzw. -merkmale in ihrem Kern von dem faktischen Organ erfüllt werden: Bestimmung der Unternehmenspolitik, Unternehmensorganisation, Einstellung von Mitarbeitern, Gestaltung der Geschäftsbeziehungen zu Vertragspartnern, Verhandlung mit Kreditgebern, Gehaltshöhe, Entscheidung in Steuerangelegenheiten, Steuerung der Buchhaltung; vgl. dazu auch: Meyer, in: Insolvenzstrafrecht § 5 Rn. 87; MGB-Schmid § 30 Rn. 12; Wegner, in: Achenbach/Ransiek VII 2 Rn. 19.

[1281] BGHSt 46, 62 (64); BGH, StV 1984, 461; zustimmend: Schäfer GmbHR 1993, 717 (722). Diese Linie darf wohl als aufgegeben gelten, da die Entscheidung des OLG Frankfurt, 3. Zivilsenat, Urteil vom 6. März 2003, Az: 3 U 57/97, NJW-RR 2003, 1532 (1534), die sich auf ein Übergewicht des faktischen Geschäftsführers stützte, im Nachgang durch die Revisionsentscheidung des BGH, 2. Zivilsenat, Urteil vom 27. Juni 2005, Az: II ZR 113/03, abgedruckt z. B. in BB 2005, 1867 aufgehoben wurde.

[1282] BGH, BB 2005, 1867, BGH, BB 2005, 1869; jeweils mit Kurzkommentar von Gehrlein, BB 2005, 1871. Vgl. auch Pape, NJW 2007, 411 (412 f.).

[1283] Vgl. BGHSt 31, 118 (112 f.); KG NJW-RR 1997, 1126 f.

daher festzuhalten, dass die Rechtsprechung wohl auch bei Sonderdelikten eine von den Voraussetzungen des § 14 Absatz 3 StGB unabhängige strafrechtliche Haftung des faktischen Organs annimmt.

Die Autoren, die auf einen gescheiterten Bestellungsakt verzichten wollen, betonen für das Merkmal des *Handelns als Organ* die tatsächlichen Gegebenheiten und stellen auf das Auftreten und Verhalten des faktischen Organs wie ein ordnungsgemäß bestelltes Organ sowie das Wahrnehmen typischer Organaufgaben ab. Teilweise wird mit der Rechtsprechung ein bestimmender Einfluss auf die Unternehmung oder zumindest ein Übergewicht, vor allem dort, wo auch ein bestelltes Organ vorhanden ist, gefordert.[1284] Teilweise wird versucht, die tatsächlichen Verhaltensweisen des faktischen Organs zur Ausfüllung einer in § 14 StGB gesehenen Art von Garantenstellung heranzuziehen.[1285]

Von den Vertretern, die einen gescheiterten förmlichen Bestellungsakt oder zumindest eine konkludente Bestellung fordern, wird das Kriterium des *Handelns als Organ* hingegen weniger stark betont, da der Akzent auf dem Merkmal der erfolglosen Bestellung liegt. Die überwiegende Zahl der Vertreter dieser Ansicht lässt es daher ausreichen, wenn ein Handeln mit funktionalem Bezug zur Unternehmung oder in der Eigenschaft als Organ bzw. im Interesse der Unternehmung vorliegt.[1286]

c. Stellungnahme

Für die in der Rechtsprechung und einem Teil der Literatur vertretene Auffassung, dass auf einen gescheiterten Bestellungsakt zu verzichten sei, spricht die mögliche umfassende Erfassung von Bankrottverhaltensweisen faktischer Organe. Ein gewichtiges Argument gegen diese Auffassung ist jedoch, dass die Wortlautgrenze des § 14 Absatz 3 StGB, der einen gescheiterten Bestellungsakt voraussetzt, überschritten wird und damit ein Verstoß gegen Art. 103 Absatz 2 GG vor-

---

[1284] LK-Schünemann, StGB § 14 Rn. 70, 15; Fischer, StGB § 14 Rn. 18; Fuhrmann, FS-Tröndle S. 139 (151); Meyer, in: Insolvenzstrafrecht § 5 Rn. 70 ff.; MGB-Bieneck § 77 Rn. 18 f.; Rodemann, S. 60 ff.; Gübel, S. 101 ff. und S. 151; Dierlamm, NStZ 1996, 153 (156); Löffeler, wistra 1989, 121 (123 ff.); Richter, NZI 2002, 121 (122).

[1285] LK-Schünemann, StGB § 14 Rn. 70; Rodemann, S. 61 ff.; Kratzsch, ZGR 1985, 506 (530 ff.); Bollacher, S. 121 ff.

[1286] Sch/Sch-Lenckner/Perron, StGB § 14 Rn. 25 f., 28/29; Wegner, in: Achenbach/Ransiek VII 1 Rn. 13; Tiedemann, NJW 1986, 1842 (1845); Marxen JZ 1988, 286 (288); Radtke, in: Mü-Ko/StGB § 14 Rn. 108; Stein, Das faktische Organ, S. 123 f. - differenzierend für den Fall, dass das faktische Organ sein Amt bereits nicht antrat. Ransiek, ZGR 1992, 203 (211) betont, dass sich der erforderliche Zusammenhang bereits aus der Vertretungssituation i. S. d. § 14 StGB ergibt.

liegt. Art. 103 Absatz 2 GG sieht als Eckpfeiler der strafrechtlichen Rechtsstaatlichkeit vor, dass es *keine Strafe ohne gesetzliche Grundlage* geben darf. Die stärkere Betonung des Handlungsmerkmals soll den Vorwurf des Verstoßes gegen Art. 103 Absatz 2 GG entkräften.[1287] Der Bestimmtheitsgrundsatz des Art. 103 Absatz 2 GG gilt direkt, da es sich – wie vorangehend ausgeführt wurde[1288] – bei § 14 Absatz 3 StGB um eine strafbarkeitsbegründende Norm und nicht um eine bloße gesetzgeberische Deklaration der faktischen Betrachtungsweise handelt.[1289] Die Vertreter der Auffassung, die auf einen unwirksamen Bestellungsakt verzichten wollen, sehen sich gezwungen, einen vergleichsweise hohen Begründungsaufwand zu betreiben, um das vor allem aus Gründen der materiellen Gerechtigkeit ausgegebene Ziel der Sicherstellung der Verantwortlichkeit des faktischen Organs bei Sonderdelikten zu erreichen.

§ 14 Absatz 3 StGB verlangt lediglich eine unwirksame Rechtshandlung, die das Auftrags- oder Vertretungsverhältnis begründen sollte. Dass ein förmlicher Akt der Organbestellung vorliegen müsste, kommt hingegen nicht zum Ausdruck. Wesensmerkmal der Regelung in § 14 Absatz 3 StGB ist, dass zumindest ein Willensakt des Bestellungsgremiums gegeben sein muss, der auf die Ausstattung einer natürlichen Person mit Organ- bzw. Vertretungsmacht gerichtet ist. Aufgrund von Unwirksamkeitsgründen mündete dieser Wille jedoch nicht in einer rechtsgültigen Begründung der Organstellung.

Es bleibt zu klären, inwiefern in der unwirksamen Rechtshandlung im Sinne des § 14 Absatz 3 StGB auch Verhaltensweisen außerhalb einer gescheiterten förmlichen Bestellung gesehen werden können, die auf eine Ausstattung der faktisch handelnden Person mit Organmacht abzielten. Als solche bestellungsähnliche Vorgänge werden in der Rechtsprechung und Teilen der Literatur das Einverständnis und die Duldung der faktischen Ausübung der Organstellung durch die zur Bestellung berufenen Gremien vorgebracht.[1290] Soweit das Einverständnis der

---

[1287] Vgl. nur LK-Tiedemann, StGB vor § 283 Rn. 68 ff.; Ransiek, Unternehmensstrafrecht S. 92 ff.

[1288] Siehe oben S. 216.

[1289] Vgl. Tiedemann, NJW 1977, 777 (779 f.); Tiedemann, NJW 1979, 1849 (1850 f.); LK-Tiedemann, StGB vor § 283 Rn. 69 f.; NK-Kindhäuser, StGB vor § 283 Rn. 50; Hoyer, NStZ 1988, 369; Stein, Das faktische Organ, S. 194 ff. Vgl. auch Weber, StV 1988, 16 f.; Marxen, JZ 1988, 286 f.

[1290] BGHSt 3, 32 (38); 21, 101 (104); OLG Düsseldorf, NStZ 1988, 368; Köhler, in: Wabnitz/Janovsky 7 Rn. 279; Meyer, in: Insolvenzstrafrecht § 5 Rn. 78; LK-Tiedemann, StGB vor § 283 Rn. 70; Reich, DB 1967, 1663 (1664 f.); Kratzsch ZGR 1985, 506 (529). So wohl auch: Peetz GmbHR 2000, 559 (560), der das Einverständnis oder die Duldung durch die Gesellschafter ausreichen lässt. Marxen JZ 1988, 286 (287) fordert zumindest einen „rudimentären Bestellungsakt" – inzwischen zurückhaltender: NK-Marxen/Böse, StGB § 14 Rn. 43. Vgl. auch BGHSt 46, 62 (65) = BGH, NJW 2000, 2285 ff; OLG Karlsruhe, NJW 2006, 1364 ff. – jeweils zur Insolvenzverschleppung.

GmbH-Gesellschafter oder des AG-Aufsichtsrats mit dem Tätigwerden des fakti-schen Organs den feststellbaren Willen zur Organbestellung beinhaltet und auch zum Ausdruck bringt, ist hierin ebenfalls eine unter § 14 Absatz 3 StGB zu fas-sende Rechtshandlung zur Begründung der Organstellung zu sehen. Entschei-dend ist der Wille der zur Organbestellung berufenen Gesellschaftsgremien zur Bestellung einer bestimmten Person als Organ. Bei der Bestimmung dieses Wil-lens sind die entsprechenden Mehrheitserfordernisse in diesen Gremien zu be-rücksichtigen. Der AG-Vorstand wird gemäß § 84 Absatz 1 AktG vom Aufsichtsrat bestellt, wobei die Aufsichtsratsmitglieder über die Bestellung gemäß § 108 Ab-satz 1 AktG durch Beschluss mit einfacher Mehrheit[1291] entscheiden. Der Ge-schäftsführer einer GmbH wird gemäß § 46 Nr. 5 GmbHG von den Gesellschaf-tern bestimmt, wobei gemäß § 47 Absatz 1 GmbHG die einfache Mehrheit der abgegebenen Stimmen maßgeblich ist.[1292] Im Ausgangspunkt ist daher eine einfa-che Mehrheit innerhalb des Bestellungsgremiums erforderlich – aber auch ausrei-chend. Sofern die konkreten gesellschaftsvertraglichen Regelungen eine abwei-chende Mehrheit festlegen, ist diese maßgeblich.[1293]

Die Bestellungsabsicht der Mehrheit muss nicht nach außen gegenüber Dritten kundgetan worden sein. Es reicht aus, dass sie gegenüber dem zu bestellenden Organ auch zum Ausdruck kam. Anhaltspunkte hierfür können ggf. vorhandene Protokolle über Beratungen der Bestellungsgremien, vorbereitete aber beim Han-delsregister nicht eingereichte Bestellungsunterlagen oder sonstige Schriftstücke liefern. Erforderlichenfalls sind die betroffenen Personen zu befragen bzw. zu ver-nehmen. Dass der zum Ausdruck gebrachte Wille zur Organbestellung in der Strafverfolgungspraxis Nachweisbarkeitsschwierigkeiten mit sich bringen kann, muss im Interesse einer im Hinblick auf Art. 103 Absatz 2 GG verfassungsgemä-ßen Auslegung des § 14 Absatz 3 StGB in Kauf genommen werden. Auch ein nur konkludentes mehrheitliches Einverständnis innerhalb des Bestellungsgremiums würde ausreichen[1294], sofern der Wille zur Begründung der Organstellung zum Ausdruck kommt. Ob dem lediglich konkludenten Verhalten allerdings die erfor-derliche Intention zur Organbestellung entnommen werden kann, ist zweifelhaft. Maßgeblich sind die Gegebenheiten des konkreten Einzelfalles. Eine bloße Dul-dung des faktisch als Organ Handelnden durch das zur Bestellung berufene Gre-mium genügt allerdings nicht, da die erforderliche Absicht zur Bestellung hierdurch

---

[1291] Vgl. dazu Hüffer, AktG § 108 Rn. 6 ff.; Habersack, in: MüKo/AktG § 108 Rn. 20 – zu Besonder-heiten bei mitbestimmten Gesellschaften vgl. Habersack, in. MüKo/AktG § 108 Rn. 21 f.

[1292] Vgl. Zöllner, in: Baumbach/Hueck, GmbHG § 47 Rn. 22; Roth/Altmeppen, GmbHG § 47 Rn. 3. Vgl. Zöllner, in: Baumbach/Hueck, GmbHG § 47 Rn. 24 zur satzungsrechtlichen Festlegung ei-ner qualifizierten Mehrheit.

[1293] Ebenso OLG Karlsruhe, NJW 2006, 1364 f.

[1294] So LK-Tiedemann, StGB vor § 283 Rn. 70.

nicht zum Ausdruck kommt.[1295] In einem rein passiven Dulden kann keine Rechtshandlung im Sinne des § 14 Absatz 3 StGB liegen.

In der Rechtsprechung wurde zwar teilweise auch auf das Einverständnis der Gesellschafter mit dem Verhalten des faktischen Organs abgestellt.[1296] Allerdings wurde darauf verzichtet, dass in dem Einverständnis der Wille zur Organbestellung zum Ausdruck kommen muss. Ohne Bestellungsintention stellt das Einverständnis jedoch eine bloße Fiktion der Voraussetzungen des § 14 Absatz 3 StGB dar und ist somit nicht geeignet, die Strafhaftung eines faktischen Organs wegen eines Sonderdelikts zu begründen.

Sofern weder eine Mehrheit innerhalb des Bestellungsgremiums noch eine Bestellungsintention festgestellt werden kann, fehlt es an der Voraussetzung des gescheiterten Bestellungsaktes. Die Voraussetzungen des § 14 Absatz 3 StGB sind dann nicht gegeben. Eine Strafbarkeit eines solchen faktischen Organs gemäß dem Sonderdelikt des § 283 StGB scheidet aus. Bei § 283 StGB ist eine Zurechnung der Schuldnereigenschaft gemäß § 14 StGB unumgänglich.[1297] § 14 Absatz 3 StGB enthält eine ausdrückliche Regelung zu unwirksamen Organbestellungen. Die darüber hinausgehende Begründung einer von den Voraussetzungen des § 14 Absatz 3 StGB unabhängigen Strafbarkeit faktischer Organe wegen Sonderdelikten ist abzulehnen. Bloße Strafwürdigkeitserwägungen können nicht über die klare und in ihrem Anwendungsbereich begrenzte Regelung des § 14 Absatz 3 StGB hinweghelfen. Strafwürdigkeitserwägungen führten unlängst zu einer Änderung des Straftatbestands der Sachbeschädigung[1298], der nunmehr in § 303 Absatz 2 StGB auch die unbefugte erhebliche und nicht nur vorübergehende Änderung des Erscheinungsbildes einer fremden Sache unter Strafe stellt.[1299] Eine gesetzgeberische Klarstellung zur Strafbarkeit faktischer Organe bei Sonderdelikten wäre nicht nur zu begrüßen, sondern auch erforderlich, um Fälle, in denen kein unwirksamer Bestellungsakt vorliegt, ebenfalls zu erfassen. *Tiedemann* schlägt hierzu allgemein eine definitorische Ergänzung des § 14 Absatz 3 StGB vor.[1300] Für die strafrechtliche Verantwortlichkeit faktischer Organe wegen Sonderdelikten des StGB ist aufgrund von Bestimmtheitserwägungen (Art. 103 Absatz 2 GG) an dem Erfordernis des Vorliegens eines unwirksamen Bestellungs-

---

[1295] Ebenso: NK-Kindhäuser, StGB vor § 283 Rn. 49; NK-Marxen/Böse, StGB § 14 Rn. 42; Achenbach, in: Achenbach/Ransiek I 3 Rn. 17; Wegner, in: Achenbach/Ransiek VII 1 Rn. 11. Unklar Reich DB 1967, 1663 (1664 f.), der eine Duldung ausreichen lässt, aber ebenfalls den Willen zur Bestellung fordert.

[1296] BGHSt 3, 32 (38); 21, 101 (104); OLG Düsseldorf, NStZ 1988, 368.

[1297] Insofern deutlich auch: Weber StV 1984, 16; Dinkhoff, S. 179, 181 ff.

[1298] § 303 StGB wurde geändert durch das Neununddreißigste Strafrechtsänderungsgesetz vom 1. September 2005, BGBl. I S. 2674.

[1299] Ausführlich: Wieck-Noodt, in: MüKo/StGB § 303 Rn. 52 ff.

[1300] Tiedemann, NJW 1986, 1842 (1845).

akts im Sinne des § 14 Absatz 3 StGB festzuhalten. Auffassungen, die auf jeglichen Bestellungsakt verzichten wollen, verstoßen gegen Art. 103 Absatz 2 GG.

Somit kommt ein faktisches Organ – insbesondere in der Strohmannkonstellation – nur dann unter Zurechnung gemäß § 14 Absatz 3 StGB als Schuldner im Sinne des § 283 StGB in Betracht, wenn eine unwirksame Bestellung als Organ vorliegt. Dies setzt zumindest ein – nach den jeweiligen Beschlussvoraussetzungen – mehrheitliches Einverständnis der zur Bestellung berufenen Gremien und eine Bestellungsintention voraus.

d. Vorschlag zu einer Regelung der Strafbarkeit faktischer Organe in § 14 Absatz 3 StGB de lege ferenda

Gemäß den vorstehenden Überlegungen ist zur Erfassung der Strafbarkeit faktischer Organe wegen Sonderdelikten, in den Fällen, in denen eine Mehrheit innerhalb des Bestellungsgremiums und eine Bestellungsintention nicht gegeben sind, eine gesetzliche Klarstellung erforderlich. Die Strafwürdigkeit und das Strafbedürfnis sind auch und gerade für die Fälle des vollständigen Fehlens eines Bestellungsaktes, in denen der Täter wie ein Organ tätig wird und ein gescheiterter Bestellungsakt nicht vorliegt, zu bejahen.[1301] Ausgangspunkt für die Bejahung der Strafwürdigkeit und -bedürftigkeit ist die Überlegung, dass das faktische Organ in seiner gesamten Erscheinung und seinem Verhalten einem ordnungsgemäß bestellten Organ gleich zu stellen ist. Ein nicht bestellter faktischer Geschäftsführer, der sich zu einem echten Geschäftsführer aufspielt, soll unter strafrechtlichen Gesichtspunkten nicht besser stehen. In der Strohmann-Konstellation[1302] dürfte dies den Hauptanwendungsfall des faktischen Organs darstellen. Um auch Fälle strafrechtlich zu erfassen, in denen kein fehlgeschlagener Bestellungsakt vorliegt, wird folgende Ergänzung des § 14 Absatz 3 StGB vorgeschlagen:

> „(3) Die Absätze 1 und 2 sind auch dann anzuwenden, wenn die Rechtshandlung, welche die Vertretungsbefugnis oder das Auftragsverhältnis begründen sollte, unwirksam ist oder wenn eine natürliche Person nach dem Gesamterscheinungsbild ihres Verhaltens wie ein vertretungsberechtigtes Organ auftritt und die Geschicke der Gesellschaft durch eigenes Handeln im Außenverhältnis geprägt und maßgeblich in die Hand genommen hat."

[1301] Vgl. auch Radtke, in: MüKo/StGB § 14 Rn. 113, der in diesen Fällen eine Strafbarkeitslücke annimmt.

[1302] Siehe dazu oben S. 266.

Für den neuen Satz 2 wurde insbesondere die jüngere zivilrechtliche Rechtsprechung des BGH zum faktischen Organ berücksichtigt.[1303] Das Abstellen auf das Gesamterscheinungsbild soll sicherstellen, dass eine Vergleichbarkeit zur Tätigkeit und zur Wirkung eines ordnungsgemäßen Organwalters gegeben ist. Der letzte Halbsatz stellt klar, dass das Verhalten des faktischen Organs Außenwirkung haben muss und im Verhältnis zu anderen etwa vorhandenen Organwaltern ein gewisses Gewicht haben muss, da nur dann von einer Prägung und einer Maßgeblichkeit die Rede sein kann. Unbedeutende Verhaltensweisen bleiben unberücksichtigt. Diese Einschränkungen sorgen dafür, dass nicht jede Person, die kurzzeitig Organtätigkeiten von untergeordneter Bedeutung übernommen hat, als faktisches Organ anzusehen ist.

Gemäß der vorgeschlagenen Ergänzung des § 14 Absatz 3 StGB ist ein Vergleich zwischen dem Verhalten des faktischen Organs und dem typischen Verhalten eines ordnungsgemäß bestellten und für die Gesellschaft tätigen Organs vorzunehmen. Maßgeblich ist das Gesamterscheinungsbild des konkreten Einzelfalles. Um Bestimmtheitsanforderungen zu genügen, sind jedoch die Kriterien für den vorzunehmenden Vergleich zu präzisieren. Hierzu ist auf die von *Dierlamm*[1304] herausgearbeiteten und von der Rechtsprechung[1305] aufgegriffenen acht Kriterien für das Vorliegen einer faktischen Organstellung zurückzugreifen. Danach soll die Erfüllung von mindestens sechs der nachfolgenden acht Kriterien ein starkes Indiz für das Vorliegen einer faktischen Organstellung darstellen[1306]:

- Bestimmung der Unternehmenspolitik,
- Einstellung und Entlassung von Mitarbeitern sowie Ausstellung von Zeugnissen,
- Gestaltung von Geschäftsbeziehungen zu Vertragspartnern einschließlich der Vereinbarung von Vertrags- und Zahlungsmodalitäten,
- Entscheidung der Steuerangelegenheiten,
- Verhandlungen mit Kreditgebern,
- Steuerung von Buchhaltung und Bilanzierung,
- Höhe des Gehalts.

Diese Kriterien sind für den Vergleich heranzuziehen. Abschließend ist diese Aufzählung jedoch nicht. Die konkreten Gegebenheiten des Einzelfalles bleiben ent-

---

[1303] Vgl. BGH, BB 2005, 1867, BGH, BB 2005, 1869.

[1304] Dierlamm, NStZ 1996, 153 (156).

[1305] Vgl. BGH, NJW 1997, 66 (67); BayObLG, NJW 1997, 1936.

[1306] Dierlamm, NStZ 1996, 153 (156); vgl. auch Pelz, Insolvenzstrafrecht, Rn. 138; Raum, in: Wabnitz/Janovsky 4 Rn. 17; Köhler, in: Wabnitz/Janovsky 7 Rn. 281; ähnlich: Meyer, in: Insolvenzstrafrecht § 5 Rn. 72 ff.

scheidend. Sofern jedoch sechs oder mehr der vorgenannten Kriterien erfüllt werden, dürfte die Stellung des faktischen Organs nach dem Gesamterscheinungsbild mit der eines tatsächlichen Organs vergleichbar sein. Die Voraussetzungen der vorgeschlagenen Ergänzung des § 14 Absatz 3 StGB würden dann vorliegen.

2. Die Strafbarkeit faktischer Organe gemäß § 15a Absatz 4 und 5 InsO

Der durch Art. 9 Ziffer 3 des MoMiG vom 23. Oktober 2008[1307] neu eingeführte Insolvenzverschleppungsstraftatbestand des § 15a Absatz 4 und 5 InsO benennt bereits im Tatbestand den Kreis der tauglichen Täter.[1308] Einer Zurechnung gemäß § 14 StGB bedarf es nicht. § 15a Absatz 4 und 5 InsO verweisen auf die in § 15a Absatz 1 Satz 1 InsO geregelte Insolvenzantragspflicht der Mitglieder des Vertretungsorgans juristischer Personen. Ordnungsgemäß bestellte GmbH-Geschäftsführer und AG-Vorstände zählen auf jeden Fall zum Kreis der tauglichen Täter des § 15a Absatz 4 und 5 InsO. Ob auch faktische Geschäftsführer oder Vorstände wegen Insolvenzverschleppung bestraft werden können, ist umstritten.[1309] Die Strafbarkeit faktischer Organe wegen Insolvenzverschleppung wird jedoch teilweise weniger kritisch gesehen als bei § 283 StGB, da es keiner Zurechnung gemäß § 14 StGB bedarf.[1310] Vergleichbar mit der vorangehend behandelten Strafbarkeit faktischer Organe gemäß den Sonderdelikten des StGB, gehen auch die Ansichten zur Strafbarkeit faktischer Organe wegen Insolvenzverschleppung auseinander. Die Stellungnahmen in der Rechtsprechung und in der Literatur zu den Vorgängervorschriften der §§ 84 Absatz 1 Nr. 2 GmbHG, 401 Absatz 1 Nr. 2 AktG – jeweils a. F. – können weiterhin herangezogen werden. Gemäß der Begründung des Regierungsentwurfs zum MoMiG werden durch § 15a Absatz 4 und 5 InsO lediglich die bisherigen Regelungen zur Insolvenzverschleppungsstrafbarkeit zusammengefasst und auf den Fall der Ersatzantragspflicht durch Gesellschafter und Aufsichtsräte erstreckt.[1311] Die Rechtsentwicklung zur Strafbarkeit faktischer Organe soll durch das MoMiG, insbesondere durch die Einführung der Antragspflicht von GmbH-Gesellschaftern und Aufsichtsratsmitgliedern der AG im Fall der Führungslosigkeit gemäß § 15a Absatz 3 InsO, nicht behindert werden.[1312]

Die Strafbarkeit eines faktischen Organs wegen Insolvenzverschleppung kommt in Betracht, wenn die in § 15a Absatz 1 Satz 1 InsO statuierte Pflicht zur

---

[1307] Art. 9 Ziffer 3 MoMiG vom 23. Oktober 2008, BGBl. I S. 2026 (2037).
[1308] Allgemein zur Insolvenzverschleppungsstrafbarkeit siehe oben S. 26.
[1309] Vgl. nur Montag, S. 23 ff., 49 ff.
[1310] Vgl. Montag, S. 57 ff.
[1311] RegE MoMiG, BT-Drs. 16/6140 vom 25. Juli 2007, Begründung S. 135.
[1312] Vgl. RegE MoMiG, BT-Drs. 16/6140 vom 25. Juli 2007, Begründung S. 135.

rechtzeitigen Stellung des Insolvenzantrags auch dem faktischen Geschäftsführer bzw. dem faktischen Vorstand zukommt. Wenig überzeugend wird vereinzelt sogar die Pflicht des faktischen Organs zur Antragsstellung bejaht und andererseits eine strafrechtliche Verantwortung wegen Insolvenzverschleppung verneint.[1313]

a. Auffassung in der Rechtsprechung

Während das Reichsgericht zunächst die Verpflichtung des faktischen Organs zur Stellung des Konkurs- bzw. Insolvenzantrags verneinte[1314], ist das Bestehen einer solchen Pflicht in der Rechtsprechung inzwischen anerkannt.[1315] In einer aktuellen zivilrechtlichen Entscheidung aus dem Jahr 2005, auf die bereits vorangehend eingegangen wurde[1316], führte der BGH diese Rechtsprechung fort und präzisierte zugleich die Voraussetzungen für das Vorliegen eines faktischen Geschäftsführers.[1317] Die strafrechtliche Verantwortlichkeit des faktischen Organs wegen Insolvenzverschleppung ist in der Rechtsprechung des BGH und einiger Obergerichte inzwischen anerkannt.[1318] Dies gilt insbesondere seit der grundlegenden Entscheidung BGHSt 31, 118 ff.[1319] In dieser Entscheidung begründete der BGH die Verantwortlichkeit des faktischen GmbH-Geschäftsführers mit der im Einverständnis der Gesellschafter liegenden tatsächlichen Wahrnehmung der Geschäfte der Un-

---

[1313] Vgl. Weimar, GmbHR 1997, 473 (479) und GmbHR 1997, 538.

[1314] RGSt 72, 187 ff. Das Reichsgericht begründete diese Entscheidung damit, dass die rein tatsächliche [*Anm. d. Verf.*: nach heutigem Verständnis: faktische] Stellung des Angeklagten nicht ausreiche, um eine Verpflichtung zur Stellung des Insolvenzantrags nach § 64 GmbHG zu begründen, da der nicht formell zum Geschäftsführer bestellte Angeklagte keine Möglichkeit zur Beantragung der Insolvenz der Gesellschaft habe.

[1315] BGHZ 104, 44 (46); BGHZ 150, 61 (69); BGH, MDR 1974, 398 f.; BGH, wistra 1990, 60 f.; OLG Düsseldorf, NZG 1999, 1066 (1067); BGH, NJW 2000, 2285; OLG Karlsruhe, NJW 2006, 1364. In BGHZ 75, 96 (106) klingt an, dass das Gericht von einer Verpflichtung des faktischen Organs zur Stellung des Insolvenzantrags gemäß § 92 Absatz 2 AktG ausgeht – im konkreten Fall wurde diese Verpflichtung jedoch verneint, da die bei einem faktischen Organ für erforderlich gehaltene überragende Stellung nicht festgestellt wurde.

[1316] Siehe oben S. 270.

[1317] BGH, DB 2005, 1897 = BGH, BB 2005, 1869 = BGH, NZI 2005, 63: *„Für die Stellung und Verantwortlichkeit einer Person als faktischer Geschäftsführer einer GmbH ist es erforderlich, daß der Betreffende nach dem Gesamterscheinungsbild seines Auftretens die Geschicke der Gesellschaft – über die interne Einwirkung auf die satzungsmäßige Geschäftsführung hinaus – durch eigenes Handeln im Außenverhältnis, das die Tätigkeit des rechtlichen Geschäftsführungsorgans nachhaltig prägt, maßgeblich in die Hand genommen hat."* Zustimmend: Gundlach/Frenzel, NZI 2005, 64; Pape, NJW 2007, 411 (412 f.).

[1318] Vgl. BGHSt 31, 118 ff.; BGH, NStZ 1981, 353; OLG Naumburg, GmbHR 2002, 112 (113); BayObLG, NJW 1997, 1936; OLG Düsseldorf, NJW 1988, 3166 f.; vgl. auch die zu sonstigen Konkursstraftaten ergangenen grundlegenden Entscheidungen zum faktischen Organ: BGHSt 3, 31 ff.; 21, 101 ff.; vgl. auch: BGHZ 104, 44 (46).

[1319] BGH, 3. Strafsenat, Urteil vom 22. September 1982, Aktenzeichen: 3 StR 287/82 = BGHSt 31, 118 = BGH, NJW 1983, 240.

ternehmung und seiner überragenden Stellung neben einer weiteren, im Handelsregister eingetragenen Geschäftsführerin.[1320] Bei Vorliegen des Einverständnisses der zur Bestellung berufenen Gesellschafter verneint der BGH eine Verletzung von Art. 103 Absatz 2 GG.[1321] Auch mit § 14 StGB sieht der BGH keinen Konflikt, da diese Vorschrift für Fälle konstruiert sei, bei denen der Täter nicht bereits unmittelbar im Straftatbestand benannt sei.[1322] Bei § 84 Absatz 1 Nr. 2 GmbHG a. F. ergebe sich die mögliche Täterschaft des faktischen Geschäftsführers gemäß der Auslegung des BGH bereits aus dem Wortlaut der Norm.[1323] Sofern die Strafhaftung in einzelnen Entscheidungen verneint wurde, war dies zumeist darauf zurückzuführen, dass nicht alle für notwendig erachteten Voraussetzungen für das Vorliegen eines faktischen Organs festgestellt werden konnten.[1324]

b. Ansichten in der Literatur

In der Literatur wurde eine Verantwortlichkeit des faktischen Organs nach den §§ 84 Absatz 1 Nr. 2 GmbHG, 401 Absatz 1 Nr. 2 AktG – jeweils a. F. – überwiegend bejaht, wobei die Voraussetzungen für die Strafbarkeit des faktischen Organs teilweise unterschiedlich bestimmt werden. Die Meinungslager in der Literatur entsprechen weitgehend den Stellungnahmen zur Situation bei § 283 StGB, obwohl es einer Zurechnung gemäß § 14 Absatz 3 StGB für die Insolvenzverschleppung nicht bedarf.[1325] Auch für die Insolvenzverschleppungsstrafbarkeit wird diskutiert, ob lediglich das unwirksam bestellte faktische Organ oder auch das faktische Organ, dessen Bestellung von vornherein bewusst unterblieben ist, erfasst werden. Dass sich ein faktisches Organ, dessen Bestellung mit zivilrechtlichen Mängeln behaftet ist, nach den §§ 84 Absatz 1 Nr. 2 GmbHG, 401 Absatz 1 Nr. 2 AktG – jeweils a. F. – strafbar machen kann, ist wohl einhellige Ansicht.[1326] Diese Auffassungen dürften auf die Neuregelung in § 15a Absatz 4 und 5 InsO übertragbar sein. Problematisch ist die Situation, wenn ein gescheiterter Bestel-

---

[1320] BGHSt, 31, 118 (122 f.).
[1321] BGHSt, 31, 118 (122).
[1322] BGHSt, 31, 118 (122 f.).
[1323] BGHSt, 31, 118 (122 f.).
[1324] So z. B. BGH, NStZ 1981, 353; BGH, wistra 1990, 60 f.; OLG Düsseldorf, NJW 1988, 3166 (3167).
[1325] Vgl. Löffeler, wistra 1989, 121 (122 f.).
[1326] Scholz/Tiedemann, GmbHG vor § 82 Rn. 32; Haas, in: Baumbach/Hueck, GmbHG § 64 Rn. 9, 172; K.Schmidt in: FS-Rebmann, S. 419 (429); Stein, Das faktische Organ, S. 119 ff., S. 130; Picot/Aleth, Unternehmenskrise, Rn. 622; Montag, S. 21 ff.; Löffeler, wistra 1989, 121 (123); Schäfer, GmbHR 1993, 717 (722); Joerden, wistra 1990, 1; Fleischer, AG 2004, 517 f. (528).

lungsakt fehlt.[1327] Einige Vertreter aus der Literatur lehnen eine Haftung des faktischen Organs, ohne dass eine Bestellung zum Organ zumindest versucht wurde, ab und begründen dies überwiegend mit einem Verstoß gegen Art. 103 Absatz 2 GG.[1328] Andere Autoren lassen darüber hinaus auch bestellungsähnliche Situationen, wie insbesondere das ausdrückliche oder konkludente Einverständnis der zur Organberufung zuständigen Gremien mit dem Verhalten und Tätigwerden des faktischen Organs genügen, während teilweise vertreten wird, dass auch die bloße Duldung des faktischen Organs, durch die Gesellschafter bzw. den Aufsichtsrat ausreichen soll.[1329] Eine weiter gehende Auffassung hält auch einen bestellungsähnlichen Akt nicht für notwendig und will die Verantwortlichkeit des faktischen Organs bereits mit dem bloßen Verhalten und Handeln des faktischen Organs wie ein ordnungsgemäß bestelltes Organ begründen. Diese Auffassung stimmt überwiegend mit der Rechtsprechung überein und führt zur Begründung vor allem kriminalpolitische Bedürfnisse und rechtspolitische Erwägungen an.[1330] Die mit der Auslegung der Strafvorschriften zur Insolvenzverschleppung erzielten Ergebnisse werden von den Vertretern dieser Auffassung als noch innerhalb der Grenzen rechtsstaatlich zulässiger Auslegung angesehen.[1331] Einige dieser Autoren sehen die Verantwortlichkeit des faktischen Organs aufgrund seines Handelns in einer Art Garantenpflicht begründet.[1332] Hinsichtlich der Machtfülle und des Einflusses des faktischen Organs sowie des Umfangs des Tätigwerdens des faktischen Organs, der Erforderlichkeit von Außenwirkung und dem Vorhandensein anderer ordnungsgemäß bestellter Organe werden unterschiedliche Ansichten vertreten.[1333] Die Ansichten sind nahezu deckungsgleich mit den Auffassungen zu § 283 StGB. Nur wenige Autoren kommen zu unterschiedlichen Ergebnissen.[1334]

[1327] Vgl. Radtke, in: MüKo/StGB § 14 Rn. 113 ff., 119.

[1328] Vgl. Scholz/Tiedemann, GmbHG vor § 82 Rn. 32; Ransiek, Unternehmensstrafrecht, S. 94 ff.; Stein, Das faktische Organ, S. 115 ff., S. 121 f.; Grub, S. 114 ff.; Geißler, GmbHR 2003, 1106 (1108 f.); Reich, DB 1967, 1663 (1664 f.); Hoyer, NStZ 1988, 368 (369 f.); Kaligin, BB 1983, 790.

[1329] Scholz/Tiedemann, GmbHG, vor § 82 und Rn. 32 und 9. Auflage § 82 Rn. 42, § 84 Rn. 27 ff.; Köhler, in: Wabnitz/Janovsky 7 Rn. 279; Meyer, in: Insolvenzstrafrecht § 5 Rn. 78; Picot/Aleth, Unternehmenskrise, Rn. 622. Vgl. auch Ransiek, Unternehmensstrafrecht, S. 96, Haas, in: Baumbach/Hueck, GmbHG § 64 Rn. 9 f., 172; Stein, Das faktische Organ, S. 130ff, S. 194 ff; Hoyer NStZ 88, 369 f.

[1330] Exemplarisch: Gübel, S. 80.

[1331] So z. B.: Köhler, in: Wabnitz/Janovsky 7 Rn. 283 f.; Wegner, in: Achenbach/Ransiek VII 2 Rn. 20.

[1332] Kratzsch, ZGR 1985, 506 (530 ff.); Rodemann, S. 61 ff. – allerdings ablehnend bezüglich der Insolvenzantragspflicht gemäß § 84 Abs. 1 Nr. 2 GmbHG, S. 97 f, S. 106 f.

[1333] Vgl. MGB-Schmid § 30 Rn. 11 ff.; MGB-Bieneck § 77 Rn. 16 ff.; Meyer, in: Insolvenzstrafrecht § 5 Rn. 66 ff.; Bittmann, in: Insolvenzstrafrecht § 11 Rn. 35; K.Schmidt: in: K.Schmidt/Uhlenbruck, GmbHG-Krise Rn. 11.1 f.; Uhlenbruck, in: K.Schmidt/Uhlenbruck, GmbHG-Krise Rn. 11.54. Ausführlich zum faktischen Geschäftsführer: Köhler, in: Wabnitz/Janovsky 7 Rn. 273 ff.; Wegner, in: Achenbach/Ransiek VII 2 Rn. 18 ff.; Reck, Insolvenzstraftaten, Rn. 50 ff.; Löffeler, wistra 1989, 121 (123 ff.); Uhlenbruck, BB 1985, 1277 (1284); Schäfer, GmbHR

c. Eigene Stellungnahme

Fraglich ist, ob eine Auslegung des Insolvenzverschleppungsstraftatbestands des § 15a Absatz 4 und 5 i. V. m Absatz 1 Satz 1 InsO Anhaltspunkte für die Strafbarkeit faktischer Organe wegen Insolvenzverschleppung bietet. Nach dem Wortlaut des § 15a Absatz 4 und 5 i. V. m Absatz 1 Satz 1 InsO kann sich das Vertretungsorgan einer juristischen Person wegen Insolvenzverschleppung strafbar machen. Gemäß den früheren Regelungen in den §§ 84 Absatz 1 Nr. 2 GmbHG a. F., 401 Absatz 1 Nr. 2 AktG a. F. kamen der GmbH-Geschäftsführer[1335] und der AG-Vorstand[1336] als mögliche Täter in Betracht. Ob auch Personen erfasst sein sollen, die nicht ordnungsgemäß als Vertretungsorgan bestellt wurden oder die lediglich wie ein Vertretungsorgan auftreten und handeln, lässt sich dem Wortlaut nicht entnehmen.

Auch eine historische Betrachtung der Insolvenzverschleppungsstraftatbestände führt zu keinen Erkenntnissen, ob ein faktisches Organ als Täter in Betracht kommt. Die Materialien und Kommentierungen zur Entstehung des § 15a Absatz 4 und 5 InsO bzw. der §§ 84 Absatz 1 Nr. 2 GmbHG a. F., 401 Absatz 1 Nr. 2 AktG a. F. bieten insofern keine Anhaltspunkte.[1337] Zu berücksichtigen ist allerdings,

---

1993, 717 (722 f.); Hildesheim, wistra 1993, 166 (169); Dierlamm, NStZ 1996, 153 (155 ff.); Richter, NZI 2002, 121 (122); Fuhrmann, in: FS-Tröndle, S. 139 (144 ff.); Gübel, S. 170; Montag, S. 96 ff., der allerdings aus § 85 GmbHG das Erfordernis eines Einverständnisses der Gesellschafter entnehmen will, S. 118 ff.

[1334] Löffeler, wistra 1989, 121 spricht sich bei den Sonderdelikten des StGB für eine strenge Anwendung des § 14 Abs. 3 StGB und gegen eine Ausweitung der Haftung bei Fehlen eines Bestellungsakts aus (S. 122) – zur Insolvenzverschleppungsstrafbarkeit befürwortet er hingegen die von der Rechtsprechung entwickelten Grundsätze zum faktischen Organ im Großen und Ganzen (S. 123 ff.) und spricht sich nur gegen das Ausreichen eines bloßen Übergewichts oder vereinzelten Tätigwerdens des faktischen Organs aus (S. 125). Vgl. auch: Montag, S. 92 ff. Geißler, GmbHR 2003, 1106 (1109) vertritt zwar eine unterschiedliche Betrachtung von Zivil- und Strafrecht – fordert für eine strafrechtliche Verantwortlichkeit aber zumindest einen unwirksamen Bestellungsakt.

[1335] Scholz/Tiedemann, GmbHG, 9. Auflage, § 84 Rn. 19.

[1336] Geilen, in: KK-AktG § 401 Rn. 25.

[1337] Im Wesentlichen entsprach die bisherige Fassung des § 84 Abs. 1 Nr. 2 GmbHG a. F. noch immer ihrer ursprünglichen Bekanntmachung vom 20. Mai 1898 (RGBl. 1898 I S. 846). Die Regelung in § 401 Abs. 1 Nr. 2 AktG a. F. geht zurück auf die Einfügung der Aktiengesellschaft im dritten Abschnitt des Allgemeinen Deutschen Handelsgesetzbuchs (ADHGB) vom 11. Juni 1870 (RGBl. 1870 I S. 375), das in § 240 Abs. 2 ADHGB eine Regelung zur Konkursantragspflicht und in § 249 Abs. 1 Nr. 1-3 ADHGB Strafvorschriften enthielt. Vgl. die Ausführungen zur historischen Entwicklung der Insolvenzverschleppungsstraftatbestände des GmbHG und AktG bei: Geilen, in KK-AktG vor § 399 Rn. 1 ff., § 401 Rn. 1; Kohlmann, in: GK-GmbHG, 7. Auflage, § 84 Rn. 3 ff. Ausführlich zur Entstehungsgeschichte der Insolvenzantragspflicht auch: Hartmann, Insolvenzantragspflicht, S. 92 ff.

dass vor der Einführung des § 50a StGB a. F.[1338] als Vorläufer des heutigen § 14 StGB in den jeweiligen gesellschaftsrechtlichen Kodifikationen Zurechnungsvorschriften vorhanden waren, die eine Anwendung der Strafvorschriften des Konkursrechts auf die handelnden Organe und Vertreter der GmbHG bzw. AG sicherstellten. So war die Organ- und Vertreterhaftung für die Konkursstraftaten beispielsweise in § 83 GmbHG a. F. und in § 294 AktG a. F. geregelt.[1339] Mit der Einführung des § 50a StGB a. F. und der damit verbundenen Aufhebung der einzelgesetzlichen Zurechnungsvorschriften soll keine sachliche Änderung beabsichtigt gewesen sein.[1340] Bei der Auslegung des Insolvenzverschleppungsdelikts ist daher zu bedenken, dass die Voraussetzungen des heutigen § 14 StGB früher in unmittelbarer systematischer Nähe zu der früher ebenfalls im Gesellschaftsrecht in den §§ 84 Absatz 1 Nr. 2 GmbHG a. F., 401 Absatz 1 Nr. 2 AktG a. F. geregelten Insolvenzverschleppungsstrafbarkeit standen. Der Regierungsentwurf des MoMiG stellt ausdrücklich klar, dass durch die Insolvenzantragspflicht im Fall der führungslosen Gesellschaft die Rechtsprechung zum faktischen Geschäftsführer und die weitere Rechtsentwicklung nicht berührt werden soll.[1341]

Fraglich ist, ob systematische Überlegungen weiter führen. Dem Regelungszusammenhang lässt sich nicht entnehmen, ob faktische Organe von den Strafbestimmungen des § 15a Absatz 4 und 5 InsO erfasst werden. In § 15a Absatz 3 InsO wurde durch das MoMiG für den Fall der Führungslosigkeit eine Ersatzantragspflicht für GmbH-Gesellschafter und Aufsichtsräte der AG und Genossenschaft eingeführt.[1342] In der Regelung des § 15a Absatz 3 InsO kommt zum Ausdruck, dass die Ersatzantragspflicht der Gesellschafter oder Aufsichtsräte nur beim Nicht-Vorhandensein eines bestellten Organs besteht. Der Gesetzgeber stellt auch in dieser Regelung entscheidend auf das Kriterium der Bestellung ab. Solange die Mitglieder des für die Bestellung eines Geschäftsführers oder Vorstands zuständigen Gremiums davon ausgehen dürfen, dass ein ordnungsgemäß bestelltes Vertretungsorgan vorhanden ist, greift die Ersatzantragspflicht nicht ein. Hieraus lässt sich eine Parallele zu den Mindestanforderungen für das Vorliegen eines faktischen Organs ziehen. Für das faktische Organ ist daher zu fordern, dass ein minimaler Bestellungsakt vorhanden sein muss. Ein Einverständnis der

---

[1338] § 50a StGB a. F. wurde durch das EGOWiG vom 24. 5. 1968 (BGBl. I S. 503 ff.) in das StGB aufgenommen.

[1339] Vgl. auch Fuhrmann in FS-Tröndle S. 139 (147).

[1340] Vgl. die Hinweise bei LK-Schünemann, StGB § 14 Rn. 71.

[1341] RegE MoMiG, BT-Drs. 16/6140, Begründung S 128.

[1342] § 15a InsO wurde eingeführt durch Art. 9 Ziffer 3 MoMiG vom 23. Oktober 2008, BGBl. I S. 2026 (2037).

zur Organbestellung erforderlichen Mehrheit der Mitglieder des Bestellungsgremiums und eine Bestellungsintention reichen aus.

Sinn und Zweck des Insolvenzverschleppungsstraftatbestands des § 15a Absatz 4 und 5 InsO ist der Schutz der Befriedigungsinteressen der Gläubiger der Gesellschaft.[1343] Wird eine insolvenzreife Gesellschaft über die dreiwöchige Insolvenzantragsfrist hinaus fortgeführt, besteht die Gefahr, dass die Insolvenz weiter vertieft wird und sich die Chancen der Gläubiger auf Befriedigung ihrer (Geld-) Forderungen weiter verringern. Berücksichtigt man den Sinn und Zweck, so wäre eine möglichst weit gehende Bestimmung des Täterkreises des Insolvenzverschleppungsstraftatbestands zu befürworten. Dies würde für eine umfassende Einbeziehung faktischer Organe sprechen.

Zusammenfassend ist festzuhalten, dass die Auslegung des § 15a Absatz 4 und 5 InsO zwar für eine möglichst weit gehende Einbeziehung faktischer Organe in den Täterkreis spricht. Dem sind durch Art. 103 Absatz 2 GG jedoch Grenzen gesetzt. Zwar finden sich in § 15a Absatz 4 und 5 InsO wie auch bereits in den §§ 84 Absatz 1 Nr. 2 GmbHG a. F., 401 Absatz 1 Nr. 2 AktG a. F. – anders als in § 14 Absatz 3 StGB – keine unmittelbaren Anhaltspunkte für die Notwendigkeit eines Bestellungsakts, allerdings ergibt sich im Umkehrschluss daraus auch nicht, dass auf einen wie auch immer gearteten Bestellungsakt vollständig verzichtet werden kann. Es kommt darauf an, ob es unter Bestimmtheitsgesichtspunkten (Art. 103 Absatz 2 GG) noch vertretbar ist, eine lediglich wie ein Organ handelnde und auftretende Person, die nicht fehlerhaft zum Organ bestellt wurde, einem ordnungsgemäß bestellten Organ im Sinne des § 15a Absatz 1 Satz 1 InsO gleich zu stellen. Die Entscheidung, ob eine bestimmte Person Vertretungsorgan sein soll oder nicht, treffen die Mitglieder des Bestellungsgremiums mit der hierfür gemäß Gesetz oder Satzung vorgesehenen Mehrheit. Das entscheidende Kriterium für die Frage, ob eine bestimmte Person als Vertretungsorgan anzusehen ist oder nicht, ist daher der Bestellungsakt. Die Organbestellung setzt einen Willensakt der Mitglieder des Bestellungsgremiums voraus. Eine bloße Tätigkeit wie ein Organ, ohne dass ein wie auch immer gearteter Bestellungsakt vorliegt, reicht nicht aus, um diese Person einem ordnungsgemäß bestellten Organ gleich zu stellen. Die bloße Anmaßung bzw. Usurpation einer Organstellung ist nicht ausreichend.[1344] Entsprechend den vorangehenden Überlegungen zur Strafbarkeit faktischer Organe gemäß § 283 StGB[1345] ist darauf abzustellen, ob ein Einverständnis der zur Or-

---

[1343] Siehe dazu ausführlich oben S. 32. Vgl. auch Altmeppen, NJW 2005, 1911 (1914), bereits unter Berücksichtigung der MoMiG-Reformüberlegungen.

[1344] Ebenso: Radtke, in: MüKo/StGB § 14 Rn. 116.

[1345] Siehe oben S. 272.

ganbestellung erforderlichen Mehrheit der Mitglieder des Bestellungsgremiums und eine Bestellungsintention vorliegen.

Erst in Verbindung mit dem Aspekt der beabsichtigen Bestellung lässt sich mit Art. 103 Absatz 2 GG genügender Bestimmtheit feststellen, welche Person als Organ der Unternehmung zu gelten hat und damit als tauglicher Täter anzusehen ist. Andere Auslegungsversuche, die auf eine zumindest intendierte Bestellung verzichten wollen, sehen sich zur Begründung der strafrechtlichen Verantwortlichkeit gezwungen, ein ganzes Bündel von Anforderungen an das Verhalten des faktischen Organs, die ein organgleiches Tätigwerden verdeutlichen sollen, zu stellen. Auch wenn dem Zweck des Insolvenzverschleppungsdelikts durch einen weiter gefassten Täterkreis möglicherweise umfassender Rechnung getragen werden könnte, gebührt einer Auslegung der Vorrang, die den Anforderungen an die Bestimmtheit der Strafnorm genügt.

d. Vorschlag zu einer Regelung der Strafbarkeit faktischer Organe in § 14 Absatz 3 StGB de lege ferenda

Faktische Organe, deren Bestellung von Anfang an unterblieben ist und auch nicht beabsichtigt war, kommen nicht als taugliche Täter des Insolvenzverschleppungsstraftatbestands in Betracht.[1346] Da sich nach der hier vertretenen Auffassung gegebenenfalls Strafbarkeitslücken ergeben, da nicht alle möglicherweise strafwürdigen Verhaltensweisen sonstiger faktischer Organe erfasst werden können[1347], muss dies im Hinblick auf die Anforderungen des Art. 103 Absatz 2 GG hingenommen werden. Die strafrechtliche Erfassung des Verhaltens von Personen, die – ohne dazu bestellt zu sein – wie ein Organ tätig werden, bedarf einer ausdrücklichen gesetzlichen Regelung.[1348] Zur Strafwürdigkeit und Strafbedürftigkeit kann auf die vorangehenden Überlegungen zur Ergänzung des § 14 Absatz 3 StGB verwiesen werden.[1349] Nachfolgend wird daher ein Vorschlag zur Ergänzung der Insolvenzverschleppungsstrafbarkeit gemacht, der die Einbeziehung faktischer Organe in den Täterkreis sicherstellt. Da die Strafbarkeit wegen Insolvenzverschleppung an die Insolvenzantragspflicht anknüpft, bedarf es auch einer Anpassung der Insolvenzantragspflicht. Zur Erfassung faktischer Organe, bei denen kein

---

[1346] Weitergehend aber z. B.: MGB-Bieneck § 84 Rn. 11 i. V. m. § 77 Rn. 46 ff.; Köhler, in: Wabnitz/Janovsky 7 Rn. 282 ff.; Fuhrmann, FS-Tröndle, S. 139 (145 ff.); Hartmann, Insolvenzantragspflicht, S. 89 ff. – jeweils mit weiteren Nachweisen.

[1347] Zivilrechtlich zur möglichen Lückenhaftigkeit dieser Auffassung: Hartmann, Insolvenzantragspflicht, S. 39 f.

[1348] Vgl. auch: Joerden, wistra 1990, 1 (4); Kaligin, BB 1983, 790; Grub, S. 117.

[1349] Siehe oben S. 275.

fehlerhafter Bestellungsakt gegeben ist, wird vorgeschlagen § 15a Absatz 1 InsO um folgenden weiteren Satz zu ergänzen:

„Satz 1 gilt auch für organschaftliche Vertreter, wenn die Rechtshandlung, welche die Vertretungsbefugnis begründen sollte, unwirksam ist oder wenn eine natürliche Person nach dem Gesamterscheinungsbild ihres Verhaltens wie ein vertretungsberechtigtes Organ auftritt und die Geschicke der Gesellschaft durch eigenes Handeln im Außenverhältnis geprägt und maßgeblich in die Hand genommen hat."

Die Einbeziehung unwirksam bestellter Organe hat lediglich klarstellende Funktion. Neu ist hingegen die Gleichstellung faktischer Organe mit Vertretungsorganen gemäß § 15a Absatz 1 Satz 1 InsO. Zur Ausfüllung des maßgeblichen Vergleichs zwischen dem Verhalten des faktischen Organs und der Stellung eines ordnungsgemäß bestellten für die Gesellschaft tätigen Organs kann auf die vorgenannten acht Kriterien verwiesen werden.[1350] Diesen Kriterien kommt eine Indizwirkung für das Vorliegen einer faktischen Organstellung zu.

Neben der Antragspflicht bedarf es auch eines Antragsrechts des faktischen Organs. Es ist zwar weitest gehend anerkannt, dass faktische Organe auch berechtigt sind Insolvenzantrag zu stellen.[1351] Aus Gründen der Klarstellung wird jedoch vorgeschlagen § 15 Absatz 1 InsO wie folgt zu ergänzen:

„Satz 1 gilt auch für organschaftliche Vertreter, wenn die Rechtshandlung, welche die Vertretungsbefugnis begründen sollte, unwirksam ist oder wenn eine natürliche Person nach dem Gesamterscheinungsbild ihres Verhaltens wie ein vertretungsberechtigtes Organ auftritt und die Geschicke der Gesellschaft durch eigenes Handeln im Außenverhältnis geprägt und maßgeblich in die Hand genommen hat."

Die bewusst identisch gewählte Formulierung in § 15 InsO und in § 15a InsO soll dazu beitragen, dass die Auslegung in beiden Vorschriften inhaltsgleich erfolgt.

3. Die strafrechtliche Verantwortlichkeit des Strohmann-Organs

Es ist eine typische Konstellation, wenn neben einem tatsächlich tätigen faktischen Organ eine weitere ordnungsgemäß als Organ bestellte natürliche Person vorhanden ist, die allerdings weitgehend untätig bleibt. Für diese regelmäßig nur

---

[1350] Siehe dazu oben S. 276.
[1351] Vgl. nur Meyer, in: Insolvenzstrafrecht § 5 Rn. 107 f.

aus formalen Gründen bestellte natürliche Person hat sich die Bezeichnung als Strohmann bzw. als Strohfrau[1352] eingebürgert.

Das Strohmann-Organ ist strafrechtlich voll verantwortlich. Wer die Position eines Geschäftsführers oder Vorstandes im juristischen Sinne einnimmt, den trifft nach ganz überwiegender Auffassung auch die Haftung aus Strafnormen, die auf diese Eigenschaft abstellen. Dies gilt unabhängig davon, ob diese Position tatsächlich oder nur zum Schein ausgefüllt wurde.[1353]

Gegen diese Ansicht wurde vereinzelt angeführt, dass eine Strafbarkeit des Strohmannes nur dann gerechtfertigt sei, wenn in der Unternehmung Handlungs- bzw. Eingriffsmöglichkeiten des Strohmannes bestanden, die der objektiven Pflichtenstellung als Organ wenigstens ansatzweise entsprechen.[1354] Aber selbst für Unterlassungsstraftaten kann nicht bereits aus dem Umstand, dass der Strohmann für die Unternehmung weitgehend untätig blieb und keinen oder nur geringen Einfluss auf die Führung der Geschäfte hatte, gefolgert werden, dass die Erfüllung der ihm aufgrund seiner Stellung als Organ obliegenden Handlungspflichten unmöglich war. Eine Handlung ist nur dann unmöglich, wenn Handlungsunfähigkeit vorliegt.[1355] Hat ein Strohmann nach den tatsächlichen Umständen keinen Einfluss auf die Geschäftsführung, so ändert dies nichts an seiner Handlungsfähigkeit, da das formal bestellte Organ – wie *Maurer* zutreffend heraus-

---

[1352] Vgl. KG, wistra 2002, 313 (314 f.); MGB-Bieneck § 77 Rn. 20; Richter, NZI 2002, 121 (122); Siegmann/Vogel, ZIP 1994, 1821. Der nachfolgend verwendete Begriff Strohmann wird ausschließlich aus Vereinfachungsgründen gewählt und erfasst sowohl weibliche, als auch männliche Personen.

[1353] MGB-Bieneck § 77 Rn. 20; MGB-Schmid § 29 Rn. 2 ff.; Meyer, in: Insolvenzstrafrecht § 5 Rn. 82; Rudolph, in: Insolvenzstrafrecht § 5 Rn. 127; Köhler, in: Wabnitz/Janovsky 7 Rn. 285. Zutreffend auch: Ransiek, in: Achenbach/Ransiek VIII 1 Rn. 31 und VIII 3 Rn. 17; Maurer wistra 2003, 174 (175); Scholz/Tiedemann, GmbHG vor § 82 Rn. 32; Siegmann/Vogel, ZIP 1994, 1821 ff.; Richter, NZI 2002, 121 (122); K.Schmidt in: K.Schmidt/Uhlenbruck GmbH-Krise Rn. 1862 f.; Weyand/Diversy, Rn. 26; Dinkhoff, S. 59 ff.; Vgl. auch aus zivilrechtlicher Sicht: BGHZ 125, 366 (370); OLG Naumburg, BB 1999, 1570 f.

[1354] Vgl. KG, wistra 2002, 313 ff. Wegner, in: Achenbach/Ransiek VII 2 Rn. 21 fordert eine auch tatsächlich ausgeübte Herrschaftsposition und verneint damit die Täterschaft des Strohmannes. Ähnlich: LK-Schünemann, StGB § 14 Rn. 75. Rodemann, S. 97 f., S. 142, S. 144 ff. begründet die Verantwortlichkeit des faktischen Geschäftsführers mit einem Übernahmeverhalten, das in der tatsächlichen Übernahme der Geschäftsführung nach außen liegen soll. Mit dieser Begründung müsste Rodemann die Verantwortlichkeit des Strohmann-Geschäftsführers konsequenterweise verneinen. Entgegen dieses Begründungsansatzes für das faktische Organ bejaht Rodemann, S. 154 ff. aber die strafrechtliche Verantwortlichkeit des Strohmann-Geschäftsführers, da bereits die Bestellung des Scheinorgans die Strafhaftung begründen soll und dadurch eine Haftungserweiterung aufgrund Übernahmeverhaltens entbehrlich werden soll.

[1355] Hierunter fallen z. B. Bewusstlosigkeit, Lähmung, Fesselung oder vis absoluta. Vgl. Baumann/Weber/Mitsch § 13 Rn. 13 ff., siehe auch: § 13 Rn. 15; Sch/Sch-Stree, StGB vor § 13 Rn. 142; LK-Walter, StGB vor § 13 Rn. 38.

stellt[1356] – die Möglichkeit hat, sich notfalls mit gerichtlicher Hilfe den seiner gesetzlichen Organstellung entsprechenden Einfluss zu verschaffen. Dass beispielsweise eine lediglich zum Schein als Geschäftsführerin bestellte Ehefrau wohl kaum gegen den Willen ihres als faktisches Organ tätigen Ehemannes Insolvenzantrag stellen wird oder die ordnungsgemäße Buchführung und Bilanzierung sicherstellen wird[1357], mag zwar aus tatsächlichen und ggf. emotionalen Zwängen dazu führen, dass die Strohfrau untätig bleibt. Es ändert allerdings nichts am Vorliegen ihrer Handlungsmöglichkeit.[1358] Beim Vorliegen einer solchen Konstellation bieten Strafzumessungs- oder Diversionsüberlegungen ausreichend Spielraum, um einem eventuell geringeren Strafbedürfnis Rechnung zu tragen.[1359]

V. Die Interessentheorie

Die Abgrenzung zwischen den Insolvenzstraftaten, insbesondere dem Bankrottstraftatbestand des § 283 StGB, und den Vermögens- und Eigentumsdelikten, insbesondere dem Untreuestraftatbestand des § 266 StGB, sorgt in der Fallgruppe der nachteiligen Vermögensverschiebung in Rechtsprechung und Literatur für anhaltende Diskussionen.[1360] Sie wird insbesondere von der Rechtsprechung mit Hilfe der so genannten Interessentheorie bzw. Interessenformel vorgenommen.[1361]

1. Die Interessentheorie als Zurechnungs- und Abgrenzungsmodell

Im Ausgangspunkt knüpft die Interessentheorie daran an, dass in bestimmten Konstellationen nicht der Adressat der Strafvorschrift selbst, sondern eine für ihn handelnde Person als Vertreter bzw. als Organ tätig wird. Etwaige Zurechnungslücken werden von § 14 StGB geschlossen. Ein strafrechtsrelevantes Handeln als Organ oder als Vertreter soll nur dann vorliegen, wenn die handelnde natürliche Person auch *im Interesse* des Vertretenen und somit aufgrund ihrer Organ- bzw.

[1356] Maurer, wistra 2003, 174 (176).

[1357] Vgl. KG, wistra 2002, 313 ff. Zur Ehefrau als formell bestelltem aber untätigem Organ: MGB-Schmid § 29 Rn. 2a mit weiteren Nachweisen. Ausführlich auch: Siegmann/Vogel ZIP 1994, 1821 ff.

[1358] Dies wird von KG, wistra 2002, 313 (314 f.) verkannt. Kritisch auch: Maurer, wistra 2003, 174 ff.

[1359] So auch: Rudolph, in: Insolvenzstrafrecht, § 5 Rn. 152 f. und Meyer, in: Insolvenzstrafrecht, § 5 Rn. 82, 196.

[1360] Ausführlicher Überblick zum Meinungsstand z. B. bei: Hager, S. 139 ff.; Brand, NStZ 2010, 9 (11).

[1361] Vgl. BGHSt 30, 127 (128 ff.); BGHSt 34, 221 (223); BGH, NStZ 2000, 206 (207). Kritisch: BGH, Beschluss vom 10. Februar 2009, Az.: 3 StR 372/08 = ZIP 2009, 959 mit weiteren Nachweisen. Teilweise zustimmend Bittmann, in: Insolvenzstrafrecht, § 12 Rn. 47.

Vertreterstellung agiert.[1362] Wird das Organ oder der Vertreter hingegen aus reinem Eigennutz und somit ohne Bezug zu seiner Organ- bzw. Vertreterstellung tätig, so soll eine Zurechnung von Umständen aus der Sphäre des Vertretenen ausscheiden. In Betracht kommt dann lediglich eine Strafbarkeit der handelnden Person unter Berücksichtigung der Merkmale, die individuell und ohne Organ- oder Vertretungsbezug verwirklicht wurden. Verhaltensweisen, die lediglich bei Gelegenheit der Ausübung der Organtätigkeit oder unter Ausnutzung faktisch bestehender (Zugriffs-) Möglichkeiten geschehen, sollen ausgeschieden werden.[1363] In dieser allgemeinen Ausprägung ist die Auffassung der Rechtsprechung nachvollziehbar und verdient Zustimmung.

Problematisch ist hingegen die darüber hinausgehende Anwendung der Interessentheorie als Abgrenzungsmodell. Vor allem die Rechtsprechung zieht die Interessentheorie bei Vermögensverschiebungen in der Unternehmenskrise zur Abgrenzung zwischen Bankrott und Untreue heran. Greift der Geschäftsführer oder Vorstand beispielsweise in die Kasse der Gesellschaft, um private Verbindlichkeiten zu begleichen, so stellt sich die Frage, ob dies in der Unternehmenskrise eine Untreue, einen Bankrott oder evtl. beides verwirklicht.[1364] Die Rechtsprechung prüft nach der Interessentheorie, ob der Täter *im Interesse* des Schuldnerunternehmens oder *im eigenen Interesse* bzw. in einem anderen Interesse als dem des Schuldners gehandelt hat.[1365] Im ersten Fall soll Bankrott vorliegen, im zweiten Fall Untreue. Im Beispielsfall der Entnahme von Mitteln der Gesellschaft für private Zwecke kommt die Rechtsprechung zur Untreuestrafbarkeit des Geschäftsführers oder Vorstands. Begründet wird dies vor allem damit, dass § 266 StGB das betreute Vermögen schütze, während § 283 StGB dem Schutz der (Befriedigungs-) Interessen der Gläubiger diene.[1366] Die Organzurechnungsvorschrift des § 14 Absatz 1 Nr. 1 StGB verlange zudem ein Handeln des Täters *als Organ*, was nur dann der Fall sei, wenn der Täter auch *im Interesse* der Gesellschaft, d. h. in Bezug auf das Vermögen und den Betrieb der Unternehmung, und nicht in seinem eigenen Interesse tätig werde.[1367] Die formale Stellung als

---

[1362] Vgl. BGHSt 28, 371 (373 f.); BGHSt 30, 127 ff.; vgl. auch BGHSt 34, 221 (223 f.) zur Einwilligung der Gesellschafter.

[1363] Vgl. BGH, Beschluss vom 10. Februar 2009, Az.: 3 StR 372/08, Absatz 10 = ZIP 2009, 959 (960); MGB-Bieneck § 77 Rn. 24.

[1364] Vgl. hierzu auch BGH, Beschluss vom 10. Februar 2009, Az.: 3 StR 372/08, Absatz 19 ff. = ZIP 2009, 959 (961 f.); Sch/Sch-Stree/Heine, StGB § 283 Rn. 4a; NK-Kindhäuser, StGB vor § 283 Rn. 51 ff.; Hager, S. 121 ff. mit weiteren typischen Beispielen.

[1365] Vgl. insbesondere BGHSt 28, 371 (373 f.); BGHSt 30, 127 ff.; BGH, NStZ 2000, 206 (207).

[1366] BGHSt 28, 371 (373). Vgl. auch BGH, Beschluss vom 10. Februar 2009, Az.: 3 StR 372/08, Absatz 10, 19 ff. = ZIP 2009, 959 (960 f.).

[1367] BGHSt 30, 127 (130). Vgl. auch BGH, Beschluss vom 10. Februar 2009, Az.: 3 StR 372/08, Absatz 10 = ZIP 2009, 959 (960).

Organ solle nach der Rechtsprechung in diesem Fall außer Betracht bleiben. Entscheidend sei eine wirtschaftliche Beurteilung des Täterverhaltens.[1368] Tateinheit zwischen Untreue und Bankrott sei ausnahmsweise und nur dann gegeben, wenn der Täter zugleich im eigenen und im Interesse der Unternehmung handele.[1369]

2. Wandel in der Rechtsprechung?

Unter dem Eindruck der jahrzehntelangen Kritik an der Interessentheorie zeichnet sich in der jüngsten Rechtsprechung des BGH inzwischen ein Gesinnungswandel ab. In einem Beschluss vom 10. Februar 2009 führte der 3. Strafsenat des BGH aus, dass er hinsichtlich der Strafbarkeit eines Organwalters zur Frage der Abgrenzung zwischen den Insolvenzstraftaten der §§ 283 ff. StGB und der Untreue sowie den Eigentumsdelikten gemäß den §§ 242, 246 StGB zu einer Abweichung von der bisherigen Rechtsprechung des BGH neige.[1370] Der 3. Strafsenat gab an, dass er die Abgrenzung künftig nicht mehr anhand der Interessenformel vornehmen wolle, sondern daran anknüpfen werde, ob der Vertreter im Sinne des § 14 StGB im Geschäftskreis des Vertretenen tätig geworden sei.[1371] Der 3. Strafsenat begründet dies damit, dass der Wortlaut des § 14 StGB ein subjektives Element nicht vorsehe.[1372]

Dieser sich andeutende Wandel in der Rechtsprechung zur Interessentheorie[1373] überrascht, da die Rechtsprechung zur Interessentheorie fest gefügt schien. Dies gilt umso mehr, da der 3. Strafsenat des BGH im konkreten Fall nicht über das Verhältnis zwischen Untreue und Bankrott zu entscheiden hatte, sondern das Verfahren wegen Feststellungsmängeln an eine andere Kammer des LG Oldenburg zurückverwies.[1374] Lediglich in einem ausführlichen obiter dictum wies der 3. Straf-

---

[1368] Vgl. BGHSt 30, 127 f.

[1369] BGHSt 28, 371 (373 f.); BGHSt 30, 127 ff.; vgl. auch Köhler, in: Wabnitz/Janovsky 7 Rn. 156; MGB-Bieneck § 77 Rn. 26. Dies sei beispielsweise bei der Entnahme von Gesellschaftsmitteln für Schmiergeldzahlungen möglich, vgl. LK-Tiedemann, StGB vor § 283 Rn. 79; Bittmann, in: Insolvenzstrafrecht § 12 Rn. 49.

[1370] BGH, Beschluss vom 10. Februar 2009, Az.: 3 StR 372/08, Absatz 22 = ZIP 2009, 959 (961 f.) = NZG 2009, 673 (674 f.) mit Anmerkung von Schwarz, HRRS 2009, 341 ff.; Leipold/Schaefer, NZG 2009, 937 (938); Bittmann, wistra 2010, 8 (9). Ausführliche Kritik bei Brand, NStZ 2010, 9 ff. Vgl. auch bereits AG Halle-Saalkreis, NJW 2002, 77 f.

[1371] BGH, Beschluss vom 10. Februar 2009, Az.: 3 StR 372/08, Absatz 22, 23 = ZIP 2009, 959 (961 f.) = NZG 2009, 673 (674 f.).

[1372] BGH, Beschluss vom 10. Februar 2009, Az.: 3 StR 372/08, Absatz 22 = ZIP 2009, 959 (961 f.). Vgl. auch Hager, S. 175 f.

[1373] Ausführlich zur Entwicklung der Rechtsprechung zur Interessentheorie: Schwarz, HRRS 2009, 341 (343 ff.).

[1374] Vgl. BGH, Beschluss vom 10. Februar 2009, Az.: 3 StR 372/08 = ZIP 2009, 959.

senat für die neue Verhandlung vor dem Landgericht darauf hin, dass er von der Interessentheorie abrücken wolle.[1375]

Eine ähnliche Tendenz ließ kürzlich der 5. Strafsenat des BGH in einem Beschluss vom 24. März 2009 erkennen.[1376] Der 5. Strafsenat lehnte eine Anwendung der Interessentheorie auf die Strafbarkeit gemäß § 283 Absatz 1 Nr. 8 zweite Alternative StGB ab.[1377] Er ging jedoch mit keinem Wort auf die vorgenannte frühere Entscheidung des 3. Strafsenats ein.

Nicht zuletzt aufgrund der eindeutigen Festlegung des 3. Strafsenats des BGH in dem obiter dictum vom 10. Februar 2009[1378] ist fest damit zu rechnen, dass der BGH bei nächster Gelegenheit entscheiden wird, dass für die Abgrenzung der Verhaltensweisen von Organen zwischen den Insolvenzstraftaten der §§ 283 ff. StGB und der Untreue bzw. den Eigentumsdelikten der §§ 242, 246 StGB nicht mehr auf die Interessentheorie abzustellen sei, sondern die tatsächlichen Gegebenheiten und die Frage maßgeblich seien. Entscheidend sei, ob der Organwalter im Geschäftskreis der von ihm vertretenen juristischen Person tätig geworden sei.[1379]

3. Kritik an der Interessentheorie und eigene Stellungnahme

Die vorangehend dargestellte Rechtsprechung zur Abgrenzung zwischen Bankrott- und Untreueverhaltensweisen gemäß der Interessenformel ist in der Literatur ganz überwiegend auf Ablehnung gestoßen.[1380] Die Abgrenzung nach der subjektiven Tendenz des Täters ist in bestimmen Konstellation nicht durchführbar. Bei unbewusst fahrlässigen Verhaltensweisen führt die Interessentheorie nicht weiter,

---

[1375] BGH, Beschluss vom 10. Februar 2009, Az.: 3 StR 372/08, Absatz 22 ff. = ZIP 2009, 959 (961 f.).

[1376] Vgl. BGH, Beschluss vom 24. März 2009, Az.: 5 StR 353/08, Absatz 4, 5.

[1377] BGH, Beschluss vom 24. März 2009, Az.: 5 StR 353/08, Absatz 5.

[1378] BGH, Beschluss vom 10. Februar 2009, Az.: 3 StR 372/08, Absatz 22 = ZIP 2009, 959 (961 f.).

[1379] Vgl. BGH, Beschluss vom 10. Februar 2009, Az.: 3 StR 372/08, Absatz 22, 23 = ZIP 2009, 959 (961 f.). Zustimmend: Bittmann, wistra 2010, 8 (9); Leipold/Schaefer, NZG 2009, 937 (939). Kritisch: Schwarz, HRRS 2009, 341 (345 f.) und Brand, NStZ 2010, 9 (11 ff.).

[1380] Vgl. LK-Tiedemann, StGB vor § 283 Rn. 79 ff.; MGB-Bieneck § 77 Rn. 28 ff.; Bittmann, in: Insolvenzstrafrecht § 12 Rn. 44 ff.; Ransiek, Unternehmensstrafrecht S. 91 f.; Mosiek, wistra 2003, 370 ff.; Ausführlich: Mohr, S. 50 ff. und Wehleit, S. 23 ff., 33 ff. Radtke, in: MüKo/StGB § 283 Rn. 89 will auf eine Zurechenbarkeit im Sinne von § 14 StGB abstellen, vgl. auch Radtke, in: MüKo/StGB § 14 Rn. 64 f.

da das fahrlässige Täterverhalten gerade nicht in einem bestimmten Interesse, z. B. im Interesse der Unternehmung, erfolgt sein kann.[1381]

Als gravierend wird auch die kriminalpolitisch unerwünschte Verschiebung der Bankrottkriminalität hin zur allgemeinen Vermögens- und Eigentumskriminalität bei juristischen Personen angesehen.[1382] Die Bankrottverhaltensweisen gemäß § 283 Absatz 1 StGB laufen dem wirtschaftlichen Interesse einer juristischen Person zuwider. Handelt der Organwalter jedoch im eigenen Interesse, so lehnte die bisherige Rechtsprechung eine Strafbarkeit wegen Bankrotts ab und bestrafte lediglich wegen Untreue. Dies sorgt insbesondere dann für Strafbarkeitslücken, wenn der Geschäftsherr bzw. die Gesellschafter mit dem vermögensverschiebenden Verhalten des Organs einverstanden sind, da dann der Tatbestand der Untreue ausscheiden soll.[1383] Besonders deutlich wird diese Problematik, wenn Organwalter und Gesellschafter personenidentisch sind. Entzieht der Geschäftsführer und Gesellschafter einer Ein-Mann-GmbH dieser planmäßig Vermögen, um es für eigene Zwecke zu verwenden, und gerät die Gesellschaft deshalb in Insolvenz, so soll nach der Interessenformel eine Bankrottstrafbarkeit ausscheiden, da der Täter im eigenen Interesse handelt[1384], obwohl der Täter die Insolvenz der Gesellschaft herbeigeführt hat und damit sogar die Voraussetzungen des § 283 Absatz 2 StGB vorliegen würden. Eine Untreuestrafbarkeit ist ebenfalls problematisch, da der Gesellschafter-Geschäftsführer mit den nachteiligen Vermögensverschiebungen einverstanden gewesen sein dürfte.

Diese Fallgruppe verdeutlicht die Ungeeignetheit der Interessenformel als Abgrenzungsmethode.[1385] Aus Gründen des Rechtsgüterschutzes ist sicherzustellen, dass typische Bankrottverhaltensweisen auch als Bankrott bestraft werden können. Entzieht der Täter der Gesellschaft in der Krise unter Ausnutzung seiner organschaftlichen Vertretungsbefugnisse Vermögenswerte, um diese sich selbst zu verschaffen oder für seine privaten Ausgaben zu verwenden, so verwirklicht er die Bankrotthandlung des § 283 Absatz 1 Nr. 1 StGB. Eine Beeinträchtigung der finanziellen Befriedigungsinteressen der Gläubiger der Gesellschaft im Sinne des

---

[1381] LK-Tiedemann, StGB vor § 283 Rn. 84; MGB-Bieneck § 77 Rn. 28; auch Bittmann, in: Insolvenzstrafrecht § 12 Rn. 56.

[1382] MGB-Bieneck § 77 Rn. 30. Kritisch auch: BGH, Beschluss vom 10. Februar 2009, Az.: 3 StR 372/08, Absatz 19 = ZIP 2009, 959 (961).

[1383] BGHSt 50, 331 (342) = BGH, NJW 2006, 522 (523 ff.), vgl. hierzu die Anmerkung von Rönnau, NStZ 2006, 218; Vgl. auch BGH, Beschluss vom 10. Februar 2009, Az.: 3 StR 372/08, Absatz 16 = ZIP 2009, 959 (961); Hager, S. 172 ff.; Arloth, NStZ 1990, 570 (571 f.).

[1384] Vgl. BGHSt 30, 127 (128 ff.).

[1385] Vgl. Tiedemann, Insolvenz-Strafrecht, vor § 283 StGB Rn. 80, 85; Sch/Sch-Stree/Heine, StGB § 283 Rn. 4a; Arloth, NStZ 1990, 570 (571 f.).

von § 283 StGB intendierten Rechtsgüterschutzes wäre zu bejahen.[1386] Würde in einem solchen Fall nach der Interessentheorie lediglich wegen Untreue bestraft, so würde der Gläubigerschutz der Insolvenzstraftaten der §§ 283 ff. StGB in diesen Konstellationen leerlaufen.[1387] Der Untreuestraftatbestand bezweckt nicht den Schutz der Gläubiger, sondern den Schutz des Vermögens.[1388] Geschützt wird durch die Untreue das Vermögen, das Gegenstand der Untreue sein kann – mithin also das Vermögen der Gesellschaft. Diese Diskrepanz des Rechtsgüterschutzes stellt den Hauptkritikpunkt an der Interessenformel dar.

Da die Anwendung der Interessentheorie dazu führt, dass typische Bankrott-verhaltensweisen als Untreue bestraft werden, liefen vor dem Inkrafttreten des MoMiG die Organverbotsregelungen in den §§ 6 Absatz 2 GmbHG, 76 Absatz 3 AktG – jeweils a. F. – in diesen Fällen leer. In dieser ungerechtfertigten Ungleich-behandlung wurde ein erheblicher Nachteil der Interessentheorie gesehen.[1389] Seit der Neufassung der §§ 6 Absatz 2 Nr. 3 GmbHG, 76 Absatz 3 Nr. 3 AktG durch das MoMiG[1390] hat sich diese Kritik etwas relativiert, da nunmehr gemäß den §§ 6 Absatz 2 Nr. 3e GmbHG, 76 Absatz 3 Nr. 3e AktG auch Verurteilungen wegen Untreue zu einem Freiheitsstrafe von mindestens einem Jahr zu einem Aus-schluss als Geschäftsführungsorgan führen. Diese Mindestfreiheitsstrafe ist bei Verurteilung wegen vorsätzlichem Bankrott gemäß den §§ 6 Absatz 2 Nr. 3b GmbHG, 76 Absatz 3 Nr. 3b AktG nicht vorgesehen. Die Anwendung der Interes-senformel führt daher im Hinblick auf die Inhabilitätsregelungen nach wie vor zu ungerechtfertigten Ergebnissen. Nach der in vorliegender Arbeit vorgeschlagenen Ergänzung des § 70 StGB und Neufassung der Inhabilitätsvorschriften würde die-se Ungleichbehandlung nicht bestehen, da auf die Berücksichtigung unter-schiedlicher Mindeststrafen bei Bankrott- und Untreueverurteilungen verzichtet wird.[1391]

Es wird in der Literatur zur Abgrenzung zwischen den Insolvenzstraftaten der §§ 283 ff. StGB und der Untreue sowie den Eigentumsdelikten der §§ 242, 246 StGB vorgeschlagen, nicht auf die subjektive Gesinnung des Täters, sondern auf

---

[1386] Vgl. oben S. 17 zum Rechtsgüterschutz des § 283 StGB.

[1387] So auch: BGH, Beschluss vom 10. Februar 2009, Az.: 3 StR 372/08, Absatz 19, 24 = ZIP 2009, 959 (961 f.).

[1388] Siehe oben S. 36 zum Rechtsgüterschutz des § 266 StGB.

[1389] Tiedemann, Insolvenz-Strafrecht, vor § 283 StGB Rn. 80; Bittmann, in: Insolvenzstrafrecht § 12 Rn. 57; MGB-Bieneck § 77 Rn. 31; Hager, S. 170; Deutscher/Körner, wistra 1996, 8 (12).

[1390] Vgl. Art. 1 Ziffer 7 und Art. 5 Ziffer 6 MoMiG vom 23. Oktober 2008, BGBl. I S. 2026 (2027, 2035). Vgl. dazu ausführlich oben S. 228.

[1391] Siehe oben S. 246.

die Betriebsbezogenheit des Täterverhaltens oder auf eine objektiv-funktionale Sicht und/oder auf die Pflichtenstellung des Täters abzustellen.[1392]

Die Interessentheorie ist für die Abgrenzung zwischen der Verwirklichung von Vermögens- und Bankrottdelikten bei Vermögensverschiebungen in der Unternehmenskrise ungeeignet. Die vorstehend dargestellt Kritik an der Interessenformel verdient Zustimmung. Der vom 3. Strafsenat des BGH angedeutete Wandel der Rechtsprechung[1393] ist uneingeschränkt zu begrüßen. Die Anwendung der Interessenformel wurde auch früher von der Rechtsprechung nicht konsequent durchgehalten. Wenn ein GmbH-Geschäftsführer, nachdem er eigennützig in die Kasse der Gesellschaft gegriffen hat, zu einem späteren Zeitpunkt die Buchhaltung manipuliert, um diese finanzielle Unregelmäßigkeit zu verdecken, so bestraft auch die Rechtsprechung den Buchhaltungsverstoß als Bankrottdelikt im Sinne des § 283 Absatz 1 Nr. 5 StGB, sofern die sonstigen Voraussetzung des Bankrotts vorliegen.[1394] In dieser Konstellation kann keine Rede davon sein, dass der Buchhaltungsverstoß im Interesse der Gesellschaft erfolgte.

Die unbilligen Ergebnisse bei der Anwendung der Interessentheorie lassen sich nur dann vermeiden, wenn typische Bankrottverhaltensweisen von Geschäftsführungsorganen, insbesondere solche, die eine Zahlungsunfähigkeit oder Überschuldung der Gesellschaft herbeiführen, auch zu einer Bestrafung wegen Bankrotts führen. Dies erfordert eine Abgrenzung nach objektiven statt nach subjektiven Kriterien. Zwischenzeitlich hat auch der BGH angedeutet, dass er künftig nicht mehr auf subjektive Interessen, sondern auf die tatsächlichen Gegebenheiten des Verhaltens des Täters abstellen will.[1395] Es muss sichergestellt sein, dass ein Bezug zur Tätigkeit als Geschäftsführungsorgan besteht. Dieser Bezug wird auch von § 14 StGB vorausgesetzt, der ein *Handeln des Organs als solches* voraussetzt.[1396] Eine Zurechnung der Schuldnereigenschaft im Sinne des § 283 StGB auf das Geschäftsführungsorgan, das sich als Täter lediglich bei Gelegenheit der Ausübung der Organtätigkeit oder unter Ausnutzung faktisch bestehender (Zugriffs-) Möglichkeiten Vermögensgegenstände der Gesellschaft ver-

---

[1392] Vgl. Sch/Sch-Stree/Heine, StGB § 283 Rn. 4b; Wehleit, S. 34 ff. Ausführliche Darstellung des Meinungsstandes bei: Hager, S. 178 ff. – Hager selbst schlägt eine objektiv-funktionale Abgrenzung vor, S. 210 ff.

[1393] BGH, Beschluss vom 10. Februar 2009, Az.: 3 StR 372/08, Absatz 22 ff. = ZIP 2009, 959 (961 f.).

[1394] Vgl. BGH, wistra 1995, 146 f. Vgl. auch MGB-Bieneck § 77 Rn. 27.

[1395] BGH, Beschluss vom 10. Februar 2009, Az.: 3 StR 372/08, Absatz 22 f. = ZIP 2009, 959 (961 f.).

[1396] Siehe dazu oben S. 218.

schafft, wäre nicht gerechtfertigt.[1397] Es ist daher ein objektiver Bezug zur Funktion als Geschäftsführungsorgan zu fordern. Auffassungen, die auf eine objektiv-funktionale Sicht[1398] abstellen wollen verdienen daher Zustimmung. Zutreffend wird darauf hingewiesen, dass ein objektiver funktionaler Bezug zur Tätigkeit als Geschäftsführungsorgan zu bejahen ist, wenn der Organwalter rechtsgeschäftlich im Namen der Gesellschaft handelt oder die Verhaltensweisen des Organwalters aufgrund seiner organschaftlichen Vertretungsmacht die Gesellschaft zumindest im Außenverhältnis binden.[1399] Da die ordnungsgemäße Rechnungslegung zum gesetzlichen Aufgabenbereich der Geschäftsführungsorgane zählt[1400], ist mit dem 3. Strafsenat des BGH ein funktionaler Bezug auch im Bereich der § 283 Absatz 1 Nrn. 5 – 7 StGB zu bejahen.[1401]

Der geforderte objektive funktionale Bezug zur Tätigkeit als Organ kann auch beim Vorliegen einer faktischen Organstellung angewendet werden.[1402] Unproblematisch ist dies beim Vorliegen der *de lege lata* mindestens zu fordernden mehrheitlichen Bestellungsintention[1403], da die Zustimmung des Bestellungsgremiums eine Gleichstellung mit ordnungsgemäß bestellten Organen rechtfertigt. Insofern kommt es auf einen objektiven funktionalen Bezug zur Organtätigkeit an. Zur Erfassung der Strafbarkeit faktischer Organe, wenn eine mehrheitliche Bestellungsintention nicht gegeben ist, gleichwohl aber ein Auftreten und Handeln wie ein ordnungsgemäß bestelltes Organ zu bejahen ist, wird in vorliegender Arbeit *de lege ferenda* eine Ergänzung der bestehenden gesetzlichen Regelungen vorgeschlagen.[1404] Bei Geltung dieser vorgeschlagenen Regelungen bestünde eine Grundlage für die Gleichstellung dieser faktischen Organe mit ordnungsgemäß bestellten Organen, so dass auch insofern darauf abgestellt werden kann, ob ein objektiver funktionaler Bezug zur Tätigkeit wie ein ordnungsgemäß bestelltes Organ besteht.

[1397] Vgl. BGH, Beschluss vom 10. Februar 2009, Az.: 3 StR 372/08, Absatz 10 = ZIP 2009, 959 (960); MGB-Bieneck § 77 Rn. 24.

[1398] Vgl. insbesondere Hager, S. 210 ff. mit ausführlichen weiteren Nachweisen. So wohl auch: BGH, Beschluss vom 10. Februar 2009, Az.: 3 StR 372/08, Absatz 23 = ZIP 2009, 959 (962). Vgl. auch Wegner, in: Achenbach/Ransiek VII 1 Rn. 13; Weber, StV 1988, 16 f.; Arloth, NStZ 1990, 570 (574); Wehleit, S. 34 ff. und S. 77 ff.

[1399] BGH, Beschluss vom 10. Februar 2009, Az.: 3 StR 372/08, Absatz 23 = ZIP 2009, 959 (962); Hager, S. 211 ff.; MGB-Bieneck § 77 Rn. 30; LK-Tiedemann, StGB vor § 283 Rn. 82 ff.

[1400] Vgl. z. B. §§ 41 ff. GmbHG, 91 AktG.

[1401] Vgl. BGH, Beschluss vom 10. Februar 2009, Az.: 3 StR 372/08, Absatz 23 = ZIP 2009, 959 (962).

[1402] So wohl auch: BGH, Beschluss vom 10. Februar 2009, Az.: 3 StR 372/08, Absatz 23 = ZIP 2009, 959 (962).

[1403] Vgl. dazu oben S. 271 ff..

[1404] Siehe oben S. 275.

VI. Organstrafbarkeit wegen Rechnungslegungsverstößen gemäß den §§ 283, 283b StGB trotz eigenem Unvermögen?

Den Buchführungs- und Bilanzdelikten wird von vielen Autoren eine große praktische Bedeutung im Krisenzeitraum attestiert.[1405] Dies mag vor allem daran liegen, dass ihr objektiver Tatbestand aus Sicht der Strafverfolgung[1406] vergleichsweise einfach nachgewiesen werden kann. Zudem stellen die Handelsbücher eine wichtige Informationsquelle für die Insolvenzverwaltung dar[1407], so dass Lücken oder Versäumnisse in diesem Bereich nahezu zwangsläufig zu Tage treten. Ob die Buchhaltung und Bilanzierung fehlerhaft, unübersichtlich oder lückenhaft ist, lässt sich in objektiver Hinsicht zumindest mit sachverständiger Hilfe – im Vergleich zu den sonstigen Bankrottdelikten – relativ rasch klären. Es ist davon auszugehen, dass Buchführungs- und Bilanzdelikte aus verfahrensökonomischen Gründen in Wirtschaftsstrafverfahren, in denen sich Ermittler oftmals Unmengen an auszuwertenden Unterlagen gegenüber sehen, eine Auffangfunktion zukommt.[1408] Teilweise wird vermutet, dass bei 90 % der aus Anlass eines Unternehmenszusammenbruchs geführten strafrechtlichen Ermittlungsverfahren Mängel der Buchführung festzustellen seien.[1409] Valide Zahlen aus empirischen Untersuchungen fehlen jedoch.

Es stellt sich die Frage, ob sich ein Organmitglied, das seinen Rechnungslegungspflichten[1410] nicht oder nicht ordnungsgemäß nachkommt, auch dann strafbar macht, wenn ihm die zur persönlichen Erfüllung dieser Aufgaben erforderliche Sachkunde fehlt und bei der Krisenunternehmung die zur Beauftragung einer geeigneten externen Person erforderlichen finanziellen Mittel nicht oder nicht mehr vorhanden sind.

[1405] Wegner, in: Achenbach/Ransiek VII 1 Rn. 133; MGB-Bieneck § 82 Rn. 1; Weyand/Diversy. Rn. 78; Richter GmbHR 1984, 137 (147); LK-Tiedemann, StGB § 283 Rn. 128; Sch/Sch-Stree/Heine, StGB § 283 Rn. 43; Teufel, Insolvenzkriminalität, S. 199.

[1406] Vgl. aus Sicht der Strafverfolgung: Weyand/Diversy, Rn. 78; Bittmann, in: Insolvenzstrafrecht § 12 Rn. 148 ff. Siehe auch Wegner, in: Achenbach/Ransiek VII 1 Rn. 133 a. E.

[1407] Bittmann, in: Insolvenzstrafrecht § 12 Rn. 148 f.; LK-Tiedemann, StGB § 283 Rn. 90; Weyand/Diversy, Rn. 79.

[1408] Weyand/Diversy, Rn. 78 a. E.; Bittmann, in: Insolvenzstrafrecht § 12 Rn. 149.

[1409] Eulencamp, Anlage 5, S. 22 f. zum Tagungsbericht der Sachverständigenkommission zur Bekämpfung der Wirtschaftskriminalität, 3. Arbeitstagung, 1973. Zitiert z. B. auch bei: Tröndle/Fischer, StGB, 52. Auflage, § 283 Rn. 23; Richter, GmbHR 1984, 137 (147).

[1410] Die nachfolgenden Überlegungen zum Unvermögen bzw. zur Unmöglichkeit sind sowohl für die Buchführungs- als auch für die Bilanzierungspflicht weitestgehend übertragbar – vgl. in diesem Sinne auch LK-Tiedemann, StGB § 283 Rn. 119.

1. Ultra posse nemo obligatur

In diesen Fällen wird vor allem von der Rechtsprechung – ausgehend von dem Grundsatz, dass niemand zu einer unmöglichen Handlung verpflichtet sein kann – die strafrechtliche Verantwortlichkeit des gleichwohl buchführungs- und bilanzierungspflichtigen Organwalters verneint[1411], obwohl die straftatbestandlichen Voraussetzungen der krisentypischen Buchführungs- und Bilanzdelikte der §§ 283 Absatz 1 Nr. 5, 7, 283b Absatz 1 Nr. 1, 3 StGB im Grunde erfüllt wären. Diese Judikatur stieß in der Literatur auf ein geteiltes Echo. Die Zustimmung überwiegt zwar[1412] – teilweise wurde an dieser Rechtsprechung aber auch Kritik geübt.[1413] Unter den Kritikern finden sich verständlicherweise viele Praktiker, da es sich bei den Buchführungs- und Bilanzierungsunterlagen eines zusammengebrochenen Unternehmens mit um die wichtigsten schriftlichen Informationsquellen der Strafverfolgungsbehörden und Insolvenzverwalter handelt und Angehörigen dieser Berufsgruppen somit viel an der Existenz und Aktualität dieser Unterlagen gelegen ist.[1414]

2. Verpflichtung zur Sicherstellung der ordnungsgemäßen Rechnungslegung

Die Kritiker an der Auffassung der Rechtsprechung wollen den strafbewehrten Buchführungs- und Bilanzierungspflichten in stärkerem Maße Rechnung tragen und setzen vor allem an zwei Punkten an. Beim Fehlen eigener Sachkunde sollen die Organmitglieder verpflichtet sein, entweder die in der Unternehmenskrise noch vorhandenen finanziellen Restmittel primär zur Sicherstellung der strafbewehrten Pflichten zur Buchführung, Bilanzierung und Abführung der Sozialversicherungs-

---

[1411] BGHSt 28, 231 (232 f.); BGH, NStZ 1992, 182 = MDR 1992, 321; BGH, NStZ 1998, 192 = BB 1998, 476, BGH, NStZ 2000, 206 = wistra 2000, 136-137, BGH, wistra 2003, 232 = NStZ 2003, 546; BGH, NJW 2007, 3449; OLG Stuttgart, NStZ 1987, 460 (461); BayObLG, wistra 1990, 201 (202). Vgl auch Hillenkamp, in: FS-Tiedemann, S. 949 (957 ff.); Achenbach, NStZ 2008, 503 (506 f.).

[1412] Fischer, StGB § 283 Rn. 23 und 29a; Sch/Sch-Stree/Heine, StGB § 283 Rn. 47 und 33; Biletzki, NStZ 1999, 537 (540); LK-Tiedemann, StGB § 283 Rn. 119 f. und 154, der allerdings hinsichtlich der Buchführungspflicht Einschränkungen vornimmt.

[1413] Vgl. aus neuerer Zeit: Wegner, in: Achenbach/Ransiek VII 1 Rn. 145; Bittmann, in: Insolvenzstrafrecht § 12 Rn. 191 f.; MGB-Bieneck § 82 Rn 27 f.; Weyand/Diversy, Rn. 81; Rönnau, NStZ 2003, 525 (530); Beckemper, JZ 2003, 806 (807 f.); Reck, ZInsO 2001, 633 (637 f.).

[1414] Vgl. in diesem Sinne auch Weyand/Diversy, Rn. 78; Richter GmbHR 1984, 137 (147); MGB-Bieneck § 82 Rn. 3; Wegner, in: Achenbach/Ransiek VII 1 Rn. 134; Sch/Sch-Stree/Heine, StGB § 283 Rn. 28; LK-Tiedemann, StGB § 283 Rn 59.

beiträge[1415] aufzuwenden[1416], oder die Unternehmung erforderlichenfalls rechtzeitig vor dem Entstehen von Buchführungs- und Bilanzierungslücken aufzugeben.[1417]

3. Stellungnahme

Die vorgenannte Kritik an der Auffassung der Rechtsprechung – so nachvollziehbar sie teilweise auch sein mag – kann nicht überzeugen. Die Rechtsprechung verneint die Strafbarkeit von Organmitgliedern bei fehlender eigener Buchführungskompetenz und fehlenden Finanzmitteln für eine externe Vergabe der Rechnungslegungspflichten zu Recht.

Bei den Delikten der unterlassenen Rechnungslegung gemäß den §§ 283 Absatz 1 Nr. 5 Alternative 1 und Nr. 7 b, 283b Absatz 1 Nr. 1 Alternative 1 und Nr. 3b StGB handelt es sich um sog. echte Unterlassungsdelikte.[1418] Bei Unterlassungsdelikten ist allgemein anerkannt, dass die gebotene Verhaltensweise dem Adressaten des Unterlassungstatbestands möglich gewesen sein muss, da niemand zu etwas Unmöglichem verpflichtet werden kann.[1419] Über diesen Grundsatz können sich auch die Kritiker der Rechtsprechung nicht hinwegsetzen. Sofern in der Rechtsprechung moniert wird, dass nicht dargelegt oder geprüft wurde, ob dem Organwalter, der nicht selbst zur Buchführung oder Bilanzierung imstande war, die zur Beauftragung einer geeigneten Person erforderlichen Mittel zur Verfügung standen[1420], so betont diese Judikatur letztlich nur die Anforderungen an einen vollständigen Tatnachweis bei den in Frage stehenden echten Unterlassungsde-

---

[1415] § 266a StGB. Vgl. dazu: Bollacher, S. 129 ff., 149 ff.; Schneider/Brouwer, ZIP 2007, 1033 (1039 ff.).

[1416] Bittmann, in: Insolvenzstrafrecht § 12 Rn. 191 f.; MGB-Bieneck § 82 Rn 28; Köhler, in: Wabnitz/Janovsky 7 Rn. 148 f.; Pohl, wistra 1996, 14 (16); Richter, GmbHR 1984, 137 (147); Rönnau, NStZ 2003, 525 (530); Beckemper, JZ 2003, 806 (807 f.); Reck, ZInsO 2001, 633 (637 f.). Kritisch Doster, wistra 1998, 326 (328); Maurer, wistra 2003, 174 (175 f.).

[1417] MGB-Bieneck § 82 Rn. 27; Schlüchter, in Fn. 39 ihrer Anm. zu BGH, JR 1979, 512 (515); Weyand/Diversy, Rn. 81; Schäfer, wistra 1986, 201 (204). So aber wohl zumindest zur Buchführungspflicht auch: Sch/Sch-Stree/Heine, StGB § 283 Rn. 33; und LK-Tiedemann, StGB § 283 Rn. 120, der eine Unternehmensfortführung ohne begründete Aussicht auf die künftige Erfüllung der Buchführungspflicht als grob wirtschaftswidrig ansieht und ggf. § 283 Abs. 1 Nr. 8 StGB bejahen will. Vgl. auch Hillenkamp, in: FS-Tiedemann, S. 949 (958 ff.).

[1418] BGHSt 28, 231 (233); BGH, NJW 2007, 3449; BGH, wistra 2003, 232 f.; BGH, NStZ 1998, 192 f.; KG, wistra 2002, 313 f.; Sch/Sch-Stree/Heine, StGB § 283 Rn. 33; Fischer, StGB § 283 Rn. 22 und 29; Bittmann, in: Insolvenzstrafrecht, § 12 Rn. 152 und Rn. 213.

[1419] *Ultra posse nemo obligatur*; vgl. BGHSt 4, 20 (22); 6, 46 (57); BGH, NStZ 1998, 192; BGH, wistra 2000, 136; Hillenkamp, in: FS-Tiedemann, S. 949 ff. Vgl. auch Baumann/Weber/Mitsch § 15 Rn. 15; Freund, in: MüKo/StGB vor § 13 Rn. 120 und § 13 Rn. 10. Allgemein dazu: Sch/Sch-Stree, StGB vor § 13 Rn. 141; Jescheck/Weigend, S. 616.

[1420] Vgl. BGH, NStZ 2003, 546 (548); BGH, NStZ 1998, 192 f.; KG, wistra 2002, 313 f.

likten. Es ist daher darzulegen, dass trotz Bestehen einer Unternehmenskrise noch ausreichend finanzielle Restmittel vorhanden waren, um die externe Erbringung der Buchführung oder Bilanzierung bezahlen zu können.

Ein solcher Nachweis mag zwar einen zusätzlichen Aufwand gegenüber der bloßen Feststellung, dass die Buchhaltung oder Bilanzierung unterlassen wurde, bedeuten. Er ist aber gleichwohl notwendig, um den anerkannten dogmatischen Voraussetzungen des Unterlassungsdelikts Rechnung zu tragen. Anhaltspunkte für das Vorhandensein entsprechender Finanzmittel können die Begleichung sonstiger Verbindlichkeiten oder die Leistung von Zahlungen, mit Ausnahme der Abführung der Sozialversicherungsbeiträge, trotz erkannter und vorliegender Unternehmenskrise sein.

Insofern trifft es zu, dass in der Unternehmenskrise die noch vorhandenen finanziellen Restmittel primär zur Erfüllung der strafbewehrten Pflichten zur Abführung der Sozialversicherungsbeiträge und zur Sicherstellung der Buchführung und Bilanzierung aufzuwenden sind. Nur so kann einer diesbezüglich drohenden Strafbarkeit entgangen werden. Erst dann, wenn auch die vorhandene Restliquidität so gering ist, dass sie zur Bezahlung einer externen Person nicht ausreicht, muss eine Strafbarkeit wegen unterlassener Buchführung oder Bilanzierung aufgrund von Unmöglichkeit verneint werden.[1421]

Die teilweise erhobene Forderung[1422] nach einer frühzeitigen Einstellung des Geschäftsbetriebs bei fehlenden finanziellen Mitteln zur Sicherstellung der Buchführung oder Bilanzierung durch die Beauftragung einer externen Person ist abzulehnen, da sie im Widerspruch zum Insolvenzstrafrecht und zu den gesetzlich normierten Insolvenzeröffnungsgründen steht.[1423] Eine strafrechtliche Pflicht zur Einstellung des Geschäftsbetriebs lässt sich weder aus den Buchführungs- und Bilanzierungsdelikten in den §§ 283 Absatz 1 Nr. 5, 7, 283b StGB noch aus sonstigen insolvenzstrafrechtlichen Vorschriften ableiten. Die Begründung einer Pflicht, die unternehmerische Betätigung gegebenenfalls aufzugeben, kann dem Sinn und Zweck dieser Vorschriften nicht entnommen werden. Gerät eine juristische Person in die Krise, dann ist bei Vorliegen der Voraussetzungen der §§ 17 und 19 InsO die Eröffnung des Insolvenzverfahrens zu beantragen. Wird dieser Pflicht bei einer juristischen Person nicht oder nicht rechtzeitig nachgekommen, ist dies möglicher-

---

[1421] Zutreffend: Bittmann, in: Insolvenzstrafrecht § 12 Rn. 191; Doster, wistra 1998, 326 (328); Pohl, wistra 1996, 14 (16), der diese Situation jedoch als „absoluten Ausnahmefall" bezeichnet.
[1422] MGB-Bieneck § 82 Rn. 27; Schlüchter, in Fn. 39 ihrer Anm. zu BGH, JR 1979, 512 (515); Weyand/Diversy, Rn. 81; Schäfer, wistra 1986, 201 (204); LK-Tiedemann, StGB § 283 Rn. 120.
[1423] So auch: Pohl, wistra 1996, 14 (16).

weise als Insolvenzverschleppung strafbar.[1424] Unter anderen als diesen Gesichtspunkten kommt eine Strafbarkeit wegen der bloßen Fortführung der Unternehmung in der Krise, ohne über ausreichende Finanzmittel zu verfügen, nicht in Betracht.

Zudem ist für das von einer Mindermeinung in der Literatur geforderte Bestehen einer Pflicht zur Aufgabe der Unternehmung aufgrund fehlender Finanzmittel zur Sicherstellung der Buchhaltung oder Bilanzierung unklar, ab welchem Zeitpunkt eine Einstellung des Geschäftsbetriebs zu verlangen ist.[1425] Die geforderte Verpflichtung zur Aufgabe der unternehmerischen Betätigung würde letztlich eine rechtlich nicht vorgesehene Liquidationspflicht begründen und damit im Widerspruch zu den gesetzlichen Liquidationsgründen stehen.

Fehlt dem Organwalter die erforderliche eigene Sachkunde und stehen keine finanziellen Restmittel zur Beauftragung eines sachkundigen Dritten zur Verfügung, so scheidet eine Strafbarkeit des Organwalters wegen unterlassener Rechnungslegung gemäß den §§ 283 Absatz 1 Nr. 5, 7, 283b Absatz 1 Nr. 1, 3 StGB aus.

[1424] Vgl. dazu oben S. 30.

[1425] Diese Problematik erkannte auch Beckemper, JZ 2003, 806 (808), die dem Schuldner eine Buchungsfrist von sechs Wochen und eine Bilanzierungsfrist von sechs Monaten einräumen will. Unklar hingegen: Schäfer, wistra 1986, 200 (204).

5. Kapitel: Zusammenfassung der Ergebnisse der Arbeit

Die wesentlichen Ergebnisse der Arbeit können thesenartig wie folgt zusammengefasst werden:

1. Der Begriff der Krise stellt den Oberbegriff für das Vorliegen der in § 283 Absatz 1 StGB enthaltenen Krisenmerkmale der drohenden und eingetretenen Zahlungsunfähigkeit und der Überschuldung dar. Der Begriff der Krise steht danach für das Vorliegen von Insolvenzreife. Die in der Krise relevanten Straftatbestände können als Krisendelikte bezeichnet werden.

2. Der Bankrottstraftatbestand bezweckt den Schutz der finanziellen Befriedigungsinteressen der Gläubiger der Unternehmung. Ein Teilaspekt dieses Rechtsgüterschutzes ist der Schutz der gleichmäßigen Befriedigung der Gläubiger – der Schutz des *par condicio creditorum*. Das Bestehen eines darüber hinausgehenden Rechtsgüterschutzes ist abzulehnen. Der Schutz eines überindividuellen Rechtsgutes, wie z. B. der Schutz der Kredit- oder der Gesamtwirtschaft, wird von § 283 StGB nicht intendiert. Die Arbeitnehmer werden lediglich als mögliche Gläubiger, insbesondere von Arbeitsentgeltforderungen, geschützt. Weitergehende Arbeitnehmerinteressen, wie z. B. ein Anspruch auf Beschäftigung, zählen nicht zum Schutzumfang des § 283 StGB.

3. Der durch den Insolvenzverschleppungsstraftatbestand bezweckte Rechtsgüterschutz beschränkt sich auf den Schutz der Befriedigungsinteressen der Gläubiger der Gesellschaft. Ein darüber hinaus gehender Rechtsgüterschutz, wie beispielsweise der Schutz des Rechtsverkehrs vor der Fortführung insolvenzreifer Unternehmen, ist den § 15a Absatz 4 und 5 InsO nicht zu entnehmen. Daran hat sich auch durch die Einbeziehung der unrichtigen Insolvenzantragstellung als mögliche Tathandlung im Sinne des § 15a Absatz 4 und 5 InsO nichts geändert. Eine diesbezügliche Erweiterung des Rechtsgüterschutzes des Insolvenzverschleppungsstraftatbestands auf den Schutz der Adressaten eines Insolvenzantrags ist abzulehnen.

4. Die in der Krise relevanten Straftatbestände können in Krisendelikte im engeren Sinn und in Krisendelikte im weiteren Sinn eingeteilt werden. Zu den Krisendelikten im engeren Sinn zählen Delikte, welche die finanziellen (Befriedigungs-) Interessen der Gläubiger der Krisenunternehmung schüt-

zen. Zu den Krisendelikten im weiteren Sinn zählen alle Straftaten, die im Zusammenhang mit dem Vorliegen einer Unternehmenskrise relevant sein können.

5. Im Ausgangspunkt ist eine zivilrechtsakzessorische Bestimmung der insolvenz-strafrechtlichen Krisenmerkmale der drohenden und eingetretenen Zahlungsunfähigkeit und der Überschuldung vorzunehmen. Eine Abweichung zwischen der zivil- und der strafrechtlichen Begriffsbestimmung kommt jedoch dann in Betracht, wenn dies aus spezifischen strafrechtlichen Gründen, insbesondere aus teleologischen Erwägungen bzw. aus Gründen der Verhältnismäßigkeit, erforderlich ist.

6. Das insolvenzstrafrechtliche Krisenmerkmal der Zahlungsunfähigkeit ist akzessorisch zur herrschenden Auffassung im zivilen Insolvenzrecht zu bestimmen. Als Grenze für das Vorliegen von Zahlungsunfähigkeit ist auf eine Liquiditätslücke von maximal 10 % der Gesamtverbindlichkeiten sowie auf eine Dauer etwaiger Zahlungsstockungen von längstens drei Wochen abzustellen. Diese Auslegung vermeidet Unsicherheiten, Unklarheiten und Diskrepanzen zwischen den zivilrechtlichen Voraussetzungen für die Eröffnung des Insolvenzverfahrens und dem bei diesen Voraussetzungen ansetzenden strafrechtlichen Schutz. Es ist für das Insolvenzstrafrecht abzulehnen, zur Abgrenzung zwischen Zahlungsunfähigkeit und lediglich vorübergehenden Zahlungsstockungen bzw. geringfügigen Liquiditätslücken auf die einschränkenden Kriterien der Dauer und der Wesentlichkeit vollständig oder teilweise zu verzichten. Eine Ersetzung dieser Kriterien durch das Vorliegen einer positiven Fortbestehensprognose im Sinne des Überschuldungsbegriffs ist abzulehnen.

7. Das insolvenzstrafrechtliche Krisenmerkmal der drohenden Zahlungsunfähigkeit ist zu bestimmen als voraussichtliches Unvermögen des Schuldners, seine Zahlungspflichten im Zeitpunkt ihrer Fälligkeit zu erfüllen. Hinsichtlich der Zahlungsunfähigkeit ist ein Liquiditätsvergleich vorzunehmen. Für das Drohen kommt es auf eine Bewertung der Wahrscheinlichkeit für den zukünftigen Eintritt von Zahlungsunfähigkeit an. Grundlage der Prognose ist ein Liquiditätsplan, der die zukünftige Finanzentwicklung des Schuldners darstellt. In dem Liquiditätsplan sind neben den bereits bestehenden, aber noch nicht fälligen Zahlungspflichten und neben den vorhandenen Zahlungsmitteln auch die künftigen, zum Zeitpunkt der Prognose bereits mit hinreichender Sicherheit zu erwartenden Zahlungsverpflichtungen und Einnahmen zu berücksichtigen, sofern diese im Prognosezeitraum

fällig werden. Der Prognosezeitraum ist aus Gründen strafrechtlicher Bestimmtheit zeitlich zu begrenzen auf ein Jahr ab dem Beurteilungszeitpunkt. Bei der Beurteilung des Liquiditätsplans ist zu prüfen, ob der Eintritt von Zahlungsunfähigkeit wahrscheinlicher ist als deren Vermeidung. Zahlungsunfähigkeit droht, wenn die Illiquiditätswahrscheinlichkeit 50 % übersteigt. Das strafrechtliche Krisenmerkmal der drohenden Zahlungsunfähigkeit kann somit nicht streng akzessorisch zur wohl überwiegenden Auffassung im zivilen Insolvenzrecht bestimmt werden, da dort auf eine zeitliche Begrenzung des Prognosezeitraums verzichtet wird. Vorliegende Arbeit befürwortet auch für das zivile Insolvenzrecht eine Begrenzung des maßgeblichen Prognosezeitraums auf ein Jahr.

8. Die Einführung des MoMiG, des FMStG, des FMStErgG und des BilMoG durch die jüngere Gesetzgebung hatte erhebliche Auswirkungen auf die Bestimmung des strafrechtlichen Krisenmerkmals der Überschuldung. Der Überschuldungsbegriff ist im Insolvenzstrafrecht akzessorisch zum zivilen Insolvenzrecht zu bestimmen. An dieser grundlegenden Weichenstellung haben auch die jüngsten Gesetzgebungsmaßnahmen nichts geändert. Da seit dem Inkrafttreten des FMStG am 18. Oktober 2008 und befristet bis zum 31. Dezember 2013 das Vorliegen von Überschuldung bereits beim Bestehen einer positiven Fortführungsprognose zu verneinen ist, ist die Überschuldungsprüfung mit der Fortbestehensprognose zu beginnen. Die Änderungen des zivilrechtlichen Überschuldungsbegriffs durch das FMStG sind auch für die Bestimmung des strafrechtlichen Krisenmerkmals der Überschuldung maßgeblich.

9. Im Rahmen der strafrechtlichen Überschuldungsbestimmung ist mit der Fortbestehensprognose eine Einschätzung vorzunehmen, ob die Fortführung des Unternehmens nach den Umständen überwiegend wahrscheinlich ist. Dies ist der Fall, wenn die Unternehmung fortgeführt werden soll, d. h. ein Fortführungswille besteht, und die Wahrscheinlichkeit der Fortführung größer als 50 % ist. Gegenstand der Fortbestehensprognose ist die Frage nach der Wahrscheinlichkeit der zukünftigen Erfüllung der finanziellen Ansprüche der Gläubiger. Für die Beurteilung der künftigen Zahlungsfähigkeit ist ein umfassender Finanzplan zu erstellen. Darin sind alle Liquiditätszuflüsse – einschließlich der mit hinreichender Sicherheit zu erwartenden Einnahmen – als auch die Verbindlichkeiten – einschließlich der bereits mit hinreichender Sicherheit zu erwartenden Verpflichtungen – zu berücksichtigen, wenn deren jeweiliger Fälligkeitstermin in die Betrachtungsperiode fällt. Der Betrachtungszeitraum ist aus Gründen der Rechtssicherheit auf

ein Jahr zu begrenzen. Diese Prüfung der Fortbestehensprognose entspricht weitest gehend den Kriterien zur Bestimmung der drohenden Zahlungsunfähigkeit. Für die Fortbestehensprognose ist zu fragen, ob die innerhalb eines Jahres ab dem Betrachtungszeitpunkt vorhandene und hinreichend sicher zu erwartende Liquidität des Schuldners zur Deckung der bereits bestehenden und der mit hinreichender Sicherheit absehbaren im Betrachtungszeitraum fällig werdenden Verbindlichkeiten ausreichen wird. Ist dies der Fall, so ist von der Überlebensfähigkeit der Unternehmung auszugehen.

10. Überschuldung setzt unverändert voraus, dass die Verbindlichkeiten des Schuldners dessen Vermögen übersteigen, was anhand einer Überschuldungsbilanz bzw. eines sog. Überschuldungsstatus zu ermitteln ist. In der Überschuldungsbilanz sind das Vermögen und die Verbindlichkeiten des Schuldners mit den wahren bzw. tatsächlichen Werten anzusetzen. Die Werte der Handelsbilanz können nicht übernommen werden. Ansprüche aus eigenkapitalersetzenden Darlehen und wirtschaftlich entsprechenden Rechtshandlungen sind im Überschuldungsstatus zu passivieren, es sei denn es wurde eine vertragliche Nachrangigkeit auf die Stufe der Ansprüche gemäß § 39 Absatz 2 InsO vereinbart. Selbst geschaffene immaterielle Vermögensgegenstände und der originäre Firmenwert sind seit der Geltung des BilMoG mit ihrem Veräußerungswert zu aktivieren, wenn diese Vermögensgegenstände übertrag- und veräußerbar sind.

11. Bei positiver Fortbestehensprognose hat die Bewertung des Schuldnervermögens bei Anwendung der einfachen zweistufigen Methode gemäß der Ertragswertmethode zu erfolgen. Bei einer negativen Fortführungsprognose sind in der Überschuldungsbilanz gemäß der einfachen zweistufigen Methode Liquidationswerte anzusetzen. Bei der Überschuldungsbestimmung gemäß der modifizierten zweistufigen Methode sind im Überschuldungsstatus immer Liquidationswerte anzusetzen, da bereits das Vorliegen einer positiven Fortbestehensprognose ausreicht, um Überschuldung zu verneinen.

12. Die Einführung der InsO bewirkte, dass die Voraussetzungen der insolvenzstraf-rechtlichen Krisenmerkmale der drohenden und eingetretenen Zahlungsunfähigkeit und der Überschuldung früher bzw. häufiger gegeben sind als nach dem früheren Recht. Dasselbe gilt für die rechtlichen Voraussetzungen der objektiven Strafbarkeitsbedingung des § 283 Absatz 6 StGB. Dies führte zu einer Vorverlagerung und Ausweitung des Bereichs

strafbarer Verhaltensweisen in der Unternehmenskrise. Durch das FMStG wurde dies zeitlich befristet vom 18. Oktober 2008 bis einschließlich zum 31. Dezember 2013 teilweise wieder zurückgedreht. Durch das FMStG wurde der Überschuldungsbegriff in § 19 Absatz 2 InsO a. F. durch den Überschuldungsbegriff der früher zur KO überwiegend vertretenen Ansicht, der sog. modifizierten zweistufigen Methode, ersetzt. Ab dem 1. Januar 2014 wird jedoch wieder der bisherige Überschuldungsbegriff des § 19 Absatz 2 InsO in der Fassung der InsO von 1994, d. h. die Überschuldungsbestimmung gemäß der einfachen zweistufigen Methode gelten, so dass es hierdurch abermals zu einem häufigeren Vorliegen der Überschuldungsvoraussetzungen kommt, falls sich der Gesetzgeber nicht erneut zu einer Änderung des Überschuldungsbegriffs entschließen sollte. Erhalten bleibt ab dem 1. Januar 2014 lediglich die geringfügige Ergänzung von § 19 Absatz 2 InsO durch das MoMiG.

13. Die objektive Bedingung der Strafbarkeit des § 283 Absatz 6 StGB setzt zwar keinen kausalen Zusammenhang zu der in der Krise verwirklichten Bankrottverhaltensweise voraus – es ist aber mit der ganz herrschenden Meinung ein äußerer, rein tatsächlicher Zusammenhang zwischen der Tathandlung und der Strafbarkeitsbedingung zu fordern. Der Zeitraum für das Bestehen des Zusammenhangs ist auf ein Jahr vor und nach dem Eintritt der Voraussetzungen des § 283 Absatz 6 StGB zu beschränken. Innerhalb des Jahreszeitraums ist regelmäßig von dem Bestehen des Zusammenhangs im Sinne einer tatsächlichen Vermutung auszugehen. Darüber hinaus bedarf es weiterer Anhaltspunkte, dass der Zusammenhang besteht. Auch innerhalb der Jahresfrist ist es dem Schuldner möglich, die Vermutung zu widerlegen. Die Frist endet auch bereits vor Ablauf der Jahresgrenze mit der Wiedererlangung der Verfügungsbefugnis des Schuldners. Dies ist der Fall, wenn das Insolvenzverfahren nach seiner Durchführung durch Beschluss des Insolvenzgerichts gemäß § 200 Absatz 1 InsO aufgehoben wird, wenn es mangels Masse gemäß § 215 Absatz 2 InsO eingestellt wurde oder wenn es gemäß §§ 258, 259 Absatz 1 Satz 2 InsO nach rechtskräftiger Insolvenzplanbestätigung aufgehoben wird. Entsprechendes gilt für eine Beseitigung der Zahlungseinstellung durch die allgemeine Wiederaufnahme der Zahlungen vor dem Ablauf der Jahresfrist. Die zeitliche Grenze sorgt für Vorhersehbarkeit und damit für Rechtssicherheit. Sie erhöht zudem die Normenklarheit für den Schuldner und für die Strafverfolgungsorgane. Hierdurch fällt die Unschärfe des erforderlichen Zusammenhangs nicht ins Gewicht.

14. Gelingt dem Schuldner die Überwindung der Krise vor dem Eintritt der Voraussetzungen der objektiven Strafbarkeitsbedingung des Bankrottstraftatbestands, so scheidet eine Strafbarkeit nach den §§ 283 ff. StGB aus. Eine dauerhafte Konsolidierung ist nicht zu fordern. Da § 283 Absatz 6 StGB keinen endgültigen Unternehmenszusammenbruch mehr voraussetzt, ist auch für die Überwindung der in § 283 Absatz 6 StGB beschriebenen Situation keine dauerhafte oder vollständige Sanierung zu fordern. Eine kurzfristige Überwindung der Krisenmerkmale im Sinne des § 283 Absatz 1 StGB, insbesondere der lediglich drohenden Zahlungsunfähigkeit, ist ausreichend. Sind die Voraussetzungen des § 283 Absatz 6 StGB jedoch erfüllt, so endet die Möglichkeit zu einer straflosen Überwindung der Krise.

15. In der Literatur wird teilweise eine Anpassung der objektiven Strafbarkeitsbedingung des § 283 Absatz 6 StGB für erforderlich gehalten, wenn das Insolvenzverfahren nach einem Antrag des Schuldners wegen drohender Zahlungsunfähigkeit gemäß § 18 InsO eröffnet wurde. Die für die Notwendigkeit einer Änderung vorgebrachten Argumente überzeugen nicht. Die Auslegungslösung von *Moosmayer* stößt auf praktische und dogmatische Bedenken. Gegen den Vorschlag von *Röhm*, Insolvenzeröffnungen aufgrund eines eigenen Insolvenzantrags wegen drohender Zahlungsunfähigkeit generell aus § 283 Absatz 6 StGB auszuklammern spricht, dass mit der Stellung eines Eigenantrags gemäß § 18 Absatz 1 InsO ein erhebliches Missbrauchspotential eröffnet werden würde. Auch der Vorschlag von *Neumann*, für alle Insolvenzstraftaten des StGB ein allgemeines Strafantragserfordernis einzuführen, ist bereits deshalb zu verwerfen, da der Kreis der möglichen Strafantragsberechtigten für das abstrakte Gefährdungsdelikt § 283 StGB nicht überzeugend und dogmatischen Bestimmtheitsaspekten genügend festgelegt werden kann. Wird § 283 Absatz 6 StGB unverändert belassen, bleibt die begriffliche Kongruenz zwischen dem insolvenzrechtlichen und dem insolvenzstrafrechtlichen Verständnis von der Eröffnung des Insolvenzverfahrens erhalten, da dem straf- wie dem zivilrechtlichen Begriff dieselben Eröffnungsgründe zugrunde liegen.

16. Die Organverbote gemäß den §§ 6 Absatz 2 GmbHG, 76 Absatz 3 AktG stellen einen Eingriff in die Berufsfreiheit (Art. 12 GG) dar. Ein solcher Eingriff in die Berufsfreiheit muss zum Schutz wichtiger Gemeinschaftsgüter gerechtfertigt, d. h. erforderlich, geeignet und verhältnismäßig sein. Da Verurteilungen im Sinne der §§ 6 Absatz 2 Nr. 3 GmbHG, 76 Absatz 3 Nr. 3 AktG unabhängig vom Bestehen eines Bezugs zur Tätigkeit als Geschäftsführungsorgan automatisch zu einem Ausschluss als Geschäftsfüh-

rer oder Vorstandsmitglied führen, liegt ein unverhältnismäßiger Eingriff in die Berufsfreiheit vor. Die Inhabilitätsregelungen bedürfen daher einer verfassungsgemäßen Neuregelung. Dabei ist eine Abstufung der Dauer des Organverbots nach der Schwere der Tat und dem Ausmaß des Schadens vorzusehen. Die bereits durch das MoMiG erfolgten Einschränkungen auf Vorsatztaten und Verurteilungen zu mindestens einem Jahr Freiheitsstrafe sind zu begrüßen.

17. In den §§ 6 Absatz 2 Nr. 3a GmbHG, 76 Absatz 3 Nr. 3a AktG führte der Gesetzgeber mit dem MoMiG ohne Bezugnahme auf § 15a Absatz 4 StGB eine Legaldefinition für den Begriff der Insolvenzverschleppung ein, wonach Insolvenzverschleppung das Unterlassen der Stellung des Antrags auf Eröffnung des Insolvenzverfahrens ist. Gemäß dem Insolvenzverschleppungsstraftatbestand des § 15 Absatz 4 InsO zählt neben der unterlassenen Antragstellung jedoch auch die verspätete oder unrichtige Antragstellung zu den tauglichen Tathandlungen. Dieser Verstoß gegen den Gleichbehandlungsgrundsatz (Art. 3 GG) kann aufgrund des eindeutigen Wortlauts der §§ 6 Absatz 2 Nr. 3a GmbHG, 76 Absatz 3 Nr. 3a AktG nicht im Wege der Auslegung beseitigt werden. Da die Regelungen über Organverbote in den §§ 6 Absatz 2 Nr. 3 GmbHG, 76 Absatz 3 Nr. 3 AktG sanktionsähnlichen Charakter haben, ist im Hinblick auf den Eingriff in das Grundrecht des Art. 12 GG eine bestimmte und klar definierte Eingriffsvoraussetzung erforderlich. Auch dieser Aspekt ist bei einem Vorschlag zur verfassungskonformen Neuregelung der Inhabilitätsvorschriften zu berücksichtigen.

18. Der Auffassung von *Bittmann* (NStZ 2009, 113 (119)) ist zuzustimmen, dass die Anwendung der durch das MoMiG neu gefassten §§ 6 Absatz 2 Nr. 3 GmbHG, 76 Absatz 3 Nr. 3 AktG auf vor dem 1. November 2008 beendete Taten gegen das Rückwirkungsverbot der Art. 103 Absatz 2 GG, §§ 1, 2 StGB verstößt und damit verfassungswidrig ist. Die §§ 6 Absatz 2 Nr. 3 GmbHG, 76 Absatz 3 Nr. 3 AktG können nur auf Taten, die nach dem 1. November 2008 beendete wurden, angewendet werden.

19. Zur Beseitigung verfassungsrechtlicher Bedenken werden die nachfolgenden Neuregelungen vorgeschlagen:

§ 70 StGB ist um einen neuen Absatz 5 zu ergänzen:

„(5) Entsprechend den Vorschriften für die Anordnung eines Berufsverbots kann dem Täter verboten werden, Vorstandsmitglied einer AG oder Geschäftsführer einer GmbH zu sein. Ein Organverbot im Sinne von Satz 1 kommt in der Regel in Betracht, wenn der Täter wegen einer oder mehrerer vorsätzlich begangener Straftaten

1. des § 15a Absatz 4 InsO,

2. nach den §§ 283 bis 283d dieses Gesetzes,

3. der §§ 82, 84 GmbHG oder der §§ 399, 401 AktG,

4. der unrichtigen Darstellung nach § 400 des Aktiengesetzes, § 331 des Handelsgesetzbuchs, § 313 des Umwandlungsgesetzes oder § 17 des Publizitätsgesetzes oder

5. nach den §§ 263 bis 264a oder den §§ 265b bis 266a dieses Gesetzes,

zu einer Freiheitsstrafe von mindestens einem Jahr verurteilt wird."

§ 6 Absatz 2 Nr. 3 GmbHG und § 76 Absatz 3 Nr. 3 AktG sind wie folgt neu zu regeln:

„3. einem Organverbot gemäß § 70 Abs. 5 des Strafgesetzbuchs unterliegt. Dies gilt entsprechend bei einer Verurteilung im Ausland wegen einer Tat, die mit den in § 70 Abs. 5 des Strafgesetzbuchs genannten Taten vergleichbar ist und die Anordnung eines Organverbots rechtfertigen würde."

Die Verweisung in dem neuen § 70 Absatz 5 StGB auf die entsprechende Geltung der Vorschriften über die Anordnung eines Berufsverbots bewirkt die Berücksichtigung der in § 70 Absatz 1 StGB vorgesehene Gesamtwürdigung von Tat und Täter. Ferner kommt ein Organverbot nur dann in Betracht, wenn der in § 70 Absatz 1 StGB vorausgesetzte Bezug zur Tätigkeit als Organ gegeben ist.

20. Ein Organverbot gemäß den §§ 6 Absatz 2 Nr. 3e GmbHG, 76 Absatz 3 Nr. 3e AktG besteht nur dann, wenn die Mindestfreiheitsstrafe von einem Jahr durch eine Einzelstrafe erreicht wird. Eine etwaige Einbeziehung dieser einschlägigen Einzelstrafe im Rahmen der Bildung einer Gesamtstrafe ist nicht zu beanstanden. Wird die Mindestfreiheitsstrafe jedoch nur durch eine aus geringeren Verurteilungen gebildete Gesamtstrafe erreicht, so scheidet ein Organverbot aus.

21. Bei der Erstreckung der Insolvenzverschleppungsstrafbarkeit auf GmbH-Gesellschafter und AG-Aufsichtsratsmitglieder im Fall der Führungslosigkeit liegt kein Verstoß gegen das *ultima ratio*-Prinzip vor. Diese Erstreckung ist aus Gründen des Gläubigerschutzes gerechtfertigt.

22. Die gemäß § 15a Absatz 5 i. V. m. Absatz 4 InsO strafbare fahrlässige Insolvenzverschleppung führt nicht zu einer Strafbarkeit der fahrlässigen Unkenntnis von der Insolvenzantragspflicht im Fall der Führungslosigkeit. Eine zivilrechtliche Insolvenzantragspflicht der GmbH-Gesellschafter und AG-Aufsichtsratsmitglieder im Fall der Führungslosigkeit besteht ausnahmsweise dann nicht, wenn keine Kenntnis vom Vorliegen der Führungslosigkeit oder vom Vorliegen von Insolvenzreife im Sinne von Zahlungsunfähigkeit oder Überschuldung besteht. Da § 15a Absatz 5 i. V. m. Absatz 4 InsO auf die zivilrechtliche Insolvenzantragspflicht in § 15a Absatz 3 InsO verweist, kann eine über die zivilrechtliche Pflichtenstellung hinausgehende fahrlässige Strafhaftung nicht begründet werden.

23. Gemäß der Neufassung des § 15a Absatz 4 InsO durch das MoMiG wird bestraft, wer bei bestehender Antragspflicht einen Insolvenzantrag nicht richtig stellt. Unrichtig ist ein Insolvenzantrag, wenn er formale oder inhaltliche Fehler aufweist. Der Insolvenzantrag ist formal fehlerhaft, wenn er nicht schriftlich gestellt wird, wenn es an der Parteifähigkeit fehlt, wenn er bei juristischen Personen von einer nicht antragsberechtigten Person gestellt wird, wenn er bei einer unzuständigen Stelle gestellt wird, wenn er als solcher nicht erkennbar ist oder wenn er den Schuldner oder den Insolvenzgrund nicht eindeutig bezeichnet. Inhaltliche Fehler enthält der Insolvenzantrag, wenn er das zuständige Insolvenzgericht nicht in die Lage versetzt, die Eröffnungsvoraussetzungen zu prüfen. Dafür sind die konkreten Tatsachen, aus denen sich das Vorliegen des Insolvenzgrundes im Wesentlichen ergibt, nachvollziehbar darzustellen; eine Schlüssigkeit im eigentlichen Sinne ist hingegen nicht zu fordern.

24. Die Strafbarkeit eines faktischen Organs nach den §§ 283 ff. StGB setzt eine Zurechnung der Schuldnereigenschaft gemäß § 14 Absatz 3 i. V. m. Absatz 1 StGB voraus. Dies kommt nur dann in Betracht, wenn eine unwirksame Bestellung als Organ vorliegt. Soweit das Einverständnis der GmbH-Gesellschafter oder des AG-Aufsichtsrats mit dem Tätigwerden des faktischen Organs den feststellbaren Willen zur Organbestellung beinhaltet und auch zum Ausdruck bringt, ist hierin ebenfalls eine unter § 14 Absatz 3 StGB zu fassende Rechtshandlung zur Begründung der Organstellung zu

sehen. Entscheidend ist der Wille der zur Organberufung berufenen Gesellschaftsgremien zur Bestellung einer bestimmten Person als Organ. Bei der Bestimmung dieses Willens sind die nach der Satzung oder dem Gesetz maßgeblichen Mehrheitserfordernisse zu berücksichtigen.

25. Da die Strafwürdigkeit und das Strafbedürfnis auch für die Fälle, in denen der Täter wie ein Organ tätig wird und ein gescheiterter oder intendierter Bestellungsakt nicht vorliegt, zu bejahen ist, bedarf es zur strafrechtlichen Erfassung dieser Fälle einer Ergänzung des § 14 Absatz 3 StGB. Es wird vorgeschlagen § 14 Absatz 3 StGB wie folgt zu ändern:

„(3)   Die Absätze 1 und 2 sind auch dann anzuwenden, wenn die Rechtshandlung, welche die Vertretungsbefugnis oder das Auftragsverhältnis begründen sollte, unwirksam ist oder wenn eine natürliche Person nach dem Gesamterscheinungsbild ihres Verhaltens wie ein vertretungsberechtigtes Organ auftritt und die Geschicke der Gesellschaft durch eigenes Handeln im Außenverhältnis geprägt und maßgeblich in die Hand genommen hat."

Das Abstellen auf das Gesamterscheinungsbild stellt sicher, dass eine Vergleichbarkeit zur Tätigkeit und zur Wirkung eines ordnungsgemäß bestellten Organwalters gegeben ist. Ferner soll durch die Berücksichtigung der Begriffe der Prägung und der Maßgeblichkeit vermieden werden, dass jede Person, die kurzzeitig Organtätigkeiten von untergeordneter Bedeutung übernommen hat, als faktisches Organ anzusehen ist. Im Anschluss an *Dierlamm* (NStZ 1996, 153 (156)) stellt die Erfüllung von mindestens sechs der nachfolgenden acht Kriterien ein starkes Indiz für das Vorliegen einer faktischen Organstellung dar:

- *Bestimmung der Unternehmenspolitik,*
- *Einstellung und Entlassung von Mitarbeitern sowie Ausstellung von Zeugnissen,*
- *Gestaltung von Geschäftsbeziehungen zu Vertragspartnern einschließlich der Vereinbarung von Vertrags- und Zahlungsmodalitäten,*
- *Entscheidung der Steuerangelegenheiten,*
- *Verhandlungen mit Kreditgebern,*
- *Steuerung von Buchhaltung und Bilanzierung,*
- *Höhe des Gehalts.*

26. Ein faktisches Organ kann sich auch wegen Insolvenzverschleppung strafbar machen. Voraussetzung ist jedoch, dass ein gescheiterter Bestellungsakt bzw. zumindest eine geäußerte Intention zur Bestellung der konkreten

Person als Organ bei dem zur Bestellung berufenen Gremium gegeben ist. Die Mehrheitserfordernisse in diesem Gremium sind zu berücksichtigen.

27. Bei einem wie ein Organ tätig werdenden faktischen Organ, bei dem kein fehlerhafter oder intendierter Bestellungsakt gegeben ist, bedarf es entsprechend der Situation bei den §§ 283 ff. StGB zur Sicherstellung der strafrechtlichen Verantwortlichkeit wegen Insolvenzverschleppung einer Ergänzung der Regelungen zur Insolvenzantragspflicht. Ebenso zu ergänzen ist die Regelung zum Antragsrecht. § 15a Absatz 1 InsO zur Antragspflicht und § 15 Absatz 1 InsO zum Antragsrecht sind jeweils um folgenden weiteren Satz zu ergänzen:

> *„Satz 1 gilt auch für organschaftliche Vertreter, wenn die Rechtshandlung, welche die Vertretungsbefugnis begründen sollte, unwirksam ist oder wenn eine natürliche Person nach dem Gesamterscheinungsbild ihres Verhaltens wie ein vertretungsberechtigtes Organ auftritt und die Geschicke der Gesellschaft durch eigenes Handeln im Außenverhältnis geprägt und maßgeblich in die Hand genommen hat."*

28. Die mögliche insolvenzstrafrechtliche Verantwortlichkeit eines ordnungsgemäß bestellten GmbH-Geschäftsführers oder AG-Vorstands – auch wenn es sich nur um einen Strohmann handelt – ist nicht zu bezweifeln. Wer die Position eines Geschäftsführers oder Vorstands im juristischen Sinne einnimmt, den trifft auch die Haftung aus Strafnormen, die auf diese Eigenschaft abstellen, unabhängig davon, ob diese Position tatsächlich oder nur zum Schein ausgefüllt wurde. Der Vorsatz des gänzlich untätig bleibenden Strohmannes dürfte jedoch mangels Kenntnis in vielen Fällen fraglich sein.

29. Die Interessentheorie ist für die Abgrenzung zwischen der Verwirklichung von Vermögens- und Bankrottdelikten bei Vermögensverschiebungen in der Unternehmenskrise ungeeignet. Der vom 3. Strafsenat des BGH in dem Beschluss vom 10. Februar 2009, Az.: 3 StR 372/08, Absatz 22 ff. angedeutete Wandel der Rechtsprechung ist zu begrüßen. Es ist eine funktional objektive Betrachtungsweise vorzugswürdig, die darauf abstellt, ob der Täter unter Einsatz und Ausnutzung seiner organspezifischen Handlungsmöglichkeiten agierte.

30. Mit der Rechtsprechung ist die strafrechtliche Verantwortlichkeit des gegen seine Buchführungs- und Bilanzierungspflicht verstoßenden Organwalters

zu verneinen, wenn ihm die zur persönlichen Erfüllung dieser Aufgaben erforderliche Sachkunde fehlt und bei der Krisenunternehmung die zur Beauftragung einer geeigneten externen Person erforderlichen finanziellen Mittel nicht oder nicht mehr vorhanden sind. Es gilt der Grundsatz, dass niemand zu Unmöglichem verpflichtet werden kann. Eine Strafbarkeit kommt in diesen Fällen nur dann in Betracht, wenn trotz Unternehmenskrise und ggf. vorliegender Zahlungsunfähigkeit oder Überschuldung noch ausreichend finanzielle Restmittel vorhanden waren, um die externe Erbringung der Buchführung oder Bilanzierung bezahlen zu können.

Literaturverzeichnis

Achenbach, Hans, Aus der 2007/2008 veröffentlichten Rechtsprechung zum Wirtschaftsstrafrecht, NStZ 2008, 503-508

Achenbach, Hans, Aus der 2008/2009 veröffentlichten Rechtsprechung zum Wirtschaftsstrafrecht, NStZ 2009, 621-626

Achenbach, Hans, Ausweitung des Zugriffs bei den ahndenden Sanktionen gegen die Unternehmensdelinquenz, wistra 2002, 441-445

Achenbach, Hans, Zivilrechtsakzessorietät der insolvenzstrafrechtlichen Krisenmerkmale?, S. 257-273, in: Duttge, Gunnar u.a. (Hrsg.), Gedächtnisschrift für Ellen Schlüchter, Köln, 2002, zit.: Achenbach, in GS-Schlüchter

Achenbach, Hans; Ransiek, Andreas (Herausgeber), Handbuch Wirtschaftsstrafrecht, 2. Auflage, Heidelberg, 2008, zit.: Bearbeiter, in: Achenbach/Ransiek

Adam, Dirk, H., V., Die Begrenzung der Aufsichtspflicht in der Vorschrift des § 130 OWiG, wistra 2003, 285-292

Adick, Markus, Die Änderung des Krisenmerkmals der Überschuldung in § 19 Abs. 2 InsO – bedeutsam auch für "Altfälle" im Insolvenzstrafrecht?, HRRS 2009, 155-158

Altmeppen, Holger, Änderungen der Kapitalersatz- und Insolvenzverschleppungshaftung aus „deutsch-europäischer" Sicht, NJW 2005, 1911-1915

Altmeppen, Holger, Schutz vor „europäischen" Kapitalgesellschaften, NJW 2004, 97-104

Alwart, Heiner, Strafrechtliche Haftung des Unternehmens – vom Unternehmenstäter zum Täterunternehmen, ZStW 105 (1993), 752-773

Amend, Angelika, Das Finanzmarktstabilisierungsergänzungsgesetz oder der Bedeutungsverlust des Insolvenzrechts, ZIP 2009, 589-599

Arloth, Frank, Zur Abgrenzung von Untreue und Bankrott bei der GmbH, NStZ 1990, 570-575

Bachmann, Gregor, Der Deutsche Corporate Governance Kodex – Rechtswirkungen und Haftungsrisiken, WM 2002, 2137-2143

Baumann, Jürgen; Weber, Ulrich; Mitsch, Wolfgang, Strafrecht Allgemeiner Teil, 11. Auflage, Bielefeld, 2003, zit.: Baumann/Weber/Mitsch

Baumbach, Adolf; Hopt, Klaus, Handelsgesetzbuch, 34. Auflage, München, 2010, zit.: Bearbeiter, in: Baumbach/Hopt, HGB

Baumbach, Adolf; Hueck, Alfred, GmbH-Gesetz, 19. Auflage, München, 2010, zit.: Bearbeiter, in: Baumbach/Hueck, GmbHG

Bea, Franz, X.; Kötzle, Alfred, Ursachen von Unternehmenskrisen und Maßnahmen zur Krisenvermeidung, DB 1983, 565-571

Beckemper, Katharina, Anmerkung zu BGH, Beschluss v. 30. Januar 2003, 3 StR 437/02, JZ 2003, 806-808

Beckemper, Katharina, Ende und Wiederaufleben der Insolvenzantragspflicht, Anmerkung zu BGH 5 StR 166/08 – Beschluss vom 28. Oktober 2008 (HRRS 2008 Nr. 1119), HRRS 2009, 64-66.

Beintmann, Ulrike, Eigenkapitalersetzende Gesellschafterdarlehen im Überschuldungsstatus, Bielefeld, 1998

Bente, Ulrich, Die Strafbarkeit des Arbeitgebers wegen Beitragsvorenthaltung und Veruntreuung von Arbeitsentgelt (§ 266 a StGB), Frankfurt am Main, u.a., 1992

Bergauer, Anja, Erfolgreiches Krisenmanagement in der Unternehmung – Eine empirische Analyse, Berlin, 2001

Bieneck, Klaus, Die Zahlungseinstellung in strafrechtlicher Sicht, wistra 1992, 89-91

Bieneck, Klaus, Strafrechtliche Relevanz der Insolvenzordnung und aktueller Änderungen des Eigenkapitalersatzrechts, StV 1999, 43-47

Biermann, Manfred, Die Überschuldung als Voraussetzung zur Konkurseröffnung, Berlin, 1963

Biletzki, Gregor, C., Strafrechtlicher Gläubigerschutz bei fehlerhafter Buchführung durch den GmbH-Geschäftsführer, NStZ 1999, 537-541

Bittmann, Folker (Hrsg.), Insolvenzstrafrecht, Handbuch für die Praxis, Berlin, 2004, zit.: Bearbeiter, in Insolvenzstrafrecht

Bittmann, Folker, Beitragsvorenthaltung bei Insolvenzreife der GmbH – zugleich eine Anmerkung zu BGH, wistra 2004, 26 ff., wistra 2004, 327-330

Bittmann, Folker, Das Ende der Interessentheorie – Folgen auch für § 266 StGB? – zugleich Anmerkung zu BGH, wistra 2009, 275 ff., wistra 2010, 8-10

Bittmann, Folker, Die „limitierte" GmbH aus strafrechtlicher Sicht, GmbHR 2007, 70-77

Bittmann, Folker, Neufassung des § 19 Abs. 2 InsO, wistra 2009, 138-141

Bittmann, Folker, Strafrecht und Gesellschaftsrecht, ZGR 2009, 931-980

Bittmann, Folker, Zahlungsunfähigkeit und Überschuldung nach der Insolvenzordnung – Teil 1, wistra 1998, 321-326 und Teil 2, wistra 1999, 10-18

Bittmann, Folker; Gruber, Urs, Limited – Insolvenzantragspflicht gemäß § 15a InsO: Europarechtlich unwirksam?, GmbHR 2008, 867-873

Böcker, Philipp, Die Überschuldung im Recht der Gesellschaft mit beschränkter Haftung – Harmonisierung von Insolvenzverschleppungshaftung und Eigenkapitalersatzrecht, Baden-Baden, 2002

Bollacher, Florian, Das Vorenthalten von Sozialversicherungsbeiträgen, eine Untersuchung aktueller Fragen zu § 266 a Abs. 1 StGB, insbesondere zur Problematik unterlassener Beitragszahlung in der Unternehmenskrise, Baden-Baden, 2006

Bora, Alfons; Liebl, Karlhans; Poerting, Peter; Risch, Hedwig, Polizeiliche Bearbeitung von Insolvenzkriminalität, Wiesbaden, 1992, zit.: Bora/Liebl/Poerting/Risch

Bork, Reinhard, Abschaffung des Eigenkapitalersatzrechts zugunsten des Insolvenzrechts?, ZGR 2007, 250-270

Bork, Reinhard, Einführung in das Insolvenzrecht, 5. Auflage, Tübingen, 2009, zit.: Bork, Insolvenzrecht

Bork, Reinhard, Zahlungsunfähigkeit, Zahlungsstockung und Passiva II, ZIP 2008, 1749-1753

Bormann, Michael, Anmerkung zu BGH, Urteil v. 23.2.2004, 2 ZR 207/01, GmbHR 2004, 902-904

Bormann, Michael, Passivierungspflicht für eigenkapitalersetzende Gesellschafterdarlehen, GmbHR 2001, 689-699

Bottke, Wilfried, Das Wirtschaftsstrafrecht in der Bundesrepublik Deutschland - Lösungen und Defizite (2. Teil), wistra 1991, 52-56

Bottke, Wilfried, Haftung aus Nichtverhütung von Straftaten Untergebener in Wirtschaftsunternehmen de lege lata, Berlin 1994, zit.: Bottke, Nichtverhütung

Brand, Christian, Abschied von der Interessentheorie – und was nun? – Besprechung von BGH, Beschl. v. 10. 2. 2009 – 3 StR 372/08 (NStZ 2009, NStZ 2009, 437) –, NStZ 2010, 9-13

Braun, Eberhard, Insolvenzordnung (InsO) Kommentar, 4. Auflage, München, 2010, zit: Bearbeiter, in: Braun, InsO

Breitenstein, Jürgen; Meyding, Bernhard, GmbH-Reform: Die „neue" GmbH als wettbewerbsfähige Alternative oder nur „GmbH light"?, BB 2006, 1457-1462

Bruns, Hans-Juergen, Die sog. „tatsächliche" Betrachtungsweise im Strafrecht, JR 1984, 133-141

Bruns, Hans-Juergen, Grundprobleme der strafrechtlichen Organ- und Vertreter-haftung (§ 14 StGB, § 9 OWiG), GA 1982, 1-36

Bundesministerium des Innern, Bundesministerium der Justiz (Hrsg.), Erster Periodischer Sicherheitsbericht, Berlin, 2001, zit.: Erster Periodischer Sicherheitsbericht

Bundesministerium des Innern, Bundesministerium der Justiz (Hrsg.), Zweiter Periodischer Sicherheitsbericht, Berlin, 2006, zit.: Zweiter Periodischer Sicherheitsbericht

Büning, Marc, Die strafrechtliche Verantwortlichkeit faktischer Geschäftsführer einer GmbH, Münster, 2004

Burger, Anton; Schellberg, Bernhard, Die Auslösetatbestände im neuen Insolvenzrecht, BB 1995, 261-266

Burger, Anton; Schellberg, Bernhard, Zur Vorverlagerung der Insolvenzauslösung durch das neue Insolvenzrecht, KTS 1995, 563-577

Dahl, Michael, Die Änderung des Überschuldungsbegriffs durch Art. 5 des Finanzmarktstabilisierungsgesetzes (FMStG), NZI 2008, 719-721

Dannecker, Gerhard; Knierim, Thomas; Hagemeier, Andrea, Insolvenzstrafrecht, Heidelberg, 2009, zit.: Dannecker/Knierim/Hagemeier

Degener, Wilhelm, Die „Überschuldung" als Krisenmerkmal von Insolvenzstraftatbeständen, S. 405-423, in: Rogall, Klaus; Puppe, Ingeborg; Stein, Ulrich; Wolter, Jürgen (Hrsg.), Festschrift für Hans-Joachim Rudolphi zum 70. Geburtstag, München, 2004, zit.: Degener, in: FS-Rudolphi

Demko, Daniela, Zur "Relativität der Rechtsbegriffe" in strafrechtlichen Tatbeständen, Berlin, 2002

Deutscher, Jörg; Körner, Peter, Die strafrechtliche Produktverantwortung von Mitgliedern kollegialer Geschäftsleitungsorgane - Eine Einführung unter besonderer Berücksichtigung der Rechtsprechung des BGH, Teil 2 wistra 1996, 327-334

Deutscher, Jörg; Körner, Peter, Strafrechtlicher Gläubigerschutz in der Vor-GmbH, wistra 1996, 8-14

Dierlamm, Alfred, Der faktische Geschäftsführer im Strafrecht – ein Phantom ?, NStZ 1996, 153-157

Dinkhoff, Marc, Der faktische Geschäftsführer in der GmbH, Baden-Baden, 2003

Dohmen, Anja; Sinn, Arndt, Das Rechtsgut der Insolvenzdelikte (§§ 283 ff. StGB) im Kontext von Straf- und Zivilrecht, KTS 2003, 205-218

Doster, Werner, Verspätete beziehungsweise unterlassene Bilanzierung im Insolvenzstrafrecht – Anmerkung zu BGH, Beschluß vom 5.11.1997, 2 StR 462/97, wistra 1998, 326-328

Dreher, Eduard; Tröndle, Herbert, Strafgesetzbuch und Nebengesetze, München, 47. Auflage, 1995, zit.: Dreher/Tröndle, StGB

Drygala, Tim, Zur Neuregelung der Tätigkeitsverbote für Geschäftsleiter von Kapitalgesellschaften, ZIP 2005, 423-431

Ebenroth, Carsten Thomas; Boujong, Karlheinz; Joost, Detlev; Strohn, Lutz, Handelsgesetzbuch, Band 1, §§ 1-342e, 2. Auflage, München, 2008, zit.: Bearbeiter, in: Ebenroth/Boujong/Joost/Strohn, HGB

Ehlers, Harald; Drieling, Ilka, Unternehmenssanierung nach der Insolvenzordnung, Ein Wegweiser anhand eines Modellfalls, 2. Auflage, München, 2000, zit.: Ehlers/Drieling, Unternehmenssanierung

Eidam, Gerd, Die Verbandsgeldbuße des § 30 Abs. 4 OWiG – eine Bestandsaufnahme, wistra 2003, 447-456

Engisch, Karl, Die Einheit der Rechtsordnung, Heidelberg, 1935, zit.: Engisch, Einheit d. Rechtsordnung

Erbs, Georg; Kohlhaas, Max, Strafrechtliche Nebengesetze, Loseblatt, Stand 176. Ergänzungslieferung, Juli 2009, zit.: Bearbeiter, in: Erbs/Kohlhaas

Erdmann, Sven, Die fälligen Zahlungspflichten i. S. des § 17 II 1 InsO, NZI 2007, 695-698

Erdmann, Sven, Die Krisenbegriffe der Insolvenzstraftatbestände (§§ 283 ff. StGB), Berlin, 2007

Eulencamp, Franzbruno, Referat zu Fragen des Konkursstrafrechts, Anlage 5, S. 1-48, in: Tagungsberichte der Sachverständigenkommission zur Bekämpfung der Wirtschaftskriminalität, III. Band, Bundesministerium der Justiz (Hrsg.), Bonn, 1973

Ewer, Wolfgang; Behnsen, Alexander, Der Finanzmarktstabilisierungsfonds – Herzschrittmacher bei drohendem Kollaps der Finanzmärkte NJW 2008, 3457-3462

Fischer, Thomas, Strafgesetzbuch und Nebengesetze, 57. Auflage, 2010, zit.: Fischer, StGB

Fleischer, Holger, Zur aktienrechtlichen Verantwortlichkeit faktischer Organe, AG 2004, 517-528

Fleischer, Holger, Zur Leitungsaufgabe des Vorstands im Aktienrecht, ZIP 2003, 1-11

Frankfurter Kommentar zur Insolvenzordnung, herausgegeben von Klaus Wimmer, 5. Auflage, Köln 2009, zit.: FK-InsO-Bearbeiter

Franzheim, Horst, Das Tatbestandsmerkmal der Krise im Bankrottstrafrecht, NJW 1980, 2500-2504

Franzheim, Horst, Der strafrechtliche Überschuldungsbegriff, wistra 1984, 212-213

Froesch, Daniel, Managerhaftung – Risikominimierung durch Delegation?, DB 2009, 722-726

Fromm, Andreas, Der Überschuldungsstatus im Insolvenzrecht, ZInsO 2004, 943-950

Fromm, Ingo, E.; Gierthmühlen, Stephan, Zeitliche Geltung des neuen Überschuldungsbegriffs in Insolvenzstrafverfahren, Hintertür für Straftaten wegen Insolvenzverschleppung bei Altfällen?, NZI 2009, 665-668

Fuhrmann, Hans, Die Bedeutung des „faktischen Organs" in der strafrechtlichen Rechtsprechung des Bundesgerichtshofs, S. 139-155, in Festschrift für Herbert Tröndle zum 70. Geburtstag am 24. August 1989, herausgegeben von: Hans-Heinrich Jescheck und Theo Vogler, Berlin, New York, 1989, zit.: Fuhrmann, FS-Tröndle

Gehrlein, Markus, Aktuelle Rechtsprechung des BGH zur Unternehmensinsolvenz: Eröffnungsverfahren und Verfügungsbeschränkungen, NZI 2009, 457-462

Gehrlein, Markus, Der aktuelle Stand des neuen GmbH-Rechts, Der Konzern 2007, 771-796

Gehrlein, Markus, Kurzkommentar zu den Urteilen des BGH v. 27. 6. 2005 – II ZR 113/03, (BB 2005, 1867) und v. 11. 7. 2005 – II ZR 235/03, (BB 2005, 1869), BB 2005, 1871

Geißler, Markus, Die Haftung des faktischen GmbH-Geschäftsführers, GmbHR 2003, 1106-1114

Gierke, Otto v., Die Genossenschaftstheorie und die deutsche Rechtsprechung, Berlin, 1887, Nachdruck 1963, zit.: Gierke, Genossenschaftstheorie

Glozbach, Pierre, Die Haftung des Geschäftsführers nach § 64 Abs. 2 GmbHG für Zahlungen nach Insolvenzreife, Aachen, 2004

Göhler, Erich, Zum Gesetz über Ordnungswidrigkeiten, NStZ 1982, 11-14

Götz, Jan, Entwicklungslinien insolvenzrechtlicher Überschuldungsmessung – Ein Schritt nach vorn zurück?, KTS 2003, 1-39

Grimm, Roland, Kreditgeschäfte mit sanierungsbedürftigen Unternehmen – zivil- und strafrechtliche Verantwortlichkeit von Banken und Bankmitarbeitern, Konstanz, 1999

Grosche, Ernst-Joachim, Die Generalklausel des § 283 I Nr. 8 StGB im Deutschen Bankrottstrafrecht: eine funktionale Untersuchung ihrer Berechtigung mit Blick auf das US-amerikanische Insolvenzdeliktsrecht, Würzburg, 1992

Gross, Bernd; Schork, Alexander, T., Strafbarkeit des directors einer Private Company Limited by Shares wegen verspäteter Insolvenzantragstellung, NZI 2006, 10-15

Großkommentar zum Aktiengesetz, herausgegeben von Klaus J. Hopt, Herbert Wiedemann, 4. Auflage, Berlin, 2003, 19. Lieferung: §§ 76-83, zit.: Bearbeiter, in: GK-AktG

Großkommentar zum Gesetz betreffend die Gesellschaften mit beschränkter Haftung (GmbHG), herausgegeben von Peter Ulmer in Gemeinschaft mit Mathias Habersack und Martin Winter, Dritter Band, §§ 53-87, Tübingen, 2008, zit.: Bearbeiter, in: GK-GmbHG

Großkommentar zum Gesetz betreffend die Gesellschaften mit beschränkter Haftung (GmbHG), herausgegeben von Peter Ulmer, begründet von Max Hachenburg, Dritter Band, §§ 53-85, Register, 8. Auflage, Berlin, New York, 1997, zit.: Bearbeiter, in: GK-GmbHG, 8. Auflage,

Großkommentar zum Gesetz betreffend die Gesellschaften mit beschränkter Haftung (GmbHG), herausgegeben von Peter Ulmer, begründet von Max Hachenburg, Dritter Band, §§ 53-85, Register, 7. Auflage, Berlin, New York, 1984, zit.: Bearbeiter, in: GK-GmbHG, 7. Auflage,

Groth Matthias, Überschuldung und eigenkapitalersetzende Gesellschafterdarlehen eine konkursrechtliche und konkursstrafrechtliche Untersuchung, Baden-Baden, 1995

Grub, Maximilian, Die insolvenzstrafrechtliche Verantwortlichkeit der Gesellschafter von Personengesellschaften, Pfaffenweiler, 1995

Grube, Andreas, Röhm, Peter, M.; Überschuldung nach dem Finanzmarktstabilisierungsgesetz, wistra 2009, 81-85

Gübel, Nils, Die Auswirkung der faktischen Betrachtungsweise auf die strafrechtliche Haftung faktischer GmbH-Geschäftsführer, Baden-Baden, 1994

Gundlach, Ulf; Frenzel, Volkhard, Anmerkung zum Urteil des BGH vom 12.10.2006, Az.: IX ZR 228/03, NZI 2007, 38-39

Gundlach, Ulf; Frenzel, Volkhard, Anmerkung zum Urteil des BGH vom 11. 7. 2005, Az.: II ZR 235/03, NZI 2005, 64

Gundlach, Ulf; Frenzel, Volkhard, Strandmann, Uwe, Die Insolvenzverwaltung nach den Änderungen durch das MoMiG, NZI 2008, 647-652

Gurke, Michael, Verhaltensweisen und Sorgfaltspflichten von Vorstandsmitgliedern und Geschäftsführern bei drohender Überschuldung, Berlin, 1982

Haack, Michael, Der Konkursgrund der Überschuldung bei Kapital- und Personengesellschaften, Frankfurt a.M., 1980

Haack, Michael, Überschuldung – ein deskriptives Tatbestandsmerkmal?, NJW 1981, 1353

Hafner, Thomas, Früherkennung von Unternehmenskrisen mit mathematisch-statistischen Methoden und Methoden der künstlichen Intelligenz - Eine vergleichende empirische Untersuchung dargestellt am Beispiel des Unternehmensbereichs Produktion, Mainz, 1997

Hager, Paul, Sebastian, Der Bankrott durch Organe juristischer Personen – zugleich ein umfassender Beitrag zur historischen Entwicklung des Insolvenzstrafrechts, Holzkirchen, 2007

Hammerl, Horst, Die Bankrottdelikte – Zur strafrechtlichen und kriminologischen Problematik des einfachen und schweren Bankrotts (§§ 239, 240 KO), Frankfurt, 1970

Harneit, Paul, Überschuldung und erlaubtes Risiko, Köln, 1984

Harro, Otto, Der Zusammenhang zwischen Krise, Bankrotthandlung und Bankrott im Konkursstrafrecht, S. 265-283, in: Gedächtnisschrift für Rudolf Bruns, herausgegeben von Johannes Baltzer, Gottfried Baumgärtel, Egbert Peters und Helmut Pieper, München, 1980, zit.: Otto, GS-Bruns

Hartmann, Beatrice, Maria, Die Insolvenzantragspflicht des faktischen Organs, Frankfurt am Main, 2005, zit.: Hartmann, Insolvenzantragspflicht

Hartung, Wolfgang, Probleme bei der Feststellung der Zahlungsunfähigkeit, wistra 1997, 1-12

Hartwig, Sven, Der strafrechtliche Gläubigerbegriff in § 283c StGB, in: Joachim Schulz; Thomas Vormbaum (Hrsg.), Festschrift für Günther Bemmann, Baden-Baden, 1997, zit.: Hartwig, FS-Bemmann

Harz, Michael, Kriterien der Zahlungsunfähigkeit und der Überschuldung unter Berücksichtigung der Änderungen nach dem neuen Insolvenzrecht, ZInsO 2001, 193-202

Harz, Michael; Baumgartner, Uwe; Conrad, Günther, Kriterien der Zahlungsunfähigkeit und der Überschuldung - Stand und Sichtweisen nach knapp sieben Jahren InsO, ZInsO 2005, 1304-1311

Hasselbach, Kai; Wicke, Hartmut, BB-Kommentar, Anmerkung zu BGH, Urteil v. 8.1.2001, 2 ZR 88/99, BB 2001, 435-436

Hauck, Anton, G., Rechnungslegung und Strafrecht – unter besonderer Berücksichtigung der konkursstrafrechtlichen Bilanzdelikte, Tübingen, 1987

Hecker, Andreas; Glozbach, Pierre, Offene Fragen zur Anwendung des gegenwärtigen Überschuldungsbegriffs, BB 2009, 1544-1548

Hefendehl, Roland, Corporate Governance und Business Ethics: Scheinberuhigung oder Alternativen bei der Bekämpfung der Wirtschaftskriminalität?, JZ 2006, 119-125

Hefendehl, Roland, Kollektive Rechtsgüter im Strafrecht, Köln, 2002, zit.: Hefendehl, Rechtsgüter

Heidelberger Kommentar zum Aktiengesetz, herausgegeben von Tobias Bürgers und Torsten Körber, Heidelberg, 2008, zit.: Bearbeiter, in: HK/AktG

Heidelberger Kommentar zur Insolvenzordnung, herausgegeben von Gerhart Kreft, Heidelberg, 5. Auflage, 2008, zit.: Bearbeiter, in: HK/InsO

Heinz, Wolfgang, Die Bekämpfung der Wirtschaftskriminalität mit strafrechtlichen Mitteln – unter besonderer Berücksichtigung des 1. WiKG, GA 1977, 193-221

Hess, Harald, Kommentar zur Konkursordnung, 4. Auflage, Neuwied, Kriftel, Berlin, 1993, zit.: Hess, KO

Hildesheim, C., U., Die strafrechtliche Verantwortung des faktischen Mitgeschäftsführers in der Rechtsprechung des BGH, wistra 1993, 166-169

Hillenkamp, Thomas, Impossibilium nulla obligatio – oder doch? Anmerkungen zu § 283 Abs. 1 Nrn. 5 und 7 StGB, S. 949-968, in: Sieber, Ulrich; Dannecker, Gerhard; Kindhäuser, Urs; Vogel, Joachim; Walter, Tonio (Hrsg.), Strafrecht und Wirtschaftsstrafrecht – Dogmatik, Rechtsvergleich, Rechtstatsachen, Festschrift für Klaus Tiedemann zum 70. Geburtstag, Köln, München, 2008, zit.: Hillenkamp, in: FS-Tiedemann

Hiltenkamp-Wisgalle, Ursula, Die Bankrottdelikte, Bochum, 1987

Himmelsbach, Rainer; Thonfeld, Henning, Gegen die Verschärfung des Begriffs der Zahlungsunfähigkeit nach § 17 II InsO, NZI 2001, 11-15

Hirte, Heribert, Die „Große GmbH-Reform" - Ein Überblick über das Gesetz zur Modernisierung des GmbH-Rechts und zur Bekämpfung von Missbräuchen (MoMiG), NZG 2008, 761-766

Hirte, Heribert; Knof, Béla; Mock, Sebastian, Überschuldung und Finanzmarktstabilisierungsgesetz, ZInsO 2008, 1217-1224

Hoffmann, Günther, Drohende und eingetretene Zahlungsunfähigkeit im neuen Konkursstrafrecht, DB 1980, 1527-1530

Hoffmann, Günther, Zahlungsunfähigkeit und Zahlungseinstellung, MDR 1979, 713-717

Höffner, Dietmar, Überschuldung: Ein Tatbestandsmerkmal im Schnittpunkt von Bilanz-, Insolvenz- und Strafrecht, Teil 1, BB 1999, 198-205, Teil 2, BB 1999, 252-254

Höffner, Dietmar, Zivilrechtliche Haftung und strafrechtliche Verantwortung des GmbH-Geschäftsführers bei Insolvenzverschleppung, zugleich ein Beitrag zum ultima-ratio-Prinzip, Berlin 2003

Hofmann, Matthias, Die Eigenverwaltung insolventer Kapitalgesellschaften im Konflikt zwischen Gesetzeszweck und Insolvenzpraxis, ZIP 2007, 260-264

Höfner, Klaus-Dieter, Die Überschuldung als Krisenmerkmal des Konkursstrafrechts, Frankfurt, 1981

Holzer, Johannes, Die Änderung des Überschuldungsbegriffs durch das Finanzmarktstabilisierungsgesetz, ZIP 2008, 2108-2111

Holzer, Johannes, Krisenerkennung bei insolvenzgefährdeten Unternehmen aus Sicht der gerichtlichen Praxis, NZI 2005, 308-316

Hölzle, Gerrit, Nachruf: Wider die Überschuldungs-Dogmatik in der Krise, ZIP 2008, 2003-2005

Hölzle, Gerrit, Nochmals: Zahlungsunfähigkeit – Nachweis und Kenntnis im Anfechtungsprozess, zugleich Besprechung BGH v. 12.10.2006 – IX ZR 228/03, ZIP 2006, 2222, ZIP 2007, 613-619

Homburg, Carsten; Stephan, Jörg; Haupt, Michael, Risikomanagement unter Nutzung der Balanced Scorecard, DB 2005, 1069-1075

Hörl, Ulrich, Das strafrechtlich geschützte Vermögen im Konkurs des Gemeinschuldners, Bonn, 1998

Hoos, Jan-Philipp; Kleinschmidt, Andreas, Verlängerung des durch das Finanzmarktstabilisierungsgesetz geänderten Überschuldungsbegriffs – Perpetuierung eines "unerwünschten Rechtszustands"?, NZG 2009, 1172-1173

Hoyer, Andreas, Anmerkung zum Beschluss des OLG Düsseldorf v. 16.10.1987, 5 Ss 193/87-200/87 I, NStZ 1988, 369-370

Hüffer, Uwe, Aktiengesetz, 8. Auflage, München 2008, zit.: Hüffer, AktG

Jaeger, Ernst (Begründer), Konkursordnung mit Einführungsgesetzen, Zweiter Band, 2. Halbband (§§ 208-244), 8. Auflage, Berlin, New York, 1973, zit.: Bearbeiter, in: Jaeger, KO

Jäger, Karl-Heinz, Die Zahlungsunfähigkeit nach geltendem und nach geplantem Insolvenzrecht, DB 1986, 1441-1447

Jauernig, Othmar, Zur Rechts- und Parteifähigkeit der Gesellschaft bürgerlichen Rechts, NJW 2001, 2231-2232

Jescheck, Hans-Heinrich; Weigend, Thomas, Lehrbuch des Strafrechts, Allgemeiner Teil, 5. Auflage, Berlin, 1996, zit.: Jescheck/Weigend

Joerden, Jan, C., Grenzen der Auslegung des § 84 Abs. 1 Nr. 2 GmbHG, wistra 1990, 1-4

Kaiser, Günther, Kriminologie, 3. Auflage, Heidelberg, 1996, zit.: Kaiser, Kriminologie

Kaligin, Thomas, Anmerkung zum Urteil des BGH v. 22.9.1982, 3 StR 287/82, BB 1983, 790

Karlsruher Kommentar zum Ordnungswidrigkeitengesetz, Herausgegeben von Lothar Senge, 3. Auflage, München, 2006, zit.: Bearbeiter, in: KK/OWiG

Kellner, Oskar, Die Gläubiger- und Schuldnerbegünstigung §§ 241, 242 KO, Breslau, 1928, Nachdruck, Frankfurt a. M., Tokyo, 1977

Kilger, Joachim; Schmidt, Karsten, Insolvenzgesetze, KO / VglO / GesO, 17. Auflage, München, 1997, zit.: Kilger/K.Schmidt, KO

Kindler, Peter, Grundzüge des neuen Kapitalgesellschaftsrechts - Das Gesetz zur Modernisierung des GmbH-Rechts und zur Bekämpfung von Missbräuchen (MoMiG), NJW 2008, 3249-3256

Kindler, Steffi, Das Unternehmen als haftender Täter – Ein Beitrag zur Frage der Verbandsstrafe im deutschen Strafrechtssystem – Lösungswege und Entwicklungsperspektiven de lege lata und de lege ferenda, Baden-Baden, 2008, zit.: Kindler, Verbandsstrafe

Klar, Michael, B., Überschuldung und Überschuldungsbilanz, Köln, u.a., 1987

Kleindiek, Detlef, Ordnungswidrige Liquidation durch organisierte „Firmenbestattung", ZGR 2007, 276-310

Knof, Béla; Mock, Sebastian, Das MoMiG und die Auslandsinsolvenz haftungsbeschränkter Gesellschaften – Herausforderung oder Sisyphismus des modernen Gesetzgebers?, GmbHR 2007, 852-858

Kölner Kommentar zum Aktiengesetz, herausgegeben von Wolfgang Zöllner und Ulrich Noack, zit.: Bearbeiter, in: KK-AktG
Band 2/1, §§ 76 - 94 AktG, 3. Auflage, Köln, 2010,
Band 3, 5. Lieferung, §§ 399-410 AktG, EGAktG, Gesetzesanhang, 1.
Auflage, Köln, Berlin, Bonn, München, 1983

Kornblum, Udo, Bundesweite Rechtstatsachen zum Unternehmens- und Gesellschaftsrecht, Stand 1.1.2008, GmbHR 2009, 25-32

Kratzsch, Dietrich, Das „faktische Organ" im Gesellschaftsrecht – Grund und Grenzen einer strafrechtlichen Garantenstellung, ZGR 1985, 506-535

Krause, Eva, Julia, Sonderdelikte im Wirtschaftsstrafrecht, Hamburg, 2008, zit.: Krause, Sonderdelikte

Krause, Daniel-Marcus, Anmerkung zu BGH, Urteil v. 22.2.2001, 4 StR 421/99, NStZ 2002, 42-43

Krause, Daniel-Marcus, Ordnungsgemäßes Wirtschaften und Erlaubtes Risiko, Grund- und Einzelfragen des Bankrotts (§ 283 StGB) – zugleich ein Beitrag zur Dogmatik des Konkursstrafrechts, Berlin, 1995

Krause, Daniel-Marcus, Zur Berücksichtigung „beiseitegeschaffter" Vermögenswerte bei der Feststellung der Zahlungsunfähigkeit im Rahmen des § 283 II StGB, NStZ 1999, 162-165

Krekeler, Wilhelm; Werner, Elke, Unternehmer und Strafrecht, München, 2006, zit.: Krekeler/Werner

Krystek, Ulrich, Unternehmungskrisen - Beschreibung, Vermeidung und Bewältigung überlebenskritischer Prozesse in Unternehmungen, Wiesbaden, 1987

Kübler, Bruno, M.; Prütting, Hanns (Hrsg.), Das neue Insolvenzrecht, Band II, EGInsO, Köln, 1994, zit.: Kübler/Prütting, Das neue Insolvenzrecht, E-GInsO

Kübler, Bruno, M.; Prütting, Hanns (Hrsg.), Das neue Insolvenzrecht, Band I, InsO, Köln, 1994, zit.: Kübler/Prütting, Das neue Insolvenzrecht, InsO

Kübler, Friedrich; Assmann, Heinz-Dieter, Gesellschaftsrecht, Die privatrechtlichen Ordnungsstrukturen und Regelungsprobleme von Verbänden und Unternehmen, 6. Auflage, Heidelberg, 2006, zit.: Kübler/Assmann, GesR

Kuhn, Georg; Uhlenbruck, Wilhelm, Konkursordnung Kommentar, München, 11. Auflage, 1994, zit.: Kuhn/Uhlenbruck, KO

Küting, Karlheinz, Einführung in die Cash-Flow-Rechnung, DStR 1992, 625-631

Labsch, Karl Heinz, Die Strafbarkeit des GmbH-Geschäftsführers im Konkurs der GmbH, wistra 1985, 1-9

Lackner, Karl; Kühl, Kristian, Strafgesetzbuch, 26. Auflage, München, 2007, zit.: Lackner/Kühl, StGB

Landfermann, Hans-Georg, Der Ablauf eines künftigen Insolvenzverfahrens, BB 1995, 1649-1666

Lawlor, Daniel, G., Die Anwendbarkeit englischen Gesellschaftsrechts bei Insolvenz einer englischen Limited in Deutschland, NZI 2005, 432-436

Leipold, Klaus; Schaefer, Torsten, Vermögensverschiebung des GmbH-Geschäftsführers in der Krise – Bankrott oder Untreue?, NZG 2009, 937-939

Leipziger Kommentar zum Strafgesetzbuch, herausgegeben von Heinrich Wilhelm Laufhütte, Ruth Rissing-van Saan und Klaus Tiedemann, zit.: LK-Bearbeiter, StGB

Band 1, Einleitung, §§ 1 bis 31 StGB, 12. Auflage, Berlin, 2007;

Band 9, 2. Teilband, §§ 267 bis 283d StGB, 12. Auflage, Berlin, 2009

Lettenbauer, Ludwig, Gläubiger- und Schuldnerbegünstigung, Breslau, 1931, Nachdruck, Frankfurt a. M., Tokyo, 1977

Liebl, Karlhans, Geplante Konkurse, Pfaffenweiler, 1988, zit.: Liebl, Geplante Konkurse

Löffeler, Peter, Strafrechtliche Konsequenzen faktischer Geschäftsführung, wistra 1989, 121-125

Lüderssen, Klaus, Der Begriff der Überschuldung, in § 84 GmbHG, S. 87-100, in: Lüderssen, Klaus, Entkriminalisierung des Wirtschaftsrechts, Baden-Baden, 1998

Marxen, Klaus, Die strafrechtliche Organ- und Vertreterhaftung – eine Waffe im Kampf gegen die Wirtschaftskriminalität?, JZ 1988, 286-291

Matzen, Klaus, Der Begriff der drohenden und eingetretenen Zahlungsunfähigkeit im Konkursstrafrecht, Baden-Baden, 1993

Maunz, Theodor; Dürig, Günter, Grundgesetz Kommentar, München, 53. Auflage, 2009, zit.: Bearbeiter, in: Maunz/Dürig, GG

Maurach, Reinhart; Schröder, Friedrich-Christian; Maiwald, Manfred, Strafrecht, Besonderer Teil, Teilband 1, Straftaten gegen Persönlichkeits- und Vermögenswerte, 10. Auflage, Heidelberg, 2009, zit.: Maurauch/Schröder/Maiwald, BT 1

Meyer, Claus, Gesetz zur Modernisierung des Bilanzrechts (Bilanzrechtsmodernisierungsgesetz – BilMoG) – die wesentlichen Änderungen, DStR 2009, 762-768

Möhlmann, Thomas, Die Überschuldungsprüfung nach der neuen Insolvenzordnung, DStR 1998, 1843-1848

Möhlmann-Mahlau, Thomas; Schmitt, Jens, Der „vorübergehende" Begriff der Überschuldung, NZI 2009, 19-24

Mohr, Randolf, Bankrottdelikte und übertragende Sanierung, Köln, 1993

Montag, Hans, Dieter, Die Anwendung der Strafvorschriften des GmbH-Rechts auf faktische Geschäftsführer, Berlin, 1994

Moosmayer, Klaus, Einfluß der Insolvenzordnung 1999 auf das Insolvenzstrafrecht, Pfaffenweiler, 1997

Mosiek, Marcus, Risikosteuerung im Unternehmen und Untreue, wistra 2003, 370-375

Müller-Gugenberger, Christian, GmbH-Strafrecht nach der Reform, GmbHR 2009, 578-584

Müller-Gugenberger, Christian; Bieneck, Klaus (Herausgeber), Wirtschafts-strafrecht – Handbuch des Wirtschaftsstraf- und -ordnungswidrigkeitenrechts, 4. Auflage, Münster, Köln, 2006, zit.: MGB-Bearbeiter

Münchener Kommentar zum Aktiengesetz, Herausgegeben von Bruno Kropff, Johannes Semler, Wulf Goette und Mathias Habersack, zit.: Bearbeiter, in: MüKo/AktG

Band 1, §§ 1-75 AktG, 3. Auflage, München, 2008;

Band 3, §§ 76-117 AktG, MitbestG, § 76 BetrVG 1952, 2. Auflage, München, 2004;

Band 7, §§ 222-277 AktG, 2. Auflage, München, 2001;

Band 9/2, §§ 329-410 AktG, SE-VO, SEBG, Europäische Niederlassungsfreiheit, Die Richtlinien zum Gesellschaftsrecht, 2. Auflage, München, 2006

Münchener Kommentar zum Handelsgesetzbuch, Herausgegeben von Karsten Schmidt, zit.: Bearbeiter, in: MüKo/HGB

Band 4 §§ 238-342e HGB, 2. Auflage, München, 2008

Münchener Kommentar zur Insolvenzordnung, Herausgegeben von Hans-Peter Kirchhof, Hans-Jürgen Lwowski und Rolf Stürner, zit.: Bearbeiter, in: MüKo/InsO

Band 1, §§ 1-102 InsO, InsVV, 2. Auflage, München, 2007

Münchener Kommentar zum Strafgesetzbuch, Herausgegeben von Wolfgang Joecks und Klaus Miebach, zit.: Bearbeiter, in: MüKo/StGB

Band 1, §§ 1-51 StGB, München, 2003

Band 4, §§ 263-358 StGB, §§ 1-8, 105, 106 JGG, München, 2006

Neumaier, Markus, Wann wird eine Zahlungsstockung zur Zahlungsunfähigkeit?, NJW 2005, 3041-3043

Neumann, Gerald, Bankrott und Neues Insolvenzrecht – Die objektive Strafbarkeitsbedingung (§ 283 Abs. 6 StGB) im Lichte der neuen Insolvenzordnung, Düsseldorf, 2002, zit.: Neumann

Nomos-Kommentar Strafgesetzbuch, herausgegeben von: Urs Kindhäuser, Ulfrid Neumann und Hans-Ullrich Paeffgen, Band 2, §§ 146-358, 3. Auflage, Baden-Baden, 2010, zit.: Bearbeiter, in: NK/StGB

Obermüller, Manfred; Hess, Harald, InsO – Eine systematische Darstellung des Insolvenzrechts, 4. Auflage, Heidelberg, 2003, zit.: Obermüller/Hess, InsO

Otto, Harro, Anmerkung zum Urteil des BGH v. 17.4.1984, 1 StR 736/83, StV 1984, 462-463

Otto, Harro, Grundkurs Strafrecht, Die einzelnen Delikte, 7. Auflage, Berlin, 2005, zit.: Otto, BT

Pape, Gerhard, Entwicklung des Regelinsolvenzverfahrens in den Jahren 2004 bis 2006, NJW 2007, 411-419

Pape, Gerhard; Uhlenbruck, Wilhelm; Voigt-Salus, Joachim Insolvenzrecht, 2. Auflage, München, 2010, zit.: Pape/Uhlenbruck/Voigt-Salus, Insolvenzrecht

Park, Tido, Kapitalmarktstrafrecht, 2. Auflage, München, 2008, zit.: Bearbeiter, in: Park, Kapitalmarktstrafrecht

Passarge, Malte, Zum Begriff der Führungslosigkeit – scharfes Schwert gegen Missbrauch oder nur theoretischer Papiertiger?, GmbHR 2010, 295-300

Paulus, Christoph, G., Grundlagen des neuen Insolvenzrechts – Insolvenzeröffnungsgründe, Antragstellung und Vermögensbeschlag, Teil 3 DStR 2003, 598-601

Peetz, Carsten, Anmerkung zum Urteil des OLG Naumburg v. 15.3.2000, 5 U 183/99, GmbHR 2000, 559-561

Peglau, Jens, Unbeantwortete Fragen der Strafbarkeit von Personenverbänden, ZRP 2001, 406

Peltzer, Martin, Vorstand und Geschäftsführung als Leitungs- und gesetzliches Vertretungsorgan der Gesellschaft, JuS 2003, 348-353

Pelz, Christian, Strafrecht in Krise und Insolvenz, München, 2004, zit.: Pelz, Insolvenzstrafrecht

Penzlin, Dietmar, Kritische Anmerkungen zum Insolvenzeröffnungsgrund der Zahlungsunfähigkeit (§ 17 InsO), NZG 1999, 1203-1208

Penzlin, Dietmar, Strafrechtliche Auswirkungen der Insolvenzordnung, Herbolzheim, 2000

Pernice, Christina, Die Insolvenzverschleppung durch das Geschäftsführungsorgan der kleinen Kapitalgesellschaft im deutschen, französischen und englischen Recht, Frankfurt a. M., u.a., 2001

Pfeiffer, Gerd, Unterlassen der Verlustanzeige und des Konkurs- oder Vergleichsantrags nach § 84 GmbHG, S. 347-368, in: Pfeiffer, Gerd; Wiese, Günther; Zimmermann, Klaus, Festschrift für Heinz Rowedder, München, 1994, zit.: Pfeiffer, in FS-Rowedder

Picot, Gerhard; Aleth, Franz, Unternehmenskrise und Insolvenz, Vorbeugung, Turnaround, Sanierung, München, 1999, zit.: Picot/Aleth, Unternehmenskrise

Plathner, Jan Markus, Der Einfluß der Insolvenzordnung auf den Bankrottatbestand (§ 283 StGB), Hamburg, 2002

Poertzgen, Christoph, Besprechung von BGH, Urteil vom 5. Februar 2007, Az.: II ZR 234/05, GmbHR 2007, 482, GmbHR 2007, 485-486

Poertzgen, Christoph, Organhaftung wegen Insolvenzverschleppung, Baden-Baden, 2006

Pohl, Dirk, Strafbarkeit nach § 283 Abs. 1 Nr. 7 b) StGB auch bei Unvermögen zur Bilanzaufstellung?, wistra 1996, 14-16

Preußner, Joachim, Deutscher Corporate Governance Kodex und Risikomanagement, NZG 2004, 303-307

Preußner, Joachim; Becker, Florian, Ausgestaltung von Risikomanagementsystemen durch die Geschäftsleitung, NZG 2002, 846-851

Prinz, Ulrich, Reform der deutschen Rechnungslegung – Gedanken und Anregungen an den Gesetzgeber zur Umsetzung der Mitgliedsstaatenwahlrechte der IAS/IFRS-Verordnung aus Praktikersicht, DStR 2003, 1359-1364

Radtke, Henning, Anmerkung zum Beschluss des BGH vom 28.5.2002, 5 StR 16/02, NStZ 2003, 154-156

Radtke, Henning; Hoffmann, Maike, Die Anwendbarkeit von nationalem Insolvenzstrafrecht auf EU-Auslandsgesellschaften, EuZW 2009, 404-408

Ransiek, Andreas, Effektivierung des Wirtschaftsstrafrechts, in: **Gropp, Walter (Hrsg.),** Wirtschaftskriminalität und Wirtschaftsstrafrecht in einem Europa auf dem Weg zu Demokratie und Privatisierung, Leipzig, 1998, S. 203-212, zit.: Ransiek, in: Gropp, Wirtschaftskriminalität

Ransiek, Andreas, Gesetz und Lebenswirklichkeit. Das strafrechtliche Bestimmtheitsgebot, Heidelberg, 1989, zit.: Ransiek, Bestimmtheitsgebot

Ransiek, Andreas, Unternehmensstrafrecht, Strafrecht, Verfassungsrecht, Regelungsalternativen, Heidelberg, 1996, zit.: Ransiek, Unternehmensstrafrecht

Ransiek, Andreas, Zur deliktischen Eigenhaftung des GmbH-Geschäftsführers aus strafrechtlicher Sicht, ZGR 1992, 203-231

Reck, Reinhard, Auswirkungen der Insolvenzordnung auf die GmbH aus strafrechtlicher Sicht, GmbHR 1999, 267-274

Reck, Reinhard, Auswirkungen der Insolvenzordnung auf die Insolvenzverschleppung, Bankrottstraftaten, Betrug und Untreue, ZInsO 1999, 195-201

Reck, Reinhard, Bilanzdelikte in der Krise und die strafrechtlichen Folgen, ZInsO 2001, 633-638

Reck, Reinhard, Die Analyse der Überschuldung in der strafrechtlichen Praxis, Teil I, ZInsO 2004, 661-667 und Teil II, ZInsO 2004, 728-735

Reck, Reinhard, Insolvenzstraftaten und deren Vermeidung, Herne, Berlin, 1999, zit.: Reck, Insolvenzstraftaten

Redeke, Julian, Zu den Organpflichten bei bestandsgefährdenden Risiken, ZIP 2010, 159-167

Regierer, Christoph, Die konkursstrafrechtliche Täterhaftung des Steuerberaters bei Übernahme von Buchführungs- und Bilanzerstellungsarbeiten für seinen Mandanten, Baden-Baden, 1999

Richter, Hans, Der Konkurs der GmbH aus der Sicht der Strafrechtspraxis, GmbHR 1984, 137-150

Richter, Hans, Ernst, Strafbarkeit des Insolvenzverwalters, NZI 2002, 121-130

Richter, Ulf, Stellungnahme zum Thema: Welche Änderungen des Konkursstrafrechts sind aus Sicht der staatsanwaltschaftlichen Praxis geboten, Anlage 4, S. 1-38, in: Tagungsberichte der Sachverständigenkommission zur Bekämpfung der Wirtschaftskriminalität, III. Band, Bundesministerium der Justiz (Hrsg.), Bonn, 1973

Rodemann, Tobias, Zur Begründung der Strafbarkeit des faktischen Geschäftsführers einer GmbH, Bonn, 2002

Rogall, Klaus, Die strafrechtliche Organhaftung, in: Amelung, Knut: Individuelle Verantwortung und Beteiligungsverhältnisse bei Straftaten in bürokratischen Organisationen des Staates, der Wirtschaft und der Gesellschaft, Sinzheim, 2000, zit.: Rogall, in: Amelung, Verantwortung

Röhm, Peter, M., Die drohende Zahlungsunfähigkeit als insolvenzstrafrechtliches Krisenmerkmal, INF 2003, 592-597

Röhm, Peter, M., Strafrechtliche Folgen eines Insolvenzantrags bei drohender Zahlungsunfähigkeit gem. § 18 InsO, NZI 2002, 134-138

Röhm, Peter, M., Verbraucherbankrott, ZInsO 2003, 535-542

Röhm, Peter, M., Zur Abhängigkeit des Insolvenzstrafrechts von der Insolvenzordnung, Herbolzheim, 2002, zit.: Röhm

Römermann, Volker, Der Entwurf des „MoMiG" – die deutsche Antwort auf die Limited, GmbHR 2006, 673-675

Römermann, Volker, Insolvenzrecht im MoMiG, NZI 2008, 641-646

Römermann, Volker, Insolvenzverschleppung und die Folgen, NZG 2009, 854-856

Rönnau, Thomas, Anmerkung zu BGH, Urteil vom 21. Dezember 2005, Az.: 3 StR 470/04, NStZ 2006, 218-221

Rönnau, Thomas, Rechtsprechungsüberblick zum Insolvenzstrafrecht, NStZ 2003, 525-532

Roth, Günter, H.; Altmeppen, Holger, Gesetz betreffend die Gesellschaften mit beschränkter Haftung (GmbHG), 6. Auflage, München, 2009, zit.: Roth/ Altmeppen, GmbHG

Roxin, Claus, Strafrecht Allgemeiner Teil, Band 1, Grundlagen, Der Aufbau der Verbrechenslehre, 4. Auflage, München, 2006, zit.: Roxin AT 1

Rüthers, Bernd, Rechtstheorie, 4. Auflage, München, 2008, zit.: Rüthers, Rechtstheorie

Samson, Erich; Langrock, Marc, Bekämpfung der Wirtschaftskriminalität im und durch Unternehmen, DB 2007, 1684-689

Schaal, Alexander, Strafrechtliche Verantwortlichkeit bei Gremienentscheidungen in Unternehmen, Berlin, 2001

Schaefer, Torsten, Firmenbestatter und Strafrecht, NJW-Spezial 2007, 456-457

Schäfer, Carsten, Zur strafrechtlichen Verantwortlichkeit des GmbH-Geschäftsführers, Teil 1, GmbHR 1993, 717-728

Schäfer, Helmut, Die Entwicklung der Rechtsprechung zum Konkursstrafrecht, wistra 1990, 81-89

Schäfer, Helmut, Die Verletzung der Buchführungspflicht in der Rechtsprechung des BGH, wistra 1986, 200-205

Schäffler, Frank, Bankenhaftung wegen Insolvenzverschleppung bei Auskehrung von Krediten in der Unternehmenskrise, BB 2006, 56-60

Schedlbauer, Hans, Auslösung und Durchführung von Insolvenzprüfungen, DB 1984, 2205-2213

Schlösser, Jan, Die Strafbarkeit des Geschäftsführers einer private company limited by shares in Deutschland, wistra 2006, 81-88

Schlösser, Jan, Soziale Tatherrschaft, ein Beitrag zur Frage der Täterschaft in organisatorischen Machtapparaten, Berlin, 2004

Schlüchter, Ellen, Anmerkung zum Urteil des BGH v. 20.12.1978, 3 StR 408/78 (BGHSt. 28, 231), JR 1979, 513-515

Schlüchter, Ellen, Die Krise im Sinne des Bankrottstrafrechts, MDR 1978, 265-269

Schlüchter, Ellen, Tatbestandsmerkmal der Krise – überflüssige Reform oder Versöhnung des Bankrottstrafrechts mit dem Schuldprinzip?, MDR 1978, 977-981

Schmidt, Karsten, Die Strafbarkeit „faktischer Geschäftsführer" wegen Konkursverschleppung als Methodenproblem – Bemerkungen zum Wert der „faktischen Betrachtungsweise" im Strafrecht, S. 419-441, in: Eyrich, Heinz; Odersky, Walter; Säcker, Franz, Jürgen (Hrsg.), Festschrift für Kurt Rebmann zum 65. Geburtstag, München, 1989, zit.: K.Schmidt, FS-Rebmann

Schmidt, Karsten, Gesellschaftsrecht, 4. Auflage, Köln, Berlin, Bonn, München, 2002, zit.: K.Schmidt, GesR

Schmidt, Karsten, Gesetzlicher Handlungsbedarf im Insolvenzverschleppungsrecht – eine Depesche an das Bundesjustizministerium, ZIP 2009, 1551-1554

Schmidt, Karsten, GmbH-Reform, Solvenzgewährleistung und Insolvenzpraxis – Gedanken zum MoMiG-Entwurf, GmbHR 2007, 1-11

Schmidt, Karsten, Überschuldung und Insolvenzantragspflicht nach dem Finanzmarktstabilisierungsgesetz, DB 2008, 2467-2471

Schmidt, Karsten, Wege zum Insolvenzrecht der Unternehmen - Befunde, Kritik, Perspektiven, Köln, 1990, zit.: K.Schmidt, Wege zum Insolvenzrecht

Schmidt, Karsten; Uhlenbruck, Wilhelm, Die GmbH in Krise, Sanierung und Insolvenz, 4. Auflage, Köln, 2009, zit.: Bearbeiter, in: K.Schmidt/Uhlenbruck, GmbH-Krise

Schmidt-Salzer, Joachim, Strafrechtliche Produktverantwortung – Das Lederspray-Urteil des BGH, NJW 1990, 2966-2972

Schmidt-Salzer, Joachim, Strafrechtliche Produktverantwortung, NJW 1988, 1937-1942

Schneider, Uwe, H.; Brouwer, Tobias, Die straf- und zivilrechtliche Verantwortlichkeit des Geschäftsführers für die Abführung der Arbeitnehmeranteile zur Sozialversicherung, ZIP 2007, 1033-1042

Scholz, Franz, Kommentar zum GmbH-Gesetz mit Anhang Konzernrecht, zit.: Scholz/Bearbeiter, GmbHG
1. Band, §§ 1-34, Anh. § 13 Konzernrecht, Anh. § 34 Austritt und Ausschließung eines Gesellschafters, 10. Auflage, Köln, 2006

2. Band, §§ 35-52, 10. Auflage, Köln, 2007

3. Band, §§ 53-85, Nachtrag MoMiG, §§ 1-4 EGGmbHG, 10. Auflage, Köln, 2010

Scholz, Franz, Kommentar zum GmbH-Gesetz mit Anhang Konzernrecht, 2. Band, §§ 45-87 GmbHG, 9. Auflage, Köln, 2002, zit.: Scholz/Bearbeiter, GmbHG, 9. Auflage,

Schönke, Adolf; Schröder, Horst, Strafgesetzbuch, Kommentar, 27. Auflage, München, 2006, zit.: Sch/Sch-Bearbeiter, StGB

Schröder, Olaf, Der erweiterte Täterkreis der Organhaftungsbestimmungen des § 14 I Nrn. 1-2 StGB (§ 9 I Nrn. 1-2 OWiG), Berlin, 1998, zit.: Schröder Täterkreis

Schulz, Dietmar, Zahlungsunfähigkeit und ernsthaftes Einfordern, zugleich Besprechung von BGH v. 14.5.2009 – IX ZR 63/08, ZIP 2009, 1235, ZIP 2009, 2281-2284

Schwarz, Alexandra, Die Aufgabe der Interessenformel des BGH – Alte Besen kehren gut?, Zugleich Anmerkung zu BGH 3 StR 372/08 - Beschluss vom 10. Februar 2009 = BGH HRRS 2009 Nr. 529, HRRS 2009, 341-346

Seemann, Ralf, Strafbare Vereitelung von Gläubigerrechten (§§ 283 ff., 288 StGB), Reformdiskussion und Gesetzgebung seit 1870, Berlin, 2006

Seibert, Ulrich, GmbH-Reform: Der Referentenentwurf eines Gesetzes zur Modernisierung des GmbH-Rechts und zur Bekämpfung von Missbräuchen – MoMiG, ZIP 2006, 1157-1168

Seidel, Wolfgang, Kodex ohne Rechtsgrundlage, NZG 2004, 1095-1096

Semler, Johannes, Zur aktienrechtlichen Haftung der Organmitglieder einer Aktiengesellschaft, AG 2005, 321-336

Siegmann, Matthias; Vogel, Joachim, Die Verantwortlichkeit des Strohmanngeschäftsführers einer GmbH, ZIP 1994, 1821-1829

337

Spindler, Gerald, Finanzkrise und Gesetzgeber - Das Finanzmarktstabilisierungsgesetz, DStR 2008, 2268-2276

Stahlschmidt, Michael, Die Begriffe Zahlungsunfähigkeit, drohende Zahlungsunfähigkeit und Überschuldung und die Methoden ihrer Feststellung, JR 2002, 89-94

Stein, Ursula, § 6 Abs. 2 Satz 2 GmbHG, § 76 Abs. 3 Satz 2 AktG – Verfassungswidrige Berufsverbote?, AG 1987, 165-176

Stein, Ursula, Das faktische Organ, 1984, zit.: Stein, Das faktische Organ

Systematischer Kommentar zum Strafgesetzbuch, herausgegeben von Rudolphi, Hans-Joachim; Horn, Eckhard; Samson, Erich; Günther, Hans-Ludwig, zit.: SK-Bearbeiter, StGB

Band 1, Allgemeiner Teil (§§ 1-79b), Neuwied, Kriftel, Berlin, 6. Auflage

Band 2, Besonderer Teil (§§ 80-358), Neuwied, Kriftel, Berlin, 6. Auflage

Temme, Ulrich, Die Eröffnungsgründe der Insolvenzordnung, Münster, 1997

Teufel, Manfred, Insolvenzkriminalität, Lübeck, 1981, zit.: Teufel, Insolvenzkriminalität

Thonfeld, Henning, Der „instabile Überschuldungsbegriff" des Finanzmarktstabilisierungsgesetzes, NZI 2009, 15-19

Tiedemann, Klaus, Die „Bebußung" von Unternehmen nach dem 2. Gesetz zur Bekämpfung der Wirtschaftskriminalität, NJW 1988, 1169-1174

Tiedemann, Klaus, Die strafrechtliche Vertreter- und Unternehmenshaftung, NJW 1986, 1842-1846

Tiedemann, Klaus, Grundfragen bei der Anwendung des neuen Konkursstrafrechts NJW 1977, 777-783

Tiedemann, Klaus, Insolvenz-Strafrecht, Berlin, New York, 2. Auflage, 1996, zit.: Tiedemann, Insolvenz-Strafrecht

Többens, Hans W., Die Bekämpfung der Wirtschaftskriminalität durch die Troika der §§ 9, 130 und 30 des Gesetzes über Ordnungswidrigkeiten, NStZ 1999, 1

Tröndle, Herbert; Fischer, Thomas, Strafgesetzbuch und Nebengesetze, 52. Auflage, München, 2004, zit.: Tröndle/Fischer, StGB, 52. Auflage

Uhlenbruck, Wilhelm, Besprechung des Handbuchs von Folker Bittmann (Hrsg.), Insolvenzstrafrecht, 2004, NZI 2005, 616

Uhlenbruck, Wilhelm, Die Pflichten des Geschäftsführers einer GmbH oder GmbH & Co. KG in der Krise des Unternehmens, BB 1985, 1277-1284

Uhlenbruck, Wilhelm, Insolvenzordnung, 13. Auflage, München, 2010

Uhlenbruck, Wilhelm, Strafbefreiende Wirkung des Insolvenzplans?, ZInsO 1998, 250-252

Uhlenbruck, Wilhelm, Strafrechtliche Aspekte der Insolvenzrechtsreform 1994, wistra 1996, 1-8

Vonnemann, Wolfgang, Die Feststellung der Überschuldung, Köln, Berlin, Bonn, München, 1989

Wabnitz, Heinz-Bernd; Janovsky, Thomas, Handbuch des Wirtschafts- und Steuerstrafrechts, 3. Auflage, München 2007, zit.: Bearbeiter, in: Wabnitz/Janovsky

Wahrig, Gerhard (Begründer), Deutsches Wörterbuch, 8. Auflage, Gütersloh, München, 2006

Wälzholz, Eckhard, Das MoMiG kommt: Ein Überblick über die neuen Regelungen. Mehr Mobilität, Flexibilität und Gestaltungsfreiheit bei gleichzeitigem Gläubigerschutz, GmbHR 2008, 841-850

Watzlawik, Thomas, Die Passivierung von Verbindlichkeiten im Überschuldungsstatus, NZI 2004, 608-610

Weber, Jörg-Andreas, Die Unternehmergesellschaft (haftungsbeschränkt), BB 2009, 842-848

Weber, Ulrich, Anmerkung zum Urteil des BGH v. 6.11.1986, 1 StR 327/86, StV 1988, 16-18

Wegner, Carsten, Aktuelle Entwicklungen im Insolvenzstrafrecht, Zugleich Besprechung von BGH, Beschluss vom 20. Oktober 2008 – 5 StR 166/08 = BGH HRRS 2008 Nr. 1119, HRRS 2009, 32-37

Wegner, Carsten, Besprechung von BGH, Urteil vom 19. April 2007, Az.: 5 StR 505/06 und BGH, Beschluss vom 23. Mai 2007, Az.: 1 StR 88/07, wistra 2007, 386-387

Wegner, Carsten, Ist § 30 OWiG tatsächlich der „Königsweg" in den Banken-Strafverfahren? NJW 2001, 1979-1984

Wehleit, Burkhard, Die Abgrenzung von Bankrott und Untreue, Kiel, 1985

Weimar, Robert, Grundprobleme und offene Fragen um den faktischen GmbH-Geschäftsführer, Teil 1: GmbHR 1997, 473-480, Teil 2: GmbHR 1997, 538-543

Weiß, Udo, Strafbare Insolvenzverschleppung durch den director einer Ltd., Baden-Baden, 2009

Wessels, Johannes; Hillenkamp, Thomas, Strafrecht Besonderer Teil/2, 32. Auflage, Heidelberg, 2009, zit.: Wessels/Hillenkamp, BT 2

Wessing, Jürgen, Insolvenz und Strafrecht - Risiken und Rechte des Beraters und Insolvenzverwalters, NZI 2003, 1 – 12

Weyand, Raimund; Diversy, Judith, Insolvenzdelikte – Unternehmenszusammenbruch und Strafrecht, 7. Auflage, Berlin, 2006

Wicke, Hartmut, Gesetz betreffend die Gesellschaften mit beschränkter Haftung – Kommentar, München, 2008, zit.: Wicke, GmbHG

Wiedemann, Herbert, Juristische Person und Gesamthand als Sondervermögen, WM 1975, Sonderbeilage Nr. 4, S. 7-43

Wiese, Götz, Tobias; Lukas, Philipp, Das Bilanzrechtsmodernisierungsgesetz (BilMoG) – Änderungen der Bilanzierungsvorschriften und Neuregelung zur Corporate Governance in der GmbH, GmbHR 2009, 561-569

Wilhelm, Jan, Verbot der Zahlung, aber Strafdrohung bei Nichtzahlung gegen den Geschäftsführer einer insolvenzreifen GmbH, ZIP 2007, 1781-1786

Wimmer, Richard, Die Haftung des GmbH-Geschäftsführers – Insbesondere im Fall der Zahlungsunfähigkeit und Überschuldung, NJW 1996, 2546-2551

Windolph, Jürgen, Risikomanagement und Riskcontrol durch das Unternehmensmanagement nach dem Gesetz zur Kontrolle und Transparenz im Unternehmensbereich, NStZ 2000, 522-524

Wlachojiannis, Constantin, Insolvenzstrafrecht – die strafrechtliche Seite einer Unternehmenskrise, BuW 2004, 26-31

Wolf, Thomas, Das Erfordernis der Dokumentation von Überschuldungsbilanzen, DStR 1998, 126-128

Wolf, Thomas, Mythos Fortführungsprognose, Welche Rolle spielt die Ertragsfähigkeit?, DStR 2009, 2682-2685

Zimmer, Daniel, Das Gesetz zur Kontrolle und Transparenz im Unternehmensbereich, NJW 1998, 3521-3534

Felix Walther

Bestechlichkeit und Bestechung im geschäftlichen Verkehr
Internationale Vorgaben und deutsches Strafrecht

Studien zum Wirtschaftsstrafrecht, Bd. 36, 2011
338 S., br., ISBN 978-3-86226-089-7, € 26,80

Die vorliegende Untersuchung ermittelt ausgehend von einem Vergleich zwischen dem geltenden deutschen Strafrecht und den internationalen Modelltatbeständen den konkreten Umsetzungsbedarf für den Tatbestand der Bestechlichkeit und Bestechung im geschäftlichen Verkehr. Im Anschluss an eine umfassende Darstellung des deutschen Umsetzungsentwurfs werden unter Zuhilfenahme einer rechtsvergleichenden Analyse die kriminalpolitischen Problemschwerpunkte einer Umsetzung der internationalen Vorgaben identifiziert und analysiert. Anschließend wird ein Umsetzungsvorschlag erarbeitet, der einerseits den internationalen Vorgaben genügt, andererseits aber auch die Eigenheiten des deutschen Korruptionsstrafrechts berücksichtigt.

☞ **Besuchen Sie
unsere Internetseite!**

www.centaurus-verlag.de

UNSERE BUCHTIPPS !